Einheitliche Corporate Governance-Grundsätze
für die Europäische Aktiengesellschaft (SE)

Veröffentlichungen des Instituts für deutsches und europäisches Wirtschafts-, Wettbewerbs- und Regulierungsrecht der Freien Universität Berlin

Herausgegeben von Franz Jürgen Säcker

Band 19

PETER LANG

Frankfurt am Main · Berlin · Bern · Bruxelles · New York · Oxford · Wien

Geng-Sook Leem

Einheitliche Corporate Governance-Grundsätze für die Europäische Aktiengesellschaft (SE)

Eine rechtsvergleichende Untersuchung anhand der Ausgestaltung der SE im deutschen und britischen Recht

PETER LANG
Internationaler Verlag der Wissenschaften

Bibliografische Information der Deutschen Nationalbibliothek
Die Deutsche Nationalbibliothek verzeichnet diese Publikation in der Deutschen Nationalbibliografie; detaillierte bibliografische Daten sind im Internet über http://dnb.d-nb.de abrufbar.

Zugl.: Berlin, Freie Univ., Diss., 2010

Gedruckt auf alterungsbeständigem,
säurefreiem Papier.

D 188
ISSN 1863-494X
ISBN 978-3-631-60101-3

www.peterlang.de

Wahrheit

Vorwort

Die Verfasserin behandelt in ihrer der Freien Universität als Dissertation vorgelegten Arbeit die guten Corporate Governance Grundsätzen als ein Element im weltweiten Wettbewerb um Gesellschaftsrechtsformen, die den Wünschen der Investoren nach Transparenz und Klarheit des Verwaltungsgefüges einer Aktiengesellschaft entgegenkommen und die Aktiengesellschaft ein Optimum an Funktionsfähigkeit vermitteln sollen. Sie hat für diese Analyse das deutsche und britische Recht zum Zentrum einer rechtsvergleichenden Betrachtung gewählt, um zu prüfen, ob die Corporate Governance Grundsätze bei der SE in den beiden Rechtsordnungen zu vergleichbaren Resultaten führen oder nicht.

Die Arbeit beginnt mit einem Überblick über die Entwicklung und die Rechtsquellen der SE. Sie vermittelt einen guten Einblick über das Zusammenwirken der supranationalen SE-Normen mit den ergänzenden mitgliedstaatlichen Normen und die aktuelle Bedeutung dieses Begriffs in der weltweiten Diskussion um gute Corporate Governance. Die Verfasserin vergleicht dabei die Corporate Governance in der dualistischen und in der monistischen Aktiengesellschaft, und zwar getrennt für die deutsche und englische SE. In Deutschland existieren bislang nur dualistische SEs und in England nur monistische SEs. Die Verfasserin skizziert eingehend die Handlungsverfassung der deutschen und englischen SE sowie die ergänzenden Empfehlungen im deutschen Corporate Governance Code. Auf EU-Ebene hat die Dissertation um die Schaffung europaweiter Corporate Governance Spielregeln leider ein frühes Ende gefunden. Die EU hatte zwar im Jahr 2003 einen Aktionsplan zur Modernisierung des Gesellschaftsrechts und zur Verbesserung der Corporate Governance in der EU verabschiedet, hatte es aber jedem Mitgliedstaat überlassen, selbständig im Rahmen seiner gesellschaftsrechtlichen Gestaltungsspielräume eigene Corporate Governance Grundsätze aufzustellen. Da Corporate Governance Spielregeln als unverbindliches Soft-Law nur geringe Wirkung im Sinne einer Harmonisierung der rechtlichen Spielregeln in den EU-Mitgliedstaaten zeitigten, treibt die EU die Harmonisierung des Gesellschaftsrechts nunmehr durch Richtlinien voran.

Die Verfasserin behandelt, um den Vergleich zwischen deutscher und englischer Rechtsordnung transparent zu machen, die Einzelregelungen im Detail und stellt sie einander gegenüber. Sie stellt heraus, dass das dualistische Modell in Deutschland strikt durchgeführt ist, meint aber, dass die organisatorische Trennung zwischen Leitungs- und Aufsichtsorgan eine Schwäche des Systems darstelle, weil es ein Informationsdefizit zwischen den Organen zur Folge habe und dadurch die Kontrollfunktion des Aufsichtsrates beeinträchtigt werde. Diese Kritik ist bedenkenswert, weil der Aufsichtsrat im Normalfall (Ausnahme § 111 Abs. 2, 109 Abs. 2 AktG keine vorstandsunabhängigen Informationen erhalte und deshalb seine Kontrollfunktion nur begrenzt ausüben könne. Setze der Aufsichtsrat dagegen seine Mitwirkung gemäß § 111 Abs. 4 Satz 2 AktG bei wichtigen Geschäften durch, bei denen eine ex post Kontrolle zu spät käme, so nähere sich das dualistische System durchaus dem monistischen System an, bei dem die day-to-day policy und operative Planung gleichfalls bei den hauptberuflichen „Officers" liege und nicht beim Verwaltungsrat, der zwar theoretisch eine umfassende Zuständigkeit habe, davon aber in der Praxis aufgrund begrenzter Sitzungsfrequenz und Sachkunde in der Unternehmenswirklichkeit nur partiell Gebrauch mache. Bei Krisen hat der Verwaltungsrat dagegen die rechtliche Möglichkeit, die Leitung zu übernehmen, was im deutschen Recht dem Aufsichtsrat verwehrt ist.

Die Verfasserin beschränkt sich in ihrer Arbeit nicht auf die Darstellung des Inhalts der jeweiligen Normensysteme, sondern sie bewertet auch die Qualität der Handlungs- und Haftungsregelungen. Sie arbeitet heraus, warum im englischen Recht die Haftung der Organmitglieder im Wesentlichen als Außenhaftung, in Deutschland dagegen im Wesentlichen als Innenhaftung konstruiert wird, und würdigt die unterschiedlichen Auswirkungen dieser Haftungssysteme. Sie analysiert den Gleichklang des Rechts (z.B. bei der Anwendung der Business Judgement Rule), aber auch die Differenzen z.B. bei der Interpretation der Sorgfaltspflichten (duties of care and skill). Die Verfasserin äußert daher große Sympathie für die flexible Art der *britischen* Business Judgement Rule. Darüber lässt sich vortrefflich streiten. In den USA hat die Business Judgement Rule dazu beigetragen, den Wagemut mancher Vorstände so zu entfesseln, dass sie ihre Pflicht zur sorgfältigen fremdnützigen Vermögensverwaltung ihrer Risiko- und Spekulationsfreude untergeordnet haben. Die Verfasserin lobt auch die größere Flexibilität der britischen SE. Indes: Je größer die satzungsmäßigen und geschäftsordnungsmäßigen Abänderungsmöglichkeiten sind, um so weniger weiß der Kapitalmarkt über die aktuelle Gestaltung der gesellschaftsinternen Organisation, der Zuständigkeitsverteilung und über die Verantwortlichkeiten. Der von der Verfasserin anschaulich geschilderte principle agent-Konflikt legt zugleich die Nachteile zu flexibler Regelungen offen, weil diese in der Praxis zur Lockerung der Verantwortlichkeit des Managements führen können.

Auch in der *monistisch* verfassten SE, an deren Spitze das mit umfassenden Rechten ausgestaltete Verwaltungsorgan steht, erfolgt die laufende Geschäftsführung durch geschäftsführende Direktoren, die aber den Weisungen des Verwaltungsrates unterworfen sind. Deshalb kennzeichnet die Verfasserin den Verwaltungsrat als das oberste Leitungsorgan der monistischen SE, während diese Rolle in der dualistischen SE zwischen Vorstand und Aufsichtsrat aufgeteilt ist. Die Arbeit enthält eine präzise Darstellung der Kompetenzen der Organe, der Regelungen über Bestellung und Beendigung der Mitgliedschaft im Verwaltungsrat und der Stellung des Verwaltungsratsvorsitzenden (CEO). Die Verfasserin kritisiert zu Recht, dass der Verwaltungsratsvorsitzende zugleich als CEO fungieren kann, weil dies die Kontrollfunktion des Board gegenüber den Officers schwächt. Diese Personalunion gehört bekanntlich aber zu den gesellschaftspolitisch umstrittensten Fragen.

Die Arbeit betont zutreffend, dass nach § 42 I SEAG die geschäftsführenden Direktoren zwar formal dem Verwaltungsrat hierarisch untergeordnet sind (§ 22

VI SEAG), materiell aber ihnen die laufende Geschäftsführung zugewiesen ist mit der Folge, dass sie faktisch eine dem Vorstand der deutschen AG angenäherte Position inne haben. Die Verfasserin rechtfertigt dies, indem sie die geschäftsführenden Direktoren mit der Geschäftsführung einer deutschen GmbH (mit Hinblick auf § 37 GmbHG) vergleicht und die Weisungskompetenz des Verwaltungsrates betont, obgleich sie sieht, dass in der Praxis die geschäftsführenden Direktoren „prinzipiell alles machen können, was im Unternehmen passiert".
Eingehend behandelt wird auch das schwierige Verhältnis zwischen Inside Directors des Verwaltungsrates, die zugleich Officers sind, und Outside Directors. Die Verfasserin betrachtet die Outside Directors als Elemente einer Kontrolle der Geschäftsführung des Unternehmens und sieht in der flexiblen Organstruktur Vorteile für das monistische System. Sorgfältig analysiert die Arbeit die Unterschiede in den Grundstrukturen der deutschen monistischen Aktiengesellschaft und der monistischen SE in Großbritannien. In Großbritannien gibt es keinen gesetzlichen Zwang zu einer starren Aufgabenteilung zwischen Verwaltungsrat und den geschäftsführenden Direktoren, denen die laufende Geschäftsführung zugewiesen ist. Der Hintergrund für die starre Abgrenzung im deutschen Recht liegt in der deutschen Mitbestimmungsgesetzgebung, die auch für die monistische AG gilt. Der deutsche Gesetzgeber wollte keine Mitwirkung von Arbeitnehmerrepräsentanten beim Day-to-Day-Business und sicherte deshalb den geschäftsführenden Direktoren eine eigenverantwortliche Sphäre unternehmerischer Zielverwirklichung zu, in die der Verwaltungsrat nicht eingreifen kann. Da es in Großbritannien keine Mitbestimmung auf Unternehmensebene gibt, brauchte der englische Gesetzgeber darauf keine Rücksicht nehmen; er konnte demgemäß der monistischen AG eine wesentlich höhere Organflexibilität einräumen. Die Verfasserin beschreibt daher im Ergebnis das britische monistische System als außerordentlich flexibel, während das deutsche System eher überreguliert und deshalb weniger flexibel ist.
Abschließend würdigt die Verfasserin die wachsende Konvergenz der Corporate Governance Grundsätze für die monistische und dualistische SE in Deutschland und Großbritannien. Sie sieht sowohl Gemeinsamkeiten als auch Unterschiede mit jeweiligen *Stärken*. Sie ist von der Überlegenheit des britischen monistischen Systems wegen des besseren Informationsflusses zwischen Leitung und Überwachung überzeugt. Die Bedeutung der Corporate Governance Grundätze sieht die Verfasserin auf der Grundlage der Angleichung des deutschen Kapitalmarktrechts an das anglosächsische System darin, dass gemeinsames Soft-Law entsteht, dass zwar nicht die gesetzlichen Unterschiede zwischen den verschiedenen Rechtsformen aufhebe, aber aus den Konsultations- und Rechtsangleichungsprozessen ergäben sich im interdisziplinären Dialog mit Wissenschaft und Unternehmenspraxis kontinuierlich neue Gemeinsamkeiten. In einem langen Prozess der Konvergenz wüchsen einheitliche Corporate Governance Standards, dann in Bemühungen münden, auch das positive Recht in den EU-Staaten einer stärkeren Konvergenz zuzuführen. Die Arbeit der Verfasserin ist ein wichtiger und bedeutsamer Beitrag zu diesem Rechtsangleichungsprozess. Sie regt

zum Nachdenken an und sollte von allen, die am Thema Corporate Governance in der SE interessiert sind, studiert werden.

Berlin, 15. Februar 2010 *F.J. Säcker*

Danksagung

Die vorliegende Doktorarbeit wurde im Wintersemester 2009/2010 von der Rechtswissenschaftlichen Fakultät der Freien Universität Berlin als Dissertation angenommen. Dieses Werk wäre nicht zustande kommen, wenn ich nicht breite Unterstützung und Hilfe gehabt hätte. Dafür schulde ich sehr vielen Menschen meinen herzlichen Dank.

Vor allem gilt ein großer Dank meinem Doktorvater Herrn Prof. Dr. Dr. Dr. Franz Jürgen Säcker für die Anregung zu dieser Arbeit, deren Betreuung und die mir eingeräumte wissenschaftliche Freiheit. Ihm und Herrn Prof. Dr. Martin Schwab danke ich zudem für die Begutachtung der Arbeit im Promotionsverfahren.
Außerdem möchte ich meinem Doktorvater für die Aufnahme meiner Dissertation in seine Schriftreihe danken, was für mich eine große Ehre bedeutet und mich sehr glücklich macht.

Weiterhin möchte ich mich besonders bei den Menschen bedanken, die ich während meiner Dissertationsarbeit und manchen Lebenssituation dringend gebraucht habe und die immer für mich da waren: Frau Jisun Hwang, Frau Hendrikje Hahn, Herr Prof. Zoonhwan Goh, Frau Prof. Constanze Rora, Herr Carsten Hartmann und meine Familie!

Insbesondere werde ich die seelische Unterstützung von Frau Jisun Hwang, einer Philosophin, und den seelischen Dialog mit ihr nie vergessen.

Schließlich möchte ich bekennen, dass die Zeit am Schreiben meiner Dissertation in Deutschland durch die vielen kostbaren Menschen zu einem Lebensabschnitt wurde, den ich immer in meinem Gedächtnis behalten möchte. All diesen Personen sei nochmals ganz herzlich gedankt.

Berlin, im März 2010 *Geng-Sook Leem*

Inhaltsübersicht

Inhaltsverzeichnis

Abkürzungsverzeichnis

a. A	Andere Ansicht
a. a. O.	am angegebenen Ort
ABl.	Amtsblatt
AblEG	Amtsblatt der Europäischen Gemeinschaften
AblEU	Amtsblatt der Europäischen Union
Abs.	Absatz
AC	Law Reports: Appeal Cases (2nd series: 1875 – 90; 3rd series: 1891 – current)
AcP	Archiv für die civilistische Praxis
Ad & El	Adolphus & Ellis' King's Bench Reports (1834 – 1840)
a.F.	alte Fassung
AG	Aktiengesellschaft oder Die Aktiengesellschaft (Zeitschrift)
AktG	Aktiengesetz
AktR	Aktienrecht
All ER	All England Law Reports
Alt.	Alternative
AnwBl	Anwaltsblatt
AO	Abgabenordnung
App Cas	Law Reports: Appeal Cases (2nd series: 1875 – 90; 3rd series: 1981 – current)
AR	Aufsichtsrat
Art.	Artikel
Artt.	Artikel (Plural)
Aufl.	Auflage
AWD	Außenwirtschaftsdienst
BaFin	Bundesanstalt für Finanzdienstleistungsaufsicht
B&S	Best & Smith: Chancery Reports (1861-1865)
BB	Betriebsberater
BC	Bilanzbuchhalter und Controller (Zeitschrift)
BCLC	Britisch Company Law Cases
Begr RegE	Begründung des Regierungsentwurfs
BGBl.	Bundesgesetzblatt
Bzgl.	Bezüglich
Bzw.	Beziehungsweise
BGH	Bundesgerichtshof
BGHZ	Entscheidungen des BGH in Zivilsachen
BJR	Business Judgement Rule
BMF	Bundesminister der Finanzen (auch BdF: Bundesministerium der Finanzen)

BMJ	Bundesminister der Justiz (auch BdJ: Bundesministerium der Justiz)
BMWA	Bundesminister für Wirtschaft und Arbeit/Bundesministerium für Wirtschaft und Arbeit
BörsG	Börsengesetz
BörsZulVo	Börsenzulassungs-Verordnung
BT	Deutscher Bundestag
BT-Drs	Bundestags-Drucksache
C(RTP)A	Conracts (Right of Third Parties) Act
c.i.c	culpa in contrahendo
CA	Company Act
CBl	Confederation of British Industry
CDDA	Company Directors Disqualification Act
CEO	Chief Executive Officer
Ch (ChD)	Law Reports: Chancery (1st series: 1865 – 1875; 2nd series: 1875 – 90; 3rd series: 1891 – current
cl.	clause
CLJ	Cambridge Law Journal
CLR	Company Law Review oder Commonwealth Law Reports (1903/04 -1998)
CLRB	Company Law Reform Bill
CLRB EN	Company Law Reform Bill Explanatory Notes
CLRB RIA	Company Law Reform Bill Regulatory Impact Assessment
CLY	Current Law Yearbook
Co	Company
Co Law	The Company Lawyer
CPR	Civil Procedure Rules
CR	Computer und Recht
CSA	Court of Session Act
DAI	Deutches Aktieninstitut
DAV	Deutscher Anwaltsverein
DAX	Deutscher Aktienindex
DBA	Doppelbesteuerungsabkommen
DCF	Discounted Cash Flow
DCGK	Deutscher Corporate Governance Kodex
DepotG	Depotgesetz
ders.	derselbe
d.h.	das heißt
d.i.	das ist
dies.	dieselbe(n)
DIN	Deutsches Institut für Normung

DiskE	Diskussionsentwurf
Diss.	Dissertation
D & O	Directors & Officers
Dok.	Dokument
Drs	Drucksache
DRS	Deutsche Rechnungslegungs Standards
DStR	Deutsches Steuerrecht
DSWR	Datenverarbeitung – Steuer – Wirtschaft - Recht (Zeitschrift für Praxisorganisation, Betriebswirtschaft und elektronische Datenverarbeitung
DTI	Department of Trade and Industry
DWiR	Deutsche Zeitschrift für Wirtschaftsrecht
DZWIR	Deutsche Zeitschrift für Wirtschafts- u. Insolvenzrecht
EA	Enterprise Act
EBLR	European Business Law Review
EC	European Communities
ECA	European Communities Act
ECGI	European Corporate Governance Institute
ECLR	European Competition Law Review
EG	Einführungsgesetz oder Europäische Gemeinschaft (bis Oktober 1993)
EGAktG	Einführungsgesetz zum Aktiengesetz
EGV	Vertrag zur Gründung der Europäischen Gemeinschaften
E.L.Rev.	European Law Review
endg.	endgültig
EP	Europäisches Parlament
EPCLR	European Public Limited-Liability Company Regulations
ERPL	European Review of Public Law
ET	European Taxation
EU	Europäische Union (ab November 1993)
EuGH	Europäischer Gerichtshof
EUR	Euro
EuZW	Europäische Zeitschrift zum Wirtschaftsrecht
EVÜ	Übereinkommen über das auf vertragliche Schuldverhältnisse anzuwendende Recht
EWG	Europäische Wirtschaftsgemeinschaf
EWIV	Europäische Wirtschaftliche Interessenvereinigung

EWIV-VO	Verordnung der EWIV
EWR	Europäischer Wirtschaftsraum
EwiR	Europäische Wirtschaftsrecht
EWS	Europäisches Wirtschafts- und Steuerrecht
F	Fraser Court of Session Cases
FAZ	Frankfurter Allgemeine Zeitung
f.	folgende
F.2d	Federal Reporter, Second Series
FEE	Federation des Experts Comptables Europeans
ff.	fortfolgende
FGG	Gesetz über die Angelegenheiten der freiwilligen Gerichtsbarkeit
Fn.	Fußnoten
FS	Festschrift
FSA	Financial Services Authority
FSA 1992	Friendly Societies Act 1992
FSMA	Financial Services and Markets Act
FTSE	Financial Times Stock Exchange
GbR	Gesellschaft bürgerlichen Rechts
GCCG	German Code of Corporate Governance
Gem.	Gemäß
GesR	Gesellschaftsrecht
GesRZ	Der Gesellschafter (Zeitschrift für Gesellschaftsrecht)
GewO	Gewerbeordnung
GG	Grundgesetz
ggf.	gegebenfalls
GLJ	German Law Journal
GmbH	Gesetz betreffend die Gesellschaften mit beschränkter Haftung
GmbHG	Gesetz betreffend die Gesellschaften mit beschränkter Haftung
GmbHR	GmbH Rundschau
GPR	Zeitschrift für Gemeinschaftsprivatrecht
GVG	Gerichtsverfassungsgesetz
Hare	Hare's Chancery Reports
Harv. Int'l L.J.	Harvard International Law Journal
HGB	Handelsgesetzbuch
h.M.	herrschende Meinung
HS	Halbsatz
Hrsg.	Herausgeber
HRV	Handelsregisterverordnung
IA	Insolvency Act
IAS	International Accounting Standards

IASB	International Accounting Standards Board
IASC	International Accounting Standards Committee
ICCLJ	International and Comparative Corporate Law Journal
i.d.R.	In der Regel
IDW	Institut der Wirtschaftsprüfer in Deutschland e. V.
IFRS	International Financial Reporting Standard
IG	Industriegewerkschaft
ILJ	Industrial Law Journal
Ins. Int.	Insolvency International
ISA	International Standards on Auditing
i.S.d.	im Sinne der/des
IstR	Internationales Steuerrecht (Zeitschrift)
i.S.v.	im Sinne von
JBL	Journal of Business Law
JF	Jannott/Frodermann
JIBL	Journal of International Banking Law
JR	Juristische Rundschau
JuS	Juristische Schuldung
JZ	Juristenzeitung
KG	Kommanditgesellschaft oder Kapitalgesellschaft
KGaA	Kommanditgesellschaft auf Aktien
KI	Kreditinstitut
KOM	Kommissionsdokument
KonTraG	Gesetz zur Kontrolle und Transparenz im Unternehmensbereich
KWG	Kreditwesengesetz
LC	Law Commission
LG	Landgericht
liSp	linke Spalte
lit.	litera
LJ	Lord Justice
LLP	Limited Liability Partnership
LR	Listing Rules
LT	Law Times Reports
Ltd	Limited
MDAX	Mid-Cap-Dax
MIS	Management Informationssystem
MMS	Manz/Mayer/Schröder
MontanMitbestG	Montanmitbestimmungsgesetz
MünchKomm/AktG	Münchener Kommentar zum Aktiengesetz

MünchHdb/GesR	Münchner Handbuch zum Gesellschaftsrecht
m.w.N.	Mit weiteren Nachweisen
n.F.	neue Fassung
NJW	Neue Juristische Wochenzeitschrift
NLJ	New Law Journal
NotBZ	Zeitschrift für die notarielle Beratungs- und Beurkundungspraxis
Nr.	Nummer
NWB	Neue Wirtschafts-Briefe
NYSE	New York Stock Exchange
NZA	Neue Zeitschrift für Arbeitsrecht
NZG	Neue Zeitschrift für Gesellschaftsrecht
o.g.	oben genannt
OLG	Oberlandesgericht
P	Penny
PA	Partnership Act
para.	Paragraph
Ph	Phillip's Chancery Reports
PLC	Public Limited Company
R	Rettie's Session
r.	regulation
Rats.-Dok.	Ratsdokument
RatsE	Rats-Entwurf
RCS	Rules of the Court of Session
RDA	Recht der Arbeit
Rdw	Recht der Wirtschaft
RefE	Referentenentwurf
RegE	Regierungsentwurf
reSp	rechte Spalte
RG	Reichsgericht
RGZ	Entscheidungen des Reichsgerichts in Zivilsachen
RIA	Regulatory Impact Assessment
RIW	Recht der Internationalen Wirtschaft
RL	Richtlinie
Rn.	Randnummer
Rspr.	Rechtssprechung
RWZ	Zeitschrift für Recht und Rechnungswesen
s.	Section
S.	Seite oder Satz
SCE	Europäische Genossenschaft (Societas Cooperativa Europaea)
SDAX	Small-Cap-Dax
SE	Societas Europaea

SEAG	Gesetz zur Ausführung der SE-VO (SE-Aufführungsgesetz)
SEBG	Gesetz über die Beteiligung der Arbeitnehmer in einer SE (SE-Beteiligungsgesetz)
SEC	Securities and Exchange Commission
SEEG	Gesetz zur Einführung der SE
SEK	SE-Kommentar
SE-RL	SE-Richtlinie
SE-VO	SE-Verordnung
SE-VOE	SE-Verordnungsentwurf
SI	Statutory Instrument
SMAX	Der SMAX ist ein Index und ein Marktsegment, das am 26. April 1999 an der Frankfurter Wertpapierbörse eingeführt wurde. SMAX steht für Small Cap Exchange und war für Nebenwerte aus dem Amtlichen Handel oder dem Geregelten Markt gedacht.
sog.	so genannte
SpruchG	Spruchverfassungsgesetz
StGB	Strafgesetzbuch
StuW	Steuer und Wirtschaft
SZW	Schweizerische Zeitschrift für Wirtschaftsrecht
TecDax	Technologie-Werte Deutscher Aktienindex: Er ist der Nachfolger des durch Insidergeschäfte und Bilanzfälschungen in Verruf geratenen Nemax50.
TECH	Technical Release
TransPuG	Transparenz- und Publizitätsgesetz
UK	United Kingdom
UKLA	UK Listing Authority
UmwG	Umwandlungsgesetz
Unterabs.	Unterabsatz
US	United States
USA	United States of America
US-GAAP	United States Generally Accepted Accounting Principles
Usw.	und so weiter
v.a.	vor allem
VAG	Versicherungsaufsichtsgesetz
Var.	Variante
Vgl.	Vergleich
VorstOG	Vorstandsvergütungs-Offenlegungsgesetz
v oder vs.	versus
Vol.	Volume

WBl.	Wirtschaftsrechtliche Blätter
WHU	Wissenschaftliche Hochschule für Unternehmensführung
WiSt	Wirtschaftswissenschaftliches Studium
WM	Wertpapier-Mitteilungen, Zeitschrift für Wirtschafts- und Bankrecht
Wpg	Die Wirtschaftsprüfung
WpHG	Wertpapierhandelnsgesetz
WpÜG	Wertpapiererwerbs- und Übernahmegesetz
WSA	Wirtschafts- und Sozialausschuss
WuB	Entscheidungssammlung für Wirtschafts- und Bankrecht
WuW	Wirtschaft und Wettbewerb
WWU	Wirtschafts- und Währungsunion
z.B.	zum Beispiel
ZBB	Zeitschrift für Bankenrecht und Bankwirtschaft
ZBJV	Zeitschrift des Bernischen Juristenvereins
ZfA	Zeitschrift für Arbeitsrecht
ZfB	Zeitschrift für Betriebswirtschaft
zfbf	Zeitschrift für betriebswirtschaftliche Forschung
ZGR	Zeitschrift für Unternehmens- und Gesellschaftsrecht
ZHR	Zeitschrift für das gesamte Handels- und Wirtschaftsrecht
Ziff.	Ziffer
ZIP	Zeitschrift für Wirschaftsrecht
ZPO	Zivilprozessrecht
ZRP	Zeitschrift für Rechtspolitik
ZvglRWiss	Zeitschrift für vergleichende Rechtswissenschaft

Erster Teil – Einleitung

A. Problemstellung der Corporate Governance der SE

Eine der lebhaftesten Auseinandersetzungen zwischen Ideal und Praxis sowohl im wirtschaftspolitischen als auch im wirtschaftsrechtlichen Raum in Europa betrifft den Status der Europäischen Aktiengesellschaft (abgekürzt lateinisch „Societas Europaea" – kurz SE), insbesondere den Aspekt der Corporate Governance, die der eigentliche Grundstein zur Leitung und Steuerung eines Unternehmens ist. Daher wurde gerade in jüngster Zeit vor allem von großen Industrieländern auf die Notwendigkeit zur Optimierung einer praxisgerechten Corporate Governance gepocht und international maßgebliche Regeln gefordert. So werden seit vielen Jahren die entsprechenden Corporate Governance-Grundsätze kontrovers diskutiert und entwickelt.[1] Der Fall der SE bildet da keine Ausnahme. Ein optimales Corporate Governance-System ist für die SE eine notwendige Bedingung, um ihr Wirtschaftsziel[2] zu erreichen.

Viele Jahrzehnte lang haben die europäischen Gesetzgeber dem Ideal entsprechend eine einheitliche supranational europäische Rechtsform angestrebt. Dabei wurde für unzählige Bemühungen sowohl auf wirtschaftlicher als auch auf politischer Seite ein hoher Preis bezahlt, wobei letztlich das Erreichen dieses idealen Zieles aufgegeben werden musste. Die daraus gezogene Erkenntnis der Unmöglichkeit, ein einheitliches Corporate Governance-System für die SE zu kodifizieren, und der Druck zur Schaffung der SE, der wegen des gesteigerten Bedarfs nach einer solchen Rechtsform stetig zugenommen hatte, führten im Namen der Flexibilität zu dem politischen Kompromiss, die Unternehmen selbst zwischen den zwei Corporate Governance-Systemen frei wählen zu lassen, nämlich zwischen dem dualistischen System (bestehend aus Vorstand und Aufsichtsrat) auf der einen Seite und dem monistischen System (mit dem Board-Modell) auf der anderen Seite. Die eingehende Regelung der Systeme bleibt demnach weitgehend den jeweiligen EU-Mitgliedstaaten überlassen, was allerdings bedeutet, dass die nationalen rechtlichen Grenzen weiter bestehen bleiben, so dass sich die in der ursprünglichen Grundidee der SE[3] erwartete Kosteneffizienz und ihre Attraktivität verringern. Auf jeden Fall stellt diese Wahlmöglichkeit einen enormen

1 Das Thema „Corporate Governance" im Allgemeinen wird im dritten Teil ausführlich behandelt.

2 Siehe Präambel, Erwägungsgrund SE-VOV 1991.

3 Die Grundidee der SE war so, eine Gesellschaftsform zu schaffen, deren Struktur und Funktionsweise durch eine in allen Mitgliedstaaten unmittelbar geltende gemeinschaftsrechtliche Verordnung geregelt werden. Unternehmen sollten sich daher in einer Rechtsform konstituieren können, die in allen EU-Mitgliedstaaten denselben Regeln folgt und die eine Verwirklichung des Unternehmensgegenstandes ohne Rücksicht auf nationale Rechtsunterschiede ermöglicht, vgl. Sanders (1960). Auf dem Weg zu einer europäischen Aktiengesellschaft (SE), RIW/AWD 6, S. 1 ff.

Freiheitsgrad dar, der einen Wettbewerb der Rechtssysteme eröffnet. Diesbezüglich kommen zwei Aspekte in den Blick:
Erstens stellt sich die Frage, wie sich der Wettbewerb auf die Unternehmenslandschaft auswirkt, und was diese Auswirkungen für die Gesetzgeber in den EU-Mitgliedstaaten bedeuten.
Zweitens verdient insbesondere der Fall der Konvergenz der beiden Systeme von den möglichen Auswirkungen des Wettbewerbs[4] (Persistenz, Dominanz und Konvergenz) eine nähere Untersuchung. Denn die Konvergenz der Systeme öffnet als die Angleichung des positiven Rechtes wieder die Möglichkeit eines einheitlichen Corporate Governance-Systems, was seit dem mehrmaligen Scheitern einer Einigung zwischen den europäischen Mitgliedstaaten als undurchführbar galt. Es stellt sich somit die Frage nach der Möglichkeit und der Form der Konvergenz, sowie auch nach deren Tragweite, d. h ob und wie ein einheitliches Corporate Governance-System überhaupt möglich sein kann.

B. Aufbau der Arbeit

Der erste Teil soll zunächst durch die vorangehende Problemstellung der Corporate Governance der SE (A) und die Darstellung des Aufbaus der Arbeit (B) eine Gesamtübersicht liefern.
Der zweite Teil soll zur Vorkenntnis der SE die historische Entwicklung der SE darstellen (A), die wesentlichen Charakteristika der SE im Überblick beschreiben (B) sowie die Rechtsquellen der SE aufzeigen (C). Davon ausgehend wird versucht, unter Einbeziehung der Kritik an der SE-VO die Rechtsform der SE mit ihrem Vor- und Nachteil zu bewerten (D).
Der dritte Teil bietet dieser Arbeit die nötigen allgemeinen Grundlagen für die Untersuchung der Corporate Governance der SE. Die Kapitel A, B und C befassen sich zunächst mit der aktuellen Bedeutung und dem Begriff der Corporate Governance, dem Zustand der nationalen, europäischen und weltweiten Diskussion und Kodexbewegung für die Corporate Governance und den allgemeinen theoretischen Grundlagen der Corporate Governance. Dadurch wird gezeigt, was Corporate Governance ist, in welchen Fragestellungen sie diskutiert wird und was durch ein angemessenes Corporate Governance-System verfolgt wird.
Das Kapitel D beschäftigt sich mit den verschiedenen wichtigen Kontrollmechanismen, durch die die auf der Trennung zwischen Eigentum und Kontrolle beruhenden Interessenkonflikte zwischen Prinzipal und Agent ausgeglichen werden können, im Bereich der Theorie als auch unter Berücksichtigung der Besonderheiten der verschiedenen nationalen Corporate Governance-Systeme (insbesondere des kontinentaleuropäischen dualistischen Systems, vor allem in Deutschland, und des angelsächsischen monistischen Systems, insbesondere in den USA und Großbritannien) – verbunden mit der SE-VO. Dadurch ist nach-

4 Zu den Möglichkeiten der Konsequenzen des Systemwettbewerbs siehe E. II im dritten Teil in dieser Arbeit.

vollziehbar, warum es nicht anders möglich war, als die Wahlmöglichkeit zwischen zwei verschiedenen Corporate Governance-Systeme in der SE-VO zuzulassen.
Im weltweiten Wettbewerb der Corporate Governance-Systeme – bei der Wahlmöglichkeit der SE – ist jedes System permanent aufgefordert, ein besseres System zu schaffen, mit dem das Unternehmen optimalen Erfolg erzielen und im Wettbewerb überleben kann. Unter diesen Überlegungen werden in Kapitel E die in der Literatur behandelten, verschiedenen theoretischen Entwicklungsmöglichkeiten der Corporate Governance-Systeme durch den Wettbewerb dargestellt. Dabei wird hier nach der Möglichkeit der einheitlichen Corporate Governance-Grundsätze für die EU durch die Konvergenz als ein Produkt des Systemwettbewerbs gefragt.
Im vierten Teil wird mit der Erörterung der Wahlmöglichkeit der Corporate Governance der SE (A) und des Anwendbaren Rechts für die SE (B) begonnen. In den Kapiteln C und D wird die Corporate Governance der SE im Vergleich zwischen der deutschen und britischen dualistischen SE sowie der deutschen und britischen monistischen SE (insbesondere Organstruktur und Haftung für Unternehmensleitung und -überwachung) untersucht. Mit Hilfe dieses Vergleichs sollen die Stärken und Schwächen beider Systeme dargestellt werden. Damit wird eine Annäherung beider Systeme mit den Reformvorschlägen versucht, die die Grundlage für die auf der Konvergenz durch den Wettbewerb der beiden Systeme beruhenden gemeinsamen, einheitlichen Grundsätze der Corporate Governance der SE in der fernen Zukunft darstellt. Dabei wird mit dem Aufweisen des jetzigen Zustandes der Konvergenz der beiden Systeme der Kodex (*Soft Law*) als ein Hilfsmittel für die Beschleunigung des Konvergenzvorgangs der positiven Rechte erwähnt (E).
Schließlich werden im fünften Teil die Ergebnisse der Arbeit zusammengefasst und ein kurzer Ausblick auf die Entwicklungsmöglichkeiten der SE gegeben.

Zweiter Teil – Überblick über die SE

Ziel der Schaffung einer Europäischen Aktiengesellschaft ist die Verwirklichung des europäischen Binnenmarktes durch freien Verkehr von den Waren, Personen, Dienstleistungen und Kapital, ohne Hindernisse zwischen EU-Mitgliedstaaten im Sinne des EG-Vertrages[5] und die damit angestrebte Verbesserung der wirtschaftlichen und sozialen Lage innerhalb der EU. Dieses Ideal für den europäischen Binnenmarkt lässt sich aber nicht verwirklichen, ohne dass die zwischen den EU-Mitgliedstaaten vorhandenen nationalen Unterschiede, insbesondere Regelungsunterschiede, überwunden werden. Dabei wurden seit jeher Forderungen nach einer gemeinsamen, supranationalen, europäischen Gesellschaftsrechtsform als Grundlage wirtschaftlichen Handelns laut, die die erheblichen Regelungsunterschiede harmonisieren und ausgleichen, und demzufolge die grenzüberschreitende Zusammenarbeit und Tätigkeit der in der EU wirtschaftenden verschiedenen Unternehmen erleichtern sollte. Außerdem schätzt die EU-Kommission das Einsparpotential, das durch die Einführung der Rechtsform der SE von fusionierten Unternehmen, Holdings- oder Tochtergesellschaften erreicht werden könnte, auf 30 Milliarden Euro im Jahr.[6]
Mit diesem Ansatz hat sich nach über vierzigjähriger Diskussion der EU- Mitgliedstaaten- beginnend mit einem Vortrag des Notars *Thibièrge* im Jahr 1959 auf dem Kongress des französischen Notariats - der Europäische Rat Ende 2000 in Nizza endlich auf eine Verordnung bezüglich des SE-Statuts (SE-VO) und eine dazugehörige Richtlinie über die Mitbestimmung der Arbeitnehmer in der SE geeinigt (SE-RL). Anschließend wurden SE-VO[7] und SE-RL[8] vom Europäischen Ministerrat im Oktober 2001 endgültig verabschiedet.
Um sich mit den Themen über das Corporate Governance-System in der SE zu befassen, ist eine gewisse Grundkenntnis über die gesamte SE unabdingbar. Im Folgenden soll dafür ein grober Überblick über die SE gegeben werden. Durch die Betrachtung des Entstehungsweges der SE (A) lässt sich zunächst exemplarisch zeigen, wie langwierig und schwer der Prozess der Schaffung einer gemeinsamen Rechtsform für verschiedene Länder mit verschiedener Kultur, verschiedener Geschichte und verschiedenem Rechtssystem war. Danach erfolgt eine Beschäftigung mit den wichtigsten Faktoren der SE im SE-Statut, nämlich den wesentlichen Charakteristika (B) und den Rechtsquellen des SE-Statuts (C).

---

5 Vgl. Art. 2 EGV und Art. 14 Abs. 2 EGV. Zu den Grundfreiheiten des EG-Vertrages, siehe Art 17-69, 294 EGV.

6 Vgl. hierzu *Jahn/Herfs-Röttgen*, DB 2001, S. 631 ff.; weiter Kommission in Memorandum von 1988, S. 6 und 10 f.

7 Verordnung (EG) Nr. 2157/2001 des Rates v. 8. 10. 2001 über das Statut der Europäischen Gesellschaft (SE), Abl. EG Nr. L 294 v. 10. 11. 2001, S.1-21.

8 Richtlinie 2001/86/EG des Rates zur Ergänzung des Statuts der Europäischen Gesellschaft hinsichtlich der Beteiligung der Arbeitnehmer v. 8. 10. 2001 Abl. EG Nr. L 294 v. 10. 11. 2001, S. 22-32.

Schließlich werden die bisherigen Ausführungen kritisch gewürdigt und offene Fragestellungen angesprochen (D).

A. Historische Entwicklung der SE

I. Die Idee von einer SE

Die Idee von einer SE wurde im Jahre 1959 auf dem 57. Kongress der Notare Frankreichs von dem französischen Notar *Thibièrge* vorgetragen, nachdem 1957 in Rom der Vertrag zur Gründung der Europäischen Wirtschafsgemeinschaft (EWG) unterzeichnet worden war.[9] Im gleichen Jahr griff der niederländische Professor *Pieter Sanders* diese Idee zur Schaffung einer Aktiengesellschaft europäischen Typs, bzw. europäischen Aktienrechts,[10] in seiner Antrittsvorlesung an der Universität Rotterdam auf und vertrat die Ansicht, dass durch diese neue Rechtsform Vorteile in der Organisation und Finanzierung europäischer Unternehmungen erreicht werden könnten.[11] Die Europäische Kommission reagierte positiv auf die Idee zur Schaffung einer europäischen Gesellschaftsform.[12] Anschließend, im Dezember 1966, formulierten Professor Sanders und seine Sachverständigengruppe nach Debatten und ersten Vorarbeiten einen Vorentwurf für ein SE-Statut, den die Kommission in eine Denkschrift aufnahm, mit der sie deutlich zum Ausdruck brachte, dass die Schaffung europäischer Handelsgesellschaften ein bedeutendes Element zur Verwirklichung des gemeinsamen Marktes sei.[13]
Andererseits wurden - vor dem Hintergrund zunehmender Übernahmen von europäischen Unternehmen durch amerikanische Firmen sowie wegen rechtlicher Schwierigkeiten bei europäischen Unternehmenszusammenschlüssen und Kooperationen - Forderungen nach einer einheitlichen Rechtsform laut, die das effektiv grenzüberschreitende Wirtschaftshandeln in der EU ermöglichen und ihre Wettbewerbsfähigkeit gegenüber der amerikanischen und japanischen Konkurrenz optimieren sollte. [14]

II. Verordnungsvorschläge für das SE-Statut (1970 und 1975)

Ende Juni 1970 legte die europäische Kommission dem Rat einen auf Grundlage von Art. 308 (ex-Art. 235) eingerichteten eigenen Verordnungsvorschlag zu ei-

---

9 Vgl. *Thibièrge* (1959), S. 270 ff., 352, 360 ff. Dazu vgl. auch *Lutter*, BB 2002, S. 1.

10 Vgl. *Thibièrge*, (1959), S. 270 ff., 352, 360 ff. Dazu vgl. auch *Sanders* (1960), S. 1-5.

11 Dazu vgl. auch *Sanders* (1960), S. 1-5.

12 S. Kommission der Europäischen Gemeinschaften, Stellungnahme, Abl. EG Nr. 65 v. 19. 12. 1959, S. 1272. Dazu vgl. auch *Wenz* (1993), S. 12 m. w. N; vgl. auch *Theisen/Wenz* (2002), S. 29.

13 S. Kommission der Europäischen Wirtschaftsgemeinschaft, Denkschrift über die Schaffung einer europäischen Handelsgesellschaft, SEK(66) 1250 v. 22. 4. 1966, S. 1, 6.

14 Vgl. *Figge* (1992), S. 23. *Lutter* (1968), S.413.

nem Statut über die SE vor;[15] der Verordnungsvorschlag bestand aus 284 Artikeln sowie einem Anhang.

Nach umfangreichen Stellungnahmen des Europäischen Parlaments (EP), des Wirtschafts- und Sozialausschusses (WSA) sowie von Gesellschaften und Verbänden, wurde dem Rat am 30. 4. 1975 ein geänderter Vorschlag der Kommission als Ergänzung zu den Aktiengesellschaften nationalen Rechts unterbreitet.[16] Während diese neue Fassung als eine einheitliche europäische Kodifizierung des gesamten Rechts der SE von der Praxis und der Wissenschaft durchaus begrüßt wurde[17], war sie mit ihren über 400 Artikeln sehr umfangreich und kompliziert geraten, da in den über 400 Artikeln sowohl die gesellschaftsrechtlichen Grundsätze wie etwa Gründung, Struktur, Rechnungslegung und Liquidation als auch Probleme des Steuer- und Konzernrechts sowie der Mitbestimmungsrechte der Arbeitnehmer geregelt wurden. Dieser Vorschlag wurde aber vom Europäischen Rat letztendlich abgelehnt, weil es nicht möglich war, eine Übereinstimmung unter den EU-Mitgliedstaaten zu erreichen; einzelne Staaten hatten offenbar differierende Blickwinkel in Bezug auf die Struktur der Organe und zu Fragen der Mitbestimmung der Arbeitnehmer sowie des Konzernrechts. Diese Regelungen waren insbesondere nach deutschem Vorbild ausgestaltet und unterschieden sich erheblich vom britischen, aber auch z.B. vom italienischen Aktienrecht.[18] 1982 wurden daher im Rat die Arbeiten zur Schaffung der Rechtsform einer SE vorerst ausgesetzt, ohne die Interessenkonflikte zwischen den Mitgliedstaaten zu überwinden.[19]

III. Neue Vorschläge für ein SE-Statut (1989 und 1991)

Seit der Aussetzung der Beratungen im Rat über die SE im Jahre 1982 trat ein Stillstand in der Diskussion über die SE ein. Im Jahre 1985 nahm aber die Kommission in ihrem Weißbuch den Plan zur Vollendung des Europäischen Binnenmarktes bis Ende 1992 auf.[20] Die Arbeiten an dem Projekt SE wurden 1987 von dem damaligen Kommissionspräsidenten *Jacques Delors* wieder aufgenommen, nachdem der Europäische Rat die Kommission aufgefordert hatte, „die Anpassungen des Gesellschaftsrechts mit dem Ziel der Schaffung einer Gesellschaft europäischen Rechts rasch voranzutreiben.“[21] Anschließend im Juli

---

15 *Sanders*, Vorentwurf eines Statuts für europäische Aktiengesellschaften, in Kommission der Europäischen Gemeinschaften (Hrsg.), Kollektion Studien, Reihe Wettbewerb Nr. 6, Brüssel 1967; ders. AG 1967, S. 344. Zum Verordnungsentwurf (1970): Abl. C 124 vom 10. Oktober 1970 und Bull. EG 1970, Beilage 8/70.

16 Bull. EG, Beilage 4/75, S. 1-200.

17*Hauschka*, AG 1990, S. 96; *Wahlers*, AG 1990, S. 449.

18 Vgl. *Trojan-Limmer*, RIW 1991, S. 1010, 1011; *Hauschka* (1990), S. 99.

19 Vgl. *Kolvenbach*, DB 1989, S.1957.

20 Siehe Kommission der EG, Vollendung des Binnenmarktes, Weißbuch an den Europäischen Rat, KOM(85) 310 endg. V. 14. 6. 1985, S. 34, Rn. 134.

21 Kommission der EG, zweiter geänderter Vorschlag einer Verordnung über das Statut der Europäischen Aktiengesellschaft, KOM(89) 268 endg. – SYN 218 v. 25. 8. 1989, S. 1.

1988 beschloss die Kommission – auf Initiative *Jacques Delors* – diese Arbeiten im Wege eines Memorandums[22] der Kommission an das Europäische Parlament, den Rat und die Sozialpartner erneut zu beleben. Im Gegensatz zur Ankündigung des Weißbuchs enthielt das Memorandum aber keine ausformulierte Fassung eines SE-Statuts, sondern legte die Hauptschwierigkeiten der vorherigen Vorschläge dar und versuchte Lösungsmöglichkeiten aufzuzeigen.[23] Im Vordergrund des Memorandums der Kommission standen die drei zentralen Punkte, über die in den bisherigen Beratungen über die Schaffung des SE-Statuts keine Einigung unter den EU-Mitgliedstaaten erzielt werden konnte, namentlich die fakultative Anwendung des Statuts neben den nationalen Regelungen, Unabhängigkeit des Statuts gegenüber innerstaatlichem Recht und die Beteiligung der Arbeitnehmer. Durch dieses Memorandum forderte die Kommission die Europäischen Gesetzgebungsorgane und die Verbände durch das Memorandum auf, zu den Punkten Stellung zu nehmen, und die verschiedenen Stellungnahmen wurden dann zwischen 1988 und 1989 der Kommission vorgelegt.[24] Insbesondere beeinflusst durch die Stellungnahmen von EP und WSA legte die Kommission am 25. 8. 1989 einen vollständig erneuerten Vorschlag in Form eines überarbeiteten Konzepts für ein SE-Statut (SE-VOV 1989) vor, das die nicht konsensfähigen Inhalte der Entwürfe von 1970/75 ausklammerte und in den Bereichen Sozial- und Arbeitsrecht, Steuer- und Wettbewerbsrecht, gewerblicher Rechtsschutz, Insolvenzrecht sowie Betriebsverfassungsrecht auf das nationale Recht des Sitzstaates der SE verwies.[25] Darüber hinaus verzichtete die SE-VOV 1989 vor allem auf die Regelungen des Konzern-, Rechnungslegungs- und Steuerrechts. Durch diese Kürzung enthielt der Vorschlag nur noch 137 Artikel. Er wurde in zwei Rechtsakte aufgeteilt, während die Entwürfe 1970/75 den Inhalt über das SE-Statut in einem Rechtsakt zusammenfassten. Die zwei Rechtsakte waren:

- eine Verordnung über das SE-Statut[26], in der die gesellschaftsrechtlichen Fragen behandelt wurden und

---

22 Kommission der EG, Memorandum der Kommission an das Europäische Parlament, den Rat und die Sozialpartner, KOM(88) 320 endg. vom 15. 7. 1988; in Beilage 3/88 zum Bulletin der EG abgedruckt; *Kolvenbach*, DB 1988, S. 1837 ff.

23 *Kohlhepp*, RIW 1989, S. 88-89: „Damit soll ein transnationaler Gesellschaftstyp geschaffen werden, der Gemeinschaftsunternehmen ermöglicht, deren rechtliche Struktur kein Hindernis für ein Tätigwerden auf dem europäischen Binnenmarkt ist“.

24 Zu den Stellungnahmen: Entschließung des EGB-Exekutivausschusses vom 7. 10. 1988 in Madrid (Europäischer Gewerkschaftsbund: EGB); UNICE, Position vom 7. 11. 1988 (Union des Confederations et des Employeurs d`Europe, UNICE); Abl. EG 96 vom 17. 4. 1989 (Europäisches Parlament : EP); Beschluss vom 24. 11. 1988, CES 1233/88; Abl. C 23 vom 30. 1. 1989, S. 36 ff. (Wirtschafts- und Sozialausschuss: WSA).

25 So Präambel, Erwägungsgrund 20 WE-VOV 1989 = Präambel, Erwägungsgrund 21 SE-VOV 1991.

26 Vgl. Kommission der EG (SE-VOV 1989).

- eine Richtlinie zur Ergänzung des SE-Statuts hinsichtlich der Stellung der Arbeitnehmer[27], in der drei verschiedene Mitbestimmungsmodelle für eine SE zur Wahl gestellt wurden.

Die Verordnung und die Richtlinie bildeten aber eine untrennbare Einheit und mussten zum gleichen Zeitpunkt in Kraft treten, obwohl sie in zwei Rechtsakte aufgeteilt und jeweils auf andere Rechtsgrundlagen gestützt wurden.[28] Anders als die Entwürfe von 1970/75, die auf die Grundlage von Art. 308 EGV (ex-Art. 235 EGV) gestellt wurden, basierte der SE-VOV 1989 auf Art. 95 EGV (ex-Art. 100a EGV). Daher musste die Kommission speziell eine andere Rechtsgrundlage für die Richtlinie über die Stellung der Arbeitnehmer, nämlich Art. 44 Abs. 2 Buchst. g EGV (ex-Art. 55 Abs. 2 Buchst. g EGV), bestimmen, weil der Art. 95 Abs. 2 deutlich die Bestimmungen über die Rechte der Arbeitnehmer ausschließt. Die geänderten Rechtsgrundlagen ermöglichten, dass nicht nur VO, sondern auch RL nunmehr durch eine qualifizierte Mehrheit im Rat verabschiedet werden konnten, während Art. 308 EGV Einstimmigkeit erforderte. Die Spaltung der Rechtsgrundlage ist in weiten Teilen der Literatur zum SE-Entwurf, aber auch beim WSA und im Rechtsausschuss des Bundestags, auf erhebliche Kritik gestoßen und wird weitgehend für unzulässig gehalten.[29]

Nach weiteren Stellungnahmen zum Verordnungsentwurf[30] wurde der SE-VOV 1989 von der Kommission erneut bearbeitet, um im Mai 1991 in geänderter Fassung als Verordnungsvorschlag (SE-VOV 1991) und Richtlinienvorschlag (SE-RLV 1991) vorgelegt zu werden. Der SE-VOV 1991 begnügte sich nun mit nur noch 108 Artikeln und enthielt auch zahlreiche Verweisungen. Die wesentlichen Änderungen betrafen die Gründungsmöglichkeiten, die Sitzverlegung innerhalb der Gemeinschaft, die Zustimmungspflichtigkeit des Aufsichtsrates und das Letztentscheidungsrecht der Aktionäre. Bei der Wahl des Mitbestimmungsmodells wurde das Bestimmungsrecht der Unternehmungsleitung in ein Wahlverfahren umgeändert.[31]

Trotz dieser Anstrengungen zur Vereinbarung der gegenseitigen Standpunkte wurden die Beratungen im Rat wegen Uneinigkeit in Bezug auf die Frage der Mitbestimmungsrechte einer SE 1993 erneut ausgesetzt, obwohl der jetzige Vorschlag wie der SE-VOV 1989 auf die umstrittenen Regelungsbereiche zur Organstruktur, zum Konzern- und zum Steuerrecht nahezu verzichtete.

---

27 Vgl. Kommission der EG (SE-VOV 1989).

28 Vgl. Begründung der Kommission zum SE-VOV 1989.

29 Stellungnahme des WSA zum SE-Statut 1989: Abl. EG Nr. C 124/34 (36) vom 21. 5. 1990; Kurzprotokoll der 42. Sitzung des Rechtsausschusses des 12. Deutschen Bundestages vom 3. 7. 1992, S. 31 f. Für die Literatur vgl. die umfassende Darstellung von *Wahlers*, AG 1990, S. 448 ff. Siehe weiterhin: *Abeltshauser*, AG 1990, S. 289 (291 ff.).

30 SE-Stellungnahme des Wirtschafts- und Sozialausschusses vom 25. 2. 1990: Abl C 124/34; Stellungnahme des Europäischen Parlaments vom 25. 2. 1991: Abl C 48/72.

31 Zu weiteren Änderungen siehe *Trojan-Limmer*, RIW 1991, S. 1010/1011.

IV. Die Forderungen der Wirtschaft und die Verabschiedung des SE-Statutes (1995 ~ 2000)

Obwohl eine Einigung vor allem an der Mitbestimmungsproblematik gescheitert war, vermehrten sich Forderungen aus der Wirtschaft nach einer Einführung der SE, die die europäische Wirtschaft stärken und ihre Wettbewerbsfähigkeit auf den Weltmärkten verbessern sollte.[32] Der Ciampi-Bericht von 1995, der von einer Beratergruppe unter dem Vorsitz von Carlo Ciampi vorgelegt wurde,[33] bezifferte das jährliche Einsparungspotenzial der europäischen Wirtschaft durch die SE auf 30 Milliarden Euro. Im November gleichen Jahres ging die Kommission in einer Mitteilung auf die Forderungen nach einer Einführung der SE ein.[34]
1996 setzte die Kommission eine Expertengruppe unter dem Vorsitz von *Etienne Davignon* ein, um die verschiedenen Standpunkte der Mitgliedstaaten hinsichtlich der Mitbestimmungsfrage zu einem Kompromiss zu führen. Alsbald legte sie im Mai 1997 ihren Abschlussbericht vor, den so genannten *Davignon-Bericht*, der sich mit drei verschiedenen Mitbestimmungsmodellen auffallend von der 1991 vorgeschlagenen Richtlinie unterscheidet. Als einen Ausweg aus der festgefahrenen Verhandlungssituation präsentierte dieser Bericht eine Auffangregelung für die Informations-, Konsultations- und Mitbestimmungsrechte der Arbeitnehmer.[35] Die Vorschläge des *Davignon-Berichts* ermöglichten tatsächlich Ende des Jahres 1998 die Wiederaufnahme der Beratungen über das SE-Statut.
1998 wurde seitens des britischen Ratsvorsitzes in der EU die sog. Vorher-Nachher-Lösung zur Mitbestimmung der Arbeitnehmer vorgetragen, die den Vorschlag zu der Festlegung eines Schwellenwertes für deren Anwendung beinhaltete und dadurch das bisherige Mitbestimmungsniveau der Gründungsunternehmen auch auf Ebene der SE fortbestehen ließ.
14 Mitgliedstaaten erklärten sich mit dieser Lösung einverstanden, während allein Spanien aus sachfremden Gründen 1999 am Widerstand festhielt.[36]
Dies führte den Europäischen Rat von Nizza zu folgenden Schlussfolgerungen: „Diese Einigung, die den unterschiedlichen Gegebenheiten in den Mitgliedstaaten im Bereich Sozialbeziehungen Rechung trägt, stellt es den Mitgliedstaaten frei, die Auffangregelungen für die Mitbestimmung, die für die durch Fusion gebildeten SE gelten, in ihr nationales Recht umzusetzen. Voraussetzung dafür, dass eine SE in einem Mitgliedstaat registriert werden kann, der diese Auffang-

---

32 Vgl. *Blanquet*, ZGR 2002, S. 28.

33 Bericht der Beratungsgruppe „Wettbewerbsfähigkeit“ vom Juni 1995 – Erster Bericht an den Präsidenten der Kommission und die Staats- und Regierungschefs, S. 9. Kritisch zu den Berechnungsgrundlagen vgl. *Buchheim,* (2001), S. 111.

34 Memo(95) 147 vom 15. November 1995, Was ist das SE-Statut?

35 S. Sachverständigengruppe „European Systems of Worker Involvement“, Abschlußbericht, Luxemburg, 1997. Dazu vgl. auch *Heinze*, M.(2002), S. 70-72; *Mävers* (2002), S. 294-312.

36 Vgl. *Blauquet*, ZGR 2002, S. 28-33 ; 70-76; *Hirte*, NZG 2002, S. 1 (1f.); *Schwarz*, ZIP 2001, 1847 (1847 f.).

regelungen nicht in sein nationales Recht umgesetzt hat, ist, dass eine Vereinigung über die Modalitäten der Beteiligung der Arbeitnehmer, einschließlich der Mitbestimmung, geschlossen worden ist oder dass für keine der teilnehmenden Gesellschaften vor der Registrierung der SE Mitbestimmungsregeln galten." Daraufhin forderte der Europäische Rat den Rat auf, vor Ende des Jahres 2000 „die Texte, die die Schaffung des Statuts der SE ermöglichen, zum Abschluss zu bringen".

Dementsprechend folgten letztendlich eine Verordnung über ein SE-Statut[37] und eine Richtlinie über Beteiligung der Arbeitnehmer[38] in der SE auf dem Gipfel des Europäischen Rates der Staats- und Regierungschefs von Nizza im Dezember 2000. Am 8. 10. 2001 wurden diese beiden Rechtsakte auf der Grundlage von Art. 308 EGV vom Europäischen Rat angenommen[39]. Seit dem Inkrafttreten der SE-VO am 8. 10. 2004 können sich die Gesellschaften der neuen Rechtsform bedienen.[40] Dementsprechend wurden auch die erforderlichen nationalen Ausführungsgesetze zur SE-VO von den Mitgliedstaaten verabschiedet und die SE-RL jeweils in nationales Recht umgesetzt.[41]

Seit dieser Einigung können sich interessierte Gesellschaften seit dem 8. Oktober 2004 der neuen Rechtsform bedienen.[42] Freilich trat zu diesem Zeitpunkt die SE-VO in Kraft, und die SE-RL musste ebenfalls von den einzelnen Mitgliedstaaten in nationales Recht umgesetzt sein.[43] Dabei hat der deutsche Bundestag am 29. 10. 2004 das entsprechende Gesetz zur Einführung der Europäischen Aktiengesellschaften (SEEG) beschlossen. Nach der Einführung dieser Rechtsform wurde am 8. Oktober 2004 die „MPIT structured Financial Services SE" mit Sitz in Amsterdam als gemeinsame Tochtergesellschaft verschiedener Finanzdienstleistungsunternehmen grenzüberschreitend gegründet. Wenige Tage später wandelte sich die österreichische Strabag AG in die „Strabag SE" um. Weitere SE-Gründungen erfolgten seinerzeit entsprechend den verschiedenen Grün-

---

37 Vgl. Verordnung des Rats vom 8. 10. 2001 über das Statut der SE (2157/2001), ABIEA Nr. L 294 vom 10. 11. 2001, S. 1.

38 Vgl. Richtlinie 86/2001/EG des Rats vom 8. 10. 2001 zur Ergänzung des Statuts der SE hinsichtlich der Beteiligung der Arbeitnehmer ABIEG Nr. L 294 vom 10.11.2001, S. 22.

39 Der Entwurf wurde nicht zur 2. Lesung an das europäische Parlament übersandt, da der Rat die SE-VO auf Art. 308 EGV stützte. Der SE-VO-Entwurf von 1989 fußte auf Art. 95 EGV und sah das Mitbestimmungsverfahren vor. Das europäische Parlament behält sich auf Grund der Änderung der Rechtsgrundlage vor, den EuGH nach Erlass der SE-VO anzurufen; vgl. Pressebericht des europäischen Parlaments vom 4. 9. 2001; *Hommelhoff*, AG 2001, S. 279 f; vgl. ausführlich zum Gesetzgebungsverfahren *Schwarz*, ZIP 2001, S.1847; *Lutter*, BB 2002, S. 2 f.

40 Vgl. *Kersting*, DB 2001, S. *Hommelhoff*, AG 2001, S. 286; *Jahn/Herfs-Röttgen*, DB 2001, S. 631.

41 S. Art. 14 Abs. 1 SE-RL.

42 Vgl. Art. 14 Abs. 1 (SE-RL) und Art. 70 (SE-VO), *Jahn/Herfs-Röttgen*, DB 2001, S. 631.

43 Verordnung (EG) Nr. 2157/2001 des Rates v. 8. 10. 2001 über das Statut der Europäischen Gesellschaft (SE), Abl. EG Nr. L 294 v. 10. 11. 2001, S. 1; Richtlinie 2001/86/EG des Rates zur Ergänzung des Statuts der Europäischen Gesellschaft hinsichtlich der Beteiligung der Arbeitnehmer v. 8. 10. 2001 Abl. EG Nr. L 294 v. 10. 11. 2001, 22.

dungsmethoden.[44] Jüngstes und europaweit bekanntestes Beispiel, eine SE im Wege der grenzüberschreitenden Verschmelzung zu gründen, ist aber die „Allianz AG“. Sie plant, ihre Holdingsgesellschaft zusammen mit ihrer italienischen Konzerntochtergesellschaft, der RAS, in eine SE umzuwandeln.[45]

Exkurs: Zustand der Harmonisierung des Europäischen Gesellschaftsrechts durch die EG-Richtlinien

Neben der Bemühung um die Schaffung einer supranationalen Gesellschaftsform hat die EG-Kommission auch eine Harmonisierung der nationalen Gesellschaftsrechte durch diverse EG-Richtlinien angestrebt. Zur Harmonisierung der EG-Gesellschaftsrechte sind bisher zehn von 14 durchnummerierten gesellschaftlichen Richtlinien erlassen worden. Diese EG-Richtlinien beziehen sich prinzipiell nicht auf die SE, sondern auf jede nationale Aktiengesellschaft. Trotzdem müssen nach Art. 9 Abs. 2 SE-VO die von den Mitgliedstaaten eigens für die SE erlassenen Rechtsvorschriften mit den für Aktiengesellschaften im Sinne der im Anhang I maßgeblichen Richtlinien in Einklang stehen. Damit haben die mitgliedstaatlichen Bestimmungen nach Art. 9 Abs. 2 SE-VO mit sämtlichen für die Aktiengesellschaften geltenden Richtlinien im Einklang zu stehen. Überdies ergänzt sie Art. 10 SE-VO, der die grundsätzliche Gleichbehandlung von nationalen Aktiengesellschaften und SE vorschreibt.[46] Die weitere Harmonisierung der EG-Richtlinien trägt folglich nicht nur zur Aktivität der nationalen AG, sondern auch der SE bei. Des Weiteren sind die nationalen Regelungen, die mit den betreffenden Richtlinien nicht vereinbar sind, - aufgrund des Vorranges des Europarechts – nicht anzuwenden. Die EG-Richtlinien werden im Folgenden kurz skizziert:

1) Erlassene gesellschaftsrechtliche EG-Richtlinien

- Die **Publizitätsrichtlinie** (Erste Richtlinie)[47] regelt in erster Linie die Pflicht von Kapitalgesellschaften zur Offenlegung ihrer rechtlichen Verhältnisse und die Wirkun-

---

44 - **Grenzüberschreitende Verschmelzung**: Brenner Basistunnel BBT SE, Innsbruck; Alfred Berg SE, Stockholm; Nordea Bank Gruppe SE, Stockholm (jeweils konzerninterne Verschmelzung verschiedener Tochtergesellschaften auf die Muttergesellschaft: up-stream merger),
- **Gemeinsame Tochtergesellschaft**: Go-East Invest SE, Berlin; Schering-Plough Clinical Trials SE, Großbritannien; Zoll Pool Hafen Hamburg SE, Hamburg (grenzüberschreitende Zusammenfassung verschiedener Unternehmen oder gemeinsames grenzüberschreitendes Engagement verschiedener Unternehmen),
- **Formwechselnde Umwandlung**: Elcoteq Network Corporation, Helsinki (europaweit einheitliche Aufstellung mit europäischer Identität); Neumann Partners SE, Österreich. Jüngstes und europaweit prominentestes Beispiel, eine SE im Wege der grenzüberschreitenden Verschmelzung zu gründen, ist aber die Allianz AG. Sie plant, ihre Holdingsgesellschaft zusammen mit ihrer italienischen Konzerntochtergesellschaft, der RAS, in eine SE umzuwandeln.

45 *Theisen/Wenz*, die Europäische Aktiengesellschaft (2005), S. 55 f.

46 *Schröder/Fuchs* in *MMS* (2005), Art. 9 SE-VO Rn. 20 f.

47 1. RL 68/151/EWG vom 9.3.1968, ABlEG Nr. L 65/8 v. 14.3.1968; Umsetzung in der Bundesrepublik Deutschland durch Gesetz vom 15.8.1969, BGBl 1969 I, S. 1146, in Kraft seit 1.9.1969.

gen der Publizität. Daneben enthält sie Vorschriften über die Wirksamkeit von Organhandlungen gegenüber Dritten und die Nichtigkeit und Vernichtbarkeit von Gesellschaften.
- Die **Kapitalrichtlinie** (Zweite Richtlinie)[48] behandelt die Fragen der Kapitalerhöhung, Kapitalherabsetzung und Kapitalerhaltung sowie zur Gründung der Aktiengesellschaft. Diese Richtlinie folgt dabei dem System des festen Grundkapitals und der realen Kapitalaufbringung.
- Die **Fusionsrichtlinie** (Dritte Richtlinie),[49] auf der das geltende deutsche Verschmelzungsrecht beruht, regelt die Fusion von Gesellschaften und fusionsähnliche Vorgänge.
- Die **Bilanzrichtlinie** (Vierte Richtlinie)[50] regelt im Wesentlichen Bestandteile, Inhalt und Gliederung des Jahresabschlusses, stellt Bewertungsgrundsätze auf und verlangt eine Prüfung und Offenlegung des Jahresabschlusses.
- Die **Spaltungsrichtlinie** (Sechste Richtlinie)[51] gilt nur für die Mitgliedstaaten, deren Gesellschaftsrecht die Spaltung erlaubt. Sie behandelt Voraussetzungen, Verfahren und Wirkung der Spaltung.
- Die **Konzernbilanzrichtlinie** (Siebte Richtlinie):[52] Durch die Umsetzung dieser Richtlinie über den konsolidierten Abschluss werden verbundene Unternehmen zur Konsolidierung ihres Jahresabschlusses verpflichtet, der ein zutreffendes Bild der Vermögens-, Finanz- und Ertragslage der Gesellschaften vermitteln soll.

---

48 2. RL 77/91/EWG vom 13.12.1976, AB1EG Nr. L 26/1 v. 31.1.1977; Umsetzung in der Bundesrepublik Deutschland durch Gesetz vom 13.12.1978, BGBl. 1978 I, S. 1959, in Kraft seit 1.7.1979; geändert durch RL 92/101/EWG des Rates vom 23.11.1992 zur Änderung der RL 77/91/EWG, AB1EG Nr. L 347/64 vom 28.11.1992.

49 3. RL 78/855/EWG des Rates v. 9.10.1978, ABIEG Nr. L 295/36 v. 20.10.1978; Umsetzung in der Bundesrepublik Deutschland durch Gesetz vom 25.10.1982, BGBl. 1982 I, S. 1425, in Kraft seit 1.1.1983.

50 4. RL 78/660/EWG des Rates vom 25.7.1978, ABIEG Nr. L 222/11 v. 14.8.1978; erste Änderung durch Richtlinie 84/569/EWG des Rates vom 27.11.1984 zur Änderung der in ECU ausgedrückten Beträge der Richtlinie 78/660/EWG (ABIEG Nr. L 314/28 vom 4.12.1984), Umsetzung in der Bundesrepublik Deutschland durch Gesetz vom 19.12.1985 - „Bilanzrichtliniengesetz" (BGBl. 1985 I, S. 2355); zweite Änderung durch die Mittelstandsrichtlinie (RL 90/604/EWG des Rates vom 8.11.1990, ABIEG Nr. L 317/57 vom 16.11.1990); dritte Änderung durch RL 94/8/EG (ABIEG Nr. L 82/33 vom 25.3.1994). Die erste Änderungsrichtlinie ist in der Bundesrepublik Deutschland bereits im „Bilanzrichtliniengesetz" berücksichtigt worden; die beiden letzten Änderungsrichtlinien sind durch Gesetz vom 25.7.1994 (BGBl 1994,1, S. 1682) umgesetzt worden (in Kraft seit 5.8.1994). Der Anwendungsbereich der Richtlinie ist durch die GmbH & Co. KG-Richtlinie (RL 90/604/EWG des Rates vom 8.11.1990, ABIEG Nr. L 317/60 vom 16.11.1990) erweitert worden; Umsetzung in der Bundesrepublik Deutschland durch KapCoRiLiG v. 24.2.2000, BGBl. 20001, S. 154-162, in Kraft seit 9.3.2000.

51 6. RL 82/891/EWG des Rates vom 17.12.1982, ABIEG Nr. L 378/47 v. 31.12.1982; Umsetzung in der Bundesrepublik Deutschland durch Gesetz vom 28.10.1994 - „Umwandlungsgesetz" - (BGBl. 1994,1, S. 3210), in Kraft seit 1.1.1995.

52 7. RL 83/349/EWG des Rates vom 13.6.1983, ABIEG Nr. L 193/1 v. 18.7.1983; Umsetzung in der Bundesrepublik Deutschland durch Gesetz vom 19.12.1985 - „Bilanzrichtliniengesetz" - (BGBl 1985,1, S. 2355), in Kraft seit 1.1.1986; Änderungen der Richtlinie insbesondere durch die GmbH & Co. KG-Richtlinie und die Mittelstandrichtlinie (siehe. Fn. zu Vierter Richtlinie).

- Die **Abschlussprüferrichtlinie** (Achte Richtlinie)[53] über die Zulassung von Abschlussprüfern regelt die Anforderungen an die Fähigkeiten von Personen zur gesetzlichen Abschlussprüfung von Kapitalgesellschaften.
- Die **Internationale Fusionsrichtlinie** (Zehnte Richtlinie):[54] Der Vorschlag zu dieser Richtlinie, die sich auf die grenzüberschreitende Verschmelzung bezieht, wurde seit 1985 immer wieder vorgelegt. Damals scheiterte ihre Verabschiedung vor allem an der Frage der Mitbestimmung. Nach der Verabschiedung der SE-VO und der SE-RL legte die EU-Kommission am 18.11.2003 einen geänderten Richtlinienvorschlag vor, der sich bewusst weitgehend an der SE-VO und der SE-RL ausrichtet[55] und zwar mit dem ausdrücklichen Ziel, auch einen steuerlichen Rahmen für Gestaltungsmöglichkeiten zu bieten, die die SE-VO mit der Gründung und Umwandlung der SE schafft.[56] Die Kommission bestätigte diesen Vorschlag zur Änderung der Richtlinie 90/434/EWG des Rates über das gemeinsame Steuersystem für Fusion, Spaltungen, die Einbringung von Unternehmensteilen und den Austausch von Anteilen, die die Gesellschaften verschiedener Mitgliedstaaten betreffen.[57] Am 17. Februar nahm der Rat endlich eine geänderte Fassung dieses Vorschlags als Richtlinie 2005/19/EG an.[58]
- Die **Zweigniederlassungsrichtlinie** (Elfte Richtlinie)[59] über die handelsrechtliche Publizität von Zweigniederlassungen bestimmt die Offenlegung bestimmter Unterlagen bei Zweigniederlassungen von Kapitalgesellschaften in anderen EU-Mitgliedstaaten.
- Die **Einpersonengesellschaftsrichtlinie** (Zwölfte Richtlinie)[60] betrifft Gesellschaften mit beschränkter Haftung mit einem einzigen Gesellschafter.

---

53 8. RL 84/253 EWG des Rates vom 10.4.1984, ABIEG Nr. L 126/20 v. 12.5.1984; Umsetzung in der Bundesrepublik Deutschland durch Gesetz vom 19.12.1985 - „Bilanzrichtliniengesetz" - (BGBl 1985,1, S. 2355), in Kraft seit 1.1.1986.

54 Vorschlag einer 10. RL vom 14.1.1985 (Tag der Vorlage durch Kommission beim Rat) betreffend die grenzüberschreitende Verschmelzung, AB1EG Nr. C 23/11 v. 25.1.1985.

55 Vorschlag einer Richtlinie des Europäischen Parlaments und des Rates über die Verschmelzung von Kapitalgesellschaften aus verschiedenen Mitgliedstaaten KOM/2003/0703 endg. – COD 2003/0277, vgl. http://europa.eu.int/eur-lex/de/com/reg/de_register_171 0.html; diesbezüglich hat der Rat seine politische Zustimmung am 25.11.2004 erteilt (siehe Mitteilung der Kommission v. 25.11.2004 - /P/04/1405) - die Stellungnahme des Parlaments wird für Anfang 2005 erwartet und lag bei Drucklegung noch nicht vor.

56Vorschlag für eine Richtlinie des Rates zur Änderung der Richtlinie 90/434/EWG des Rates vom 23. Juli 1990 über das gemeinsame Steuersystem für Fusionen, Spaltungen, die Einbringung von Unternehmensteilen und den Austausch von Anteilen, die Gesellschaften verschiedener Mitgliedstaaten betreffend, KOM(2003) 613 endgültig, 2003/0239 (CNS); der Rat hat am 7.12.2004 seine politische Zustimmung zur Änderung der FRL erklärt.

57 Im Zusammenhang mit der Besteuerung der SE siehe unten C VIII.

58 Pressemitteilung IP/05/193 und ABl. L 58 S; Siehe hierzu auch die Pressemitteilung anlässlich der politischen Einigung über die geänderte Fassung.

59 11. RL 89/666/EWG des Rates vom 22.12.1989, ABIEG von 1989, Nr. L 395/36; Umsetzung in der Bundesrepublik Deutschland durch Gesetz vom 22.7.1993 (BGBl 1993,1, S. 1282).

60 12. RL 89/667/EWG des Rates vom 21.12.1989, ABIEG Nr. L 395/40 v. 30.12.1989; Umsetzung in der Bundesrepublik Deutschland durch Gesetz vom 18.12.1991 (BGBl 1991, I, S. 2206), in Kraft seit 1.1.1992.

- Die **Übernahmerichtlinie** (Dreizehnte Richtlinie),[61] die gemeinschaftsweit auf eine Etablierung des angemessenen Schutzniveaus für Aktionäre zielt und gleichzeitig nach der Schaffung eines effizienten und transparenten Angebotsverfahren strebt, wurde nach einer drei Jahrzehnte dauernden Phase des Taktierens am 30. 3. 2004 vom Ministerrat verabschiedet[62] – insbesondere im Bereich des Gesellschafts- und Konzernrechts als auch des Kapitalmarkt- und Börsenrechts.[63] Dadurch haben die Nationalstaaten der EU die Möglichkeit, das Hindernis zu beseitigen, einerseits im Übernahmerecht sehr unterschiedliche Bestimmungen zu treffen und andererseits Wettbewerbsvorteile durch Abwehrmaßnahmen gegen feindliche Übernahmen zu genießen. Diese Richtlinie trat kurz nach ihrer für Juni 2004 vorgesehenen Veröffentlichung im Amtsblatt in Kraft; die Umsetzungsfrist endete zwei Jahre später.

2) Nicht erlassene gesellschaftsrechtliche EG-Richtlinien

- Eine **Strukturrichtlinie** (geänderter Vorschlag einer Fünften Richtlinie)[64] über die innere Struktur der Aktiengesellschaft sowie Befugnisse und Verpflichtungen ihrer Organe ist bisher nicht verabschiedet worden, während in Bezug auf die Außenaspekte sowie die kapitalmarktrechtlichen Elemente des betreffenden Gesellschaftsrechts Fortschritte zu verzeichnen sind. Vor allem in Bezug auf die Wahl zwischen monistischem oder dualistischem System, die Mitbestimmungsfrage und die Fragen des Steuerrechts waren und sind sich die Mitgliedstaaten – wie bei der SE – uneinig. Seit der ersten Lesung im Europäischen Parlament am 27.10.1999 sind keine Fortschritte mehr erzielt worden.
- Eine **Konzernrechtsrichtlinie** (Vorentwurf einer Neunten Richtlinie),[65] die sich an die Regelungen des deutschen Aktienrechts anlehnt, ist kein förmlicher Richtlinienvorschlag, weil sich für die Verabschiedung des Entwurfs in der EU-Kommission keine Mehrheit fand. Die meisten EU-Mitgliedstaaten halten eine Kodifizierung des Konzernrechts weder für notwendig noch für zweckmäßig, da außer Portugal kein anderer Mitgliedstaat sonst über die konzernrechtlichen Vorschriften verfügt. Wenn schon,

61 Richtlinie des Europäischen Parlaments und des Rates betreffend Übernahmeangebote in der Fassung vom 16. 3. 2004, Dossier 2002/0240 (COD), PE-CONS 3607/04 (nachfolgend: Richtlinie); Artikelangaben ohne weitere Bezeichnung beziehen sich auf die Richtlinie.

62 Vorschlag einer 13. Richtlinie vom 16.2.1989, ABlEG Nr. C 64/8 v. 14.3.1989; geänderter Vorschlag vom 14.9.1990 über Übernahmeangebote, ABlEG Nr. C 240/7 vom 26.9.1990; revidierter Vorschlag vom 7.2.1996, ABlEG Nr. C 162/5 vom 6.6.1996; weiterer geänderter Vorschlag vom 11.11.1997, ABl. 1997 C 378/10; jetzt COM (2002) 534 eng., verabschiedete Fassung Ab. 2004 L 142/12; *Krause*, NJW 2002, 705 ff., zum weiteren Vorgehen der EU-Kommission in diesem Bereich siehe *ders*., a.a.O., S. 716; KOM/2002/0534 endg. - 2002/0240 (COD), veröffentlicht im Internet unter http://eur-opa.eu.int/eur-lex/de/com/reg/de_register_1710.html.

63 *Kindler*, DStR 2004, S. 866 f.

64 Ursprünglicher Kommissionsvorschlag vom 27.9.1972, ABlEG Nr. C 131/49 v. 13.12.1972; geänderter Vorschlag vom 19.8.1983, ABlEG Nr. C 240/2 v. 9.9.1983; erneut geändert durch Vorschlag vom 20.12.1990, ABlEG Nr. C 7/4 vom 11.1.1991, sowie durch weiteren Vorschlag vom 20.11.1991, ABlEG Nr. C 321/9 vom 12.12.1991.

65 Geänderter Vorentwurf einer 9. RL von 1984 über das Konzernrecht (KOM-DOK. IH/1639/84; abgedruckt bei *Lutter* 1996, S. 244 ff.).

führe die Verabschiedung einer solchen Richtlinie zur Einführung des deutschen Konzernrechts.[66]
- Eine **Sitzverlegungsrichtlinie** (Vorentwurf für eine Vierzehnte Richtlinie)[67], die die Verlegung des Sitzes einer Gesellschaft in einen anderen Mitgliedstaat mit Wechsel des für die Gesellschaft maßgebenden Rechts regeln sollte, wurde bisher nicht umgesetzt. Für diese Richtlinie gab es schon seit 1998 einen Vorschlag, der sich vorwiegend auf Art. 8 SE-VO stützt.[68] Im Aktionsplan vom 21. Mai 2003 hatte die Kommission zwar angekündigt in Kürze einen neuen Vorschlag für die Sitzverlegungsrichtlinie anzunehmen,[69] aber nach der Veröffentlichung der Folgenabschätzung im Dezember 2007 ist die Kommission zu dem Schluss gekommen, die Arbeiten an diesem Bereich einzustellen.[70]
- Für eine **Liquidationsrichtlinie**,[71] die die Auflösung und Liquidation von Gesellschaften regelt, liegt bisher nur ein Vorentwurf, aber noch kein Vorschlag vor.
Ferner bezüglich des Internationalen Insolvenzrechts, das der Gegenstand der Verordnung Nr. 1346/2000 des Rates über Insolvenzverfahren ist,[72] die am 31.5.2002 in allen Mitgliedstaaten bis auf Dänemark[73] unmittelbare Geltung erlangt hat, schafft die Verordnung für den Bereich des Insolvenzrechts einheitliche Kollisionsnormen, welche die Regelungen des Internationalen Privatrechts der einzelnen Mitgliedstaaten ersetzen.[74] Die Regelungen über die Sanierung und Liquidation von Versicherungsunternehmen und Kreditinstituten wurden durch die Richtlinien 2000/17/EG und 2001/24/EG harmonisiert.[75]
Im Übrigen sind bezüglich des Arbeitsrechts verschiedene Richtlinien erlassen worden.[76] Für die SE spielt vor allem die Euro-Betriebsrats-Richtlinie[77] eine Rolle, die

66 *Wiesner*, EuZW 1998, S. 619, 626. 101.

67 Vorentwurf eines Richtlinienvorschlags zur Verlegung des Gesellschaftssitzes innerhalb der EU, abgedruckt in ZGR 1999,157 ff.

68 Siehe Abs. 7 Punkt 3 der Begründung des Richtlinienvorentwurfs, abgedruckt in ZGR 1999, S. 157 ff.

69 "Mitteilung der Kommission an den Rat und das Europäische Parlament - Modernisierung des Gesellschaftsrechts und Verbesserung der Corporate Governance in der Europäischen Union – Aktionsplan“ (KOM(2003)284 endg.).

70 Die Folgenabschätzung ist veröffentlicht im Internet unter http://ec.europa.eu/internal_market/company/docs/ shareholders/ia_transfer_122007_part1_en.pdf und http://ec.europa.eu/internal_market/company/docs/shareholders/ ia_transfer_122007_part2_en.pdf.

71 Überarbeiteter Vorentwurf einer RL von 1987 betreffend die Auflösung und Liquidation von Gesellschaften (Dok.-Nr. XV/43/87-DE; abgedruckt bei *Lutter* 1996, S. 302 ff.).

72 ABlEG Nr. L 160/1 vom 29.05.2000.

73 33. Erwägungsgrund der Verordnung über Insolvenzverfahren.

74 23. Erwägungsgrund der Verordnung über Insolvenzverfahren.

75 Richtlinie 2000/17/EG über Sanierung und Liquidation von Versicherungsunternehmen vom 19.03.2001, ABlEG Nr. L 110/28 vom 20.04.2001; Richtlinie 2001/24/EG vom 4. April 2001 über die Sanierung und Liquidation von Kreditinstituten, ABlEG Nr. L 125 vom 05.05.2001.

76 So sind geregelt: Arbeitnehmerkonsultation bei Massenentlassungen, Arbeitnehmeransprüche beim Betriebsübergang, Schutz der Arbeitnehmer bei Zahlungsunfähigkeit des Arbeitgebers, Teilzeitarbeit, Sicherheit und Gesundheitsschutz von Zeitarbeitnehmern, Arbeitszeit, Nachweis von Arbeitsverträgen, Entsendung von Arbeitnehmern, Gleichbehand-

Regelungen für die Einsetzung eines Europäischen Betriebsrats oder die Schaffung eines Verfahrens zur Unterrichtung und Anhörung der Arbeitnehmer in gemeinschaftsweit operierenden Unternehmen und Unternehmensgruppen vorschreibt. Diese Richtlinie soll zur Schaffung einer zusätzlichen Mitbestimmungsebene beitragen, die das im jeweiligen Mitgliedstaat anzuwendende Mitbestimmungsverfahren ergänzt, ohne es abzuwandeln.[78]
Für den Kapitalmarkt wurden die europaweiten Mindeststandards vor allem durch die Börsenzulassungsrichtlinie,[79] die Börsenprospektsrichtlinie[80] und die Emissionsprospekt-Richtlinie[81] eingeführt. Börsennotierte Aktiengesellschaften in den Mitgliedstaaten haben gemeinschaftsweit die Pflicht zur Erstellung und Veröffentlichung von Halbjahresberichten (Halbjahresberichts-Richtlinie)[82] zur umgehenden Mitteilung und Veröffentlichung der Bildung und Auflösung wesentlicher Beteiligungen an börsennotierten Gesellschaften (Transparenz-Richtlinie)[83] und zur sog. Ad-hoc-Publizität (Börsenzulassungsrichtlinie, s. o.). Insiderhandel ist verboten (Insider-Richtlinie).[84]

B. Wesentliche Charakteristika der SE im Überblick

I. SE als Handelsgesellschaft

Eine SE hat als eine juristische Person eigene Rechtspersönlichkeit, und erwirbt sie mit ihrer Eintragung in das jeweilige Register des Sitzstaates (Art. 1 Abs. 3, Art. 12 Abs. 2 SE-VO). Sie ist eine Handelsgesellschaft in Form einer Kapitalgesellschaft, deren Kapital in Aktien aufgesplittert ist, wobei für die Verbind-

---

lung von Männern und Frauen, Jugendarbeitsschutz; vgl. Übersicht bei *Wiesner*, EuZW 1998, S, 633.

77 RL 94/45/EG vom 22.9.1994, ABlEG Nr. L 254 vom 30.9.1994.

78 Schröder/Fuchs in *MMS* (2005), Rn.31.

79RL 79/279/EWG vom 5.3.1979, ABlEG Nr. L 66/21 v. 16.3.1979; Durchführungsgesetz (BGBl 1986, I, S. 2478 und BGBl 1987,1, S. 1234) für die Bundesrepublik Deutschland in Kraft seit 1.5.1987.

80 RL 80/390/EWG vom 17.3.1980, ABlEG Nr. L 100/1 v. 17.4.1980; Durchführungsgesetz S. Börsenzulassungsrichtlinie; Änderungsrichtlinie vom 22.6.1987, ABlEG Nr. L 185/81 v. 4.7.1987; Durchführungsgesetz vom 11.7.1989 in Kraft seit 1.8.1989 (BGBl 1989,1, S. 1412).

81 RL 89/298/EWG vom 17.4.1989, ABlEG Nr. L 124/8 vom 5.3.1989; Durchführungsgesetze für die Bundesrepublik Deutschland vom 13.12.1990 (BGBl 1990, I, S. 2749) und vom 17.12.1990 (BGBl 1990,1, S. 2869) in Kraft seit 1.1.1991.

82 RL 82/121/EWG vom 15.2.1982, ABlEG Nr. L 48/26 v. 20.2.1982; Durchführungsgesetz wie bei Börsenzulassungsrichtlinie.

83RL 88/627/EWG vom 12.12.1988, ABlEG Nr. L 348/62 v. 17.12.1988; Durchführungsgesetz vom 26.7.1994 (BGBl 1994,1, S. 1779) in Kraft seit 1.1.1995.

84 RL 89/592/EWG vom 13.11.1989, ABlEG Nr. L 334/30 v. 18.11.1989; Durchführungsgesetz vom 26.7.1994 (BGBl 1994,1, S. 1779) in Kraft seit 1.8.1994.

lichkeiten der SE die Aktionäre nur bis zur Höhe ihrer Einlage haften.[85] Gem. Art 4 SE-VO lautet das Kapital der SE auf Euro und muss mindestens 120.000 betragen. Durch die Festsetzung dieses Mindestkapitals soll eine sinnvolle Unternehmensgröße der Gesellschaften gewährleistet werden.[86] Rechtsvorschriften eines Mitgliedstaates, die ein höheres gezeichnetes Kapital für Gesellschaften vorsehen, die bestimmte Arten von Tätigkeiten ausüben, gelten auch für eine SE mit Sitz in dem betreffenden Mitgliedstaat (Art. 4 Abs. 3 SE-VO).

Vorbehaltlich des Art. 4 Abs. 1 und 2 SE-VO finden für das Kapital der SE, Kapitalerhaltung und Änderungen sowie die Aktien, die Schuldverschreibungen und sonstige vergleichbare Wertpapiere die Vorschriften Anwendung, die für eine Aktiengesellschaft im Sitzstaat der SE gelten würden (Art. 5 SE-VO).

II. Firma und Eintragung der SE

Eine SE hat ihrer Firma den Zusatz „SE“ voran- oder nachzustellen, wobei dieser Zusatz von anderen juristischen Personen als SE nicht im Namen benutzen werden darf.[87] Die in einem Mitgliedstaat vor dem Zeitpunkt des Inkrafttretens dieser Verordnung eingetragenen Gesellschaften oder sonstigen juristischen Personen, deren Firma den Zusatz „SE“ enthält, können ihre Namen jedoch weiterhin beibehalten.[88]

Jede SE wird im Sitzstaat in ein nach dem Recht dieses Staates bestimmtes Register eingetragen, so in Deutschland in das Handelsregister. Die Eintragung und die Löschung der Eintragung sowie die Sitzverlegung einer SE werden neben der Bekanntmachung nach dem jeweiligen nationalen Recht auch mittels einer Bekanntmachung im Amtsblatt der EG veröffentlicht.[89]

III. Sitz und grenzüberschreitende Sitzverlegung der SE

Die Bestimmungen der SE-VO zur grenzüberschreitenden Sitzverlegung einer SE innerhalb der EU beinhalten ausschließlich materiell-rechtliche Regelungen hinsichtlich des Sitzes der SE, der Aufrechterhaltung der Rechtspersönlichkeit und der Wahrung der rechtlichen Identität der SE sowie der im Wegzug- und Zuzugsstaat jeweils konkret zu ergreifenden Maßnahmen, u. a. um den Wechsel in dem ergänzend anwendbaren nationalen Recht zu vollziehen und um den Schutzinteressen der verschiedenen Stakeholder Rechnung zu tragen.[90] Dabei haben allerdings die zwischen den EU-Mitgliedstaaten bestehenden Unterschie-

---

85 Hier weist *Merkt* (1992), S. 655, zutreffend auf die Ungenauigkeit der Formulierung von Art. 1 Abs. 2 SE-VO hin: Die Aktionäre haften grundsätzlich. nicht für die Schulden der SE, gemeint ist also die Haftungsbegrenzung der Aktionäre auf ihre Einlage.

86 Präambel, Erwägungsgrund 13 SE-VO 2001.

87 Art. 11 Abs. 1 u. 2 SE-VO.

88 Art. 11 Abs. 3 SE-VO.

89 Art. 7 SE-VO.

90 Art. 8 SE-VO.

de in den internationalgesellschaftsrechtlichen Anknüpfungskriterien der Sitz- und Gründungstheorie bei der Bestimmung des auf eine Gesellschaft anwendbaren Gesellschaftsstatuts zu keiner einheitlichen supranational-europäischen Lösung geführt.[91]

Es kann nämlich in Fällen des Zuzugs eine in einem anderen EU-Mitgliedstaat gegründete Gesellschaft eine Zweigniederlassung in jedem anderen EU-Mitgliedstaat errichten, sich dort im Register eintragen lassen und mit dieser Anmeldung wirtschaftlich tätig werden (vgl. Entscheidung des EuGH mit Centros[92], Überseering[93] und Inspire Art[94]). Laut der bisherigen höchstrichterlichen Rechtsprechung zum deutschen internationalen Gesellschaftsrecht beurteilte sich die Rechtsfähigkeit einer Gesellschaft nach dem Recht am Ort ihres tatsächlichen Verwaltungssitzes. Das galt auch dann, wenn eine Gesellschaft in einem anderen Staat wirksam gegründet worden war und anschließend ihren Verwaltungssitz nach Deutschland verlegt hatte. Im Fall einer Verlegung des Verwaltungssitzes nach Deutschland bedeutet dies, dass eine nach dem Recht des anderen Staates wirksam gegründete Gesellschaft ihre vertraglichen Rechte vor deutschen Gerichten nicht durchsetzen konnte, solange sie nicht nach den Regeln des deutschen Gesellschaftsrechts neu gegründet worden war.[95]

Nach der Entscheidung des EuGH ist die Sitztheorie mit diesem Ergebnis nicht mit der in Art. 43 und 48 EGV garantierten Niederlassungsfreiheit vereinbar (vgl. die Entscheidungen Centros, Überseering, Inspire Art Ltd). Der EuGH hat beschlossen, dass das Erfordernis, die Gesellschaft neu zu gründen, einer Negierung der Niederlassungsfreiheit gleichkomme.[96] Der BGH[97] hat daraus die Konsequenz gezogen und die Sitztheorie zumindest im Anwendungsbereich des EU-Rechts zugunsten der Gründungstheorie aufgegeben. Dies bedeutet, dass „eine Gesellschaft, die unter dem Schutz der im EG-Vertag garantierten Niederlassungsfreiheit steht, berechtigt ist, ihre vertraglichen Rechte in jedem Mitgliedstaat geltend zu machen, wenn sie nach der Rechtsordnung des Staates, in dem sie gegründet worden ist und in dem sie auch nach der Verlegung des Verwal-

---

91 Dazu s. auch Erwägungsgrund Nr. 27 SE-VO.

92 Vgl. Entscheidung des EuGH in Sachen Niederlassungsfreiheit I Urteil im Fall „Centros“ vom 9. März 1999 (AZ C-212/97).

93 Vgl. Entscheidung des EuGH in Sachen Niederlassungsfreiheit II Urteil im Fall „Überseering“ vom 5. November 2002 (AZ C-208/00).

94 Vgl. Entscheidung des EuGH in Sachen Niederlassungsfreiheit III Urteil im Fall „Inspire Art“ vom 30. Sept. 2003 (AZ C-215/01).

95 Vgl. Beschluss des Senats vom 30. 3. 2000 – VII ZR 370/98, m.w.N., EuZW 2000, 412 = IPRax 2000, 423 = NZG 2000, 926 = BauR 2000, 1222 = ZfBR 2000, 404 in den Entscheidungsgründen III 1 von der Entscheidung des Deutschen Bundesgerichtshofes (BGH) in Sachen Niederlassungsfreiheit und Klage der Limited in Deutschlandurteil im Fall „Besloten Vennootschap“ vom 13. März 2003 (AZ VII ZR 370/98).

96 EuGH, a.a.O., Tz. 81. in Entscheidungsgründe III. 2.

97 Vgl. Entscheidung des Deutschen Bundesgerichtshofes (BGH) in Sachen Niederlassungsfreiheit und Klage der Limited in Deutschlandurteil im Fall „Besloten Vennootschap“ vom 13. März 2003 (AZ VII ZR 370/98).

tungssitzes weiterhin ihren satzungsmäßigen Sitz hat, hinsichtlich des geltend gemachten Rechts rechtsfähig ist.“[98]
Die heutige Rechtssprechung eröffnet zusätzliche Gestaltungsmöglichkeiten bei der Wahl des Gesellschaftssitzes und der passenden Gesellschaftsform in der EU. Dies ist nicht zuletzt für Fragen der Kapitalausstattung und Haftungsbegrenzung von Bedeutung. Noch ungeklärt ist die Frage, ob die neue Rechtssprechung auch für außerhalb der EU gegründete Gesellschaften gilt. Die Bestimmungen hinsichtlich des Sitzes der SE und deren grenzüberschreitender Sitzverlegung sollen hier gemäß der SE-VO kurz skizziert werden.

1. Sitz der SE

Nach Art. 7 SE-VO hat der in der Satzung bestimmte Sitz der SE dem Ort ihrer Hauptverwaltung zu entsprechen, d. h. ihrem tatsächlichen Sitz. Der Sitz kann unter Beachtung der hierfür vorgesehenen Verfahren innerhalb der Gemeinschaft verlegt werden.

2. Grenzüberschreitende Sitzverlegung der SE

Anders als nationale Rechtsformen bietet die SE die Möglichkeit der grenzüberschreitenden Sitzverlegung in einen anderen Mitgliedstaat, ohne dass es einer Auflösung und Neugründung bedarf.[99] Zunächst stellt dazu Leitungs- oder Verwaltungsorganeinen Verlegungsplan auf, dessen Inhalt bestimmten Mindestanforderungen genügen muss. Dieser Plan hat nicht nur die bisherige Firma, den bisherigen Sitz und die bisherige Registriernummer der SE, sondern den vorgesehenen neuen Sitz der SE, die für die SE vorgesehene Satzung, sowie gegebenenfalls die neue Firma, die etwaigen Folgen der Verlegung für die Beteiligung der Arbeitnehmer, den vorgesehenen Zeitplan für die Verlegung und etwaige zum Schutz der Aktionäre und/oder Gläubiger vorgesehene Rechte zu enthalten.[100]
Von dem Leitungs- oder Verwaltungsorgan ist ein Verlegungsbericht über die rechtlichen und wirtschaftlichen Aspekte der Verlegung, deren Begründung und die Auswirkungen der Verlegung für die Aktionäre, die Gläubiger sowie die Arbeitnehmer im Einzelnen zu erstellen.[101] Der Verlegungsbeschluss lässt sich unter den in Art. 59 SE-VO vorgesehenen Bedingungen erst zwei Monate nach der Offenlegung des Verlegungsplans fassen.[102]
Die Neueintragung der Sitzverlegung im Zielstaat lässt sich erst nach der Vorlage einer behördlichen, gerichtlichen oder notariellen Bescheinigung des Weg-

98Entscheidungsgründe III 3 b) von der Entscheidung des Deutschen Bundesgerichtshofes (BGH) in Sachen Niederlassungsfreiheit und Klage der Limited in Deutschlandurteil im Fall „Besloten Vennootschap“ vom 13. März 2003 (AZ VII ZR 370/98).
99 Art. 8 Abs. 1 S. 2 SE-VO.
100 Art. 8 Abs.2 SE-VO.
101 Art. 8 Abs. 3 SE-VO.
102 Art. 8 Abs. 6 SE-VO.

zugstaates vornehmen,[103] die den Nachweis enthält, dass die Interessen ihrer Gläubiger und sonstigen Forderungsberechtigten hinsichtlich aller vor der Offenlegung des Verlegungsplans entstandenen Verbindlichkeiten im Einklang mit den Anforderungen des Sitzstaats vor der Verlegung, die auch nach der Sitzwahl bis zum Zeitpunkt der Verlegung entstehen oder entstehen können, angemessen geschützt sind.[104]

Mit der Eintragung der SE in das Register des neuen Staates werden die Sitzverlegung sowie die sich daraus ergebenden Satzungsänderungen wirksam.[105] Nach der Meldung dieser neuen Eintragung erfolgt auch die Löschung der früheren Eintragung.[106]

Dritten gegenüber ist der neue Sitz mit der Offenlegung der neuen Eintragung der SE wirksam. Allerdings können sich Dritten bei der Nicht-Offenlegung der Löschung der früheren Eintragung weiterhin auf den alten Sitz berufen, es sei denn, die SE beweist, dass der neue Sitz den Dritten bekannt war.[107]

Die Sitzverlegung einer SE kann nicht ausgeführt werden, wenn gegen sie ein Verfahren wegen Auflösung, Liquidation, Zahlungsunfähigkeit oder vorläufiger Zahlungseinstellung oder ein ähnliches Verfahren eröffnet worden ist.[108] Allerdings, wenn eine SE nach der Verlegung verklagt wird, behält sie ihre Gültigkeit in Bezug auf alle Forderungen, die vor dem Zeitpunkt der Verlegung gem. Art.8 Abs.10 SE-VO entstanden sind, als SE mit Sitz in dem Mitgliedstaat, in dem sie vor der Verlegung eingetragen war.[109]

Art. 8 SE-VO ermöglicht der SE, ihren Sitz identitätswahrend in einen anderen Mitgliedstaat zu verlegen. Mit der Sitzwahl bei einer grenzüberschreitenden Sitzverlegung verfolgt die SE einen möglichst optimalen wirtschaftlichen Erfolg. Die Entscheidung über den Sitz wird daher zwangsläufig eine Entscheidung für das bessere Steuersystem sein, das ihren wirtschaftlichen Vorteil sicherstellt. Um ihren Sitz innerhalb der EU noch freier verlegen zu können und um somit ihrer wirtschaftlichen Intention zu entsprechen, muss das Steuersystem die Neutralität gewährleisten. Dafür werden gemeinschaftsweite steuerliche Regelungen gefordert. In diesem Sinne kann erwartet werden, dass die am 17. Februar 2005 verabschiedete Fusionsrichtlinie zur Gewährleistung der Steuerneutralität bei grenzüberschreitenden Sitzverlegungen beitragen wird.[110]

103 Art. 8 Abs. 9 SE-VO; Art. 8 Abs. 8 SE-VO.
104 Art. 8 Abs. 7 SE-VO.
105 Art. 8 Abs. 10 SE-VO.
106 Art. 8 Abs. 11 SE-VO.
107 Art. 8 Abs. 13 SE-VO.
108 Art. 8 Abs. 15 SE-VO.
109 Art. 8 Abs. 16 SE-VO.
110 Zur Besteuerung der SE siehe unten B. VIII. in diesem Teil.

IV. Gründung der SE

Die SE kann grundsätzlich von allen Gesellschaften gegründet werden, die sowohl ihre Hauptverwaltung, als auch ihren satzungsmäßigen Sitz innerhalb der EU haben und nach dem Recht eines Mitgliedstaates gegründet wurden. Sie kann also nur unter Beteiligung bereits bestehender Gesellschaften entstehen, nicht aber durch die Neugründung eines Unternehmens durch natürliche Personen.[111] Die SE-VO hält in Art. 2 Abs. 1 bis 4 SE-VO insgesamt vier Gründungsmöglichkeiten einer SE bereit: Die grenzüberschreitende Verschmelzung von mindestens zwei nationalen Aktiengesellschaften zu einer SE;[112] die Gründung einer gemeinsamen Holding-SE durch mindestens zwei nationale Kapitalgesellschaften;[113] die Gründung einer gemeinsamen Tochter-SE durch mindestens zwei nationale Gesellschaften nach Art. 48 Abs. 2 SE-VO oder juristische Personen des öffentlichen oder privaten Rechts der Mitgliedstaaten[114] und die Umwandlung einer nationalen Aktiengesellschaft in eine SE.[115] Zu diesen vier Formen einer unmittelbaren (oder primären) SE-Gründung tritt noch eine weitere, in der Literatur als „abgeleitete"[116], „derivative"[117] oder „sekundäre"[118] Gründung bezeichnete Gründungsmöglichkeit hinzu, die Tochter-SE, die von einer Mutter-SE gegründet wird.[119] Während sich nämlich an der Gründung einer Holding-SE und an der einer Gemeinschafts-SE sowohl eine GmbH, als auch eine AG beteiligen können, sind namentlich die Verschmelzungs- und die Umwandlungs-SE allein der AG zugänglich.[120] Diese Einschränkungen erschweren zweifellos die Gründung einer SE, da im Einzelfall eine mehrstufige Gründung vorgenommen werden muss, d.h. es muss zunächst nach den nationalen Rechtsordnungen eine für die SE-Gründung passende Rechtsform geschaffen werden. Dieser numerus clausus der Gründungsarten ist gerade für den deutschen Mittelstand mit der beliebten Form der GmbH unerfreulich, da ein Formwechsel in eine SE zunächst den Umweg über eine deutsche AG erfordert.

---

111 Eine Ausnahme gilt für die Gründung einer Tochter-SE, da auch Personengesellschaften zu den Gesellschaften i. S. d. Art. 48 Abs. 2 EGV gehören; dazu vgl. Hirte, NZG 2002, S. 1, 3.

112 Art. 2 Abs. 1 i.V.m. Anhang I zur SE-VO, Art. 17-31 SE-VO.

113 Art. 2 Abs. 2 i.V.m. Anhang II zur SE-VO, Art. 32-34 SE-VO.

114 Art. 2 Abs. 3, Artt. 35 und 36 SE-VO.

115 Art. 2 Abs. 4 und Art. 37 SE-VO.

116 *Hommelhoff*, AG 2001, S. 279, 280.

117 *Pluskat*, EuZW 2001, S. 524, 527, Fn. 31.

118 *Lutter*, BB 2002, S. 1, 4; *Schwarz*, ZIP 2001, S. 1847, 1853.

119 Art. 3 Abs. SE-VO. Zu den verschiedenen Gründungsformen einer SE vgl. unter Bezugnahme auf den SE-VOV 1991 auch bereits *Wenz* (1993), S. 51-68.

120 Dabei gilt eine bereits gegründete SE für Zwecke der Gründungsalternativen Verschmelzung, Holding und Tochter-SE nach Art. 3 Abs. 1 SE-VO selbst als Aktiengesellschaft, die dem Recht des Sitzmitgliedstaats unterliegt.

1. Gründung durch Verschmelzung (Art. 2 Abs. 1 und Artt. 17-31 SE-VO)
Eine SE kann gemäß Art. 2 Abs. 1 SE-VO durch die Verschmelzung von nationalen Aktiengesellschaften gegründet werden, wenn mindestens zwei von ihnen dem Recht verschiedener Mitgliedstaaten unterliegen.
Die Gründungsalternative der Verschmelzung im Vergleich zu anderen Gründungsformen stellt das Kernstück der SE-VO dar, weil sie entsprechend der Zielsetzung der SE geeignet, eine gemeinschaftsweite Reorganisation von Produktionsfaktoren herbeizuführen.[121] Als Verschmelzungsformen sieht die SE-VO zwei Grundformen durch Aufnahme und durch Neugründung vor (Art. 17 SE-VO). Die Gründung der SE durch Verschmelzung folgt jedoch bis in die Details dem Modell der Verschmelzungs-Richtlinie, auf dessen jeweilige Umsetzung in der Tat subsidiär verwiesen wird (Art. 18 SE-VO).[122] Anzuwenden sind dabei grundsätzlich die für die Verschmelzung von Aktiengesellschaften geltenden Rechtsvorschriften des Mitgliedstaats, dessen Recht sie unterliegt (Art.18 SE-VO). In Deutschland sind somit die Vorschriften des Umwandlungsgesetzes heranzuziehen, soweit nicht die in der SE-VO enthaltenen Sonderbestimmungen greifen.[123]
Grundlage der Verschmelzung ist der Verschmelzungsplan, dessen inhaltliche Anforderungen an Art. 20 Abs. 1 SE-VO auszurichten sind, und der im Fall Deutschlands weitgehend den Angaben des § 5 Abs. 1 UmwG entspricht. Die Hauptversammlung jeder der sich verschmelzenden Gesellschaften hat dem Verschmelzungsplan zuzustimmen.[124]
Die Verschmelzung und die gleichzeitige Gründung der SE in beiden Wahlmöglichkeiten werden mit der Eintragung der SE in das jeweils von den nationalen Rechtsordnungen für zuständig erklärte Register des Sitzstaates der SE.[125] Die nach Art. 17 Abs. 2 Buchstabe a (Verschmelzung durch Aufnahme), Buchstabe b (Verschmelzung durch Neugründung) SE-VO vollzogene Verschmelzung bewirkt ipso jure:

- den Übergang des gesamten Aktiv- und Passivvermögens von den übertragenden Gesellschaften auf die übernehmende Gesellschaft[126] bzw. von den verschmelzenden Gesellschaften auf die SE;[127]

- den Aktienerwerb der Aktionäre der übertragenden Gesellschaft an der übernehmenden Gesellschaft[128] bzw. der Aktionäre der verschmelzenden Gesellschaft an der SE;[129]

---

121 Vgl. *Neun* in Theisen/Wenz (2005), S. 69-70.

122 Vgl. *Lutter*, BB 2002, S. 1 (4); Einzelheiten Schwarz, ZIP 2001, S. 1847 (1851 f.); anders offenbar *Hirte*, NZG 2002, S. 1 (3); ausführlich zum Verfahren nach der SE-VO *Neun* in *Theisen/Wenz* (2002), S 51.

123 Hierzu vgl. *Kindler* (1999), Rn. 655 ff; *Lutter* (2000), §1, Rn. 6 ff.

124 Art. 23 Abs. 1 SE-VO.

125 Art. 27 i. V. m. Art. 12 SE-VO.

126 Art. 29 Abs. 1 Buchst. a SE-VO (Verschmelzung durch Aufnahme).

127 Art. 29 Abs. 2 Buchst. a SE-VO (Verschmelzung durch Neugründung).

- das Erlöschen der übertragenden bzw. verschmelzenden Gesellschaften;[130]

- bei der Verschmelzung durch Aufnahme die Annahme der Rechtsform der SE durch die übernehmende Gesellschaft.[131]

Eine Verschmelzung lässt sich nach der Eintragung der SE in das zuständige Register nicht mehr für nichtig erklären, [132] weil nämlich Mängel des Verschmelzungsverfahrens durch die Eintragung geheilt werden.[133] Diese Rechtsfolge ist hinzunehmen, da vor die Eintragung von den Artt. 25-26 SE-VO das Hindernis der Rechtmäßigkeitskontrolle der Verschmelzung gesetzt wurde.[134] Das Fehlen einer solchen Kontrolle kann einen Grund für die Auflösung der SE darstellen.[135] Außerdem können zum Zweck der Rechtmäßigkeitskontrolle die Mitgliedstaaten die Möglichkeit vorsehen, dass Gesellschaften, die ihrer jeweiligen Rechtsordnung unterliegen, sich im Falle des Einspruchs einer bestimmten Behörde nicht an der Gründung einer SE durch Verschmelzung beteiligen dürfen.[136] Für eine deutsche Gründungsgesellschaft ist insoweit kein Regelungsbedarf ersichtlich; die Ermächtigung beruht vielmehr auf Besonderheiten des englischen Rechts.[137]

2. Gründung einer Holding-SE (Art. 2 Abs. 2 und Artt. 3, 32-36 SE-VO)

Die Gründung einer Holding-SE[138] steht allen Aktiengesellschaften und Gesellschaften mit beschränkter Haftung offen, die nach dem recht eines Mitgliedstaats gegründet worden sind und ihren Sitz sowie ihre Hauptverwaltung in der Gemeinschaft haben,[139] wenn mindestens zwei von ihnen dem recht verschiedener Mitgliedstaaten unterliegen[140] oder seit mindestens zwei Jahren eine dem Recht eines anderen Mitgliedstaates unterliegende Tochtergesellschaft oder eine Zweigniederlassung in einem anderen Mitgliedstaat haben.[141]

Grundlage der Gründung einer Holding-SE ist ein gleich lautender Gründungsplan, der von den Leitungs- oder Verwaltungsorganen der Gründungsgesellschaften zu erstellen ist und gem. Art. 32 Abs. 2 S. 2 und 3 SE-VO aus zwei unterschiedlichen Elementen besteht. Zum einen muss der Plan einen Bericht ent-

---

128 Art. 29 Abs. 1 Buchst. b SE-VO (Verschmelzung durch Aufnahme).

129 Art. 29 Abs. 2 Buchst. b SE-VO (Verschmelzung durch Neugründung).

130 Art. 29 Abs. 1 Buchst. c, Abs. 2 Buchst. c SE-VO.

131 Art. 29 Abs. 1 Buchst. d SE-VO.

132 Art. 30 S. 1 SE-VO.

133 *Neun*, a. a. O.,S. 71.

134 *Neun*, a. a. O.,, S. 71.

135 Art. 30 S. 2 SE-VO.

136Art. 19 S. 1 SE-VO.

137 Vgl. *Teichmann* in *Theisen/Wenz* (2002), S. 383, 432.

138 Zu dieser Gründungsform *Hirte*, NZG 2002, S. 1 (3); *Jahn/Herfs-Röttgen*, DB 2001, S. 631 (633); *Neun*, a. a. O. S. 51 (128.154); *Schulz/Geismar*, DStR 2001, S. 1078 (1081); *Schwarz*, ZIP 2001, S. 1847 (1852 f).

139 Art. 2 Abs. 2 SE-VO.

140 Art. 2 Abs. 2 Buchstabe a SE-VO.

141 Art. 2 Abs. 2 Buchstabe b SE-VO.

halten, der die Gründung aus rechtlicher und wirtschaftlicher Sicht erläutert und begründet. Außerdem ist in dem Bericht dazulegen, welche Auswirkungen die Holding-SE für die Aktionäre und für die Arbeitnehmer hat. Der Mindestinhalt entspricht weitgehend dem des Verschmelzungsplans. Zum anderen sind gesetzlich vorgegebene Mindestangaben[142] erforderlich, und außerdem verlangt Art. 32 Abs. 2 SE-VO, dass zur Gründung der Holding-SE die Gesellschafter jeder Gründungsgesellschaft einen Mindestprozentsatz von Aktien oder sonstigen Anteilen einzubringen haben, der mehr als 50 % der durch die Aktien verliehenen ständigen Stimmrechte betragen muss.
Der Gründungsplan ist durch unabhängig sachverständige zu prüfen, die über das Prüfungsergebnis schriftlich berichten müssen.[143] Der Prüfungsbericht hat auf besondere Bewertungsschwierigkeiten hinzuweisen und zu erklären, ob das Umtauschverhältnis der Aktien oder Anteile angemessen ist, sowie anzugeben, nach welchen Methoden das Umtauschverhältnis bestimmt worden ist und ob diese Methoden im vorkriegenden Fall angemessen sind.[144]
Der Gründungsplan ist mindestens einen Monat vor der Hauptversammlung, die über die Gründung beschließen muss, für jede der die Gründung anstrebenden Gesellschaften nach den in den Rechtsvorschriften der einzelnen Mitgliedstaaten gem. Art. 3 der Publizitätsrichtlinie (Richtlinie 68/151/EWG) vorgesehenen Verfahren offen zu legen.[145] Dies verlangt die Hinterlegung des Gründungsplans beim zuständigen Register sowie die Bekanntmachung der Hinterlegung in einem Amtsblatt.[146] Für eine deutsche Gründungsgesellschaft ist hier das Handelsregister zuständig. Für den deutschen Gesetzgeber bietet es sich daher an, eine dem § 61 UmwG entsprechende Regelung für die Holding zu schaffen.[147] Dabei ist zu beachten, dass auch der Holdingbericht als Teil des Gründungsplans der Offenlegungsnorm des Art. 32 Abs. 3 SE- VO unterliegt, mag darin auch eine Unachtsamkeit des Verordnungsgeber liegen.[148]
Die Mitgliedstaaten können für die Gründungsgesellschaften der Holding-SE Vorschriften zum Schutz der die Gründung ablehnenden Minderheitsgesellschafter, der Gläubiger und Arbeitnehmer erlassen.[149]

3. Umwandlung einer bestehenden Aktiengesellschaft in eine SE (Art. 2 Abs. 4, 37 SE-VO)

Eine Aktiengesellschaft mit Sitz und Hauptverwaltung in der Gemeinschaft, kann in eine SE umgewandelt werden, wenn sie seit mindestens zwei Jahren ei-

142 Art. 32 Abs. 2 S. 3 SE-VO auf Art. 20 Abs. 1 Buchst. a, b, c, f, g, h und i SE-VO. Dieser Teil entspricht dem Verschmelzungsplan.
143 Art. 32 Abs. 4 SE-VO.
144 Art. 32 Abs. 5 SE-VO.
145 Art. 32 Abs. 3 SE-VO.
146 Art. 3 Abs. 2 und 4 Publizitätsrichtlinie.
147 *Neun*, a. a. O., S. 139.
148 *Neun*, a .a .O., S. 139.
149 Art. 34 SE-VO.

ne dem Recht eines anderen Mitgliedstaats unterliegende Tochtergesellschaft hat.[150] Die Umwandlung hat weder die Auflösung der Gesellschaft noch die Gründung einer neuen juristischen Person zur Folge.[151] Der Sitz der Gesellschaft darf anlässlich der Umwandlung nicht in einen anderen Mitgliedstaat verlegt werden.[152]

Auch im Falle der Umwandlung sind die rechtlichen und wirtschaftlichen Aspekte der Umwandlung zu erläutern und zu begründen sowie die Auswirkungen, die der Übergang zur Rechtsform einer SE für die Aktionäre und für die Arbeitnehmer mit sich bringt, darzulegen.[153] Zusätzlich ist in einer Bescheinigung die Kapitalaufbringung nachzuweisen. Anschließend hat die Hauptversammlung der betreffenden Gesellschaft dem Umwandlungsplan zuzustimmen und die Satzung der SE zu genehmigen.[154]

Ungeachtet des fehlenden Rechtsträgerwechsels bestimmt Art. 37 Abs. 9 SE-VO, dass die zum Zeitpunkt der Eintragung aufgrund der einzelstaatlichen Rechtsvorschriften und Gepflogenheiten sowie aufgrund individueller Arbeitsverträge oder Arbeitsverhältnisse bestehenden Rechte und Pflichten der umzuwandelnden Gesellschaft hinsichtlich der Beschäftigungsbedingungen mit der Eintragung der SE auf diese übergehen.[155] Zu beachten ist noch, dass nach Art. 37 Abs. 3 SE-VO der Sitz der Gesellschaft anlässlich der Umwandlung nicht gem. Art. 8 SE-VO in einen anderen Mitgliedstaat verlegt werden darf.[156]

4. Gründung einer Tochter-SE (Art. 2 Abs. 3 und Artt. 35-36 SE-VO)

Gesellschaften und sonstige Körperschaften des öffentlichen oder privaten Rechts, mit Sitz und Hauptverwaltung in der Gemeinschaft, können eine SE gründen, sofern mindestens zwei von ihnen dem Recht verschiedener Mitgliedstaaten unterliegen oder seit mindestens zwei Jahren eine dem Recht eines anderen Mitgliedstaats unterliegende Tochtergesellschaft oder eine Niederlassung in einem anderen Mitgliedstaat haben. Die Gründung richtet sich im Wesentlichen nach dem für die Gründung einer AG geltenden einzelstaatlichen Recht.

Die Gründungsalternative der Tochter-SE ist die einzige Gründungsform, die nicht nur AG und GmbH zur Verfügung steht, sondern grundsätzlich sämtlichen juristischen Personen des öffentlichen oder privaten rechts der Mitgliedstaaten und zudem den Gesellschaften nach Art.48 Abs. 2 SE-VO;[157] damit ist diese Gründungsform auch Personengesellschaften zugänglich.[158]

---

150 Art. 2 Abs. 4 SE-VO.

151 Art. 37 Abs. 2 SE-VO.

152 Art. 37 Abs. 3 SE-VO.

153 Art. 37 Abs. 4 SE-VO.

154 Art. 37 Abs. 7 SE-VO.

155 Diese Regelung ist Ausdruck des unverkennbaren Bemühens, den Arbeitnehmerschutz bei der SE-Gründung hinreichend zu berücksichtigen, *Neun*, a. a. O., S. 155.

156 Dazu ausführlich *Neun*, a. a. O., S. 155.

157 Artt. 2 Abs. 3, 35, 36 SE-VO.

158 Personengesellschaften gehören zu den Gesellschaften i. S. d. Art. 48 Abs. 2 EGV; vgl. *Hirte*, NZG 2002, S. 1, 3.

Anders als bei den anderen Gründungsformen enthält die SE-VO selbst keinerlei Vorgaben für das Gründungsverfahren. Weder ist ein Gründungsplan vorgeschrieben, noch sieht die SE-VO die Beteiligung der Hauptversammlung der Gründungsgesellschaften vor.[159] Stattdessen beschränkt sich Art. 36 SE-VO darauf, zu erklären, dass auf die an der Gründung beteiligten Gesellschaften die Vorschriften über deren Beteiligung an der Gründung einer Tochtergesellschaft in Form einer Aktiengesellschaft nationales Recht Anwendung findet.

V. Unternehmensverfassung der SE (Corporate Governance der SE)

In einem Unternehmen bildet die Corporate Governance den Grundstein. Gerade in jüngster Zeit wird daher auf die Notwendigkeit eines optimalen, praxisgerechten Corporate Governance-Systems für Unternehmen international, aber vor allem von allen großen Industrieländern gepocht, und dabei werden die entsprechenden Corporate Governance-Grundsätze seit vielen Jahren kontrovers diskutiert und entwickelt. Die SE bildet da keine Ausnahme. Ein optimales Corporate Governance-System ist eine notwendige Bedingung für die SE, um ihr Wirtschaftsziel zu erreichen. Insbesondere existieren auf Basis der SE-Verordnung zwei Corporate Governance-Systeme, nämlich das monistische System einerseits und das dualistische System andererseits. Die SE-VO übernimmt sowohl das monistische System ohne, als auch das dualistische System mit Aufsichtsrat, als Wahlalternativen für die Spitzenverfassung der SE.[160] Im SE-Statut werden beide Systeme insofern berücksichtigt, als die europäischen Mitgliedstaaten zwischen einem von beiden bei der Errichtung einer SE wählen können.[161] Allerdings verfügt jedes System der SE über eine Hauptversammlung der Aktionäre. Im Folgenden sollen beide Systeme und die Hauptversammlung der SE im Mittelpunkt der SE-VO kurz skizziert werden.

1. Dualistisches System

Das dualistische System (Artt. 39-42 SE-VO) entspricht in Aufbau und Struktur der im deutschen Aktiengesetz geregelten Trennung zwischen dem Vorstand (Leitungsorgan in der SE-VO)) als Geschäftsführungsorgan und dem Aufsichtsrat (Aufsichtsorgan in der SE-VO) als Überwachungsorgan. Entsprechend dem deutschen dualistischen System führt also das Leitungsorgan die Geschäfte der SE in eigener Verantwortung. Die Leitungsorgansmitglieder werden vom Aufsichtsorgan bestellt und abberufen. Die Aufsichtsorgansmitglieder wiederum

159 Derartige Verfahrensregeln waren im SE-VOV 1989 noch vorgesehen, bereits im SE-VOV 1991 aber nicht mehr enthalten.

160 Vgl. Art. 38b SE-VO.

161 Diese Besonderheit der SE ist von *Hommelhoff* als revolutionär für Deutschland bezeichnet worden, da nicht nur das vom deutschen Aktienrecht geprägte Aufsichtsratssystem zulässig ist (vgl. *Hommelhoff*, AG 2001, S. 279, 282). Der alte Art. 61 Spiegelstrich 1 S. 2 des Verordnungsentwurfs 1991, der die Mitgliedstaaten dazu ermächtigte, der SE in ihrem Gebiet ein bestimmtes System vorzuschreiben, wurde gestrichen.

werden – mit Ausnahme der Arbeitnehmervertreter in der mitbestimmten SE – von der Hauptversammlung bestellt, es sei denn, die Mitgliedstaaten erlauben dies nicht.
Das Aufsichtsorgan überwacht die Geschäftsführung durch das Leitungsorgan. Die Aufsichtsorgansmitglieder werden von der Hauptversammlung bestellt. Einzelstaatliche Rechtsvorschriften, die auch einer Minderheit von Aktionären oder Dritten die Bestellung eines Teils der Organmitglieder erlauben, bleiben hiervon unberührt; Gleiches gilt für eine Vereinbarung über die Mitbestimmung der Arbeitnehmer. Die Zahl der Aufsichtsorgansmitglieder bestimmt die Satzung, wobei die Mitgliedstaaten eine Mindest- und Höchstzahl vorgeben können.
Der große Vorteil des dualistischen Systems ist die klare Trennung zwischen Leitung und Kontrolle innerhalb der SE. Somit kann eine Überwachung der Leitung sichergestellt werden. Als Nachteil werden hingegen die erschwerte Kommunikation und der längere Entscheidungsweg zwischen den zwei Organen angesehen.

2. Monistisches System

Wenn man sich in der Satzung der SE für das monistische System (Art. 43 bis 45 SE-VO) entscheidet, so führt ein Verwaltungsorgan die Geschäfte der SE. Die Verwaltungsorgansmitglieder werden - mit Ausnahme der Arbeitnehmervertreter in der mitbestimmten SE nach SE-RL - von der Hauptversammlung bestellt. Dabei bestimmt vorbehaltlich einzelstaatlicher Sonderbestimmungen die Satzung die Zahl der Mitglieder und die Regeln für ihre Festlegung. Wie im dualistischen System bleiben einzelstaatliche Rechtsvorschriften, die auch einer Minderheit von Aktionären oder Dritten die Bestellung eines Teils der Organmitglieder erlauben, oder eine Vereinbarung über die Mitbestimmung der Arbeitnehmer, unberührt. Art. 43 Abs. 4 SE-VO sieht vor, dass Mitgliedstaaten, deren Recht bislang keine Regelungen für ein monistisches Leitungssystem bereithält, entsprechende Vorschriften in Bezug auf die SE erlassen können – und umgekehrt. Dadurch wird gewährleistet, dass beide Modelle in jedem Mitgliedsstaat errichtet werden können.
Umgekehrt stellt sich dieses im monistischen System dar. Hier ist mit einer hohen Flexibilität und Schnelligkeit in Kommunikation und Entscheidungsfindung zu rechnen. Allerdings kann es im Extremfall sein, dass es keine Teilung zwischen Leitung und Überwachung gibt.

3. Hauptversammlung

Die Hauptversammlung der SE übt als Organ vergleichbare Funktionen aus, wie die Hauptversammlung einer inländischen Aktiengesellschaft.
Sie entscheidet über Angelegenheiten, die ihr durch die SE-VO oder die Vorschriften des Sitzstaates übertragen sind. Weiterhin ist sie zuständig für die Zugaben, die im Sitzstaat auch einer nationalen Hauptversammlung der Aktiengesellschaft zugewiesen werden, sowie für die in der SE-Satzung festgelegen Aufgabenbereiche (Art. 52 SE-VO). Die SE-VO sichert bezüglich der Einberufung

(Art. 55 Abs. 1 SE-VO) und der Tagesordnungsergänzung (Art. 56 SE-VO) Aktionären, deren Kapitalanteil zusammen mindestens 10% beträgt, Minderheitenrechte zu. Die ordentliche Hauptversammlung soll gem. Art. 54 Abs. 1 Satz 1 SE-VO mindestens einmal jährlich und zwar spätestens sechs Monate nach Ablauf des Geschäftsjahres zusammentreten. Im Übrigen gilt nach Art. 53 SE-VO für die Organisation und den Ablauf der Hauptversammlung (Einberufung, Mehrheitsverhältnisse, Abstimmungsverfahren etc.) subsidiär das nationale Aktienrecht des Sitzstaates.

VI. Arbeitnehmermitbestimmung in der SE

Das Mitbestimmungsproblem stellte ein großes Hindernis bei der Verabschiedung des SE-Statuts dar.[162] Trotzdem wurde die SE-RL über Arbeitnehmerbeteiligung im Oktober 2001 verabschiedet. Sie musste bis Oktober 2004 in nationales Recht umgesetzt werden. Aufgrund der Vielfalt der Regelungen über Arbeitnehmerbeteiligung in den einzelnen EU-Mitgliedstaaten stellte die SE-RL im Ergebnis einen politischen Kompromiss dar, in dem die ursprüngliche Idee eines einheitlichen europäischen Mitbestimmungsmodells aufgegeben wurde. Die SE-RL bezweckt damit, die Verschiedenheit der nationalen Gepflogenheiten und Systeme der Arbeitnehmerbeteiligung europaweit zu bewahren. Zugleich bleibt als fundamentaler Grundsatz und erklärtes Ziel dieser RL sicherzustellen, dass die bereits in den Gründungsgesellschaften erworbenen Rechte der Arbeitnehmer über ihre Beteiligung an Unternehmensentscheidung geschützt werden.[163] Die Rechte der Arbeitnehmer, die bereits vor der Gründung der SE bestanden haben, sollten somit Grundlage auch für die Gestaltung ihrer Beteiligungsrechte in der SE (Vorher-Nachher-Prinzip) sein.[164] Dieser Ansatz sollte konsequent sowohl für die Neugründung einer SE, als auch für strukturelle Veränderungen einer bereits gegründeten SE und für die von den strukturellen Änderungsprozessen betroffenen Gesellschaften gelten.[165]

1. Vorrang der Verhandlungslösung

Die SE-RL ermöglicht somit die Festlegung der Arbeitnehmermitbestimmung der SE vorrangig durch die Vereinbarung im Wege der freien Verhandlung zwischen der Unternehmensführung und dem auf Arbeitnehmerseite zu diesem Zweck eingesetzten besonderen Verhandlungsgremium (BVG), das sich aus Vertretern der Arbeitnehmer der SE-Gründungsgesellschaften unter Berücksichtigung der Anzahl der in jedem Mitgliedstaat beschäftigten Arbeitnehmer zu-

162 Ausführlich oben B. Historische Entwicklung des SE-Statuts.
163 Erwägungsgrund 18 der SE-RL S. 1.
164 Erwägungsgrund 18 der SE-RL S. 2.
165 Erwägungsgrund 18 der SE-RL S. 3.

sammensetzt; [166] derartige Verhandlungen können bis zu sechs Monate dauern und um maximal sechs Monate verlängert werden.[167] Darüber hinaus ist der schriftlichen Vereinbarungsmindestinhalt der beiden Parteien folgendes:[168]
- Gestaltungsbereich der Vereinbarung;
- Zusammensetzung des Vertretungsorgans als Verhandlungspartner des zuständigen Organs der SE im Rahmen der Vereinbarung über die Unterrichtung und Anhörung sowie die Anzahl seiner Mitglieder und die Sitzverteilung;
- Befugnisse und das Verfahren zur Unterrichtung und Anhörung des Vertretungsorgans;
- Häufigkeit der Sitzungen des Vertretungsorgans;
- die für das Vertretungsorgan bereitzustellenden finanziellen und materiellen Mittel;
- Durchführungsmodalitäten des Verfahrens zur Unterrichtung und Anhörung für den Fall, dass die Parteien ein derartiges Verfahren schaffen, anstatt ein Vertretungsorgan einzusetzen;
- Inhalt einer Vereinbarung über die Mitbestimmung für den Fall, dass die Parteien im Laufe der Verhandlungen über den Abschluss einer Vereinbarung diesen Inhalts Einvernehmen erzielen, einschließlich Zahl der von den Arbeitnehmern zu wählenden oder vorzuschlagenden Vertreter für das Verwaltungs- oder Aufsichtsorgan der SE, des Wahl- bzw. Vorschlagsverfahrens sowie der Rechte der Vertreter;
- Zeitpunkt des Inkrafttretens der Vereinbarung, Laufzeit, Bedingungen einer Neuaushandlung.

2. Auffangregelung (Art. 7 SE-RL und Anhang)

Falls in den Verhandlungen keine Einigung erzielt wird, findet die gesetzliche Auffangregelung für die Arbeitnehmerbeteiligung Anwendung. [169] Die Auffangregelungen sind in den Anhängen zur SE-RL festgelegt. Danach ist zur Wahrnehmung der Arbeitnehmerbeteiligungsrechte in der SE ein Vertretungsorgan einzusetzen, das sich aus den Arbeitnehmern der SE, ihrer Tochtergesellschaften und Betriebe zusammengesetzt, die von den Arbeitnehmervertretern aus ihrer Mitte oder, in Ermangelung solcher Vertreter, von der Gesamtheit der Arbeitnehmer gewählt oder bestellt werden,[170] wobei seine Mitglieder nach den einzelstaatlichen Rechtsvorschriften und/oder Traditionen gewählt oder bestellt werden.[171]

166 Art. 3 Abs. 1 u. Abs. 2 SE-RL. Dem besonderen Verhandlungsgremium können auch Gewerkschaftsvertreter, die nicht in den Unternehmen arbeiten, angehören, wenn die Mitgliedstaaten dies vorsehen.
167 Art. 5 Abs. 1 und Abs. 2 SE-RL.
168 Art. 4 Abs. 2 SE-RL.
169 Art. 7 der SE-RL.
170 Anhang zur RL Teil 1 lit. a.
171 Anhang zur RL Teil 1 lit. b.

Die Zuständigkeiten dieses Vertretungsorgans beschränken sich auf die Angelegenheiten, die die SE selbst oder eine ihrer Tochtergesellschaften oder einen ihrer Betriebe in einem anderen Mitgliedstaat betreffen oder über die Befugnisse der Entscheidungsorgane auf der Ebene des einzelnen Mitgliedstaats hinausgehen.[172] In inhaltlicher Hinsicht hat das Vertretungsorgan das Recht, regelmäßig über die Entwicklungen der Geschäftslage und die Perspektiven der SE unterrichtet und zu diesen gehört zu werden und zu diesem Zweck mindesten einmal jährlich mit dem zuständigen Organ der SE zusammenzusetzen.[173] Diese Unterrichtung und Anhörung betrifft insbesondere die Struktur der SE, ihre wirtschaftliche und finanzielle Situation und voraussichtliche Entwicklung der Geschäfts-, Produktions- und Absatzlage[174]. Dieser Informations- und Beratungsanspruch des Vertretungsorgans übertrifft dabei deutlich denjenigen der nach nationalstaatlichem Recht vorangehend bestehenden Arbeitnehmervertretungen.
Außerdem gewährleisten die Auffangregelungen die Mitwirkung der Arbeitnehmer an Entscheidungsprozessen im Aufsichts- oder Verwaltungsorgan einer SE in einer Form, wie sie in einer oder mehreren der Gründungsgesellschaften bereits vorhanden war (Vorhehr-Nachhehr-Prinzip).[175] Das Mitbestimmungsniveau hängt von dem Umfang der Mitbestimmung in den Gründungsgesellschaften sowie von der Anzahl der hiervon jeweils betroffenen Arbeitnehmer im Verhältnis zur Gesamtzahl der Arbeitnehmer, wenn bestimmte Schwellenwerte überschritten sind: 25 % der künftigen Arbeitnehmer der SE müssen bei der Verschmelzung den Mitbestimmungsregeln unterfallen, 50 % bei der Gründung einer Holding- oder Tochter-SE. Werden diese Schwellenwerte nicht erreicht, dann kommen die Auffangregelungen dann zum Zuge, vorausgesetzt, dass das besondere Verhandlungsgremium einen entsprechen Beschluss fasst.[176]
Sofern Vorschriften über die Mitbestimmung in keiner der beteiligten Gesellschaften vor der Eintragung der SE bestanden, ist die SE nicht verpflichtet, eine Vereinbarung über die Mitbestimmung der Arbeitnehmer einzuführen. Vereinbarung über die Mitbestimmung der Arbeitnehmer einzuführen.[177] Somit ist es theoretisch durchaus möglich, dass eine mitbestimmungsfreie SE entsteht.

VII. Konzern

Das Konzernrecht ist für die SE nicht von unwesentlicher Bedeutung, da es nicht nur Konzerne, sondern auch, wegen ihrer konzernspezifischen Mutter-

---

172 Anhang zur RL Teil 2 lit. a

173 Anhang zur RL Teil 2 lit. b.

174 Anhang zur RL Teil 2 lit. b.

175 Anhang zur RL Teil 3 lit. a, b. Vergleich auch *Pluskat*, EuZW 2001, S. 524, 528.

176 Art. 7 Abs. 2 der SE-RL. Zu diesen Grenzen der Auffangregelung näher Heinze, ZGR 2002, 66 (76, 89, 92); *Herfs-Röttgen*, NZA 2001, S. 424 (428); *Pluskat*, DStR 2001, S. 1483 (1488).

177 Anhang zur RL Teil 3 lit. b.

Tochter-Beziehungen alle übrige Gründungsmöglichkeiten einer SE betrifft.[178] Die gegenwärtige SE-VO enthält allerdings lediglich hinsichtlich des Konzernabschlusses zwei Bestimmungen zum Konzernrecht in Art.61 und 62 SE-VO. Die SE-VO musste von einer einheitlichen Regelung des Konzernrechts absehen[179] und dieses jedem Sitzstaat überlassen. Denn das im ersten Vorschlag zum SE-Statut 1975 enthaltene Konzernrecht[180] - die 9. Konzernrechtsrichtlinie[181] entsprach überwiegend dem deutschen Vertragskonzernrecht und wurde von den anderen Mitgliedstaaten, die zwar andere, aber ebenfalls pfadabhängige Regelungsmethoden besitzen, nicht angenommen; über ein kodifiziertes Konzernrecht verfügen nur Portugal und Deutschland. [182] Alle anderen EU-Mitgliedstaaten regeln den Außenseiterschutz durch allgemeine Rechtsinstrumente und partielle nähere Rechtsprechung.[183] Dieses Nichtvorhandensein eines einheitlichen Konzernrechts lässt somit neben dem Systemwettbewerb auch einen Rechtswettbewerb bei der Wahl des Sitzstaates entstehen.[184]

VIII. Steuern

Hinsichtlich der Frage der Besteuerung enthält die SE-VO keine eigenen steuerlichen Bestimmungen. Sie verweist in Art. 9 Abs. 1 lit. c SE-VO auf das jeweilige nationale Recht des Sitzstaates der SE. Für steuerliche Zwecke wird eine SE deshalb genauso wie jedes andere multinationale Unternehmen nach den auf Ebene der Gesellschaft oder Zweigniederlassung geltenden innerstaatlichen Steuerrechten behandelt. [185] Zwar gibt es auch Überlegungen über eine einheitliche Konsolidierte Körperschaftsteuer-Bemessungsgrundlage in der SE als ein Pilotprojekt, aber mehrheitlich fehlt eher der Wille zur Harmonisierung[186] nicht zuletzt ob der Furcht vor der Diskriminierung des nationalen Rechts.[187]

---

178 *Hommelhoff*, AG 2001, S. 282.

179 Vgl. Den 15. Erwägungsgrund zur Verordnung; Kritik von *Ulmer*, FAZ vom 21.3.2001, S. 30; *Schwarz*, ZIP 2001, S.1858.

180 Siehe DOK.KOM. (75) 150 endg. v. 30.4.1975; Beilage 4/75 zum Bulletin der EG; BT-Drs. VII/3713 v. 2.6.1975; vgl. *Lutter* (1987), S. 324 f.

181 Der erste Entwurf der Richtlinie aus den Jahren 1974/75 ist abgedruckt bei *Lutter*, Europäisches Gesellschaftsrecht, 1984, S. 187 ff.; der überarbeitete Entwurf ist abgedruckt in ZGR 14 (1985), S.446 ff.

182 Vgl. *Lutter/ Overrath*, ZGR 1991, S. 394 ff.

183 *Maul* im *MMS* (2005), S. 465 f.

184 Vgl. *Schulz/Geismar*, DStR 2001, S. 1081.

185 *Schindler* (2002), S. 84; *Tumpel*, GesRZ 2002, S. 162 (162). Letzterer ebenso wie *Kessler/Achilles/Huck*, IstR 2003, S. 715 (717); und *Thömmes* in *Theisen/Wenz* (2005), S. 465 (542) mit Verweis auf Art 10 SE-VO.

186 *Schaumburg*, Internationales Steuerrecht, Rn. 3.62.

187 *Lutter*, BB 2002, S. 1, 6 f.; *Schulz/Geismar*, DStR 2001, S. 1078, 1085 f.; die Studie der Deloitte EU Tax Group v. 18.08.2004 (http://ec.europa.eu/taxation_customs/resources/documents/report_deloitte.pdf); ein Argument für eigene Steuerregelungen in der SE: *Thömmes* in *Theisen/Wenz* (2005), S. 482 ff.; *Endres*, RIW 2004, S. 735, 739.

In den Problembereichen stehen die Fragen der steuerneutralen grenzüberschreitenden Verschmelzung oder des grenzüberschreitenden steuerlichen Verlustausgleichs einschließlich DBA (Doppelbesteuerungsabkommen) im Mittelpunkt der Diskussion um das Steuersystem zur SE. Dabei ist zumindest sicherzustellen, dass die sich für die neue europäische Rechtsform entscheidenden Unternehmen durch die Wahl des SE-Statuts steuerlich nicht benachteiligt werden. Darüber hinaus soll geachtet werden, Wettbewerbsverzerrungen zwischen Unternehmen zu vermeiden und unabhängig vom Gesellschaftstyp die Steuerneutralität zu wahren.
Mit diesen Ansätzen hat die EG-Kommission die steuerliche Neutralität in der Fusionsbesteuerungs-Richtlinie vorgesehen, nämlich Richtlinie 90/434/EWG des Rates vom 23. Juli 1990 über das gemeinsame Steuersystem für Fusion, Spaltungen, die Einbringung von Unternehmensanteilen und den Austausch von Anteilen, die die Gesellschaften verschiedener Mitgliedstaaten betreffen. Am selben Tag wurde die steuerliche Mutter-Tochter-Richtlinie (90/435/EWG) vorgelegt, die die Beseitigung der Behinderungen aufgrund von steuerlichen Vorschriften der Mitgliedstaaten bei Zusammenschlüsse in Form von aus Mutter- und Tochtergesellschaften bestehenden Unternehmensgruppen bezweckt. Die damaligen Richtlinien (90/434/EWG und 90/435/EWG) waren aber nicht in der Lage, alle im steuerlichen Bereich entstandenen Probleme - wie z.B. bei der Besteuerung von konzerninternen Vorgängen (Verrechnungspreis) und auch die hohen Befolgungskosten und das Risiko der Doppelbesteuerung[188] - beseitigen zu können. Die EG-Kommission genehmigte am 17. Oktober 2003 einen Vorschlag zur Änderung der steuerlichen Fusionsrichtlinie (90/434/EWG)[189], der am 17. Februar 2005 vom Rat angenommen wurde: die Richtlinie 2005/19/EG. In dieser Richtlinie sind bisher nicht erfasste Rechtsformen, darunter auch die SE, in die Liste aufgenommen und neue Regelungen eingeführt worden:
- für die Nutzung der Richtlinienvorteile auch für die als steuerlich transparent geltende Rechtsformen (Art. 4 Abs. 2 und Art. 8 Abs. 3);
- für die sog. „Abspaltung“, bei der die sich abspaltende Gesellschaft als eine begrenzte oder teilweise Spaltung nicht aufgelöst wird, sondern weiter besteht (Art. 2ba);
- für die Steuerbefreiung der Veräußerungsgewinne in Anlehnung der Mutter-Tochter-Richtlinie (Art. 7 Abs. 2);
- für die Umwandlung von Niederlassungen in Tochtergesellschaften (Art. 10);
- für die Sitzverlegung der SE (Art. 2 j).
Ferner kann die SE die in den Sitzmitgliedstaaten geltenden Doppelbesteuerungsabkommen[190] in Anspruch nehmen sowie das Schiedsübereinkommen (90/436EWG), das die Beseitigung der Doppelbesteuerung im Falle von Gewinnberichtigungen zwischen verbundenen Unternehmen zum Ziel hat[191] und

188 Zu den Einzelheiten des Anwendungsbereiches: *Krabbe*, IStR 1996, S. 5, 6 f.
189 KOM (2003) 613 endgültig; 2003/0239 (CNS).
190 *Wassermeyer* (2001), Rn. 25, 29; *Schindler* (2002), S. 86.
191 Einseitige Erklärungen, Abl. EG Nr. L 225 v. 20.08.1990, S.10.

für alle Unternehmensformen, d.h. auch für die SE, gilt (Art.4). Diese Mechanismen zur Vermeidung der Doppelbesteuerung der grenzüberschreitenden Tätigkeiten waren allerdings ebenfalls nicht sehr effizient, so dass die Kommission am 23. April 2004 Verhaltenskodexes zur effektiven Durchführung des Schiedsübereinkommens vorschlug,[192] der im November des selben Jahres vom Ministerrat angenommen wurde. Der Verhaltenskodex besitzt zwar keine Rechtsverbindlichkeit, aber verpflichtet politisch die Mitgliedstaaten bei der Annahme des Kodexes, das Schiedsübereinkommen von 1990 (90/436/EWG) einheitlich anzuwenden.[193] Um das auf die neuen EU/EG-Mitglieder ausweiten zu lassen, hat der Rat noch ein Übereinkommen genehmigt, nach dem das Schiedsübereinkommen in das Beitrittsverfahren in die EG/EU eingeschlossen wird. Allerdings müssen einen zusätzlichen Vertrag abgeschlossen werden, der einer Ratifikation von allen Vertragsparteien bedarf, d. h. von den Altmitgliedern verweigert werden kann.[194] Die Ratifikation gibt dann dem Übereinkommen die Rechtsgültigkeit im jeweiligen Mitgliedstaat, die anderen nationalen Regelungen vorgeht.[195] Außerdem steht es der SE frei, ihren Sitz ohne Auflösung der Gesellschaft und unter Beibehaltung ihrer Rechtspersönlichkeit in einen anderen Mitgliedstaat zu verlegen. Dabei kann durch die Anwendung des nationalen Steuerrechts denselben Effekt wie eine Auflösung hervorgerufen werden. Für solchen Fall gibt es Überlegungen über gemeinschaftsrechtliche Maßnahmen zur Gewährleistung der Steuerneutralität, wie z.B. über eine Ausdehnung der Anwendbarkeit der Fusionsbesteuerungsrichtlinie auf grenzüberschreitende Sitzverlegungen.[196]

C. Rechtsquellen der SE

I. SE-VO und SE-RL und deren Rechtsgrundlage

Die rechtliche Grundlage der SE besteht aus den nachfolgenden zwei Instrumenten:

- Verordnung über das Statut der Europäischen Gesellschaft (SE-VO):[197] Die SE-VO als abstrakt-generelle Regelung hat nach Art. 249 Abs. 2 EGV allgemeine Geltung und wird in allen Mitgliedsstaaten direkt angewendet, ohne dass es eines Transformationsaktes jedes Mitgliedstaates bedürfte.[198]
- Richtlinie zur Ergänzung des Statuts der Europäischen Gesellschaft hinsichtlich der Beteiligung der Arbeitnehmer (SE-RL):[199] Die SE-RL als Rechtsset-

---

192 Siehe Mitteilung der EU-Kommission v. 07.12.2004 (IP/04/1557) und Mitteilung der EU-Kommission v. 23.04.2004 (KOM(2004)297 endgültig).
193 Näheres dazu im Amtsblatt C176 vom 28.07.2006, S. 8.
194 Siehe die Mitteilung der Kommission v. 07.12.2004(IP/04/1447).
195 Merkblatt BMF v. 1.7.1977, BStBl. I 1997, 717, Tz. 1.1.
196 Buchheim (2001), 295; *Wenz* (1993), S. 134, 151 f.
197 Verordnung 2157/2001 vom 8. 10. 2001, ABl L 294/1.
198 Zur Verordnung siehe *Hetmeier* (1999), Art. 249 Rn. 6ff.
199 Richtlinie 2001/86 vom 8. 10. 2001, ABl L 294/22.

zung der EG ist nach Art. 249 Abs. 3 EGV an die Mitgliedstaaten gerichtet und verpflichtet sie zur Verwirklichung bestimmter Ziele. Diese Richtlinie überlässt allerdings den jeweiligen Mitgliedstaaten die Wahl der Methode für die Erreichung des Ziels bei Umsetzung der RL in das nationale Recht. [200]
Bezüglich der rechtlichen Grundlage der SE-VO und SE-RL wurde anders als SE-Entwürfe von 1970/75, die auf der Grundlage von Art. 308 EGV (ex-Art. 235 EGV) gestellt wurden, ab 1989 der SE-VOV auf Art. 95 EGV (ex-Art. 100a EGV) herangezogen. Die Kommission musste daher individuell andere Rechtsgrundlage für die Richtlinie über die Stellung der Arbeitnehmer neben die Rechtsgrundlage für die Verordnung - Art. 44 Abs. 2 Buchst. g EGV (ex-Art. 55 Abs. 2 Buchst. g EGV) - bestimmen, weil der Art. 95 Abs. 2 EGV expressis verbis die Bestimmungen über die Rechte der Arbeitnehmer ausschließt. Dabei ermöglichten die geänderten Rechtsgrundlagen, dass nicht nur eine Verordnung, sondern auch eine Richtlinie durch eine qualifizierte Mehrheit im Rat verabschiedet werden konnte, während Art. 308 EGV Einstimmigkeit erforderte. Danach war nur noch eine qualifizierte Mehrheit des Rates der EG zur Verabschiedung der SE-VO erforderlich.
Die Spaltung der Rechtsgrundlage ist in weiten Teilen der Literatur zum SE-Entwurf, aber auch beim WSA und im Rechtsausschuss des Bundestags, auf erhebliche Kritik gestoßen und wird weitgehend für unzulässig gehalten.[201] Demzufolge bestimmte der Rat nach nochmaliger Konsultation des Europäischen Parlaments[202] und auf Vorschlag der Kommission am 8. 10. 2001 Art. 308 EGV als Rechtsgrundlage der SE-VO und SE-RL.

II. Verweisungen

Die SE-VO besteht aus 7 Titeln über die wesentlichen gesellschaftsrechtlichen Themen. Selbst die SE-VO ist nicht umfassend, sondern beschränkt sich auf einige zentrale Aspekte, insbesondere auf Fragen der Gründung und der Organisationsverfassung der SE. Darüber hinaus ermangelt sie weitergehender Bestimmungen zu anderen Rechtsgebieten wie z.B. dem Sozial-, Arbeits-, Steuer-, Wettbewerbs-, und Konkursrecht[203] und gewerblichen Rechtsschutz einschließlich Konzernrecht[204]. Diese Mängel werden durch Verweisungen auf die

---

200 Zur Richtlinie siehe *Hetmeier* (1999), Art. 249 Rn. 9ff.

201 Stellungnahme des WSA zum SE-Statut 1989: Abl. EG Nr. C 124/34 (36) vom 21. 5. 1990; Kurzprotokoll der 42. Sitzung des Rechtsausschusses des 12. Deutschen Bundestages vom 3. 7. 1992, S. 31 f. Für die Literatur vgl. die umfassende Darstellung von *Wahlers*, AG 1990, S. 448 ff.; *Abeltshauser*, AG 1990, S. 289 (291 ff).

202 Der Rat begründete dies damit, dass sich der Vorschlag nochmals erheblich geändert habe, beharrte aber darauf, dass das Parlament nur Anhörungs-, keine Mitentscheidungsrechte unter Art. 251 EGV habe und verwarf auch alle Änderungsvorschläge des Parlaments, um den politischen Kompromiss nicht zu gefährden.

203 Siehe SE-Erwägungsgrund 20.

204 Anders als die Entwürfe von 1970 und 1975 findet sich dafür keinerlei materielle Regelung.

Rechtsvorschriften der Mitgliedstaaten und des allgemeinen Gemeinschaftsrechts ausgeglichen. Was die nicht in der SE-RL geregelten arbeits- und sozialrechtlichen Fragen angeht, sind sie durch Harmonisierungsvorgaben zur Arbeitnehmerkonsultation und –mitbestimmung ergänzt. Bei solchen Regelungsrücken ist die Verweisung auf die nationalen Regelungen ein unabdingbares Mittel. Dabei enthält Art. 9 SE-VO als zentrale Verweisungsnorm einerseits Spezialverweisungen und Generalverweisungen andererseits.

1. Generalverweisungen des Art. 9 SE-VO

Um die Regelungslücke der SE-VO auszufüllen und um damit ein vollständiges und funktionsfähiges Gesellschaftsrecht der SE zu gewährleisten, werden die Sachnormen, die über die Verweisungsnormen anwendbares nationales Sitzstaatsrecht bedeuten, ergänzt. Hinsichtlich der nicht durch die SE-VO geregelten Bereiche oder, sofern ein Bereich nur teilweise geregelt ist, in Bezug auf die nicht von der SE-VO erfassten Aspekte, sind nach der Generalverweisung des Art. 9 Abs. 1 c SE-VO vorrangig jene Rechtsvorschriften anwendbar, welche die Mitgliedstaaten in Anwendung der speziell die SE betreffenden Gemeinschaftsmaßnahmen erlassen haben.[205] Dabei bestimmt Art. 9 SE-VO auch das Rangverhältnis der auf die SE anzuwendenden Bestimmungen. Daraus ergibt sich eine aus fünf Ebenen bestehende Normenhierarchie. Die Rangfolge der Normen stellt sich wie folgt dar.

a) Normenrangfolge nach Art. 9 Abs. 1 SE-VO

- Zwingende Bestimmungen der SE-VO (Art. 9 Abs. 1 a SE-VO) (Rang 1): Sie ist die ranghöchsten Bestimmungen. Diese Rangfolge beruht auf dem Vorrang des Gemeinschaftsrechts. Diese zwingenden Bestimmungen enthalten nicht nur die gewöhnlichen sachrechtlichen Regelungen der SE, sondern auch die zahlreichen in der SE-VO gehörten Spezialverweisungsnormen.[206]

- Satzungsbestimmungen der SE, die von der SE-VO ausdrücklich zugelassen werden (Satzungsstrenge) nach Art. 9 Abs. 1 b SE-VO) (Rang 2): Diesbezüglich sind unter zwei Aspekten folgende Regelungen zu beachten: einerseits mit Verpflichtung, nämlich Art. 38 SE-VO, der dem Satzungsgeber die Kompetenz gibt, in der Satzung zu bestimmen, ob seine SE entweder ein monistisches oder ein dualistisches System wählt, Artt. 40 Abs. 3 S. 1 und 40 Abs. 2 S. 1 SE-VO (Mitgliederzahl des Aufsichts- bzw. Verwaltungsorgan),[207] Artt. 46 Abs. 1 SE-VO (Bestellungszeitraum der Organmitglieder) und Artt. 48 Abs. 1 S. 1 SE-VO (Zustimmungspflichtige Geschäfte) und ohne Verpflichtung andererseits, nämlich Artt. 40 Abs. 2 S. 2 und 43 Abs. 3 S. 2 SE-VO (Bestellung der Mitglieder des ersten Aufsichts-/Verwaltungsorgans), Art. 47 Abs. 1 SE-VO (juristische Personen als Organmitglieder), Art. 47 Abs. 3 SE-VO (besondere Voraussetz-

---

205 Vgl. *Scheifele*, ZIP 2001, S. 1890.

206 *Brandt/Scheifele*, DStR 2002, S. 547, 553; *Brandt* (2004), S. 27.

207 Grundmann (2004), Rn. 1016; *Kallmeyer*, AG 2003, 197, 198, *Kübler*, ZHR 2003.,S. 222, 224

zung für Organmitglieder), Art. 50 Abs.1 und 2 (Beschlussfähigkeit und –fassung der Organe) und Art.. 55 Abs. 1 SE-VO (Einberufung der Hauptversammlung durch eine Aktionärsminderheit).[208] Dagegen setzen die Satzungsregelungen, die auf satzungsdispositivem nationalem Recht beruhen (z.B. § 23 Abs. 5 S. 2 AktG), bekanntlich eine bewusste Regelungslücke voraus. Deswegen sind sie ergänzend anwendbar, wenn keine alternative Regelung vorliegt.[209]

- Spezielle Vorschriften der Sitzstaaten, die nach Art. 9 Abs. 1 c i SE-VO auf der Grundlage der SE-VO und der SE-RL erlassen wurden (Rang 3): Dazu gehört zweifellos insbesondere das SE-Ausführungsgesetz (SEAG). Nach herrschender Auffassung erfasst Art.9 Abs. 1 c i SE-VO auch die in Ausübung der Ermächtigungs- und Verpflichtungsnormen der SE-VO erlassenen nationalen Umsetzungsvorschriften. Überdies müssen nach Art. 9 Abs. 2 SE-VO die von den Mitgliedstaaten eigens für die SE erlassenen Rechtsvorschriften mit den für Aktiengesellschaften i.S.d Anhangs I maßgeblichen Richtlinien in Einklang stehen. Aus diesem Grund haben die Mitgliedstaatlichen Bestimmungen nach Art. 9 Abs. 2 SE-VO mit sämtlichen für die Aktiengesellschaften geltenden Richtlinien in Einklang zu stehen.[210] Daneben regelt Art. 10 SE-VO die grundsätzliche Gleichbehandlung von nationalen Aktiengesellschaften und SE.

- Positive Rechtsvorschriften des Sitzstaats, die nach Art. 9 Abs. 1 c ii SE-VO für die nationalen Aktiengesellschaften gelten (Rang 4)

- Satzungsbestimmungen mit/ohne Satzungsstrenge nach dem nationalen Aktienrecht des SE-Sitzstaates nach Art. 9 Abs. 1 c iii SE-VO (Rang 5)

b) Einzelstaatliche Regelungen der Geschäftstätigkeit einer SE nach Art. 9 Abs. 3 SE-VO

Nach Art. 9 Abs. 3 SE-VO finden die Regelungen des einzelstaatlichen Rechts, die für die von der SE ausgeübte Geschäftstätigkeit gelten, auf die SE uneingeschränkte Anwendung. Das stellt somit klar, dass sich die solchen auf die SE tätigkeitsbezogenen einzelstaatlichen Vorschriften neutral zur Rechtsform verhalten und damit die Niederlassungsfreiheit der SE von vornherein nicht berühren. Dies bezieht sich beispielsweise auf die Kreditinstitute oder die Versicherungsunternehmen, zum Teil aber auch auf die Umsetzung europarechtlicher Richtlinien.[211]

---

208 *Schmidt, Jessica* (2006), S. 67.

209 *Hommelhoff*, AG 2001, S. 279, 287; Bungert/Beier, EWS 2002, S. 1, 2; *Fleischer*, AcP 204 (2004), S. 502, 517.

210 *Schäfer* in MünchKomm/AG, Art. 9 SE-VO Rn. 27; aA. *Schwarz*, ZIP 2001, S. 1847, 1849; *Erbert* (2003), S. 259, 261, danach sind nur die 2, 3 und 6 gesellschaftsrechtliche Richtlinie gemeint.

211 *Grundmann* (2003) Rn. 1016; *Kallmeyer*, AG 2003, 197, 198, *Kübler*, ZHR 2003., S. 222, 224.

c) „Gleichbehandlungsgebot“ nach Art. 10 SE-VO

Nach Art. 10 SE-VO wird eine SE vorbehaltlich der Bestimmungen der SE-VO in jedem Mitgliedstaat wie eine AG behandelt, die nach dem Recht des Sitzstaates der SE gegründet wurde. Danach darf die SE weder besser, noch schlechter als eine nationale Aktiengesellschaft gestellt werden (Gleichhandlungsgebot).[212] Aus dieser SE-VO folgt weitgehend die Pflicht der Mitgliedstaaten, Vorkehrungen zu treffen, dass das Zusammenspiel von SE-VO, Ausführungsgesetzen und nationalen Vorschriften nicht zu einer Diskriminierung der SE führt.[213] Obwohl die SE den Ort ihrer Hauptverwaltung verlegt, ist sie wie eine in ihrem Sitzstaat gegründete nationale AG zu behandeln, die ihren effektiven Verwaltungssitz verlegt, wenn sich aus Art. 64 SE.VO nichts anderes ergibt.[214] Durch diese Regelung wird auf die gemeinschaftsweite, von ihrem Sitz unabhängige Anerkennung einer SE gezielt.

d) Richterrecht

Die Verweisungen betreffen das nationale Recht des Mitgliedstaates in der jeweils gültigen Fassung unter Mitwirkung des Richterrechts des einzelnen Mitgliedstaates.[215] Die Mitwirkung des Richterrechts lässt sich nicht direkt aus dem Wortlaut der SE-VO entnehmen, die nur von Rechtsvorschriften spricht. Wenn dennoch Regelungslücken nach Auslegung der Sachnormen der SE-VO selbst und unter Berücksichtigung der nach den verschiedenen Verweisungsnormen anwendbaren nationalen Regelungen verbleiben, wird man auch auf die richterliche Rechtsfortbildung zurückgreifen, weil dadurch eine effektive Lückenschließung gelingen kann.[216]

2. Spezialverweisungen

Neben den Generalverweisungen des Art. 9 SE-VO ist in der SE-VO eine Vielzahl von speziellen Verweisungen vorhanden,[217] durch die einzelne Aspekte der SE den Regelungen des nationalen Rechts des Mitgliedstaates unterworfen werden, in dem die SE ihren Sitz hat. Wenn die SE-VO zu einem Punkt eine Spezialverweisung enthält, hat diese vor der Generalverweisung Priorität. Solche speziellen Verweisungen sind folgende:[218]

---

212 *Oplustil/Schneider*, NZG 2003, S. 13, 15; *Hommelhoff* (2003), S. 267, 277..

213 5. SE-Erwägungsgrund.

214 *Fuchs* im *MMS* (2005), Art. 10 SE-VO Rn.4 f.

215 *Casper* (2003), S. 51, 65; *Teichmann*, ZGR 2002, S. 383, 398f.

216 *Teichmann*, ZGR 2002, S. 383, 398 f.

217 Zu den speziellen Verweisungen gehören folgende: Art. 3 Abs. 2, Art. 4 Abs. 3, Art. 5, Art. 12 Abs. 1, Art. 13, Art. 15 Abs. 1, Art. 23 Abs. 2, Art. 24 Abs. 1, Art. 25 Abs. 1, Art. 28, Art. 31 Abs. 1, Art. 32 Abs. 6, Art. 33 Abs. 3, Art. 36, Art. 37 Abs. 5-7, Art. 47 Abs. 1, Art. 49, Art. 51, Art. 52, Art. 53, Art. 54, Art. 57, Art. 59 Abs. 1, Art. 61, Art. 62 SE-VO.

218 Vgl. *Schindler* (2002), S. 1f.

a)Verweisungen auf das Aktienrecht jedes Mitgliedstaates

Dazu gehört folgendes, nämlich Art 4 Abs. 3 SE-VO über ein höheres gezeichnetes Kapital für Gesellschaften, die bestimmte Arten von Tätigkeiten ausüben; Art 5 SE-VO über Kapital der SE, dessen Erhaltung und Änderung; Art 12 und 13 SE-VO über die Eintragung der SE in das Register und die Offenlegung der sie betreffenden Urkunden und Angaben; Art 15 Abs 1 SE-VO über die Gründung der SE; Art 51 SE-VO über die Haftung der Organmitglieder; Art. 53 SE-VO über Organisation und Ablauf der Hauptversammlung bzw. des Abstimmungsverfahrens; Art. 63 SE-VO über die Auflösung, Liquidation, Insolvenz, Zahlungseinstellung und ähnliche Verfahren (insbesondere verweist er nicht nur auf das nationale Aktienrecht, sondern auch auf weitere einzelstaatliche Rechtsvorschriften);

b)Verweisungen auf die nationalen Umsetzungsvorschriften der EG-Richtlinien

Zur Verweisung der nationalen Umsetzungsvorschriften hinsichtlich der Publizitätsrichtlinie[219] werden für die Eintragung der SE Art. 12 Abs. 1 SE-VO, für die allgemeine Offenlegungspflicht Art. 13 SE-VO, für die Offenlegung eines Gründungsplanes Art. 23 Abs. 3 SE-VO und für die Offenlegung des Umwandlungsplanes Art. 37 Abs. 5 SE-VO herangezogen; hinsichtlich der Fusionsrichtlinie[220] werden u.a. für die Gründung einer SE durch Verschmelzung Art. 18 SE-VO und für die Prüfung des Gründungsplanes im Rahmen der Gründung einer Holding-SE Art. 32 Abs. 4 SE-VO angewendet. Hinsichtlich der Richtlinie über die Aufnahme und Ausübung der Tätigkeit der Kreditinstitute verweist Art. 62 Abs. 1 SE-VO und hinsichtlich der Versicherungsbilanz-Richtlinie für die Versicherungsunternehmen Art. 62 Abs. 2 SE-VO auf die nationalen Umsetzungsvorschriften über die Aufstellung des Jahresabschlusses und ggf. des konsolidierten Abschlusses inklusive des dazugehörigen Lageberichts sowie der Prüfung und der Offenlegung eines Finanz- oder Kreditinstitutes bzw. eines Versicherungsunternehmens.

c)Verweisungen auf das nationale Recht der Gründungsgesellschaft

Dazu gehört nur Art. 36 SE-VO. Danach finden auf die an der Gründung beteiligten Gesellschaften oder sonstigen juristischen Personen die Bestimmungen über deren Beteiligung an der Gründung einer Tochtergesellschaft in Form einer Aktiengesellschaft des nationalen Rechts Anwendung.

---

219 1. RL 68/151/EWG vom 9.3.1968, ABlEG Nr. L 65/8 v. 14.3.1968; Umsetzung in der Bundesrepublik Deutschland durch Gesetz vom 15.8.1969, BGBl 1969 I, S. 1146, in Kraft seit 1.9.1969.

220 3. RL 78/855/EWG des Rates v. 9.10.1978, ABlEG Nr. L 295/36 v. 20.10.1978; Umsetzung in der Bundesrepublik Deutschland durch Gesetz vom 25.10.1982, BGBl. 1982 I, S. 1425, in Kraft seit 1.1.1983.

d) Direkte Verweisungen auf Richtlinienvorschriften für die Durchführung der EG-Richtlinien

Art. 37 Abs. 6 SE-VO verweist hinsichtlich der Kapitalaufbringung bei einer Gründung durch Umwandlung auf die Kapitalrichtlinie[221] und Art. 67 Abs. 2 SE-VO als Ergänzung- und Übergangsbestimmungen auf die Richtlinie über die Änderung der Richtlinie über den Jahresabschluss und die Änderung der Richtlinie über den konsolidierten Abschluss[222].

e) Verweisungen auf die Ergänzungsrichtlinie des Statuts (SE-RL)

Diesbezügliche Bestimmungen sind folgende: Art 1 Abs 4, 8 Abs 2 lit. c, 12 Abs 2 bis 4, 20 Abs 1 lit. i, 23 Abs 2, 26 Abs 3, 32 Abs 6, 37 Abs 8,40 Abs 2,43 Abs 2 bis 3, 50 Abs. 3 und 52 lit. b SE-VO. Die Verweise beziehen sich in den meisten Fällen auf die Vereinbarung über die Mitbestimmung und hierbei wiederum auf die Eintragungsvoraussetzungen sowie die Zusammensetzung des Aufsichts- bzw. Verwaltungsorgans.

f)Verpflichtungs- und Ermächtigungsbestimmungen:

Diesbezüglich sind unter zwei Aspekten folgende Regelungen zu beachten: nämlich die Verpflichtungsbestimmung einerseits und die Ermächtigungsbestimmung andererseits. Als Verpflichtungsnorm wird Art. 68 SE-VO betrachtet, wonach jeder Mitgliedstaat die zuständige Behörde im Sinne der Artt. 8, 25, 26, 54, 55 und 64 SE-VO zu nennen hat. Bezüglich der Ermächtigungsbestimmung ermächtigt die SE-VO in einzelnen Fällen ausdrücklich die nationalen Gesetzgeber, gewisse Regelungsbereiche speziell für die SE zu regeln. Zu solchen Ermächtigungsnormen gehören z.B. Art. 2 Abs. 5, Art. 7 S. 2, Art. 8 Abs. 5, 7, 14, Art. 12 Abs. 4, Art. 19, Art. 21, Art. 24 Abs. 2, Art. 31 Abs. 2, Art. 34, Art. 37 Abs. 8, Art. 39 Abs. 1-5, Art. 40 Abs. 3, Art. 41 Abs. 3, Art. 43 Abs. I, 2, 4, Art. 48 Abs. 1, 2, Art. 54 Abs. 1, Art. 55 Abs. 1, Art. 56, Art. 59 Abs. 2 SE-VO.[223] Vorausgesetzt, dass der nationale Gesetzgeber von dieser Befugnis Gebrauch macht, resultiert die Ermächtigung zugleich in dem Anwendungsbefehl für die nationale Sonderregelung.[224]

3. Sachnormverweisungen oder Gesamtnormverweisungen ?

Bei den Verweisungen stellt sich in Bezug auf das internationale Privatrecht (IPR) die Frage, ob es dabei um Sachnormverweisungen, die das IPR der Mitgliedstaaten ausschließen, oder um Gesamtnormverweisungen auf das mitglieds-

---

221 2. RL 77/91/EWG vom 13.12.1976, ABlEG Nr. L 26/1 v. 31.1.1977; Umsetzung in der Bundesrepublik Deutschland durch Gesetz vom 13.12.1978, BGBl. 1978 I, S. 1959, in Kraft seit 1.7.1979; geändert durch RL 92/101/EWG des Rates vom 23.11.1992 zur Änderung der RL 77/91/EWG, ABlEG Nr. L 347/64 vom 28.11.1992.

222 Richtlinie 90/604/EWG vom 8.11.1990: ABl 1990, L 317/57.

223 *Kuhn* in *JF* (2005), S. 21 Fn. 30.

224 *Wagner*, NZG 2002, S. 985, 988.

staatliche Recht unter Einschluss der Bestimmungen des jeweiligen IPRs handelt.

Die Spezial- und Generalverweisungen in Art. 9 Abs. 1 c SE-VO werden im Schrifttum weitgehend als Sachnormverweisungen betrachtet, einen direkten Anwendungsbefehl hinsichtlich des aufgerufenen Sachrechts beinhalten.[225] In der Literatur wird allerdings vertreten, dass für eine SE in der Gründungsphase die Verweisungen grundsätzlich unter *Ein*schluss des IPRs erfolgen, wenn die Verweisungsnorm selbst keine greifbare Anknüpfung bestimmt, während hinsichtlich des Regelungsbereichs einer bereits gegründeten SE die SE-VO prinzipiell auf nationales Recht unter *Aus*schluss des IPRs verweist. Folglich sollen gemäß der SE-VO beide „Verweisungstechniken",[226] nämlich bei den Verweisungen zur Bestimmung des Rechts einer gegründeten SE die Sachnormverweisungen einerseits,[227]bei der Bestimmung des Gründungsrechts dagegen die Gesamtnormverweisungen andererseits, Anwendung finden.[228]

---

225 *Brandt* (2004), S. 45f., 53; *Brandt/Scheifele*, DStR 2002, S. 547, 549; *Engert*, ZVglRWiss 104 (2005), S. 444, 447; *Hommelhoff* in *Lutter/Hommelhoff* (2005), S. 5, 19; *Neun* in *Theisen/Wenz* (2005), S. 57, 71; *Schäfer* NZG 2004, S. 785, 787; *Schwarz* (2006), Einleitung Rn. 128, Art. 9 Rn. 25; *Wagner*, NZG 2002, S. 985; *Casper* (2003), S. 51.

226 Für die Annahme einer Gesamtnormverweisung: *Schröder/Fuchs* in *MMS* (2005), Art. 9 SE-VO Rn. 23; *Schindler/Teichmann* in *Theisen/Wenz* (2005), S. 739, 779f.; zumindest im Bereich des Konzernrechts: *Brandi*, NZG 2003, S. 889, 890; ähnlich auch *Jaecks/Schönborn*, RIW 2003, 254, 257; kritisch und mit starker Tendenz zur generellen Annahme einer Gesamtnormverweisung auch *Fuchs*,(2004), S. 50ff.; *Teichmann*, ZGR 2002, S. 383, 396 f.

227 „Sachnormverweisungen enthält die SE-Verordnung dort, wo sie auf das innerstaatliche Rechts desjenigen Staates verweist, in dem die Vereinigung ihren „Sitz" hat bzw. in dem sie registriert ist. Solche Verweisungen finden sich in:" Art. 4 Abs. 3 (Mindestkapital);Art. 5 (Kapital, Kapitalerhaltung und -erhöhung, Aktien, andere Wertpapiere);Art. 8 Abs. 2(zusätzliche Vorschriften über Offenlegung des Sitzverlegungsplans);Art. 8 Abs. 7 und 8 (Schutz der Interessen der Gläubiger und sonstiger Forderungsberechtigter, insbesondere öffentlich-rechtlicher Körperschaften, in Bezug auf vor der Sitzverlegung entstandene Verbindlichkeiten);Art. 9 Abs. 3 (Vorschriften für die von der SE ausgeübte Geschäftstätigkeit); Art. 121 (Eintragung der SE in ein Register);Art. 13 (Offenlegung der die SE betreffenden Urkunden und Angaben);Art. 15 Abs. 1 (Gründung); Art. 261 (Zuständigkeit für die Kontrolle der Rechtmäßigkeit der Verschmelzung);Art. 47 Abs. 1 S. 1, Abs. 2 a, Abs. 3 (Voraussetzungen der Organmitgliedschaft);Art. 51 (Schadensersatzpflicht von Organmitgliedern); Art. 53 (Organisation und Ablauf der Hauptversammlung, Abstimmungsverfahren); Art. 54 (Einberufung der Hauptversammlung); Art. 56 S. 2 (Antrag auf Ergänzung der Tagesordnung);Art. 57 (maßgebliche Mehrheit in der Hauptversammlung); Art. 59 (für Satzungsänderungen erforderliche Mehrheit); Art. 61 und 62 (Jahresabschluss und konsolidierter Abschluss); Art. 67 (Kapital und Jahresabschluss bei Staaten, für die die dritte Stufe der Wirtschafts- und Währungsunion noch nicht gilt): *Schröder/Fuchs* in *MMS* (2005), Vorbemerkung, S 37 f.

228 „Gesamtverweisungen enthält die SE-VO dort, wo sie pauschal auf „das einzelstaatliche Recht", nicht auf das Recht des Sitzstaates verweist. Es handelt sich um":

Art. 3 Abs. 2 (Ein-Mann-SE); Art. 9 Abs. 1 c i und ii (Generalverweisung); Art. 18 (Gründung durch Verschmelzung); Art. 21 (Bekanntmachung im Amtsblatt des Mitgliedstaates);Art. 24 Abs. 1 (Schutz von Gläubigern und Anleihegläubigern sowie Wertpapierinha-

D. Fazit

Mit der Schaffung der SE zielt die EU auf die Vollendung des europäischen Binnenmarktes durch freien Verkehr von Waren, Personen, Dienstleistungen und Kapital ohne Hindernisse zwischen den EU-Mitgliedstaaten und damit auf die Verbesserung der wirtschaftlichen und sozialen Lage innerhalb der EU. Im Zuge der Schaffung einer supranational-europäischen Rechtsform wurden in Europa im Spannungsfeld zwischen Ideal und Praxis über mehrere Jahrzehnte lang lebhafte Auseinandersetzungen auf dem Gebiet des Rechts und der Wirtschaftspolitik geführt. Diese Auseinandersetzung mündete schließlich in einen politischen Kompromiss, der die Schaffung der Rechtsform der SE beim Gipfel von Nizza nach sich zog. Dabei wurden anschließend SE-VO[229] und SE-RL[230] vom Europäischen Ministerrat im Oktober 2001 endgültig verabschiedet. Die so verabschiedete SE hat folgende Besonderheiten:

Erstens hat die SE eine eigne Rechtspersönlichkeit als juristische Person mit der Eintragung in das jeweilige Register des Sitzstaates, die in allen 28 Mitgliedstaaten der EU und EWR uneingeschränkt anerkannt wird, und hat bei ihrer Benennung den Zusatz „SE“ voran- oder nachzustellen, wobei dieser Zusatz nicht von anderen juristischen Personen im Namen benutzt werden darf. Dabei muss ihr Mindestkapital, das eine sinnvolle Unternehmensgröße gewährleistet, 120.000 Euro betragen.

---

bern mit Sonderrechten bei Verschmelzung);Art. 25 Abs. 1und 3(Kontrolle der Rechtmäßigkeit der Verschmelzung);Art. 28 (Offenlegung der Verschmelzung);Art. 29 Abs. 3 (Formalitäten bei der Verschmelzung hinsichtlich Übertragung eingebrachter Vermögensgegenstände, Rechte und Verbindlichkeiten);Art. 29 Abs. 4 (Übergang von Rechten und Pflichten aus Arbeitsverhältnissen bei Verschmelzung);Art. 31Abs. 1 S. 2 (reduzierte Formalitäten bei Verschmelzung durch Aufnahme einer 100-prozentigen Tochtergesellschaft);Art. 31 Abs. 2 S. 1 (reduzierte Formalitäten bei Verschmelzung durch Aufnahme eines 90-100-prozentigen Beteiligungsunternehmens);Art. 32 Abs. 3 (Offenlegung des Gründungsplans bei Gründung einer Holding-SE);Art. 33 Abs. 3 (Offenlegung der Tatsache, dass alle Vorschriften für die Gründung der Holding-SE eingehalten wurden);Art. 36 (Gründung einer Tochter-SE);Art. 37 Abs. 5 (Offenlegung des Umwandlungsplans);Art. 37 Abs. 7 (Hauptversammlungsbeschluss über Umwandlungsplan);Art. 37 Abs. 9 (Übergang von Rechten und Pflichten aus Arbeitsverhältnissen bei Umwandlung);Art. 47 Abs. 4 (Bestellung von Organmitgliedern durch Minderheitsaktionäre oder Dritte);Art. 49 2. HS (Informationsweitergabe durch Organmitglieder);Art. 63 (Auflösung, Liquidation, Zahlungsunfähigkeit, Zahlungseinstellung und ähnliche Verfahren); Art 65 (Offenlegungen zu Auflösungs-, Liquidations- und ähnlichen Verfahren);Art. 66 Abs. 4 (Offenlegung des Umwandlungsplans bei Umwandlung der SE in eine AG);Art. 66 Abs. 6 SE-VO (Beschluss der Hauptversammlung über Umwandlungsplan): *Schröder/Fuchs* in *MMS* (2005), Vorbemerkung, S 36 f.

229 Verordnung (EG) Nr. 2157/2001 des Rates v. 8. 10. 2001 über das Statut der Europäischen Gesellschaft (SE), Abl. EG Nr. L 294 v. 10. 11. 2001, S.1-21.

230 Richtlinie 2001/86/EG des Rates zur Ergänzung des Statuts der Europäischen Gesellschaft hinsichtlich der Beteiligung der Arbeitnehmer v. 8. 10. 2001 Abl. EG Nr. L 294 v. 10. 11. 2001, S 22-32.

Zweitens muss der in der Satzung einer SE bestimmte Sitz dem Ort ihrer Hauptverwaltung entsprechen. Danach kann die SE ihren Sitz, gemäß ihrer wirtschaftlichen und rechtlichen Vorteile - ohne Auflösung im Wegzugsstaat oder Neugründung im Zuzugsstaat - identitätswahrend grenzüberschreitend verlegen. Diese organisatorischen Möglichkeiten könnten sich zu wirtschaftlichen Vorteilen entwickeln. Denn der Abbau des organisatorischen Aufwands stellt ein großes Kosteneinsparpotential dar, was dann die Unternehmen auch für die Anleger interessanter machen würde.

Drittens wird die SE grundsätzlich von allen Gesellschaften, die sowohl ihre Hauptverwaltung, als auch ihren satzungsmäßigen Sitz innerhalb der EU haben, nach dem Recht eines Mitgliedstaates gegründet. Die SE kann allerdings nur unter Beteiligung bereits bestehender Gesellschaften entstehen, nicht durch eine Neugründung eines Unternehmens durch natürliche Personen. Dabei sieht die SE-VO insgesamt fünf Möglichkeiten zur Gründung einer SE vor: zunächst die vier primären Gründungsformen - die grenzüberschreitende Verschmelzung, Holdinggründung, Gründung einer gemeinsamen Tochter-SE und Umwandlung - und dann noch die sekundäre Gründungsform durch eine bereits bestehende SE. Auf der Basis dieser Gründungsformen bietet die SE als eine innereuropäisch supranationale Rechtsform für die europaweit tätigen Unternehmen sowohl organisatorische als auch psychologische Vorteile, die schließlich zu wirtschaftlichen Vorzügen führen können. Aus psychologischer Sicht kann diese gemeinsame Rechtsform eine Verringerung der Hemmungen der Unternehmen bewirken nicht nur in Bezug auf die andere Rechtskultur, sondern auch allgemein in Bezug auf die fremde wirtschaftliche Lage, wie beispielsweise bei Aktionären, Arbeitnehmern und auch bei den Kunden oder den öffentlichen Stellen, beim Zusammenschluss der Gesellschaften oder auch bei der Zweigniederlassung. Organisatorisch gesehen können erstens die aufwendigen Umwegkonstruktionen für den internationalen Zusammenschluss der insbesondere gleichwertigen Unternehmen vermieden werden, da die Rechtsform SE die internationale Verschmelzung von bestehenden Gesellschaften ermöglicht.

Viertens bietet die für die SE spezifische Wahlmöglichkeit des Corporate Governance Systems zwei Vorteile. Einerseits kann danach die Ausgestaltung der Unternehmensleitung bei der vorgeschriebenen Verhandlung zwischen den Arbeitnehmervertretern und der Unternehmensleitung unabhängig von dem im jeweiligen Land obligatorischen System zwischen dem dualistischen und dem monistischen Modell frei entschieden werden und somit den einzelnen Unternehmen flexibler angepasst werden. Andererseits bietet der sich daraus ergebene Systemwettbewerb die Möglichkeit nicht nur zur Verbesserung, sondern auch zukünftig zur Konvergenz der beiden Systeme, die vielleicht einmal zur SE mit einem einheitlichen Corporate Governance-System führen könnte. Neben den verschiedenen Vorteilen wegen der Wahlmöglichkeit des Corporate Governance-Systems werden jedoch die vielen Verweisungsnormen auf die nationalen Vorschriften in der SE-VO als Defizit angesehen, was den von einer gemeinschaftlichen Regelung erwünschten Effekt vermindern könnte. Denn durch die

Unterschiede der undurchsichtigen Rechtsvorschriften der Mitgliedstaaten ergeben sich große Rechtsunsicherheiten, die wiederum die rechtliche und psychologische Attraktivität der SE verringern. Somit ist die SE nicht dazu geeignet, die Funktion einer gemeinsamen europäischen Rechtsform für Unternehmen ausreichend zu erfüllen und ist deswegen wenig praktikabel, was zur Einschränkung der Mobilität führt, wobei diese Rechtsunsicherheiten durch die Verweisungstechnik verringert werden können, indem unvorhergesehene Regelungsdefizite beseitigt und ein großer Teil der Auslegungsfragen aufgehoben werden können.
Fünftens ist das Mitbestimmungsproblem, das aufgrund der Vielfalt der Regelungen über die Arbeitnehmerbeteiligung in den einzelnen EU-Mitgliedstaaten ein großes Hindernis bei der Verabschiedung des SE-Statuts war, mit dem Vorher-Nachher-Prinzip in der SE-RL gelöst, das die Bewahrung der Verschiedenheit der nationalen Gepflogenheiten und die Sicherstellung der die bereits in den Gründungsgesellschaften erworbenen Arbeitnehmerrechte zum Zweck hat. Nach diesem Prinzip sind die schon vor der Gründung der SE existierenden Arbeitnehmerrechte eine Grundlage für die Gestaltung ihrer Beteiligungsrechte in der SE. Dieses Prinzip gilt konsequent sowohl für die Neugründung einer SE, als auch für strukturelle Veränderungen einer bereits gegründeten SE und für die von den strukturellen Änderungsprozessen betroffenen Gesellschaften.
Sechstens konnte bezüglich des Konzernrechts die EU aufgrund der Hemmnisse der Pfadabhängigkeit zwischen den nationalen Rechtsystemen keine einheitlichen Regelungen schaffen. Damit enthält die SE-VO außer den zwei Regelungen über den Konzernabschluss keine weiteren Regelungen. Sie werden deswegen jedem Sitzstaat überlassen. Dieser Mangel eines einheitlichen Konzernrechts bildet somit, neben dem Wettbewerb der Corporate Governance-Systeme, noch einen Faktor des Rechtssystemwettbewerbs bei der Wahl des Sitzstaates.
Und **siebtens** enthält die SE-VO keine eigenen steuerlichen Regelungen. Daher wird bezüglich der Besteuerungsfrage auch das jeweilige nationale Recht des Sitzstaates der SE angewendet. Eine SE wird deshalb ebenso wie jedes andere multinationale Unternehmen nach den auf Ebene der Gesellschaft oder Zweigniederlassung geltenden innerstaatlichen Steuerrechten behandelt. Aber mit der Möglichkeit der grenzüberschreitenden Sitzverlegung muss sich jeder Mitgliedstaat um das bessere Steuersystem bemühen, das den Unternehmen möglichst optimalen wirtschaftlichen Erfolg gewährleisten kann. Darüber hinaus werden auf EU-Ebene gemeinschaftsweite neutrale Steuerregelungen gefordert, damit die Unternehmen ihren Sitz noch freier verlegen können. Dabei wird erwartet, dass „Richtlinie 2005/19/EG des Rates zur Änderung der Richtlinie 90/434/EWG über das gemeinsame Steuersystem für Fusionen, Spaltungen, die Einbringung von Unternehmensteilen und den Austausch von Anteilen" für die Gewährleistung der steuerlichen Neutralität bei grenzüberschreitenden Sitzverlegungen eine große Rolle spielen kann

Dritter Teil – Grundlagen der Corporate Governance

Der Hauptteil dieser Arbeit befasst sich mit Corporate Governance in der europäischen Aktiengesellschaft (SE) im Zentrum der Unternehmensverfassung[231] (interne Corporate Governance) im Vergleich zwischen deutscher SE und britischer SE in rechtlicher Hinsicht. Bevor aber auf den Hauptteil dieser Arbeit eingegangen werden kann, müssen vorher die allgemeinen Grundlagen der Corporate Governance umrissen werden, die die Basis der Corporate Governance-Diskussion bilden.

Hier erfolgt daher zunächst eine Auseinandersetzung mit der aktuellen Bedeutung und dem Begriff der Corporate Governance, um dann anhand dieser theoretischen Basis als Ausgangspunkt zur Diskussion überzugehen. Dann werden als die Lösung für das aus der theoretischen Untersuchung heraus gelöste Corporate Governance-Problem die verschiedenen Kontrollmechanismen im Vergleich zwischen kontinentaleuropäischem dualistischem System (hier insbesondere dem deutschen System) und dem angelsächsischen monistischen System (hier insbesondere der USA und Großbritannien) als die Gegenpole sowie als Ausgangspunkte des Corporate Governance-Systems der SE behandelt. Im Anschluss daran wird auf die Wahlmöglichkeit zwischen den Corporate Governance-Systemen der SE eingegangen, um daraus Rückschlüsse auf einen aktiven Wettbewerb der Rechtssysteme der Mitgliedsstaaten zu ziehen. Des Weiteren werden die theoretisch möglichen Ergebnisse dieses Systemwettbewerbs werden behandelt, um schließlich auf die Chancen für ein einheitliches Corporate Governance-System zu sprechen zu kommen.

A. Aktuelle Bedeutung und Begriff der Corporate Governance

Der aus der angelsächsischen Unternehmenskultur stammende Terminus „Corporate Governance" war bis zu Beginn der 80er Jahre weitgehend unbekannt auf dem europäischen Kontinent und trat in Deutschland erst seit Mitte der 90er Jahre verstärkt in der Fachliteratur auf.[232] Einen Anlass zur Diskussion über Corporate Governance lieferte zum einen unmittelbar die Asienkrise in den 90er Jahren, während der sich die zentralen Governance-Probleme an zahlreichen Fällen von Missmanagement und Unternehmensschieflagen besonders klar heraus kristallisierten,[233] und zum anderen die Globalisierung der Wirtschaft und die Liberalisierung der Kapitalmärkte.[234] Derzeit ist der Terminus Corporate Governance also beinahe in die Alltagssprache eingegangen.

Unter dem Begriff der Corporate Governance werden in dieser Arbeit alle rechtlichen und faktischen Mechanismen für die Steuerung der großen Unternehmen

---

231 *Potthoff* (1998), 318 ff; *Hopt* in *Hommelhof/Hopt/v. Werder* (2003), S. 30 ff.

232 *v. Werder* in *Hommelhof/Hopt/v. Werder* (2003), S. 4.

233 Vorwort zu den OECD-Grundsätzen.

234 *Davies*, in: Europäische Kommission, Materialien der Konferenz über Gesellschaftsrecht und Binnenmarkt (1998); *Hopt*, ZGR 2000, S. 779 (810).

(insbesondere der börsennotierten Aktiengesellschaften[235]) verstanden.[236] Streng genommen wird zwischen der internen Corporate Governance einerseits, die sich auf die jeweiligen Rollen, Kompetenzen und Funktionsweisen und auch das Zusammenspiel der Unternehmensorgane (Leitung und Überwachung) bezieht, und der externen Corporate Governance andererseits, unter der die Einflusswege auf die Entscheidungen und Entscheidungsträger durch das freiwillige Zusammenspiel der unterschiedlichen Interessen mit dem Spiel der Marktkräfte von Angebot und Nachfrage verstanden wird (z.B. Markt für Unternehmenskontrolle, der die unzufriedenen Leistungen des Top-Managements durch den Prozess von Aktienverkäufen, Kursrückgängen, feindlicher Übernahme und Auswechselung des Managements sanktioniert), unterschieden.[237]

Bezüglich des Umfangs der Corporate Governance-Diskussion kann erst nach einer Reflexion über die jeweiligen übergeordnet verfolgten Ziele, nämlich Shareholder- oder Stakeholder-Value-Konzept,[238] ausgesagt werden: In der angelsächsischen Literatur wird die Corporate Governance durchweg als die Gesamtheit der Regelungen und Sachverhalte betrachtet, die anordnen, dass die Unternehmensleitung ihre Geschäfte möglichst im Interesse der Aktionäre ausrichten soll. Dabei tritt der Interessenkonflikt zwischen Aktionären und Management als Hauptproblem der Corporate Governance hervor, dagegen reicht in der kontinental-europäischen Corporate Governance-Debatte der Umfang des Problemfokus sehr viel weiter. Er umfasst nämlich nicht nur wie in der angelsächsischen Debatte die Beziehung zwischen Aktionären und Management, sondern auch das Verhältnis zwischen dem Management und anderen Stakeholdern sowie zwischen verschiedenen Interessengruppen. Folglich erklärt die Literatur in Deutschland den Begriff „Corporate Governance“ heute wie folgt: „Corporate Governance umfasst die Rechte, Aufgaben und Verantwortlichkeiten der gesellschaftsrechtlichen Organe (Geschäftsführung, Vorstand und Aufsichtsrat), der Anteilseigner, der Mitarbeiter und darüber hinaus der übrigen Interessengruppen (Stakeholders), also derjenigen, die von der Leistung und vom Erfolg eines Unternehmens profitieren oder (bei) dessen Misserfolg Verluste erleiden.“[239]

Die Untersuchung der Corporate Governance hat zum Ziel, durch ein optimiertes Corporate Governance-System die Effizienz des Managements zu maximieren und dabei eine faire Wertverteilung zwischen den verschiedenen beteiligten Anspruchsgruppen zu gewährleisten. Ein derart wirkungsvolles Corporate Go-

---

235 Freilich werden zunehmend auch andere Rechtsformen und Unternehmen mittlerer Größenordnungen aus dem Blickwinkel ihrer spezifischen Anforderungen an die Corporate Governance analysiert: dazu z.B. *Daily/Dalton* (1992), S.375 ff; *Claussen/Bröcker*, DB 2002, S. 1199 ff.

236 Vgl. zu den Definitionen *v. Werder* in *Ringleb/Kremmer/Lutter/v. Werder* (DCGK 2005), S.11 Rn. 3; ders. in *Hommelhoff/Hopt/v. Werder (*2003), S. 4.

237 *v. Werder* in *Ringleb/Kremmer/Lutter/v. Werder* (DCGK 2005), S.11 Rn. 1; *Hopt*, ZGR 2000, 782; *Teichmann*, ZGR 2001, S. 646.

238 S. unten C. II in diesem dritten Teil.

239 *Langenbucher/Blaum*, DB 1994, S. 2. 197.

vernance-System fördert das Vertrauen sowohl der nationalen wie auch der internationalen Anleger, von Geschäftspartnern und der allgemeinen Öffentlichkeit und spielt damit als wichtiger Faktor im internationalen Standortwettbewerb eine große Rolle. Wesentliche Voraussetzung dafür ist eine enge und effiziente Zusammenarbeit zwischen den Unternehmensorganen, die Achtung der Aktionärsinteressen, eine offene Unternehmenskommunikation sowie ein verantwortungsvoller Umgang mit Risiken und gesetzlichen und unternehmensinternen Regelungen.

B. Weltweite Diskussionen der Corporate Governance und Kodexbewegung

I. Grundlage und Zustand der Corporate Governance-Diskussion

Die Grundlagen für die Corporate Governance-Diskussion wurden in den dreißiger Jahren in den USA von *Beale* und *Means* in ihrem berühmten Buch „*The Modern Corporation and Private Property*" gelegt.[240] Darin wird den Problemen nachgegangen, die sich aus dem Auseinanderfallen von Eigentum und Kontrolle ergeben. Ausgehend von dieser Untersuchung beschäftigten sich zahlreiche US-amerikanische Autoren mit diesem Themenbereich. Auch heute noch werden Diskussionen über Corporate Governance beginnend in den USA, Großbritannien, auf dem europäischen Kontinent und in weiteren Industrieländern kontrovers geführt und üben erheblichen Einfluss auf andere nationale und regionale Debatten aus. Eine beachtliche Resonanz auf die Bedeutung der Corporate Governance lässt sich dabei nicht nur im wissenschaftlichen Diskurs, sondern auch in der Wirtschaftspraxis und beim Gesetzgeber messen. Insbesondere zeichnet sie sich bei verschiedenen Gesetzgebern in Gesetzesänderungen der Gesetze für das bessere Corporate Governance-Systems ab, z.B. in den vier Finanzmarktförderungsgesetzen aus den Jahren 1990, 1994, 1998, 2002 und dem KonTraG und TransPuG in Deutschland sowie dem UMAG: dem am 1. November 2005 in Kraft getretene Gesetz zur Unternehmensintegrität und Modernisierung des Anfechtungsrechts, sowie in Gesetzesvorhaben wie dem am 25. 02. 2003 vorgestellten 10-Punkte-Programm der deutschen Bundesregierung zur Verbesserung der Integrität und des Anlegerschutzes in Deutschland.

II. Kodexbewegung

Die Lebhaftigkeit der Diskussion über Corporate Governance ist auf zwei Motivationen zurückzuführen. Zum einen wären da die zahlreichen bekannt gewordenen Fälle von Missmanagement und Unternehmensschieflagen, die wegen unzureichender Kontrolle der Unternehmensführung verursacht worden sein

240 Bereits vor etwas mehr als sechzig Jahren in den USA sollen in diesem Buch Fragen über die dysfunktionalen Wirkungen der Trennung von Eigentum und Kontrolle („separation of ownership and control") behandelt worden sein.

sollten. Zum anderen werden die Globalisierung der Wirtschaft und die Liberalisierung der Kapitalmärkte angeführt.[241] Dabei entstand durch die globale Veränderung der Wirtschaftswelt und angefacht durch Forderungen seitens der Unternehmen und international operierender, und einflussreicher Investoren ein Wettbewerb unter den Staaten um das vermeintlich bessere System der Corporate Governance. Anfang der 1990er Jahre setzte dann beginnend in Großbritannien eine „Corporate Governance-Kodexbewegung“[242] ein. Solche Kodizes finden sich unter verschiedenen Bezeichnungen wie *Codes, Guidelines, Principles, Reports* und *Statements* zur Corporate Governance und Standards guter Unternehmensführung auf nationaler wie internationaler Ebene. Als Beispiele sind zu nennen: der britische *Combined Code*, der französische *Vinot-Rapport*,[243] der deutsche Corporate Governance Kodex,[244] die Final NYSE Corporate Governance Rules in den USA,[245] die *OECD Principles of Corporate Governance*, etc. Dem *European Corporate Governance Institute* zufolge existieren heute weltweit über 120 verschiedene *Codes* für Corporate Governance.[246] Diese Kodifizierungsbewegungen der jeweiligen Länder hatten zum Ziel, im eigenen Land die angemessenen Corporate Governance-Grundsätze zu etablieren, um so die Attraktivität und die Glaubwürdigkeit des jeweiligen Landes als Standort für Investoren zu erhöhen und letztendlich bessere Voraussetzung für den Standortwettbewerb mit anderen Staaten zu schaffen. Eine Untersuchung im Auftrag der EU ergab, dass die Kodizes ein bemerkenswert hohes Maß an Übereinstimmung aufweisen.[247] Im Folgenden werden die Kodizes insbesondere von Großbritannien mit monistischem System und Deutschland mit dualistischem System auf nationaler Ebene als Gegenpole verschiedener Systeme gegenübergestellt und die OECD Principles of Corporate Governance auf internationaler Ebene als Maßstab für nationale Kodizes aufgezeigt.

---

241 *v. Werder* in *Ringleb/Kremer/Lutter/v. Werder* (DCGK 2005), S. 12 Rn. 2

242 *Hommelhof*, ZGR 2001, S. 238; *Hopt* in *Hommelhoff/Hopt/v. Werder* (2003), S. 32 ff.

243 Diser Vienot II-Rapport findet sich in französischer Sprache auf der Internetseite www.ecgn.ulb.ac.be/ecgn/ docs/codes/vienot2-fr.pdf und in Englisch unter.../vienot2-en.pdf.

244 Siehe gerade unten B. I. Exkurs 2) in diesem dritten Teil

245 In den USA wurde kein allgemein anerkannter Corporate Governance Kodex geschaffen. Die Gesellschaften haben in den USA ihre individuellen Kodizes entwickelt und veröffentlicht. Dabei haben die Kodizes von General Motors, Campbell Soup oder Calperrs besondere Bekanntheit erlangt. Seit 2003 müssen auch in den USA alle an der New York Stock Exchange gelisteten Unternehmen die „Final NYSE Corporate Governance Rules“ befolgen, die unter anderem einen „Code of Business Conduct and Ethics for directors, officers and employees“ umfassen, siehe NYSE (2003).

246 Siehe www.ecgi.org/codes/all_codes.htm. Von dieser Homepage kann problemlos jeweils die aktuellste Version heruntergeladen werden.

247 Zur Corporate Governance-Diskussion auf EU-Ebene siehe. unten B. II. in diesem dritten Teil.

1. Kodexbewegung auf nationaler Ebene

a) Großbritannien (*Combined Code*)

Diese Bewegung wurde zunächst von dem sog. „*Cadbury Committee*" in Großbritannien, das im Mai 1991 vom *Financial Reporting Council* (FRC) und der *London Stock Exchange* (LSE) eingesetzt wurde, angestoßen. Diese Kommission erarbeitete im Jahr 1992 den sog. „*Code of Best Practice on the Financial Aspects of Corporate Governance"*; es folgten drei weitere britische Berichte, der *Greenbury Report* (1995), der *Hampel Report* (1998), und der *Turnbull Report* (1999).[248] Die Grundsätze und Empfehlungen dieser drei Kommissionen wurden für den *Combined Code* konsolidiert und im Jahr 1999 überarbeitet.[249] Seit dem 1. Januar 2000 unterliegen alle an der *London Stock Exchange* kotierten Gesellschaften dem *Combined Code*.[250] Dieser *Code* wurde im Jahr 2003 von der *Financial Service Authority* (FSA) überarbeitet und im Juli 2003 in einer neuen Fassung veröffentlicht. Die Grundlage hierfür war der *Higgs-Report*, welcher sich mit der Rolle der „*non-executive directors*" befasste und dessen Empfehlungen von der FRC fast vollständig übernommen wurden. Der überarbeitete *Combined Code* gilt für solche Berichtsjahre, die am oder nach dem 1. November 2003 beginnen.[251]

Der *Combined Code 2003* enthält 17 *main principles* und 48 *provisions* und gliedert sich in fünf Hauptbereiche.[252] Dieser *Combined Code* funktioniert über eine sog. *'comply or explain'* Basis, d.h. alle an der Londoner Börse notierten Unternehmen sind verpflichtet, Bericht zu erstatten, ob sie die Kodex-Bestimmungen einhalten oder nicht[253]; in letzterem Falle müssen sie eine plausible Erklärung für ihre Entscheidung veröffentlichen.[254]

Im Jahr 2005 befasste sich eine Studie des *Financial Reporting Council* (FRC) mit der Frage, inwieweit der *Combined Code* in der Fassung von 2003 in der Praxis Anwendung gefunden hat. Danach wurde im Juli 2006 eine neue Fassung des *Combined Code* mit nur marginalen Abweichungen von der vorherigen Version veröffentlicht.[255]

Dieser *Combined Code* beschäftigt sich insbesondere mit der Gewährleistung der Unabhängigkeit der *Non-Executive Directors*, der Transparenz, der Machttrennung von *Chairman* und *Chief Executive* zur Vermeidung einer Machtkonzentration auf einen Einzelnen, der Vergütung der Direktoren, der Pflichten der Direktoren und Abschlussprüfer, der Bildung von Ausschüssen sowie dem Ver-

---

248 Vgl. *Böckli*, ZBJV 138 (2002), S. 760, m. w. H. und genauen Quellenangaben.

249The COMBINED CODE - Principles of Good Governance and of Best Practice, verfasst vom Committee of Corporate Governance, London Stock Exchange 1999. Die aktuelle Fassung datiert vom Juli 2003.

250 *Böckli*, ST (2000), S. 138.

251 Preamble Nr. 3 in Combined Code 2003.

252 Preamble Nr. 4 in Combined Code 2003.

253 Preamble Nr. 4 in Combined Code 2003.

254 Preamble Nr. 5 in Combined Code 2003.

255 Die Änderungen betrafen insbesondere die Vergütungsausschüsse und das *proxy voting*.

hältnis zwischen *Board* und Aktionären (z.B. insbesondere *Institutional Shareholder*), die als die wichtigsten Voraussetzungen für eine angemessene Corporate Governance betrachtet werden können. Insbesondere bezüglich der Kompetenzverteilung auf Führungsebene spielt dieser *Combined Code* mangels gesetzlicher Regelung eine wichtige Rolle.[256]

b) Deutschland (DCGK)

Während es auf internationaler Ebene zu einer lebhaften Kodex-Bewegung kam, wurde in Deutschland wegen verschiedener Fehlentwicklungen und Skandale bei Unternehmen in den neunziger Jahren an der Leistungsfähigkeit des deutschen Corporate Governance-Systems gezweifelt. Darüber hinaus wurde zunehmend befürchtet, dass hierzulande die Abwesenheit eines Corporate Governance-Kodex insbesondere von ausländischen Investoren als Nachteil empfunden werden und dadurch die Wettebewerbfähigkeit des deutschen Corporate Governance-Systems im internationalen Vergleich stark gesunken sein könnte. Dabei ist die Kodex-Diskussion im Grunde erst im Jahre 2000 durch zwei auf privater Initiative basierende Entwürfe angestoßen worden: zum einen durch die „Corporate Governance Grundsätze" für börsennotierte Gesellschaften (sog. Frankfurter Grundsätze),[257] und zum anderen durch den *„German Code of Corporate Governance* („GCCG").[258] Die Corporate Governance Grundsätze waren rechtswissenschaftlich geprägt, während der GCCG einen stark betriebswirtschaftlichen Charakter aufwies.[259] Diese beiden Entwürfe stießen auf positive Resonanz. Trotzdem wurde es allgemein als Problem angesehen, dass zwei unterschiedliche Kodizes in Deutschland existierten.[260]

Aufgrund dessen wurde im Mai 2000 auf Initiative der Bundesregierung eine Regierungskommission „Corporate Governance – Unternehmensführung – Unternehmenskontrolle – Modernisierung des Aktienrechts" unter dem Vorsitz des Juristen Theodor Baums eingerichtet (sog. Baums-Kommission), die im Juli 2000 in ihrem Abschlussbericht fast 150 Empfehlungen zu Veränderungen und Anpassungen des Aktiengesetzes vorlegte, und die Einsetzung einer weiteren Kommission zur Ausarbeitung eines einheitlichen deutschen Corporate Governance-Kodex empfahl.[261] Auf der Basis dieses Berichts wurde vom Bundesministerium der Justiz im September 2001 die „Regierungskommission Deutscher Corporate Governance Kodex" unter dem Vorsitz des Aufsichtsratsvorsitzenden der ThyssenKrupp AG, Dr. Gerhard Cromme, gebildet.[262] Diese Kommission

---

256 Zum Zusammenhang zwischen der Verrechtlichung und dem Combined Code *de Lacy/Riley*, London (2003), S. 179 ff.

257 Grundsatzkommission Corporate Governance, DB 2000, S. 238.

258 Berliner Initiativkreis German Code of Corporate Governance, DB 2000, S. 1573.

259 *v. Werder* in *Ringleb, in Ringleb/Kremer/Lutter/v. Werder* (DCGK 2005), S.14 Rn. 6

260 *Bernhardt*, DB 2002, S. 1841 ff.; *v. Werder* in *Ringleb in Ringleb/Kremmer/Lutter/v. Werder* (DCGK 2005), S.14 Rn. 7.

261 *Baums*, Bericht der Regierungskommission Corporate Governance 2001.

262 *Ringleb* in *Ringleb/Kremmer/Lutter/v. Werder* (DCGK 2005), S.14-15 Rn. 9 f..

überreichte am 26. Februar 2002 der Bundesregierung den von ihr erarbeiteten "Deutschen Corporate Governance Kodex" als Verhaltensgrundsätze für Vorstände und Aufsichtsräte deutscher börsennotierter Aktiengesellschaften, was die offizielle Erstveröffentlichung des Kodex im elektronischen Bundesanzeiger ist.[263] Um das deutsche Corporate Governance-System v.a. für ausländische Investoren verständlich zu machen, wurde der DCGK in die englische, französische, spanische und italienische Sprache übersetzt veröffentlicht.[264] Der Kodex wird seitdem jährlich von der "Regierungskommission Deutscher Corporate Governance Kodex" überprüft und wurde zuletzt am 14. Juni 2007 angepasst.
Das Ziel des DCGK ist es schließlich dazu beizutragen, den Standort Deutschland sowohl für nationale als auch für internationale Investoren attraktiver zu machen und somit die Börsenwerte deutscher Unternehmen ihrem tatsächlichen Wert anzupassen. Durch den Kodex soll die Vergleichbarkeit mit anderen internationalen Unternehmen und die Transparenz des deutschen Corporate Governance-Systems erhöht werden. In diesem Zusammenhang hatte die Kommission alle in der Vergangenheit – insbesondere von internationalen Investoren – geäußerten Kritikpunkte an der deutschen Unternehmensverfassung aufgriffen und umgesetzt; zu diesen Kritikpunkten zählten beispielsweise eine ungenügende Ausrichtung auf Aktionärsinteressen, die duale Unternehmensverfassung mit Vorstand und Aufsichtsrat, die mangelnde Transparenz deutscher Unternehmensführung, eine mangelnde Unabhängigkeit deutscher Aufsichtsräte und die eingeschränkte Unabhängigkeit des Abschlussprüfers.[265] Es ist hierbei zu beachten, dass der Kodex als „*Soft Law*" kein zwingendes Gesetz, sondern eine freiwillige Selbstverpflichtung („Liberalität, Effektivität und Flexibilität") darstellt, weshalb dem DCGK keine Normqualität zukommt.[266] Durch das am 1. 7. 2002 in Kraft getretene TransPuG wurde jedoch ein gesetzlicher Anknüpfungspunkt für den Corporate Governance Kodex in § 161 AktG eingeführt. Danach sind die börsennotierten Aktiengesellschaften verpflichtet, für jedes Geschäftsjahr eine sog. Entsprechenserklärung abzugeben („*comply or explain*"), ob sie den Kodex befolgt haben und ihn in Zukunft befolgen werden.[267] Der DCGK beinhaltete drei verschiedene Kategorien von Handlungsgrundsätzen:[268]
- **Rechtsbeschreibende Regelungen, das geltende Gesetzesrecht wiederzugeben**: Der Kodex stellt die Regelung nur deklaratorisch dar. Durch diese Komponente versucht der DCGK, kurz und prägnant mit für den Leser des DCGK (z.B. internationalen Investoren) leicht verständlichen Formulierungen einen möglichst objektiven, umfassenden Überblick des geltenden Rechts zu

263 *Ringleb* in *Ringleb/Kremmer/Lutter/v. Werder* (DCGK 2005), S. 23 Rn.36 f.
264 *Ringleb* in *Ringleb/Kremmer/Lutter/v. Werder* (DCGK 2005), S. 23 Rn.36 f.
265 Vgl. Präambel zum DCGK.
266 Vgl. Regierungskommission Corporate Governance (2001) Rn. 5 ff; *Hommelhoff* (2001), S. 242; allgemein zur Selbstregulierung auch *Cheffins* (1991), S. 364, 378.
267 Vgl. *Ringleb* in *Ringleb/Kremer/Lutter/v. Werder* (DCGK 2005), S. 27 Rn. 51.
268 Vgl. Präambel zum DCGK; *Ringleb* in *Ringleb/Kremmer/Lutter/v. Werder* (DCGK 2005), S. 25 Rn.41f; *Peltzer* (2004), Rn. 39.

ermöglichen. Allerdings sind sie rechtlich verbindlich, da sie bereits kraft Gesetzes gelten;

- **Empfehlungen:** In DCGK existieren 63 Verhaltensempfehlungen. Diese Empfehlungen werden durch das Hilfsverb „soll" gekennzeichnet, um ihren verbindlicheren Charakter ausdrücklich zu machen. Sie bestehen aus Wohlverhaltensregeln für gesetzlich nicht vorgegebenen Verhaltensweisen, die nach Meinung der Kommission von einem gut geführten Unternehmen im Allgemeinen befolgt werden sollten. Sie sind rechtlich nicht verbindlich. Nach dem Kodex Prinzip (*comply or explain*) sollen die Unternehmen aber offen legen, ob sie ihnen folgen oder nur mit guten Gründen nicht;
- **Anregungen:** Die im Kodex enthaltenen 17 Anregungen werden durch die Hilfsverben „sollte" oder „kann" kenntlich gemacht, um ihre Unverbindlichkeit hervorzuheben. Von ihnen kann also auch wie bei den Empfehlungen abgewichen werden. Eine Offenlegung ist aber nicht erforderlich.

2. Kodexbewegung auf internationale Ebene: OECD *Principles of Corporate Governance*

Im Jahr 1999 veröffentlichte auch die OECD *(Organisation for Economic Cooperation and Development*[269]*)* auf internationaler Ebene ihre ersten Grundsätze *("OECD Principles of Corporate Governance")*. Seitdem sind diese zu einer internationalen Richtschnur für politische Entscheidungsträger, Investoren, Unternehmen und sonstige interessierte Gruppen in aller Welt geworden und dienen als Maßstab für nationale Kodizes.[270] Diese Grundsätze wurden weiter basierend auf einer in den Jahren 2002 und 2003 durchgeführten Untersuchung in den OECD Staaten zu den aktuellen Entwicklungen im Bezug auf Corporate Governance überarbeitet und im Jahr 2004 neu veröffentlicht.[271] Diese überarbeiteten OECD-Grundsätze sollen den Beitrag und das Engagement der OECD für gemeinsame Anstrengungen zur Verbesserung weltweiter Corporate Governance-Strukturen weiter stärken und beinhalten die Hoffnung, dass durch die zunehmende Anpassung der nationalen Regeln an jene Grundsätze die Wirt-

269 „Gemäß Artikel 1 des am 14. Dezember 1960 in Paris unterzeichneten und am 30. September 1961 in Kraft getretenen Übereinkommens fördert dieses Organ eine Politik, die darauf gerichtet ist:

- in den Mitgliedstaaten unter Wahrung der finanziellen Stabilität eine optimale Wirtschaftsentwicklung und Beschäftigung sowie einen steigenden Lebensstandard zu erreichen und dadurch zur Entwicklung der Weltwirtschaft beizutragen;
- in den Mitglied- und Nichtmitgliedstaaten, die in wirtschaftlicher Entwicklung begriffen sind, zu einem gesunden wirtschaftlichen Wachstum beizutragen und
- im Einklang mit internationalen Verpflichtungen auf multilateraler und nicht diskriminierender Grundlage zur Ausweitung des Welthandels beizutragen.", in: Grundsätze der Corporate Governance der OECD (2004)."

270 Vgl. Grundsätze der Corporate Governance der OECD (2004).

271 Die EU-Kommission nimmt an den Tätigkeiten der OECD teil (Artikel 13 des Übereinkommens über die OECD).

schaftskriminalität zumindest erschwert wird.[272] Diese Grundsätze sind allerdings nicht verbindlich. Sie sollen nur als Leitschnur für die nationale Gesetzgebung und als Maßstab für nationale Kodizes behilflich sein. Sie decken folgende Bereiche ab:[273]

- Sicherung der Grundlagen eines effektiven Corporate Governance-Rahmens, der transparente und leistungsfähige Märkte fördern, mit dem Prinzip der Rechtsstaatlichkeit in Einklang stehen und eine klare Trennung der Verantwortlichkeiten der verschiedenen Aufsichts-, Regulierungs- und Vollzugsinstanzen gewährleisten sollte;
- Aktionärsrechte und Schlüsselfunktionen der Kapitalgeber, wobei es um das Schützen der Aktionärsrechte und die Erleichterung ihrer Ausübung geht; Gleichbehandlung der Aktionäre, wobei es um die Sicherung der Gleichbehandlung aller Aktionäre, einschließlich der Minderheits- und der ausländischen Aktionäre geht;
- Rolle der verschiedenen Unternehmensbeteiligten (Stakeholder), wobei es um die Anerkennung der gesetzlich verankerten oder einvernehmlich festgelegten Rechte der Unternehmensbeteiligten und die Förderung einer aktiven Zusammenarbeit zwischen Unternehmen und Stakeholdern mit dem Ziel der Schaffung von Wohlstand und Arbeitsplätzen sowie der Erhaltung finanziell gesunder Unternehmen geht;
- Offenlegung und Transparenz, wobei es um die Gewährleistung, dass alle wesentlichen Angelegenheiten, die das Unternehmen betreffen, namentlich Vermögens-, Ertrags- und Finanzlage, Eigentumsverhältnisse und Strukturen der Unternehmensführung, zeitnah und präzise offen gelegt werden, geht;
- Pflichten des Aufsichtsorgans (*Board*), wobei es um das Gewährleisten der strategischen Ausrichtung des Unternehmens, die effektive Überwachung der Geschäftsführung durch den *Board* und die Rechenschaftspflicht des *Board* gegenüber dem Unternehmen und seinen Aktionären geht.

III. Corporate Governance-Diskussion auf EU-Ebene

Im Rahmen der EU wird die Corporate Governance der SE noch ganz unterschiedlich in jedem EU-Mitgliedstaat und unter dem Subsidiaritätsprinzip nach Art. 5 Abs. 2 EGV geregelt. Entsprechend Art. 44 Abs. 2 Buchstabe g des Vertrags zur Gründung der EG bemühen sich die EU-Mitgliedstaaten jedoch stetig nicht nur um die Harmonisierung des Gesellschaftsrechts, die eine Angleichung der Rechtlichen Rahmenbedingungen bewirken und den Unternehmen so die Niederlassung in anderen Mitgliedstaaten erleichtern soll,[274] sondern auch um die Gewährleistung von Rechtssicherheit bei innergemeinschaftlichen Geschäf-

272 Vgl. Grundsätze der Corporate Governance der OECD (2004).

273 Vgl. Grundsätze der Corporate Governance der OECD (2004).

274 Zum Zustand der Harmonisierung des Europäischen Gesellschaftsrechts durch EG-Richtlinien siehe A. III. im zweiten Teil.

ten durch eine Reihe gemeinsamer Schutzvorkehrungen, die Vertrauen in grenzüberschreitende Wirtschaftsbeziehungen schaffen sollen.
Gleichzeitig werden auch dementsprechend für das Ziel der Verwirklichung des europäischen Binnenmarkts immer mehr Diskussionen über das Thema der Corporate Governance auf EU-Ebene geführt. Dabei sucht die EG-Kommission nach Möglichkeiten einheitliche europäische Corporate Governance-Grundsätze nicht mehr durch positives Recht, sondern mit Hilfe anderer Regelwerke (Kodizes) zu etablieren, um so die auf nationalen Divergenzen beruhenden Nachteile bei der Corporate Governance beseitigen zu können.
Vor dem Hintergrund dieser Überlegungen hat die Kommission im Jahre 2001 eine Prüfung der für die EU relevanten Corporate Governance-Kodizes in Auftrag gegeben; „die umfassende vergleichende Studie, die das Unternehmen Weil, Gotshal & Manges LLP erstellte[275], wurde im März 2002 abgeschlossen und gelangte zu dem Schluss, dass die EU weder Zeit noch Mühe auf die Erstellung eines europäischen Corporate Governance-Kodex verwenden sollte: vielmehr sollte die Europäische Kommission ihre Bemühungen darauf konzentrieren, aufsichtsrechtliche und sonstige gesetzliche Schranken für die grenzübergreifende Wahrnehmung von Stimmrechten (‚Partizipationsschranken') sowie Schranken, die den Aktionären die Bewertung der Leitung und Überwachung einer Gesellschaft erschweren (‚Informationsschranken') abzubauen." Im darauffolgenden Jahr, im April 2002, wurde zwar vom Rat und einer hochrangigen Gruppe von Experten auf dem Gebiet des Gesellschaftsrechts die Frage nach der Notwendigkeit eines europäischen Kodex und einer zusätzlichen Offenlegung von Corporate Governance-Praktiken untersucht, aber sie kamen zu dem selben Schluss wie auch die vorher von Weil, Gotshal & Manges LLP erstellte Studie.[276]
Zuvor schon im Juli 2001 hatte die Kommission eine von Jaap Winter geführte hochrangige Expertengruppe (Winter-Gruppe) eingesetzt, um Empfehlungen für die Modernisierung des Gesellschaftsrechts und die Verbesserung der Corporate Governance ausarbeiten zu lassen. Diese Gruppe empfahl durch ihren im November 2002 vorgelegten Schlussbericht, die nationalen Unternehmensführungssysteme zu harmonisieren, statt eine Vereinheitlichung der bestehenden Regelungen und die Schaffung eines europäischen Corporate Governance Verhaltenskodex vorzuschlagen.[277]

---

275 "Comparative Study of the Corporate Governance Codes relevant to the European Union and its Member States": http://europa.eu.int/comm/internal_market/en/company/company/news/corp-gov-codes-rpt_en.htm.

276 Vgl. Modernisierung des Gesellschaftsrechts und Verbesserung der Corporate Governance in der Europäischen Union – Aktionsplan, Brüssel, den 21.5.2003 KOM(2003) 284 endgültig, S. 13.

277 Vgl. Modernisierung des Gesellschaftsrechts und Verbesserung der Corporate Governance in der Europäischen Union – Aktionsplan, Brüssel, den 21.5.2003 KOM(2003) 284 endgültig, S. 4.

Die Kommission nahm den Vorschlag des Winter-Berichts an und schlug im Mai 2003 in einer Mitteilung an den Rat und das Europäische Parlament einen Aktionsplan zur „Modernisierung des Gesellschaftsrechts und Verbesserung der Corporate Governance in der EU“ vor. Dieser Aktionsplan umfasste unter anderem Corporate Governance, Kapitalerhaltung, Unternehmensgruppen, EU-Unternehmenspyramiden, Umstrukturierung, Europäische Privatgesellschaft (Europäische GmbH), andere Rechtsformen und die Transparenz von nationalen Rechtsformen; in diesem Aktionsplan wurde auch Art und Umfang der als notwendig erachteten Maßnahmen ermittelt, um so die Art des einzusetzenden Rechtsinstruments vorzuschlagen und klare kurz-, mittel- und langfristige Prioritäten zu setzen; darin wird angegeben, welches Regulierungsinstrument eingesetzt werden sollte[278] und bis wann.[279] Im folgenden Aktionsplan werden Art und Umfang der als notwendig erachteten Maßnahmen in Bezug auf die Corporate Governance gezeigt:[280]

1) KURZFRISTIGE MASSNAHMEN (2003-2005):
- erhöhte Offenlegungspflicht hinsichtlich der Unternehmensleitung und -überwachung, etwa Abgabe einer Corporate-Governance-Erklärung (in Form einer Richtlinie);
- Verbesserung der Kommunikation mit Aktionären und Erleichterung ihrer Beschlussfassung (in Form einer Richtlinie);
- Stärkung der Rolle unabhängiger Aufsichtsratsmitglieder (in Form einer Empfehlung);
- Förderung eines angemessenen Systems für die Vergütung von Direktoren (in Form einer Empfehlung);
- Bestätigung der kollektiven Verantwortung der Mitglieder des Leitungsorgans für den Jahresabschluss (in Form einer Richtlinie);
- Einführung eines Europäischen Corporate Governance Forums (als sonstige Maßnahme).

2) MITTELFRISTIGE MASSNAHMEN (2006-2008):
- Verstärkte Offenlegung der Anlage- und Abstimmungsstrategien institutioneller Anleger (in Form einer Richtlinie);
- Möglichkeit der Wahl zwischen einem dualistischen und einem monistischen System für alle börsennotierten Gesellschaften (in Form einer Richtlinie);
- Stärkung der Verantwortung der Mitglieder des Leitungs- bzw. Verwaltungsorgans (Recht auf Sonderprüfung, Insolvenzverschleppungshaftung, Verbot der Tätigkeit als Direktor) (in Form einer Richtlinie oder Änderungsrichtlinie);

278 Wenn ein Rechtsakt in Betracht gezogen wird, so bedeutet dies, dass die geplante Maßnahme entweder die Annahme eines neuen Legislativvorschlags oder die Änderung eines oder mehrerer bestehender Rechtsakte erfordert.

279 S. Modernisierung des Gesellschaftsrechts und Verbesserung der Corporate Governance in der Europäischen Union – Aktionsplan, Brüssel, den 21.5.2003 KOM(2003) 284 endgültig, S. 28 ff. (Anhang 1).

280 Die nachfolgenden Schaubilder sind aus dem Aktionsplan der Europäischen Kommission übernommen.

- Untersuchung der Folgen eines Ansatzes zur Erreichung vollständiger Aktionärsdemokratie (ein Anteil/eine Stimme), zumindest für börsennotierte Gesellschaften (als sonstige Maßnahme).

Durch diesen Aktionsplan verfolgen die EU-Mitgliedstaaten – unter Beachtung der Divergenzen der nationalen Vorschriften in den Mitgliedstaaten und des Subsidiaritätsprinzips nach Art. 5 Abs. 2 EGV – klare gemeinsame Ziele (z.B. Stärkung des Binnenmarkts und der Rechte von Aktionären und Dritten). Dabei kann z.B. jede oben erwähnte Regulierungsmaßnahme flexibel angewandt werden. Ferner stellt die gesellschaftsrechtliche Harmonisierung durch diese Maßnahmen eine wesentliche Basis zur Schaffung eines Binnenmarkts für Dienstleistungen und Finanzprodukte dar. Mit diesen Bemühungen zielen die EU-Mitgliedstaaten darauf, Aktionären und anderen Interessengruppen innerhalb von Unternehmen gleichwertigen Schutz zu sichern, Niederlassungsfreiheit für Unternehmen in der ganzen EU zu gewährleisten, die Leistungs- und Wettbewerbsfähigkeit der Unternehmen zu steigern, grenzüberschreitende Zusammenarbeit zwischen Unternehmen in verschiedenen Mitgliedstaaten zu fördern und Diskussionen zwischen den Mitgliedstaaten über die Reform des Gesellschaftsrechts und der Corporate Governance anzuregen. Darüber hinaus wird erwartet, zur Gestaltung internationaler Regelungen auf diesem Gebiet beizutragen.[281] Ferner richtete im Oktober 2004 die Kommission, als Umsetzung einer im Aktionsplan vorgesehenen Maßnahme, das Europäische Corporate Governance-Forum ein. Dem Forum gehören erfahrene Sachverständige aus den verschiedenen Mitgliedstaaten an. Sie sollen der Kommission Ratschläge zur Förderung der Konvergenz der nationalen Corporate Governance-Kodizes geben.[282] Seine Aufgabe ist zunächst die Koordinierung, Annäherung und die Durchsetzung nationaler Kodizes. Dem Protokoll der ersten Sitzung zufolge wird beabsichtigt, sich vorerst auf folgende Themengebiete im Forum zu konzentrieren: Anwendung und Bedeutung des Prinzips „*comply or explain*"; Unabhängigkeit der Aufsichtsratsmitglieder; Notwendigkeit der Stärkung der Rechte der Aktionäre und Gewährleistung der Angemessenheit und Effizienz interner Kontrollsysteme. Im Juni 2005 fand das zweite Treffen des Forums statt. Im Fokus standen insbesondere Fragen aus den Bereichen Aktionärsrechte und interne Kontrollen. Erklärtes Ziel war es, ein angemessenes Gleichgewicht zwischen unternehmerischem Handeln und der Kontrolle durch die Aktionäre zu finden. Als Voraussetzung hierfür wird eine breite Analyse der Einflussmöglichkeiten der Aktionäre erachtet. Positiv aufgenommen wurde das von der EU-Kommission vorgelegte Konsultationspapier zur Stärkung der Aktionärsrechte, da es die grenzüberschreitende Ausübung von Aktionärsrechten erleichtere. Im Bereich der internen Kontrollen sollten nach Ansicht des Forums keine weiteren gesetzlichen Maßnahmen ergriffen werden. In der Sitzung im November 2005 soll die Anwen-

281 Vgl. Politische Leitkriterien in dem Aktionsplan der Europäischen Kommission.

282 Für Kodizes aller Mitgliedsstaaten siehe Internetseite von ECGI (http//www.ecgi.org /codes/all_codes.php).

dung und Bedeutung des Prinzips „*comply or explain*" diskutiert werden. In dem im März 2006 veröffentlichten Jahresbericht 2005 gibt das Forum einen Überblick über seine Tätigkeit im Jahr 2005 mit Beiträgen zu folgenden Themen: jüngste Entwicklungen in den Mitgliedstaaten im Bereich der Corporate Governance; ‚*comply or explain*' - Prinzip; Stellung und Rechte der Aktionäre im Unternehmen und Regeln für die interne Kontrolle und Risikomanagement.[283] Laut dem Bericht plante das Forum auch im Jahr 2006 seine Arbeiten zu den Aktionärsrechten fortzusetzen und sich dabei insbesondere mit dem Konzept „Eine Aktie – Eine Stimme" zu beschäftigen. Zur internen Kontrolle stellte dieses Forum fest, dass derzeit keine weiteren konkreten Schritte erforderlich seien; es werde aber weiter zu beobachten sein, ob die derzeitige Strategie ausreicht, um zu gewährleisten, dass die interne Kontrolle in der EU anerkannten Standards genügt.[284]

IV. SE in der Corporate Governance-Diskussion (Zwischenergebnis)

Die oben genannten Bemühungen um die Entwicklung von Corporate Governance nicht nur auf nationaler Ebene, sondern auch auf EU-Ebene sind auch für die SE von erheblicher Bedeutung, obwohl sich diese Bemühungen zuerst auf jede nationale Aktiengesellschaft in der EU beziehen, weil nach Art. 9 Abs. 2 c ii SE-VO die nationalen Rechte auf die SE anzuwenden sind.[285] Dabei trägt die fortschreitende Harmonisierung des Gesellschaftsrechts innerhalb der EU-Staaten durch die EG-Richtlinien nicht nur zu einer höheren Attraktivität der nationalen AG, sondern auch der SE bei. Umgekehrt wird mit ihrer Möglichkeit zur freien Wahl ihres Sitzstaats und des dadurch ausgelösten Wettbewerbs unter den Mitgliedstaaten die SE eine wichtige Rolle als Katalysator spielen, der diese Harmonisierungsprozesse vorantreibt.

C. Zwei theoretische Ansätze zur Diskussion der Corporate Governance

Hier sollen die theoretischen Grundlagen behandelt werden, die die Basis der Corporate Governance-Diskussion bilden, um das Verständnis von Corporate Governance zu erleichtern. Außerdem wird dies dazu beitragen, die Kenntnis von Problemen, Erfahrungen und Methoden der Diskussion über Corporate Governance und mithin die Qualität der rechtswissenschaftlichen Arbeitsweise zu verbessern. Dabei werden hier hinsichtlich der Fragenkomplexe der Diskussion der Corporate Governance in den einzelnen Kapitalgesellschaften einige zentrale Theorien behandelt; zum einen die Prinzipal-Agent-Theorie, die als ein grundle-

---

283 Die Erklärung zum „comply oder explain" - Prinzip und der Jahresbericht 2005 sind abrufbar unter der Adresse: http://europa.eu.int/comm/internal_market/company/ecgforum/index_de.htm.

284 Brüssel, den 6. März 2006 (IP/06/209); der Zustand der weiteren Treffen dieses Forums sind abrufbar unter: http://ec.europa.eu/internal_market/company/ecgforum/index_de.htm.

285 Zur Verweisung siehe C. II. im zweiten Teil.

gender Ansatz zur Erklärung der Corporate Governance betrachtet wird,[286] und zum anderen die Share- und Stakeholder-Ansätze, die bezüglich der unterschiedlichen Funktionen der Corporate Governance und der unterstellten Förderung des Unternehmenswertes theoretische Lösungskonzepte darstellen. Sinn der Darstellung dieser Theorien ist nicht die ausführliche Analyse der Theorie, wie dies oft in wirtschaftswissenschaftlichen Arbeiten versucht wird, sondern der Versuch herauszuarbeiten, was der relevanteste Gegenstand bei der Untersuchung von Corporate Governance ist.

I. Prinzipal-Agent-Problem

Die Grundlagen für die Corporate Governance-Diskussion wurden von *Berle* und *Means*[287] in den dreißiger Jahren in den USA gelegt. Bereits damals erkannte man, dass sich in größeren Kapitalgesellschaften eine Trennung von Eigentum und Unternehmensleitung vollzieht, aus der Interessenkonflikte zwischen dem Eigentümer und dem Management resultieren können. Die Eigentümer leiten ihr Unternehmen nicht mehr selbst, sondern überlassen dies externen Fachleuten. Daraus entsteht das sog. Prinzipal-Agent-Problem. Vor dem Hintergrund dieser Überlegungen wurde die Prinzipal-Agent-Theorie zuerst in einem Aufsatz von *Michael Jensen* und *William Meckling* im Jahre 1976 erörtert.[288] Im Vordergrund dieser Theorie steht das Verhältnis von asymmetrischen Informationen, Risikokosten und der damit verbundenen Anreizintensität. Dabei stehen die Aufgaben der Kontrolle des Agents und der Minimierung der daraus entstanden Agency-Kosten im Zentrum dieser Theorie.

1. Informationsasymmetrie

Die Prinzipal-Agent-Theorie geht von Wirtschaftssubjekten aus, die in ihrer Entscheidungsfindung eingeschränkt sind, etwa durch asymmetrische Informationsverteilung.

Die asymmetrische Information ist die Grundannahme dieser Theorie, demzufolge der Agent (Management als Auftragsnehmer) einen Informationsvorsprung vor dem Prinzipal (Eigentümer als Auftragsgeber) hat. Ferner verfügt der Agent meistens aufgrund seiner weit reichenden Verfügungsrechte und Informationsvorsprünge in Bezug auf das beauftragte Geschäft an sich sowohl über quantitativ als auch qualitativ höherwertigere Informationen, welche die andere

286 Außer der Prinzipal-Agent-Theorie gibt es die verschiedenen Unternehmungstheorien als Erklärungsansätze der Corporate Governance, z.B. Property-Rights-Theorie, Vertragstheorie, Transaktionskostenansätze und Stewardship-Ansatz. Siehe dazu *Gerum* (2007), S. 5 ff.; *Zöllner* (2007), S. 65 ff.

287 *Berle/Means* (1932).

288 Die grundlegende Erkenntnis geht unter anderem auf *Berle/Mean* zurück. Vgl. dazu *Berle/Means* (1932). Zur formalen Beschreibung solcher Probleme wird häufig auf den vor allem von *Jensen/Meckiing* entwickelten Prinzipal-Agenten-Ansatz zurückgegriffen. Vgl. hierzu *Jensen/Meckling*:(1976), S. 305-360.

Partei entweder gar nicht oder aber nur zu unverhältnismäßig hohen Informationskosten erhalten kann. Das Problem liegt darin, dass der Agent die Situation der Informationsasymmetrie zu seinen Gunsten und damit meist zu Lasten des Prinzipals ausnutzen kann.[289] Diese Informationsaymmetrie kann letztendlich nicht nur die ökonomischen Nachteile wie z.B. Fehlallokationen und Wohlfahrtsverluste, sondern auch das Marktversagen verursachen; innerhalb der Unternehmen führt sie zu den Agency-Kosten des Prinzipals.[290] Die durch asymmetrische Information zwischen beiden Parteien aufgetretenen Probleme lassen sich in drei Arten kategorisieren: [291]

1) *Moral Hazard*:
- **Versteckte Handlung („*Hidden Action*"):** Wenn der Prinzipal die Handlungen des Agenten nicht beobachten und er auch im Nachhinein nicht zweifelsfrei Rückschlüsse auf die Handlung des Agenten ziehen kann, liegt ein Prinzipal-Agent-Modell mit versteckter Handlung *(Hidden Action)* vor;
- **Versteckte Information („*Hidden Information*"):** Wenn dem Prinzipal im Gegensatz zum Agenten der Umweltzustand nicht bekannt ist, von dem es abhängt, welche beobachtbare Aktion der Agent wählen sollte, so spricht man von versteckter Information *(Hidden Information).* Beide Informationsasymmetrien treten ex post auf, d.h. zum Zeitpunkt des Vertragsabschlusses verfügen der Prinzipal und Agent noch über die gleichen Informationen. Man spricht in diesem Zusammenhang auch von Modellen des moralischen Wagnisses („*Moral Hazzard*").

2) *Hold Up*:
Hold up meint Folgendes: Obwohl beim Vertragsschluss der Prinzipal über die Möglichkeiten verfügt, das Handeln des Agenten zu beobachten, kann es in bestimmten Fällen dadurch immer noch zu Problemen kommen, dass der Prinzipal ex ante die Absichten des Agenten nicht kennt. Dies wird als versteckte Absicht (*Hidden Intention*) betrachtet. Nach dem Vertragsschluss offenbart der Agent diese versteckte Absicht und zwingt den Prinzipal zu Nachverhandlungen zu seinem Interesse.

3) *Adverse Selection*:
Adverse Selection beschreibt eine Situation, in der Agent bereits zum Zeitpunkt des Vertragsabschlusses Informationen im Hinblick auf seinen Typ (etwa seine Leistungsfähigkeit, seine Leistungswilligkeit oder die Qualität eines von ihm angebotenen Produkts; versteckte Eigenschaften; *Hidden Characteristics*) hat, über die der Prinzipal nicht verfügt.

2. Lösungsmechanismen bei den asymmetrischen Informationen und Agency-Kosten

Bei den o.g. Situationen stellt sich die Frage, ob und wie der aus der Prinzipal-Agent-Beziehung entstandene dysfunktionale Wirkungsgrad reduziert werden

289 Vgl. *Perridon/Steiner* (1997), S. 25.
290 Vgl. *Spremann* (1987), S. 3-37.
291 Vgl. *Spremann*, ZfB 1990, S. 561-586; *Picot/Dietl/Frank* (1999), S. 88 ff.

kann, nämlich wie die Eigentümer (*Prinzipal*) gewährleisten können, dass das von ihnen beauftragte Management (*Agent*) seinen Auftrag zur Geschäftsführung auch wirklich im Interesse der Eigentümer ausführt. Neben dieser Fragestellung tritt die Wichtigkeit der Suche nach den angemessenen Kontrollmechanismen und Anreizsystemen hervor, die den Agenten dazu motivieren, sich im Interesse des Prinzipals zu verhalten. In diesem Zusammenhang fallen zwangsläufig hohe Kosten an. Diese Kosten werden als Agency-Kosten bezeichnet.[292] Nach *Jensen/Meckling* bestehen die Agency-Kosten aus den Kosten des Monitoring des Prinzipals (*monitoring costs*), den Kosten des Agenten, der von seiner Vertrauenswürdigkeit überzeugen will (*bonding costs*) und dem Wohlfahrtsverlust, der durch die Fehlallokation aufgrund der Informationsasymmetrien entsteht (*residual loss*):[293]

- **Überwachungskosten (*monitoring costs*)**, die der Prinzipal aufwendet, um den Agenten zu erwartungsgemäßem Verhalten anzuhalten und dieses zu überprüfen, aber weil die vollkommene Überwachung aufgrund der übermäßigen Kosten oder der Unmöglichkeit der Überwachung an sich de facto undenkbar ist, beschäftigt sich die Agency Theorie besonders mit dem Problem der mittelbaren Verhaltenssteuerung des Agenten durch die Bereitstellung von Anreizen im Rahmen von Verträgen zwischen Prinzipal und Agenten. In solchen Anreizverträgen können z.B. eine Gewinnbeteiligung des Agenten in Form von Bonuszahlungen, Stocklöhne oder die Selbstbeteiligung eines Versicherten im Schadensfall vorsehen;
- **Bindungskosten (*bonding costs*)**, die der Agent aufwendet, um seine Vertrauenswürdigkeit glaubhaft zu machen. Beide Kategorien sind Bestandteil der Kosten zur Abfassung, Überwachung und Durchsetzung von Verträgen;
- **Residualverlust (*residual loss*)**, der finanzielles Äquivalent zur Wohlfahrtseinbuße ist, die dem Prinzipal entsteht, wenn der Agent trotz Aufwendung von Überwachungs- und Bindungskosten nicht im besten Interesse des Prinzipals handelt, sondern zumindest teilweise ein abweichendes Ziel verfolgt. Der Residualverlust ist ein zwangsläufiges Phänomen, weil in der unvollkommenen Welt meistens unvollständige Verträge geschlossen werden.

Dabei steht im Zentrum des Lösungsfokus des Prinzipal-Agent-Problems (Corporate Governance-Diskussion) eine Möglichkeit zu finden, diese Agency-Kosten zu minimieren. Die Frage danach, ob ein Corporate Governance-System effizient und gut funktioniert, hängt davon ab, wie sehr das System dazu beiträgt, diese Agency-Kosten zu senken. Im Rahmen einer erfolgreichen Kontrolle der Manager kommt dem Gesetzgeber die Aufgabe zu, rechtlich geeignete Methoden zu schaffen, die die Spielräume und Motivationen der Akteure für opportunistisches Verhalten einschränken können, und durch die auch die Agency-Kosten minimiert werden können. In diesem Zusammenhang werden weiter unten die in der Praxis vorhandenen Kontrollmechanismen aus den verschiedenen Systemen (angelsächsisches und kontinentaleuropäisches System), die dazu die-

---

292 Vgl. *Jensen/Meckling* (1976), S. 308 f.
293 *Jensen/Meckling* (1976), S. 305-306.

nen sollen, das Prinzipal-Agent-Problem zu lösen bzw. die Agency-Kosten zu reduzieren, näher behandelt.

II. Shareholder- vs. Stakeholder-Value-Ansatz

Im Zentrum der Corporate Governance-Diskussion steht die Suche nach Mechanismen zur Reduktion von Agency-Kosten, die gewährleisten, dass das Management das Unternehmen möglichst im Interesse der Eigentümer führt. Dabei steht bei dieser Diskussion das Verhältnis des Managements zu dem Eigentümer, das als Prinzipal-Agent-Beziehung modelliert wird, immer im Vordergrund. Aber es ist nicht zu übersehen, dass in der Unternehmensrealität außer dieser Beziehung noch andere Bezugsgruppen existieren. Dabei wird die Frage gestellt, wessen Interesse von dem Management bei der Geschäftsführung des Unternehmens zu beachten ist.[294] Diesbezüglich werden im Folgenden der Shareholder-Value- und der Stakeholder-Value-Ansatz miteinander verglichen.

1. Shareholder-Value-Ansatz

Der Shareholder-Value-Ansatz basiert auf dem Gedanken, dass das Unternehmen nur als Privateigentum der Aktionäre betrachtet wird. Dieser Ansatz ist ein Konzept der wertorientierten Unternehmensführung, das die Shareholder (Aktionäre) in den Mittelpunkt der Unternehmensführung stellt.[295] Ziel der Unternehmensführung ist es folglich, den Shareholder Value, also den Wert des Eigenkapitals, zu erhöhen; bei diesem Ansatz stehen also die Aktionärsinteressen eindeutig im Vordergrund.[296] Die Ansprüche von anderen Interessengruppen werden nicht als Element des Corporate Governance-Problems wahrgenommen.[297]

Dieser Ansatz hat einerseits den Vorteil, dem Management dabei zu helfen, sich bei der Strategie und Planung des Unternehmens allein auf die Gewinnmaximierung bei den Aktionären zu konzentrieren. Dies bietet dem Management den Anreiz, allein wertorientierte Handlungsentscheidungen zu treffen, um so beispielsweise feindliche Übernahmen oder den Austausch der Unternehmensleitung zu vermeiden, was Ausdruck guter unternehmerischer Führung ist.[298] Andererseits kann dagegen eine solch eindimensionale Ausrichtung allein an den Interessen der Aktionäre ohne Berücksichtigung der öffentlichen sozialen Verantwortung des Unternehmens (rücksichtsloser Eigentümerkapitalismus, Stel-

---

294*Grundmann* (2004), Rn. 457; *Wymeerschen*, ZGR 2001, S. 294, 303 f.; *Teichmann*, ZGR 2001, S. 645, 648, *Hopt*, ZGR 2000, S. 779, 798 ff.; *Mülbert*, ZGR 1997, S. 129; *Zimmermann/Wortmann*, DB 2001, S. 289.

295 Vgl. *Fischer*, The Theory of Interest (1930); Modigliani/Miller (1958), S. 261 ff.

296 *Teichmann*, ZGR 2001, S. 645, 648; *Hefermehl/Spindler* in MünchKomm/AktG, § 76 Rn. S. 63 ff.; *Kübler* (1998), S. 321; *Schmidt/Spindle* (1997), S. 515; *Zimmermann/Wortmann*, DB 2001, S. 289; *Mülbert*, ZGR 1997, S. 129.

297 Vgl. *Jensen/Meckling* (1976), *Fama* (1980), *Fama/Jensen* (1983).

298 *Brune* (1995).

lenabbau usw.) nicht nur das Ansehen des Unternehmens beschädigen, sondern auch die gesamte Existenz des Unternehmens in Gefahr bringen.

2. Stakeholder-Value-Ansatz

Dagegen plädiert der Stakeholder-Value-Ansatz dafür, neben den Interessen der Aktionäre auch die Interessen anderer Bezugsgruppen (z.B. Arbeitnehmer, Lieferanten, Gläubiger und Allgemeinheit)[299] im Rahmen der Unternehmensführung zu berücksichtigen.[300] Bei diesem Interessenpluralismus des Unternehmens entstehen Ansprüche und Rechte der anderen Bezugsgruppen gegenüber dem Unternehmen. Dabei sind diese Rechte und Ansprüche auch von der Unternehmensleitung bei der Ausrichtung der grundlegenden Entscheidungen des Unternehmens – *in the best balanced interest* aller Akteure - zu berücksichtigen.[301] Dieser Ansatz möchte durch die Berücksichtigung der Interessen aller Beteiligter dazu beitragen, eine ausgewogene Befriedigung der Interessen nicht nur einer Anspruchsgruppe, sondern aller Beteiligter zu erreichen. Dabei betrachtet dieser Ansatz Unternehmen als etwa öffentliche Institutionen, die soziale und politische Verantwortung mittragen. Demnach sollen möglichst alle Anspruchsgruppen in die strategische Unternehmensplanung miteinbezogen werden.[302] Aber das Streben nach einer Unternehmenswertmaximierung für alle Bezugsgruppen verursacht neben einer Heterogenität der Ansprüche eine Komplexität und Unübersichtlichkeit, die zu fehlender Zielpräzisierung und schließlich zu erheblich höheren Planungskosten führen können. Darüber hinaus kann das Management bei derartiger Situation in Versuchung kommen, eigene Fehler bei der Geschäftsführung unter Berufung auf den Stakeholder Value zu rechtfertigen.[303]

3. Shareholder- und Stakeholder-Value-Ansatz in den verschiedenen Systemen

Diese Ansätze haben entscheidenden Einfluss auf das jeweilige nationale Corporate Governance-System. In der Praxis lassen sich in weiterem Sinne zwei verschiedene Systeme ausmachen, nämlich das monistische System einerseits, das sich auf den Shareholder Value-Ansatz bezieht, und das dualistische System andererseits, das sich auf den Stakeholder-Value-Ansatz bezieht. Beim ersteren Fall im Recht der angelsächsischen Länder (z.B. USA und Großbritannien etc.)

---

299 In der Literatur wird der Begriff der Bezugsgruppen bzw. Stakeholder nicht einheitlich verwendet, so dass auch unterschiedliche Auffassungen darüber herrschen, welche Stakeholdergruppen neben Aktionären und Management zu berücksichtigen sind; vgl. dazu *Donaldson/Preston*, Stakeholder, S. 66; *Cohen*, Stakeholders, S. 3 ff.

300 *Mülbert*, ZGR 1997, S. 129 (139-156, 166-172); *Schmidt/Spindler*, Freundesgabe *Kübler* 1997, S. 515 (517-534); *Teichmann*, ZGR 2001, S. 645 (649); *Hopt*, ZGR 2000, S. 779 (799).

301 *Mülbert*, ZGR 1997, S. 129 (139-156, 166-172); *Schmidt/Spindler* (1997), S. 515 (517-534); *Teichmann*, ZGR 2001, S. 645 (649); *Hopt*, ZGR 2000, S. 779 (799).

302 *Freeman* (1984), S. 25 ff; *Kelly* et al. (1997), S. 744.

303 Vgl. *Teichmann*, ZGR 2001, S. 645 (648); *Schmidt/Spindler* (1997), S. 515 (555); *Grundmann* (2004), Rn. 460.

spielen traditionell die Stakeholder – zumindest auf den ersten Blick – keine nennenswerte Rolle. Die einzig maßgebende Zielgröße für das Management ist hier der Shareholder-Value-Ansatz. Die Interessen der anderen Bezugsgruppen allerdings werden – trotz dieser einseitigen Ausrichtung des Managements – durch Verträge und Gesetze sowie durch Märkte hinreichend geschützt.[304] Schließlich bemisst sich die Aufgabe des Managements allein nach dem Shareholder-Value-Ansatz, das Unternehmensinteresse, oder anders formuliert, der Stakeholder-Value-Ansatz spielt keine Rolle. Heute wird aber in Großbritannien und in den USA im Prozess der Konvergenz ein sog. *„enlightened shareholder value"* diskutiert, wonach neben den Aktionärsinteressen auch weitere Interessen - etwa ethischer, karitativer oder auch umweltpolitischer Art - eine Rolle spielen sollen.[305]
Dagegen wird beim letzteren Fall im Recht der kontinentaleuropäischen Länder (z.B. Deutschland und Österreich etc.) explizit das Interesse der Stakeholder berücksichtigt, und darüber hinaus werden diese Stakeholder in die Governance von Unternehmen eingebunden.[306] In der Praxis in Deutschland findet sich jedoch die Umsetzung einiger einzelner Punkte des Stakeholder-Value-Modells, etwa die Beteiligung der Arbeitnehmervertreter am Aufsichtsrat, die Beteiligung der Banken als nicht nur große Aktionäre, sondern auch Gläubiger bzw. Fremdkapitalgeber direkt an der Leitung und Kontrolle des Unternehmens und häufig auch die Beteiligung von Politikern oder Gemeindevertretern am Aufsichtsrat der Unternehmen, die von besonderer Bedeutung für die Öffentlichkeit ist.

III. Zwischenergebnis

Der Ausgangspunkt der Diskussion um die Corporate Governance beruht zunächst einmal auf der Trennung von Eigentum und Kontrolle. Die daraus entstandene Kernproblematik ist das bereits beschriebene Prinzipal-Agent-Problem. Dabei stellt sich die Frage, ob und wie der aus den Prinzipal-Agent-Beziehungen entstandene dysfunktionale Wirkungsgrad verringert – oder nach Möglichkeit beseitigt – werden kann. Um dieses Problem zu lösen, bedient man sich verschiedener Mechanismen zur Überwachung des Agents, was allerdings zu hohen Kosten (Agency-Kosten) führt. Im Zentrum des Lösungsfokus des Prinzipal-Agent-Problems (Corporate Governance-Diskussion) steht es daher, eine Methode (Corporate Governance-System) zur Minimierung dieser Kosten zu finden. Daraus resultiert für den Gesetzgeber die Aufforderung, sich um die Schaffung angemessener Regelungen zur Corporate Governance zu bemühen, durch die sich Spielraum und Motivation der Akteure für opportunistisches Verhalten einschränken sowie die auf dem Prinzipal-Agent-Problem beruhenden Risiken ab-

---

304 *v. Werder* in *Ringleb/Kremer/Lutter/v. Werder* (DCGK 2005), Rn. 354.

305 *Grundmann*, (2004), Rn 457.

306 Der institutionalisierte Stakeholder-Value-Ansatz wird von *Gomez* (1993, S. 103-105) als Verstoß gegen marktwirtschaftliche Prinzipien abgelehnt und von *Eberhardt* (1998, S. 283-291) gar nicht näher diskutiert, also offensichtlich auch abgelehnt.

schwächen und so im Ergebnis die Agency-Kosten senken lassen. Je angemessener ein Corporate Governance-System ist, umso niedriger ist der negative Wirkungsgrad der Prinzipal-Agent-Probleme.
Bei der Diskussion der Corporate Governance wird auch die Frage gestellt, wessen Interesse das durch das Unternehmen verfolgte Endziel dient. In diesem Zusammenhang verfolgen die Unternehmen im angelsächsischen monistischen System den Shareholder-Value-Ansatz, während die Unternehmen im kontinentaleuropäischen dualistischen System den Stakeholder-Value-Ansatz verfolgen. Das Ergebnis des Vergleichs beider Ansätze ist: Der Shareholder-Value-Ansatz hat einerseits den Vorteil, dem Management dabei zu helfen, sich bei der Strategie und Planung des Unternehmens allein auf die Gewinnmaximierung der Aktionäre zu konzentrieren. Dies bietet dem Management den Anreiz, allein wertorientierte Handlungsentscheidungen zu treffen, um so beispielsweise feindliche Übernahmen oder den Austausch der Unternehmensleitung zu vermeiden, was Ausdruck guter unternehmerischer Führung ist.[307] Andererseits kann eine eindimensionale Ausrichtung allein an den Interessen der Aktionäre ohne Berücksichtigung der öffentlichen sozialen Verantwortung des Unternehmens nicht nur das Ansehen des Unternehmens beschädigen, sondern auch dessen gesamte Existenz in Gefahr bringen.
Dagegen betrachtet der Stakeholder-Value-Ansatz, bei dem alle Interessengruppen eines Unternehmens berücksichtigt werden, die Unternehmen etwa als öffentliche Institutionen, die soziale und politische Verantwortung mittragen. Demnach sollen möglichst alle Anspruchsgruppen in die strategische Unternehmensplanung miteinbezogen werden. Das Streben nach einer Unternehmenswertmaximierung für alle Bezugsgruppen verursacht aber neben einer Heterogenität der Ansprüche eine Komplexität und Unübersichtlichkeit, die zu fehlender Zielpräzisierung und schließlich zu erheblich höheren Planungskosten führen können. Darüber hinaus kann das Management bei derartiger Situation in Versuchung kommen, eigene Fehler bei der Geschäftsführung unter Berufung auf den Stakeholder Value zu rechtfertigen.
Heute wird aber in Großbritannien und in den USA im Prozess der Konvergenz ein sog. *„enlightened shareholder value“* diskutiert, wonach neben den Aktionärsinteressen auch weitere Interessen - etwa ethischer, karitativer oder auch umweltpolitischer Art - eine Rolle spielen sollen.

D. Kontrollmechanismen zur Milderung der Prinzipal-Agent-Probleme und ihre Besonderheiten in den verschiedenen nationalen Systemen (insbesondere Deutschland vs. USA und Großbritannien)

Um die auf der Trennung zwischen Eigentum und Kontrolle beruhenden Interessenkonflikte zwischen Prinzipal und Agent auszugleichen, bedarf es der Kontrollmechanismen, also Mechanismen zur Kontrolle über das Management. Bei

307 *Brune* (1995).

diesen Mechanismen wird gemeinhin zwischen den Internen (interne Corporate Governance) innerhalb des Vertragsnetzes des Unternehmens (z.B. Aufsichtsgremium, anreizorientierte Vergütung, Stimmrechtsausübung der Anteilseigner, Haftungsregelung, Überwachung durch andere Vertragsparteien) und den Externen (externe Corporate Governance) durch unternehmensexterne Akteure und die Marktkräfte (z.B. Produktmarkt, Arbeitsmarkt für Management und Kapitalmarkt für Unternehmenskontrolle) unterschieden. Zwischen dem internen und externen lässt sich noch ein Kontrollmechanismus durch Publizität ausmachen, weil er zwar innerhalb des Unternehmens stattfindet, sich aber zuerst am Markt orientiert und dort wirksam ist.[308]

Im Folgenden werden die theoretischen Corporate Governance-Mechanismen mit ihren Besonderheiten im angelsächsischen monistischen und deutschen dualistischen System skizziert. Ferner werden diese Überlegungen auf jedes Systems der SE übertragen.

I. Interne Corporate Governance-Mechanismen

1. Aufsichtsgremien (Aufsichtsrat, *Board*)

Das Management kann durch ein unternehmensinternes Aufsichtsgremium überwacht werden. Die Mitglieder dieses Gremiums werden von den Anteilseignern (Aktionären) des Unternehmens, aber in bestimmten Ländern auch von anderen Interessengruppen, die wichtige Interessen mit dem Unternehmen verbinden und in vertraglich geregelten Verhältnissen zum Unternehmen stehen (z.B. alle Arbeiter und Angestellten), gewählt.[309] Seine wichtigste Aufgabe ist es, die Unternehmensleitung und ihre Entscheidungen innerhalb des Unternehmens zur Sicherung der Interessen der Aktionäre effektiv zu überwachen. In Bezug auf die Möglichkeiten der Informationsakquisition zur effizienten Erfüllung seiner Aufgaben hat ein solches Gremium im Vergleich zu den verschiedenen anderen Interessengruppen einen großen Vorteil, weil es durch direkten Kontakt mit dem Management in den Genuss geringerer Informationsasymmetrie kommt. Durch diese gesteigerte Effizienz bei der Kontrolltätigkeit können nicht nur die Interessenkonflikte im Verhältnis Prinzipal-Agent, sondern auch die Agency-Kosten erheblich reduziert werden.[310] Dieser institutionalisierten internen Kontrolle der Unternehmensleitung durch Aufsichtsgremien wird im Rahmen der Corporate

---

308 Vgl. *Nowak* (1997), S. 41 ff.

309 Im Unternehmen sind zwei wichtige Interessengruppen vorhanden, nämlich zum einen Anteilseigner und zum anderen die Mitarbeiter (alle Arbeiter und Angestellte). Dagegen werden die Mitglieder der Unternehmensleitung und der Aufsichtsgremien aus rechtlicher und aus ökonomischer Sicht nicht als Gruppe der Angestellten betrachtet. S. dazu *Witt* (2003), S. 7 f.

310 In einem Aufsichtsgremium entstehen zwei Prinzipal-Agent-Beziehungen: Zum einen stehen die Anteilseigner als Prinzipal diesem Gremium als Agent gegenüber; zum anderen steht das Aufsichtsgremium als Prinzipal der Unternehmensleitung als Agent gegenüber. In diesen beiden Fällen bestehen Prinzipal-Agent-Probleme, also Informationsaymmetrie und Interessenkonflikte. Vgl. *Jensen* (1986), S. 323 ff.

Governance-Diskussion eine herausragende Bedeutung zugeschrieben. Als typische Beispiele für Aufsichtsgremien sind international zum einen *Board* und zum anderen Aufsichtsrat anzuführen.
Im angelsächsischen monistischen System („*one-tier-system*") wird dem *board of directors*, der vom *shareholder meeting* (Hauptversammlung) gewählt wird, die Unternehmensleitung sowie ihre Kontrolle zugewiesen. Dieses Organ besteht aus *insider directors* und *outside directors*. Die Managementfunktion fällt den ersteren, die Kontrollfunktion den letzteren zu.
Anders als beim monistischen System stehen sich beim kontinentaleuropäischen dualistischen System zwei getrennte Organe gegenüber, z.B. beim deutschen System der Vorstand als das Leitungsorgan, dessen Mitglieder vom Aufsichtsrat gewählt werden, und der Aufsichtsrat als das Kontrollorgan, dessen Mitglieder von den Anteilseignern sowie anderen Interessengruppen (z.B. Arbeitnehmer) gewählt werden. In diesem System fallen die Kontrollaufgaben dem Aufsichtsrat zu. Hinsichtlich der Effektivität dieser Aufsichtsgremien findet in der Literatur insbesondere in Bezug auf die Unabhängigkeit und die qualitativen Eigenschaften seiner Mitglieder und die weiteren formalen Eigenschaften, wie beispielsweise die Gremiengröße, die Struktur und Aktivität eine kontroverse Diskussion statt.[311]
Bei der SE überlässt die SE-VO (Art. 38) es dem Satzungsgeber der SE, sich hinsichtlich der Organisationsverfassung zwischen dem dualistischen System nach dem deutschen Trennungsprinzip mit einem Leitungsorgan (Vorstand) und einem Aufsichtsorgan (Aufsichtsrat) und dem monistischen System nach dem angloamerikanischen Board-System zu entscheiden. Entsprechend der Wahl des Systems kommt als Kontrollorgan einer SE entweder ein Aufsichtsorgan oder ein Verwaltungsorgan in Betracht. Diesbezüglich ist die ausführliche Regelung der Systeme überwiegend den jeweiligen EU-Mitgliedstaaten überlassen. Die Ausübung der Kontrollaufgabe des Kontrollorgans der SE wird im vierten Teil (Hauptteil) in der rechtlichen Methode ausführlich erörtert.

2. Erfolgsorientierte Vergütung des Managements

Das Anreizsystem durch erfolgsorientierte Vergütungen ist einer der wichtigsten Kontrollmechanismen. Denn dies kann dabei helfen, opportunistisches Verhalten des Managements zu vermeiden und so die auf dem Prinzipal-Agent-Problem beruhenden Interessenkonflikte abzuschwächen und auszugleichen. Dieses Prinzip beruht darauf, dass das Management durch die Beteiligung am Unternehmensergebnis zu einem gewissen Grad die Gefahr der Anteilseigner teilen soll, wie es z.B. bei schlechter Leistung verringerte Bezüge hinnehmen muss.[312] Damit wird eine Annährung der Interessenlage zwischen dem Mana-

---

311 Zum Aufsichtsorgan der dualistischen SE siehe C. II. im vierten Teil dieser Arbeit.
312 *Wilson* (1968), S. 119 ff; *Grossmann/Hart* (1983), S 7 ff.; *Güth* (1985), S.693 ff.; *Rogerson* (1985b); *Arrow* (1991), S. 37 ff.; *Lazear* (2000), S. 410 ff.

gement und den Aktionären erreicht.[313] In der Praxis spielt die Vergütung bei den Diskussionen zur Verbesserung der Corporate Governance eine große Rolle, insbesondere bezüglich ihrer Höhe und Art. Im Vordergrund stehen somit langfristige, variable Vergütungselemente, die mit dem Unternehmenswert verbunden sind.

Beim angelsächsischen Corporate Governance-System wird die Arbeit von Managern überwiegend durch eine Kombination aus Festgehalt und bedeutenden erfolgsorientierten *Boni* vergütet.[314] Insbesondere diese erfolgsorientierte Vergütung spielt eine große Rolle, z.B. insbesondere in Form von *Stock Options*. Außerdem ist im Vergleich zum kontinental-europäischen System die Vergütung sehr hoch, insbesondere in den USA.[315] Im Zusammenhang zwischen der Vergütung der Manager und dem wirtschaftlichen Erfolg eines Unternehmens kommen empirische Untersuchungen in den USA zu zwei sich widersprechenden Ergebnissen: nämlich entweder, dass es zwischen den beiden Faktoren eine deutliche Korrelation gebe,[316] oder, dass es zwischen diesen Faktoren keinen nennenswerten Zusammenhang gebe.[317] Eine internationale Besonderheit des angloamerikanischen Systems der Corporate Governance sind die umfassenden Publizitätsvorschriften, die es in Bezug auf die Vergütung des Managements gibt und die den Publizitätsbedürfnissen der Anteilseigner entsprechen. Nach den neuen Vorschlägen der SEC sind ab 2007 nicht nur die individuelle Entlohnung des Managements,[318] sondern auch alle gewährten Leistungen wie beispielsweise die Nutzung von Firmenflugzeiten, der Wert von Aktienoptionen und Abfindungen oder Pensionsleistungen zu veröffentlichen.[319]

Auch in Deutschland besteht die Gesamtvergütung von Vorstandsmitgliedern in der Regel aus fixen und variablen Bestandteilen.[320] Die variablen Bestandteile fassen einmalige sowie jährlich wiederkehrende, erfolgsorientierte Komponenten und auch Komponenten mit langfristiger Anreizwirkung mit ein.[321] Eine erfolgsorientierte Vergütung erhalten über 90 % aller deutschen Vorstandsmitglie-

---

313 *Wilson* (1968); *Grossmann/Hart* (1983); *Güth* (1985); *Rogerson* (1985b); *Arrow* (1991) und *Lazear* (2000).

314 *Murphy* (1998), S. 69 ff., *Murphy* liefert gleichzeitig einen ausführlichen Überblick über aktuell vorliegende theoretische und empirische Forschungsergebnisse.

315 Insbesondere ist die Vergütung der amerikanischen Führungskräfte am höchsten. Amerikanische CEOs verdienten z.B. 1994 durchschnittlich das 109 fache des Gehalts eines normalen Angestellten. Diese Vergütungen sind nicht nur im Vergleich mit Managern in anderen Ländern außergewöhnlich hoch, sondern auch im Vergleich mit anderen Berufsgruppen in den USA: *Walters/Hardin/Schick* (1995), S. 229; *Murphy* (1998), S. 69 ff

316 Vgl. *Murphy* (1985), S. 11 ff.

317 Vgl. *Jensen/Murphy* (1990b), 225 ff.

318 Die genauen Vergütungen sind frei im Internet einsehbar: www.aflcio.org/corporatewatch/paywatch/.

319 Das SEC winkt die Publizitätsverschärfung durch, und Manager-Gehälter in den USA werden nach einstimmigem Votum der Kommission transparenter, in: Börsenzeitung, Nr. 12. 18. 01. 2006, S. 7.

320 § 87 Abs. 1 S. 1 AktG; Ziff. 4.2.3 DCGK.

321 Ziff. 4.2.3 DCGK.

der; sie macht aber lediglich 25 % der Gesamtvergütung aus,[322] was im internationalen Vergleich überaus gering ist.[323] Hinsichtlich der langfristigen Anreizkomponenten wurden auch in Deutschland die Aktienoptionen[324] als neue Form der Vorstandsvergütung nach dem Vorbild der amerikanischen „*Stock Option*" eingeführt. Nach einer empirischen Untersuchung aus dem Jahre 1998 gab es im betroffenen Jahr nur 50 Unternehmen, die Optionspläne eingeführt bzw. sich für die Einführung entschieden hatten.[325]
Bezüglich der Angemessenheit der Gesamtvergütung der Vorstandsmitglieder richtet sich das deutsche Gesetz nach dem Verhältnis zu den Aufgaben des Vorstandsmitglieds und zur Lage der Unternehmens (§ 87 Abs. 1 AktG). In der Realität werde ferner die Gesamtvergütung eher durch die jeweilige Aufgabe des Managers und die Unternehmensgröße als durch den wirtschaftlichen Unternehmenserfolg bestimmt.[326]
Was die Offenlegung der Vorstandsbezüge angeht, empfiehlt der DCGK die Vorstandsvergütung individuell zu publizieren (4.2.4 DCGK). Entsprechend dieser Empfehlung wurde im Jahre 2004 aber nur von 28 % der deutschen Dax-, MDax- und TecDax-Unternehmen eine Erklärung abgegeben.[327] Daneben war es noch nicht gesetzlich vorgesehen, die Vorstandsbezüge individuell in ihren Bestandteilen offen zu legen. Damit waren die Einkommen der Vorstandsmitglieder deutscher Unternehmen nicht publizitätspflichtig; anzugeben war nach Gesetz nur ihre Gesamtvergütung.[328] Diese fehlende Transparenz bei der Vergütung wird häufig als ein Mangel des deutschen Corporate Governance-Systems betrachtet, insbesondere weil wegen dieser Intransparenz das Bedürfnis der Aktionäre nach genauen Informationen über die Vergütung und Leistungsstärke der Manager unbefriedigt bliebe. Dieser Informationsmangel führt im Ergebnis zur Schwächung der Kontrollrechte der Aktionäre und mindert den Investitionsanreiz für Anleger. Die Notwendigkeit für eine gesetzliche Regelung der Vorstandsvergütung wurde erkannt, und dementsprechend ist seit August 2005 ein neues Vorstandsvergütungsoffenlegungsgesetz (VorstOG vom 3. 8. 2005)[329] in Kraft, demzufolge spätestens ab dem Geschäftsjahr 2006 die Vergütungen der Vorstandsmitglieder von börsennotierten Gesellschaften individualisiert zu pub-

322 Vgl. *Conyon/Schwalbach* (2000), S. 106.

323 In Großbritannien beträgt dieser Anteil 66, 65 %.

324 Je nach vertraglicher Ausgestaltung bestehen sie aus festen Bezugspreisen (fixe Optionen), und solchen mit variablen, an die Entwicklung eines Kapitalmarkt- oder Branchenindexes gebundenen Bezugspreisen (variable Optionen); für einen Überblick über deutsche Aktienoptionspläne siehe *Klahold* (1999), S. 273 ff.

325 Vgl. *Winter* (2000), S. 225. Die ersten Stock-Options-Pläne wurden 1996 durch Daimler-Benz und die Deutsche Bank eingeführt, vgl. *Achleintner/Wichels* (2002), S.2. Üblich ist diese Art der Vergütung insbesondere bei Wachstumsunternehmen. Vgl. Scherer (2002), S. 60.

326 Vgl. *Conyon/Schwalbach* (2000), S. 107; *Brenner/Schwalbach* (2003), S. 287 ff.

327 Vgl. *Bassen* et al. (2004), S. 529.

328 Vgl. § 285 Nr. 9 und § 314 Abs. 1 Nr. 6 HGB.

329 Siehe BGBl. I von 10. 08. 2005, S. 2267.

lizieren sind.[330] Gesetzestechnisch kommt dies durch Erweiterungen der Angabepflichten vor, die im Anhang und ggf. im Konzernanhang nach § 285 S. 1 Nr. 9 lit. a HGB bzw. nach § 314 Abs. 1 Nr. 6 lit. a HGB zu erfüllen sind.[331]
Bezüglich der Aufsichtsratsmitglieder ist bei börsennotierten Aktiengesellschaften Ziff. 5.4.7 DCGK zu beachten. Danach sollen Aufsichtsratsmitglieder neben einer festen auch eine erfolgsorientierte Vergütung erhalten, dazu soll die Vergütung im Corporate Governance Bericht individualisiert ausgewiesen werden.[332]
Für die SE finden sich in der SE-VO keine Regelungen über die Vorstandsvergütung. Diesbezüglich ist auf das Recht des jeweiligen Sitzstaates zurückzugreifen.

3. Haftungsregelung

Durch die Haftungsregelungen, die ein begangenes Unrecht des Managements (z.B. ein opportunistisches Verhalten, Betrug, *Moral Hazard*) durch Haftungs- oder Schadensersatzpflichten ahnden, kann der Prinzipal ex post seine Agency-Kosten senken und nimmt dem Management ex ante durch eine abschreckende Wirkung den Anreiz, sich auf Kosten des Prinzipals zu bereichern. Für den Prinzipal stellt dieser Kontrollmechanismus damit ein wirkungsvolles Mittel zur Angleichung der Interessenlage zwischen den beiden Parteien dar.[333] Dieser Kontrollmechanismus spielt in jedem Corporate Governance-System in der verschiedenen charakteristischen Gestaltung eine wichtige Rolle.
Das Gesetz jedes Systems enthält die Haftungsregelung mit jeweils eigenen Besonderheiten. In der SE-VO sind dagegen diese Regelungen nicht vorgesehen. Daher haften die Organmitglieder gem. Art. 51 SE-VO nach den im Sitzstaat der SE für Aktiengesellschaften maßgeblichen Rechtsvorschriften. Ausführlich wird darauf im vierten Teil eingegangen.

4. Stimmrechtsausübung der Aktionäre in der Hauptversammlung

Als ein Mittel zur Kontrolle des Managements spielt die Stimmrechtsausübung der Aktionäre eine gewichtige Rolle. Bei Unzufriedenheit mit dem Management eines Unternehmens stehen die Aktionäre vor der Wahl, entweder durch den Verkauf ihrer Aktien das Unternehmen zu verlassen (*exit*), oder den Versuch zu unternehmen, das beschädigte Verhältnis zur Unternehmensführung durch Kommunikation, Beschwerde, Änderungswunsch etc. wiederherzustellen (*voi-*

---

330 Das Gesetz bezieht sich nicht auf Aufsichtsrats-, sondern nur auf Vorstandsmitglieder börsennotierter Gesellschaften. Die Vergütung der Aufsichtsratsmitglieder ist nach § 113 AktG von der Hauptversammlung zu beschließen und nach Ziffer 5.4.7 DCGK offen zu legen, vgl. *Spindler*, NZG (2005), S. 689.

331 *Hüffer*, AktG/7, § 87 Rn. 14 ff.

332 Vgl. *Hopt/Roth* in GroßKomm/AktG, § 113 Rn. 143 ff; *Ringleb/Kremer* in *Ringeb/Kremer/Lutter/v. Werder* (DCGK 2005), Rn. 1056 ff.

333 Vgl. *Hamilton* (1991), S. 475, 467 ff.

ce).[334] Wenn die Aktionäre die Exit-Strategie anwenden, dann führt das zu Kursverlusten und damit zu einer schlechteren Marktbewertung des Unternehmens; dadurch besteht sogar die Gefahr einer feindlichen Übernahme des Unternehmens.[335] Die Voice-Strategie bezieht sich auf eine Kontrolle durch Stimmrechtsausübung.[336] In diesem Zusammenhang spielt die Anteilsquote der Aktionäre eine große Rolle, da sie Einfluss auf die Frage hat, welche Möglichkeiten die Aktionäre zur Kontrolle der Leistung des Managements haben und damit einhergehend die entsprechende Wahrnehmung der Stimmrechte. Wenn ein Aktionär über einen großen Anteil an einem Unternehmen verfügt, kann er somit auch effektiver auf das Management Einfluss nehmen.[337] Eine solche Einflussnahme ist dagegen für kleinere Aktionäre regelmäßig ungleich schwerer, da sie sich mit anderen Kleinaktionären zusammentun müssen, um auf einen entsprechenden Stimmanteil zu kommen, der es ihnen ermöglicht, Einfluss auf das Management zu nehmen. In der Unternehmenspraxis üben sie ihr Stimmrecht entweder gar nicht aus oder ermächtigen Depotbanken bzw. eine Interessenvertre-

---

334 Theorie von „Voice" und „Exit" von *Hirschman* (*Hirschman*,1970): In Privatunternehmen hat Hirschman zwei unterschiedliche Methoden ausgemacht, die es den unzufriedenen Transaktionspartnern ermöglichen, öffentlich ihre Unzufriedenheit mit dem Verhalten ihrer anderen Transaktionspartner Luft zu machen, nämlich „Voice" und „Exit". Danach haben sie die Option, entweder von ihrem Stimmrecht Gebrauch zu machen und zu versuchen, die in ihren Augen unzufriedene Situation zu ändern (Voice), oder aber sich aus der Austauschbeziehung herauszulösen und anderswo neue Transaktionspartner zu suchen (Exit). Danach sind alle Stakeholder eines Unternehmens in der Lage, ihren Interessen entsprechend eine der beiden Handlungsmöglichkeiten, nämlich Voice einerseits oder Exit andererseits, auszuüben, beispielsweise Aktionäre durch den Einfluss in der Hauptversammlung oder durch Aktienverkauf, Gläubiger durch kreditvertragliche Mitspracherechte bei Investitionen oder durch die Kreditskündigung, Arbeitnehmer durch die Mitbestimmung oder durch einen Wechsel des Arbeitgebers, Top-Manager durch die aktive Ausübung ihrer Führungsfunktionen oder durch das Verlassen des Unternehmens, Lieferanten durch die Führung der Konditionenverhandlungen oder durch die Einstellung der Zulieferungen, Staaten durch die Betriebsprüfung oder durch Abbau der Subventionen und Kunden durch Beschwerden über ihre Konsumgüter oder durch einen Wechsel des Anbieters ihrer Konsumgüter.

Dabei stellt sich die Frage, nach welchen Kriterien die jeweilige Option überwiegend ausgeübt wird. Die Beantwortung dieser Frage lässt sich im Zusammenhang mit den Kosten darstellen. Wenn nämlich die Kosten der Abwanderung (Exit) höher sind als die der Stimmrechtsausübung (Voice), werden sich die Individuen für ein Voice-Verhalten entscheiden; wenn es sich aber umgekehrt verhält, werden sie ihre Austauschbeziehung mit ihren Vertragspartnern eher aufgeben, als ihre Stimme („Voice") zu erheben. Daraus können folgende Ergebnis abgeleitet werden: Die Entscheidung für eine Option hängt hauptsächlich von den damit einhergehenden Optionsausübungskosten ab. Hierzu bleibt festzuhalten: Um alle Stakeholder mit einflussreicher Kontrollfunktion auf das Management im Unternehmen zu halten und um entsprechende Agency-Kosten zu reduzieren, muss ein Corporate Governance-System derart ausgestaltet sein, dass die Voice-Option-Kosten (Kosten für die Kontrolle) geringer ausfallen als die Exit-Option-Kosten.

335 Vgl. Manne (1965), S. 112 ff.

336 Vgl. *Gillan/Starks* (2003), S. 4.

337 Vgl. *Black* (1997), S. 162; *Shleifer/Vishny* (1997), 98 ff.

tung mit der Stimmrechtsausübung.[338] Die Stimmrechte der Aktionäre werden in den jeweiligen verschiedenen nationalen Rechtsformen grundsätzlich in der Hauptversammlung als einem gesetzlichen Organ des Unternehmens durch Beschluss in den Angelegenheiten des Unternehmens ausgeübt.
In angelsächsischen Ländern sind die privaten Aktionäre geographisch weit gestreut und verfügen meist nur über sehr kleine Anteile.[339] Daher können diese kleinen Aktionäre auf die Geschäftspolitik im *shareholder meeting* (Hauptversammlung) keinen nachhaltigen Einfluss ausüben. Außerdem haben sie mit ihrer geringen Anteilsquote gar keinen Anreiz dafür, sich an der Kontrolle der Geschäftsführung des Managements zu beteiligen, weil sie mit einer derartigen Beteiligungsquote keinen ernsthaften Einfluss darauf ausüben können und außerdem die Kosten, gemessen an dem zu erwartenden individuellen Nutzen, zu hoch sind. Sie können ihr Risiko am Kapitalmarkt entweder durch Diversifikation des Portfolios (Aktien) verringern oder durch die Veräußerung ihrer Anteile an denjenigen Unternehmen, mit deren Leistungen sie unzufrieden sind. Es treten aber auch bedeutende institutionelle Investoren auf. Diese werden jedoch – traditionell dem Gedanken der Vermeidung von Machtkonzentration folgend – in ihren Einflussmöglichkeiten auf die Unternehmensleitungen stark vom Gesetzgeber eingeschränkt.[340] Im Grunde können sie auch kaum ihr Stimmrecht in der Hauptversammlung ausüben oder eine direkte Kontrolle der Manager vornehmen. Die Alternative „*voice*" wird ihnen systematisch verwehrt, so dass sie nur mit „*exit*" reagieren können.[341]
Aus den oben genannten Gründen kann das Management eines Unternehmens allein durch das entsprechende innere Organ nicht hinreichend kontrolliert werden. In diesem Zusammenhang dominieren dort die externen Kontrollmechanismen mit der Exit-Logik, z.B. eine Kontrolle durch die Kapitalmärkte, insbe-

---

338 Zu der geringen Teilnahme an Hauptversammlungen und dem Depotstimmrecht der Banken in Deutschland vgl. *Wenger* (1992); *Baums/Fraune* (1995), S. 101ff; *Hopt* (1996 a), S. 243 ff.

339 Auf dem britischen Kapitalmarkt hat der bedeutendste Aktionär einer Gesellschaft nur selten mehr als 10 % der Stimmen, in den USA liegt dieser Wert gar bei nur 6 %. Dagegen sind auf dem Kontinent Blöcke von 40 % und mehr üblich. Dazu vgl. die Studie des „European Corporate Governance Institute" (vor allem *Becht),* vgl. http://www.ecgi.org; *Becht/Röell* (1999), 1049 (10521); *Teichmann,* ZGR 2001, S. 645 (646); sehr ausführlich und systematisch aufbereitet: *Wymeersch* in *Hopt/Kanda/Roe/Wymeersch/Prigge* (1998), S. 1045 (für Großbritannien: S. 1170-1173, in 81% der Fälle hat der größte Anteilseigner weniger als 25% der Aktien). Ähnlich wie in Großbritannien nur die Niederlande, wo aber rechtliche Abwehrmechanismen stärker sind, vgl. *Wymeersch* a.a.O. S. 1175.

340 Seit 1933 untersagt der Glass-Steagall Act Geschäftsbanken, mit Wertpapieren zu handeln, und sieht das Trennbankensystem vor; die SEC unterwirft Investmentfonds, die mehr als zehn Prozent eines Unternehmens halten, seit 1940 großen Steuernachteilen; Der Bank Holding Act verbietet seit 1956, dass eine Bank mehr als fünf Prozent der Anteile einer Nicht-Bank hält. Auch Versicherungen und Pensionsfonds unterliegen großen Beschränkungen beim Erwerb größerer Anteile an Unternehmen, vgl. *Roe* (1990), S. 7 ff.

341 In jüngerer Zeit erhöhen die institutionellen Anteilsbesitzer intensiv ihre Aktivitäten und verlangen Mitspracherechte; vgl. *Dufey/Hommel* (1997), S. 184.

sondere die feindliche Übernahme. Die Anwendung eines solchen Kontrollmechanismus ist in den angelsächsischen Ländern seit langem üblich.[342]
Anders als in den angelsächsischen Ländern korrespondiert beim deutschen Corporate Governance-System eine höhere Aktionärkonzentration mit internen Kontrollmechanismen entsprechend der Voice-Logik.[343] Mit dieser Konzentration der Eigentümerstellung üben die Aktionäre auf die Hauptversammlung nachhaltigen Einfluss aus. Vor allem unterscheidet sich die Aktionärsstruktur deutscher Unternehmen deutlich von der Struktur der angelsächsischen Unternehmen. Die Aktienmehrheit an den meisten deutschen Unternehmen kann einer Familie, einem dominierenden Mehrheitsaktionär oder zumindest einer geringen Anzahl von Großaktionären zugeschrieben werden, während in den angloamerikanischen Ländern neben dem Streubesitz die institutionellen Anleger dominieren.[344] Daneben spielen hierzulande allerdings auch institutionelle Anleger (z.B. Banken, Versicherungen und andere Unternehmen) eine wichtige Rolle.[345] Insbesondere die Banken werden beim Abstimmungsverhalten auf den Hauptversammlungen der deutschen Aktiengesellschaften eindeutig als die dominierende Gruppe wahrgenommen.[346] Das deutsche Bankensystem, das auch mit dem Attribut „Universalbank" beschrieben wird, bietet noch eine weitere Besonderheit des deutschen Corporate Governance-Systems: Nicht nur halten die Banken (Kreditinstitute) eigene Anteile an anderen Unternehmen[347] sowie die Anteile bankeigener Investmentgesellschaften, sondern sie haben auch ein Depotstimmrecht. Insbesondere ermöglicht nach § 135 Abs. 1 S. 1 AktG das Depotstimmrecht es den Banken, die Stimmrechte der von ihren Kunden gehaltenen Anteile

---

342 Vgl. *Dufey/Hommel* (1997), S. 184.

343 Von den kontinentaleuropäischen Ländern ist besonders in Deutschland, Belgien, Italien die Konzentration hoch: Mit einem Mehrheitsgesellschafter in etwa 65 % selbst der börsennotierten Gesellschaften: *Wymeersch* in *Hopt/Kanada/Roe/Wymeersch/Prigge* (1998), S. 1045 (1168 bzw. 1154-1157 bzw. 1164-1166); vgl. auch *Becht/Boehmer,*(1999): 85% aller amtlich notierten AG's haben einen Gesellschafter mit einem Unternehmensanteil über 25 %.

344 In Großbritannien ca. 60% institutionelle Anleger, in Schweden noch 45%, in Deutschland und Frankreich 20% (ohne Banken), sonst weniger: *Wymeersch* in *Hopt/Kanda/Roe/Wymeersch/Prigge* (1998), S. 1045 (1175-1181); zusammenfassend etwa: *Teichmann,* ZGR 2001, S. 645(654).

345 Wegen der Kombination aus umlagefinanzierten staatlichen Renten und betrieblichen Pensionen, die durch Rückstellungsbildung gesichert sind, spielen Pensionsfonds bisher keine wichtige Rolle als institutionelle Investoren. Investitionsfonds halten zwar insgesamt durchaus beachtliche Anteile an deutschen Unternehmen, beschränken sich aber meistens auf kleinere Anteilspakete (unter 5 Prozent) pro Unternehmen, *Witt* (2003), S. 80.

346 Vgl. *Baums/Fraune* (1995), S. 97 ff.

347 Der daraus resultierende hohe Grad der Verflechtung innerhalb Deutschlands führt dazu, dass häufig von der „Deutschland AG" gesprochen wird. Erst in letzter Zeit, auch aufgrund veränderter steuerlicher Regelungen, verringerten Banken ihre Beteiligungen an Aktiengesellschaften. So hat die Deutsche Bank sich bspw. von ihren Beteiligungen an Buderus, Südzucker und Continental getrennt und aktuell einen größeren Verkauf ihres Anteils an DaimlerChrysler bekannt gegeben. Vgl. *Maier/Preuß* (2004).

auf den Hauptversammlungen der Unternehmen wahrzunehmen, vorausgesetzt, dass die Kunden sie dazu bevollmächtigt haben.[348] Dabei haben die Banken sich zwar an die Weisungen ihrer Kunden zu halten, können aber bei Vorliegen einer Generalvollmacht, die vom jeweiligen Kunden am Anfang des Jahres ausgestellt werden muss, nach eigenem Ermessen abstimmen.[349] Ein solches Universalbankensystem wie in Deutschland, bei dem sich Banken nicht nur mit Kredit-, sondern auch mit Wertpapiergeschäften an Unternehmen beteiligen, ist in den USA oder in Großbritannien nicht anzutreffen, wo die Banken überwiegend nur als Spezialkreditinstitute behandelt werden. In diesen Ländern wird dieses deutsche Banksystem als sehr kritisch und problematisch betrachtet, weil sich aus der Kombination der verschiedenen Geschäftsbereiche (z.B. Kreditvergabe, Bankbeteiligungen, Vorsitz und Mandate im Aufsichtsrat und Depotstimmrecht) starke Interessenkonflikte ergeben können.[350]
Die Hauptversammlung ist das Organ, das die Anteilseigner repräsentiert und in dem diese grundlegende Entscheidungen hinsichtlich des Unternehmens treffen können. Hinsichtlich der Hauptversammlung sieht die SE-VO nur die wesentlichen Vorschriften vor. Allerdings enthält nicht jede Vorschrift unmittelbar geltendes Recht. Deshalb verweist die SE-VO diesbezüglich im Wesentlichen auf das nationale Recht des jeweiligen Sitzstaates.[351]

5. Andere Vertragsparteien

Das Unternehmen lässt sich als eine selbstständige Organisations- und Funktionseinheit betrachten, in der die verschiedenen Akteure bzw. Interessengruppen (Stakeholder) zur arbeitsteiligen Wertschöpfung unter Leitung eines Topmanagements miteinander kombiniert werden. Die Gestaltung der Beziehungen dieser Akteure im Unternehmen erfolgt durch explizite oder implizite Verträge.[352] Als diese Vertragsparteien sind neben den Aktionären und dem Management noch weitere Vertragsparteien vorhanden (z.B. Arbeitnehmer, Lieferanten, Kunden, Gläubiger usw.). Neben den ex post und ex ante verhandelten verschiedenen anderen Kontrollmechanismen für eine Kontrolle des Managements zur Lösung des Prinzipal-Agent-Problems können auch diese anderen Vertragsparteien zur Kontrolle des Managements beitragen Arbeitnehmer beispielsweise durch die Mitbestimmung oder durch einen Wechsel des Arbeitgebers, Lieferanten durch die Führung von Konditionenverhandlungen oder durch die Einstellung der Zu-

348 Nach empirischen Untersuchungen betragen die konzentrierten Stimmrechtsanteile der Banken auf den Hauptversammlungen der großen deutschen Unternehmen über 50 oder sogar 75 Prozent, die die absolute bzw. qualifizierte Mehrheit der Stimmen erzeugen, *Witt* (2003), S. 80.

349 § 135 Abs. 1 S. 2 AktG.

350 *Hopt* (1996 a), S. 243.

351 S. Artt. 52-60 SE-VO.

352 Siehe speziell zur vertragstheoretischen Interpretation des Unternehmens siehe *Jensen/Meckling* (1976), S. 310, sowie zur Differenzierung zwischen expliziten und impliziten Verträgen *Fama/Jensen* (1983), S. 302 f.; *Jensen* (1993), S. 849.

Vgl. *Jensen/Meckling* (1976), S. 311; *Fama/Jensen* (1983), S. 302; *Fama* (1980), S. 289.

lieferungen, Kunden durch Beschwerden über ihre Konsumgüter oder durch einen Wechsel des Anbieters ihrer Konsumgüter, und Gläubiger durch kreditvertragliche Mitspracherechte bei Investitionen oder durch die Kreditkündigung. Insbesondere muss hier näher auf die Mitbestimmung eingegangen werden, die vergleichsweise die Besonderheit des dualistischen Corporate Governance-Systems bedeutet.

Insbesondere können Arbeitnehmer durch ihre Mitbestimmung auf die Unternehmensüberwachung einwirken. Diese Einwirkung gewinnt eine besondere Bedeutung, wenn sie sich innerhalb des Kontroll- oder sogar des Leitungsorgans mit Sitz und Stimme wie innerhalb des Aufsichtsrats in den deutschen Unternehmen ausüben lässt.[353] Diese Mitbestimmung wird in den angelsächsischen Ländern sowohl von der Praxis als nachdrücklich auch von der ökonomischen Theorie strikt abgelehnt. Dagegen spielt eine solche Mitbestimmung in Deutschland in ihrer paritätischen bzw. quasiparitätischen Form eine immer größere Rolle und ist damit einer von den das deutsche Corporate Governance-System charakterisierenden wichtigen Faktoren. Diese Mitbestimmung wird in Deutschland zwar nicht nur auf Seiten der Arbeitnehmer, sondern auch auf Seiten der Arbeitgeber fraglos hingenommen; sie befindet sich aber mittlerweile im Brennpunkt der Kontroverse insbesondere in der deutschen Wirtschaftswissenschaft, deren Kritiker diese Mitbestimmung als einen großen Nachteil vor allem hinsichtlich des Standortwettbewerbs in Zeiten der Globalisierung betrachten, weil sie sich einerseits negativ auf die Effizienz der Aufsichtsarbeit[354] und andererseits abschreckend auf ausländische Investoren auswirken kann, denen diese Institution fremd ist.[355]

Das Mitbestimmungsproblem war ein großes Hindernis bei der Verabschiedung des SE-Statuts.[356] Trotzdem wurde im Oktober 2001 die SE-RL über Arbeitnehmerbeteiligung verabschiedet. Sie musste bis Oktober 2004 in nationales Recht umgesetzt werden. Nach dem Inkrafttreten der SE-VO am 8. 10. 2004 können sich nun die Gesellschaften dieser neuen Rechtsform bedienen. Dementsprechend wurden auch die erforderlichen nationalen Ausführungsgesetze zur SE-VO von den Mitgliedstaaten verabschiedet und die SE-RL jeweils in natio-

353 In Deutschland unterliegen die Kapitalgesellschaften gesetzlich festgelegt der Mitbestimmung, wenn sie als juristische_Person geführt werden und mehr als 500 Mitarbeiter beschäftigen. Hier greifen die vergleichsweise schwachen Mitbestimmungsregelungen des Drittelbeteiligungsgesetzes. Werden mehr als 2.000 Mitarbeiter beschäftigt, gelten weiter reichende Mitbestimmungsregelungen des Mitbestimmungsgesetzes (MitBestG). Am weitesten reichen die Mitbestimmungsregelungen im Montan-Mitbestimmungsgesetz (MontanMitbestG). Es gilt für Montanbetriebe (Bergbau, Eisen, Stahl) die mehr als 1.000 Mitarbeiter beschäftigen. In der Bundesrepublik Deutschland haben 746 Unternehmen (Stand: Dez 2004) Aufsichtsräte nach dem Mitbestimmungsgesetz gebildet.

354 Vgl. *Witt* (2003), S. 88 f.

355 Vgl. *v. Werder* (2004), S. 166 ff.

356 Ausführlich oben B. I. Historische Entwicklung des SE-Statuts.

nales Recht transformiert.[357] Mit dieser neuen Rechtsform mit ihren Gestaltungsmöglichkeiten wird vielen mitbestimmten deutschen Unternehmen ein freiwilliges Entscheidungsrecht einschließlich mit mitbestimmungsfreier Gründung der SE eröffnet, was offensichtlich einen großen Einfluss auf die gesellschaftspolitische Diskussion zur Mitbestimmung ausüben wird.

Exkurs: Geschichte der Mitbestimmung in Deutschland im Überblick

Die deutsche Mitbestimmung ist insbesondere aus besonderen historischen Bedingungen entstanden. An dieser Stelle soll zum besseren Verständnis die Geschichte der Entwicklung der Mitbestimmung in Deutschland kurz skizziert werden:

Die Mitbestimmungsbewegung ist schon im frühen 19. Jahrhundert entstanden. Dabei forderten sozialliberale und selbst konservative Nationalökonomen, Staatsrechtler und Sozialreformer den Rechtsanspruch der Beschäftigten auf eine institutionalisierte Arbeitervertretung in den Fabriken.[358] Im Jahr 1848 wurde dann in der verfassungsgebenden Frankfurter Nationalversammlung der Minderheitenentwurf einer Gewerbeordnung behandelt, der die Vorgesetztenwahl und eine paritätische Besetzung der einzurichtenden Gewerbekammern beinhaltet.[359] Die ersten Gründungen erfolgten im Jahr 1850 durch die „Arbeiterausschüsse“ in vier Druckereien. Im Jahr 1891, nach Aufhebung der Sozialistengesetze, wurden fakultative Arbeiterausschüsse eingeführt. Da aber keine Verpflichtung zur Bildung dieser Arbeiterausschüsse auf Arbeitgeberseite bestand, erfolgte ihre Gründung nur dort, wo es auch aktive Gewerkschaften bzw. deren Vorläufer gab.[360] Nach dem Massenstreik der Bergarbeiter im Ruhrgebiet[361] wurde im Jahr 1900 im bayerischen und 1905 im preußischen Berggesetz die Einführung von Arbeiterausschüssen mit mehr als 100 Beschäftigten zwingend vorgeschrieben.[362] Im Jahr 1916 legte das Gesetz des vaterländischen Hilfsdiensts Arbeiterausschüsse für alle kriegs- und versorgungswichtigen Unternehmen mit mehr als 50 Beschäftigten fest.[363] Diese Arbeiter- und Angestelltenausschüsse verfügten über ein Anhörungsrecht in sozialen Angelegenheiten.[364]

Die Institution der Betriebsräte wurde in der Weimarer Reichsverfassung von 1919 verankert und das Betriebsrätegesetz von der Nationalversammlung im Jahr 1920 verabschiedet.[365] Damit war in jedem Betrieb mit mehr als 20 Beschäftigten ein Betriebs-

357 Ausführlich oben Arbeitnehmermitbestimmung der SE (B. VI. im zweiten Teil dieser Arbeit).

358 Vgl. *Teuteberg* (1961) S. 15.

359 Vgl. *Teuteberg,* Mitbestimmung, S. 7 ff.

360 Vgl. *Treuteberg* (1961), S. 20 f.; *Rittner* (1976), S. 107.

361 Vgl. *Kittner* (2005) S. 334, 344 (zur Vertiefung in die Problematik der Streikorganisation); *Milert/Tschirbs* (1991), S. 23.

Kittner, Arbeitskampf, S. 344 ff.

362 Auslöser hierfür waren die uneinsichtigen Arbeitgeber, die keinen einzigen Ausschuss gebildet hatten. Außerdem wurden Regelungen zu Arbeitszeit, Überstunden und Nachtschicht getroffen. Vgl. *Teuteberg* (1961), S. 22 f.; *Kittner* (2005), S. 359.

363 Vgl. *Thum* (1991), S. 25.

364 Vgl. *Plumpe* (1999), S. 38.

365 Ursprünglich wollte der revolutionäre Teil der Arbeiterschaft die öffentliche bzw. staatliche Kontrolle der Produktionsmittel, verbunden mit einer ökonomischen und politischen

rat zu wählen, der die sozialen und wirtschaftlichen Interessen der Arbeitnehmer vertreten und Einfluss auf die Betriebsleitung und -leistung nehmen sollte.[366] In der Hitler-Diktaturzeit wurde im Jahr 1933 aber das Betriebsrätegesetz durch das Gesetz zur Ordnung der Nationalen Arbeit außer Kraft gesetzt und die Auflösung der Gewerkschaften betrieben.[367]

Nach dem Zusammenbruch von 1945 ließ der Alliierte Kontrollrat im Jahre 1946 durch das Kontrollratsgesetz Nr. 22 wieder die Bildung von Betriebsräten nach dem Muster der Weimarer zu.[368] Außerdem bekam die neu gegründete Hüttenwerke Hagen-Haspe AG im Jahr 1947 einen paritätisch besetzten Aufsichtsrat und einen Arbeitskirektor im Vorstand. Diesem Beispiel folgten andere Unternehmen. Dabei wurden in verschiedenen Landesverfassungen Mitbestimmungsregelungen und Sozialisierungsgebote festgelegt.[369]

Im Jahr 1951 erlangte die Montanindustrie (Bergbau, Eisen- und Stahlindustrie) mit dem Mitbestimmungsgesetz eine gesetzliche Grundlage. Betriebe mit mehr als 1.000 Mitarbeitern hatten einen Aufsichtsrat zu besetzen. Dieses wurde durch dramatische Verhandlungen zwischen der Politik (bei Bundeskanzler Konrad Adenauer als Vermittler) und der Arbeitnehmerseite und mittels einer Streikdrohung der IG Metall und IG Bergbau durchgesetzt.[370] Seit 1952 regelt das Betriebsverfassungsgesetz die Unternehmensmitbestimmung für Arbeitnehmer außerhalb der Montanindustrie, denen allerdings nur ein Drittel der Aufsichtsratsmandate und somit viel geringere Mitwirkungsmöglichkeit zukommt.[371]

In Folge der 68er-Bewegung, die die Demokratisierung von Gesellschaft, Hochschulen, Betrieben und Institutionen forderte, und der Studentenbewegung wurden weltweit Reformen angestoßen. Mit dieser Resonanz wurde im Jahr 1972 das Betriebsverfassungsgesetz neu gefasst.[372] Außerdem wurde das Mitbestimmungsgesetz im Jahr 1976 für die Mitbestimmung auf Unternehmensebene außerhalb der Montanindustrie in Kapitalgesellschaften mit mehr als 2.000 Beschäftigten ausgeweitet. Eine echte Parität wurde dabei aber nicht verwirklicht, weil, auch wenn der Aufsichtsrat zur Hälfte aus Arbeitnehmervertretern zu bestehen hatte (§ 7 BetrVG), der Aufsichtsratsvorsitzende, der nur aus den Reihen der Kapitalseite benannt werden konnte (§ 27 Abs. 2 BetrVG), in jeder Pattsituation doppeltes Stimmrecht hatte (§ 29 Abs. 2 BetrVG).[373] Es fand we-

---

Entmachtung der (Groß)Unternehmer durchsetzen. Vgl. *Milert/Tschirbs* (1991),S. 43 f. m.w.N; *Thum* (1991), S. 34 f.

366 Vgl. *Plumpe* (1992), S. 47; vgl. *Teuteberg* (1961), S. 35.

367 Vgl. *Kittner* (2005), S. 505, 513; Für die Arbeiterbewegung der Weimarer Republik war in der Ideologie des Führerprinzips kein Platz, da die NSDAP die nachhaltige Sicherung der Macht auch in der Eliminierung von Arbeitnehmerorganisationen sah, vgl. *Frese* (1991), S. 36.

368 Vgl. *Teuteberg* (1961), S. 46; Vgl. *Milert/Tschirbs* (1991), S. 56 m.w.N.

369 Vgl. Themenseiten der Hans Böckler Stiftung – Mitbestimmung in Deutschland (abrufbar im Internet: http://www.boeckler-boxen.de/1657.htm).

370 Vgl. *Teuteberg* (1961), S. 54 ff.; vgl. *Thum* (1991), S. 80.

371 Vgl. *Teuteberg* (1961), S. 61 ff.; vgl. *Milert/Tschirbs* (1991), S. 71 ff.; vgl. *Thum* (1991), S. 88 ff.

372 Betriebsverfassungsgesetz vom 5. Januar 1972, BGBl. I S. 13; vgl. *Teuteberg* (1961), S. 66 f.

373 Gesetz über die Mitbestimmung der Arbeitnehmer (Mitbestimmungsgesetz - MitbestG) vom04.05.1976, BGBl. I S. 1153; vgl. *Thum* (1991), S. 91 f.;

der den Beifall der Arbeitnehmer noch der Arbeitgeber. Insbesondere forderten die Gewerkschaften in wichtigen Punkten gleichgewichtige und gleichberechtigte Mitbestimmung. Parallel äußerten sich die Arbeitsverbände über die „Gefahr einer gewerkschaftlichen Machtergreifung in Wirtschaft, Gesellschaft und letztlich im Staat“ bei der Unternehmensmitbestimmung und zogen vor das Bundesverfassungsgericht[374] Das Gericht verkündigte 1979 die Mitbestimmung als verfassungsmäßig und zeigte das Mitbestimmungsprinzip an sich auf.[375] In den Jahren danach wurden noch kleinere Modifikationen an den Mitbestimmungsgesetzen vorgenommen, die jedoch keine wesentlichen Reformen brachten.[376]

II. Externe Corporate Governance

1. Wettbewerb auf den Produktmärkten

Der Wettbewerb zwischen den Unternehmen auf den Produktmärkten wird auch als ein relevanter Lösungsansatz für das Prinzipal-Agent-Problem betrachtet. Wenn aus seiner Unfähigkeit auf der Unternehmensleitung oder für sich selbst das Management Unternehmensressourcen vergeudet, wird das Unternehmen nicht in der Lage sein, im Wettbewerb vor allem bezüglich des Preises, Qualität, Design vom Produkt und des mit dem Produkt angebotenen Service zu bestehen.[377] Wenn das Management den Wettbewerb verliert, kann das als das Resultat seiner Unfähigkeit oder seines unfairen Verhaltens betrachtet werden. Um einer solch beschämenden Situation auszuweichen, bemüht es sich im Grunde um eine gute Bilanzeffizienz.[378] Daher spielt im Ergebnis der Wettbewerb auf den Produktmärkten eine große Rolle dafür, den Handlungsspielraum des Managements für opportunistisches Verhalten einzuengen.[379] Dieser Kontrollmechanismus kommt in allen Ländern zur gleichen Geltung, sodass auf länderspezifische Besonderheiten nicht eingegangen wird.

2. Arbeitsmärkte für Manager (Managermärkte)

Sind wettbewerbsfähige Arbeitsmärkte bzw. Managermärkte vorhanden, können sie eine effektive Sanktion sein, die Arbeitsleistung der Manager zu kontrollieren. In der Realität existieren sie in zwei Formen, nämlich in einer externen Form einerseits und einer internen andererseits.[380]

---

374 Die Verbände argumentierten, die Eigentumsgewährleistung (Art. 14 GG) und die Vereinigungsfreiheit(Art. 9 GG) würden verletzt, vgl. *Thum* (1991), S. 93 ff.

375 *Thum* (1991), S. 95.

376 So gab es z.B. Änderungen am MontanMitbestG (1981) und BetrVG (1988, 2001) sowie Einführung des Drittelbeteiligungsgesetzes in BetrVG 1952 (2004). Dazu siehe *Nienerza* (2005), S. 8.

377 Vgl. *Allen* und *Gale* (2000), S. 108 ff..

378 Bezüglich der Kontrolle durch den Wettbewerb der Produktmärkte beschreibt Jensen wie folgt: „Competition in the product an fator markets tends to drive prices towards minimum average cost in an activity. Managers must therefore motivate their organizations to increase efficiency to enhance the probability of survival. “; *Jensen* (1993), S. 323.

379 Vgl. *Allen/Gale* (2000), S. 108 ff.; *Hart* (1983), S. 366 ff.

380 Für den theoretischen Ansatz des Marktes für Manager *Fama* (1980), S. 288 ff.

Durch einen externen Arbeitsmarkt für Manager können solche Manager, die sich wegen Unfähigkeit oder opportunistischen Verhaltens nicht bewähren konnten, durch fähigere bzw. integrere Manager ersetzt werden, da unter den Managern ein Wettbewerb herrscht und entsprechende Leistung am Managermarkt angeboten wird. Allerdings bestimmen die Aktionäre eines Unternehmens durch ihre Bewertung des Unternehmens mittelbar den Wert der Arbeitskraft des Managers. In der Tat stehen die Manager untereinander im Wettbewerb, und dies trägt zur Verminderung der Agency-Kosten bei. Damit dieser Mechanismus einwandfrei funktioniert, sind Transparenz und Rationalität des Arbeitsmarkts für Manager erforderlich.[381] Dagegen beziehen sich die internen Arbeitsmärkte auf das Prinzip der gegenseitigen Überwachung.[382] Dieser interne Arbeitsmarkt verringert die Agency-Kosten zunächst einmal dadurch, dass sich die Agents in einem Leitungsgremium gegenseitig überwachen.[383] Damit lässt die Existenz solcher Arbeitsmärkte die Manager unter einem unsichtbaren Druck des Wettbewerbs stehen, die die Manager ihre Performance des Unternehmens verbessern oder steigern lässt. Auch in diesem Sinne senken sie die Agency-Kosten.
Dieser Mechanismus bezieht sich auch auf die Vergütung der Manager. Wesentlich wird die Vergütung der Manager vor allem nach dem bisherigen Erfolg durch die Führung des anderen Unternehmens bestimmt. Nur erfolgreiche Manager können höhere Vergütung bei den Vertragsverhandlungen mit einem neuen Prinzipal durchsetzen. Damit haben die Manager einen Anreiz, den Unternehmenswert und damit ihren eigenen Wert auf dem Arbeitsmarkt zu erhöhen und opportunistisches Verhalten zu unterlassen.[384] Durch die Vergütung in Verbindung mit der Performance der Manager wird das Prinzipal-Agent-Problem gemildert, weil das Interesse der Manager mit dem der Aktionäre zu weiten Teilen deckungsgleich wird.[385]
Im angelsächsischen System sind insbesondere die externen Managermärkte gut entwickelt, während in den kontinentaleuropäischen Ländern der interne Managermarkt ausgeprägt ist. Vor allem der US-amerikanische Managermarkt ist im Vergleich den kontinentaleuropäischen Ländern nicht nur größer und aktiver, sondern auch flexibler. Daher haben es dort Manager vergleichsweise leichter, nach hervorragend erbrachter Leistung einen neuen, attraktiveren Arbeitsplatz zu finden. Ferner werden die Managerbezüge in der Öffentlichkeit detailliert bekannt gemacht. Dies hilft nicht nur den Managern dabei, den eigenen Marktwert zu ermessen, sondern bietet auch den Unternehmen die Möglichkeit, die Gesamtheit der charakteristischen Eigenschaften eines Kandidaten aus einem gut ausgebauten und auf individuelle Personen ausgerichteten Erfolgbeurteilungssystem relativ glaubwürdig zu bewerten.[386] Bezüglich der internen Ar-

381 Vgl. *Fama* (1980), S. 296.
382 Vgl. *Fama* (1980), S. 293.
383 Vgl. *Fama* (1980), S. 293.
384 Vgl. *Fama* (1980), S. 292.
385 Vgl. *Fama* (1980), S. 292.
386 Vgl. *Albach* (1994), S. 227 ff.

beitsmärkte, in denen das Prinzip der gegenseitigen Überwachung besteht, befinden sich die Manager in unmittelbarem Wettbewerb. Von Seiten des angelsächsischen monistischen Systems wird dieser interne Kontrolleffekt skeptisch betrachtet, weil dieses System nicht dem Kollegialprinzip, sondern dem Direktorialprinzip folgt, welches kein unabhängiges Überwachungsorgan besitzt.[387]
Anders als im angelsächsischen System spielt im deutschen System eher der interne Managermarkt eine wichtige Rolle. Bei der Bestellung eines neuen Managers werden nur selten Externe berücksichtig. Man nimmt lieber Nachwuchsführungskräfte aus den eigenen Reihen. Damit kann der Kontrolleffekt zwischen den Managern erhöht werden, weil diejenigen Nachwuchskräfte, die selbst Manager werden wollen, einen Anreiz haben, das Verhalten ihrer Vorgesetzten zu überwachen und Chancen für den eigenen Aufstieg auszumachen. Darüber hinaus sind mit dem in Deutschland vorherrschenden Kollegialprinzip die Vorstandsmitglieder gemeinsam für die Unternehmenspolitik verantwortlich, was noch einen zusätzlichen Anreiz zu gegenseitiger Kontrolle bietet.[388] In diesem Sinne spielt die gegenseitige Kontrolle zwischen den Managern durch den internen Managermarkt im deutschen System eine relativ große Rolle.
Außerdem war im Gegensatz zu dem angelsächsischen System der deutsche Managermarkt nicht transparent, weil in Deutschland einerseits keine gesetzliche Verpflichtung bestand, neben der Gesamtvergütung die Vorstandsvergütung individuell in ihren Bestandteilen zu veröffentlichen, und andererseits bei der Bestellung neuer Vorstandsmitglieder nur selten externe Manager, bevorzugt sondern Nachwuchsführungskräfte aus den eigenen Reihen berücksichtigt werden. Die fehlende Transparenz bei der Managementvergütung wird häufig als ein Mangel im deutschen Corporate Governance-System betrachtet und stark kritisiert, weil sie es nicht nur den Managern erschwert, den eigenen Marktwert zu ermessen, sondern auch den Unternehmen eine glaubwürdige Bewertungsgrundlage dafür entzieht, den Erfolg und die Gesamtheit der charakteristischen Eigenschaften eines potentiellen Kandidaten für den eigenen Chefposten zu beurteilen. Hinzu kommt, dass es für die Anteilseigner nicht möglich ist, festzustellen, ob diese Vergütungen ausreichend anreizverträglich sind.[389] Als Reaktion ist seit August 2005 jedoch ein neues Vorstandsvergütungsoffenlegungsgesetz in Kraft, nach dem spätestens im Geschäftsjahr 2006 diese Vergütung von börsennotierten Gesellschaften individualisiert offen zu legen sind.[390]
Diesbezüglich wird jede SE nach den Besonderheiten des Corporate Governance-Systems von ihrem Sitzstaat charakterisiert.

387 Vgl. *Charkham* (1994), S. 186.
388 Zur Theorie der Selbstkontrolle des Managements durch interne Arbeitmärkte vgl. *Fama* (1980), S. 293.
389 Vgl. *Albach* (1994b), S. 227-236.
390 Vgl. *Grass* (2006), Deutsche Aufsichtsräte verdienen mehr, in Financial Times Deutschland, 21. 11. 2006, http://ftd,de/karriere_management/koepfe/122665.html (21.11.2006).

3. Märkte für Unternehmenskontrolle (feindliche Übernahme)

Ein effizienter funktionsfähiger Markt für Unternehmenskontrolle ist essentiell für die Effizienz einer kapitalistisch organisierten Wirtschaft.[391] Insbesondere gibt er den Aktionären als Prinzipal des Managements die Gelegenheit, ihre Unzufriedenheit mit ihm und seinem Verhalten durch Verkauf der Eigenkapitalanteile (*exit*) zu äußern. Durch diese Handlungsoption wird das Management diszipliniert, weil das Ergebnis aus dem Verkauf der Anteile der Aktionäre die Manager in die missliche Lage bringen kann, dass der Börsenkurs des entsprechenden Unternehmens fällt; dies kann schließlich dazu führen, dass ein anderes Unternehmen nun diese Aktien, deren Wert am Markt gesunken ist, aufkauft, um dann mit hoher Wahrscheinlichkeit das Management neu zu besetzen. Durch die Erneuerung der Unternehmensleitung beabsichtigt der Prinzipal eine Steigerung des Unternehmenswerts, die durch die bisherigen Manager nicht erreicht werden konnte.[392] Durch diesen Kontrollmechanismus (feindliche Übernahme) soll opportunistischem Verhalten des Managements im Unternehmen vorgebeugt werden und vielmehr dem Management der Anreiz dazu gegeben werden, sich nicht nur im Sinne der eigenen Interessen zu verhalten, sondern sich vor allem um eine akzeptable Unternehmensperformance zu bemühen, was schließlich der eigenen Erhaltung dient. Das führt auch zu einer Senkung der Agency-Kosten zwischen den Anteilseignern und der Unternehmensleitung.[393] Die Effektivität einer Kontrolle des Managements durch feindliche Übernahme wird in der Literatur kontrovers diskutiert. Empirische Untersuchungen kommen gemeinhin zu positiven Ergebnissen.[394] Dagegen konnte nicht nachgewiesen werden, dass es zu einer wesentlichen Verbesserung der Effizienz des übernommenen Unternehmens kommt.

Diesbezüglich haben die angelsächsischen Länder einen effizienteren funktionsfähigeren Markt für die Unternehmenskontrolle entsprechend ihrer kapitalistisch organisierten Wirtschaft. Damit bedeutet in den USA die feindliche Übernahme seit Beginn des 20. Jahrhunderts einen traditionell dominierenden Kontrollmechanismus als ein geeignetes marktliches Korrektiv gegen eigennützige Manager.[395] In den 80er Jahren erreichte die Übernahmewelle ihren Höhepunkt.[396] Diese feindlichen Übernahmen erreichten jedoch ein solches Maß an Überhitzung, dass nicht mehr nur schwächelnde Unternehmen, sondern auch gut geführte Unternehmen zu Übernahmezielen wurden („*Corporate Raiding*). Dadurch wurde dieser Mechanismus zur Zielscheibe öffentlicher Kritik. Folglich entwickelten Unternehmen immer neue und wirkungsvollere Abwehrmechanismen gegen diese feindlichen Übernahmen, und auch der Staat blieb nicht tatenlos,

391 Vgl. *Manne* (1965), 73, S. 110-120.
392 *Hommelhoff/Kleindiek* (1990), S. 106 ff; *Romano* (1993), S. 15.
393 Vgl. *Jensen* (1986), S. 323 ff; *Bhide* (1997), S. 106 ff.
394 Vgl. *Jensen* (1997), S. 26; *Shleifer/Vishny* (1997), S. 102; *Black* (1998), S. 166 f.
395 Vgl. *Dufey/Hommel* (1997), S. 184.
396 Vgl. *Charkham* (1994), S. 217.

sondern schuf Regelungen zur Einschränkung feindlicher Übernahmen.[397] Das führte dazu, dass nun feindliche Übernahmen wegen der rechtlichen Einschränkungen und der entwickelten Abwehrmechanismen mit erheblich höheren Kosten verbunden sind[398] und daher nur erfolgen, wenn das Zielunternehmen stark unterbewertet ist und sich der Wert dieses Unternehmens vergleichsweise leicht – etwa durch die Auswechslung der Unternehmensleitung – erhöhen lässt.[399] Anders als in den USA ist der britische Markt für feindliche Übernahme vergleichsweise gering reguliert. Dort ist kein nennenswertes Anti-Takeover-Gesetz vorhanden, und dem Management stehen vergleichsweise wenige Abwehrmechanismen zur Verfügung.[400]
Im Vergleich zu den angelsächsischen Ländern findet in Deutschland keine reghafte Kontrolle des Managements durch den Kapitalmarkt – etwa in Form von feindlichen Übernahmen – statt. Dies liegt daran, dass der deutsche Kapitalmarkt im internationalen Vergleich unterentwickelt ist. Während in den angelsächsischen Ländern ein kapitalorientiertes Finanzsystem vorherrscht, das durch eine dominante Rolle der Eigen- und Fremdkapitalmärkte für die Unternehmensfinanzierung gekennzeichnet ist und institutionell vom Trennbankensystem geprägt wird, bei dem Kredit- und Wertpapiergeschäft getrennt sind, verfügt Deutschland über ein bankenorientiertes Finanzsystem. Damit spielen hier die Kapitalmärkte nur eine untergeordnete Rolle für die Unternehmensfinanzierung. Es dominiert die externe Unternehmensfinanzierung durch langfristige Kredite, die durch die Universalbanken als zentrale Finanzintermediäre vermittelt und kontrolliert werden. Deswegen ist im internationalen Vergleich die gesamtwirtschaftliche Bedeutung der Kapitalmärkte für die Finanzierung deutscher Unternehmen gering.[401] Unternehmensanleihen spielen für die Finanzierung deutscher Unternehmen ebenfalls nur eine relativ geringe Rolle. Als Akteure des deutschen Systems der Unternehmensfinanzierung spielen neben den Universalbken

397 Vgl. *Charkham* (1994), S. 215 ff; *Hess* (1996), S. 19.

398 Feindliche Übernahmen haben insbesondere in den USA in den 80er Jahren in erheblichem Umfang stattgefunden: *Jensen* (1986), S. 328; *Donaldson* (1997), S. 86.89. Anfang der 90er Jahre wurden aber hier auf Ebene der einzelnen Staaten als auch auf Bundesebene verschiedene Gesetze zur Beschränkung von feindlichen Übernahmen erlassen, die zu einem deutlichen Rückgang der Zahl von Übernahmen führten: *Shleifer/Vishny* (1997), S. 104; zu den einzelnen Bestimmung der Anti-takeover-Gesetzgebung in den USA *Hommel/Riemer-Hommel* (1997), S. 9-13.

399 Für einen ausführlichen Überblick über die Entwicklung der Abwehrmechanismen und die gesetzlichen Regulierungen siehe *Blair* (2004), Working Paper No 4855663.

400 Vgl. *ICMG* (1995), S. 82.

401 Im Jahre 2003 betrug die Marktkapitalisierung der deutschen Aktiengesellschaften 44 % des Bruttoinlandsprodukts, während die britischen und US-amerikanischen Aktiengesellschaften eine Marktkapitalisierung von 137 % bzw. 130 % des Bruttoinlandsprodukts aufwiesen: Vgl. *Deutsches Aktieninstitut* (2006), S. 05-3.

allenfalls noch Investmentgesellschaften, Pensionsfonds oder Versicherungen eine geringe Rolle.[402]

Daraus wird ersichtlich, dass der deutschte Aktienmarkt im internationalen Vergleich eher unterentwickelt ist. Außerdem sind trotz des seit 1998 starken Anstiegs der Zahl der Börsengänge immer noch wenige Unternehmen börsennotiert: Von den ca. drei Millionen umsatzsteuerpflichtigen Unternehmen in Deutschland waren Ende Januar 2003 nur 1003 börsennotierte Aktiengesellschaften. Dennoch hat die gesamtwirtschaftliche Bedeutung der Aktienmärkte zugenommen. Während 1990 die Marktkapitalisierung deutscher Unternehmen 25% des Bruttoinlandsprodukts betrug, stieg dieser Wert im Jahre 2003 auf 44%.[403] Aber das ist im internationalen Vergleich sehr gering. Dieser schwach ausgeprägte Kapitalmarkt in Deutschland führt dazu, dass es auch keinen effektiven, funktionsfähigen Markt für Unternehmenskontrolle in Deutschland gibt. Schließlich kann in Deutschland nur von wenigen Fällen berichtet werden, in denen feindliche Übernahmen erfolgreich verliefen. Auch wenn sie versucht wurden, scheiterten sie meistens an bestehenden oder zum Zweck der Abwehr der Übernahme eingeführten Höchststimmrechten, oder wurden in einvernehmliche Übernahmen abgewandelt.[404]

Ferner haben hinsichtlich dieser Übernahmen die EU-Mitgliedstaaten eine Übernahmerichtlinie (Dreizehnte Richtlinie) am 30. 3. 2004 verabschiedet - als die Bemühung, Regelungen zum Ablauf und mögliche Hürden für feindliche Übernahmen zu harmonisieren.[405] Diese Richtlinie erkennt für die Aktionäre eines Unternehmens ein umfassendes Entscheidungsrecht über potenzielle Unternehmensübernahmen und mögliche Abwehrmaßnahmen eines Unternehmens an; bevor der Übernehmer ein Aktienpaket von Bedeutung übernimmt, hat er die Aktionäre anzuhören und darüber abstimmen zulassen. Hierzu gehört eine umfangreiche Informationspflicht über den Zweck der geplanten Übernahme, die Finanzkraft des Übernehmers und seine Absichten für die Zukunft. Insbesondere nach der Übernahme geplante Betriebsstilllegungen, Veräußerungen, Personalabbau etc. müssen vorher allen Aktionären dargelegt werden; wenn der Übernehmer später gegen diese Aussagen verstößt, oder wenn er gegen gesetzliche Auflagen verstößt, indem er die Aktien heimlich erwirbt, ist er den Aktionären gegenüber schadensersatzpflichtig.[406] Diese Vorschriften der Übernahmerichtlinie werden in Deutschland durch das bisher schon geltende Gesetz zur Regelung von öffentlichen Angeboten zum Erwerb von Wertpapieren und von Unternehmensübernahmen (WpÜG) vom 20. Dezember 2001 umgesetzt.[407] Dieses Gesetz soll bis Mitte 2006 (somit verspätet) vom Parlament geringfügig abgeändert

402 In Großbritannien sind ca. 60 % der Akteure institutionelle Anleger, in Deutschland 20 % (ohne Banken), sonst weniger: *Wymeersch* (1998), S. 1045 (1175-1181).

403 Vgl. *Deutsches Aktieninstitut* (2006), S. 05-3.

404 Für einen Überblick über wichtige Beispiele, *Witt* (2003), S. 82 f.

405 Zur Übernahmerichtlinie der EG siehe oben A. III im zweiten Teil in dieser Arbeit.

406 Vgl. Übernahmerichtlinie RiL 2004/25/EG.

407 BGBl 2001 I S. 3822.

werden, so dass es in etwa der EU-Übernahmerichtlinie entspricht. Die Umsetzung wurde unter dem Arbeitstitel „Übernahmerichtlinie – Umsetzungsgesetz" (WpÜG-Novelle) diskutiert und trat am 14. Juli 2006 in Kraft.[408]
Im Fall der SE: Nach Art. 9 Abs. 2 SE-VO haben die von den Mitgliedstaaten eigens für die SE erlassenen Rechtsvorschriften mit den für die Aktiengesellschaften maßgeblichen Richtlinien in Einklang zu stehen. Deshalb wird das für die Aktiengesellschaften umgesetzte Recht auch auf die SE angewandt.

III. Publizität als Hybrid-Mechanismus

Während das Management aufgrund seiner weit reichenden Verfügungsrechte und Informationsbeschaffungsmöglichkeiten in Bezug auf das beauftragte Geschäft über mehr und fundiertere Informationen verfügt, können Aktionäre diese Informationen entweder gar nicht oder nur in Verbindung mit hohen Informationskosten erlangen.[409] Als ein weiterer Kontrollmechanismus zum Abbau dieser Informationsasymmetrie zwischen den beiden Parteien spielt die Unternehmenspublizität eine wichtige Rolle.[410] Sie trägt dazu bei, dass nicht nur die Aktionäre, sondern auch alle anderen Akteuren am Markt Informationen über die Unternehmenspolitik, den laufenden Unternehmenserfolg und die Ursachen der geschäftlichen Entwicklung erhalten. Wenn damit gewisse zwingende Instrumente als Standard für die Veröffentlichung der Performance des Unternehmens vorhanden sind, spielt das nicht nur eine große Rolle für die Abschwächung der Informationsasymmetrie, sondern auch dafür, die Verbreitung von Fehlinformationen hart zu sanktionieren.[411] Wenn Investoren anhand der Informationen, die sie durch die verschiedenen Publizitätsmittel erlangen, zu einem negativen Urteil über ein Unternehmen gelangen, dann wenden sie die Exit-Strategie an und verkaufen ihre Anteile. Diese Handlung kann dann mit dem dadurch ausgelösten Fall des Unternehmenswertes eine feindliche Übernahme hervorrufen.[412] Im Grunde existieren bereits in vielen Ländern Regelungen zur Unternehmenspublizität, welche die Form, die Inhalte und die Zeitpunkte der Berichterstattung des Unternehmens bestimmen.
Im angelsächsischen Corporate Governance-System, bei dem aufgrund des kapitalmarktorientierten Finanzsystems und der breit gestreuten Aktionäre[413] eine Kontrolle des Managements nicht innerhalb des Unternehmens, sondern meistens durch die Exit-Strategie stattfindet, kann die Kontrolle des Managements

---

408 Vgl. Übernahmerichtlinie RiL 2004/25/EG.
409 Zur Informationsasymmetrie siehe C. I. 1. in diesem dritten Teil.
410 Zur Bedeutung von Publizität und Transparenz vgl. *Böhmer* (1999), S. 4 ff; *Fox* (1998) S. 710.
411 Zur Bedeutung der Publizität und Transparenz vgl. *Böhmer* (1999), S. 4-8; *Fox* (1998), S. 710.
412 Zur feindlichen Übernahme siehe D. II. 3 in diesem dritten Teil.
413 Zur Stimmrechtsausübung der Aktionäre in der Hauptversammlung D. I. 4 in diesem dritten Teil

insbesondere durch optimale Informationseffizienz abgesichert werden. Damit sind in diesem System entsprechend der Entwicklung der Kapitalmärkte die verschiedenen Mechanismen zur Erlangung fundierter Informationen für die Kapitalgeber gut entwickelt, weil die Asymmetrie im Informationszugang durch größtmögliche Transparenz überwunden wird. Entsprechend den Informationsbedürfnissen der Anteilseigner sind hier auch die *United States Generally Accepted Accounting Principles* (US-GAAP; deutsch: „Allgemein anerkannte Rechungslegungsgrundsätze") als Bezeichnung für die US-amerikanischen Rechnungslegungsvorschriften zu nennen, die die Buchführung sowie den Jahresabschluss der Unternehmen zum Zwecke der Informierung externer Investoren (Kapitalgeber für Eigen- und Fremdkapital) regeln.[414] Diese US-GAAP zielen nicht auf den Gläubigerschutz (also eine Ausschüttungsbegrenzung zum Schutz des Eigenkapitals), sondern auf eine hinreichende Informierung externer Investoren. Deshalb spielt hier das deutsche Vorsichtsprinzip, das den Gläubigerschutzgedanken in den Mittelpunkt rückt, keine Rolle. Im Gegenteil gilt beim Jahresabschluss nach US-GAAP das Prinzip der *„fair presentation*", d.h. die wirtschaftliche Lage und das Erfolgspotential des Unternehmens soll möglichst realitätsnah dargestellt werden.[415] Für den Schutz der Gläubiger eines Unternehmens gibt es allerdings das Institut einer nicht normierten Rechungslegung, die mit dem Ziel der vertraglichen Ausschüttungsbegrenzung in den schuldrechtlichen Kreditverträgen vereinbart wird.[416] Die US-GAAP wurden auch als übernational umfassender Rechnungsstandard betrachtet - zumindest bis zur Entwicklung der *International Financial Reporting Standards* (IFRS).[417] Um die US-GAAP anzuwenden, ist es nötig, dass die entsprechenden Unternehmen an den Börsen, insbesondere der *New York Stock Exchange* (NYSE) notiert sind. Ferner haben die Aktionäre noch die Möglichkeit in der Öffentlichkeit Informationen zu bekommen, die Finanzanalysten und große institutionelle Investoren als Multiplikatoren (*„Informationsbroker*") auf Analystentreffen und *roadshows* sammeln und über ein Unternehmen verarbeiten.[418] Außerdem wird in der Presse intensiv über Unternehmen berichtet und die Unternehmen publizieren aber

414Das US-Kapitalmarktrecht hat sich schon in den 1930er Jahren etabliert. Die grundlegenden Gesetze für den US-Kapitalmarkt sind die Securities Acts (Bestimmungen für Neuemissionen) und die Securities Exchange Acts (gesetzliche Bestimmungen für den Wertpapierhandel am Sekundärmarkt). Für die Publizität haben neben Bundesgesetzen und Bundes-Staatengesetzen insbesondere die Verordnungen und die Erlässe der Securities and Exchange Commission (SEC - Bundesbehörde für Wertpapiere) große Bedeutung. In den 80er Jahren wurde von der SEC ein einheitliches, standardisiertes Publizitätssystem geschaffen. Die Anforderungen der Bundesgesetze und die Informationen an die Anleger sind seitdem in offizielle SEC-Berichte integriert (Integrated Disclosure System), vgl. *Pellens* (2006), S. 850ff.

415 Vgl. *Deutsche Bundesbank* (2002), S. 45.

416 Vgl. *Alverth* (1998), S. 804; *Anderson* et al. (2004), 315-342.

417 Vgl. *Mueller* (1999); *Pellens/Tomazewski* (1999), S. 211f.

418 Vgl. *Bassen* (2002), S. 33 ff.

auch selbst regelmäßig ihre Daten mehr als vorgeschrieben, weil umfassendere Publikation als ein Signal für mehr Wettbewerbsfähigkeit angesehen wird.[419]
Anders als bei den angelsächsischen Ländern korrespondiert beim deutschen Corporate Governance-System eine höhere Aktionärskonzentration[420] mit internen Kontrollmechanismen entsprechend der Voice-Logik. Dabei ist hierzulande vergleichsweise der Kapitalmarkt fraglos unterentwickelt. Vor diesem Hintergrund wurde in Deutschland die Entwicklung von Regelungen in Bezug auf dieses Thema vergleichsweise spät diskutiert.[421] Überdies ist das deutsche Rechnungslegungssystem nach HGB (Bilanzierungs- und Bewertungsvorschriften) durch das Vorsichtsprinzip gekennzeichnet, das den Gläubigerschutz (also eine Ausschüttungsbegrenzung zum Schutz des Eigenkapitals) in den Mittelpunkt rückt, was durchaus Anlass zur Kritik gibt, während die US-GAAP darauf zielen, es externen Investoren zu ermöglichen, sich die nötigen Informationen zu beschaffen (Marktwertprinzip). Dabei gelten die deutschen Bilanzen im internationalen Vergleich als wenig aussagefähig, was vielleicht auch damit zu tun hat, dass vielen ausländischen Bilanzlesern die deutschen Vorschriften nicht bekannt sind. Jedenfalls gibt es in diesem System beispielsweise nicht die Verpflichtung, häufiger unterjährig zu publizieren. Im Ergebnis sorgten diese Faktoren in ihrer Gesamtheit für eine mangelhafte Publizität und somit Transparenz des deutschen Corporate Governance-Systems. Diese Problempunkte sind heute aber durch die Änderung der entsprechenden Gesetze annähernd gelöst.[422] Zu nennen sind:

1. Regelmäßige Publizitätsinstrumente

- Jahresabschluss, Lagebericht, Konzernabschluss und Konzernlagebericht: Nach § 264 Abs. 1 HGB (Fassung von Januar 2007) müssen die Kapitalgesellschaften den Jahresabschluss nach § 242 HGB, der aus Bilanz und Gewinn- und Verlustrechung besteht, um einen Anhang erweitern und auch einen Lagebericht aufstellen. Der Jahresabschluss und der Lagebericht sind danach von den gesetzlichen Vertretern in den ersten drei Monaten des Geschäftsjahres für das vergangene Geschäftsjahr aufzustellen.
Der Konzernabschluss gliedert sich nach § 297 Abs. 1 HGB (in der Fassung von Januar 2007) in die Konzernbilanz, die Konzern-Gewinn- und Verlustrechnung,

---

419 *Easterbrook/Fischel* (1991), S.288. Vgl. *Albach* (1997b), S. 1274.

420 Diesbezüglich siehe D. I. 4. (Stimmrechtsausübung der Aktionäre in der Hauptversammlung in diesem dritten Teil.

421 Dieses Thema ist in Deutschland erst vor etwa zehn Jahren aufgetaucht. Ursprünglich sollte die Rechnungslegungspflicht dazu dienen, dem Kaufmann eine adäquate Selbstinformation zu gewährleisten, Vgl. *Eierle* (2004), S. 220f.

422 Mit dem Bedürfnis der internationalen Standards hinsichtlich der Publizität durch die Globalisierung der wirtschaftlichen Beziehungen und der Kapitalmärkte schreibt die EU-Verordnung Nr. 1606/2002 vor, dass sämtliche börsennotierte Unternehmen in der EU ihren Konzernabschluss auf Basis der IAS/IFRS aufstellen müssen. Damit akzeptiert der Gesetzgeber erstmals die parallele Existenz von unterschiedlichen Rechnungslegungssystemen mit gänzlich verschiedenen Ansatz-, Bewertungs- und Ausweisnormen.

den Konzernanhang, die Kapitalflussrechung und den Eigenkapitalspiegel, und er lässt sich um eine Segmentberichterstattung erweitern. Diese Regelungen sind jedoch im Zuge der Umsetzung der IAS-Verordnung der EG durch das Bilanzreformgesetz vom 4. Dezember 2004, und der damit eingeführten Pflicht zur Erstellung des Konzernabschlusses nach internationalen Rechnungslegungsvorschriften, verdrängt worden. Danach haben Konzerne ihren Jahresabschluss verpflichtend nach den IFRS/IAS aufzustellen und diesen nach § 290 Abs. 1 HGB, zusammen mit dem Lagebericht, innerhalb von fünf Monaten nach Ende des Geschäftsjahres zu veröffentlichen. Der DCGK verkürzt diese Frist auf drei Monate.[423]

Nach §§ 289, 315 HGB (Fassung von Januar 2007) und DRS 15 (Abkürzung für Deutscher Rechnungslegungs Standard) ergänzt der Lagebericht den Konzernabschluss von Kapitalgesellschaften und soll neben zusätzlichen Informationen über den allgemeinen Geschäftsverlauf auch zukunftsorientierte Informationen enthalten und damit eine bessere Einschätzung der wirtschaftlichen Lage des Unternehmens ermöglichen. Dabei ist verpflichtend auf die zukünftigen Risiken der Unternehmensentwicklung einzugehen.[424]

Der Jahresabschluss und der Lagebericht nach § 316 Abs. 1 HGB und der Konzernlagebericht nach § 316 Abs. 2 HGB (in der Fassung von Juli 2002) sind von einem Abschlussprüfer zu prüfen, bevor die Festlegung bzw. Billigung erfolgen kann.[425] Nach § 325 Abs. 1 HGB (in der Fassung von Januar 2007) müssen Jahresabschluss und Lagebericht innerhalb einer Frist von zwölf Monaten im Bundesanzeiger bekannt gemacht werden und zusammen mit der Bekanntmachung beim jeweiligen Handelsregister eingereicht werden.

Insbesondere richtet sich der Jahresabschluss in Deutschland primär am Gläubigerschutz aus. Aber dieser Jahresabschluss entwickelt sich hin zu einem Instrument der Investor-Relation, das verstärkt die aktuellen und potenziellen Anleger im Fokus hat.[426]

- **Zwischenbericht:** Die Zwischenberichte sind eigenständige Informationsinstrumente, die die Aktionäre und Anleger über die zeitgemäße Unternehmensentwicklung informieren.[427]

Die Verpflichtung zur Aufstellung eines Zwischenberichtes,[428] der vom Gesetz nun als Halbjahresfinanzbericht bezeichnet wird, ergibt sich derzeit aus dem ge-

---

423 Vgl. *Busse* von *Colbe* (2006), S. 1 ff.; *Griewel* (2006), S. 86 f.

424 Vgl. *Alvarez/Wotschofsky* (2003), S. 6 ff.; *Coenenberg* (2005), S. 1282.

425 Vgl. *Alvarez/Wotschofsky* (2003), S. 7.

426 Vgl. *Alvarez/Wotschofsky* (2003), S. 134 ff.; *Bitz/Schneeloch/Wittstock* (2000), S. 26 ff.; *Diehl/Loistl/Rehkugler* (1998), S. 25 ff.

427 Die Zwischenberichte von börsennotierten Unternehmen werden von den internationalen Vorschriften IAS 34 und Form 10-Q der US-GAAP, dem DRS 6 sowie dem Leitfaden zu den Aktienindizes der Deutschen Börse beeinflusst, vgl. *Rolvering* (2002), S. 29.

428 Die gesetzliche Grundlage des Zwischenberichts bildeten bisher die §§ 39 Abs. 1 Nr.3, 40, 44b Abs. 1, 62 Abs. 1 Nr. 4 und Abs. 4 BörsG. Mit Inkrafttreten des Transparenzrichtlinie – Umsetzungsgesetzes (TUG) vom 05. Januar 2007 am 20. Januar 2007 ist, zur Harmonisierung der Transparenzanforderungen in der EU, § 40 BörsG aufgehoben worden.

änderten § 37w WpHG. Inhalt und Umfang des Zwischenberichts sowie Form und Frist seiner Bekanntgabe wurden bisher in den §§ 53-62 BörsZulV bestimmt.[429]

§ 37w Abs. 2 WpHG regelt den Mindestumfang eines Zwischenberichtes. Danach hat der Zwischenbericht aus einem verkürzten Abschluss und einem Zwischenlagebericht zu bestehen. Hierbei muss der verkürzte Abschluss mindestens eine verkürzte Bilanz und Gewinn- und Verlustrechung sowie einen Anhang enthalten. Der Zwischenlagebericht hat zumindest die wichtigsten Ereignisse der vergangenen sechs Monate und ihre Auswirkungen auf den verkürzten Abschluss darzustellen und die wesentlichen Chancen und Risiken für das nächste Halbjahr aufzuzeigen;

2. Unregelmäßige Publizität

- **Ad-hoc-Publizität (Anlagebezogene Publizität):** Nach § 15 WpHG (in der Fassung von Dezember 2007) sind börsennotierte Unternehmen, deren Aktien entweder zum amtlichen Handel oder geregelten Markt zugelassen sind, zur unverzüglichen Veröffentlichung von Insiderinformationen durch Ad-hoc-Publizität verpflichtet. Mitteilungen, die aufgrund dieser Publizitätspflicht als Ergänzung zur Regelpublizität[430] veröffentlicht werden, müssen nicht in regelmäßigen Zeitabständen, sondern nur zu besonderen Anlässen erfolgen. Anders als die regelmäßige Publizität stellt sie kein primär auf Gläubigerschutz ausgerichtetes Mittel dar, sondern hat den Anlegerschutz am Kapitalmarkt zum Ziel und sie garantiert, dass alle aktuellen und potenziellen Anteilseigner zur gleichen Zeit die gleichen kursrelevanten Informationen erhalten.[431] In der Folge spielt diese Ad-hoc-Publizität eine wichtige Rolle dadurch, dass die allokative Effizienz der Kapitalmärkte und der Schutz vor Insidertransaktionen durch das Schließen der zeitlichen Lücke zwischen den Elementen der Regelberichterstattung erhöht werden.[432]
- **Mitteilungspflichten:** Eine weitere unregelmäßige Publizitätsform stellen die Mitteilungspflichten nach § 21 WpHG (in der Fassung von Dezember 2007) dar. § 21 Abs. 1 S. 1 WpHG lautet: „Wer durch Erwerb, Veräußerung oder auf sonstige Weise 3 Prozent, 5 Prozent, 10 Prozent, 15 Prozent, 20 Prozent, 25 Prozent, 30 Prozent, 50 Prozent oder 75 Prozent der Stimmrechte an einem Emittenten, für den die Bundesrepublik Deutschland der Herkunftsstaat ist, erreicht, überschreitet oder unterschreitet (Meldepflichtiger), hat dies unverzüglich dem Emittenten und gleichzeitig der Bundesanstalt, spätestens innerhalb von vier Handelstagen unter Beachtung von § 22 Abs. 1 und 2 WpHG mitzuteilen.“ Diese Norm veranlasst Marktteilnehmer, solche Änderungen über marktrelevante Konstellationen mitzuteilen, die von ihnen verursacht worden sind, namentlich Änderungen von Stimmrechtseinflüssen bei den Gesellschaften, deren Aktien

---

429 Vgl. *Alvarez/Wotschofsky* (2003), S. 17.

430 Vgl. *Hus* (2000), S. 11.

431 Vgl. *Dieh/Loistl/Rehkugler* (1998), S. 115.

432 Vgl. *Griewel* (2006), S. 191 ff; *Rolvering* (2002), S. 32.

für eine Kapitalanlage in Frage kommen, und will damit eine bessere Diagnose der Marktchancen ermöglichen.[433] Wie die Ad-hoc-Publizität trägt auch sie durch Transparenz zum Anlegerschutz bei.[434] Mit §§ 21 ff. WpHG ist die Transparenzrichtlinie der EG umgesetzt worden.[435]

- **Auskunftsrecht des Aktionärs:** Nach § 131 Abs. 1 AktG erfordert ein solches Auskunftsrecht vom Vorstand, dass er während der Hauptversammlung dazu in der Lage ist, „[...]Auskunft über Angelegenheiten der Gesellschaft zu geben, soweit sie zur sachgemäßen Beurteilung des Gegenstands der Tagesordnung erforderlich ist." Das Auskunftsrecht des Aktionärs gilt nicht, falls der Vorstand sich durch die Auskunft strafbar macht oder die Auskunft der Gesellschaft bzw. einem mit ihr verbundenen Unternehmen schadet.[436]

3. Zusätzliche Publizitätsvorschriften der Deutschen Börse und der SEC

Vor dem Hintergrund eines einheitlichen und effizienten Wertpapiermarktes der EU sind seit 2005 alle börsennotierten Gesellschaften verpflichtet, auf internationale Rechungslegungsvorschriften (IAS) umzustellen.[437] Zudem schreiben auch die Zulassungsvorschriften des Prime Standards der Deutschen Börse AG die Berichterstattung nach IFRS, IAS oder US-GAAP vor.[438] Hier insbesondere für den laufenden Handel der Wertpapiere (Sekundärmarkt) gelten, je nach Börsensegment, unterschiedliche Zusatzpflichten, wobei die 2003 eingestellten Marktsegmente Neuer Markt und SMAX besonders strenge Anforderungen stellten.[439] Demgemäß verkürzten sich die Offenlegungsfristen auf drei bzw. vier Monate, Quartalsberichte waren verpflichtend und die Abschlüsse mussten zwingend nach IAS erstellt werden.[440]

Vorausgesetzt, dass die Unternehmen an US-Börsen, insbesondere der NYSE notiert werden, haben sie außerdem die Vorschriften der SEC einzuhalten.[441] Danach müssen die an einer US-Börse notierten Unternehmen die von der SEC geforderten Berichte nach US-GAAP aufstellen und umgehend der SEC zur zusätzlichen Prüfung vorlegen. Ausländische Kapitalgesellschaften haben darüber hinaus auch die Berichte vorzulegen, die sie außerhalb der USA publizieren müssen.[442] Abgesehen von diesen rechtsverbindlichen Vorschriften existieren rechtlich unverbindliche sog. Listing Agreements der verschiedenen US-Börsen.[443]

---

433 *Hüffer*, AktG/7, Anh. § 22 AktG, § 21 WpHG, Rn. 1.

434 RegBegr. BT-Drucks 12/6679 S. 35.

435 Richtlinie 88/627EWG vom 12. 12. 1988, AblEG Nr. L 348/62.

436 Siehe § 131 Abs. 3 AktG.

437 Kommission der Europäischen Gemeinschaften, Mitteilung an den Rat und das Europäische Parlament v. 13.6.2000.

438 Quelle: deutscheboerse.com (Zugriff Juli 2004).

439 Vgl. *Möllers/Rotter* (2003), S. 19 § 2 Rn. 18.

440 Vgl. *Alvarez/Wotschofsky* (2003), S. 7; *Feinendegen/Nowak* (2001), S. 4 f.

441 Vgl. *Alvarez/Wotschofsky* (2003), S. 48; *Feinendegen/Nowak* (2001), S. 4 f.

442 Vgl. *Federmann* (2000), S. 88.; *Möllers/Rotter* (2003), S. 115 § 6 Rn. 1 ff.

443 Vgl. *Möllers/Rotter* (2003), S. 116 § 6 Rn. 3.

Im Übrigen spielten für diese umfangreiche Angleichung des deutschen Rechts an das angelsächsische Rechtssystem bezüglich der gerade oben behandelten Publizitätsregelungen die EG-Richtlinien eine große Rolle. In diesem Zusammenhang sind in Gesellschaftsrechtsrichtlinie die folgenden vorhanden: die Bilanzrichtlinie (Vierte Richtlinie) in Bezug auf den Umfang der offen zu legenden Jahres- und Konzernabschlussinformationen, die Publizitätsrichtlinie (Erste Richtlinie) in Bezug auf Art und Weise, wie die Offenlegung zu erfolgen hat, und die Zweigniederlassungsrichtlinie (Elfte Richtlinie) über die handelsrechtliche Publizität von Zweigniederlassungen, die die Offenlegung bestimmter Unterlagen bei Zweigniederlassungen von Kapitalgesellschaften in anderen EU-Mitgliedstaaten regelt.[444] Dabei wurde auch die Börsenrechts-Richtlinie im deutschen Recht hinsichtlich der Zulassung zur amtlichen Notierung, der Veröffentlichung eines Börsenzulassungsprospektes (Prospekt-Richtlinie) und die Zwischenberichtspflicht im BörsG und in der BörsZulV sowie hinsichtlich der Adhoc-Publizität im § 15 WpHG (Marktmissbrauchsrichtlinie), außerdem die Beteiligungstransparenz in den §§ 21-30 WpHG verankert. Trotz so erfolgter Rechtsangleichung durch die EG-Richtlinien haben Forderungen auf EU-Ebene, eine einheitliche Richtlinie zu erlassen, die internationalen Standards entspricht, um so der Globalisierung der wirtschaftlichen Beziehungen und der Kapitalmärkte entgegen kommen zu können, stetig zugenommen. In diesem Zusammenhang sah eine EU-Verordnung als weiteren Schritt in Richtung Harmonisierung der Rechnungslegungsregelungen innerhalb der EU vor, dass sämtliche börsennotierte Unternehmen in der EU ihren Konzernabschluss auf Basis der IAS/IFRS aufstellen müssen.[445]
Für die SE verweisen die Art. 61 und 62 SE-VO hinsichtlich Rechnungslegung, Prüfung und Publizität der SE auf das für die Aktiengesellschaften geltende Recht im Sitzstaat der SE,[446]das schon durch die EG-Richtlinien im großen Teil harmonisiert wurde.[447]

IV. Zwischenergebnis

Der Ausgangspunkt der Diskussion um die Corporate Governance beruht zunächst auf der Trennung von Eigentum und Kontrolle. Bei dem daraus entstanden Prinzipal-Agent-Problem stellt sich die Frage, ob und wie die aus der Überwachung des Managements als Lösung des Prinzipal-Agent-Problems entstandenen hohen Agency-Kosten verringert werden können. Einen Weg dafür zu finden, steht im Zentrum des Lösungsfokus der Corporate Governance-Diskussion.
Dazu wurden oben verschiedene theoretische Kontrollmechanismen mit den entsprechenden empirischen nationalen Daten – klassifiziert in intern und extern –

444 S. zu den entsprechenden Richtlinien A. III im zweiten Teil in dieser Arbeit.
445 Siehe EU-Verordnung Nr. 1606/2002.
446 Vgl. Art. 61 und 62 SE-VO.
447 Zur EG- Richtlinien siehe oben A. III im zweiten Teil in dieser Arbeit.

im Vergleich zwischen dem angelsächsischen monistischen und dem kontinentaleuropäischen dualistischen (insbesondere deutschen) Corporate Governance-System als der Ausgangspunk nicht nur der Corporate Governance der SE, sondern auch als der Gegenstand der Bemühung der Rechtsangleichung der EG behandelt. Daraus ergeben sich folgende Ergebnisse:

Erstens ergibt ein Vergleich, dass bis zur Entstehung eines konkreten nationalen Corporate Governance-Systems neben dem historischen und kulturellen Einfluss die verschiedenen rechtlichen Faktoren und faktischen Faktoren eine große Rolle spielten, und dass sich dabei in jedem bestimmten nationalen Corporate Governance-System theoretische Kontrollmechanismen mit jeweils eigenem Charakter herausgebildet haben. Vor dem Hintergrund dieser Überlegungen lässt sich im Ergebnis zu den Rahmenbedingungen und Grundlagen eines jeden Systems sagen: Das kontinentaleuropäische deutsche System mit dem Stakeholder-Value-Ansatz wird durch eine dualistische Unternehmensverfassung mit der Mitbestimmung, durch die Publizität mit dem Vorsichtsprinzip, durch eine höhere Eigentümerkonzentration, durch eine bankorientierte Unternehmensfinanzierung, durch interne Arbeitsmärkte für Manager und durch die gesellschaftliche Präferenz für moderatere Managementvergütungen charakterisiert.

Dagegen zeichnet sich das angelsächsische System mit dem Shareholder-Value-Ansatz durch die monistische Unternehmensverfassung ohne die Mitbestimmung, die Publizität mit dem investororientierten Prinzip, den weit gestreuten kleinen Anteilsbesitz, das kapitalmarktorientierte Finanzsystem, die externen Arbeitsmärkte für Manager und erfolgorientierte Managementvergütungen aus.[448] Die Länder, die in der EU das kontinentaleuropäische dualistische System verfolgen, sind mit ihren jeweiligen Besonderheiten Deutschland, Österreich, Dänemark und die Niederlande. Umgekehrt sind Großbritannien, Belgien, Schweden, Luxemburg Italien, Portugal und Irland diejenigen Länder, die dem monistischen System folgen. Das französische und norwegische System kennt beide Systeme.[449]

Zweitens wird durch einen Vergleich zwischen den Kontrollmechanismen der beiden Systeme auf EU-Ebene ersichtlich, dass die externe Corporate Governance (externe Kontrollmechanismen) in Bezug auf die Außenaspekte sowie die kapitalmarktrechtlichen Elemente des betreffenden Gesellschaftsrechts durch die durch die EG-Richtlinien umgesetzten Regeln zur kapitalmarktrechtlichen

448 Jedes Corporate Governance-System mit solchen Besonderheiten wird nach der Untersuchungsrichtung wie folgt klassifiziert: monistisches oder dualistisches System nach der formaljuristischen Unterscheidung, Insider- oder Outsider System nach den Kontrollmechanismen (interne oder externe), Trennbank- oder Universalbanksystem nach dem Bankensystem und gesellschaftsorientiertes oder unternehmensorientiertes System nach dem übergeordneten Ziel des Unternehmens (Shareholder- oder Stakeholder-Ansatz) usw. genannt, zu dieser Klassifizierung vgl. *Berrar* (Dissertation 2001), S. 36 ff. In dieser Arbeit wird nachher meistens dem Terminus nach der formaljuristischen Unterscheidung folgen.

449 Zur übrigen Darstellung der Systeme in den übrigen EU-Staaten, *Jannott/Frodermann/Hagemann* in *JF* (2005), S. 561 ff.

Rechnungslegung, Prüfung und Publizität des Unternehmens sowie zum Markt für Unternehmenskontrolle weit gehend harmonisiert sind. Dagegen ist die interne Corporate Governance (interne Kontrollmechanismen) insbesondere in Bezug auf die innere Struktur der Aktiengesellschaft sowie Befugnisse und Verpflichtungen ihrer Organe nur in wenigen Punkten harmonisiert. Vor allem über die Wahl zwischen monistischem oder dualistischem System und die Mitbestimmungsfrage sind sich die Mitgliedstaaten uneinig.[450]

Schließlich, neben der Bemühung der Harmonisierung der nationalen Gesellschaftsrechte durch EG-Richtlinien haben sich die europäischen Gesetzgeber der Idee der EG entsprechend um die Schaffung einer supranationalen Gesellschaftsform mit einem einheitlichen Corporate Governance-System bemüht. Das Erreichen dieses Zieles musste aber wegen unlösbarer Hemmnisse (Pfadabhängigkeit, z.B. die oben genannten jeweiligen nationalen Besonderheiten), die stark mit der Wurzel der derzeitigen Kultur und Geschichte, somit auch mit dem Wert, der Ideologie und dem Interesse der Öffentlichkeit emotional verbunden sind, aufgegeben werden. Stattdessen haben sie eine supranationale Rechtsform mit zwei möglichen verschiedenen Corporate Governance-Systemen (monistisch und dualistisch) geschaffen. Damit gibt die SE-VO denjenigen Unternehmen, die an dieser Rechtsform teilnehmen wollen, das Recht, sich für eines von beiden Systemen frei entscheiden zu können.[451] Fragen der Organstruktur einer SE sind in der SE-VO nur rudimentär geregelt.[452] In diesem Zusammenhang verweist die SE-VO weitgehend auf das Recht des Mitgliedstaates, in dem die Gesellschaft ihren Sitz hat. Unter dieser Konstellation wird der Wettbewerb zwischen den Rechtssystemen in den EU-Mitgliedstaaten als ein zwangsläufiges Resultat angesehen. Infolgedessen muss sich jeder Mitgliedstaat um ein wirtschaftlich effizienteres Corporate Governance-System als die Systeme der anderen EU-Mitgliedstaaten bemühen, um den Wettbewerb zu überleben. Folglich wird die SE nicht nur für das bessere Rechtsystem jedes Mitgliedstaats, sondern auch für die weitere Harmonisierung des europäischen Gesellschaftsrechts eine große Rolle spielen. Darüber hinaus wird sie dazu beitragen, die EU als starken Wirtschaftsstandort auch für internationale Investoren attraktiv zu machen.

---

450 Zum Überblick des Zustandes der Harmonisierung des Europäischen Gesellschaftsrechts durch EG-Richtlinie, siehe A. III im zweiten Teil in dieser Arbeit.

451 Die Beteiligung der Arbeitnehmer ist nicht in der Verordnung, sondern in der Richtlinie zur Ergänzung des Statuts der SE hinsichtlich der Beteiligung der Arbeitnehmer (SE-RL) geregelt, dazu siehe B. VI im zweiten Teil in dieser Arbeit.

452 In der SE-VO sind 70 Artikel statt anfangs über 400 Artikel geregelt, S. diesbezüglich siehe A. II (Entwicklung) im zweiten Teil in dieser Arbeit.

E. Wettbewerb des Corporate Governance-Systems

I. SE als Wettbewerbstreiber

Neben der weltweiten Tendenz zum Wettbewerb um die bessere Corporate Governance bei der Globalisierung und Liberalisierung der Wirtschaftswelt steht die SE als ein weiterer Wettbewerbstreiber mit ihrer Systemoptionsmöglichkeit im Vordergrund der Diskussion über Corporate Governance. Außerdem löst diese Wahlmöglichkeit der SE zwischen dem dualistischen und monistischen System nicht nur einen noch aktiveren Wettbewerb der Rechtssysteme, sondern auch einen enormen Standortwettbewerb aus. Neben dieser Wahlmöglichkeit lassen sich in der SE-VO weitere Elemente finden, die dazu führen, dass die SE als Wettbewerbstreiber bezeichnet wird; es sind namentlich[453]: der Verweis auf die Vorschriften des jeweiligen Sitzstaates der SE,[454] die grenzüberschreitende Restrukturierung mit freier Sitzwahl der SE,[455] die grenzüberschreitende Sitzverlegung einer SE,[456] die Möglichkeit, die SE als Instrument der organisationsformbedingten und/oder der sitzstaatsbedingten internationalen und europäischen Steuerplanung einzusetzen,[457] die Zuordnung eines Europäischen Corporate Goodwill und die Möglichkeit, zu einer Europäischen Corporate Identity und Culture eines Unternehmens beizutragen und die unternehmensindividuelle Vereinbarung des Umfangs an Arbeitnehmermitbestimmung in einer SE mit Auffanglösung[458].[459]

Bezüglich der Auswirkungen des Wettbewerbs gehen die Meinungen weit auseinander. Einerseits könne der Wettbewerb zu einem Wettbewerb um die Generierung des managerfreundlichsten – und das bedeutet vor allem laxesten – Gesellschaftsrechts in Europa führen (*race to the bottom; Delaware-Effekt*[460]). Aus dieser Perspektive kann der Systemwettbewerb dazu führen, dass auch leistungsfähige Corporate Governance-Systeme zerstört werden. Aus diesem Grund wird von manchen Seiten die Meinung vertreten, ein einheitliches Corporate Governance-System mit einheitlichen gesellschaftsrechtlichen Vorschriften zu schaffen. Andererseits könne der Wettbewerb dagegen der Verbesserung des jeweiligen Corporate Governance-Systems dienen (*climb to the top*)[461]. Denn um für Unternehmen attraktiv zu sein, muss jedes Land zwangsläufig danach trachten,

---

453 Vgl. *Theisen/Wenz* in *Theisen/Wenz* (2005), S. 46.

454 Dazu s. C. II (Verweisung) im zweiten Teil.

455 Dazu s. B. III (Sitz und grenzüberschreitende Sitzverlegung der SE) im zweiten Teil.

456 Dazu s. B. III (Sitz und grenzüberschreitende Sitzverlegung der SE) im zweiten Teil.

457 Dazu s. B. VIII (Steuern) im zweiten Teil.

458 Dazu s. B. VI (Arbeitnehmermitbestimmung) im zweiten Teil.

459 Vgl. *Theisen/Wenz* in *Theisen/Wenz* (2005), S. 45 ff.

460 Dazu vgl. *Wymeersch* (2001), S. 24 f. m. w. N; bezüglich der spezifische Rechtslage bei der SE *Kolvenbach* (1998), S. 1324 und *Merkt* (1992), S. 660, 661; ders (1991) S. 147 Rn. 168; *Albach* (2000), S. 14.

461 Dazu vgl. *Cary* (1974), S. 666, 705; *Charny* (1991), S. 423, 430; *Wymeersch* (2001), S. 25; *Lutter* (2000 a), S. 9; *Albach* (2000), S. 14.

sein Corporate Governance-System wirtschaftlich effizienter zu gestalten als diejenigen der anderen Länder.
Jedenfalls ist derzeit für die Durchsicht der SE-VO der Wettbewerb jedes Systems unabdingbar. Dabei werden zur Stärkung des Wirtschaftsstandorts die jeweiligen nationalen Gesetzgeber aufgefordert, ein wettbewerbsfähigeres Corporate Governance-System zu schaffen und die Gesellschaftsrechtssysteme aufgrund der bislang nur ansatzweise erfolgten Harmonisierung weiter einander anzugleichen und grenzüberschreitend zu öffnen – um einen Wettbewerb zu gewinnen.[462]

II. Theoretisch mögliche Konsequenzen des Systemwettbewerbs und Realität

Im Folgenden werden die verschiedenen theoretischen Entwicklungsmöglichkeiten der Corporate Governance-Systeme durch den Wettbewerb im Vergleich zur praktischen Lage darstellt. Diese Entwicklungsmöglichkeiten werden in der Literatur allgemein in drei Varianten diskutiert: die Persistenz der verschiedenen Systeme, die sich im Laufe der Zeit herausbildende Dominanz des einen überlegenen Systems („*survival of the fittest*") und die Konvergenz der verschiedenen Systeme.

1. Persistenz der Systeme

Nach der These der Persistenz der verschiedenen Corporate Governance-Systeme entwickelt sich jedes nationale Corporate Governance-System zwar weiter, aber die jeweiligen nötigen Anpassungen erfolgen innerhalb des bestehenden Systems.[463] Diese Persistenz verschiedener Corporate Governance-Systeme wird von einigen Autoren auch aus normativer Sicht mit Blick auf die Bewahrung von kulturellen Besonderheiten und Traditionen der verschiedenen Länder befürwortet.[464] Außerdem war in der Realität der Systemwettbewerb in vielen Bereichen auch nicht funktionsfähig, weil die freiwillige Mobilität für die Regelungsreform gesetzlich eingeschränkt wurde. Unter diesen Bedingungen könnte keine schnelle Konvergenz der Systeme erfolgen oder sich die Dominanz eines Systems herausbilden.[465]
Die Persistenz der nationalen Systeme in ihrer jetzigen Form wird aber als unwahrscheinlich angesehen, weil in der Realität die Corporate Governance-Systeme im Zeitlauf nicht feststehend geblieben sind. Insbesondere seit der wirtschaftlichen Integration der EU und der Globalisierung der Kapitalmärkte hat der Systemwettbewerb zugenommen. Vor allem wird durch das Wahlrecht des Systems, das die SE-VO der SE zubilligt, der Wettbewerb der jeweiligen nationalen Rechtssysteme in Europa zusätzlich angeheizt.

462 *Theisen/Wenz* in *Theisen/Wenz* (Hrsg.) (2005), S. 48.
463 Vgl. *Schmidt/Spindler* (2002), *Bebchuk/Roe* (2004).
464 Vgl. *Witt* (2003), S. 149.
465 Vgl. *Mayer* (1996), S. 26.

2. Dominanz eines Systems

Die Dominanzhypothese geht von der Annahme konsistenter Corporate Governance-Systeme aus. Diese These besagt auch, dass ein bestimmtes System effizienter als das andere System ist. Ein System ist dann als dominant anzusehen, wenn das System in jeder Hinsicht vorteilhaft ist, es also eine höhere Produktivität und eine größere Flexibilität der Anpassung an Umweltveränderungen ermöglicht als alle anderen Systeme. Dabei wird erwartet, dass das US-amerikanische System im Systemwettbewerb aufgrund seiner besseren Anpassungsfähigkeit an neue Wettbewerbsbedingungen überlegen sei.[466]

In der Realität hatte ja doch das kapitalmarktorientierte angelsächsische vor allem amerikanische Corporate Governance-System in den letzten Jahren weltweit einen starken Einfluss auf die Reformen des Unternehmens- und Kapitalmarktrecht insbesondere angesichts der Interessen der Aktionäre (Shareholder Value-Ansatz) und der Transparenz gegenüber dem Kapitalmarkt ausgeübt, und sein Einfluss dauert an.[467] Gefördert wurde dies insbesondere zum Ende der neunziger Jahre durch den weltweiten Aufschwung der Aktienbörsen, den wirtschaftlichen Erfolg angelsächsisch geprägter Länder und die Schwierigkeiten in Staaten mit anderen Corporate Governance-Systemen.[468] Umgekehrt wurde aber zu Beginn der neunziger Jahre das US-amerikanische Modell wegen seiner kurzfristigen Ausrichtung und seiner zu geringen Investitionen in Humankapital und Innovationen stark kritisiert.[469] Dagegen wurden damals das deutsche Mitbestimmungssystem (zu weniger Streiks, besser ausgebildeten Arbeitskräften und weniger Arbeitslosigkeit), Universalbankensystem und das System wechselseitiger Beteiligungen der Unternehmen untereinander als dominant betracht.[470] Vor diesem Hintergrund ist es schwer, eine Überlegenheit oder die Unterlegenheit eines Corporate Governance-Systems im internationalen Wettbewerb auch nur für kurze Zeit auszumachen.

Auf EU-Ebene wurden bereits die konkreten Konfrontationen zur Überlegenheit der unterschiedlichen Corporate Governance-Systeme im Zusammenhang mit der 5. EG-Richtlinie geführt. Durch die in diesen Bereichen unbestimmte bzw. offen gehaltene SE-VO wurde eine vergleichbare Konfrontation auf EU-Ebene vermieden und im Ergebnis den nationalen Gesetzgebern überlassen. Bislang wurde innerhalb der EU keine marktähnliche Dominanzstrategie, sondern eine Einigung auf der Basis des größten gemeinsamen Nenners verfolgt.[471]

3. Konvergenz der Corporate Governance Systeme

Unter Konvergenz der Corporate Governance-Systeme versteht man eine Entwicklung, bei der sich die vorteilhaften Elemente der jeweiligen nationalen Cor-

---

466 *Roe* (1993), S. 1978; *Romano* (1993), S. 149; *Frederick* (1993), S. 3; *Witt* (2003), S. 146.

467 Vgl. *Witt* (2003), S. 147.

468 Vgl. *Roberts/van den Stehen* (2001), 128-144.

469 Vgl. *Porter* (1996), 5 ff.

470 Vgl. *Mayer* (2000), S. 15f; *Roberts/van den Stehen* (2001).

471 Vgl. *Theisen/Hölzl* in *Theisen/Wenz* (2005), S. 316.

porate Governance-Systeme im Wettbewerb einander annähren. Dieser Annährungsprozess soll am Ende mit einem weltweit einheitlichen Corporate Governance-System, welches sich aus Elementen der national unterschiedlichen Systeme zusammensetzt, abschließen.[472] Im Ergebnis ist im Prozess diese Konvergenz zum einen durch eine Angleichung der nationalen Gesetzgebung und zum anderen von den Unternehmen selbst, indem sie die gesetzlichen Handlungsspielräume so nutzen, dass sich die Systeme trotz bestehender rechtlicher Unterschiede inhaltlich aneinander angleichen, zu realisieren.[473] Unter Beachtung der Besonderheiten der jeweiligen EU-Mitgliedstaaten wird diese Konvergenz durch die EU befürwortet.

Eine kritische Gegenposition zu den Konvergenztheorien vertreten die Theorien über die Pfadabhängigkeit sozialen Wandels, die zeigen, dass trotz der Diffusion innovativer Systemteile die jeweiligen Gesellschaftsstrukturen sich auf einem Pfad entwickeln, der von ihrer jeweils eigenen Vorgeschichte geprägt wird.[474] Danach sind die in den jeweiligen Ländern bestehendem Corporate Governance-Systeme bereits optimale Kombinationen von einzelnen Elementen und lassen sich nicht beliebig neu kombinieren. Wird die aufeinander abgestimmte Corporate Governance eines Landes in einzelnen Komponenten geändert, entsteht zunächst ein inkonsistentes System. Zur Behebung dieser Inkonsistenz wird entweder die Änderung rückgängig gemacht, oder es verändern sich andere Teilsysteme, bis am Ende ein anderes konsistentes Governance-System entsteht.[475] Bei den Untersuchungen des derzeitigen Systemvergleichs lässt sich jedoch schon eine gewisse Tendenz der Konvergenz der verschiedenen Systeme erkennen, wobei freilich noch enorme Divergenzen aufgrund der Pfadabhängigkeit vorhanden sind.[476] Somit ist auch darauf hinzuweisen, dass manche pfadabhängigen Elemente eines Systems trotz der Entwicklung der Konvergenz weiter bestehen bleiben können. Ein Problem entsteht, wenn diese pfadabhängigen Elemente eines Systems im Wettbewerb als Schwäche betrachtet werden und so dem Wettbewerb sowohl der Rechtssysteme, als auch des Standorts zum großen Nachteil gereichen. Für dieses Problem kommt die Konvergenz der verschiedenen Kodizes in Betracht.[477]

---

472 Vgl. *Frederick* (1999); *Mayer* (1996), S. 7 ff.

473 Ausführlich *Witt* (2003), S. 141 ff.

474 Vgl. *Schmidt/Tyrell* (1997); *Schmidt/Grohs* (2000); *Schmidt/Spindler* (2001); *Bebchuk/Roe* (1999); *Roe* (1993, 1996 und 1998).

475 Vgl. *Schmidt/Tyrell* (1997); *Schmidt/Grohs* (2000); *Schmidt/Spindler* (2001); *Bebchuk/Roe* (1999); *Roe* (1993, 1996 und 1998).

476 Zum Vergleich siehe D. in diesem Dritten Teil und ganzen vierten Teil.

477 Zur Kodexbewegung siehe B in diesem Teil und zum Zustand der Konvergenz des Kodex in den verschiedenen Systemen E im vierten Teil.

III. Zwischenergebnis

Seit der Globalisierung der Wirtschaft und der Liberalisierung der Kapitalmärkte und der wirtschaftlichen Integration der EU herrscht unter den verschiedenen Corporate Governance-Systemen ein harter Wettbewerb. Insbesondere wird mit den verschiedenen Wettbewerbselementen, die die SE-VO der SE an die Hand gibt, die SE in den Vordergrund des Wettbewerbs gerückt. In diesem Wettbewerbsmodus ist eine Persistenz der nationalen Systeme in ihrer jetzigen Form unwahrscheinlich. Dagegen kann es international durchaus geschehen, dass die erforderlichen Anpassungen der nationalen Corporate Governance-Systeme durch die jeweiligen Regierungen und Unternehmen zu einer Konvergenz oder Dominanz führen. Damit wird der Druck auf eine Konvergenz der Systeme oder auf die Dominanz eines Systems zunehmen. Auf EU-Ebene wurde die Konfrontation der Dominanz eines Systems durch die Wahlmöglichkeit zwischen den beiden Systemen nach der SE-VO vermieden. Dabei steht die Konvergenz der Systeme in Bezug auf die Rücksichtnahme der einzelstaatlichen Besonderheiten im Vordergrund der Diskussion der Corporate Governance innerhalb der EU.

F. Fazit des dritten Teils

Bei der Diskussion um die Corporate Governance stellt sich die Frage, ob und wie der aus den Prinzipal-Agent-Beziehungen entstandene dysfunktionale Wirkungsgrad verringert oder sogar beseitigt werden kann. Noch dazu ist es eine offene Frage, ob und wie die zur Überwachung des Managements ausgegebenen hohen Agency-Kosten zu senken sind. Als bester Lösungsansatz für diese Frage wird auf die Schaffung oder Findung des optimalen Corporate Governance-Systems hingewiesen. Ob ein Corporate Governance-System angemessen ist, hängt davon ab, wie viele Prizipal-Agent-Probleme damit gelöst werden können und wie damit einhergehend die aus diesen Problemen entstandenen Kosten gesenkt werden können. Je adäquater ein Corporate Governance-System ist, umso niedriger ist der negative Wirkungsgrad der Prinzipal-Agent-Probleme.
Es darf hier nicht übersehen werden, dass in der Unternehmensrealität außer der Beziehung von Eigentümer (Prinzipal) und Management (Agent) (Shareholder-Value-Ansatz) auch andere Bezugsgruppen existieren (Stakeholder-Value-Ansatz). Das Ziel solcher Berücksichtigung anderer Bezugsgruppen liegt darin, durch das angemessene Corporate Governance-System die Maximierung der Effizienz des Managements einerseits und dabei eine faire Wertverteilung zwischen den verschiedenen beteiligten Anspruchsgruppen andererseits zu gewährleisten. Ein Corporate Governance-System mit solchem Gedanken fördert das Vertrauen der nationalen und internationalen Anleger, der Geschäftspartner sowie der allgemeinen Öffentlichkeit und wirkt sich auf den internationalen Standortwettbewerb als ein großer Vorteil aus. Wesentliche Voraussetzung dafür ist eine enge und effiziente Zusammenarbeit zwischen den Unternehmensorganen, die Achtung der Aktionärsinteressen, eine offene Unternehmenskommu-

nikation sowie ein verantwortungsvoller Umgang mit Risiken und gesetzlichen und unternehmensinternen Regelungen.
Die Diskussion über die Corporate Governance hat seit der Globalisierung der Wirtschaft und der Liberalisierung der Kapitalmärkte weltweit noch weiter zugenommen. Dabei bemüht sich jedes Land um ein noch effizienteres und ein noch transparenteres Corporate Governance-System, aufgefordert von den Unternehmen selbst, aber auch von internationalen Investoren. Diese Forderung führte weltweit zu einem Wettbewerb zwischen verschiedenen Systemen, und das wurde mit den Gesetzesänderungen des guten Corporate Governance-Systems und parallel mit der Kodex-Bewegung zum Standard der guten Corporate Governance auf nationaler Ebene sowie auf internationaler Ebene verbunden.
Unter dieser internationalen Resonanz bemühte sich die EU um ein einheitliches Corporate Governance-System auf EU-Ebene mit dem Ziel der Verwirklichung des europäischen Binnenmarkts. Dies scheiterte jedoch an unvereinbaren Standpunkten unter der Mitgliedstaaten. Es wurde dabei vorgeschlagen, sich zuvorderst um die Harmonisierung der nationalen Unternehmensführungssysteme zu bemühen, als die bestehenden Regelungen zu vereinheitlichen bzw. einen einheitlichen europäischen Corporate Governance-Verhaltenskodex zu schaffen. Durch die Akzeptanz dieser Empfehlung ist ein Aktionsplan zur Modernisierung des Gesellschaftsrechts und zur Verbesserung der Corporate Governance in der EU entstanden.
Überdies billigt die SE-VO einem Unternehmen, das die Rechtsform einer SE annehmen möchte, ein Wahlrecht zwischen einem dualistischen Corporate Governance-System mit zwei personell und funktionell getrennten Organen oder einem monistischen System mit einem einheitlichen Verwaltungsorgan (*Board*) zu. Diese Wahlmöglichkeit treibt den Wettbewerb der Corporate Governance-Systeme auf der jeweiligen Ebene an. Insbesondere auf EU-Ebene steht die Konvergenz der Systeme durch den Wettbewerbim Vordergrund der Diskussion der Corporate Governance innerhalb der EU unter Rücksichtnahme der einzelstaatlichen Besonderheiten.

Vierter Teil - Corporate Governance-System der SE im Vergleich zwischen der deutschen und der britischen SE (im Mittelpunkt der Organstruktur und Haftung für die Unternehmensleitung und –überwachung)

Der zentrale Fokus bei der Untersuchung von Corporate Governance liegt darin, eine geeignete Methode (d.h. ein Corporate Governance-System) zu finden, die dabei hilft, die Probleme, die auf dem Interessenkonflikt beruhen, der durch die Trennung zwischen Eigentum und Kontrolle entstanden ist (Prinzipal-Agent-Problem), zu lösen und dadurch die Kosten (Agency- bzw. Transaktionskosten) zu senken. Dabei wurden im dritten Teil bereits verschiedene Corporate Governance-Mechanismen im Vergleich zwischen dem angelsächsischen und dem kontinentaleuropäischen deutschen System mit den jeweils eigenen Besonderheiten im theoretischen und empirischen Rahmen, die die Basis der Corporate Governance der SE bedeuten, beleuchtet - insbesondere im Hinblick auf Unterschiede zwischen internen, externen und hybriden Mechanismen. Diese verschiedenen Mechanismen können allerdings auf die Untersuchung der Corporate Governance der SE angewandt werden. In diesem Hauptteil wird aber nicht auf den gesamten Umfang der Corporate Governance-Mechanismen zurückgegriffen, sondern es findet eine Konzentration auf die interne Corporate Governance der SE (insbesondere Organstruktur und Haftung für Unternehmensleitung und Überwachung) im Vergleich zwischen deutscher und britischer SE in rechtlicher Hinsicht statt. Dafür soll zunächst das besondere Merkmal des Corporate Governance-Systems der SE kurz erläutert werden. Dieses besteht namentlich darin, dass jede SE zwischen dem dualistischen System mit einem Aufsichtsorgan und einem Leitungsorgan und dem monistischen System mit einem einheitlichen Verwaltungsorgan mit jeweils eigenen Besonderheiten in allen EU-Mitgliedstaaten frei wählen kann. Dabei ist selbstverständlich, dass sowohl bei der Gründung einer SE als auch zu einem späteren Zeitpunkt etwa beim Wechsel des Standorts unter der Berücksichtigung des wirtschaftlichen Erfolgs dem aus der Sicht des Unternehmens opportuneren System der Vorzug gegeben wird. Folglich führt diese Wahlmöglichkeit nicht nur zu einem Wettbewerb der Rechtssysteme, sondern auch zu einem Standortwettbewerb. Dabei steht es jedem Gesetzgeber frei, ein wettbewerbsfähigeres Rechtssystem zur Stärkung des eigenen Wirtschaftsstandorts zu schaffen.

Vor diesem Hintergrund werden im Folgenden einleitend die Bedeutung der Wahlmöglichkeit zwischen den beiden Systemen in den beiden Ländern (A) und das jeweils anwendbare Recht für jedes System als die Grundlagen zur rechtlichen Untersuchung der Corporate Governance der SE behandelt (B). Anschließend werden die Corporate Governance der dualistischen und monistischen SE in Deutschland und Großbritannien einem Vergleich unterzogen, dessen Fokus sich auf die Organstruktur und die Haftung richtet (C). Durch diesen Vergleich sollen Stärken und Schwächen beider Systeme aufgedeckt werden. Schließlich wird der Versuch unternommen, Anregungen zu formulieren, um durch eine Annährung der beiden Systeme zu einer Konvergenz durch Wettbewerb zwischen diesen beiden Systemen zu gelangen und so Grundlagen für später mögliche europaweit einheitliche Grundsätze für die Corporate Governance der SE zu schaffen.

A. Wahlrecht der SE und dessen Bedeutung in den beiden Ländern

Nach Art. 38 lit. b SE-VO kann jede SE frei wählen zwischen dem dualistischen System mit einem Aufsichtsorgan und einem Leitungsorgan und dem monistischen System mit einem einheitlichen Verwaltungsorgan. Die Ausübung des Wahlrechts erfolgt durch Regelung in der Satzung („entsprechend der in der Satzung gewählten Form"), gehört also sowohl bei „deutschen" als auch bei „britischen" SE zu den zwingenden Satzungsbestandteilen. Daraus folgt jedoch zugleich, dass eine SE nicht für alle Zeiten auf das einmal gewählte System festgelegt ist, sondern durch eine entsprechende Änderung der Satzung prinzipiell jederzeit zum jeweils anderen Leitungssystem (und zurück) wechseln kann. Mit dieser Wahlmöglichkeit „kann" jeder Mitgliedstaat nach Art. 39 Abs. 5 SE-VO und Art. 43 Abs. 4 SE-VO in seiner Rechtsordnung „fehlende" System für die SE erlassen. Das Wort „kann" soll aber zum Ausdruck bringen, dass er dazu nicht gezwungen wird.[478] Wenn ein Mitgliedsland im Rahmen dieser Auslegung von der Kompetenzzuweisung der SE-VO keinen Gebrauch macht- nämlich den Erlass entsprechender Regelungen unterlässt – kann die SE nur das am Sitzstaat für Aktiengesellschaften geltende System annehmen. Wäre dem tatsächlich so, ginge die Sitzverlegung in ein anderes Hoheitsgebiet (innerhalb der EU) mit erheblichen Schwierigkeiten einher und führte zu einer Beschneidung der in Art. 43 SE-VO i.V.m. 48 EGV gewährleisteten Niederlassungsfreiheit.[479] Folglich erscheint die Diskussion, ob Art. 43 Abs. 4 und Art. 39 Abs. 5 SE-VO einen Rechtsbefehl enthalten, als müßig. Im Folgenden werden die Bedeutung dieses Wahlrechts in beiden Ländern und der damit einhergehende gesetzliche Zustand für jedes System skizziert.

I. Deutschland

1. Dualistisches System

Die Möglichkeit zur Wahl des dualistischen Systems setzt den Gesetzgeber in Deutschland nur geringer Spannung aus, weil die dualistische Unternehmensverfassung hierzulande eine lange Tradition hat und darüber hinaus dieses deutsche System auch zentrales Vorbild für das dualistische System der SE-VO geworden ist.[480] Was das dualistische System der SE angeht, erlaubt die SE-VO nur in we-

---

478 Vgl. *Schulz/Geismar*, DStR 2001, S. 1078, 1082; *Bungert/Beier*, EWS 2002, S. 1, 3.

479 Vgl. *Wenz* (2004), S. 75; *Manz* in *MMS* (2005), Art. 38 SE-VO Rn. 14; vgl. *Frodermann* in *JF* (2005), S. 137.

480 Vgl. *Hommelhoff*, AG 2001, S. 279, 283; *Neye* (2005 a), S. 443, 445.

nigen Bereichen nationale Sonderregeln. Dabei sind nur diejenigen Staaten, die ein dualistisches System in ihrem nationalen Aktienrecht nicht kennen, durch Art. 39 Abs. 5 SE-VO zum Erlass umfassender SE-spezifischer Regelungen in Hinblick auf das dualistische System ermächtigt. Dabei hat sich der deutsche Gesetzgeber im Regelfall um eine Anpassung an die für die nationale AG geltenden Regeln bemüht, weil dieses dualistische System hierzulande bereits umfassend geregelt ist; bei der Auswahl dieses Systems der deutschen SE gelten neben den wenigen Sonderregelungen der SE-VO gem. Art. 9 Abs. I c ii SE-VO weitgehend die Vorschriften des AktG.[481]

2. Monistisches System

Für Deutschland ist das monistische System eine Neuheit.[482] Denn das deutsche Aktienrecht kennt dieses System nicht. Die Ausformung der Wahlmöglichkeit zum monistischen System bedeutete daher eine große Herauforderung für den Gesetzgeber, weil er- aus der Sicht des deutschen Rechts – nicht nur vollkommen neue, sondern auch effektive Vorschriften für diese Wahlalternative schaffen musste.

Dabei gibt Art. 43 Abs. 4 SE-VO dem deutschen Gesetzgeber die Möglichkeit, eigene eigenständige Vorschriften für das monistische System zu erlassen. Auf Grundlage dieser Ermächtigung hat der deutsche Gesetzgeber in den §§ 20-49 SEAG[483] umfassende und detaillierte Regelungen bezüglich einer monistisch strukturierten SE mit Sitz in Deutschland erlassen. § 20 SEAG stellt dabei klar, dass diese Vorschriften die §§ 76-116 des Aktiengesetzes verdrängen.[484] Der Gesetzgeber verfolgt dabei das Ziel, das monistische Modell so flexibel und zugleich mit hinreichender Regelungsdichte auszustatten, dass es für eine deutsche SE zu einer wirklich handhabbaren Alternative zum dualistischen Modell wird.[485]

---

481 Vgl. *Braun*, Jura 2005, S. 150, 154; *Hoffmann-Becking*, ZGR 2004, S. 355, 363; *Ihrig/Wagner*, BB 2003, S. 969, 974; *dies.* BB 2004, S. 1749, 1753; *Frodermann* in *JF* (2005), § 5 Rn. 14; *Mahi*, Europäische Aktiengesellschaft, S. 82;*Manz* in *MMS* (2005), Art. 38 SE-VO Rn. 20; *Reichert/Brandes* in MünchKomm/AktG, Art. 38 SE-VO Rn. 10; *Nagel* in Nagel/Freis/Kleinsorge (2005), SEBG, 2. Teil Rn. 63; *Neye/Teichmann*, AG 2003, S. 169, 175; *Raiser/Veil* (2006), § 59 Rn. 16; *Teichmann*, ZGR 2002, S. 383, 442f.; *ders.* ZGR 2003, S. 383, 442f.; *Theisen/Hölzl* in *Theisen/Wenz* (2005), S. 269, 285; *Thümmel* (2005), Rn. 152.

482Aus rechtshistorischer Sicht ist für Deutschland das monistische System streng genommen kein unbekannter Fremdkörper: In der Aktienrechtspraxis des 19. Jahrhunderts war nämlich der einstufige Verwaltungsrat in Deutschland weit verbreitet. Der Aufsichtsrat wurde gesetzlich erst 1861, zwingend sogar erst 1870 eingeführt, und die heutige funktionelle Trennung in Vorstand und Aufsichtsrat findet sich immerhin erst im AktG von 1937, vgl. *Fleischer,* AcP 204 (2004), S. 502, 523 ff.

483 Zum SEAG unten B. I. 2 (Exkurs: SEEG).

484 *Neye* (2005 b), S. 111.

485 *Neye/Teichmann*, AG 2003, S. 169, 175,177.

II. Großbritannien

1. Dualistisches System

Anders als Deutschland hat die britische PLC (*Public Limited Company* entsprechend der deutschen Aktiengesellschaft) in der Regel ein monistisches Corporate Governance-System. Das bedeutet umgekehrt, dass für den britischen Gesetzgeber eben die Wahlalternative zum dualistischen System eine große Herausforderung war.

Dabei gibt Art. 39 Abs. 5 SE-VO dem britischen Gesetzgeber ebenfalls die Möglichkeit, eigene eigenständige Vorschriften für ein dualistisches System zu erlassen. Von dieser Ermächtigung hat der britische Gesetzgeber nur in sehr begrenztem Umfang Gebrauch gemacht.[486] Dieses zögerliche Verhalten des britischen Gesetzgebers wurde vom DTI (*Department of Trade and Industry*: Handels- und Industrieministerium) damit begründet, dass in Großbritannien bereits vor der Einführung der SE ein dualistisches System im Rahmen der Satzungsautonomie einer PLC vorhanden war.[487] In der Tat schreibt das britische Recht den PLCs an keiner Stelle die Organisation in Form eines monistischen Systems zwingend vor, obwohl in der Praxis die britischen PLCs traditionell in der ganz überwiegenden Zahl eine monistische Organisationsstruktur haben. Wie dem auch sei – einer britischen PLC stand die theoretische Möglichkeit offen, sich mittels ihrer Satzung eine dem deutschen System vergleichbare dualistische Organisationsstruktur zu geben. Darüber hinaus ist das britische Rechtssystem, das von dem Gedanken größtmöglicher Flexibilität und Gestaltungsfreiheit geprägt ist, prinzipiell für alle denkbaren Corporate Governance-Modelle offen. Dennoch geht die Gestaltungsfreiheit bei einer britischen SE auf Grund zwingender europarechtlicher Vorgaben durch die SE-VO nicht so weit wie bei einer PLC.[488]

2. Monistisches System

Hinsichtlich der Wahlmöglichkeit zum monistischen System brauchte der britische Gesetzgeber im Gegensatz zum deutschen Gesetzgeber keine entsprechenden speziellen Vorschriften in Bezug auf das monistische System einer SE zu schaffen, weil dieses monistische Modell bei britischen Gesellschaften ohnehin der Regelfall war. Großbritannien hat daher nur einige der in den Art. 43 ff. SE-VO vorgesehenen Optionen umgesetzt; im Übrigen gelten für alle durch die SE-VO nicht geregelten Bereiche gem. Art. 9 Abs. 1 c ii SE-VO die allgemeinen Regeln des britischen Gesellschaftsrechts.

---

486 In diesem Zusammenhang siehe gerade unten B. II. 2 (Exkurs: EPCLR 2004).

487 Vgl. *Baums/Cahn/Davies* (2004), S. 16.

488 Vgl. *Baums/Cahn/Davies* (2004), S. 16.

III. Zwischenergebnis

Insbesondere für Deutschland, wo nur das dualistische System verbreitet war, ist diese Wahlmöglichkeit in der Tat „revolutionär“[489]. Doch auch in Großbritannien ist dieses Wahlrecht zwischen zwei alternativen Arten des Corporate Governance-Systems sehr ungewöhnlich. Die Wahlalternative zum dualistischen System stellte den deutschen Gesetzgeber vor keine nennenswerten Schwierigkeiten, da die dualistische Unternehmensverfassung hierzulande eine lange Tradition hat und darüber hinaus dieses System offenbar auch zentrales Vorbild für das dualistische System der SE-VO geworden ist. Die Wahlmöglichkeit zum monistischen System bedeutete dagegen eine große Herauforderung für den Gesetzgeber, weil er völlig neue und zugleich wirkungsvolle Vorschriften für diese Alternative schaffen musste. Anders als in Deutschland hat die britische PLC gewöhnlicherweise ein monistisches Corporate Governance-System. Dabei stellte die rechtliche Ausformung der Wahlmöglichkeit zum dualistischen System eine große Herausforderung für den britischen Gesetzgeber dar. Die Regelung der Option zum monistischen System gestaltete sich für den britischen Gesetzgeber wiederum – im Gegensatz zum deutschen Gesetzgeber – als unproblematisch, weil dieses monistische Modell bei britischen Gesellschaften ohnehin der Regelfall war. Jedenfalls wird durch diese Wahlmöglichkeit jeder Gesetzgeber der EU-Mitgliedstaaten aufgefordert, das eigene Rechtssystem zu optimieren, um so die Attraktivität des eigenen Wirtschaftsstandorts zu stärken.

B. Anwendbares Recht

In Hinblick auf eine rechtswissenschaftliche Untersuchung der Corporate Governance ist die Frage nach dem anwendbaren Recht von fundamentaler Bedeutung, weil die anwendbaren Normen nicht nur die materielle Grundlage jedes Corporate Governance-Systems, sondern auch die Essenz der Besonderheiten jedes Corporate Governance-Systems darstellen. Ferner bedeuten sie auch ein grundsätzliches Material für den Wettbewerb der verschiedenen Corporate Governance-Systeme.

Der Grad der Dichte der in der SE-VO enthaltenen materiell-rechtlichen Regelungen zu jedem Corporate Governance-System ist nicht gerade hoch, obwohl die Regelung der Corporate Governance als zentraler Bestandteil einer SE 23 von 70 Artikeln für sich in Anspruch nimmt. Im Rahmen der Notwendigkeit zur Ergänzung der Regelungslücken der SE-VO kann das für die SE anwendbare Recht als eine Kombination von Rechtsnormen aus sowohl mitgliedstaatlicher als auch gemeinschaftsrechtlicher Ebene beschrieben werden. Die Kombination der verschiedenen anwendbaren Rechtsnormen wird durch die zahlreichen Regelungsaufträge, Regelungsoptionen und die Verweisungstechnik in der SE-VO gebildet. Vor diesem Hintergrund wird die Normenrangfolge des für eine SE

---

489 Vgl. *Hommelhoff*, AG 2001, S. 279, 282; ebenso *Hirte*, DStR 2005, S. 653, 657.

geltenden Rechts im Endeffekt je nach Sitzstaat unterschiedlich und national charakteristisch hergestellt.[490] Im Folgenden wird die Normenhierarchie jeweils für die deutsche und britische SE einander gegenübergestellt und verglichen.

I. Normenrangfolge für die SE mit Sitz in Deutschland

1. Rang 1 (SE-VO) und Rang 2 (Satzung der SE)

Für die SE mit Sitz in Deutschland gelten ebenso wie in anderen Mitgliedstaaten auf den obersten zwei Stufen der Normenrangfolge der Reihe nach die zwingenden Vorschriften der SE-VO (Art. 9 Abs. 1 a SE-VO) und die Satzungsbestimmungen, die die SE-VO ausdrücklich zulässt (Art. 9 Abs. 1 b SE-VO):

- **SE-VO:** Insbesondere sind die Regelungen bezüglich des Corporate Governance-Systems der SE im dritten Titel der SE-VO (Art. 38 bis 60) weitgehend zwingend geregelt. Diese Regelungen sind für jede SE zusammen anzuwenden: Art. 38 SE-VO (Organe der SE und Wahlmöglichkeit des Corporate Governance-Systems zwischen monistischem und dualistischem System); Art. 39-42 SE-VO (Dualistisches System); Art. 43-45 SE-VO (Monistisches System); Art. 46-60 SE-VO (Gemeinsame Vorschriften für die beiden Systeme);
- **Satzung der SE**: Die SE-VO beinhaltet keinen besonderen Abschnitt über die Satzung, sondern sieht es sowohl als ganz vorrangiges Recht als auch als Aufgabe des Satzungsgebers an, Regelungen hinsichtlich des Corporate Governance-Systems der SE zu erlassen; dieses Recht bzw. diese Aufgabe soll mithilfe der Satzung ausgeübt bzw. erfüllt werden.[491] Deshalb unterliegt die SE nach Art. 9 Abs. 1 b der SE-VO den Bestimmungen der Satzung, vorausgesetzt, dass die SE-VO dies ausdrücklich zulässt und die Satzung hinreichende Bestimmungen enthält, die sich wiederum nach Maßgabe des nationalen Rechts des Sitzstaates bestimmen, wenn die SE-VO diesbezüglich keine oder nur unzureichende Regelungen beinhaltet.[492]

2. Rang 3

An dritter Stelle stehen die Rechtsvorschriften, die die Mitgliedstaaten in Anwendung der speziell die SE betreffenden Gemeinschaftsmaßnahmen erlassen (Art. 9 Abs. 1 c i SE-VO); SEEG (Gesetz zur Einführung der Europäischen Gesellschaft).

Exkurs: SEEG[493]

In Deutschland wurden die SE-VO und die SE-RL durch das am 22. Dezember 2004 in Kraft getretene SEEG in deutsches Recht eingebettet. Dieses SEEG wird als Arti-

---

490 Die Normenrangfolge der SE-VO wurde im Allgemein bereits oben D.II. im zweiten Teil analysiert.

491 Siehe Art. 38 b SE-VO.

492 Siehe auch gerade unten Rang 5.

493 Gesetz zur Einführung der Europäischen Gesellschaft (SEEG) v. 22.12.2004, BGBl. V. 28.12.2004.

kelgesetz bezeichnet, das mit Ausnahme der notwendigen steuerrechtlichen Begleitbestimmungen, die gesondert geregelt werden, alle notwendigen Vorschriften für die Gründung und die Existenz einer Europäischen Gesellschaft mit Sitz in Deutschland enthält. Systematisch ist das SEEG in neun Artikel untergliedert: Artikel 1 beinhaltet das Ausführungsgesetz zu der EG-Verordnung (SEAG). Durch Artikel 2 (SE-Beteiligungsgesetz — SEBG) wird die ergänzende Richtlinie über die Beteiligung der Arbeitnehmer umgesetzt. Die weiteren Artikel enthalten notwendige Folgeänderungen im Gerichtsverfassungsgesetz (Artikel 3), im Gesetz über die Angelegenheiten der freiwilligen Gerichtsbarkeit (Artikel 4), im Spruchverfahrensgesetz (Artikel 5), im Arbeitsgerichtsgesetz (Artikel 6) sowie in der Handelsregisterverordnung (Artikel 7). Art. 9 schließlich bestimmte ursprünglich noch - in Einklang mit Art. 70 SE-VO - den 8. Oktober 2004 als Termin für das Inkrafttreten des SEEG; dies verschob sich jedoch bekanntermaßen auf den 29.12.2004.

Das SEAG, das die zentralen gesellschaftsrechtlichen Regelungen umfasst, besteht aus den sechs Abschnitten in Art. 1 SEEG. Der erste Abschnitt (§§ 1-4 SEAG) enthält allgemeine Vorschriften über das anwendbare Recht, Sitz, Eintragung und Zuständigkeiten. Der zweite Abschnitt (§§ 5-11 SEAG) beinhaltet dann die Vorschriften über die Gründung einer SE, allerdings finden sich hier spezielle Regelungen nur für die Verschmelzungs- und die Holdinggründung. Sodann folgen die Regelungen zur Sitzverlegung im dritten Abschnitt (§§ 12-14 SEAG).

Insbesondere sind die Regelungen über die Corporate Governance-Systeme der deutschen SE, die im Folgenden in dieser Arbeit behandelt werden, im vierten Abschnitt (§§ 15-51 SEAG) geregelt: Die Vorschriften zum dualistischen System sind in den §§ 15 - 19 SEAG und die zum monistischen System in den §§ 20-49 SEAG geregelt.

Die Regelungen der Hauptversammlung, die für beide Systeme gleichermaßen gelten, sind in den §§ 50 und 51 SEAG vorgesehen.

Schließlich umfasst das SEAG im 5. und 6. Abschnitt in nur jeweils einem Paragraphen noch die Regelungen über die Auflösung der SE (§ 52 SEAG) sowie Straf- und Bußgeldvorschriften (§ 53 SEAG). Diese Systematik steht im Einklang mit dem auch inhaltlich angestrebten weitestgehenden Gleichlauf mit dem deutschen Aktienrecht.[494]

3. Rang 4

In Deutschland stehen an vierter Stelle im Sinne von Art. 9 Abs. 1 c ii SE-VO die Rechtsvorschriften, die auf eine nach deutschem Recht gegründete Aktiengesellschaft Anwendung finden würden. Bei den deutschen Vorschriften handelt es sich in erster Linie insbesondere um[495] das Aktiengesetz (AktG; inkl. des mittels Verweis in § 161 AktG zu beachtenden DCGK[496]) und weiter das Einführungsgesetz zum Aktiengesetz (AktGEG). Als das für deutsche Aktiengesellschaften geltende Recht ist ferner außer dem kodifizierten Gesetzesrecht das

494 Vgl. Gesetzesbegründung, BT-Drucks. 15/3405, S. 31 (allgemein) sowie bezüglich einzelner Normen des SEAG auch S. 35, 36, 39, 40; *Neye/Teichmann,* AG 2003, S. 169, 176; *Teichmann,* ZIP 2002, S. 1109, 1110.

495 Vgl. *Neye/Teichmann,* AG 2003, S. 169, 170; *Schwarz* (2006), SE-VO, Art. 9 Rn. 37; *Thümmel* (2005),Rn. 7; *Zang* (2005), S. 88 f.; siehe ferner auch *Hirte,* DStR 2005, S. 653, 654 Fn. 14.

496 Ausführlich zum DCGK oben B. I im Dritter Teil.

Richterrecht zu beachten. Als bedeutende Beispiele für richterliche Rechtsfortbildung auf dem Gebiet des deutschen Aktienrechts lassen sich die Lehre von der verdeckten Sacheinlage[497], die „Holzmüller"/„Gelatine"-Doktrin[498], die Rechtsprechung zum Bezugsrechtsausschluss[499] und zu eigenkapitalersetzenden Aktionärskrediten[261] und die allmähliche Anerkennung von Treuepflichten auch in der AG[500] anführen.[501] Die Berücksichtigung des Richterrechts ergibt sich nicht direkt aus dem Wortlaut des Art. 9 Abs. 1 c ii SE-VO, in welchem nur das Wort „Rechtsvorschriften“ erwähnt wird. Wenn trotz Auslegung von Sachnormen der SE-VO und selbst nach Berücksichtigung der gemäß den verschiedenen Verweisungsnormen anwendbaren nationalen Regelungen dennoch Regelungslücken auftreten, wird man auch auf die richterliche Rechtsfortbildung zurückgreifen müssen, weil sie zu einer effektiven Lückenschließung beitragen kann.[502] Neben dem Gesellschaftsrecht ist vor allem das Kapitalmarktrecht[503] für Fragen

---

497 Vgl. grundlegend BGHZ 132,141 und BGHZ 155, 329.

498 BGHZ 83, 122 („Holzmüller"); BGHZ 159, 30 = NZG 2004, 575 und BGH, NZG 2004, 571 („Gelatine 1+II").

499Grundlegend: BGHZ 71, 40 („Kali+Salz"); BGHZ 83, 319 („Philipp Holzmann");BGHZ 136, 133 („Siemens/Nold"); BGH, NJW 2006, 371 („Mangusta/Commerzbank I").

500 Grundlegend: BGHZ 103,184 („Linotype") und BGHZ 129,136 („Girmes").

501 Vgl. allgemein zur Rechtsfortbildung im Aktienrecht *Schmidt, K.*, NJW 2000, S. 2927-2934ff.

502 *Teichmann*, ZGR 2002, S. 383, 398 f.

503 In Deutschland ist im Vergleich zu den USA und Großbritannien der Kapitalmarkt fraglos unterentwickelt. Entsprechend wird dieses Thema hierzulande erst seit etwa zehn Jahren diskutiert, während sich in den USA dieses Rechtsgebiet schon in den 1930er Jahren fest etabliert hat. Außerdem gibt es in Deutschland noch kein bestimmtes Kapitalmarktgesetzbuch. In den Gründen gilt als Grundgesetz des Kapitalmarktrechts erst das Gesetz über den Wertpapierhandel (WpHG) in einer Vielzahl gesetzlicher und untergesetzlicher Regelungen. Als Rechtsquellen des Kapitalmarktrechts werden daher angesehen:

- **Gesetz**: Das WpHG, das das Kerngesetz über den Wertpapierhandel darstellt, schützt in erster Linie die institutionellen Anleger; BörsG, das die Grundregeln der Organisation deutscher Börsen enthält; das Wertpapierprospektgesetz (WpPG) stellt für Emittenten von Wertpapieren, wenn die Papiere erstmalig in Deutschland öffentlich angeboten werden oder zum Handel an einer deutschen Börse zugelassen werden sollen, die Verpflichtung auf, einen Prospekt zu erstellen, der dem Investor die für seine Anlageentscheidung maßgeblichen Informationen über den Emittern gibt; das InvestmentG, das das ältere KAGG und das AuslnvG abgelöst hat, enthält Vorschriften über Investmentfonds, die rechtliche Verfassung und Pflichten von Kapitalanlagegesellschaften, die solche Fonds auflegen; das Gesetz über Unternehmensbeteiligungsgesellschaften (UBGG), das in sachlichem Zusammenhang mit dem InvestmentG steht; PfandbriefG, das seit dem 19. 7. 2005 die bisherigen drei einschlägigen Gesetze abgelöst hat, also Hypothekenbankgesetz (HBG), das Gesetz über die Pfandbriefe und verwandten Schuldverschreibungen öffentlich-rechtlicher Kreditanstalten (ÖPG) und das Schiffsbankgesetz; Depotgesetz (DepotG), das die organisations- und sachenrechtlichen Aspekte der Verwaltung von Wertpapieren in Bankendepots regelt; Kreditwesengesetz (KWG), das neben Kreditinstituten auch Finanzdienstleistungsunternehmen, mit denen Wertpapierfirmen gemeint sind, die nicht als Kreditinstitute zu qualifizieren sind, reguliert; Geldwäschegesetz (GwG), das die Pflicht von Banken und Finanzdienstleistern, bei Annahme oder bei Abgabe von Geldbeträgen die Identität der Personen festzustellen und bei

der Corporate Governance von Bedeutung, das einen Maßstab für den individuellen Schutz von Investoren sowie für den Funktionsschutz von Kapitalmarkt und Wirtschaft aufstellt.[504] Nach der einzelnen Kapitalmarktrechtsordnung wird der Charakter des Kapitalmarkts bestimmt, der auf jedes Corporate Governance-System, insbesondere auf dem externen Corporate Governance-System einen großen Einfluss ausübt,[505] während die Vorschriften des Gesellschaftsrechts für das interne Corporate Governance-System maßgeblich sind.[506]
Übrigens sind auch die Insolvenzordnung (InsO) für die Insolvenz der AG, das allgemeine in ZPO, GVG, FGG etc. normierte Prozessrecht sowie das Gesetz über das gesellschaftsrechtliche Spruchverfahren (Spruchverfahrensgesetz;

Verdacht einer Geldwäsche i.S.d. § 261 StGB den Sachverhalt den Strafverfolgungsbehörden anzuzeigen; Rechnungslegungsvorschriften (§§ 238 ff. HGB), die bestimmen, ob und wie ein Unternehmen Rechung zu legen hat. Der Kreis der rechnungslegungspflichtigen Unternehmen wird durch das Publizitätsgesetz auf große Personenhandelsgesellschaften und Einzelkaufsmannsunternehmen erweitert. Da die Herstellung von Publizität und Qualität der veröffentlichten Informationen über Emittenten eines der wichtigsten Ziele zur Stärkung des Vertrauens in den Kapitalmarkt und zur Stärkung des Anlegerschutzes darstellen, sind Rechungslegungsnormen für das Kapitalmarktrecht von zentraler Bedeutung; Wertpapiererwerbs- und Übernahmegesetz (WpÜG), das auf Angebote zum Erwerb von Wertpapieren, die von Zielgesellschaften ausgegeben wurden, anzuwenden ist (Übernahmeangebote); Einlagensicherungs- und Anlegerentschädigungsgesetz, das Kunden von Finanz- und Kreditdienstleistern im Falle der Insolvenz einen gewissen Schutz bietet; schließlich sind sowohl das Gesellschaftsrecht als auch das allgemeine Zivilrecht sowie das Handelsrecht von Bedeutung für das Kapitalmarktrecht. Insbesondere das Aktienrecht hat großen Einfluss auf die Kapitalmärkte, da seine Regeln die Qualität des Kapitalmarkttitels „Aktien" prägen. Die Struktur der Leitungs- und Kontrollorgane der AG, die Regelung über den Erwerb eigener Aktien und über Schadensersatzklagen gegen den Vorstand, der Umfang der betrieblichen Mitbestimmung wirken sich ebenso auf die Bewertung eines Unternehmens aus wie Rechnungslegungsnormen und Aktionärsschutzbestimmungen;

- **Sonstige Regelwerke**: Die eben genannten gesetzlichen Regelungen werden durch Verordnungen, Satzungen und privatrechtliche Regelwerke ergänzt, z.B. das BörsenG durch die BörsenZulVO; das WpHG durch die Wertpapierhandelsanzeige- und InsiderverzeichnisVO (WpAIV) und die FinanzanalyseVO; das WertpapierprospektG durch die Vermögensanlagen- und VerkaufsprospektVO (VermVerkProspVO): *Kümpel*, Kapitalmarktrecht; Bankrecht, 33. Aufl. 2005 (Beck-Text dtv).

504 Zum Begriff des Kapitalmarktrecht *Hopt*, ZHR 141(1977), S. 389, 431: Danach ist das Kapitalmarktrecht „die Gesamtheit der Grundsätze und Normen (…), die sich mit dem öffentlichen Vertrieb und Umlauf von Unternehmensbeteiligungen und verbrieften bzw. öffentlich registrierten Geldforderungstiteln – kurz fungiblen Kapitalmarktpapieren – befassen, um den Individualschutz der Anleger und den Funktionsschutz von Kapitalmarkt und Wirtschaft zu gewährleisten."

505 Zur externen Corporate Governance in der theoretischen und betriebswirtschaftlichen Richtung im Vergleich zwischen dem deutschen und angelsächsischen System siehe oben C. II im dritten Teil.

506 Zur internen Corporate Governance in der theoretischen und betriebswirtschaftlichen Richtung im Vergleich zwischen dem deutschen und angelsächsischen System siehe oben D. I im dritten Teil.

SpruchG) etc. nach Art. 9 Abs. 1 c ii SE-VO auf die SE anzuwenden, wenn die SE-VO den betreffenden Regelungsbereich bzw. -aspekt nicht geregelt hat.

4. Rang 5

Nach Art. 9 Abs. 1 c iii SE-VO stehen an der untersten Stelle der Normrangfolge die aufgrund der nationalen Satzungsautonomie erlassenen Satzungsbestimmungen. Dies besagt, dass für eine SE mit Sitz in Deutschland der Grundsatz der Satzungsstrenge in § 23 Abs. 5 AktG gilt.[507] Danach darf die Satzung der SE von den über Art. 9 I c ii SE-VO anwendbaren Bestimmungen des Aktienrechts nur dort abweichen, wo dies ausdrücklich zugelassen ist (§ 23 Abs. 5 S. 1 AktG).[508] Die Satzung kann das Aktienrecht ergänzen, wenn es keine abschließende Regelung enthält (§ 23 Abs. 5. S. 2 AktG).

II. Normenrangfolge für die SE mit Sitz in Großbritannien

1. Rang 1 und 2

Die erste und zweite Stufe der Normenrangfolge ist für die „britische" SE mit derjenigen der „deutschen" SE identisch.

2. Rang 3

An dritter Stelle stehen die Rechtsvorschriften, die die Mitgliedstaaten in Anwendung der speziell die SE betreffenden Gemeinschaftsmaßnahmen erlassen (Art. 9 Abs. 1 c i SE-VO); die EPLCR 2004 (*European Public Limited-Liability Company Regulations* 2004) als das britische SEEG.

Exkurs: EPCLR 2004

Bei den EPLCR handelt es sich um ein vom britischen Gesetzgeber am 8. Oktober 2004 erlassenes Ausführungsgesetz. In Großbritannien wurden also die SE-VO und die SE-RL durch die *European Public Limited-Liability Company Regulations* 2004 (EPLCR 2004)[509] umgesetzt.

Die EPLCRs 2004 bestehen aus sieben *Parts* (Abschnitten), die wiederum in insgesamt 89 *Regulations* unterteilt sind. Überdies gehören zu den EPLCR 2004 auch noch fünf sog. *Schedules* (Anhänge): ***Arrangement of Regulation****: Part 1* (*Regulation.* 1-3)

---

507 *Brandt* (2004), S. 53, 164; *Habersack* (2003 a), Rn. 396; *Hirte*, DStR 2005, S. 653, 657; *Hommelhoff*, FS Ulmer, S. 267, 276; *ders.* AG 2001, S. 279, 287; *Lutter*, BB 2003, 1, 4; *Mahi* (2004), S. 20; *Fuchs* in *MMS* (2005), Art. 9 SE-VO Rn. 107; *Schäfer* in MünchKomm/AktG, Art. 9 SE-VO Rn. 5; *Schindler* (2002), S. 12; *Schnelle* in *Schnelle/Bartosch* (2004), S. 103; *Schwarz* (2006), Art. 6 Rn. 92, Art. 9 Rn. 44.

508 In diesem Zusammenhang ist in der Literatur umstritten, ob sich die Abweichungsbefugnis bereits aus dem Wortlaut des Gesetzes zu ergeben hat (die h.M. vgl. *Pentz* in MünchKomm/AktG, § 23 Rn. 153; *Wiesner* in MünchHdb/GesR IV, § 6 Rn. 9, jeweils m.w.N.) oder ob es reicht, dass sie sich im Wege der Auslegung aus dem Gesetz entnehmen lässt (*Hüffer*, AktG/7, § 23 Rn. 35).

509 SI (Statutory Instrument) 2004/2326: No. 2326 The European Public Limited-Liability Company Regulations 2004.

enthält unter der Überschrift „*General*" lediglich Zitierung, Anwendungsbereich und Auslegung bzw. Bedeutung der bestimmten Begriffe. *Part* 2 (*Regulation*. 4-15) regelt die Registrierung der SE und die Aufgaben des *Registrar.*[510] *Part* 3 (*Regulation*. 16-54) regelt in 9 *Chapters* die Beteiligung der Arbeitnehmer. Die zentralen gesellschaftsrechtlichen Vorschriften im Hinblick auf die Ausgestaltung der britischen SE finden sich in *Part* 4 (*Regulation* 55-67), 5 (*Regulation*. 68-74) und 6 (*Regulation* 75-84). *Part* 7 (*Regulation*. 85-89) beinhaltet schließlich die Bestimmungen über die Umwandlung einer SE in eine *Public Limite Company* (PLC) nach Art. 66 SE-VO; ***Schedules:***[511] Der sehr umfangreiche *Schedule 1* der EPCLR 2004 enthält die Formulare, die für die nach den EPCLR 2004 geforderten Mitteilungen an den *Registrar* zu verwenden sind. *Schedule 2* hält die Geltung bestimmter Normen des CA 1985 für die Registrierung einer SE fest. *Schedule 3* enthält die Auffangregelung in Bezug auf die Beteiligung der Arbeitnehmer. In *Schedule 4* schließlich finden sich einige Modifikationen des anwendbaren nationalen Gesellschaftsrechts für den Fall der Umwandlung einer SE in eine PLC.
Insbesondere was das Corporate Governance-System der britischen SE angeht, enthalten trotz ihres erheblichen Umfangs der gesellschaftsrechtlichen Vorschriften die EPLCRs 2004 keine ausführlichen Regelungen weder über das monistische, noch über das dualistische System: In der Tat gibt es nur drei Normen, die in diesem Zusammenhang stehen, nämlich *Regulation* 78 über die Anwendung des britischen Gesellschaftsrechts auf die Mitglieder von *Management* (Leitungsorgan) und *Supervisory* (Aufsichtsorgans) in einer dualistischen SE sowie *administrative organ* (Verwaltungsorgan) in einer monistischen SE, *Regulation*. 79 über das Register des Aufsichtsorgans in einer dualistischen SE und r 80 über die Regulation der *Regulation* 79. Hier wird eine Besonderheit der EPLCRs 2004 im Vergleich zu dem deutschen SEEG besonders deutlich, nämlich dass erstere keine ausführlichen Regelungen in Bezug auf das System der Corporate Governance beinhalten, was gleichermaßen sowohl auf das monistische als auch auf das dualistische System zutrifft. Dies lässt sich mit dem Willen des britischen Gesetzgebers erklären, ein möglichst hohes Maß an Flexibilität und Gestaltungsfreiheit zu erhalten. Folglich wird es als nicht nötig erachtet, für beide Systeme der SE eine umfassende Kodifikation auszuarbeiten, weil man der Meinung ist, das britische *Company Law* sei hinreichend flexibel.

3. Rang 4

In Großbritannien stehen an vierter Stelle im Sinne von Art. 9 Abs. 1 c ii SE-VO die Rechtsvorschriften, die auf eine nach britischem Recht gegründete *public limited Company* (PLC), also die britische Form der Aktiengesellschaft, Anwendung finden würden. Zu diesen sind folgende Vorschriften zu zählen:
- ***Case Law*** (Fallrecht): Im angelsächsischen Rechtskreis spielt das Fallrecht (*Case Law*) als echte Rechtsquelle eine maßgebliche Rolle, während man sich

510 Der *Registrar* ist der oberste Beamte des Companies House, der für die Führung des Gesellschaftsregisters zuständigen Behörde.

511 Die Regelungstechnik der Verwendung der *Schedules* für eher rechtstechnische Detailregelungen ist in der moderneren britischen gesellschaftsrechtlichen Gesetzgebung sehr beliebt. So enthält etwa der *Companies Act* 1985 (CA 1985) das wichtigste und grundlegende britische Gesetz für Kapitalgesellschaften.

im römisch-kontinentaleuropäischen deutschen System in erster Linie auf das kodifizierte Recht als die maßgebende Rechtsquelle beruft. Beim Fallrecht ist zwischen *Common Law* und *Equity* zu differenzieren. Das *Common Law* als die Grundlage des *Case Law*, das also sich nicht auf Gesetz, sondern auf maßgebliche richterliche Urteile aus der Vergangenheit (Präzedenzfälle) stützt und auch entsprechend weitergebildet wird, hat Züge des Gewohnheitsrechts. Im angloamerikanischen Recht wird Billigkeit unter dem Begriff *Equity* zusammengefasst. Man versteht darunter ein Rechtsinstitut zur Ergänzung des *Common Law* zum Ausgleich von Härten.[512] Neben dem *Case Law*, das sich also aus *Common Law* und *Equity* zusammensetzt, steht an zweiter Stelle das *Statute Law* (Parlamentsrecht), das wiederum etwaige Defizite des *Case Law* ausgleichen soll. Unter dem heute vorherrschenden, weiten Begriff des *Common Law* wird das gesamte englische Recht einschließlich der *Equity* und auch des *Statute Law* verstanden und zwar in Abgrenzung zum Begriff des *Civil Law* (Zivilrecht), durch das das kontinentaleuropäische Recht gekennzeichnet ist;

- ***Statute Law* (Parlamentsrecht):** Die wichtigsten für die PLC geltenden gesetzlichen Vorschriften finden sich im *Companies Act* 1985 (CA 1985), der jeweils durch den *Companies Act 1989* und den *Companies (Audit, Investigations and Community Enterprise) Act 2004* ergänzt wird.[513] Außer im CA 1985 finden sich aber auch noch in zahlreichen weiteren britischen Gesetzen wichtige Vorschriften in Bezug auf die PLC, z.B.: *Insolvency Act* 1986 (IA 1986), der die Insolvenz und Auflösung von Kapitalgesellschaften regelt; *Company Directors Disqualification Act* 1986 (CDDA 1986), der die Disqualifizierung von *directors* regelt; *Financial Services and Markets Act* 2000 (FSMA 2000), der Vorschriften über die Regulierung von Finanzmärkten enthält; daneben finden sich wichtige Regelungen aber auch in zahlreichen untergesetzlichen Rechtsakten, etwa in den *Uncertificated Securities Regulation* 2001 (USR 2001)[514], die nicht als Wertpapier verbriefte („unverkörperte") Aktien betrifft;
- ***Listing Rules*,** die durch die *United Kingdom Listing Authority* (UKLA) veröffentlicht werden, die Teil der *Financial Services Authority* (FSA) ist und alle börsennotierten Gesellschaften betrifft, ergänzen das *Parlamentsrecht* und *Common Law*;[515]
- ***Combined Code on Corporate Governance*:** Der *Combined Code* ist als Anhang den *Listing Rules* beigefügt. Gemäß 9.8.6 der *Listing Rules* sind börsenno-

---

512 *Keenan* (2003), S. 5 f.

513Unter *companies* versteht man in Großbritannien nur Kapitalgesellschaften. Das Personengesellschaftsrecht *(partnership law)* stellt einen eigenen Rechtszweig dar und wird streng vom *Company law* unterschieden, vgl. Davies (2003 a), S. 3f; *Triebel* (1995), Rn. 554f.

514 SI 2001/3755.

515Die *Listing Rules* wurden erst zum Juli 2005 vollständig überarbeitet. Mit Wirkung vom 01.07.2005 wurden die bis dato geltenden *Listing Rules* durch ein neues FSA *Handbook* ersetzt, das aus drei selbständigen Abschnitten bestehen: (1) den (neuen) *Listing Rules*, (2) den *Disclosure Rules* und (3) den *Prospectus Rules*. Die jeweils aktuell geltende Fassung des FSA *Handbook* ist abrufbar unter www.fsahandbook.info/FSA/index.jsp.

tierte Gesellschaften dazu verpflichtet, die allgemeinen Prinzipien des *Combined Code* zu befolgen und zu erklären. Die Einhaltung dieser Kodex-Bestimmungen ist nicht zwingend vorgeschrieben. Dieser *Combined Code* funktioniert eher auf einer sog. '*Comply or Explain*' Basis. Jedoch müssen börsennotierte Gesellschaften in ihrem Jahresbericht darüber Auskunft geben, ob sie die Kodex-Bestimmungen einhalten oder nicht. Im Fall der Nichtbefolgung müssen sie eine hinreichende öffentliche Erläuterung ihrer Entscheidung liefern.[516]
Daneben ist noch ein wichtiger nicht zwingend vorgegebener Code vorhanden, nämlich der *City Code on Takeovers and Mergers (City Code)*[517], der Regelungen zur Unternehmensübernahme enthält und vom *Takeover Panel*, einer 1968 gegründeten Selbstregulierungsinstitution der Londoner Finanzwelt, erlassen worden ist.[518] Im Zuge der demnächst anstehenden Umsetzung der Übernahme-RL soll das *Takeover Panel* allerdings offiziell zur Aufsichtsstelle i.S.d. Art. 4 der RL ernannt werden und den *City Code* dann in Form gesetzlicher Regeln anordnen.[519]

4. Rang 5

Die unterste Stelle der Normenrangfolge bilden nach Art. 9 I c iii SE-VO schließlich die aufgrund nationaler Satzungsautonomie erlassenen britischen Satzungsbestimmungen.
Was die Satzung angeht, hat im Vergleich zu Deutschland das britische Recht eine charakteristische Besonderheit, nämlich dass das Außen- und Innenverhältnis einer PLC separat durch ihre Satzung, die aus zwei Dokumenten, nämlich dem *memorandum of association* (Außenverhältnis, z.B. Rechtsverkehr über Firma, Sitz, Unternehmensgegenstand, Kapital und Status als PLC) und den *articles of association* (Innenverhältnis, z.B.: Zusammensetzung und Befugnisse des *board of directors*, Einberufung und Ablauf der Hauptversammlung usw.) besteht, geregelt werden. Deshalb stellt die Satzung für die britische SE eine wichtige Rechtsquelle dar.
In Bezug auf die Form der Satzung stellt sich für britische SE allerdings die Frage, ob auch hier die Satzung entsprechend den britischen Gepflogenheiten aus zwei Dokumenten bestehen darf. In der Literatur wird dies einerseits auf Grundlage der Formulierung des Art. 9 Abs. 1 c iii SE-VO („Bestimmung ihrer Satzung unter den gleichen Voraussetzungen“) bejaht.[520] Andererseits wird diese Interpretation abgelehnt, weil der Wortlaut des Art. 9 Abs. 1 c iii SE-VO nicht zwingend zu verstehen sei und sich darüber hinaus nicht auf die Form bzw. Auf-

516Ausführlich zum Combined Code oben B. I. Exkurs: 1) im Dritten Teil.
517 Die jeweils aktuell geltende Fassung des *City Code* ist auf der Webseite des *Takeover Panel* abrufbar (www.thetakeoverpanel.org.uk).
518 Vgl. *Hannigan* (2003), S. 873; *Mayson, French &* Ryan (2006), 8.8.1; *Baum*, RIW 2003, S. 421, 426,428.
519 Vgl. Section 617, 618 CLRB. Siehe dazu CLRB EN, paras. 1138ff.
520 So offenbar *Fuchs* in MMS, Art. 6 SE-VO Rn. 26; *Schwarz,* SE-VO, Art. 6 Rn. 3.

teilung der Satzung, sondern auf das Ausmaß der Satzungsautonomie bezieht.[521] Überdies scheint die SE-VO selbst grundsätzlich von einem einzigen, einheitlichen Satzungsdokument auszugehen.[522] Diese Ansicht wird auch im britischen Schrifttum sowie offenbar auch vom britischen Gesetzgeber vertreten.[523]
Was die Satzungsautonomie angeht, belässt im Gegensatz zu Deutschland das britische Recht der Satzungsautonomie einen umfangreichen Spielraum insbesondere in Bezug auf den Inhalt der *articles*,[524] solange kein gesetzliches Verbot tangiert wird. Im Resultat ist folglich jede Gesellschaft dazu in der Lage, nahezu beliebig und ihren individuellen Bedürfnissen entsprechend die Satzung zu ändern oder zu ergänzen.[525] Diese umfangreiche Satzungsautonomie gilt über Art. 9 Abs. 1 c iii SE-VO allerdings nur für die britische SE.

III. Zwischenergebnis

Die Frage nach dem anwendbaren Recht stellt für die Diskussion um die Corporate Governance einen entscheidenden Faktor dar.
Daher wurde die Normenrangfolge des anwendbaren Rechts für die deutsche SE einerseits und für die britische SE andererseits untersucht. Vergleicht man diese Normenrangfolgen, so bestehen im Hinblick auf die obersten beiden Stufen betreffend das europäische Recht (Rang 1: SE-VO und 2: Satzung der SE) keine Unterschiede. Aber in Bezug auf die Ränge 3 (SEEG vs. EPCLR 2004), 4 (Rechte hinsichtlich Aktiengesellschaft vs. Rechte hinsichtlich PLC) und 5 (Satzungsbestimmungen entsprechend dem Aktienrecht vs. Satzungsbestimmungen entsprechend dem PLC-Recht), die sich allesamt auf nationale Normen beziehen, bestehen große Unterschiede bezüglich des anwendbaren Rechts.
Rang 3: Während das SEAG in Art. 1 SEEG bezüglich des Corporate Governance-Systems detaillierte Regelungen insbesondere für das in Deutschland bislang unbekannte monistische System (§§ 20-49 SEAG) – die Regelung des dualistischen Systems fällt eher knapp aus (§ 15-19 SEAG), weil es bereits entsprechende ausführliche Regelungen zu diesem System im AktG gibt – umfasst, enthält diesbezüglich die EPLCR 2004 nur drei Regelungen (Regulation 78-80 EPLCR). Dieses Merkmal der EPLCRs 2004 lässt sich auf den Gedanken des britischen Gesetzgebers zurückführen, ein Höchstmaß an Flexibilität und Gestal-

521 Vgl. *Schmidt,J.* (2006), S.111.

522 Vgl. Artt. 6; 8 Abs. 2 b; 9 Abs. 1 b, c iii; 12 Abs. 4 S. 1; 20 Abs. 1 S. 2 h; 37 Abs. 7 S. 1; 38 lit. b; 39 Abs. 2 S. 2; 40 Abs. 2 und 3 S. 1; 43 Abs. 2 S. 1 und Abs. 3 S. 2; 44 Abs. 1; 46 Abs. 1 und 2; 47 Abs. 1 und 3; 48 Abs. 1 S. 1 und Abs. 2; 50 Abs. 1 und 2; 52 S. 2; 55 Abs. 1; 56 S. 2 und 3; 59 Abs. 1 und 3; 69 lit. d SE-VO.

523 Vgl. *Morse* (2007), *Palmer's* Company Law 17.030.

524 Weil der Inhalt des Memorandums weitgehend zwingend vorgegeben ist und nur unter engen Voraussetzungen geändert werden kann, weil im Memorandum nur die allerelementarsten Angelegenheiten geregelt werden, ergibt sich in diesem Sinne keine Einschränkung der Satzungsautonomie daraus.

525 *Davies* (2003 a),S. 55f.; *Hannigan* (2003), S. 114; vgl. auch *Triebel* (1995), Rn. 630f. Speziell für die SE: *Oliphant* in *JF* (2005), § 16 Rn. 1220 Fn. 21.

tungsfreiheit ermöglichen zu wollen. Entsprechend wird keine Notwendigkeit dafür gesehen, Vorschriften für beide Systeme der SE zu erlassen, da das britische *Company Law* flexibel genug sei.
Rang 4: Als die Vorschriften, die auf eine Aktiengesellschaft Anwendung finden, spielt in Deutschland das AktG als ein *Statute Law* (Parlamentrecht) die wichtigste Rolle. Auch wird das AktG punktuell durch andere kodifizierte Gesetze (z.B. HGB, WpHG und WpÜG) und ggf. durch einen Verhaltenskodex (DCGK) als *Soft Law* ergänzt. Dagegen sind in Großbritannien als maßgebliche Regelungen für die PLC das *Common Law* und Equity als *Case Law* und das *Statute Law* (z.B. CA 1985) zu nennen. In Großbritannien spielt also das *Case Law* als echte Rechtsquelle eine zentrale Rolle anders als in Deutschland, wo das kodifizierte Recht als wichtigste Rechtsquelle herangezogen wird. Von den wenigen kodifizierten Gesetzen spielt in einem britischen Unternehmen insbesondere der *Combined Code* eine große Rolle. Folglich hat dieses Rechtssystem eine gewisse Flexibilität zum Vorteil; als andere Seite der Medaille muss freilich die sehr weitgehende Gestaltungsfreiheit der Gesellschafter genannt werden.[526] In Deutschland verhält es sich umgekehrt.
Rang 5: Bezüglich der Satzung kann nach dem PLC-Recht eine britische SE umfangreiche Satzungsautonomie insbesondere in Bezug auf den Inhalt der *articles* für sich in Anspruch nehmen, während der über Art. 9 I c iii SE-VO anzuwendende § 23 V AktG diese für die „deutsche SE" auf ein Minimum beschränkt. Für eine britische SE bedeutet ferner die Satzung eine wichtige anwendbare Rechtsquelle, weil nach dem PLC-Recht das Außen- und Innenverhältnis einer SE durch die Satzung zu regeln ist.
Schließlich wird der Wettbewerb der Corporate Governance der SE als der Wettbewerb zwischen den verschiedenen nationalen Rechtssystemen mit der jeweils eigenen Rechtskultur und –philosophie (Pfadabhängigkeit) betrachtet. Dabei ist der Gesetzgeber dazu aufgefordert, sich um ein wettbewerbsfähigeres Rechtssystem zu bemühen.

C. Dualistische Corporate Governance im Vergleich zwischen deutscher und britischer SE

Die Organe beim dualistischen System bestehen aus Leitungs- und Aufsichtsorgan und Hauptversammlung (Art. 38 SE-VO). Zur Geschäftsführung und deren Überwachung hat eine dualistische SE anders als eine monistische SE zwei Organe, namentlich ein Leitungsorgan und ein Aufsichtsorgan. Ebenso wie der Vorstand und der Aufsichtsrat einer deutschen AG leitet das Leitungsorgan die Gesellschaft in eigener Verantwortung, und das Aufsichtsorgan bestellt und überwacht das Leitungsorgan (Art. 39 Abs. 1 S. 1 und 2 bzw. Art. 40 Abs. 1 SE-VO). Bei der Geschäftsführung des Leitungsorgans ist nach Art. 39 Abs. 1 SE-VO das Leitungsorgan grundsätzlich nicht an die Weisungen der Hauptver-

526 Vgl. *Cadbury* (1997), S. 8.

sammlung gebunden. Auch ist das Aufsichtsorgan nicht berechtigt, die Geschäfte der SE selbst zu führen (Art. 40 SE-VO, § 111 Abs. 1 AktG). Den beiden Organen an der Spitze der SE steht die für die Strukturmaßnahmen zuständige Hauptversammlung gegenüber (Artt. 52-60 SE-VO). Die allgemeinen Regelungen für das Führungsorgan dieses dualistischen Systems werden in den Artt. 39-42 SE-VO geregelt. Die Artt. 46-51 SE-VO enthalten gemeinsame Vorschriften, die für beide (monistisches und dualistisches System) Systeme gleichermaßen gelten. Aber die Regelungsdichte nach der SE-VO ist eindeutig dünn. Daher wird nach Art. 9 Abs. 1 c ii SE-VO diese Regelungslücke durch nationale Vorschriften ergänzt.[527]
Im Folgenden werden zunächst das Leitungsorgan als Geschäftsführungsorgan und anschließend das Aufsichtsorgan als dessen Überwachungsorgan jeweils im Vergleich der SE in beiden Ländern abgehandelt. Der Umfang der Abhandlung begrenzt sich dabei auf die rechtlichen Grundstrukturen und Aufgaben und Haftung des jeweiligen Organs.

I. Leitungsorgan

1. Aufgaben

Jede dualistische SE hat nach SE-VO ein Leitungsorgan zu bilden. Das Leitungsorgan ist Geschäftsführungs- und Vertretungsorgan in einem. Es handelt nämlich im Innenverhältnis, also im Verhältnis zu den Gesellschaftern (Aktionären) und zu den anderen Organen, für die Gesellschaft mit der Aufgabe der Geschäftsführung bzw. Leitung der Gesellschaft. Im Außenverhältnis wiederum vertritt es die Gesellschaft mit sowohl unbeschränkter als auch unbeschränkbarer Vertretungsmacht.

a) Geschäftsführung

Die zentrale Aufgabe des Leitungsorgans wird in Art. 39 Abs. 1 S. 1 SE-VO beschrieben. Danach führt das Leitungsorgan die Geschäfte der SE in eigener Verantwortung. Weitere Regelungen finden sich in der SE-VO nicht, sodass das nationale Recht für die Geschäftsführung der SE über Art. 9 Abs. 1 c ii SE-VO gilt.

aa) Deutsche SE

(1) Leitung und laufende Geschäftsführung

Das Leitungsorgan führt die Geschäfte der SE in eigener Verantwortung nach Art. 39 Abs. 1 S. 1 SE-VO, der die zentrale Norm des Leitungsorgans darstellt. Der Grundsatz der Leitung unter eigener Verantwortung entspricht § 76 Abs. 1 AktG.[528] Danach obliegt diesem die eigenverantwortliche Leitung der dualistischen SE.

527 Zum anwendbaren Recht für die SE gerade oben B. anwendbares Recht in diesem vierten Teil.

528 *Hirte*, NZG 2002, 1, 6.

Was den Begriff der Leitung angeht, findet sich weder im AktG noch in der SE-VO eine Definition. Stattdessen wurde er in Deutschland von der Literatur mit Inhalt ausgefüllt, wonach die Führungsfunktionen nach herrschender Ansicht in Anlehnung an die Betriebswirtschaftslehre jedenfalls typologisch die Unternehmensplanung, Unternehmenskoordinierung und Unternehmenskontrolle sowie die Besetzung von Führungsstellen umfassen.[529] Im Rahmen der Unternehmensplanung hat das Leitungsorgan zunächst an einer Zielsetzung festzuhalten, die angibt, wo sich das Unternehmen kurz-, mittel- und langfristig befinden soll, um sodann die zu treffenden Entscheidungen darzustellen, die seiner Ansicht nach erforderlich sind, um diese Ziele zu erreichen.[530] In Wahrnehmung seiner Pflicht zur Unternehmenskoordinierung hat das Leitungsorgan für eine möglichst effiziente Verteilung der anfallenden Aufgaben auf die im Unternehmen gebündelten Kräfte zu sorgen. Diese delegierten Aufgaben hat das Leitungsorgan aufgrund seiner Pflicht zur Unternehmenskontrolle kontinuierlich auf die Planerfüllung hin zu kontrollieren, um bei Abweichungen Gegenmaßnahmen treffen zu können. Das Leitungsorgan hat in diesem Zusammenhang für ein leistungsfähiges internes Überwachungssystem zu sorgen, damit es das gesamte Geschehen in der Gesellschaft steuern und Schaden von ihr abwenden kann (vgl. § 91 Abs. 2 AktG). Dies setzt ein funktionierendes internes Berichtswesen voraus, welches alle relevanten Vorgänge erfasst, überprüft und die daraus resultierenden Informationen in aufbereiteter Form den zuständigen Verantwortungsträgern zeitnah zuleitet (*Controlling*).[531]Zur weiteren gesetzlichen Leitungskompetenz gehören die Aufgaben,[532] die dem Leitungsorgan gesetzlich als Kollegialorgan zustehen, insbesondere solche gem. § 83 AktG (Vorbereitung und Ausführung von Hauptversammlungsbeschlüssen), § 90 AktG (Berichte an das Aufsichtsorgan), § 91 AktG (Organisation; Buchführung), § 92 AktG (Pflichten des Leitungsorgans bei Verlust, Überschuldung oder Zahlungsunfähigkeit), § 110 Abs. 1 AktG (Einberufung des Aufsichtsorgans), § 118 Abs. 2 AktG (Teilnahme der Leitungsorgansmitglieder an der Hauptversammlung), § 124 Abs. 3 S. 1 AktG (Bekanntmachung der Tagesordnung),[533] § 170 AktG (Vorlage an das Aufsichtsorgan) und § 245 Nr. 4 AktG (Anfechtungsbefugnis des Leitungsorgans),[534] aber auch die Erfüllung steuerlicher Pflichten der Gesellschaft[535] über Art. 9 Abs. 1 c ii SE-VO. Gemäß Art. 9 Abs. 1 c ii SE-VO müssen zur Hauptversammlung § 119 Abs. 2 AktG (Verlangen des Gesamtleitungsorgans gegenüber der Haupt-

529 So *Mertens* in KölnerKomm/AktG, § 76 Rn. 5; *Hüffer,* AktG/7, § 76 Rn. 8; *Semler/Spindler* in MünchKomm/AktG, Vor § 76 Rn. 59; *Semler* (1996), Rn. 11; zur Schwierigkeit, den Leitungskernbereich zu bestimmen *Böttcher/Blasche,* NZG 2006, S. 569, 570; *Schiessl,* ZGR 1992, S. 64, 68.

530 Die Planung liefert den Maßstab für die Überwachung, weil sie Soll-Ist-Vergleiche ermöglicht, vgl. *Götz,* AG 1995, S. 337 338f.

531 Vgl. *Götz,* AG 1995, S. 337 ,338f.

532 *Hoffmann-Becking*, ZGR 1998, S. 497, 508 f.

533 BGH WM 2002, S 179 = NZG 2002, S. 130.

534 *Hüffer*, AktG/7, § 77 Rn. 17; *Mertens* in KölnKomm, § 77 Rn. 19.

535 *Mertens* in KölnKomm/AktG, § 77 Rn. 18.

versammlung, über Fragen der Geschäftsführung zu entscheiden), § 121 Abs. 2 AktG (Recht zur Einberufung der Hauptversammlung) beachtet werden.[536]
Wenn man die Leitung von der Geschäftsführung im Sinne von § 77 AktG über Art. 9. Abs. 1 c ii SE-VO abgrenzt, ist die Geschäftsführung jedwede tatsächliche oder rechtsgeschäftliche Tätigkeit für die SE und umfasst folglich die Leitung der SE als herausgehobenen Teilbereich der Geschäftsführung. In diesem Sinne ist die Leitung als ein Teilbereich der Geschäftsführung vom laufenden Geschäft zu trennen. Die laufenden Geschäfte beziehen sich im Allgemeinen auf die gewöhnliche Geschäftsführung bzw. das Tagesgeschäft der Gesellschaft, das auf höchster unternehmerischer Ebene anfällt. Das laufende Geschäft umfasst nach einer Ansicht in der Literatur die Abwicklung der Güter-, Leistungs- und Geldströme im Unternehmen.[537]
Eine detaillierte Unterscheidung zwischen beiden spielt eine wichtige Rolle, einerseits falls es um Delegation von Geschäftsführungsaufgaben auf einzelne Leitungsorgansmitglieder im Gesamtleitungsorgan oder auf nachgeordneten Ebenen und um die Unterstellung unter den Einfluss Dritter geht.[538] Andererseits ist die Leitung als zwingende Aufgabe des Leitungsorgans von der Überwachungstätigkeit des Aufsichtsorgans abzugrenzen: Das Aufsichtsorgan hat die Geschäftsführung zwar regelmäßig, aber nicht in allen Geschäftsführungsmaßnahmen des Leitungsorgans zu überwachen. Zu überwachen sind die aus der grundsätzlichen Leitungsaufgabe resultierende Ausübung und die getroffenen oder beabsichtigten Führungsentscheidungen und aber auch die wesentlichen Einzelmaßnahmen, die der Geschäftsführung des Leitungsorgans außerhalb der eigentlichen Leitung zugerechnet werden können und trotzdem zu überwachende Leitungsmaßnahmen sind.[539]

(2) Leitung unter der eigenen Verantwortung
1) Weisungsfreiheit

Art. 39 Abs. 1 SE-VO weist dem Leitungsorgan die eigenverantwortliche Leitung der SE zu. Die Wahrnehmung der Geschäftsführung in eigener Verantwortung bedeutet, dass das Leitungsorgan weder an Weisungen des Aufsichtsorgans oder der Hauptversammlung noch an Weisungen von (Groß-)Aktionären oder Dritten gebunden ist und es die Gesellschaft selbständig leitet.[540] Dies ergibt sich aus den Artt. 40 Abs. 1, 52 S. 1 a SE-VO.[541] Auch Art. 48 SE-VO bzw. die entsprechende Satzung, nach der bestimmte Arten von Geschäften der Zustim-

536 *Hüffer*, AktG/7, § 77 Rn. 17; *Kort* in GroßKomm/AktG, § 77 Rn. 34.
537 *Semler* (1996), Rn. 15.
538 *Mertens* in KölnerKomm/AktG, § 76 AktG Rn. 4 f; *Hüffer*, AktG/7, § 76 Rn. 7; *Semler* (1996), S. 9 f, 17 f.
539 *Semler/Spindler* in MünchKomm/AktG, vor § 76 Rn. 71.
540 *Hüffer*, AktG/7, § 76 Rn. 10; *Hefermehl/Spindler* in MünchKomm/AktG, § 76 AktG Rn. 21 f.
541 Vgl. *Brandt* (2004), S. 111 f; *Frodermann* in *JF* (2005), Rn. 74; *Manz* in *MMS* (2005), Art. 39 SE-VO Rn. 13; *Mayer* in *MMS* (2005), Art. 52 SE-VO Rn. 11.

mung des Aufsichtsorgans bedürfen, verleiht dem Aufsichtsorgan kein positives Weisungsrecht, sondern die Möglichkeit die Geschäfte zu verhindern.[542]

Exkurs: Bindung des Leitungsorgans an die Entscheidungen der Hauptversammlung

Nach Art. 39 Abs. 1 SE-VO ist das Leitungsorgan grundsätzlich nicht den Weisungen der Hauptversammlung unterlegen. Nach dem Gesetz kann jedoch das Leitungsorgan an Entscheidungen anderer Organe gebunden werden. Eine derartige Situation entsteht aus § 119 Abs. 2 AktG über die Verweisung in Art. 52 S. 2 SE-VO,[543] wo es heißt, dass auch die Hauptversammlung die Fragen der Geschäftsführung bestimmen kann, vorausgesetzt, dass das Leitungsorgan entsprechendes verlangt.[544] Die eigenverantwortliche Leitung des Leitungsorgans kann auch nach dem Gesetz beschränkt werden. Im Einzelnen sind dies die Folgenden:

Erstens sind die wichtigen Befugnisse, die durch die SE-VO der Hauptversammlung übertragen werden, z.B. die Verlegung des Sitzes der SE (Art. 8 Abs. 4 SE-VO); die Zustimmung zum Verschmelzungsplan, soweit eine SE selbst zu den sich verschmelzenden Gesellschaften im Falle der Gründung einer SE durch Verschmelzung gehört (Art. 23 Abs. 1 SE-VO); die Zustimmung zum Gründungsplan, soweit eine SE selbst zu den Gründungsgesellschaften im Falle der Gründung einer Holding-SE gehört (Art. 32 Abs. 6 SE-VO); die Bestellung der Aufsichtsorgansmitglieder im dualistischen System (Art. 40 Abs. 2 SE-VO)[545] oder die Bestellung der Mitglieder des Verwaltungsorgans in einem monistischen System (Art. 43 Abs. 3 SE-VO); Beschluss über Satzungsänderungen (Art. 59 Abs. 1 SE-VO) und die Zustimmung zum Umwandlungsplan bei einer Umwandlung der SE in eine AG nationalen Rechts (Art. 66 Abs. 6 SE-VO);

Zweitens sind die relevanten Befugnisse, die durch das nationale Recht für die AG über die generelle Verweisung in Art. 9 Abs. 1 c ii SE-VO sowie die spezielle Verweisung in Art. 52 Abs. 2 S. 2 1. Alt. SE-VO der Hauptversammlung zugewiesen werden, insbesondere in § 119 Abs. 1 AktG ausdrücklich erwähnt, wobei die Einzelheiten an anderer Stelle im Gesetz geregelt sind, z.B. die Verwendung des Bilanzgewinns (§§ 78, 174 AktG); die Entlastung der Leitungsorgans- und der Aufsichtsorgansmitglieder (§ 120 AktG);[546] die Bestellung von Prüfern zur Prüfung von Vorgängen bei der Gründung oder der Geschäftsführung (§ 142 Abs. 1 AktG); die Maßnahmen der Kapitalbeschaffung (§ 182 AktG) und der Kapitalherabsetzung (§ 222 AktG); die Auflösung der Gesellschaft (§ 262 AktG über Art. 63 SE-VO) und die Bestellung des Abschlussprüfers (§ 318 HGB);

---

542 *Hüffer*, AktG/7, § 76 AktG Rn.11; *Hefermehl/Spindler* in MünchKomm/AktG, § 76 AktG Rn. 21.

543 *Reichert/Brandes* in MünchKomm/AktG, Art. 39 SE-VO Fn. 9 Rn. 9.

544 *Kort* in GroßKomm/AktG, § 76 Rn. 5; *Mülbert* in GroßKomm/AktG, § 119 Rn. 8; *Hüffer*, AktG, § 119 Rn. 13; *Zöllner* in KölnerKomm/AktG, § 119 Rn. 34; *Reichert/Brandes* in MünchKomm/AktG, Art. 39 SE-VO Rn. 9.

545 Dies gilt nicht, wenn Aufsichtsratsmitglieder nach § 101 AktG in den Aufsichtsrat zu senden sind. Bei der Bestellung der Aufsichtsratsmitglieder der Arbeitnehmer ist die Hauptversammlung nach § 36 Abs. 4 SEBG an die Wahlvorschläge gebunden.

546 A.A. *Brandt* (2004), S. 149 f., der die SE-VO insoweit für abschließend hält.

Drittens enthält das nationale AktG an verschiedenen Stellen weitere Befugnisse der Hauptversammlung. Im Einzelnen sind z.B. der Verzicht und Vergleich über Ersatzansprüche der Gesellschaft gegen Gründer sowie Leitungsorgans- und Aufsichtsorgansmitglieder (§§ 50, 93 Abs. 4, 116 AktG); die Zustimmung zu Nachgründungsverträgen (§ 52 AktG); das Verlangen von Maßnahmen zur Vorbereitung von Hauptversammlungsbeschlüssen (§ 83 Abs. 1 AktG); der Entzug des Vertrauens gegenüber Leitungsorgansmitgliedern (§ 84 Abs. 3 S. 2 AktG); die Abberufung von Aufsichtsorgansmitgliedern (§ 103 Abs. 1 AktG); die Festsetzung der Vergütung für die Mitglieder des Aufsichtsorgans (§ 113 Abs. 1 S. 2 AktG); die Entscheidung über die Geltendmachung von Ersatzansprüchen aus der Gründung oder aus der Geschäftsführung (§ 147 AktG); die Feststellung des Jahressabschlusses, wenn das Aufsichtsorgan den vom Leitungsorgan aufgestellten Jahresabschluss nicht billigt (§§ 171 Abs. 2 S. 4, 173 Abs. 1 AktG) oder wenn Leitungsorgan und Aufsichtsorgan die Feststellung des Jahresabschlusses der Hauptversammlung überlassen (§§ 172 Abs. 1, 173 Abs. 1 AktG); Entgegennahme von Jahresabschluss und Geschäftsbericht (§§ 175 Abs. 1, 176 Abs. 1 AktG); Zustimmung zu Verträgen, durch die sich eine AG zur Übertragung des ganzen Gesellschaftsvermögens verpflichtet, ohne dass die Übertragung unter die Vorschriften des Umwandlungsgesetzes fällt (§ 179a AktG); im Rahmen einer Sonderprüfung Entscheidung über die Verwendung des Ertrags, der aufgrund einer höheren Bewertung entsteht (§ 261 Abs. 3 S. 2 AktG); Bestellung und Abberufung von Abwicklern, wenn diese nicht vom Gericht bestellt sind (§ 265 Abs. 2 und 5 AktG); im Zusammenhang mit einer Abwicklung die Entscheidung über die Vertretungsregelung der Gesellschaft (§ 290 Abs. 2 AktG); die Feststellung der Eröffnungsbilanz und des Jahresabschlusses während der Abwicklung (§ 270 Abs. 2 AktG); die Entlastung von Abwicklern und Mitgliedern des Aufsichtsorgans während der Abwicklung (§ 270 Abs. 2 AktG); der Beschluss über die Fortsetzung einer aufgelösten Gesellschaft (§ 274 AktG) und die Zustimmung zum Abschluss und zur Änderung eines Unternehmensvertrages (§§ 293 Abs. 1, 295 Abs. 1 AktG);

Viertens ergibt sich bei der Verschmelzung einer SE mit einer nationalen AG oder der Verschmelzung von zwei nationalen SE aus § 65 Abs. 1 i.V.m. § 13 Abs. 1 UmwG eine weitere Kompetenz der Hauptversammlung.

Hier ist auch fraglich, ob über die gesetzlich geregelten Fälle der Befugnis der Hauptversammlung hinaus das Leitungsorgan einer SE durch weitere, gesetzlich nicht ausdrücklich geregelte, ungeschriebene Hauptversammlungszuständigkeiten eingeschränkt wird. Im Jahre 1982 hat aber erstmals der BGH in der sog. „Holzmüller-Doktrin“[547] festgestellt, dass es über die gesetzlichen Regelungen hinaus eine erweiterte Kompetenz der Hauptversammlung für bestimmte Geschäftsführungsmaßnahmen erteilt, d.h., dass der BGH ein ungeschriebenes Klagerecht des Aktionärs aus eigenem (Mitgliedschafts-)Recht gegen rechtswidrige Geschäftsführungsmaßnahmen bei einem schwerwiegenden Eingriff in seine Rechte und Interessen statuiert hat.[548] Das Problem besteht darin, dass diese Entscheidung die Systematik des Aktiengesetzes, insbesondere das Verhältnis der Organe zueinander, also die Machtbalance innerhalb der AG, im

547 BGH 83, 122 = BGH NJW 1982, S. 1703; vgl. ferner BGHZ 153, 47 =NJW 2003, S. 1302 – „Macroton“; BGH ZIP 2004, S. 993 m. Anm. *Altmeppen* = NZG 2004, 571 – „Gelatine I“; BGH ZIP 2004, S. 1001 = NZG 2004, S. 575 – „Gelatine II“; vgl. hierzu *Reichert*, AG 2005, S. 150 ff.; *Liebscher*, ZGR 2005, S. 1 ff., jeweils mit umfangreichen Nachweisen.

548 *Kort* in GroßKomm/AktG, vor § 76 Rn. 65 ff.

Einzelfall stark beeinflussen kann.[549] Im Zusammenhang mit der SE wird hier die Frage aufgeworfen, ob diese Holzmüller-Doktrin des BGH auch auf eine SE mit Sitz in Deutschland Anwendung findet. Die SE-VO verweist ausdrücklich nur auf die Rechtsvorschriften des Mitgliedstaates (Art. 52 Abs. 2 SE-VO). Rechtliche Rechtsfortbildung ist also nicht unmittelbar miteingeschlossen. Zur Vermeidung von Risiken in Bezug auf die Wirksamkeit der Gesellschaftsmaßnahme empfiehlt die überwiegende Literatur jedoch, auch auf eine SE mit Sitz in Deutschland die von der deutschen Rechtsprechung entwickelten Grundsätze anzuwenden.[550]

2) Leitungsermessen

Das Leitungsorgan hat die SE in eigener Verantwortung zu leiten. Das bedeutet auch, dass bei der Ausübung der Leitung das Leitungsorgan als Träger von Unternehmerfunktionen im Rahmen der ihm durch Gesetz oder Satzung gezogenen Grenzen unternehmerisches Ermessen in eigener Verantwortung ausübt.[551]

Bei der Ermessensausübung hat das Leitungsorgan einer deutschen SE genau so wie der Vorstand einer Aktiengesellschaft dem Stakeholder-Value-Ansatz[552] entsprechend auf eine ganze Reihe von verschiedenen, in der Gesellschaft und in ihrem Unternehmen zusammentreffenden Interessen sachgerecht Rücksicht zu nehmen und abzuwägen. Maßgebliche Interessengruppen sind neben den Aktionären die Arbeitnehmer, die Gläubiger der Gesellschaft und die Öffentlichkeit – sie bilden zusammen das Unternehmensinteresse.[553] Bei den Konflikten zwischen den verschiedenen Interessen hat die Ermessensausübung des Leitungsorgans im Sinne einer Angleichung nicht nur auf das Gesellschaftsinteresse als gebündelte Interessen der Aktionäre zu achten, sondern auch auf eine Vereinbarung der divergierenden Interessen unter dem Unternehmensinteresse hinzuzielen.[554]

Außerdem hat beim Leitungsermessen das Leitungsorgan auch einen weiten eigenen Entscheidungsspielraum, in dem es frei zwischen den verschiedenen Möglichkeiten wählen und dann entscheiden kann.[555] Bei der Ermessensausübung hat das Leitungsorgan jedoch die Pflicht, eine dauerhafte Rentabilität des Unternehmens am Fortbestand des Unternehmens - nicht nur als ein betriebs-

---

549 *Kort* in GroßKomm/AktG, § 76 Rn. 7, 28 ff.; zur SE *Brandt*, U., Hauptversammlung 2004, S. 70-85; *Jaeger*, Europäische Aktiengesellschaft 1994, S. 113-120.

550 *Habersack*, ZGR 2003, S. 724, 741; *Buchheim* (2001), S. 249; *Gutsche* (1994), S. 105; *Hommelhoff* (1990), S. 428; aA *Brandt* (2004), S. 127-135., der die Übertragbarkeit der „Holzmüller"- Doktrin auf die SE verneint.

551 BGHZ 125, 239, 246 = NJW 1994, 1410; *Hüffer*, AktG/7, § 76 Rn.12.

552Ausführlich C. II im Dritten Teil dieser Arbeit.

553 *Hüffer*, AktG, § 76 Rn. 12 f.; *Hefermehl/Spindler* in MünchKomm/AtkG, § 76 Rn. 57. Für die Erforderlichkeit einer Abwägung zwischen Unternehmensinteresse und Gemeinwohl *Raiser/Veil* (2006), § 14 Rn. 86; so auch BVerfGE 50, 290; BGHZ 69, 334,339.

554 *Kort* in GroßKomm/AktG, § 76 Rn. 53 ff.; *Hüffer*, AktG, § 76 Rn.12; *Hüffer*, ZHR 161 (1997), S. 214, 217; *v. Werder*, ZGR 1998, S. 69, 77 ff; *Mülbert* (2005), S. 421, 424 ff: Maximierung des Marktwerts im Anlegerinteresse als Unternehmensziel.

555 BGHZ 135,244,253; BGH NJW 94,1410 f.; *Hefermehl/Spindler* in MüchKomm/AtkG, § 76 Rn. 25.

wirtschaftliches Gebot, sondern auch als eine Rechtspflicht zur Leitung der Gesellschaft - zu gewährleisten.[556] Beim Vorrang der dauerhaften Rentabilität des Unternehmens müssen allerdings nicht nur Aktionäre, sondern auch die anderen verschiedenen Interessen berücksichtigt werden. [557] Dennoch kommt es allzu häufig vor, dass sich das Leitungsorgan relativ stark auf die dauerhafte Rentabilität konzentriert und dabei andere Interessen in den Hintergrund rücken.[558]

(3) Gesamtgeschäftsführung, Delegation und Gegenseitige Kontrolle der Mitglieder des Leitungsorgans

1) Gesamtgeschäftsführung und Delegation

Im Prinzip ist bei einer deutschen SE gemäß § 77 Abs. 1 S. 1 AktG über Art. 9 Abs. 1 c ii SE-VO das Leitungsorgan als ein Kollegialorgan nur gemeinschaftlich zur Geschäftsführung befugt, wenn es aus mindestens zwei Mitgliedern besteht. Seine gleichberechtigten Mitglieder sind nur in der Gesamtverantwortung gemeinschaftlich zur Geschäftsführung befugt. Allerdings ermöglicht § 77 Abs. 1 S. 2 über Art. 9 Abs. 1 c ii SE-VO die Delegation der Geschäftsführung auf Grundlage der Satzung oder der Geschäftsordnung des Leitungsorgans in einer deutschen SE- jedoch nur im Bereich der „laufenden Geschäfte“ und somit ohne die o.g. zwingend zugewiesenen Leitungskompetenzen als zwingende Aufgaben des Gesamtorgans[559] - bei der jedes Leitungsorgansmitglied einen Geschäftsbereich erhält, für den es jeweils allein oder zusammen mit einem anderen Leitungsorgansmitglied bzw. einem Prokuristen zur Geschäftsführung befugt ist.[560] Was die ihm durch Art. 39 Abs. 1 S. 1 SE-VO i.V.m. § 76 Abs. 1 AktG zugewiesene Unternehmensleitung angeht, kann das Leitungsorgan diese nicht auf den Leitungsorgansvorsitzenden, einzelne Mitglieder oder Gruppen und Ausschüsse von Leitungsorgansmitgliedern delegieren.[561]

Bei der Einzelgeschäftsführung sind die Leitungsorgansmitglieder mit Gesamtverantwortung nach Art. 39 Abs. 1 SE-VO bzw. § 76 Abs. 1 AktG zu belasten.[562] Allerdings ist die Geschäftsführungsbefugnis gem. § 77 Abs. 1 AktG über Art. 9 Abs. 1 c ii SE-VO weder dem Aufsichtsorgan noch der Hauptver-

---

556 *Hüffer*, AktG, § 76 Rn. 13; *Mertens* in KölnerKomm/AktG, § 76 Rn. 17, 22 u. 23.

557 *Raiser/Veil* (2006), § 14 Rn. 13; das Erfordernis der dauerhaften Rentabilität wird unterstrichen von *Hüffer,* AktG, § 76 Rn. 13; zweifelnd hinsichtlich der Tauglichkeit der Figur des Unternehmensinteresses *Hefermehl/Spindler* in MünchKomm/AktG, § 76 Rn. 59; für den Vorrang des Aktionärsinteresses *Hueck/Windbichler* (2003), § 23 Rn. 15; differenzierend zwischen Unternehmensinteresse und Gemeinwohl *Schmidt,* Gesellschaftsrecht, § 28 II1; differenzierend zwischen Unternehmensziel und Unternehmensinteresse *Semler* (1996), Rn. 73.

558 *Kort* in GroßKomm/AktG, §76 Rn. 52.

559 Zur Unterscheidung zwischen der Leitung und der laufenden Geschäfte s. oben C. I. 2. a) aa) in diesem Teil.

560 *Hüffer*, AktG, § 77 Rn. 14.

561 *Hüffer*, AktG/7, § 77 Rn. 18; *Mertens* in KölnerKomm/AktG, § 77 Rn. 12; *Kort* in Groß-komm/AktG, § 77 Rn. 3.

562 *Hüffer*, AktG, § 77 Rn. 14.; *Hefermehl/Spindler* in MünchKomm/AktG, § 77 Rn. 23.

sammlung anzuvertrauen.[563] Darüber hinaus lassen sich die organschaftlichen Aufgaben auch nicht den sog. Bereichsvorständen übertragen, die trotz ihres Titels keine Vorstandsmitglieder, sondern leitende Angestellte sind.[564]

2) Gegenseitige Kontrolle der Leitungsorgansmitglieder

Bei der Gesamtgeschäftsführung sind alle Leitungsorgansmitglieder verpflichtet, die ihnen nicht zugewiesenen Ressorts und Geschäftsbereich zu überwachen, weil alle Leitungsorgansmitglieder nach Art. 39 Abs. 1 SE-VO i.V.m. § 76 Abs. 1 AktG für die Gesetz- und Zweckmäßigkeit des gesamten Geschäftsbetriebs verantwortlich bleiben.[565] Dabei hat jedes Leitungsorgansmitglied als Ressorts- oder Spartenleiter regelmäßig dem Gesamtleitungsorgan über seine wichtigsten Aktivitäten zu berichten.[566] Allerdings dürfen die Anforderungen an die Pflichten der einzelnen Leitungsorgansmitglieder, Informationen über Tätigkeiten der Kollegen einzuholen, nicht überspannt werden.[567] Außerdem ist die gegenseitige Überwachung im Leitungsorgan nicht auf ein Leitungsorgansmitglied delegierbar; es muss bei dem Prinzip der Gleichberechtigung der Leitungsorgansmitglieder bleiben.[568]

Zur Folge hat diese Pflicht zur gegenseitigen Unterrichtung, Überwachung und Kontrolle das Recht und gegebenenfalls die Pflicht, bei einer einzelnen Maßnahme eines Kollegen einzugreifen, vorausgesetzt, dass Anhaltspunkte dafür vorliegen, dass ein Ressort oder Bereich von einem Kollegen nicht mehr ordnungsgemäß geführt wird.[569] Ansonsten machen sie sich neben dem an sich kompetenten Leitungsorgansmitglied haftbar.

bb) Britische SE

Für die Geschäftsführungssaufgabe (*managerial or executive powers*) der britischen SE, die in der SE-VO nicht geregelt wird, gelten nach Art. 9 Abs. 1 c ii SE-VO i.V.m. Regulation 78(3) EPCLR 2004 die Regeln über die Geschäftsführung der britischen Aktiengesellschaft (PLC). Sämtliche Geschäftsführungsaufgaben der Leitungsorgansmitglieder der britischen SE entsprechen daher grundsätzlich denen des *board of directors*. Bezüglich ihrer Geschäftsführungsaufgaben bestimmen aber weder der *Companies Act* noch irgendwelche anderen gesetzlichen Vorschriften noch das *Case Law* etwas Näheres. Das gesamte Kompetenzgefüge der PLC wird daher flexibel entweder in der Satzung oder im Gesellschaftsvertrag individuell festgeschrieben.

---

563 Zur Bestätigung der Regel: siehe §§ 76 Abs. 1, 78, 82 Abs. 2 (Zuweisung einzelner Rechte) und §§ 83, 90, 91, 92, 110 Abs.1, 118 Abs. 2, 170 AktG (Pflichten); *Hüffer*, § 77, Rn. 5.

564 *Hoffmann-Becking*, ZGR 1998, S. 497, 510; *Hüffer*, AktG/7, § 77 Rn. 5.

565 *Hüffer*, AktG/7, § 77 Rn. 15; *Mertens* in KölnKomm/AktG, § 77 Rn. 20 und § 93 Rn. 54.

566 *Hüffer*, AktG/7, § 77 Rn. 15; *Mertens* in KölnKomm(AktG), § 77 Rn. 18; *Kort* in GroßKomm/AktG, § 77 Rn. 37.

567 *Hüffer*, AktG/7, § 77 Rn. 15; *Kort* in GroßKomm, § 77 Rn. 37.

568 *Hoffmann-Becking*, ZGR 1998, S. 497, 512 ff.

569 *Kort* in GroßKomm/AktG, § 77 Rn. 38.

Der Begriff der Leitung i.S.d. Art. 38 Abs. 1 SE-VO ist in Großbritannien auch nicht durch Gesetz definiert. Bezüglich der Definition der Leitung gelten jedoch in der Regel die Vorgaben der Mustersatzung (Art. 70 *Table* A), die den Mitgliedern des *board of directors,* das *management* (Leitung i.S.d § 76 Abs.1 AktG),[570] der Gesellschaft zuweist: Art. 70 *Table* A: "(...) *the business of the Company shall be managed by the directors who may exercise all the powers of the Company".* Danach wird das *management* als alle diejenigen Aufgaben betrachtet, die in den Zuständigkeitsbereich des *board of directors* fallen, wozu grundsätzlich auch Strategieentscheidungen und Kontrollfunktionen des *Board* gehören. Dabei macht *Combined Code* (A. 1)[571] konkretere Angaben über seine Leitungskompetenz: Danach gibt er dem *Board* die unternehmerische Leitung der Gesellschaft (*entrepreneurial leadership der company*). Zu dieser gehört auch ein effektives Kontrollsystem zur Einschätzung und Handhabung von Risiken. Das *Board* bestimmt außerdem die strategischen Ziele, stellt sicher, dass die erforderlichen finanziellen und personellen Voraussetzungen für das Erreichen der Ziele vorliegen und prüft die Leistung der Geschäftsführung. Ferner setzen die Direktoren Werte und Standards des Unternehmens fest und stellen sicher, dass Verpflichtungen gegenüber den Aktionären und anderen erfüllt werden. Außer der Kontrollaufgabe kommt der Inhalt dieser Kodexregelung der Leitung i.S.d. § 76 Abs. 1 AktG bzw. Art. 38 Abs. 1 S. 1 SE-VO nahe, und deshalb werden diese o.g. beiden Erläuterungen nach Art. 70 *Table* A bzw. *Combined Code* (A.1) als die Leitungsaufgaben des Leitungsorgans der britischen SE betrachtet. Auf Grund eines Gesetzes lässt sich auch das Leitungsorgan der britischen SE den Entscheidungen anderer Organe (Hauptversammlung) unterwerfen.[572]

Bezüglich der Ermessensausübung strebt traditionell das Leitungsorgan dem Shareholder-Value-Ansatz entsprechend nach den Aktionärsinteressen. In jüngerer Zeit wird allerdings auch der Gedanke des sog. *„entlightened shareholder value“* wohlwollend diskutier; dieser Idee zufolge sollen neben den Interessen der Aktionäre auch die Belange anderer Interessengruppen berücksichtigt werden.[573]

---

570 Vgl. *Wirth/Arnold/Greene* (2004), S. 87, folgende Übersetzung des § 76 Abs. 1 AktG: *"The management board manages the AG under its own responsibility".*

571 Combined Code, A. 1 Supporting Principle: *"The board's role is to provide entrepreneurial leadership of the Company within a framework of prudent and effective controls which enables risk to be assessed and managed. The board should set the Company's strategic aims, ensure that the necessary financial and human resources are in place for the Company to meet its objectives and review management Performance. The board should set the Company's values and Standards and ensure that its obligations to its shareholders and others are understood and met."*

572 *Mayer* in *MMS* (2005), Art. 52 SE-VO Rn. 20 ff. m.w.N.

573 Ausführlich C. II im Dritten Teil dieser Arbeit.

Nach dem britischen Recht unterliegt entsprechend dem *board of directors*[574] das Leitungsorgan der britischen SE ebenso wie in Deutschland dem Prinzip der Gesamtgeschäftsführung.[575] Im Gegensatz zu einer deutschen SE hat das Leitungsorgan einer britischen SE jedoch die Möglichkeit, das laufende Geschäft als Teil der Geschäftführung an einzelne Leitungsorgansmitglieder (einzelne Direktoren) oder an leitende Angestellte unterhalb des Leitungsorgans (*sub-board executives*)[576] zu delegieren, vorausgesetzt, dass die Satzung diese Delegation zulässt.[577] Falls die Satzung keine Regelungen über eine Delegation enthält, ermöglicht Art. 72 *Table* A die Delegation auf einzelne Organmitglieder.[578] Genauso wie es in einer deutschen SE nicht anders der Fall ist, sind bei einer Delegation alle Leitungsorgansmitglieder verpflichtet, die ihnen nicht zugewiesenen Ressorts und Geschäftsbereiche zu überwachen, weil alle Leitungsmitglieder nicht durch die Delegation ihrer Pflichten befreit werden können und letztendlich für die Zweckmäßigkeit des gesamten Geschäftsbetriebs verantwortlich bleiben.[579]

Was die Leitungsgeschäfte als Teil der Geschäftsführung angeht, ist in Großbritannien keine Regelung entsprechend § 76 Abs. 1 AktG i.V.m. Art. 39 Abs. 1 SE-VO vorhanden. Daher wird dazu auch Art. 72 *Table* A bzw. der *Combined Code* herangezogen. Insbesondere nach *Combined Code* (A.1) mit konkreteren Angaben als Art. 72 *Table* A müssen die strategischen Ziele der Gesellschaft vom *Board* festgelegt werden, und daraus folgt, dass diese Leitungsgeschäfte grundsätzlich nicht auf andere einzelne Stellen innerhalb oder außerhalb des *Board* delegiert werden sollen.

Ferner hat nach *Section* 283 (1) CA 1985 jede britische *company* über einen *company secretary* zu verfügen, dessen Tätigkeit aber auf rein administrative Funktionen beschränkt ist.

Dabei stellt sich die Frage, ob die britische SE ebenfalls über einen solchen *company secretary* verfügen darf oder gar muss. Die Einrichtung eines *company secretary* in einer britischen SE steht angesichts dessen Stellung und Tätigkeit im Widerspruch zu der in der SE-VO vorgesehenen Kompetenzverteilung, weil

---

574 *Re Haycraft Gold Reduction and Mining Co.* [1900] 2 Ch. 230,235. Dies wurde von einem neueren Urteil bestätigt, wonach die Geschäftsführung dem *board* als Ganzem übertragen ist. *Mitchell and Hobbs (UK) Limitedv. Mill* [1996] 2 BCLC 102,108. Dies ergibt sich auch aus Art. 70 Table A: *"the business of the Company shall be managed by the directors* (...)"; und Art. 88 Table A; "(...) *the directors may regulate their proceedings as they think fit".*

575 Vgl. Regulation 78 EPCLR 2004.

576 Neben der Delegation auf einzelne board-Mitglieder werden darüber hinaus in der britischen Unternehmenspraxis immer häufiger auch leitende Angestellte unterhalb der board-Ebene mit Tätigkeiten der Geschäftsführung beauftragt (*sub-board executives*), wenn die Satzung es zulässt: Dazu vgl. *Morse* (2007), *Palmer's* Company Law Rn. 8.201 und 8.308; *Davies* (2003 a) S. 317; *Hannigan* (2003), S. 168; *Pettet* (2001), S. 159.

577 *Davies* (2003 a), S. 320; *Hannigan* (2003), S. 174; vgl. auch Art. 72 Table A.

578 *Davies* (2003 a), S. 320; *Hannigan* (2003), S. 174.

579 *Davies* (2003 a), S. 317.

er als ein zusätzliches Organ mit administrativer Funktion weder an der Leitungstätigkeit des Leitungsorgan noch an der Überwachungstätigkeit des Aufsichtsorgans beteiligt ist.[580] In diesem Sinne ist er in der britischen SE nach Art. 9 Abs. 1 c ii SE-VO i.V.m. *Section* 283 (1) CA 1985 einzurichten.[581]

b) Vertretung

Neben der Geschäftsführung gehört zu den Kompetenzen des Leitungsorgans auch die Vertretung der SE. Die Vertretung bedeutet die Vornahme von Prozesshandlungen für die Gesellschaft sowie jedes nach außen gerichtete rechtsgeschäftliche Handeln in ihrem Namen.[582]Die Vertretung beinhaltet, was das Leitungsorgan im Außenverhältnis kann, während die Geschäftsführung bestimmt, was das Leitungsorgan im Innenverhältnis darf. Die Vertretung der SE richtet sich mangels konkreter Regelungen in der Verordnung gemäß Art. 9 Abs. 1 c ii SE-VO nach dem Recht der Mitgliedstaaten.

aa) Deutschland

(1) Unbeschränkte und unbeschränkbare Vertretungsmacht

Gem. § 78 Abs. 1 AktG wird eine dualistisch organisierte deutsche SE von ihrem Leitungsorgan gerichtlich und außergerichtlich vertreten. Die Vertretungsbefugnis des Leitungsorgans ist unbeschränkt (§ 78 Abs.1 AktG) und nicht beschränkbar (§ 82 Abs. 1 AktG). Diese Vertretungsmacht kann insbesondere weder auf Grundlage des Gesellschaftszwecks noch des Unternehmensgegenstandes und auch nicht auf Grundlage einer enger gefassten Geschäftsführungskompetenz beschränkt werden.[583] Die Vorschriften, die dem Leitungsorgan eine derart weitreichende Vertretungsmacht geben, sollen einem umfangreichen Verkehrsschutz Rechnung tragen.[584]

Diese unbeschränkte und unbeschränkbare Vertretungsmacht findet aber eine gewisse Durchbrechung, wenn das Handeln des Leitungsorgans aber im Sinne der §§ 134, 138 BGB gegen das Gesetz oder die guten Sitten verstößt[585] oder wenn ein evidenter Missbrauch der Vertretungsmacht vorliegt.[586] Ferner kann das Leitungsorgan die SE nicht vertreten in den Fällen der §§ 84 Abs. 1 und 3, 112, 147 Abs. 3 AktG. Hat das Leitungsorgan seine Vertretungsmacht bereits nicht wirksam wahrgenommen, bestimmen sich Rechtsfolgen in der Regel nach §§ 177 ff. BGB. Solange sich das Rechtsgeschäft noch durch die Zustimmung des zuständigen Organs genehmigen lässt, ist es schwebend unwirksam. Die

580 *Davies* (2003 a), S. 298.

581 In der Satzung der „Schering Plough Clinical Trials SE“, der ersten britischen SE, ist ausdrücklich die Bestellung und Abberufung eines oder mehrerer *company secretaries* vorgesehen (Ziff. 48 und 49 der Satzung).

582 *Hefermehl/Spindler* in MünchKomm/AktG, § 78 Rn.2; *Hüffer*, AktG/7, § 78 Rn. 1, 3.

583 *Hüffer*, AktG/7, § 78 Rn. Rn. 5.

584 RegBegr bei *Kropff* S. 103; *Hüffer*, AktG/7, § 82 Rn. 1 und 3.

585 *Hüffer*, AktG/7, § 82 Rn. 4 ff.

586 *Hüffer*, AktG/7, § 82 Rn. 4 ff.

Nichtgenehmigung des Rechtsgeschäfts durch das zuständige Organ hat freilich die endgültige Unwirksamkeit des Rechtsgeschäfts zu Folge.[587]

(2) Gesamtvertretungsprinzip
Bei einem mehrköpfigen Leitungsorgan gilt entsprechend dem Prinzip der Gesamtgeschäftsführung (§ 77 Abs. 1 AktG) das Gesamtvertretungsprinzip, wenn die Satzung nichts anderes bestimmt (§ 78 Abs. 2 S.1 AktG). Das Leitungsorgan kann dann nur bei Zustimmung sämtlicher Leitungsorgansmitglieder die SE wirksam vertreten. Die konkrete Art und Weise der Gesamtvertretung hat das Gesetz, abgesehen von § 78 Abs. 4 Abs. 1 AktG, nicht näher geregelt. Folgende Handlungsweisen werden als möglich betrachtet: gemeinsame Abgabe der Erklärung; getrennte Abgabe inhaltlich übereinstimmender Erklärungen; Erklärung durch ein Leitungsorgansmitglied unter nachträglicher Zustimmung der anderen, die auch intern erteilt werden kann.[588] Für die Passivvertretung besteht dagegen Einzelvertretungsbefugnis. Ist also eine Erklärung der Gesellschaft gegenüber abzugeben, so genügt die Abgabe gegenüber nur einem Mitglied des Leitungsorgans (§ 78 Abs. 2 AktG).

(3) Abweichende Regelungen von der Gesamtvertretung
Die von § 78 Abs. 2 AktG abweichenden Vertretungsregelungen müssen gem. § 78 Abs. 3 S. 1 und 2 AktG entweder in der Satzung enthalten sein oder vom Aufsichtsorgan getroffen werden, wenn die Satzung es dazu ermächtigt.[589] Folgende Regelungen sind zulässig und gebräuchlich:

1) Einzelvertretung:
Gem. 78 Abs. 3 AktG kann das Prinzip der Gesamtvertretung durch die Einzelvertretung ersetzt werden. Die Einzelvertretung in § 78 Abs. 3 S.1 1. Var. AktG besteht, wenn aufgrund einer Satzungsermächtigung ein Leitungsorgansmitglied oder mehrere ohne die Mitwirkung anderer Leitungsorgansmitglieder oder eines Prokuristen die Gesellschaft vertreten können; praktisch kommt sie jedoch nur selten vor.[590]

2) Unechte Gesamtvertretung:
Nach § 78 Abs. 3 S. 1, 2. Var. AktG können einzelne Leitungsorgansmitglieder in Gemeinschaft mit einem Prokuristen die SE vertreten (unechte Gesamtvertretung). Nach ganz h.M. kommt die Einführung dieser unechten oder gemischten[591] Gesamtvertretung allerdings nur zum Zwecke der Erleichterung der echten Gesamtvertretung in Betracht; danach setzt die unechte Gesamtvertretung also voraus, dass für das an den Prokuristen gebundene Leitungsorgansmitglied Ge-

587 *Hüffer*, AktG/7, § 82 Rn. 5.
588 *Hüffer*, AktG/7, § 78 Rn. 12.
589 *Hüffer*, AktG/7, § 78 Rn. 1.
590 *Hüffer*, AktG/7, § 78 Rn. 15; *Habersack* in GroßKomm/AktG, § 78 Rn. 44.
591 Näher zur nicht ganz einheitlichen Terminologie *Mertens* in KölnerKomm/AktG, Rn. 27.

samtvertretung gilt.[592] Somit kann das Alleinleitungsorgan nicht an die Mitwirkung eines Prokuristen gebunden werden.[593]
Der Prokurist erhält durch die Anordnung unechter Gesamtvertretung nicht die Stellung der Prokura, sondern die Stellung eines organschaftlichen (gesetzlichen) Vertreters.[594] Nach der herrschenden Meinung richtet sich der Umfang seiner Vertretungsmacht nicht nach § 49 HGB, sondern nach § 82 AktG.[595] Auch Anmeldungen zum Handelregister können deshalb grundsätzlich in unechter Gesamtvertretung vorgenommen werden.[596] Bei Passivvertretung genügt die Abgabe der Willenserklärung oder Vornahme der geschäftsähnlichen Handlung gegenüber dem Prokuristen.[597]

3) Gemeinschaftliche Vertretung durch zwei oder mehrere Leitungsorgans mitglieder:
Diese Vertretungsvariante liegt vor, wenn die Gesellschaft durch zwei oder mehrere Leitungsorgansmitglieder gemeinschaftlich vertreten wird. Sie begegnet häufig in der Form der sog. halbseitigen Gesamtvertretung, die sich zu dem mit fester Gesamtvertretung durch andere Leitungsorgansmitglieder kombinieren lässt.[598] Sie ist in der Praxis am stärksten verbreitet. Gemäß § 78 Abs. 2 S. 2 AktG i.V.m. § 78 Abs. 3 S. 3 AktG steht die Passivvertretung bei diesen Gestaltungen jedem Leitungsorgansmitglied allein zu.[599]

4) Einzelermächtigung:
Nach § 78 Abs. 4 S. 1 AktG können einzelne Leitungsorgansmitglieder oder Prokuristen zur Vornahme bestimmter Geschäfte oder bestimmter Arten von Geschäften durch die zur Gesamtvertretung befugten Leitungsorgansmitglieder ermächtigt werden. Die Erklärung der Ermächtigung kann intern oder extern gegenüber dem Geschäftspartner erfolgen. Aber sie muss nicht im Handelsregister eingetragen werden, weil sie gegenständlich begrenzt ist und weil sie sich ad hoc erklären lässt.[600] Hinsichtlich des möglichen Umfangs der Einzelermächtigung muss sie gem. § 78 Abs. 4 S. 1 AktG auf bestimmte Geschäfte oder bestimmte Arten von Geschäften mit Rücksicht auf Sinn und Zweck der Gesamtvertretung beschränkt sein.[601] Diese Einzelermächtigung lässt sich bis zur Vornahme des Rechtsgeschäfts jederzeit formlos ohne Mitwirkung des Ermächtigten widerrufen, wobei im Außenverhältnis die §§ 170, 171 BGB sinngemäß an-

---

592 *Hüffer*, AktG/7, § 78 Rn. 16; *Mertens* in KölnerKomm/AktG, Rn. 16.
593 *Hüffer*, AktG/7, § 78 Rn. 16.
594 *Mertens* im KölnerKomm/AktG, § 78 Rn. 40.
595 *Hüffer*, AktG/7, § 78 Rn. 17; *Mertens* im KölnerKomm/AktG, § 78 Rn. 36; *Geßler/Hefermehl* in MünchKomm/AktG, § 78 Rn. 32; a.A. *Krebs* (1995), S. 635, 645 f.
596 *Hüffer*, AktG/7, § 78 Rn. 17.
597 *Hüffer*, AktG/7, § 78 Rn. 17.
598 *Hüffer*, AktG/7, § 78 Rn. 18; *Habersack* in GroßKomm/AktG, § 78 Rn. 47.
599 *Hüffer*, AktG/7, § 78 Rn. 18
600 *Mertens* im KölnerKomm/AktG, § 78 Rn. 54.
601 *Hüffer*, AktG/7, § 78 Rn. 21.

wendbar sind.[602] Aus § 116 Abs. 3 S. 2 HGB ist jeder zum Widerruf befugt, der Ermächtigung erteilt hat, bei unechter Gesamtvertretung also auch der Prokurist.[603] Die Rechtsnatur dieser Ermächtigung ist bis heute nicht definitiv geklärt. Während das Reichsgericht sie als Handlungsvollmacht im Sinne von § 54 HGB betrachtete, sieht die heutige Rechtssprechung und die überwiegende Auffassung der Literatur darin zutreffend eine Ausweitung der organschaftlichen Gesamtvertretungsbefugnis zur Einzelvertretungsmacht.[604]

(4) Publizität des Vertretungsverhältnisses

Nach § 39 Abs. 1 S. 2 AktG wird die Vertretungsbefugnis des Leitungsorgans im Handelsregister eingetragen.[605] Die Bedeutung dieser Regelung liegt darin, dass der Rechtsverkehr durch diese Publizität der jeweiligen Vertretungsverhältnisse mit dem Informationszweck[606] noch besser geschützt werden soll.[607]

bb) Britische SE

Für die Vertretung der britischen SE sind gem. Art. 9 Abs. 1 c ii SE-VO i.V.m. *Regulation* 78(3) EPCLR 2004 die Regeln über die Vertretung der britischen Aktiengesellschaften (PLC) heranzuziehen. Nach britischem Recht wird die Gesellschaft grundsätzlich durch das *Board* als Ganzes vertreten. Die Vertretungsaufgabe des *Board* wird deckungsgleich auf das Leitungsorgan der SE übertragen.[608]

Ebenso wie bei der deutschen SE kann das Leitungsorgansorgan prinzipiell nur gemeinschaftlich die Gesellschaft nach dem britischen Recht, in dem bezüglich der Verpflichtung der Gesellschaft gegenüber Dritten nur der (gesamte) *Board* erwähnt wird (*Section.* 35 A Abs. 1 CA 1985), vertreten. Seine Vertretungskompetenz lässt sich jedoch durch Satzungsbestimmung auf einzelne Personen übertragen.[609] Nach der Mustersatzung Art. 72 *Table* A kann das Leitungsorgan seine Vertretungsbefugnis auf einzelne oder mehrere seiner Mitglieder delegieren[610] Die Art und Weise der von dem Gesamtvertretungsprinzip abweichenden Vertretungsregelung kann – ebenso wie in Deutschland – auf Grundlage der Satzungsautonomie in der Satzung enthalten sein.

---

602 *Mertens* in KölnerKomm/AktG, § 78 Rn. 60 f; *Hüffer*, AktG/7, § 78 Rn. 22.

603*Mertens* in KölnerKomm/AktG, § 78 Rn. 60 f; *Hüffer*, AktG/7, § 78 Rn. 22; a.A. *Hefermehl/Spindler* in MünchKomm/AktG, § 78 Rn. 65.

604 *Mertens* im KölnerKomm/AktG, § 78 Rn. 56.

605 Die entsprechenden Anmeldepflichten folge aus § 37 Abs. 3 AktG (für das erste Leitungsorgan) und § 81 AktG (für Änderung des Leitungsorgans und der Vertretungsbefugnis seiner Mitglieder).

606 S. § 9 Abs. 1 HGB.

607 *Hüffer*, AktG/7, § 39 Rn. 1 f.

608 *Oliphant* in *JF* (2005),§ 16 Rn. 1238.

609 *Pennington* (2001), S. 147.

610 Für das *board* der britischen Gesellschaft: *Mitchell & Hobbs (UK) Ltd* v *Mill* [1996] 2 BCLC 102; *Cartmell's Case* (1874) LR 9 Ch App 691; *Davies,* (2003 a), S. 320; *Mayson, French & Ryan* (2006), 19.5.6; *Pennington's* Company Law (2001), S. 702.

Ganz anders als in Deutschland war der Umfang der Vertretungsmacht des *board of directors* (Leitungsorgans) früher durch die *Ultra-Virus-Doktrin* erheblich begrenzt. Diesem Gedanken zufolge konnte eine Gesellschaft im Außenverhältnis nicht verpflichtet werden, wenn das Geschäft nicht von dem in der Satzung bestimmten Gesellschaftszweck gedeckt war. Dieser *Ultra-Virus*-Gedanke wurde aber durch *Section* 35 Abs. 1 CA 1985 endgültig abgeschafft.[611]
Ferner wird anders als in Deutschland die Vertretungsbefugnis der Organmitglieder nach britischem Recht weder eingetragen noch bekannt gemacht: Nach *Section.* 711(l)(c) CA 1985 wird in der Zeitung nur ein Hinweis auf die Eintragung der Gesellschaft und auf einen etwaigen Wechsel der Organmitglieder - nicht einschließlich der Vertretungsbefugnis - veröffentlicht. Außerdem wird im *register of directors* nicht offengelegt, ob und ggf. welche Vertretungsbefugnisse ein Organmitglied hat.[612] Für den Schutz Dritter gelten jedoch auch *Section.* 35A, 35 B CA 1985. Aber diese Vorschriften sind in vielen Punkten unklar und umstritten und bedürfen zudem in den meisten Fällen einer Ergänzung durch die Grundsätze des *commen law* über die *ostensible authority* (Anscheins- bzw. Duldungsvollmacht)[613],[614] während bei einer deutschen SE diesbezüglich dank der Gesetze die Rechtslage vergleichsweise durchsichtiger ist und außerdem der Rechtsverkehr durch die registerrechtliche Publizität gesichert wird.[615]

2. Bestellung und Abberufung

Die Bestellung und Abberufung der Leitungsorgansmitglieder erfolgt durch einen Beschluss des Aufsichtsorgans mit einfacher Mehrheit[616] (Art. 39 Abs. 2 S. 1 SE-VO, Art. 50 Abs. 1 SE-VO).[617] Die Mitgliedstaaten sind gem. Art.39 Abs. 2 S. 2 SE-VO aber ermächtigt, gesetzlich vorzusehen, dass sie entweder zwingend oder fakultativ durch die Hauptversammlung bestellt und abberufen werden, wenn dies bei nationalen AG entsprechend geregelt ist. Von dieser Ermächtigung haben weder der deutsche noch der britische Gesetzgeber Gebrauch gemacht: Insbesondere kann der deutsche Gesetzgeber eine Bestellung durch die Hauptversammlung nicht vorsehen, weil nach § 84 Abs. 1 S. 1 AktG (zur Abberufung: § 84 Abs. 3 i.V.m. § 23 Abs. 5 AktG) die Bestellung der Vorstandsmitglieder nur durch den Aufsichtsrat ausgeübt werden darf; in Großbritannien gibt es mangels dualistischen Systems bei der PLC keine ausdrückliche Regelung. Nach Auffassung des britischen Gesetzgebers wäre dies jedoch Voraussetzung

611 Dazu v. *Bernstorff*, Einführung in das englische Recht, S. 222 Fn. 35; ausführlicher *Schmidt-Tiedemann* (2004), S. 240 ff.

612 Siehe Section. 288 (3) CA 1985.

613 *Freeman & Lockyer (A Firm) v Buckhurst Park Properties (Mangal) Ltd.* [1964] 2 QB 480; ausführlich zur Anwendung im Gesellschaftsrecht etwa *Hannigan* (2003), S. 186 ff.; *Mayson, French & Ryan* (2006),19.5.3, 19.5.4; *Morse* (2007), *Palmer's* Company Law, 3.314ff.

614 *Davies* (2003 a), S. 156; *Morse* (2007), *Palmer's* Company Law 3.312.

615 Siehe gerade oben für Fälle in Deutschland.

616 *Manz* in *MMS* (2005), Art. 39 SE-VO Rn. 18 und 27.

617 *Manz* in *MMS* (2005), Art. 39 SE-VO Rn. 18 und 27.

für die Ausübung der Option.[618] Über die sonstigen weiteren Regelungen der Bestellung und Abberufung macht die SE-VO keine Aussage, weshalb sie der Anwendung der nationalen Regelung nicht entgegensteht.
Bezüglich des zwischen dem Leitungsorgansmitglied und der SE abzuschließenden Anstellungsvertrags enthält die SE-VO keine Regelungen. Deshalb unterliegt auch dieser Vertrag dem jeweiligen nationalen Recht, insbesondere dem Schuldrecht.

a) Bestellung der Leitungsorgansmitglieder der deutschen SE und der britischen SE

aa) Bestellungsvoraussetzungen und Bestellungshindernisse

Die persönlichen Voraussetzungen für die Organmitgliedschaft sowie etwaige Bestellungshindernisse werden in Art. 47 SE-VO geregelt.[619] Diese Vorschrift nimmt dabei auf das im Sitzstaat der SE geltende Recht Bezug. Übrigens kann nach Art. 39 Abs. 3 S. 1 SE-VO niemand zugleich Leitungsorgansmitglied und Aufsichtsorgansmitglied der SE sein.[620] Dieses Prinzip der Funktionstrennung kann nach Art. 39 Abs. 3 S. 2 SE-VO nur ausnahmsweise durchbrochen werden, wenn das Leitungsorgan unterbesetzt ist.

(1) Juritische Personen als Organmitglieder

Art. 47 Abs. 1 SE-VO eröffnet den Mitgliedsstaaten die Möglichkeit, juristische Personen als Organmitglieder zuzulassen. Danach kann die Satzung der SE bestimmen, dass eine Gesellschaft oder eine andere juristische Person Mitglied des Organs sein kann, wenn das für Aktiengesellschaften maßgebliche Recht des Sitzstaats der SE nichts anderes bestimmt.
- **Deutsche SE:** Bei einer deutschen SE ist die Organmitgliedschaft für juristische Personen ausgeschlossen, weil der deutsche Gesetzgeber trotz von der Literatur vorgetragener Forderungen[621] von der in der SE-VO eingeräumten Möglichkeit, juristische Personen als Organmitglied einer SE zuzulassen, keinen Gebrauch gemacht hat. Nach §§ 76 Abs. 1, 100 Abs. 1 S. 1 AktG können nur natürliche Personen Mitglied eines Organs einer AG sein. Entsprechend können in einer deutschen SE nur natürliche Personen Organmitglieder sein. Eine Organmitgliedschaft für juristische Personen wäre nach dem eindeutigen Wortlaut der SE-VO (Art. 47 Abs. 1 S. 1 SE-VO) nur dann denkbar, wenn der Gesetzge-

618 Vgl. *DTI*, Results of Consultation, Para. 4.
619 „Organ" im Sinne des Art. 47 SE-VO sind nur die Organe i.S.d. Art. 38 b SE-VO, also das Aufsichts-, Leitungs- und das Verwaltungsorgan, nicht etwa die Hauptversammlung.
620 Vgl. § 105 AktG; § 15 SEAG.
621 *Minuth* (2005), S. 141f.; zumindest für eine eingehende Überprüfung der Rechtslage auch *Hommelhoff*, KG 2001, S. 279, 283; *Teichmann*, ZGR 2002, S. 383, 455. Kritisch zum Verzicht auf Umsetzung der Option ferner *Mellert/Verfürth* (2005), Teil III Rn. 15; Gegen eine Zulassung juristischer Personen als Organe auch *Fleischer*, AcP 204 (2004), S. 502, 533; *ders.* RIW 2004, S. 16, 17; *Hoffmann-Becking*, ZGR 2004, S. 355, 366; *Kübler*, ZHR 167 (2003), S. 222, 233.

ber diese Möglichkeit durch eine Änderung des AktG auch generell für AG eröffnet hätte.[622]

- **Britische SE:** Anders als in Deutschland kann in Großbritannien nach britischem Recht jede Gesellschaft oder juristische Person Organmitglied sein (sog. *corporate directors*).[623] Deshalb ist dies bei einer britischen SE zulässig, wenn dies in ihrer Satzung geregelt ist.[624] Damit eine juristische Person zum Organmitglied bestellt werden kann, muss die betreffende Gesellschaft oder sonstige juristische Person nach Art. 47 Abs. 1 S. 2 SE-VO zur Wahrnehmung ihrer Befugnisse in dem betreffenden Organ eine natürliche Person als Vertreter bestellen.

Bezüglich der Option der juristischen Personen als Organmitglieder finden sich in der Literatur verschiedene Meinungen. Einer befürwortenden Auffassung zufolge biete diese Option aus unternehmerischer Sicht einen gewissen Reiz, weil sie es ermöglicht, vor allem Konzernstrukturen erheblich zu vereinfachen und damit wesentlich effektiver zu gestalten.[625] Auch bei Unternehmenskooperationen und Finanzierungsgesellschaften hat die Geschäftsführung durch juristische Personen bedeutende Vorzüge.[626] Die ablehnende Ansicht hält dem entgegen, dass eine Geschäftsführung durch juristische Personen sowohl in dogmatischer als auch in praktischer Hinsicht mit Problemen (vor allem transparenz- und haftungsrechtlicher Natur) verbunden sei.[627]Aus unternehmerischer Sicht ist die bei der britischen SE bestehende Möglichkeit, juristische Personen als Organmitglieder berufen zu können, unzweifelhaft reizvoll. Angesichts der vielfältigen Organisationsvorteile, die die Organmitgliedschaft juristischer Personen bietet, sollte daher auch der deutsche Gesetzgeber seinen Standpunkt nochmals überdenken.

(2) Gesetzliche persönliche Voraussetzungen und Hindernisse

Art. 47 Abs. 2 SE-VO sieht noch vor, dass aktienrechtliche Bestellungshindernisse für Organmitglieder im Recht des Sitzstaates der SE auch in der SE gelten (lit. a), dass nicht nur zu einem Bestellungshindernis führende Gerichts- und Verwaltungsentscheidungen, die im jeweiligen Sitzstaat der SE ergangen sind, zu einem Bestellungshindernis führen, sondern auch solche, die in einem anderen Mitgliedsstaat ergangen sind (lit. b).

---

622 Vgl. *Fleisch*, RIW 2004, S. 16 ff.

623 Vgl. *Davies* (2003 a), S. 308; *Hannigan* (2003), S. 136 f.; *Mayson, French & Ryan* (2006), 15.5.5.1. Die Zulässigkeit juristischer Personen als Organmitglieder ist zwar gesetzlich nicht ausdrücklich geregelt, wird aber z.B. in s. 289(1) (b) CA 1985, die die Eintragung juristischer Personen im Verzeichnis der *directors* regelt, vorausgesetzt.

624 Vgl. *DTI*, Consultative Document, 3.54; *Morse* (2007), *Palmer's* Company Law 17.033; *Manz* in *MMS* (2005), Art. 47 SE-VO Rn. 22.

625 Vgl. *Brandes*, NZG 2004, S. 642, 643; *Fleischer*, RIW 2004, S. 16, 20.

626 Vgl. *Brandes*, NZG 2004, S. 642, 643.

627 Vgl. dazu ausführlich *Fleischer* AcP 204 (2004), S. 502, 530ff; *ders.* RIW 2004, S. 16, 20f. sowie *Brandes*, NZG 2004, S. 642, 647ff.

- **Deutsche SE:** Ein Leitungsorgansmitglied einer deutschen SE darf gem. § 76 Abs. 3 S. 1 AktG nur eine natürliche und unbeschränkt geschäftsfähige Person sein, und diese Person darf nach § 76 Abs. 3 S. 2 AktG nicht unter dem Einwilligungsvorbehalt des § 1903 BGB stehen.[628] Außerdem können nach § 76 Abs. 3 S. 3 AktG die Personen, die in den letzten 5 Jahren wegen einer Insolvenzstraftat nach den §§ 283 bis 283 d StGB verurteilt worden sind, kein Leitungsorgansmitglied sein. Über den o.g. Regelungsgehalt hinaus sieht Art. 47 Abs. 2 lit. b SE-VO auch noch weitere Bestellungshindernisse vor. In diesem Zusammenhang sind gemäß § 76 Abs. 3 S. 4 AktG auch diejenigen Personen ausgeschlossen, die einem gerichtlichen oder behördlichen Berufs- oder Gewerbeverbot unterliegen, dessen Gegenstand (teilweise) mit dem Unternehmensgegenstand der SE übereinstimmt.[629] Die Dauer des Ausschlusses richtet sich nach der Dauer des Verbots und kann daher unter Umständen unbegrenzt sein. Die 5-Jahresfrist des § 76 Abs. 3 Satz 3 AktG gilt insoweit nicht entsprechend.[630] Außerdem sind gem. Artt. 55 Abs. 2, 66 GG der Bundespräsident und die Bundesregierungsmitglieder als Leitungsorgansmitglieder ausgeschlossen. Das gilt für die Landesregierungsmitglieder einiger Bundesländer nach deren Länderverfassungen entsprechend.[631]
- **Britische SE:** Anders als das deutsche Recht beschränkt das britische Recht nicht die Ernennung Minderjähriger oder Geisteskranker zu Directors. Aber ein *director* darf grundsätzlich nicht älter als 70 Jahre alt sein.[632] Im Zusammenhang mit der Reform des Gesellschaftsrechts soll jedoch eine untere Altersgrenze von 16 Jahren eingeführt werden.[633]Umgekehrt soll das gegenwärtige gesetzliche (aber satzungsdispositive) Höchstalter von 70 Jahren (*Section.* 293 CA 1985)[634] abgeschafft werden[635].

Dabei kann *undischarged bankrupt* nicht ohne gerichtliche Zustimmung ein Leitungsorgansmitglied sein oder werden[636], ebenso nicht, wer nach dem *Company Directors Disqualification Act 1986* (CDDA 1986) als ein Organmitglied dis-

---

628 *Frodermann in JF* (2005), § 5 Rn. 250; *Manz* in *MMS* (2005), Art. 47 SE-VO Rn. 12; *Reichert/Brandes* in MünchKomm/AktG, Art. 47 SE-VO Rn. 5; *Schwarz* (2006), Art. 47 Rn. 27.

629 Näher zu diesen Bestellungshindernissen: *Hüffer,* AktG/7, § 76 Rn. 27; *Kort* in GroßKomm/AktG, § 76 Rn. 212 ff.; *Hefermehl/Spindler* in MünchKomm/AktG, § 76 Rn. 92f. Vgl. zur Geltung für die SE: *Frodermann* in *JF* (2005), § 5 Rn. 248, 250; *Manz* in *MMS* (2005), Art. 47 SE-VO Rn. 12; *Reichert/Brandes* in MünchKomm/AktG, Art. 47 SE-VO Rn. 5; *Schwarz* (2006), Art. 47 Rn. 27.

630 *Wiesner* in MünchHdb/GesR IV, § 20 Rn. 2; *Hefermehl/Spindler* in MünchKomm/AktG, § 76 Rn. 93; *Hüffer*, AktG/7, § 76 Rn. 27.

631 *Reichert/Brandes* in MünchKomm/AktG, Art. 47 SE-VO Rn. 8.

632 Sections 293 CA 1985.

633 Section 141 (1) CLRB und CLRB RIA, S. 15; CLRB EN, para. 285

634 Vgl. zur Geltung für die „britische" SE: *Oliphant* in *JF* (2005), § 16 Rn. 1226; *Manz* in *MMS* (2005), Art. 47 SE-VO Rn. 30. Allgemein näher zu Section 293 CA 1985: *Mayson, French & Ryan* (2006), 15.5.4, 15.6.5; *Pennington,* (2001), S. 660 f., 666.

635 Vgl. Schedule 15 CLRB (Aufhebung von Part 9 CA 1985) und CLRB RIA, S. 14f.

636 Section 11 Company Directors Disqualification Act 1986.

qualifiziert worden ist. Dieses Gesetz gibt dem Gericht in drei Fällen die Befugnis, einem Direktor die Ausübung des Amtes zu untersagen: erstens wegen pflichtwidrigen Handelns im Zusammenhang mit einer *Company,* wie z.B., wenn ein *Direktor* wegen eines Verbrechens[637] der *Company* gegenüber verurteilt wird, oder wenn ein *Direktor* sich des *fraudulent trading* schuldig gemacht hat; zweitens wegen Unfähigkeit, wenn er Direktor einer insolventen *Company* war und wegen seines Verhaltens von der Verwaltung einer *Company* ausgeschlossen werden sollte; drittens, in anderen Fällen, z.B. wenn ein *Direktor* ein nicht entlasteter Gemeinschuldner ist oder sich des *wrongful trading* schuldig gemacht hat.[638]

(3) In der Satzung normierte Voraussetzungen der Organmitgliedschaft

Nach Art. 47 Abs. 3 SE-VO kann die SE auch in der Satzung die weiteren besonderen Eignungsvoraussetzungen der Leitungsorgansmitglieder aber nur für die Anteilseignervertreter, nicht für die von der Arbeitnehmerschaft zu bestellenden Organmitglieder festlegen.

- Deutsche SE: Bei einer „deutschen" SE kann die Satzung - entsprechend der hierzulande h.M.[639] - Eignungsvoraussetzungen einordnen, sofern diese sachbezogen und nicht diskriminierend sind und das Auswahlermessen des Aufsichtsorgans (vgl. Art. 39 Abs. 2 S. 1 SE-VO) nicht unverhältnismäßig einengen.[640] Das Auswahlermessen des Aufsichtsorgans lässt sich dabei aber nicht über Gebühr begrenzen.[641] Zulässig sind insbesondere solche statutarischen Eignungsvoraussetzungen, die im Hinblick auf den Gesellschaftszweck, die Unternehmensart und die Größe der Gesellschaft sowie die Ressortaufgaben der Mitglieder des Leitungsorgans sinnvoll sind. Dazu gehören etwa die für das jeweilige Ressort objektiv notwendige Fachausbildung oder Zuverlässigkeit sowie - etwa bei international tätigen Unternehmen - das Erfordernis von Auslandserfahrungen.[642]

---

637 Nach der englischen strafprozessualen Terminologie handelt es sich um indictable offences, also um Vergehen, die öffentlich angeklagt werden müssen.

638 *Davies* (2003 a), S. 211 ff.; *Hannigan* (2003), S. 315 ff.

639 Vgl. *Hüffer*, AktG/7, § 76 Rn. 26; *Kort* in GroßKomm/AktG, § 76 Rn. 222 ff.; *Hefermehl/Spindler* in MünchKomm/AktG, § 76 Rn. 89; a.A. *Mertens* in KölnerKomm/AktG, § 76 Rn. 117; *Hommelhoff*, BB 1977, S. 322, 324f.

640 Vgl. *Manz* in *MMS* (2005), Art. 47 SE-VO Rn. 9; *Reichert/Brandes* in MünchKomm/AktG, Art. 47 SE-VO Rn. 9. Gegen eine solche Einschränkung aber *Schwarz* (2006), Art. 47 Rn. 46.

641 Vgl. *Hüffer*, AktG/7, § 76 Rn. 26; *Kort* in Großkomm/AktG, § 76 Rn. 222 ff.; *Hefermehl/Spindler* in MünchKomm/AktG, § 76 Rn. 89; *Mertens* in KölnerKomm/AktG, § 76 Rn. 116.

642 *Wiesner* in MünchHdb/GesR IV, § 20 Rn. 7; *Hefermehl/Spindler* in MünchKomm/AktG, § 84 AktG Rn. 23.

- **Britische SE:** Auch nach britischem Recht kann die Satzung Eignungsvoraussetzungen bestimmen.[643]

bb) Anzahl der Leitungsorgansmitglieder

Die Mitgliederzahl für das Leitungsorgan oder die Regeln für ihre Festlegung werden gemäß Art. 39 Abs. 4 S. 1 SE-VO durch die Satzung der SE bestimmt. Die Anzahl der Leitungsorgansmitglieder kann damit aus einer oder mehreren Personen bestehen, da die SE-VO jedem Satzungsgeber die Möglichkeit eröfnet, die Mitgliederzahl des Leitungsorgans grundsätzlich frei in der Satzung zu regeln.[644]

- **Deutsche SE:** In Bezug auf die Zahl der Leitungsorgansmitglieder hat der deutsche Gesetzgeber keine Höchstzahl vorgesehen. § 16 SEAG schreibt aber folgende Regelung vor: „Bei Gesellschaften mit einem Grundkapital von mehr als 3 Mio. Euro hat das Leitungsorgan aus mindestens zwei Personen zu bestehen, es sei denn, die Satzung bestimmt, dass es aus einer Person bestehen soll. § 38 Abs. 2 des SE-Beteiligungsgesetzes bleibt unberührt.“: Im Sinne von S. 1 dieser Regelung muss bei einer nicht mitbestimmten SE das Leitungsorgan aus einem Mitglied oder zwei Mitgliedern bestehen, wenn die Satzung nichts anderes bestimmt; im Gegensatz dazu muss das Leitungsorgan bei einer mitbestimmten SE nach S. 2 i.V.m. § 38 Abs. 2 SEBG unabhängig vom Grundkapital und den Regelungen der Satzung aus mindestens zwei Personen bestehen. Einer von ihnen ist für den Bereich Arbeit und Soziales zuständig; das SEEG überträgt damit das deutsche Recht des Arbeitsdirektors auf die SE, was jedoch europarechtlich problematisch ist.[645]

Wenn es im Leitungsorgan weniger Mitglieder gibt, als es gesetzlich oder satzungsmäßig vorgeschrieben ist, ist das Aufsichtsorgan verpflichtet, fehlende Mitglieder unverzüglich neu zu bestellen. Kann das Aufsichtsorgan nicht oder nicht schnell genug tätig werden, und liegt ein dringender Fall vor, kommt eine Notbestellung nach § 85 AktG in Betracht. Bei einer Überbesetzung des Leitungsorgans, etwa in Folge einer unwirksamen Abberufung, bleibt die SE wirksam vertreten. Anders als bei der Unterbesetzung ist das Aufsichtsorgan handlungsfähig, und deshalb hat das Aufsichtsorgan einen gewissen Ermessensspielraum.[646]

---

643 Vgl. speziell für die „britische" SE: *Morse* (2007), *Palmer's* Company Law 17.034. Allgemein zum britischen Recht: *Morse* (2007), *Palmer's* Company Law 8.013; siehe ferner auch *Davies* (2003 a), S. 308; *Hannigan* (2003), S. 138; *Mayson, French & Ryan* (2006), 15.5.9.

644 Deshalb kann auch in der SE ein Alleinleitungsorgan existieren. Dies wird jedoch bei der Größenordnung einer Europäischen Aktiengesellschaft und der folglich mit dem Amt verbundenen Arbeitsbelastung und Verantwortung meist nicht sinnvoll sein; *Leupold* (1993), S. 86; *Manz* in *MMS* (2005), Art. 39 SE-VO Rn. 48.

645 Dazu siehe C. I. 3. c) cc) (Arbeitsdirektor) in diesem vierten Teil.

646 *Reichert/Brandes* in MünchKomm/AktG, Art. 39 Rn. 22 f.

- **Britische SE:** Hinsichtlich der Mitgliederzahl des Leitungsorgans sieht das britische Recht ebenso wie das deutsche Recht nur eine Mindestzahl vor. Nämlich hat nach *Section*, 282 CA 1985 eine PLC mindestens zwei Direktoren zu haben. Dies gilt nach dem Umsetzungsgesetz (*Regulation* 61 EPCLR 2004) auch für die SE. Bei einer dualistischen SE muss daher das Leitungsorgan aus mindestens zwei Mitgliedern bestehen. Eine Höchstmitgliederzahl ist nicht vorgesehen. Alle weiteren Regelungen hierzu werden der Satzung überlassen.[647]

cc) Amtszeit und Wiederbestellung

Die Amtszeit eines Mitglieds des Leitungsorgans der SE kann nach Art. 46 Abs. 1 SE-VO in beiden Ländern bis zu sechs Jahre betragen, und die Satzung der SE muss zwingend die Amtszeit der Organmitglieder festlegen; eine Ermächtigung zur Abweichung hiervon enthält die Verordnung nicht.[648] Dies gilt sowohl für die deutsche als auch für die britische SE: In Deutschland beträgt aber gemäß § 84 Abs. 1 S. 1 AktG die Höchstdauer der Bestellung der Vorstandsmitglieder einer deutschen AG abweichend von Art. 46 Abs. 1 SE-VO nicht sechs, sondern fünf Jahre. Allerdings ist § 84 Abs. 1 S. 1 AktG aufgrund des Vorrangs der SE-VO auf deutsche SE nicht anwendbar; das britische Recht sieht ohnehin keine gesetzlich zwingende Beschränkung der Amtszeit vor, sondern überlässt die Regelung dieser Frage dem Satzungsgeber. In diesem Zusammenhang stellt sich daher für eine britische SE die Vorrangproblematik gar nicht erst.[649]

Außerdem ist die Wiederbestellung gem. Art. 46 Abs. 2 SE-VO für den in Art. 46 Abs. 1 SE-VO genannten Zeitraum – wie im deutschen AktG auch (§ 84 Abs. 1 S. 2 AktG) - zulässig. Sie erfolgt gem. Art. 50 Abs. 1 durch einen erneuten Beschluss des Aufsichtsorgans. Bezüglich der Frist zur Wiederbestellung für das Leitungsorgansmitglied enthält die SE-VO keine Regelung. Diesbezüglich findet somit § 84 Abs. 1 S. 3 AktG über Art. 9 Abs. 1 c ii SE-VO auf eine deutsche SE Anwendung. Demgemäß können Leitungsorgansmitglieder einer deutschen SE frühesten ein Jahr vor Ablauf ihrer Amtszeit wiederbestellt werden. Bei der britischen SE wird durch den *Combined Code* empfohlen, dass sich alle directors (Leitungsorgansmitglieder) zunächst nach einem Jahr, dann nach jeweils spätestens drei Jahren einer Wiederwahl stellen sollen (A. 7. 1 *Combined Code*). Die zwingende Höchstdauer der SE-VO stellt sicher, dass die Einflussmöglichkeiten des Aufsichtsorgans auf das Leitungsorganshandeln erhalten bleiben. Ansonsten hätten die Leitungsorgansmitglieder bei einer langfristigen oder gar lebenslänglichen Bestellung nichts zu fürchten, weil ihre Bestellung nur bei Vorliegen eines wichtigen Grundes (bei der deutschen SE) widerrufen werden

---

647 Vgl. *DTI,* Consultative Document, 3.45; *DTI,* Results of Consultation, Para. 5 und S. 17.

648 *Frodermann/Jannott,* ZIP 2005, S. 2251; *Hoffmann-Becking,* ZGR 2004, S. 355, 364; *Schwarz* (2006), Art. 46 Rn. 13ff.; *Thümmel*(2005), Rn. 158.

649 Vgl. *Davies* (2003 a), S. 307; *Mayson, French & Ryan* (2006), 15.5.1; *Triebel* (1995), Rn. 720. Eine gewisse Beschränkung ist gesetzlich nur für den Anstellungsvertrag vorgesehen; sofern dieser über einen Zeitraum von mehr als 5 Jahren geschlossen wird, bedarf er i. d. R. der Zustimmung der Hauptversammlung (s. 319 CA 1985).

kann.[650] Auch durch das Vorhandensein einer zeitlichen Begrenzung der Bestellung in regelmäßigen und nicht zu langen Abständen soll dem Aufsichtsorgan die Möglichkeit gegeben werden, die Qualität des Handelns der Leitungsorgansmitglieder zu kontrollieren und daraus Konsequenzen im Sinne einer Beibehaltung als Leitungsorgansmitglied durch Wiederbestellung oder aber gegensätzlich im Sinne einer Beendigung der Bestellung zu ziehen.[651]

b) Abberufung der Leitungsorgansmitglieder

Nach Art. 39 Abs. 2 S. 1 SE-VO werden die Leitungsorgansmitglieder einer SE in beiden Ländern vom Aufsichtsorgan abberufen, weil auch bezüglich der Abberufung in beiden Ländern auf die Ausübung der Option des Art. 39 Abs. 2 S. 2 SE-VO verzichtet wurde. Über die Abberufung entscheidet das Aufsichtsorgan nach Art. 50 Abs. 1 SE-VO mit einfacher Mehrheit. Die SE-VO enthält keine weiteren Regelungen über die Abberufung,[652] weshalb über Art. 9 c ii SE-VO nationales Recht zur Anwendung kommt.

aa) Deutsche SE

(1) Gesetzliche Abberufungsgründe

In einer deutschen SE ist für die Abberufung eines Leitungsorgansmitglieds über die Verweisung des Art. 9 c ii SE-VO gemäß § 84 Abs. 3 AktG ein wichtiger Grund erforderlich.[653] Ob ein wichtiger Grund vorliegt, muss in jedem Einzelfall geprüft werden. Bei der Prüfung des wichtigen Grundes sind nach zutreffender herrschender Meinung die Interessen der Gesellschaft gegen die Interessen des Leitungsorgansmitglieds abzuwägen.[654] Bei dieser Abwägung der wechselseitigen Interessen sind allerdings die Interessen der Gesellschaft überwiegend zu

650 *Hüffer*, AktG/7, § 84 Rn. 1; *Kort* in GroßKomm/AktG, § 84 Rn.57.

651 *Hefermehl/Spindler* in MünchKomm/AktG, § 84 AktG Rn. 3; *Hüffer*, AktG/7, § 84 Rn. 6; *Kort* in GroßKomm/AktG, § 84 Rn. 57.

652 Eben so wie die Bestellung zum Vorstandsmitglied erfolgt der Widerruf durch Beschluss des Aufsichtsrats nach § 108 AktG. Ist der Beschluss fehlerhaft, so ist auch der Widerruf unwirksam.

653 Ob die Abberufung frei oder nur aus wichtigem Grund erfolgen kann, ist umstritten. Die Frage ist von entscheidender Bedeutung für die Machtposition des Aufsichtsorgans. Dagegen: *Theisen/Hölzl* in *Theisen/Wenz* (2005) S.266 („Von grundsätzlicher Bedeutung ist die Tatsache, dass nach Art. 39 Abs. 2 SE-VO der Vorstand auch ohne wichtigen Grund abberufen werden kann.“); *Rasner*, ZGR 1992, S. 314, 322; *Leupold* (1993), S. 84 f.; *Manz* in *MMS* (2005), S.419 f. Dafür: *Hommelhoff*, AG 2001, S. 279, 283; *v. Werder*, RIW 1997, S. 304, 308 hält die Abberufung nur bei Vorliegen eines wichtigen Grundes für zulässig; *Gutsche* (1994), S. 78-81(Solange die Mitgliedstaaten nicht von der Ermächtigung gem. Art. 39 Abs. 2 S. 2 SE-VO Gebrauch machen, abweichende einzelstaatliche Regelung treffen zu können, liegt damit im Vergleich zu einer deutschen AG ein beachtliches Droh- und Sanktionspotenzial gegen das Leitungsorgan vor, was zu dessen Machteinschränkung führt.).

654 *Mertens* in KölnKomm/AktG, § 84 Rn. 103; *Janzen*, NZG 2003, S.468, 470.; *Hüffer*, AktG/7, § 84 Rn. 26.

beachten.[655] Bei der Prüfung über das Vorliegen eines wichtigen Grundes kommt dem Aufsichtsorgan kein Beurteilungsspielraum zu.[656] Dieser wichtige Grund ist daher vollen Umfangs gerichtlich überprüfbar.[657]
Als in Einzelfällen wichtiger Grund kann gem. § 84 Abs. 3 S. 2 AktG folgendes in Betracht kommen:
- **Grobe Pflichtverletzungen:** Als grobe Pflichtverletzung wurden in der Rechtssprechung „Schädigung des Ansehens der Gesellschaft durch anrüchige Spekulationsgeschäfte[658], strafbare Handlungen, auch im privaten Bereich[659], mangelnde Offenheit gegenüber dem Aufsichtsorgan[660], Aneignung von Gesellschaftsvermögen[661], unangemessene hohe Verschuldung[662], erst recht persönliche Insolvenz oder Offenbarungsversicherung, Fälschung von Belegen[663], Fehlen der gewerberechtlichen Zuverlässigkeit oder ihres Nachweises[664]" angesehen.
- **Unfähigkeit zu ordnungsgemäßer Geschäftsführung:** Bei der Unfähigkeit zur Geschäftsführung kann Folgendes an persönlichen Gründen als Beispiel aufgenommen werden: „Fehlen notwendiger Kenntnisse[665]; unzureichendes Risikomanagement bei KI[666]; Unverträglichkeit, die kollegiale Zusammenarbeit gefährdet oder gar ausschließt[667]; langdauernde Krankheit; Fehlen von Fähigkeiten zur Bewältigung von Sonderlagen, etwa in Sanierungsfällen[668]"[669]. Vorausgesetzt, dass Schranken der Beurteilung des Leitungsorgans gewährt bleiben, gehört ein Dissens mit dem Aufsichtsorgan über die strategische Ausrichtung des Unternehmens nicht in diese Kategorie.[670]
- **Vertrauensentzug durch die Hauptversammlung:** In § 84 Abs. 3 S. 2, 3. Fall AktG ist der Vertrauensentzug durch die Hauptversammlung als wichtiger Grund für den Widerruf der Bestellung vorgegeben, es sei denn, das Vertrauen ist aus offenbar unsachlichen Gründen entzogen worden. Eine zusätzliche Begründung neben dem Vertrauensentzug ist nicht erforderlich. Selbst wenn dem Leitungsorgansmitglied keinerlei persönlicher Vorwurf zu machen ist und es bei Meinungsverschiedenheiten über wesentliche Unternehmensentscheidungen so-

---

655 *Säcker* (1981), S. 745 ff; *Mertens* in KölnKomm/AktG, § 84 Rn. 103; *Hüffer*, AktG/7, § 84 Rn. 26.
656 *Hüffer*, AktG/7, § 84 Rn. 26.
657 *Hüffer*, AktG/7, § 84 Rn. 26.
658 BGH WM 1956, 865.
659 BGH NJW 1956, 1513 (Teilabdruck)=LM BGB § 626 Nr. 8.
660 BGHZ 20, 239, 246=NJW 1956, 906; öOGH AG 2001, 100, 104).
661 BGH WM 1984, 29 f.; OLG Stuttgart AG 2003, 211, 213.
662 OLG Hamburg BB 1954, 978.
663 OLG Hamm GmbHR 1985, 119.
664 OLG Stuttgart GmbHR 1957, 212 f.
665 OLG Stuttgart GmbHR 1957, 59, 60.
666 § 25 a KWG; LG Berlin, AG 2002, 682, 683 f.
667 BGH WM 1984, 29 f; öOGH a.a.O. S. 103 reSp; OLG Köln, ZIP 1987, 1120.
668 *Semler* (1996), S. 132 f.
669 *Hüffer*, AktG/7, § 84 Rn. 28.
670 *Hüffer*, AktG/7, § 76 Rn 12 ff.

gar objektiv im Recht ist, genügt der Vertrauensentzug durch die Hauptversammlung.[671] Die Machtbefugnisse des Leitungsorgans der inneren Berechtigung aus § 76 Abs. 1 AktG sind nur zu rechtfertigen, solange die Leitungsorgansmitglieder das Vertrauen der Hauptversammlung nicht verlieren.[672] Die Möglichkeit der Hauptversammlung, dem Leitungsorgansmitglied das Vertrauen zu entziehen und damit den Widerruf seiner Bestellung zu ermöglichen, darf als Ausdruck der Machtbalance zwischen den Gesellschaftsorganen angesehen werden.

Der Vertrauensentzug bedarf nach h.M. wenigstens grundsätzlich eines Beschlusses der Hauptversammlung, der vor Ausspruch des Widerrufs gefasst wird. Er lässt sich also nicht als Genehmigung erteilen. Beschlusserfordernis folgt aus § 118 Abs. 1 AktG über Art. 9 Abs. 1 c ii SE-VO.

(2) Außergesetzliche Beendigungsgründe

Für die Abberufung der Leitungsorgansmitglieder einer deutschen SE gelten außer § 84 Abs. 3 AktG die außergesetzlichen Maßnahmen über Art. 9 c ii SE-VO.

1) Amtsniederlegung

Nach allgemeiner Ansicht kann ein Leitungsorgansmitglied genauso ein Vorstandsmitglied einer AG bei Vorliegen eines wichtigen Grundes sein Amt niederlegen. Diese einseitig erklärte Amtsniederlegung des Leitungsorgansmitglieds, das Organverhältnis nicht mehr fortsetzen zu wollen, ist gem. § 112 AktG an die Gesellschaft vertreten durch das Aufsichtsorgan zu richten; Zugang bei einem Aufsichtsorgansmitglied reicht aus.[673]

Die Amtsniederlegung ist unabhängig davon, ob tatsächlich ein wichtiger Grund vorgelegen hat, wirksam; in jedem Falle wird die Abberufung wirksam entsprechend § 84 Abs. 3 S. 4 AktG und führt zum Erlöschen der Organstellung.[674] Der Anstellungsvertrag des Leitungsorgansmitglieds wird hierdurch grundsätzlich nicht berührt, wenn er nicht gleichzeitig ebenfalls gekündigt wird; trotz der Amtsniederlegung besteht dieser unverändert weiter.[675] Gegebenfalls kann die Gesellschaft jedoch gegen das Leitungsorgansmitglied Schadensersatzansprüche wegen Amtsniederlegung zur Unzeit geltend machen und den Anstellungsvertrag wegen unberechtigter Amtsniederlegung aus wichtigem Grund fristlos kündigen.[676]

---

671 BGHNJW 1975, 1657 = AG 1975, 242; *Säcker* (1981), S. 745, 746 ff.; *Hüffer*, AktG/7, § 84 Rn. 29.

672 BGHZ, 13 188, 192 f =NJW 1954, 998;BGH NJW 1975, 1657(Teilabdruck) = AG 1975, 242; *Säcker* (1981), S. 745, 746 ff.; *Hüffer*, AktG/7, § 84 Rn. 29; *Hefermehl/Spindler* in MünchKomm/AktG, § 84 Rn. 104.

673 *Hüffer*, AktG/7, § 84 Rn. 36, § 112 Rn. 4; BGH NZG 2002, S. 43, 44 zur GmbH.

674 *Hüffer*, AktG/7, § 84 Rn. 36.

675 *Hüffer*, AktG/7, § 84 Rn. 36.

676 BGHZ 78, 82, 88 (für die GmbH); BGH NJW 1978, 1435, 1436 (für die GmbH); BGH AG 1984, S. 266.

2) Einvernehmliche Beendigung der Bestellung

Eine einvernehmliche Aufhebung des Leitungsorgansmitglieds einer SE ist genauso wie beim Vorstandsmitglied einer deutschen AG stets möglich und bedarf keines wichtigen Grundes.[677] Die Entscheidung hierfür bedarf jedoch auf Seiten der Gesellschaft eines Beschlusses des Gesamtaufsichtsorgans gem. § 108 AktG und kann jedoch nach dem Rechtsgedanken des § 107 Abs. 3 S. 2 AktG nicht auf einen Ausschuss übertragen werden.[678]

3) Weitere Beendigungsgründe

Die weiteren Beendigungsgründe für die Organstellung eines Leitungsorgansmitglieds sind die Befristung der Organstellung (Art. 46 SE-VO), der Tod des Leitungsorgansmitglieds, der Verlust der unbeschränkten Geschäftsfähigkeit (Art. 47 Abs. 2 a, § 76 Abs. 3 S. 1 AktG) und das Erlöschen bzw. die Umwandlung (Formwechsel, Spaltung, Verschmelzung) der Gesellschaft.[679]

bb) Britische SE

Ebenso wie in Deutschland erfolgt in Großbritannien die Abberufung der Leitungsorgansmitglieder durch das Aufsichtsorgan (Art. 39 Abs. 2 S. 1 SE-VO). In Bezug auf die reguläre Abberufung gibt es jedoch einen auffälligen Unterschied: Jedes Leitungsorgansmitglied einer britischen SE kann über Art. 9 Abs. 1 c ii SE-VO gemäß *Section* CA 1985 ohne wichtigen Grund jederzeit abberufen werden. Diese Abberufbarkeit ohne Beschränkung führt zu einer vergleichsweise schwächeren Stellung der Leitungsorgansmitglieder der britischen SE.

Die Möglichkeit der Amtsniederlegung[680] und einvernehmlichen Aufhebung[681] ist ebenso wie in Deutschland möglich. Weitere Beendigungsgründe richten sich auch in Ermangelung einer Regelung in der SE-VO nach dem nationalen Recht über die Verweisung des Art. 9 Abs. 1 c ii SE-VO. Als weitere Beendigungsgründe für die Organstellung eines Leitungsorgansmitgliedes werden ebenso wie in Deutschland die Befristung der Organstellung (Art. 46 SE-VO), der Tod des Leitungsorgansmitglieds, der Verlust der unbeschränkten Geschäftsfähigkeit

---

677 OLG Karlsruhe AG 1996, S. 224, 227 liSp; *Wiesner* in MünchHdb/GesR IV, § 20 Rn. 56; *Krieger* (1981), S 147 m.w.N.; *Hüffer*, AktG/7, § 84 Rn. 37.

678 BGHZ 79, 38, 43 f = NJW 1981, 757; *Wiesner* in MünchHdb/GesR IV, § 20 Rn. 56; *Hüffer*, AktG/7, § 84 Rn. 37.

679 *Wiesner* in MünchHdb/GesR IV, § 20 Rn. 57 f; *Hefermehl/Spindler* in MünchKomm/AktG, § 84 Rn. 167 f.; *Reichert/Brandes* in MünchKomm/AktG., Art. 39 SE-VO Rn. 36.

680 Vgl. auch Regulation 81(d) Table A; allgemein zur Amtsniederlegung *(resignation)* bei britischen Gesellschaften: *Hannigan,* Company Law, S. 162; *Mayson, French & Ryan* (2006), 15.6.4.

681 Im britischen Recht wird dies zwar nirgends diskutiert; vor dem Gestaltungsfreiheitsprinzip als einer Besonderheit des britischen Gesellschaftsrechts dürfte einer einvernehmlichen Aufhebung allerdings ebenfalls nichts entgegenstehen; so auch *Schmidt, J.* (2006), S. 516 Fn. 2273.

(Art. 47 Abs. 2 a SE-VO, § 76 Abs. 3 S. 1 AktG)[682] und das Erlöschen bzw. die Umwandlung (Formwechsel, Spaltung, Verschmelzung) der Gesellschaft erwähnt.[683] Dabei können bei einer britischen SE anders als in Deutschland noch weitere Beendigungsgründe in der Satzung festgelegt werden.[684]

3. Innere Organisation

Was die innere Organisation des Leitungsorgans betrifft, beinhaltet die SE-VO nur Vorgaben in Bezug auf die Beschlussfähigkeit und Beschlussfassung (Art. 50 SE-VO), wobei auch ein Vorsitzender des Leitungsorgans erwähnt wird. Sämtliche andere Fragen sind daher mangels Regelung nach Art. 9 Abs. 1 c ii SE-VO nach dem nationalen Recht des Sitzstaates der SE zu beantworten.

a) Geschäftsordnung des Leitungsorgans

Die Geschäftsordnung als die rechtliche Basis für das Leitungsorganshandeln gibt den Leitungsorgansmitgliedern einen Grundsatz für das tägliche Geschäft, erleichtert die Zusammenarbeit und leitet sie in vorhersehbare Bahnen. Damit trägt sie zur Minimierung der Risiken unternehmerischen Handelns bei.[685] Eine Geschäftsordnung für das Leitungsorgan findet sich schon heute in der Mehrzahl der großen deutschen Publikumsgesellschaften.[686]

aa) Deutsche SE

(1) Zuständigkeit zum Erlass

In Deutschland kann sich das Leitungsorgan nach Art. 50 Abs. 1 b SE-VO selbst eine Geschäftsordnung durch Beschlussfassung mit einfacher Mehrheit geben, es sei denn, dass die Satzung dem Aufsichtsorgan den Erlass einer Geschäftsordnung übertragen hat oder das Aufsichtsorgan eine Geschäftsordnung für das Leitungsorgan erlässt.[687] Also ist seine Erlasszuständigkeit nur subsidiär gegenüber der Erlasszuständigkeit des Aufsichtsorgans.[688] Beim Erlass einer Geschäftsordnung durch das Aufsichtsorgan wird die Zuständigkeit des Leitungsorgans aufgehoben. Wenn sich das Leitungsorgan bereits selbst eine Geschäftsordnung gegeben hat, so tritt sie automatisch mit dem Erlass einer Geschäfts-

---

682 *Hefermehl/Spindler* in MünchKomm/AktG, § 84 Rn. 99; a. A. *Mertens* in KölnKomm/AktG, § 84 Rn. 103.

683 *Wiesner* in MünchHdb/GesR IV, § 20 Rn. 57 f.; *Hefermehl/Spindler* in MünchKomm/AktG, § 84 Rn. 167 f.; *Reichert/Brandes* in MünchKomm/AktG, Art. 39 SE-VO Rn. 36.

684 *Morse* (2007), *Palmer's* Company Law 8.020 f.; *Hannigan* (2003), S. 162.

685 *Ringleb* in *Ringleb/Kremer/Lutter/v. Werder* (DCGK 2005), Rn. 684 f.

686 *Ringleb* in *Ringleb/Kremer/Lutter/v. Werder* (DCGK 2005), Rn. 684 f.; zum Muster einer typisierten Geschäftsordnung für den Vorstand *Ringleb* in *Ringleb/Kremer/Lutter/v. Werder* (DCGK 2005), S. 348 ff.

687 *Mertens* in KölnKomm/AktG, § 77 Rn. 43; *Wiesner* in MünchHdb/GesR IV, § 22 Rn. 18.

688 *Kort* in GroßKomm/AktG, § 77 Rn. 65; *Hüffer*, AktG/7, § 77 Rn. 19; *Hoffmann-Becking*, ZGR 1998, S. 497, 501 ff.; *Hefermehl/Spindler* in MünchKomm/AktG, § 77 Rn. 3.

ordnung durch das Aufsichtsorgan außer Kraft.[689] Die Satzung kann auch regeln, dass eine Geschäftsordnung, die sich das Leitungsorgan selbst gibt, der Zustimmung des Aufsichtsorgans bedarf. Unzulässig sind aber Satzungsregelungen, die dem Leitungsorgan die Erlasszuständigkeit zuweisen.[690]

(2) Regelung der Einzelfragen der Geschäftsordnung durch die Satzung

Nach § 77 Abs. 2 S. 2 AktG kann die Satzung Einzelfragen der Geschäftsordnung bindend regeln, z.B. eine Geschäftsverteilung bestimmen oder Regelungen über die Sitzungen, die Bildung von Ausschüssen und für die Zusammenarbeit im Leitungsorgan treffen.[691] An die satzungsmäßige Regelung solcher Einzelfragen sind Leitungsorgan und Aufsichtsorgan beim Erlass einer Geschäftsordnung gebunden, vorausgesetzt, dass sie von ihrer Zuständigkeit Gebrauch machen.[692] Hinsichtlich des Wortlautes („Einzelfragen“) von § 77 Abs. 2 S. 2 AktG existieren jedoch verschiedene Auffassungen; es lassen sich drei Auffassungen ausmachen, namentlich erstens, dass die Satzung selbst die Geschäftsordnung für das Leitungsorgan vollständig enthalten könne, zweitens, dass die Satzung den Inhalt der Geschäftsordnung praktisch weitgehend vorwegnehmen könne[693] und drittens, dass ein Kernbereich organisatorischer Flexibilität unverzichtbar und insoweit satzungsfeste Zuständigkeit von Leitungsorgan und Aufsichtsorgan anzunehmen sei.[694] Die dritte Auffassung entspricht dem Wortlaut des § 77 Abs. 2 S.2 AktG und trägt dem Recht der Verwaltung (Leitungsorgan und Aufsichtsorgan) zur Selbstorganisation angemessen Rechnung.[695]

(3) Form und Inhalt

Die Geschäftsordnung als eine normative Regelung der Willensbildung und Zusammenarbeit im Leitungsorgan für eine längere Zeit ist schriftlich niederzulegen.[696] Doch ist die eigenhändige Unterschrift der am Erlass der Geschäftsordnung für das Leitungsorgan beteiligten Personen (§ 126 BGB) nicht erforder-

---

689 *Kort* in GroßKomm/AktG, § 77 Rn. 70; *Hüffer*, AktG/7, § 77 Rn. 22; *Hoffmann-Becking*, ZGR 1998, S. 497, 501.

690 *Wiesner* in MünchHdb/GesR IV, § 22 Rn. 18.

691 *Hefermehl/Spindler* in MünchKomm/AktG, § 77 Rn. 44.

692 *Hüffer*, AktG/7, § 77 Rn. 20; *Hefermehl/Spindler* in MünchKomm/AktG, § 77 Rn. 44; *Kort* in GroßKomm/AktG, § 77 Rn. 72.

693 *Immenga*, ZGR 1977, S. 249, 248.

694 *Kort* in GroßKomm/AktG, § 77 Rn. 72; *Hefermehl/Spindler* in MünchKomm/AktG, § 77 Rn. 44; *Hoffmann-Becking*, ZGR 1998, S. 497, 495; *Mertens* in KölnerKomm/AktG, § 77 AktG Rn. 44; *Hüffer*, AktG/7, § 77 AktG Rn. 20.

695 *Kort* in GroßKomm/AktG, § 77 Rn. 72; *Hüffer*, AktG/7, § 77 AktG Rn. 20.

696 *Hüffer*, AktG/7, § 77 Rn. 21; *Kort* in GroßKomm/AktG, § 77 Rn. 78; *Mertens* in Köln-Komm/AktG, § 77 Rn. 40.

lich.[697] Erlässt das Aufsichtsorgan eine Geschäftsordnung, ist sein Beschluss nach § 107 Abs. 2 AktG in die Sitzungsniederschrift aufzunehmen.[698]
In Bezug auf den Inhalt der Geschäftsordnung für das Leitungsorgan wird im § 77 Abs. 2 AktG nicht geregelt, was inhaltlicher Gestaltung durch die Geschäftsordnung zugänglich ist; damit besteht Gestaltungsfreiheit.[699] Diesbezüglich empfiehlt der DCGK, dass die Geschäftsordnung die Geschäftsverteilung und die Zusammenarbeit im Leitungsorgan regeln soll (Ziffer 4.2.1 DCGK). Daraus schlägt der Kodex nicht nur die rein praktische Geschäftsverteilung unter den verschiedenen Leitungsorgansmitgliedern vor, sondern empfiehlt gleichzeitig, das gesetzliche Modell der grundsätzlichen Gesamtgeschäftsführung durch eine flexiblere Einzelgeschäftsführung mit oder ohne funktionsbezogene, spartenbezogene, lokale, regionale oder auch sachliche Beschränkung zu ersetzen.[700] Die Geschäftsordnung kann ferner allgemeine Regelung über die vorstandsinterne Zusammenarbeit (Sitzungsmodalitäten, Vertretungsordnung, Informationswesen, Bildung von Ausschüssen) sowie über das Zusammenwirken von Leitungs- und Aufsichtsorgan festlegen.[701]

(4) Geltungsdauer

Die Geschäftsordnung gilt, bis sie geändert oder aufgehoben wird.[702] Hier ist zu berücksichtigen, dass das Aufsichtsorgan eine einmal vom Leitungsorgan gegebene Geschäftsordnung nicht ändern kann, sondern in diesem Fall kraft seiner vorrangigen Erlasskompetenz eine neue, eigenständige Geschäftsordnung erlassen muss.[703] Ansonsten gingen die Kompetenzabgrenzung und Verantwortlichkeit für sachgerechte Organisation durcheinander.[704] Allerdings kann diese vom Aufsichtsorgan neu erlassene Geschäftsordnung Elemente der alten, vom Leitungsorgan erlassenen Geschäftsordnung enthalten.[705] Die Geltung einer Geschäftsordnung endet nicht mit der Bestellung eines neuen Leitungsorgansmitglieds, weil die Geltungsdauer einer vom Leitungsorgan erlassenen Geschäftsordnung von jeweiligen personellen Zusammensetzungen des Leitungsorgans

697 *Hüffer*, AktG/7, § 77 Rn. 21; *Kort* in GroßKomm/AktG, § 77 Rn. 78; *Wiesner* in MünchHdb/GesR IV, § 20 Rn.20; *Mertens* in Kölner Komm/AktG, § 77 Rn. 40.

698 *Kort* in GroßKomm/AktG, § 77 Rn. 78; *Wiesner* in MünchHdb/GesR IV, § 20 Rn.20.

699 *Hüffer*, AktG/7, § 77 Rn. 21; *Kort in* GroßKomm/AktG, § 77 Rn. 80; *Wiesner* in MünchHdb/GesR IV, § 20 Rn.17; *Mertens* in KölnKomm/AktG, § 77 Rn. 39.

700 *Ringleb* in *Ringleb/Kremer/Lutter/v. Werder* (DCGK 2005), Rn. 688.

701*Hefermehl/Spindler* in MünchKomm/AktG, § 77 Rn. 39; *Hüffer*, AktG/7, § 77 Rn. 21; *Mertens* in KölnKomm/AktG, § 77 Rn. 39 ff.; *Ringleb* in *Ringleb/Kremer/Lutter/v. Werder* (DCGK 2005), Rn. 688; zum Muster einer typisierten Geschäftsordnung für den Vorstand *Ringleb* in *Ringleb/Kremer/Lutter/v. Werder* (DCGK 2005), S. 348 ff.

702 *Hüffer*, AktG/7, § 77 Rn. 22.

703 *Hüffer*, AktG/7, § 77 Rn. 22; *Wiesner* in MünchHdb/AktG, § 22 Rn. 19; *Mertens* in KölnKomm/AktG, § 77 Rn. 45.

704 RegBegr bei *Kropff* S. 99; *Hüffer*, AktG/7, § 77 Rn. 22; *Mertens* in KölnKomm/AktG, § 77 Rn. 45.

705 RegBegr bei *Kropff* S. 100.

nicht abhängig ist.[706] Es wird aber gefordert, dass das neue Leitungsorgansmitglied der Geschäftsordnung ausdrücklich oder konkludent zustimmt.[707]

bb) Britische SE

Anders als im deutschen Recht sind im britischen Recht dem § 77 Abs. 2 S.1 AktG vergleichbare Regelungen nicht vorhanden. Der Erlass einer förmlichen Geschäftsordnung ist aber im Rahmen der Gestaltungsautonomie durchaus möglich. Deshalb existiert hier nicht nur hinsichtlich des Inhalts, sondern auch in Bezug auf die Erlasskompetenz keine Grenze, wenn von der Satzung gar nichts begrenzt ist. In Großbritannien wird aber gewöhnlich diese Geschäftsordnung vom *board of directors* selbst geregelt, sofern die Satzung nichts anderes bestimmt.[708] Daraus lässt sich ableiten, dass bei der britischen SE die Erlasskompetenz der Geschäftsordnung nach der Satzungsbestimmung nicht nur dem Leitungsorgan, sondern auch dem Aufsichtsorgan gegeben werden kann.

b) Beschlüsse

aa) Beschlussfähigkeit und Vertretung

Nach Art. 50 Abs. 1 a SE-VO ist das Leitungsorgan beschlussfähig, wenn die Summe der anwesenden oder vertretenen Mitglieder mindestens die Hälfte der Anzahl der existierenden Organmitglieder beträgt, sofern in der Verordnung oder der Satzung nichts anderes bestimmt ist. Diese Regelung ist aber ausdrücklich satzungsdispositiv.[709] Diese Regelung ist dem deutschen Recht neu, weil die Beschlüsse eines zur Gesamtgeschäftsführung befugten Vorstands einer AG der Zustimmung sämtlicher (nicht nur der anwesenden) Mitglieder bedarf, während das britische Recht nirgends ein zwingendes Quorum vorsieht. Aber die Anwendung einer von der SE-VO abweichenden nationalen Regelung kommt wegen des Vorrangs der SE-VO und darauf basierender Satzungsregelungen nicht in Betracht.

Dabei erlaubt diese SE-VO die Vertretung eines Organmitglieds bei der Beschlussfassung. Das folgt daraus, dass nicht nur Art. 50 Abs. 1 a SE-VO, sondern auch Art. 50 Abs. 1 b SE-VO jeweils ausdrücklich das Wort von „anwesend oder vertreten" erwähnen. Bei der Beschlussfassung im Vorstand einer deutschen AG ist aber eine Vertretung nicht zulässig. Jedenfalls wegen des Vorrangs der SE-VO gilt dies nicht für eine deutsche SE. Dagegen spielt diese Frage

---

706 *Hüffer*, AktG/7, § 77 Rn. 22; *Wiesner* in MünchHdb/GesR IV, § 22 Rn. 19; *Mertens* in KölnKomm/AktG, § 77 Rn. 4; *Hoffmann-Becking*, ZGR 1998, 497, 500; *Kort* in GroßKomm/AktG, § 77 Rn. 75.

707 *Hüffer*, AktG/7, § 77 Rn. 22; *Mertens* in KölnKomm/AktG, § 77 Rn. 4; *Hoffmann-Becking*, ZGR 1998, 497, 500; a.A. *Wiesner* in MünchHdb/GesR, § 22 Rn. 19; *Kort* in GroßKomm/AktG, § 77 Rn. 75.

708 *Triebel* (1995), Rn. 717.

709 *Frodermann* in *JF* (2005), § 5 Rn. 123, 126; *Manz* in *MMS* (2005), Art. 50 SE-VO Rn. 9; *Reichert/Brandes* in MünchKomm/AktG, Art. 50 SE-VO Rn. 10; *Schwarz* (2006), Art. 50 Rn. 15 ff.

im britischen Recht keine Rolle, weil dort eine Vertretung durchaus zulässig ist.[710]

bb) Beschlussfassung mit dem Mehrheitsprinzip und Abweichung

Für die Beschlussfassung gilt das einfache Mehrheitsprinzip, wenn die Satzung keine abweichenden Bestimmungen enthält. In diesem Zusammenhang hat das deutsche AktG eine hiervon abweichende Regelung, denn der Vorstand einer deutschen AG kann seine Entscheidung mangels anderweitiger Satzungsregelungen nur einstimmig treffen.[711] Das Prinzip der Gesamtgeschäftsführung, das in § 77 Abs. 1 S. 1 AktG geregelt ist, wird daher durch die Regelung in Art. 50 Abs. 1 SE-VO verdrängt[712]. Gegenüber der Gesamtgeschäftsführung, die einstimmige Entscheidungen erfordert und die beim gesetzlichen Einstimmigkeitserfordernis des § 77 Abs. 1 S. 1 AktG zu einer Schwerfälligkeit des Vorstandshandelns führt, bietet die Geschäftsführung mit dem Mehrheitsprinzip (Art. 50 Abs. 1 SE-VO) den Vorteil, dass nicht nur Geschäftsführungsmaßnahmen nicht von einem einzigen Organmitglied boykottiert werden können, sondern dass auch angesichts der Meinungsbildung und Interessendurchsetzung flexiblere Lösungen gefunden werden können. Die Entscheidung mit einfacher Mehrheit erweitert und sichert die Handlungsfähigkeit des Organs.[713] Dagegen hat diese Regelung für Großbritannien keine Bedeutung, da dort nur die Mustersatzung in *Regulation* 88 *Table* A CA 1985 die Beschlussfassung mit einfacher Mehrheit vorsieht.[714]

Gem. Art. 50 Abs. 1 SE-VO kann die Form der Beschlussmehrheit für die Organe der SE grundsätzlich durch Satzung geregelt werden, soweit sich auf Grund der Vorgaben der Verordnung keine zwingenden anderen Mehrheitserfordernisse ergeben. Somit stehen als in der Satzung zu regelnde Optionen zur Verfügung: Beschlussfassung durch Mehrheit der abgegebenen Stimmen,[715] Einstimmigkeit und qualifiziertes Mehrheitserfordernis[716] und Vetorecht des Leitungsorgansvorsitzenden[717].

---

710 *Morse* (2007), *Palmer's* Company Law 8.307.

711 Allerdings § 77 abs. 1 S. 2 erster Halbsatz AktG sieht vor, dass die Satzung oder die Geschäftsordnung des Vorstands vom Einstimmigkeitsprinzip abweichen können. Eine andauernde konkludente Abweichung vom gesetzlichen Einstimmigkeitsprinzip nach § 77 Abs. 1 S. 1 AktG ist aus Rechtssicherheitsgründen nicht zulässig; *Kort* in GroßKomm/AktG, § 77 AktG Rn. 20.

712 *Reichert/Brandes* in MünchKomm/AktG., Art. 50 SE-VO Rn. 1 und Rn. 9 ff.

713 *Geßler/Hefermehl* in MünchKomm/AktG, Rn 7 und 16; *Kort* in GroßKomm/AktG, § 77 Rn. 20.

714 Vgl. *Morse* (2007), *Palmer's* Company Law 8.037.

715 *Reichert/Brandes* in MünchKomm/AktG, Art. 50 SE-VO Rn. 21.

716 *Reichert/Brandes* in MünchKomm/AktG, Art. 50 SE-VO Rn. 22 ff.

717 Dazu unten C. I. 3. c) aa) (1) 3) in diesem vierten Teil.

cc) Formen

Hinsichtlich der Formen der Beschlussfassung findet sich in der SE-VO keine Regelung. Daher bestimmt sich die Form nach nationalem Recht über Art. 9 Abs. 1 c ii SE-VO. Somit kann in einer deutschen SE die Beschlussfassung mündlich oder schriftlich erfolgen.[718] Eine Beschlussfassung per Internet oder Intranet sowie eine bloß mündliche, telefonische oder sogar eine konkludente Beschlussfassung sind vielmehr möglich,[719] und zwar sogar unabhängig von den Vorschriften der Geschäftsordnung über Leitungsorgansitzungen (§ 77 Abs. 2 AktG).[720] Dagegen kann die britische SE diese Form frei in der Satzung bestimmen, weil das britische Recht diesbezüglich nichts vorsieht.[721]

c) Bestellung besonderer Leitungsorgansmitglieder zu innerer Organisation

aa) Leitungsorgansvorsitzender

Die Wahl eines Leitungsorgansvorsitzenden lässt sich aus Art. 50 Abs. 2 SE-VO ableiten, obwohl die SE-VO das Amt eines Leitungsorgansvorsitzenden anders als bei dem Aufsichts- und dem Verwaltungsorgan (jeweils Art. 42 und 45 SE-VO) nicht zwingend vorsieht.[722] Darüber hinaus finden sich jedoch keine weiteren Regelungen in der SE-VO. Deshalb kommt über Art. 9 Abs. 1 c ii SE-VO das Sitzstaatrecht der SE zu Anwendung.

(1) Deutsche SE

Gem. § 84 Abs. 2 AktG kann das Aufsichtsorgan einen Vorsitzenden des Leitungsorgans durch einen Beschluss des Aufsichtsorgans ernennen, wenn das Leitungsorgan aus mehreren Personen besteht. Gem. Art. 50 Abs. 2 1 b SE-VO fällt das Aufsichtsorgan seinen Beschluss mit einfacher Mehrheit. Diese Ernennung des Leitungsorgansvorsitzenden ist allerdings nicht zwingend.[723] Eine Delegation auf einen Ausschuss ist gem. § 107 Abs. 3 S. 2 AktG ausgeschlossen. Das Leitungsorgan kann aber nicht von sich aus einen Leitungsorgansvorsitzenden ernennen.[724] Das Aufsichtsorgan kann nach § 84 Abs. 3 S. 1 AktG seine Ernennung ebenso wie die Bestellung zum Leitungsorgansmitglied widerrufen, wenn ein wichtiger Grund vorliegt.[725] Er ist nach § 80 Abs. 1 S. 2 AktG auf den Geschäftsbriefen der Gesellschaft und im Anhang des Jahresabschusses (§ 285

718 BGH, WM 1960, 1248, 1249; *Geßler/Hefermehl* in MünchKomm/AktG, § 77 Rn. 4.

719 OLG Frankfurt/M, ZIP 1986, 1244, 1245.

720 *Hüffer*, AktG/7, § 77 Rn. 2.

721 Zur Beschlussfassung durch das board of directors: *Mayson, French& Ryan* (2006), 15.8.1; *Morse* (2007), *Palmer's* Company Law 8.301.

722 *Theisen/Hölzl* in *Theisen/Wenz* (2005), 269, 286 *Manz* in *MMS* (2005), Art. 39 SE-VO Rn. 55 und Art. 50 SE-VO Rn. 19; *Minuth* (2005), S. 138f; *Schwarz* (2006), Art. 39 Rn. 92.

723 Speziell für die SE: *Minuth* (2005), S. 139; allgemein zu § 84 Abs. 2 AktG *Kort* in Großkommentar/AktG, § 77 Rn. 49; *Hefermehl/Spindler* in MünchKomm/AktG, § 84 Rn. 80.

724 *Hefermehl/ Spindler* in MünchKomm/AktG, § 84 Rn. 80; *Wiesner* im MünchHdb/GesR IV, § 24 Rn. 1 f.

725 Diesbezüglich siehe C. I. 2. b) aa) in diesem vierten Teil.

Nr. 10 S. 2 HGB) zu bezeichnen. Dagegen ist er nicht zwingend zum Handelsregister anzumelden, seine Anmeldung ist aber nach § 43 Nr. 4 HRV zulässig.[726]

1) Aufgaben und Befugnisse

Weder das Gesetz noch der DCGK haben die Rechtsstellung des Vorsitzenden umfassend und abschließend geregelt. Aber sie lässt sich in der Satzung konkret regeln. Zu den Aufgaben des Vorsitzenden zählen – vergleichbar einer AG – die Einberufung der Sitzung des Leitungsorgans, deren Leitung und Vorbereitung sowie die Koordination der Arbeit des Organs. Er ist ferner Repräsentant des Leitungsorgans gegenüber dem Aufsichtsorgan und dessen Mitgliedern.
Neben den gerade erwähnten Rechten und Pflichten des Leitungsorgansvorsitzenden obliegt ihm die besondere Amtspflicht zur Überwachung im Rahmen der Gesamtverantwortung des Leitungsorgans über die jedem Leitungsorgansmitglied obliegende allgemeine Überwachungspflicht hinaus.[727] Er ist außerdem der vorrangige Gesprächspartner für das Aufsichtsorgan und für Dritte (z.B. wichtige Kunden, Öffentlichkeit und bedeutende Aktionärsgruppen). In der Praxis, insbesondere im Fall der engen Zusammenarbeit des Leitungsorgansvorsitzenden mit den Aufsichtsorgansvorsitzenden, besteht die Gefahr, aus Höflichkeit, Respekt oder freundschaftlicher Verbundenheit zwischen beiden Parteien die Überwachungsfunktion des Aufsichtsorgans zu kurz kommen zu lassen.[728]
Im Prinzip ändert in einer deutschen SE die Ernennung eines Leitungsorgansmitgliedes zum Vorsitzenden nichts an der Gleichberechtigung der Mitglieder des Leitungsorgans untereinander. Auch wenn in der Praxis eine Tendenz zur Hierarchisierung des Leitungsorgans erkennbar ist, handelt es sich beim Vorsitzenden nicht um einen Vorgesetzten, sondern um ein Leitungsorgansmitglied mit besonderen Aufgaben. In einer AG kann allerdings die Satzung oder die Geschäftsordnung dem Vorsitzenden gegenüber den übrigen Mitgliedern eine herausgehobene Stellung einräumen, z.B. durch ein Recht auf Stichentscheid oder ein Vetorecht bei der Beschlussfassung. Dagegen basiert in einer SE diese spezielle Befugnis des Leitungsorgansvorsitzenden auf Art. 50 Abs. 2 SE-VO. Dabei hat allerdings der Leitungsorgansvorsitzende kein Weisungsrecht gegenüber anderen Leitungsorgansmitgliedern.

2) Recht zum Stichentscheid

Art. 50 Abs. 2 S. 1 SE-VO gewährt dem Leitungsorgansvorsitzenden bei Stimmengleichheit ein Stichentscheidungsrecht, es sei denn, die Satzung enthält davon abweichende Bestimmungen. Auch für den Fall, dass das Organ aus nur zwei Mitgliedern besteht, sieht Art. 50 Abs. 2 SE-VO keine Ausnahme vor. Soweit das deutsche Recht einen Stichentscheid bei einem zweiköpfigen Leitungs-

---

726 *Wiesner* in MünchHdb/GesR IV, § 24 Rn. 1.

727 *Lutter/Krieger* (1993), Rn. 439; *Wiesner* in MünchHdb/GesR IV, § 24 Rn. 3; *Kort* in GroßKomm/AktG Rn. 51; *Hefermehl/Spindler* in MünchKomm/AktG, § 84 Rn. 82.

728 *Semler* (2000) S. 721, 731; *Kort* in GroßKomm/AktG Rn. 50; aus betriebswirtschaftlicher Perspektive *Witt* (2003), S. 31.

organ für unzulässig hält, ist dies für die SE wegen des Vorrangs der SE-VO nicht maßgebend. Das Kollegialprinzip muss hinter dem Interesse an der Erhaltung der Funktionsfähigkeit der Gesellschaft zurücktreten. Der Vorsitzende bleibt trotz seines Letztentscheidungsrechts verpflichtet, eine einvernehmliche Lösung anzustreben und die Argumente des zweiten Organmitglieds zu berücksichtigen.[729]

3) Vetorecht

Hinsichtlich des Vetorechts des Leitungsorgansvorsitzenden ist fraglich, ob es zulässig ist, dem Leitungsorgansvorsitzenden ein Vetorecht einzuräumen, mit dessen Hilfe er eine von der Mehrheit der Leitungsorgansmitglieder (Art. 50 abs. 1 lit. b SE-VO) befürwortete Geschäftsführungsmaßnahme blockieren kann. Beim Vorstand einer AG wird das Vetorecht des Vorstandsvorsitzenden als zulässig betrachtet und damit begründet, dass sich § 77 Abs. 1 S. 2 Halbs. 2 AktG nur auf einen positiven, nicht auf einen negativen Beschluss bezieht.[730] Das Kollegialprinzip im Aktienrecht verlangt nicht eine völlig gleichmäßige Verteilung der Rechte an die einzelnen Vorstandsmitglieder, und außerdem hat dieses Kollegialprinzip hinter das Interesse an der Erhaltung der Funktionsfähigkeit der Gesellschaft zurückzustehen.[731] Diese Überlegungen sind auch auf das Leitungsorgan der SE gem. Art. 9 Abs. 1 c ii SE-VO zu übertragen. Art. 50 Abs. 1 SE-VO räumt allerdings Gestaltungen, die vom Beschlussfassungsprinzip mit einfacher Mehrheit abweichen, ausdrücklich ein.[732]
Bei der mitbestimmten AG ist aber ein Vetorecht für den Vorstandsvorsitzenden wegen der Rechtsstellung des Arbeitsdirektors unzulässig.[733] Fraglich ist, ob daher entsprechend auch in einer mitbestimmten deutschen SE ein Vetorecht unzulässig ist. Hier wird der Standpunkt vertreten, dass in einer deutschen SE ein Vetorecht für den Vorstandsvorsitzenden zulässig ist. Denn § 33 Abs. 1 MitbestG weist dem Arbeitsdirektor als einem gleichberechtigten Leitungsorgansmitglied die Kompetenzen im Personal- und Sozialaufgabenbereich zu. Dagegen wird in § 38 Abs. 2 SEAG nur bestimmt, dass einer von den Leitungsorgansmitgliedern für den Bereich Arbeit und Soziales zuständig sein soll. Das SEAG sieht also keine Gleichberechtigung dieses Arbeitsdirektors mit den anderen Leitungsorgansmitgliedern vor. Vielmehr bestimmt § 38 Abs. 1 SEBG nur die Gleichberechtigung der Arbeitnehmervertreter im Aufsichts- und Verwaltungsorgan:

---

729 *Manz* in *MMS* (2005), Art. 50 SE-VO Rn. 15.

730 *Hefermehl/Spindler* in MünchKomm/AktG, § 77 Rn. 17; *Mertens* in KölnerKomm/AktG, § 77 Rn. 11; *Hüffer*, AktG/7, § 77 Rn. 12; *Kort* in GroßKomm/AktG, § 77 Rn. 27; offen: BGHZ 89, 48, 58 = NJW 1984, 733; *Hoffmann-Becking* in ZGR 1998, 497, 518 f.; a. A. *Bezzenberger*, ZGR 1996, 661, 667.

731 *Hefermehl/Spindler* in MünchKomm/AktG, § 77 Rn. 18; *Leupold* (1993), S. 98.

732 *Reichert/Brandes* in MünchKomm/AktG, Art. 50 SE-VO Rn. 31.

733 BGHZ89, 48, 58 = NJW 1984, 733; dafür: *Hefermehl/Spindler* in MünchKomm/AktG, § 77 Rn. 19; *Mertens* in KölnerKomm/AktG, § 77 Rn. 9 f.; *Hüffer*, AktG/7, § 77 Rn. 13, 23; *Kort* in GroßKomm, § 77 Rn. 56; kritisch aber: *Henze* (2002), Rn. 318.

„Die Arbeitnehmervertreter im Aufsichts- und Verwaltungsorgan haben die gleichen Rechte und Pflichten wie die Mitglieder, die die Anteilseigner vertreten."[734]

Exkurs: Sprecher des Leitungsorgans
In einer AG kann sich der Vorstand auf Grund seiner Geschäftsordnungsbefugnis (§ 77 Abs. 2 S, 1 AktG) einen so genannten „Vorstandssprecher" geben, wenn der Aufsichtsrat kein Vorstandsmitglied zu einem Vorstandsvorsitzenden nach § 84 Abs. 2 AktG ernannt hat. Seine Rechtsstellung und Einzelkompetenzen werden nicht gesetzlich, sondern in der Geschäftsordnung festgelegt.[735] Die Abgrenzung des Sprechers zum Vorstandsvorsitzenden ergibt sich daraus, dass er nicht zum tatsächlichen Vorstandsvorsitzenden werden darf. Der Vorstandssprecher darf daher nicht die Funktionen eines Vorstandsvorsitzenden in demselben Umfang ausüben. Ihm kommen die Aufgaben der Überwachung und Koordination nicht zu. Unbedenklich sind dagegen Sitzungsleitung, Korrespondenz mit dem Aufsichtsrat, Repräsentation und Verkehr mit Aufsichtsämtern; nicht zulässig ist hingegen eine sachliche Führung der Vorstandsarbeit.[736]
Nicht nur seine Ernennung, sondern auch die Beendigung seiner Stellung ist eine Geschäftsführungsmaßnahme, die dem Gesamtvorstand obliegt. Zur Beendigung seiner Stellung bedarf es keiner Voraussetzung nach § 84 Abs. 3 S. 1 AktG. Sein Amt endet normalerweise mit der Ernennung eines Vorstandsvorsitzenden durch den Aufsichtsrat.[737] Über Art. 9 Abs. 1 c ii SE-VO lassen sich diese Überlegungen in Bezug auf den Vorstandssprecher auch auf das Leitungsorgan einer deutschen SE übertragen.

(2) Britische SE
Ebenso wie in Deutschland wird im britischen Recht die Ernennung des Leitungsorgansvorsitzenden nicht zwingend geregelt. Wenn eine britische SE einen Vorsitzenden bestellt, dann werden auf ihn die Regelungen für einen *Chairman* (Vorsitzender des *Board*) in der Satzung angewandt. Nach der Mustersatzung (Art. 91 *Table* A) wird der *Chairman* von den übrigen Organmitgliedern (*Direktoren*) gewählt. Diese Regelung dürfte auch auf die SE übertragbar sein. Allerdings kann die Satzung einer britischen SE freilich ohne weiteres die Aufgabe der Ernennung eines Vorsitzenden dem Aufsichtsorgan (oder der Hauptversammlung) zuweisen.
Seine Aufgaben ergeben sich ferner aus den Vorgaben im *Combined Code*. Danach werden ihm im Wesentlichen dieselben Aufgaben zugewiesen wie bei einer deutschen SE. Gemäß A. 2 *Supporting Principle* im *Combined Code* ist der *Chairman* für die Leitung des *Board* zuständig, muss dessen Effizienz gewähr-

---

734 *Reichert/Brandes* in MünchKomm/AktG, Art. 50 SE-VO Rn. 31; *Hefermehl/Spindler* in MünchKomm/AktG, § 77 Rn. 19.

735 *Wiesner* in MünchHdb/GesR IV, § 24 Rn. 4; *Hüffer*, AktG/7, § 84 Rn. 22; *Hefermehl/Spindler* in MünchKomm/AktG, § 84 Rn. 83; *Kort* in Großkomm/AktG, § 77 Rn. 57.

736 *Wiesner* in MünchHdb/GesR IV, § 24 Rn. 4; *Hüffer*, AktG/7, § 84 Rn. 22; *Hefermehl/Spindler* in MünchKomm/AktG, § 84 Rn. 83; *Kort* in Großkomm/AktG, § 77 Rn. 57.

737 *Mertens* in KölnerKomm/AktG, § 84 Rn. 89; *Wiesner* in MünchHdb/GesR IV, § 24 Rn. 6; *Kort* in GroßKomm/AktG, § 77 Rn. 49, 58.

leisten und die Tagesordnung bestimmen. Darüber hinaus hat der *Chairman* dafür zu sorgen, dass die Direktoren ausreichend informiert werden, ein effektiver Austausch mit den Aktionären stattfindet und eine konstruktive Beziehung zwischen *non-executive directors* und *executive directors* besteht. Die Rolle, die der *Chairman* in der Gesellschaft tatsächlich einnimmt, ist jedoch von den Umständen des Einzelfalls abhängig.[738]

Auch hat er nach Art. 50 Abs. 2 SE-VO bei Stimmengleichheit ein (satzungsdispositives) Stichentscheidungsrecht.[739] Diesbezüglich ergibt sich hier insofern kein Problem, da das britische Recht einem Stichentscheidungsrecht auch im Falle eines zweiköpfigen Organs nicht entgegensteht.[740] Ein Vetorecht des Vorsitzenden hängt von der Satzung der SE ab, weil Art. 50 Abs. 1 SE-VO im Prinzip diejenigen Gestaltungen, die vom Beschlussfassungsprinzip mit einfacher Mehrheit abweichen, ausdrücklich erlaubt.[741]

Außerdem empfiehlt der *Combined Code*, dass der Vorsitzende ein *„independent non-executive director"* sein soll (A.2.2. i.V.m. A.3.1 *Combined Code*). Diese Empfehlung lässt sich auf das Leitungsorgan einer britischen SE nicht übertragen, weil die Leitungsorgansmitglieder selbstverständlich geschäftsführend, d.h. *„executive"* sind. Folglich kann der Leitungsorgansvorsitzende einer dualistischen britischen SE sowohl Vorsitzender als auch gleichzeitig CEO (*Chief Executive Officer*) [742] sein, der eine vorrangige Position gegenüber den anderen *executive directors* (Leitungsorgansmitglieder) in der Unternehmensführung einnimmt und dabei auch ihnen gegenüber ein Weisungsrecht hat (Direktorialprinzip), es sei denn im Leitungsorgan werden diese zwei Posten mit jeweils einer anderen Person besetzt. Im *Common Law* oder in dem Statut findet sich allerdings keine Vorschrift, die verbietet, dass das Amt des *Chairman* und des *Chief Executive* von einer Person ausgeübt werden kann.[743] Wenn er in der Praxis im Organ die Doppelrolle (Vorsitz und CEO) übernimmt, ist seine Machtfülle vergleichsweise größer als die des Leitungsorgansvorsitzenden einer deutschen SE. Anders als im deutschen Recht existieren außerdem keine besonderen gesetzlichen Publizitätserfordernisse im Hinblick auf den Organvorsitzenden.[744]

---

738 Danach kann der Chairman sowohl die Rolle eines „overloard" als auch die eines bloßen „ornamental figurehead" einnehmen *Davies* (2003 a), S. 160 Fn. 62.

739 Zum Stichentscheid siehe C. I. 3. aa) (1) 3) in diesem vierten Teil.

740 Vgl. *Ellis* (1998) 9 ICCLR 78; *Smith* v Paringa Mines Ltd (1906) 2 Ch 193; Secretary for Trade and Industry v Bottrill (2000) 1 All ER 915.

741 *Reichert/Brandes* in MünchKomm/AktG, Art. 50 SE-VO Rn. 31.

742Der CEO wird auch „Chief Executive", „Managing Director" oder „ Chief Operating Officier" genannt.

743 Der betreffende Direktor wird dann als „chairman and chief executive" bezeichnet.

744 Vgl. Regulation 78(3), (4) EPCLR 2004 i.V.m. Section 288, 289 CA (1985). Für börsennotierte Gesellschaften empfiehlt allerdings der Combied Code (A.1.2) die Angabe des Vorsitzenden und ggf. eines Stellvertreters im Jahresabschluss.

bb) Aufsichtsorgansmitglied als Ersatzmitglied im Leitungsorgan

Im Prinzip darf nach Art 39 Abs. 3 S. 1 SE-VO niemand zugleich Leitungsorgans- und Aufsichtsorgansmitglied einer SE sein; dies ist dem Zwecke der Vermeidung von Interessenkonflikten geschuldet.

Dieses Prinzip der Funktionstrennung der beiden Organe kann aber nach Art. 39 Abs. 2 S. 2 SE-VO ausnahmsweise durchbrochen werden. Nämlich kann das Aufsichtsorgan eines seiner Mitglieder zur Wahrnehmung der Aufgaben eines Leitungsorgansmitglieds abstellen, wenn der betreffende Posten nicht besetzt ist. Die Voraussetzung dieser Ausnahme erfasst sowohl den Fall der nachträglich eingetretenen Verhinderung eines bestellten Organmitglieds als auch die Situation, dass eine neu geschaffene Stelle im Leitungsorgan noch nicht besetzt ist. Bezüglich einer zeitlichen Begrenzung überlässt die SE-VO den Mitgliedstaaten eine nähere Regelung. In einer deutschen SE beträgt demnach § 105 Abs. 2 S. 2 AktG zufolge die Höchstfrist für diese Abordnung ein Jahr, und zwar auch bei Wiederbestellung oder Verlängerung.[745] Dagegen macht diesbezüglich das britische Umsetzungsgesetz von der Möglichkeit der zeitlichen Abgrenzung keinen Gebrauch: Diese zeitliche Abgrenzung wird nach der Begründung des Diskussionsentwurfs als unnötig betrachtet, weil das abgeordnete Mitglied nicht beide Organfunktionen gleichzeitig erfüllt und somit kein Interessenkonflikt vorkomme.[746] Außerdem kann während seiner Amtszeit dieser Abgeordnete als ein Stellvertreter der Leitungsorgansmitglieder keine Tätigkeit als Aufsichtsorgansmitglied ausüben (Art. 39 Abs. 3 S. 3 SE-VO).

cc) Arbeitsdirektor

In Deutschland regelt § 38 Abs. 2 S. 2 SEBG bezüglich der Bestellung des Arbeitsdirektors, dass bei einer mitbestimmten SE das Leitungsorgan unabhängig vom Grundkapital und den Regelungen der Satzung aus mindestens zwei Personen bestehen muss, von denen eine für den Bereich Arbeit und Soziales zuständig ist. § 38 Abs. 2 SEBG setzt wegen des Vorher-Nachher-Prinzips in jedem Fall voraus, dass in einer der an der Gründung der SE beteiligten Gesellschaft bereits ein Arbeitsdirektor bestellt worden war.[747]

Es ist jedoch zu befürchten, dass diese Regelung europarechtliche Probleme aufwirft. Anders als in einer früheren Entwurfsfassung aus dem Jahr 1975 wurde die Pflicht zur Bestellung eines Arbeitsdirektors gerade nicht in die Endfassung der SE-RL aufgenommen.[748] Außerdem regelt Art. 13 Abs. 2 SE-RL, dass die nationalen Vorschriften und/oder Gepflogenheiten bezüglich der Arbeitnehmermitbestimmung in den Gesellschaftsorganen, die nicht zur Umsetzung dieser Richtlinien dienen, keine Anwendung auf gemäß der Verordnung (EG) Nr. 2157/2001 gegründete und von dieser Richtlinie erfasste Gesellschaften finden. Vor diesem Hintergrund wird diese Regelung als problematisch betrachtet, weil

---

745 *Hüffer*, AktG/7, § 105 Rn. 7.

746 *Manz* in *MMS* (2005), Art. 39 SE-VO Rn. 104.

747 Zur Mitbestimmung der SE siehe B. VI im zweiten Teil.

748 *Jacobs* in MünchKomm/AktG, §§ 1 SEBG Rn. 3, 38 Rn. 4; BT Drucks. 7/3713 S. 46.

der deutsche Gesetzgeber die Funktion des Arbeitsdirektors im deutschen Mitbestimmungsrecht (§§ 33 MitbestG, 13 MontanMitbestG, 13 MitbestErG) auf die SE überträgt[749] und somit dem „Gedanken des europäischen Kompromisses" widerspricht.[750] Dieses Thema spielt in Großbritannien dagegen keine Rolle, da es überhaupt kein anwendbares Arbeitnehmermitbestimmungssystem gibt.

4. Zwischenergebnis des Leitungsorgans

Der Vergleich des Leitungsorgans bei der deutschen und britischen dualistischen SE fördert neben den vielen Gemeinsamkeiten die rechtstechnisch erheblichen Unterschiede zwischen beiden Systemen zutage. Die Ergebnisse des vorstehenden Vergleichs lassen sich wie folgt zusammenfassen:

Geschäftsführungsaufgabe

In der dualistischen SE in beiden Ländern führt das Leitungsorgan gemeinschaftlich die Geschäftsführung in eigener Verantwortung und ist deshalb nicht den Weisungen der anderen Organe der SE unterworfen. Die Verteilung des laufenden Geschäfts auf der Leitungsebene ist vielfach durch Delegation geprägt. In Deutschland wird aber diese Delegation stark eingeschränkt, indem die originären Leitungskompetenzen i.S.d. § 76 Abs. 1 AktG nicht auf untergeordnete Stellen delegiert werden dürfen, während in Großbritannien das Leitungsorgan die Möglichkeit hat, das laufende Geschäft sowohl an einzelne Leitungsorgansmitglieder als auch an leitende Angestellte unterhalb des Leitungsorgans (*subboard executives*) zu delegieren. Eine weitere Besonderheit besteht darin, dass das Leitungsorgan einer britischen SE bei seinen Aufgaben im administrativen Bereich von einem *company secretary* unterstützt werden kann. Außerdem ist hier zu beachten, dass das jeweilige Leitungsorgan in beiden Ländern bei der Geschäftsführung ein jeweils anderes Ziel verfolgt. Bei seiner Ermessensausübung der Geschäftsführung orientiert sich das Leitungsorgan einer britischen SE aufgrund der traditionellen monistischen Unternehmenskultur in Großbritannien eher am Shareholder-Value-Ansatz (Aktionärsinteresse), während sich das Leitungsorgan einer deutschen SE eher nach dem Stakeholder-Value-Ansatz (Unternehmensinteresse) richtet.

---

749 Vgl. *Grobys,* NZA 2004, S. 779, 780; *Kolster* in *JF* (2005), § 4 Rn. 62; *Köstler* in *Köstler/Jaeger* (2005), S. 9, 22; *Krause,* BB 2005, S. 1221, 1228; *Hennings* in *MMS* (2005), Anhang: Auffangregelung Teil 3 SE-RL Rn. 31; *Jacobs* in MünchKomm/AktG, § 38 SEBG Rn. 3f.; *Nagel* in *Nagel/Freis/Kleinsorge* (2005), SEBG, § 38 SEBG Rn. 5; *Oetker,* BB-Special 1/2005, S. 2, 12; *Schwarz* (2006), Art. 39 Rn. 73.

750 Für eine Europarechtskonformität: *Hanau* in *Hanau/Steinmeyer/Wank* (2002), § 19 Rn. 167; *Krause,* BB 2005, S. 1221, 1228; *Jacobs* in MünchKomm/AktG, § 38 SEBG Rn. 4; dagegen: *Grobys,* NZA 2004, S. 779, 780; *ders.* NZA 2005, S. 84, 90; *Reichert/Brandes* in MünchKomm/AktG, Art. 50 SE-VO Rn. 32; *Schwarz* (2006), Art. 39 Rn. 73, Art. 43 Rn. 99, Anh Art. 43 Rn. 272 Fn. 226.

Vertretungsbefugnis
Neben der Geschäftsführung gehört zu den Kompetenzen des Leitungsorgans auch die Vertretung der SE. Die Vertretung beinhaltet, was das Leitungsorgan im Außenverhältnis kann, während die Geschäftsführung bestimmt, was das Leitungsorgan im Innenverhältnis darf. Bezüglich dieser Vertretungsmacht des Leitungsorgans gibt es neben Gemeinsamkeiten (z.B. Gesamtvertretungsprinzip und abweichende Vertretung von Gesamtvertretung) auch erhebliche Unterschiede insbesondere in Hinblick auf Umfang und Schutz des Rechtsverkehrs. Während bei einer deutschen SE durch unbeschränkte und unbeschränkbare Vertretungsmacht und durch die Registerpublizität eine klare Rechtslage geschaffen und somit Rechtsverkehrsschutz gewährleistet wird, verhält es sich bei einer britischen SE wegen mangelnder Tiefe der Regelungsdichte genau umgekehrt.

Bestellung und Abberufung
Die Bestellung und Abberufung der Leitungsorgansmitglieder erfolgt durch einen Beschluss des Aufsichtsorgans. Bezüglich ihrer Bestellung ist insbesondere im Hinblick auf die Bestellungsvoraussetzung auffallend, dass anders als bei einer deutschen SE in einer britischen SE auch eine juristische Person Organmitglied sein kann, wenn es die Satzung zulässt. Aus unternehmerischer Sicht ist diese bei der britischen SE bestehende Option, auch juristische Personen als Organmitglieder berufen zu können, unzweifelhaft äußerst attraktiv. Angesichts der vielfältigen Organisationsvorteile, die die Organmitgliedschaft juristischer Personen bietet, sollte daher auch der deutsche Gesetzgeber seinen Standpunkt nochmals überdenken, um Deutschland als Standort für Unternehmen konkurrenzfähiger zu machen.
Bezüglich der Abberufung der Leitungsorgansmitglieder besteht ein weiterer auffallender Unterschied: Jedes Leitungsorgansmitglied einer britischen SE kann ohne wichtigen Grund jederzeit abberufen werden, während in Deutschland dies gerade nicht der Fall ist. Diese Abberufbarkeit ohne Beschränkung führt zu einer vergleichsweise schwächeren Stellung der Leitungsorgansmitglieder einer britischen SE.

Innere Ordnung
In Bezug auf die innere Organisation des Leitungsorgans beinhaltet die SE-VO nur Vorgaben betreffend die Beschlussfähigkeit und Beschlussfassung, wobei auch ein Vorsitzender des Leitungsorgans erwähnt wird. Sämtliche weitergehenden Fragen sind daher in Ermanglungen entsprechender Vorschriften nach dem nationalen Recht des Sitzstaates der SE zu beantworten (vgl. Art. 9 Abs. 1 c ii SE-VO). Bezüglich der inneren Organisation des Leitungsorgans existieren nach dem jeweiligen nationalen Recht Gemeinsamkeiten wie Unterschiede. Zu erwähnen sind jedoch folgende Punkte:
Erstens spielt die Geschäftsordnung des Leitungsorgans für das Leitungsorganshandeln als Basis seines rechtlichen Handelns eine große Rolle. Die förmli-

che Geschäftsordnung kann in beiden Ländern jeweils durch die Satzung im Rahmen der Satzungsautonomie flexibel bestimmt werden. Der britischen SE sind aber nicht nur hinsichtlich des Inhalts, sondern auch in Bezug auf die Erlasskompetenz keine Grenzen gesetzt, weshalb sie als noch flexibler erscheint.
Zweitens sind die Beschlussfassung mit einfacher Mehrheit nach SE-VO und die Vertretung eines Organmitglieds bei der Beschlussfassung dem deutschen Recht neu, während sie für das britische Recht keine Bedeutung besitzen, da dort die Mustersatzung für die Satzung der Gesellschaft nur die Beschlussfassung mit einfacher Mehrheit vorsieht und hier eine solche Vertretung durchaus zulässig ist. Insbesondere die deutsche Rechtsordnung könnte diese Regelung als Chance begreifen, nicht nur, weil es einzelnen Organmitgliedern erschwert wird, Geschäftsführungsmaßnahmen lediglich auf Grund ihrer Stellung als Organmitglied allein zu boykottieren, sondern auch, weil eine Situation geschaffen wird, in der in Bezug auf Meinungsbildung und Interessendurchsetzung flexiblere Lösung gefunden werden können. Die Entscheidung mit einfacher Mehrheit und die Vertretung tragen zur Sicherung und Erweiterung der Handlungsfähigkeit des Organs bei.
Drittens kann ein Leitungsorgansvorsitzender jeweils in beiden Ländern nicht zwingend ausgewählt werden. In Großbritannien kann aber der Leitungsorgansvorsitzende entweder nach Art. 91 *Table* A von den übrigen Leitungsorgansmitgliedern ausgewählt werden oder nach der Satzung der SE vom Aufsichtsorgan, während er in Deutschland nur vom Aufsichtsorgan ernannt werden kann. Dem Vorsitzenden werden jeweils in beiden Ländern im Wesentlichen dieselben Aufgaben und Rechte zugewiesen. Dabei ist zu beachten, dass der Leitungsorgansvorsitzende einer britischen dualistischen SE gleichzeitig sowohl als Vorsitzender als auch als CEO mit Weisungsrecht (Direktorialprinzip) fungieren kann, falls im Leitungsorgan diese zwei Posten nicht durch verschiedene Personen besetzt werden. Wenn er im Organ tatsächlich diese Doppelrolle (Vorsitz und CEO) übernimmt, ist seine Machtfülle vergleichsweise größer als die des Leitungsorgansvorsitzenden einer deutschen SE.
Viertens muss als Besonderheit der mitbestimmten deutschen SE ein Arbeitsdirektor unabhängig vom Grundkapital unter dem Vorher-Nachher-Prinzip bestellt werden, während dieses Thema in Großbritannien keine Rolle spielt. Dies wird jedoch als problematisch betrachtet, weil der deutsche Gesetzgeber die Funktion des Arbeitsdirektors im deutschen Mitbestimmungsrecht (§§ 33 MitbestG, 13 MontanMitbestG, 13 MitbestErG) im Widerspruch zum Gedanken des europäischen Kompromisses auf die deutsche SE überträgt.
Schließlich unterliegt insbesondere im Hinblick auf den Regelungsansatzpunkt die jeweilige SE neben den gemeinsamen zwingenden europäischen Regelungen (z.B. SE-VO) den jeweiligen unterschiedlichen nationalen Rechtssystemen. Bezüglich der Grundstruktur und Aufgaben des Leitungsorgans der SE enthält das britische Recht im Gegensatz zum deutschen Recht nur wenige zwingende gesetzliche Vorschriften, während in Deutschland diesbezüglich eine umfassende gesetzliche Regelung vorhanden ist. Deshalb wird vorteilhaft die gesamte Struk-

tur des Leitungsorgans einer britischen SE in der Satzung oder im Gesellschaftsvertrag individuell flexibel festgeschrieben. Mit dieser größeren Flexibilität kommen die britischen Unternehmen in den Genuss einer umfangreicheren Gestaltungsfreiheit, die sie zur Bildung eines ihren Bedürfnissen angemessenen Corporate Governance-Systems befähigt.

II. Aufsichtsorgan als Überwachungsorgan

Der wesentliche Charakter der dualistischen SE-Struktur ist die klare Aufgabentrennung zwischen Geschäftsführung und Überwachung. Dementsprechend darf niemand zugleich Leitungsorgans- und Aufsichtsorgansmitglied sein; nur ausnahmsweise kann das Aufsichtsorgan eines seiner Mitglieder zur Wahrnehmung der Aufgaben eines Leitungsorgansmitglieds abstellen, wenn der betreffende Posten nicht besetzt ist; während dieser Zeit ruht das Amt der betreffenden Person als Aufsichtsorgansmitglied (Art. 39 Abs. 3 S. 1, 2 und 3 SE-VO).
Nach Art. 40 Abs. 1 SE-VO wird die Aufgabe des Aufsichtsorgans in Abgrenzung zu derjenigen des Leitungsorgans definiert. Danach wird die Überwachung der Geschäftsführung des Leitungsorgans als die zentrale Aufgabe des Aufsichtsorgans festgelegt. Das Aufsichtsorgan ist also nicht berechtigt, die Geschäfte der SE selbst zuführen (Art. 40 Abs. 1 S. 1 SE-VO). Durch diese strikte Funktionstrennung der beiden Organe soll eine effektive Überwachung der Geschäftsführung garantiert werden.[751] Dabei darf das Aufsichtsorgan weder selbst Maßnahmen der Geschäftsführung wahrnehmen, noch kann es dem Leitungsorgan Weisungen erteilen.
Vor diesem Hintergrund werden im Folgenden Gegenstand und Maßstab der Überwachung, die Informationsversorgung als Basis der Überwachungstätigkeit des Aufsichtsorgans, und die verschiedenen Überwachungsinstrumente im Vergleich behandelt. Anschließend erfährt die rechtliche Grundstruktur des Aufsichtsorgans eine nähere Untersuchung. Allerdings enthält die SE-VO keine abschließenden Regelungen in Bezug auf das Aufsichtsorgan. Daher muss das nationale Recht über Art. 9 Abs. 1 c ii SE-VO ergänzend angewandt werden.

1. Überwachungsaufgabe des Aufsichtsorgans

a) Deutsche SE

aa) Gegenstand der Überwachung

Der Gegenstand der Überwachung ist die Geschäftsführung nach Art. 40 Abs. 1 S. 1 SE-VO. Die SE-VO enthält eine ausführliche Darstellung der Geschäftsführung. Über die Verweisung des Art. 9 Abs. 1 c ii SE-VO umfasst die Verpflichtung zur Führung der Gesellschaft i.S.d. § 77 Abs. 1 AktG sowohl die Wahrnehmung grundlegender unternehmerischer Führungsfunktionen i.S.d. § 76 Abs. 1 als auch die Erledigung des laufenden Tagesgeschäfts.[752] Der Begriff der Ge-

751 Vgl. 14. Erwägungsgrund der SE-VO.
752 Zur Definition der Geschäftsführung siehe oben C. I. 1. a) aa) (1) in diesem vierten Teil.

schäftsführung in § 111 Abs. 1 AktG entspricht inhaltlich dem ersterem.[753] Das Aufsichtsorgan hat alle – getroffenen oder unterlassenen – Maßnahmen des Leitungsorgans zu überwachen, die zur Leitung der Gesellschaft gehören, nämlich die Unternehmensplanung, die Unternehmenskoordinierung, die Unternehmenskontrolle und die Besetzung von Führungsstellen im Unternehmen.[754] Nicht zu den Gegenständen gehören also die Maßnahmen, welche das Leitungsorgan wegen seiner außerhalb der Geschäftsführung liegenden Befugnisse gegenüber anderen Organen der Gesellschaft trifft, z.B. die Einberufung der Hauptversammlung nach § 121 Abs. 2 AktG, die Anfechtung von Beschlüssen der Hauptversammlung nach § 245 Nr. 5 AktG und die Einberufung von Sitzungen des Aufsichtsorgans nach § 110 AktG.[755]
Die überwachende Tätigkeit des Aufsichtsorgans beschränkt sich auf die Leitungs- oder Führungsentscheidungen des Leitungsorgans. Das Aufsichtsorgan ist also nicht verpflichtet, auch die Durchführung dieser Entscheidungen im Einzelnen zu verfolgen und die gesamte Geschäftsführung in allen Einzelheiten zu prüfen und zu überwachen.[756] Zur Konkretisierung des Überwachungsgegenstandes wird deshalb regelmäßig auf die Berichtspflicht nach Art. 41 SE-VO, § 90 AktG abgestellt.[757]Überdies bezieht sich die Überwachungspflicht des Aufsichtsorgans nicht nur auf die vergangenheitsbezogene Kontrolle, sondern auch auf die vorbeugende Überwachung durch Beratung des Leitungsorgans im Rahmen der zukünftigen Geschäftspolitik.[758]

bb) Maßstab der Überwachung

Die Geschäftsführung des Leitungsorgans ist auf ihre Rechtmäßigkeit, Zweckmäßigkeit und Ordnungsmäßigkeit und Wirtschaftlichkeit im Rahmen der Sicherung der Überlebensfähigkeit der Gesellschaft und mithin der Ertragskraft zu überprüfen. Diese sind in Rechtssprechung und Literatur als konkrete Überwachungsmaßstäbe anerkannt: [759]

---

753 *Hüffer*, AktG/7, § 111 Rn. 3; *Hoffmann-Becking* in MünchHdb/GesR IV, § 29 Rn. 22.

754 Zur Leitungsaufgabe des Leitungsorgans siehe oben C. I. 1. a) aa) (1) in diesem vierten Teil.

755 *Hoffmann-Becking* in MünchHdb/GesR IV, § 29 Rn. 22. Zu weiteren gesetzlichen Leitungsaufgaben des Leitungsorgans siehe oben C. I. 1. a) aa) (1) in diesem vierten Teil.

756 *Hüffer*, AktG/7, § 111 Rn. 3; *Hoffmann-Becking* in MünchHdb/GeR IV, § 29 Rn. 23; *Mertens* in KölnerKomm/AktG, § 111 Rn. 12.

757 Zu Einzelheiten siehe gerade unten (3) Informationsversorgung als Basis der Überwachungstätigkeit.

758 *Hüffer*, AktG, § 111 Rn. 4; *Hoffmann-Becking* in MünchHdb/GesR IV, § 29 Rn. 26, 27.

759 RG JW 1924, 1145, 1147; BGHZ 75, 120, 133;BGHZ 114, 127, 129f; *Mertens* in KölnerKomm/ AktG, § 111 Rn. 11; *Hüffer*, AktG/7, § 111 Rn. 6, der Zweckmäßigkeit mit *Wirtschaftlichkeit gleichsetzt; Geßler in Geßler/Hefermehl/Eckardt/Kropff* (1989), § 111 Rn. 24; *Semler* (1996), Rn. 183 ff; *Hoffmann-Becking*, MünchHdb/GesR IV, § 29 Rn. 26; *Potthoff/Trescher* (2001)., S. 96 f.; *Lutter/Krieger* (1993), Rn. 22ff.; *Steinbeck* (1992), S. 84ff., die die Wirtschaftlichkeit im Rahmen der Zweckmäßigkeit prüfen und die Ordnungsmäßigkeit als eigenständiges Merkmal ablehnen; *Henze*, BB 2000, S. 209 [214]; *Lutter* in *Ringleb/Kremer/Lutter/v. Werder* (DCGK 2005), Rn. 93.

- **Rechtmäßigkeit**: Das Aufsichtsorgan hat zu überwachen, ob die Geschäfte durch das Leitungsorgan rechtmäßig geführt werden. Außer der Einhaltung des Aktiengesetzes und der Satzung der Gesellschaft sind auch die Einhaltung anderer wichtiger Normen für die Unternehmen, namentlich im Kartell-, Wettbewerbs-, Steuer-, Umweltrecht usw., zu überwachen. Allen Hinweisen über eine Verletzung solcher Normen muss nachgegangen werden.[760] Auch wenn die vom Leitungsorgan nicht eingehaltenen sonstigen Gesetze auf die Tätigkeit der SE keinen direkten Einfluss nehmen, ist es aber nötig, dass das Aufsichtsorgan solchen Verfehlungen dann nachgeht, wenn sie schwerwiegend sind (z.B. im Fall eines hohen Schadensrisikos bzw. einer Rufschädigung der Gesellschaft);[761]
- **Ordnungsmäßigkeit**: Eine ordnungsgemäße Geschäftsführung ist in der sinnvollen Organisation unter Betonung des Planungs- und Rechnungswesens zu erfüllen.[762] Dazu hat das Aufsichtsorgan zu kontrollieren, ob das Leitungsorgan richtig besetzt und durch eine Geschäftsordnung sachgerecht organisiert ist und auch die geschriebenen Vorschriften eingehalten werden;[763]
- **Wirtschaftlichkeit:** Wirtschaftlichkeit bedeutet die Sicherung der Überlebensfähigkeit der Gesellschaft und ihrer Ertragskraft. Dazu hat das Aufsichtsorgan zu überprüfen, ob die Geschäftsführungsmaßnahmen des Leitungsorgans gerade unter diesem Aspekt genügen;[764]
- **Zweckmäßigkeit:** Bezüglich der Geschäftsführungsmaßnahmen muss das Aufsichtsorgan stets prüfen, ob im Vergleich mit alternativen Handlungsmöglichkeiten die vorgeschlagene Maßnahme dem angestrebten Zweck (z.B. langfristig größter Erfolg) angemessen ist. Dabei hat das Aufsichtsorgan die jeweils eingesetzten Mittel, die Möglichkeit der Zielerreichung und das Ausmaß möglicher Risiken in seine Beurteilung und Abwägung einzubeziehen.[765]

Als Maßstab der Überwachung sind die o.g. vier zentralen Aspekte sowohl vergangenheits- als auch zukunftsbezogen anerkannt.[766] Im Blickwinkel heutiger Corporate Governance ändert sich der Umfang der Überwachung des Leitungsorgans zunehmend. Nämlich wird die Überwachungsaufgabe des Aufsichtsorgans nicht mehr nur unter dem traditionellen Gesichtspunkt der vergangenheitsbezogenen Prüfung der Geschäftsführung des Leitungsorgans erfüllt, sondern stellt zunehmend auf eine gemeinsame zukunftsorientierte Planung und Beratung ab. Der DCGK hat deshalb in Ziff. 3 einen separaten Passus über das Zusammenwirken von Leitungs- und Aufsichtsorgan aufgenommen. In Ziff. 3, 2 DCGK ist vorgesehen, dass das Leitungsorgan die strategische Ausrichtung des

---

760 *Semler* (1996), Rn. 186 ff.; *Lutter/Krieger* (1993)., Rn. 23; *Potthoff/Trescher* (2001), S. 98.

761 *Semler* (1996), Rn. 187.

762 *Semler*, ZGR 1983, S. 1, 16 f; *Hüffer*, § 111 AktG Rn. 6; *Potthoff/Trescher* (2001)., S. 96 f.

763 *Semler*, ZGR 1983, S. 1, 16 f; *Potthoff/Trescher* (2001), S. 96 f.

764 *Lutter* in *Ringleb/Kremer/Lutter/v. Werder* (DCGK 2005), Rn. 93.

765 *Semler* (1996), Rn. 192 ff; *Potthoff/Trescher* (2001), S. 99.

766 BGHZ 114, 127, 129; *Hoffmann-Becking* in MünchHdb/GesR IV, § 29 Rn. 26 f.

Unternehmens mit dem Aufsichtsorgan abstimmt und mit ihm in regelmäßigen Abständen zukunftsorientiert die Strategie festgelegt.[767]

cc) Informationsversorgung als Basis der Überwachungstätigkeit

Die wichtigste Aufgabe des Aufsichtsorgans ist die Überwachung des Leitungsorgans. Für die Erfüllung seiner Überwachungsaufgabe muss das Aufsichtsorgan jedoch mit Informationen über die Tätigkeit des Leitungsorgans versorgt werden. Ohne diese Informationen ist das Aufsichtsorgan nicht in der Lage, seiner Bestimmung als Überwachungsorgan gerecht zu werden. Informiertheit bedeutet also die wichtigste Methode für eine effiziente und vorbeugende Überwachung der Geschäftsführung.[768]

Art. 41 SE-VO sieht deshalb Informationsrechte des Aufsichtsorgans und korrespondierende Unterrichtungspflichten des Leitungsorgans vor. Die Regelungen in Art. 41 SE-VO sind aber nicht abschließend. Daher sind das nationale Recht und auch die zu den deutschen Vorschriften entwickelte Rechtssprechung über Art. 9 Abs. 1 c ii SE-VO ergänzend hinzu zu ziehen. Vor allem entspricht Art. 41 SE-VO den §§ 90, 111 Abs. 2 AktG. Dazwischen gibt es im Einzelnen keinen wesentlichen Unterschied. In Ziff. 3.4 DCGK wird die ausreichende Informationsversorgung des Aufsichtsorgans als gemeinsame Aufgabe von Leitungs- und Aufsichtsorgans genannt.

(1) Information der regelmäßigen Berichtspflichten des Leitungsorgans ohne Anforderung des Aufsichtsorgans

Nach Art. 41 Abs. 1 SE-VO unterrichtet das Leitungsorgan das Aufsichtsorgan mindestens alle drei Monate über den Gang der Geschäfte der SE und deren voraussichtliche Entwicklung. Das entspricht im Wesentlichen § 90 Abs. 1, Abs. 2 AktG.

1) Gegenstand der Berichte an das Aufsichtsorgan

Nach Art. 41 Abs. 1 SE-VO ist der Gegenstand der Berichte an das Aufsichtsorgan der „Gang der Geschäfte der SE und deren voraussichtliche Entwicklung". Hier umfasst der Gang der Geschäfte die gesamte operative Tätigkeit der SE und der von ihr abhängigen Unternehmen. Als zum Gegenstand der Berichte an das Aufsichtsorgan durch das Leitungsorgan gehörend zu betrachten ist nach § 90 Abs. 1 AktG über Art. 9 Abs. 1 c ii SE-VO folgendes:

i) Die beabsichtige Geschäftspolitik und andere grundsätzliche Fragen der Unternehmensplanung

Gem. § 90 Abs. 1 S. 1 Nr. 1 AktG hat das Leitungsorgan dem Aufsichtsorgan über die beabsichtige Geschäftspolitk und andere grundsätzliche Fragen der Un-

767 *Peltzer* (2004), Rn. 58.

768 Bezüglich des auf Informationsaymmetrie zwischen Parteien (dem Aufsichts- und Leitungsorgan) beruhenden Problems siehe Prinzipal-Agent-Theorie in C.I im dritten Teil.

ternehmensplanung zu berichten. Diese Neufassung, die auf die Klarstellung der präventiven oder zukunftsorientierten Überwachung gerichtet ist, beruht auf Art. 1 Nr. 8 KonTraG vom 27. 8. 1998.[769]

Der Terminus „die beabsichtige Geschäftspolitik" wird vom Gesetz nicht näher definiert. Diesem Terminus wird aber in § 90 Abs. 1 S. 1 Nr. 1 AktG die Berichterstattung über „andere grundsätzliche Fragen der Unternehmensplanung" zur Seite gestellt. Daraus wird der Schluss gezogen, die „beabsichtigte Geschäftspolitik" sei ein besonders wichtiger und damit im Gesetz herausgehobener Teil der Unternehmensplanung.[770] Als vom Leitungsorgan zu berichtende „andere grundsätzliche Fragen der Unternehmensplanung" erwähnt diese Regelung „insbesondere" die Finanz-, Investitions- und Personalplanung. In welchem Umfang das zu berichten ist, hängt zum einen von ihrer Bedeutung im Rahmen der Gesamtsituation der Gesellschaft, zum anderen aber auch - dies folgt aus Art. 41 Abs. 3 SE-VO - von den dem Leitungsorgan bekannten oder erkennbaren Informationswünschen des Aufsichtsorgans ab.[771] Nach § 90 Abs. 1 S. 1 Nr.1 AktG genügt es dabei nicht, dass das Leitungsorgan dem Aufsichtsorgan die wesentlichen Planungsdaten lediglich mitteilt; das Leitungsorgan ist allerdings auch nicht dazu verpflichtet, sämtliche vorhandenen Planrechnungen in vollem Umfang mitzuteilen.[772] Zu berichten ist deshalb über den unternehmensstrategischen Plan des Leitungsorgans und über die Grundzüge der operativen Umsetzung dieses Plans.[773] Es hat jedenfalls eine jährliche Budgetplanung sowie eine Mehrjahresplanung vorzunehmen.[774]

Nach Ziffer 3.4 Abs. 3 S. 1 DCGK in der Fassung vom 12. 6. 2006 kann das Aufsichtsorgan seinerseits die nähere Ausgestaltung des Inhalts der Berichtspflicht nach § 90 Abs. 1 S. 1 Nr. 1 AktG in einer Informationsordnung bestimmen.[775] Danach soll das Aufsichtsorgan die Informations- und Berichtspflichten des Leitungsorgans näher festlegen.[776] In der Informationsordnung lassen sich wiederholend die gesetzlichen Berichtspflichten aufnehmen, ansonsten der In-

---

769 BGBl I S. 786; RegBegr BT-Drucks 13/9712 S. 15; *Kort* in GroßKomm, § 90 Rn. 22; *Hüffer*, AktG/7, § 90 Rn. 4.

770 *Kort* in GroßKomm/AktG, § 90 AktG Rn. 23.

771 *Manz* in *MMS* (2005), Art. 41 SE-VO, Rn. 9.

772 *Hefermehl/Spindler* in MünchKomm/AktG, § 90 AktG Rn. 17; *Mertens* in KölnerKomm/AktG, § 90 AktG Rn. 33; *Kort* in GroßKomm/AktG, § 90 AktG Rn. 26; *Hüffer*, AktG/7, § 90 Rn. 4b.

773 *Mertens* in KölnerKomm/AktG, § 90 AktG Rn. 33; *Kort* in GroßKomm/AktG, § 90 AktG Rn. 26.

774 RegBegr BT-Drucks 13/9712 S. 15; *Hüffer*, AktG/7, § 90 Rn. 4a; *Kort* in GroßKomm/AktG, § 90 AktG Rn. 26.

775 *Kort* in GroßKomm/AktG, § 90 AktG, Rn. 33.

776 *Lutter* in *Ringleb/Kremer/Lutter/von Werder* (DCGK 2005), Rn. 380; *Kort* in GroßKomm/AktG, § 90 AktG, Rn. 33.

halt unternehmensindividuell spezifizieren.[777] Die Festlegung einer Informationsordnung wird de lege lata nicht erzwungen, sondern nur empfohlen.
Zur Steigerung der Arbeitseffizienz des Aufsichtsorgans wird ein fachlich qualifizierter Ausschuss (also Prüfungsausschuss[778]) empfohlen,[779] der sich vor allem mit der Rechungslegung der Gesellschaft und der Ausschussprüfung beschäftigt und deshalb inhaltlich für den Informationsfluss zwischen Leitungsorgan und Aufsichtsorgan (mit) verantwortlich ist.[780] Der Inhalt der Berichtspflicht nach § 90 Abs. 1 S. 1 Nr.1 AktG kann auch von diesem Ausschuss näher konkretisiert werden.[781]
Eine Pflicht zur Festlegung eines umfassenden Management-Informationssystems (MIS)[782] lässt sich aus § 90 Abs. 1 S. 1 Nr. 1 AktG nicht ableiten. Dagegen regelt Ziffer 3.4 Abs. 2 S. 1 DCGK in der Fassung vom 12. 6. 2006 für börsennotierte Gesellschaften, dass das Leitungsorgan das Aufsichtsorgan regelmäßig, zeitnah und umfassend über alle für das Unternehmen relevanten Fragen der Planung, der Geschäftsentwicklung, der Risikolage und des Risikomanagements informiert.[783] Somit ist ebenso wie für eine börsennotierte AG auch für eine börsennotierte SE die Festlegung eines MIS angebracht, damit sie der Compliance im Sinne von § 161 AktG genügt.[784]
Im Übrigen ist das Leitungsorgan dazu verpflichtet, dem Aufsichtsorgan über die Umsetzung der Unternehmensplanung in der Vergangenheit zu berichten (Follow up- Berichterstattung[785]); überdies hat es auch eine Korrektur der Plan-

777 *Lutter* in *Ringleb/Kremer/Lutter/von Werder* (DCGK 2005), Rn. 380; *Kort* in GroßKomm/AktG, § 90 AktG, Rn. 33.

778 Zur Abgrenzung zum „Audit Committee“ US-amerikanischer Prägung *Kremer* in *Ringleb/Kremer/Lutter/v. Werder* (2005), Rn. 985 ff; *Peltzer* (2004), Rn 228 ff; *Kort* in GroßKomm, § 90 AktG, Rn. 35.

779 Zum Ausschuss des Aufsichtsorgans siehe unten C. II. 3. c) in diesem vierten Teil.

780 *Kremer* in *Ringleb/Kremer/Lutter/v. Werder (2005),* Rn. 985 ff; *Kort* in GroßKomm/AktG, § 90 AktG, Rn. 35.

781 *Kort* in GroßKomm/AktG, § 90 AktG, Rn. 35.

782 „Ein solches MIS dient dazu, in IT-gestützer Weise das Management bei Führungsentscheidungen zu unterstützen, und zwar durch eine gezielte Verdichtung und Aggregation von Unternehmensdaten und externen Umweltdaten zur optimalen Vorbereitung von Entscheidungen. Die Daten müssen aktuell, sicher und konsistent sein, das System muss wirtschaftlich, schnell und benutzerfreundlich sein. Das MIS lässt sich in Datenbank (Informationssammlung), Methodenbank (Informationsverarbeitung) und Modellbank (Informationsanalyse) unterteilen.“; *Kort* in GroßKomm/AktG, § 90 AktG Rn. 36.

783 *Kort* in GroßKomm/AktG, § 90 AktG, Rn. 36 ff.

784 *Kort* in GroßKomm, § 90 AktG, Rn. 38.

785 § 90 Abs. 1 S. 1 Nr. 1 AktG enthielt in seiner bis 2002 geltenden Fassung keine Pflicht zu dieser „follow up-Berichterstattung, wie sie derzeit mit dem durch das TransPuG eingefügten Zweiten Halbsatz von § 90 Abs. 1 S. 1 Nr. 1 AktG („ wobei auf Abweichungen der tatsächlichen Entwicklung von früher berichteten Zielen unter Angaben von Gründen einzugehen ist“) eingeführt worden ist; dazu allgemein *Hefermehl/Spindler* in MünchKomm/AktG, § 90 AktG Rn. 18; *Hüffer*, AktG, § 90 Rn. 4b; *Leyens* (2006), S. 144; *Kort* in GroßKomm/AktG, § 90 AktG, Rn. 43 ff.

zahlen vorzunehmen und diese dem Aufsichtsorgan entsprechend zu erläutern.[786]

ii) Die Rentabilität der Gesellschaft

§ 90 Abs. 1 S. 1 Nr. 2 AktG verlangt weiter den Bericht über die Rentabilität der Gesellschaft, vor allem über die vom Gesetz ausdrücklich hervorgehobene Rentabilität des Eigenkapital. Das Eigenkapital ist als die Summe der nach § 266 HGB auf der Passivseite der Bilanz auszuweisenden Beträge, insbesondere des Grundkapitals und der Rücklagen zu betrachten.[787] Als Objekt der Berichtserstattung sind nicht nur die Verzinsung des Eigenkapitals, sondern auch der *Cash-Flow* (etwa: Jahresergebnis nach Steuern, zuzüglich Abschreibungen, Wertberichtigungen und Rückstellungen, Buchgewinn aus Anlagenveräußerung), die Rentabilität des Gesamtkapitals, der Umsatz und die wesentlichen Investitionen unentbehrlich.[788]

iii) Der Gang der Geschäfte, insbesondere der Umsatz und die Lage der Gesellschaft

Nach Art. 41 Abs. 1 SE-VO muss das Leitungsorgan ferner über den Gang der Geschäfte berichten. Das entspricht § 90 Abs. 1 S. 1 Nr. 3 AktG. Unter „Gang der Geschäfte" nach Art. 41 Abs. 1 SE-VO werden - ebenso wie in § 90 Abs. 1 S. 1 Nr. 3 AktG, also Gang der Geschäfte, insbesondere über den Umsatz und die Lage der Gesellschaft – die gesamte operative Tätigkeit der Gesellschaft und der von ihr abhängigen Unternehmen verstanden, soweit dies für die herrschende Gesellschaft relevant ist.[789] Anders als bei der Berichterstattung gem. § 90 Abs. 1 S. 1 Nr. 1 AktG sind bei der Berichterstattung gem. Art. 41 Abs. 1 SE-VO, § 90 Abs. 1 S. 1 Nr. 3 AktG auch Planrechungen gefordert, weil der Geschäftsgang mittels eines Vergleiches mit diesen Planungsrechnungen beurteilt werden kann.[790]

iv) Die Geschäfte, die für die Rentabilität oder Liquidität der Gesellschaft von erheblicher Bedeutung sein können

Nach § 90 Abs. 1 S. 1 Nr. 4 AktG hat das Leitungsorgan über Geschäfte zu berichten, die für die Rentabilität oder Liquidität der Gesellschaft von erheblicher Bedeutung sein können. Als solche Geschäfte lassen sich z.B. der Erwerb oder die Veräußerung eines Betriebs oder Betriebsteils oder einer Beteiligung, die Gründung und die Schließung einer Zweigniederlassung, die Übernahme eines größeren Auftrags betrachten.[791] Wie detailliert jeder einzelne Punkt zu berich-

---

786 *Kort* in GroßKomm/AktG, § 90 AktG, Rn. 43 ff; *Hüffer*, AktG/7, § 90 Rn. 4b.

787 *Kort* in GroßKomm/AktG, § 90 AktG, Rn. 48; *Hüffer*, AktG/7, § 90 Rn. 5.

788 *Kort* in GroßKomm/AktG, § 90 AktG, Rn. 48; *Hüffer*, AktG/7, § 90 Rn. 5.

789 *Lutter* in KölnerKomm/AktG § 90 AktG Rn. 36; *Hüffer*/7, AktG, § 90 Rn. 6.

790 *Kort* in GroßKomm/AktG, § 90 AktG, Rn. 56; *Hüffer*/7, AktG, § 90 Rn. 6; *Hefermehl/Spindler* in MünchKomm/AktG, § 90 AktG Rn.25.

791 RegBegr bei *Kropff*, S. 117; *Hüffer*, AktG/7, § 90 Rn. 7.

ten ist, hängt einerseits von ihrer Bedeutung im Rahmen der Gesamtsituation der Gesellschaft, andererseits aber auch - dies folgt aus Art. 41 Abs. 3 SE-VO - von den dem Leitungsorgan bekannten oder erkennbaren Informationswünschen des Aufsichtsorgans ab.[792] Wie wichtig jeder einzelne Punkt ist, hängt von der Größe, dem Gegenstand und der wirtschaftlichen Lage der Gesellschaft und ihres Unternehmens ab.[793]

2) Zeitpunkt der Berichterstattung

Erstens, die Berichte über grundsätzliche Fragen der künftigen Geschäftsführung nach § 90 Abs. 1 S. 1 Nr. 1 AktG sind nach § 90 Abs. 2 Nr. 1 AktG mindestens einmal jährlich zu erstatten, wenn nicht eine Änderung der Situation oder neue Fragen eine unverzügliche Berichterstattung gebieten.[794]
Zweitens, in Bezug auf den Zeitpunkt des Rentabilitätsberichts nach § 90 Abs. 1 S. 1 Nr. 2 AktG muss das Leitungsorgan über die Rentabilität der SE im Jahresturnus nach § 90 Abs. 2 S.1 Nr. 2 AktG über Art. 9 Abs. 1 c ii SE-VO in der Sitzung des Aufsichtsorgans Bericht erstatten, in der über den Jahresabschluss verhandelt wird, weil die Rentabilität der SE ein wesentlicher Aspekt bei der Prüfung und Billigung des Jahresabschlusses und Gewinnverwendungsvorschlags nach §§ 170, 171 AktG über Art. 9 Abs. 1 c ii SE-VO ist.[795]
Drittens, bezüglich des Berichtszeitpunkts des Geschäftsgangs sieht die SE-VO in Art. 41 Abs. 1 SE-VO selbst wie folgt vor; „das Leitungsorgan unterrichtet das Aufsichtsorgan mindestens alle drei Monate über den Gang der Geschäfte der SE und deren voraussichtliche Entwicklung.“ Hier bedeutet die Formulierung „Mindestens alle drei Monate" nicht, dass das Leitungsorgan in jedem Fall drei Monate bis zur nächsten Information abwarten darf. Diese Pflicht zur vierteljährlichen Berichterstattung bezeichnet also nur das Minimum eines regelmäßigen, der Überwachungsaufgabe des Aufsichtsorgans entsprechenden Informationsflusses.[796] Also bildet die Vierteljährlichkeit lediglich die absolute Obergrenze der Länge der Periode.[797] Wie oft, hängt von der Situation und dem Geschäftsverlauf der Gesellschaft im Einzelfall ab.[798] Im Notfall dürfte eine wöchentliche oder gar tägliche Informierung unerlässlich sein.
Eine Regelung, die einen von § 90 Abs. 2 Nr. 3 AktG abweichenden Inhalt hat, findet sich auch nicht im DCGK in der Fassung vom 12. 6. 2006 für börsennotierte Gesellschaften. Dort heißt es in Ziffer 3.4 lediglich, dass das Leitungsor-

---

792 *Manz* in *MMS* (2005), Art. 41 SE-VO, Rn. 9.

793 RegBegr bei *Kropff*, S. 117; *Hüffer*, AktG/7, § 90 Rn. 7.

794 *Kort* in GroßKomm/AktG, § 90 AktG, Rn. 78; *Hüffer*, AktG/7, § 90 Rn. 9.

795 *Kort* in GroßKomm/AktG, § 90 AktG, Rn. 79; *Hüffer*, AktG/7, § 90 Rn. 9.

796 *Kort* in GroßKomm/AktG, § 90 AktG, Rn. 80; *Hüffer*, AktG/7, § 90 Rn. 9.

797 *Hefermehl/Spindler* in MünchKomm/AktG, § 90 AktG Rn.25; *Kort* in GroßKomm/AktG, § 90 AktG, Rn. 82.

798 *Kort* in GroßKomm/AktG, § 90 AktG, Rn. 80; *Hüffer*, AktG/7, § 90 Rn. 9; *Hefermehl/Spindler* in MünchKomm/AktG, § 90 AktG Rn.25.

gan das Aufsichtsorgan regelmäßig, zeitnah und umfassend zu unterrichten habe.[799]

Schließlich ist über wesentliche Einzelmaßnahmen im Sinne von § 90 Abs. 1 S. 1 Nr. 4 AktG kontinuierlich zu berichten, während die oben erwähnten Berichte turnusmäßig erstattet werden.[800] Nach § 90 Abs. 2 Nr. 4 AktG ist der Berichtszeitpunkt der Geschäfte, die für die Rentabilität oder die Liquidität der SE von erheblicher Bedeutung sein können, so rechtzeitig zu erstatten, dass das Aufsichtsorgan vor der Durchführung dieser Geschäfte durch das Leitungsorgan noch Gelegenheit hat, zu ihnen Stellung zu nehmen.[801] Das gilt ohnehin für Geschäfte, die nach § 19 SEAG (entsprechend § 111 Abs. 4 S. 2 AktG) über Art. 48 Abs. 1 S. 2 SE-VO zustimmungsbedürftig sind, und für Geschäfte, bei denen das Aufsichtsorgan ein Zustimmungsrecht hat oder in sonstiger Weise seine Mitwirkung gesetzlich vorgesehen ist oder vorgesehen werden kann, aber auch für sonstige Geschäfte.[802]

Wenn dem Aufsichtsorgan der Bericht nicht mehr rechtzeitig nach § 90 Abs. 2 Nr. 4 AktG vor Durchführung des Geschäfts erstattet werden kann (etwa weil das Geschäft keinen Aufschub duldet), ist die Berichterstattung unverzüglich nachzuholen. Überdies hat sich das Leitungsorgan zu bemühen, zumindest dem Aufsichtsorgansvorsitzenden vor Durchführung des Geschäfts Bericht zu erstatten.[803]

3) Form der Berichtserstattung

Nach § 90 Abs. 4 S. 2 Zweiter Teil AktG[804] über Art. 9 Abs. 1 c ii SE-VO sind die Berichte des Leitungsorgans mit Ausnahme der Berichte nach § 90 Abs. 1 S. 3 AktG „in der Regel in Textform" zu erstatten. Dieses Textformgebot gilt aber nicht uneingeschränkt, sondern bei Eilbedürftigkeit etwa aus Gründen der Aktualität oder gesteigerten Vertraulichkeitsbedürfnissen in Bezug auf eine bestimmte Information ist auch eine mündliche Berichterstattung denkbar.[805] Denn die gesetzliche Regelung des § 90 Abs. 4 S. 2 AktG Zweiter Teil hält nunmehr eine Berichterstattung in Textform nur „in der Regel" fest. Damit wird ein ausreichendes Maß an Flexibilität garantiert.[806] Darüber, ob eine Ausnahme vorliegt, die eine Abweichung von der Regel rechtfertigt, entscheidet das Aufsichtsorgan.[807] Ferner benutzt diese Regelung nicht mehr das Wort „schriftlich", son-

---

799 *Kort* in GroßKomm/AktG, § 90 Rn. 82.

800 Das Leitungsorgan hat die Berichte nach § 90 Abs. 1 S. 1 Nr. 1 bis 3 AktG nicht nur aus eigener Initiative, sondern auch turnusmäßig zu erstatten; *Kort* in GroßKomm/AktG, § 90 AktG, Rn. 78; *Hüffer*, AktG/7, § 90 Rn. 9.

801 *Kort* in GroßKomm/AktG, § 90 AktG, Rn. 83; *Hüffer*, AktG/7, § 90 Rn. 10.

802 *Kort* in GroßKomm/AktG, § 90 AktG, Rn. 83; *Hüffer*, AktG/7, § 90 Rn. 10.

803 *Kort* in GroßKomm/AktG, § 90 AktG, Rn. 84; *Hüffer*, AktG/7, § 90 Rn. 10.

804 Diese Regelung entspricht der Empfehlung der Corporate Governance-Kommission in ihrem Bericht aus dem Jahr 2001.

805 *Hüffer*, AktG/7, § 90 Rn. 13.

806 *Kort* in GroßKomm/AktG, § 90 AktG, Rn. 137.

807 BR-Drucks. 109/02 S. 32; *Hefermehl/Spindler* in MünchKomm/AktG, § 90 AktG Rn.9.

dern „in Textform", um die Nutzung moderner Kommunikationstechnologien zu ermöglichen. In diesem Zusammenhang wird die Neuregelung der Formvorschriften in § 126 b BGB berücksichtigt, so dass die Berichte an das Aufsichtsorgan auch per E-Mail erfolgen können.[808] Für die Berichte nach § 90 Abs. 1 S. 1 AktG gibt es nach § 90 Abs. 4 S. 2 AktG keine Regelform.

Nach § 90 Abs. 4 S. 2 AktG sind die Berichte auch möglichst rechtzeitig zu erstatten. Hier ist die Formulierung "möglichst rechtzeitig" so zu verstehen, dass das Leitungsorgan dem Aufsichtsorgan die Sitzungsunterlagen vor der jeweiligen Sitzung übermitteln soll, und zwar so zeitig, dass die Aufsichtsorgansmitglieder noch die Möglichkeit haben, sie zu lesen.[809] Im Fall der Berichte nach § 90 Abs. 1 S. 1 Nr. 4 AktG wird Rechtzeitigkeit des § 90 Abs. 2 Nr. 4 AktG nicht mit der Sitzung des Aufsichtsorgans, sondern mit der Vornahme der wesentlichen Einzelgeschäfte verbunden; das Aufsichtsorgan soll möglichst vorher Stellung nehmen können. Insoweit ist die Ergänzung des § 90 Abs. 4 S. 2 AktG nicht gelungen. Diese Vorschrift ist so auszulegen, dass das Leitungsorgan mit der jeweiligen Maßnahme bis zur Stellungsnahme des Aufsichtsorgans zu warten hat, wenn nicht gerade das Zuwarten ein Verstoß gegen die Leitungssorgfalt bedeutet.[810]

(2) Außerordentliche Berichte des Leitungsorgans aus sonstigen wichtigen Anlässen

Neben den regelmäßigen Berichtspflichten des Leitungsorgans an das Aufsichtsorgan regelt Art. 41 Abs. 2 SE-VO zur Regelberichterstattung eine anlassbezogene rechtzeitige Berichterstattung über Ereignisse, die sich spürbar auf die Lage der SE auswirken können. Das findet seine Entsprechung in etwa § 90 Abs. 1 Nr. 4, Abs. 2 Nr. 4 AktG. Anders als § 90 Abs. 2 Nr. 4 AktG enthält die SE-VO keine näheren Ausführungen dazu, was unter dem Begriff „rechtzeitig" zu verstehen ist. Damit ist § 90 Abs. 1 Nr. 4, Abs. 2 Nr. 4 AktG über Art. 9 Abs.1 c ii SE-VO ergänzend heranzuziehen.

Art. 41 Abs. 2 SE-VO ergänzt die Verpflichtung zur Lieferung regelmäßiger Mindestinformationen um die Pflicht zur Informierung über besondere Vorkommisse. Die Ereignisse nach Art. 41 Abs. 2 SE-VO können sowohl Geschäftsführungsmaßnahmen des Leitungsorgans, als auch von außen auf die SE einwirkende Gegebenheiten sein. Ob sie sich positiv oder negativ auf die Lage der SE auswirken, ist mitzuteilen.[811]

Die Einstufung eines Ereignisses als spürbar bezieht sich auf die Größe, den Gegenstand und die wirtschaftliche Lage der Gesellschaft und ihres Unterneh-

808 *Noack*, DStR 2001, S. 1893; *Hefermehl/Spindler* in MünchKomm/AktG, § 90 AktG Rn. 10.

809 BR-Drucks. 14/8769 S. 15; *Hefermehl/Spindler* in MünchKomm/AktG, § 90 AktG Rn. 13; *Hüffer*, AktG/7, § 90 Rn. 13a.

810 Hüffer, AktG/7, § 90 Rn. 13b.

811 *Hüffer*, AktG/7, § 90 Rn. 8.

mens.[812] Zu informieren ist also z.B. über erhebliche Betriebsstörungen, wesentliche Verluste, die Gefährdung größerer Außenstände, wesentliche Steuernachforderungen, empfindliche behördliche Auflagen, die Kündigung eines Kredits, Arbeitskampf, den Erwerb oder die Veräußerung eines Betriebes, eines Betriebsteiles oder einer Beteiligung, die Gründung oder Schließung einer Zweigniederlassung oder die Übernahme eines größeren Auftrags.[813]
Informationsempfänger ist im Prinzip, wie bei Art. 41 Abs. 1 SE-VO, das Aufsichtsorgan. Im Fall der besonderen Eilbedürftigkeit ist aber die Berichterstattung an den Aufsichtsorgansvorsitzenden zu leisten.[814] Bei seiner Verhinderung ist sein Stellvertreter zuständig.[815] Dieser Aufsichtsorgansvorsitzende entscheidet über die erforderlichen Maßnahmen. Die Aufsichtsorgansmitglieder müssen aber auf jeden Fall spätestens in der nächsten Sitzung des Gremiums vom Vorsitzenden unterrichtet werden.[816]

(3) Information auf Verlangen

1) Informationsverlangen des Aufsichtsorgans

Nach Art. 41 Abs. 3 S. 1 SE-VO kann das Aufsichtsorgan vom Leitungsorgan jegliche Information verlangen, die für die Ausübung der Kontrolle notwendig ist. Das entspricht inhaltlich dem Bericht des Vorstands nach § 90 Abs. 3 AktG, stellt aber präziser als das deutsche Aktiengesetz den Zusammenhang zwischen Information und Überwachungsaufgabe heraus. Wenn das Aufsichtsorgan als Organ einen Bericht nach Art. 41 Abs. 3 S. 1 SE-VO will, dann bedarf es dazu eines Beschlusses nach Art. 50 Abs. 1 SE-VO.[817]
Nach Art. 41 Abs. 3 S. 1 SE-VO kann das Aufsichtsorgan vom Leitungsorgan jegliche Information verlangen, die für die Ausübung der Kontrolle nach Art. 40 Abs. 1 SE-VO erforderlich ist. Das Berichtsverlangen muss hinreichend präzisiert werden, damit das Leitungsorgan weiß, worüber es berichten soll. Das Informationsverlangen ist deshalb auf eine bestimmte Angelegenheit oder mehrere bestimmte Angelegenheiten zu konkretisieren, z.B. auf die Angelegenheiten der Gesellschaft, die geschäftlichen Beziehungen zu verbundenen Unternehmen, die geschäftlichen Vorgänge bei verbundenen Unternehmen und auf Situationen, die von erheblichem Einfluss für die Gesellschaft sein können.[818] Wenn das Aufsichtsorgan aber keine hinreichende Kenntnis über den betreffenden Berichtsge-

---

812 *Hüffer*, AktG/7, § 90 Rn. 7.

813 *Hüffer*, AktG/7, § 90 Rn. 8.

814 § 90 Abs. 1 S. 3 AktG; *Hüffer*, AktG/7, § 90 Rn. 8.

815 Zum Stellvertreter des Aufsichtsorgansvorsitzenden siehe oben C. II. 3. b) aa) (1) in diesem vierten Teil.

816 *Reichert/Brandes* in MünchKomm, Art 41 SE-VO Rn. 8; für die AG *Lutter* (1984), S. 54; *Hefermehl/Spindler* in MünchKomm/AktG, § 90 Rn. 29; *Mertens* in KölnKomm/AktG, § 90 Rn. 39; *Hüffer*, AktG/7, § 90 Rn. 8.

817 *Hefermehl/Spindler* in MünchKomm/AktG, § 90 AktG Rn. 11; *Hüffer*, AktG/7, § 90 Rn. 11; *Reichert/Brandes* in MünchKomm/AktG, § 41 Rn. 13.

818 *Manz* in *MMS* (2005), Art. 41 SE-VO Rn. 18; *Kort* in GroßKomm/AktG, § 90 AktG Rn. 87 ff.

genstand hat, genügen sehr allgemeine Angaben.[819] Aus der Überwachungsaufgabe der Geschäftsführung des Leitungsorgans nach Art. 40 Abs. 1 SE-VO ist das Aufsichtsorgan nicht nur berechtigt, sondern auch verpflichtet, das Informationsrecht wahrzunehmen, wenn sich Zweifel an der Recht- oder Zweckmäßigkeit der Geschäftsführung durch das Leitungsorgan ergeben.[820]
Das Leitungsorgan ist nicht berechtigt, den Funktionsbezug angeforderter Informationen zur Überwachung des Aufsichtsorgans zu überprüfen. Das Leitungsorgan darf abgesehen von offensichtlich fehlendem Funktionsbezug keine Information ablehnen. Ebenso wenig kann das Leitungsorgan eine Berichtserstattung unter Hinweis auf das Interesse des Unternehmens an der Geheimhaltung von Informationen und der Gefahr einer Verletzung der Verschwiegenheitspflicht einzelner Aufsichtsorgansmitglieder ablehnen. Wenn das Leitungsorgan seiner Berichtspflicht nicht nachkommt, drohen Zwangsgeld, Abberufung und Schadensersatz.[821] Nach ganz herrschender Auffassung ist es dem Aufsichtsorgan möglich, seinen Informationsanspruch auch gerichtlich durchzusetzen.[822]

2) Informationsverlangen einzelner Aufsichtsorgansmitglieder
Nach Art. 41 Abs. 3 S. 2 SE-VO können die Mitgliedstaaten vorsehen, dass jedes Aufsichtsorgansmitglied jegliche Information verlangen kann, die für die Ausübung der Kontrolle nach Art. 40 Abs. 1 S. 1 SE-VO erforderlich ist. Der deutsche Gesetzgeber hat zum Aufsichtsorgan, gedeckt von Art. 41 Abs. 3 S. 2 SE-VO, im § 18 SEAG folgende Ausführungsvorschriften erlassen: Jedes einzelne Aufsichtsorgansmitglied kann vom Leitungsorgan jegliche Information gem. Art. 41 Abs. 3. Satz 1 SE-VO verlangen; die erlangten Informationen stehen jedoch nicht dem Aufsichtsorgansmitglied allein, sondern dem gesamten Aufsichtsorgan zu. § 18 SEAG entspricht damit weitgehend der in § 90 Abs. 3 S. 2 AktG enthaltenen Regelung für Anforderungsberichte.
Ein einzelnes Aufsichtsorgansmitglied kann nach Art. 41 Abs. 3 S. 2 SE-VO i.V.m. § 18 SEAG die Berichterstattung des Leitungsorgans verlangen; das entspricht seiner Aufgabe als Organmitglied; insofern ist dieses Verlangensrecht auch Pflichtrecht.[823] Mit der in § 18 SEAG geregelten Bestimmung hat der Gesetzgeber einen Gleichlauf mit der durch das Transparenz- und Publizitätsgesetz[824] neu gefassten Bestimmung in § 90 Abs. 3 S. 2 AktG hergestellt. Danach bedarf ein einzelnes Aufsichtsorgansmitglied zur Geltendmachung und Durchsetzung des Berichtverlangens gegenüber dem Leitungsorgan nicht mehr der

819 *Kort* in GroßKomm/AktG, § 90 AktG Rn. 86.
820 *Manz* in *MMS* (2005), Art. 41 SE-VO Rn. 19.
821 *Hüffer*, AktG/7, § 90 Rn. 15.
822 *Hüffer*, AktG/7, § 90 Rn. 15; *Wiesner* in MünchHdb/GesR, § 25 Rn. 36; *Westermann* (1969), S. 369, f.; a.A. *Mertens* in KölnKomm/AktG, § 90 Rn. 53 sowie ZHR 154 (1990), S.24, 33.
823 *Hüffer*, AktG/7, § 90 Rn. 12.
824 BGBl. Iv. 19 Juli 2002, S. 2681.

Unterstützung durch andere Aufsichtsorgansmitglieder.[825] Außer in Missbrauchsfällen kann das Leitungsorgan die Berichterstattung nicht ablehnen. Ein Missbrauch im Sinne der Verletzung der organschaftlichen Treuepflichten liegt vor, falls das Aufsichtsorgansmitglied Eigeninteressen zu Lasten der Interessen der Gesellschaft verfolgt. Vor allem vorausgesetzt, dass das Aufsichtsorgansmitglied einen Wettbewerber der Gesellschaft repräsentiert und konkret zu befürchten ist, dass es eingeforderte Informationen an Wettbewerber weitergibt, liegt ein Missbrauch vor.[826] Auch in diesem Fall ist der Empfänger des Berichts nicht einzelnes Aufsichtsorgansmitglied, sondern das Aufsichtsorgan als Organ.[827]

(4) Überprüfungsrecht des Aufsichtsorgans

Das Aufsichtsorgan kann gem. Art. 41 Abs. 4 SE-VO alle zur Erfüllung seiner Aufgaben erforderlichen Überprüfungen vornehmen oder vornehmen lassen. Für eine effiziente Überwachungsführung des Aufsichtsorgans spielt ein solches Prüfungsrecht funktional eine große Rolle als eine unabdingbare Ergänzung des in den Art. 41 Abs. 1 bis 3 SE-VO bestimmten Berichtssystems, vor allem bei Verdacht auf Unregelmäßigkeiten.[828] Das Prüfungsrecht steht auch dem Aufsichtsorgan als Kollegialorgan zu. Zur Wahrnehmung des Prüfungsrechts ist ein Beschluss des Aufsichtsorgans nach Art. 51 SE-VO erforderlich. Allerdings sind bei der Ausübung des Prüfungsrechts des Aufsichtsorgans die Notwendigkeit effizienter Überwachung einerseits sowie mögliche nachteilige Folgen für die SE andererseits (Störung des Vertrauensverhältnisses; Rufschädigung) gegeneinander abzuwägen.[829] Also muss das Aufsichtsorgan bei der Wahrnehmung dieses Rechts in besonderem Maße die Interessen der Gesellschaft berücksichtigen, zu deren Wahrung es nach Art. 51 SE-VO, §§ 93, 116 AktG verpflichtet ist.[830] Ansonsten kann nach denselben Gesetzen eine Haftung des Aufsichtsor-

---

825 RegBegr zu § 18 SEAG, BT-Drucks. 15/3405 S. 36; *Hüffer*, AktG/7, § 90 Rn. 12.; frühere Regelung in § 90 Abs. 3 S. 2, 2. HS AktG, nach welcher ein Aufsichtsratsmitglied bei Ablehnung seines Berichtsanforderung der Unterstützung durch ein weiteres Aufsichtsratsmitglied bedurfte, ist auf Vorschlag der Corporate Governance-Kommission durch Art. 1 Nr. 5b TransPuG gestrichen worden. Dadurch soll die Position des einzelnen Aufsichtsratsmitgliedes gestärkt werden.

826 H.M. im Aktienrecht: OLG Karlsruhe OLGZ 1985, 41, 44; OLG Stuttgart OLGZ 1983, 184, 187 f.; *Mertens* in KölnerKomm/AktG, § 90 AktG Rn. 14; *Hüffer*, AktG/7, § 90 Rn. 12 f.; *Wiesner* in MünchHdb/GesR IV, § 25 Rn. 34.

827 *Hüffer*, AktG/7, § 90 Rn. 12.

828 *Reichert/Brandes* in MünchKomm/AktG, Art. 41 SE-VO Rn. 16.

829 *Hüffer*, AktG/7, § 111 Rn. 11; *Semler* in MünchKomm/AktG, § 111 Rn. 296; *Mertens* in KölnerKomm/AktG, § 111 Rn. Rn. 42.

830 Zur AG Hüffer, AktG/7, § 111 Rn.11.

gans begründet werden.[831] Wann eine Einsichtnahme erforderlich ist, entscheidet das Leitungsorgan nach seinem pflichtgemäßen Ermessen.[832]
Art. 41 Abs. 4 SE-VO findet seine Entsprechung in § 111 Abs. 2 S. 1 AktG. Art. 41 Abs. 4 SE-VO ist zwar kürzer und prägnanter formuliert als § 111 Abs. 2 S. 1 AktG[833], aber dennoch gibt es keine nennenswerten inhaltliche Unterschiede. Insoweit muss § 111 Abs. 2 AktG über Art. 9 Abs. 1 c ii SE-VO Anwendung finden.

1) Umfang und Grenzen

Ebenso wie der Aufsichtsrat einer AG kann das Aufsichtsorgan gem. § 111 Abs. 2 S. 1 AktG über Art. 9 Abs. 1 c ii SE-VO Bücher und Schriften der SE sowie Vermögensgegenstände wie Kasse, Wertpapiere und Waren einsehen und prüfen. Art. 41 Abs. 4 SE-VO beschränkt das Prüfungsrecht nur in funktionaler, nicht dagegen in sachlicher Hinsicht; das Aufsichtsorgan kann also nur solche Untersuchungen vornehmen oder vornehmen lassen, die zur Erfüllung seiner Überwachungspflicht erforderlich sind.[834] Gegenüber dem Aufsichtsorgan verfügt das Leitungsorgan jedoch über kein Geheimhaltungsrecht.[835] Auf die Formel gebracht, hat das Aufsichtsorgan das Recht, das zu wissen, was das Leitungsorgans weiß. Das Leitungsorgan kann nur dann die Prüfungsmaßnahme des Aufsichtsorgans boykottieren, wenn der Funktionsbezug der Prüfungsmaßnahme zu den dem Aufsichtsorgan übertragenen Überwachungsaufgaben offensichtlich fehlt, sich die Prüfungsmaßnahme also als Rechtsmissbrauch darstellt.[836]

2) Übertragung des Prüfungsrechts und Bericht des Abschlussprüfers

Nach Art. 41 Abs. 4 SE-VO kann das Aufsichtsorgan die Überprüfungen selbst vornehmen oder vornehmen lassen. „Vornehmen lassen" bedeutet in diesem Zusammenhang, dass das Aufsichtsorgan die Prüfung nicht selbst vornehmen muss. Damit kann diese Überprüfungsaufgabe einem Sachverständigen wie etwa einem Wirtschaftsprüfer und auch dem Vorsitzenden oder einem anderen Aufsichtsorgansmitglied oder einem Ausschuss[837] übertragen werden. Dafür ist wiederum ein Beschluss nach Art. 50 Abs. 1 SE-VO erforderlich, weil das Prüfungsrecht nur dem Aufsichtsorgan als Kollegialorgan zusteht. Der Auftrag darf sich nur auf konkrete Einzelangelegenheiten beziehen und nicht auf die generelle Ausübung des Einsichts- oder Prüfungsrechts. Die Konkretisierung ergibt sich

---

831 *Reichert/Brandes* in MünchKomm/AktG, Art. 41 SE-VO Rn. 24; zu Einzelheiten der Haftung des Aufsichtsorgan siehe unten C. III. 1. b) aa) in diesem vierten Teil.

832 *Mertens* in KölnerKomm/AktG, § 111 Rn. 37.

833 *Hopt/Roth* in GroßKomm/AktG, § 111 AktG Rn. 851.

834 *Mertens* in KölnerKomm/AktG, § 111 AktG Rn. 38.

835 *Semler* in MünchKomm/AktG, § 111 AktG Rn. 295.

836 *Semler* in MünchKomm/AktG, § 111 AktG Rn. 295; *Reichert/Brandes* in MünchKomm, Art. 41 SE-VO Rn. 18.

837 *Hüffer*, AktG/7, § 111 Rn. 12; *Lutter/Krieger* (2002), § 6 Rn. 241; zu vergleichbaren amerikanischen Entwicklungen („Audit Committee") *Windbichler*, ZGR 1985, S. 50, 59 f.

dann schon aus der Umschreibung des Prüfungsauftrags.[838] Das Aufsichtsorgan kann den Prüfungsauftrag selbst erteilen, es hat insoweit Vertretungsmacht für die SE.[839] Es ist jedoch möglich, dass das Aufsichtsorgan einen entsprechenden Prüfungswunsch an das Leitungsorgan heranträgt und dieses dann das Mandat seitens der SE erteilt.[840] Die Übertragung erfolgt durch Beschluss.[841] Im Übrigen haben Dritte (z.B. Sachverständige) ihre Leistung gegenüber der Gesellschaft abzurechnen, die dabei vom Aufsichtsorgan vertreten wird.[842]
Ferner darf das Aufsichtsorgan auch dem Abschlussprüfer Aufträge erteilen,[843] die es zwar nicht im Rahmen der Abschlussprüfung zu erledigen hat, die es aber im Zuge der Prüfung erledigen kann. Dabei schließt das Aufsichtsorgan mit dem Abschlussprüfer im Namen der Gesellschaft einen Prüfungsvertrag. Mit diesem Auftrag verpflichtet das Aufsichtsorgan die Gesellschaft unmittelbar.[844] Es ist aber nicht unabdingbar, in diesem Vertrag den allgemeinen Prüfungsinhalt festzuhalten, weil er gesetzlich vorgegeben ist.[845] Freilich sind die Einzelheiten über die Prüfungszeiten, den Vorlagetermin für den Prüfungsbericht, etwaige Zwischenprüfungen und die daraus resultierenden Berichterstattungspflichten sowie vereinbarte Prüfungsschwerpunkte zu bestimmen.[846] Vertragsmängel berühren die Gültigkeit der Bestellung nicht, führen also auch nicht zur Nichtigkeit des Jahresabschlusses nach § 256 Abs. 1 Nr. 3 AktG.[847]
Zum Abschluss des Vertrags mit dem Abschlussprüfer ist ebenfalls ein Beschluss nach Art. 50 Abs. 1 SE-VO erforderlich. Nach gehöriger Beschlussfassung im Aufsichtsorgan hat ein bevollmächtigtes Mitglied, namentlich der Aufsichtsorgansvorsitzende, den Auftrag - in aller Regel in Textform (§ 126 b BGB) - formell zu erteilen.[848] Streitig ist, ob auch ein Ausschuss des Aufsichtsorgans die Auftragserteilung beschließen kann. Die Frage ist zu bejahen, weil § 107

838 *Hüffer*, AktG/7, § 111 Rn. 12.

839 *Hüffer*, AktG/7, § 111 Rn. 12; *Mertens* in KölnerKomm/AktG, § 111 AktG Rn. 57.

840 *Hüffer*, AktG/7, § 111 Rn. 12; *Mertens* in KölnerKomm/AktG, § 111 AktG Rn. 57.

841 *Semler* in MünchKomm/AktG, § 111 AktG Rn. 301.

842 *Hüffer*, AktG/7, § 111 Rn. 12; *Semler* in MünchKomm/AktG, § 111 AktG Rn. 311; *Hoffmann-Becking* in MünchHdb/GesR IV, § 29 Rn. 35; a.A. *v. Godin/Wilhelmi* (1971), § 111 AktG Rn. 3.

843 § 111 Abs. 2 S. 3 AktG, der auf dem KonTraG beruht, sieht vor, dass nicht mehr wie bisher der Vorstand (das Leitungsorgan), sondern der Aufsichtsrat (das Aufsichtsorgan) dem Abschlussprüfer den Prüfungsauftrag erteilt.

844 Eine Mitwirkung des Leitungsorgans bei der Festlegung solcher Schwerpunkte ist zu vermeiden. Der Geprüfte darf keinen Einfluss auf die Prüfung nehmen: *Feddersen*, AG 2000, S. 385, 387.

845 Vgl. § 317 HGB.

846 *Theisen*, DB 1999, S. 341; *Semler* in MünchKomm/AktG, § 111 AktG Rn. 325 ff.

847 *Hüffer*, AktG/7, § 111 Rn. 12c.

848 *Hüffer*, AktG/7, § 111 Rn. 12d; *Semler* in MünchKomm/AktG, § 111 AktG Rn. 326.

Abs. 3 S. 2 AktG keine Delegationssperre für die Entscheidung über die Auftragserteilung enthält.[849]

Ferner hat gemäß § 171 Abs.1 Satz 2 AktG über Art. 9 Abs. 1 c ii SE-VO der Abschlussprüfer an den Sitzungen des Aufsichtsorgans teilzunehmen und über die wesentlichen Ergebnisse seiner Prüfung zu berichten, in der über den Jahresabschluss entschieden wird. Folglich ist der Abschlussprüfer in der Regel gut informiert über die Verhältnisse der Gesellschaft, und das Aufsichtsorgan erhält somit vom Abschlussprüfer Informationen von guter Qualität. Weiterhin ist nach § 321 HGB der Bericht nicht nur inhaltlich auf die Überwachungsaufgaben des Aufsichtsorgans auszurichten, sondern auch gem. § 321 Abs. 5 HGB unmittelbar dem Aufsichtsorgan vorzulegen. Folglich wurde durch die Neufassung insbesondere der §§ 317 und 321 HGB die Anforderung an die Prüfung und den Prüfungsbericht deutlich erhöht.[850]

Wenn das Aufsichtsorgan einen Dritten, der nicht bereits von Berufs wegen zur Verschwiegenheit verpflichtet ist, mit der Prüfung beauftragt, so muss das Aufsichtsorgan den Schutz von Geschäftsgeheimnissen der Gesellschaft durch Abschluss einer entsprechenden Vertraulichkeitsvereinbarung mit dem Dritten sicherstellen. Nach Art. 51 SE-VO, §§ 116, 93 AktG kann ein Verstoß gegen diese Pflicht eine Haftung des Aufsichtsorgans begründen.[851]

(5) Informationen innerhalb des Aufsichtsorgans

Jedes Mitglied des Aufsichtsorgans kann von allen anderen Mitgliedern die Herausgabe von Informationen, die diesem Organ übermittelt wurden, verlangen (Art. 41 Abs. 5 SE-VO). Das findet seine Entsprechung in § 90 Abs. 5 S. 1 AktG. Während das Recht auf Kenntnisnahme in § 90 Abs. 5 AktG auf die vom Vorstand erstatteten Berichte (einschließlich Sonderberichte) beschränkt ist, erstreckt sich Art. 41 Abs. 5 SE-VO auf alle Informationen, die dem Aufsichtsorgan übermittelt werden. Die Kenntnisnahme jeglicher Informationen von jedem Aufsichtsorgansmitglied ist Ausfluss seiner Pflicht zur Überwachung der Geschäftsführung durch das Leitungsorgan nach Art. 40 Abs. 1 SE-VO.[852] Während das Recht auf Kenntnisnahme in § 90 Abs. 5 AktG auf die vom Leitungsorgan erstatteten Berichte (einschließlich Sonderberichte) beschränkt ist, erstreckt sich Art. 41 Abs. 5 SE-VO auf alle Informationen, die dem Aufsichtsorgan übermittelt werden. Das Recht auf Kenntnisnahme richtet sich in erster Li-

---

849 *Hüffer*, AktG/7, § 111 Rn. 12c; *Semler* in MünchKomm/AktG, § 111 AktG Rn. 329; a.A. *Forster*, Wpg 1998, S. 41, 42; *Hommelhoff*, BB 1998, S. 2567, 2570; *Theisen*, DB 1999, S. 341, 345.

850 Im Übrigen gab es eine Reform über den Abschlussprüfer im KonTraG vom 27. 4. 1998. Das Kernstück dieser Reform des Rechts des Aufsichtsrats ist die Rückorientierung und Fokussierung des Abschlussprüfers auf den Aufsichtsrat, von der sich viele einen Qualitätssprung seiner Überwachungstätigkeit versprechen.

851 *Reichert/Brandes* in MünchKomm/AktG, Art. 41 SE-VO Rn. 24; zu Einzelheiten der Haftung des Aufsichtsorgan siehe unten C. III. 1. b) aa) in diesem vierten Teil.

852 *Hüffer*, AktG/7, § 90 Rn. 14; *Hefermehl/Spindler* in MünchKomm/AktG, § 90 AktG Rn. 42; *Mertens* in KölnKomm/AktG, § 90 AktG Rn. 25.

nie gegen den Vorsitzenden des Aufsichtsorgans. Der Anspruch umfasst alle Information, die dem Vorsitzenden zur Weiterleitung an das gesamte Organ erteilt wurden, und also nicht nur jene, die das Leitungsorgan dem Aufsichtsorgan übermittelt hat.[853] Die Berichte aus sonstigen wichtigen Anlässen, die dem Aufsichtsorgansvorsitzenden wegen Eilbedürftigkeit meist mündlich zu erstatten sind, sind nach § 90 Abs. 5 S. 3 AktG über Art. 9 Abs. 1 c ii SE-VO den Aufsichtsorgansmitgliedern spätestens in der nächsten Sitzung des Gremiums zur Kenntnis zu bringen.[854]

dd) Überwachungsinstrumente

Nach der Überprüfung der vom Aufsichtsorgan durch oben beschriebene Methoden erlangten Informationen stehen ihm im Ergebnis verschiedene Überwachungsinstrumente zur Wahl.

(1) Stellungnahmen

Zuerst muss das Aufsichtsorgan beurteilen, ob anhand der Kriterien der Rechtsmäßigkeit, Ordnungsmäßigkeit, Zweckmäßigkeit und Wirtschaftlichkeit die vom Leitungsorgan mitgeteilten Geschäftsführungsmaßnahmen angemessen sind.[855] Dabei kann jedes Aufsichtsorgansmitglied eine eigene Stellungnahme über die bestimmten Geschäftsführungsmaßnahmen meist formlos durch Rede und Gegenrede in den Aufsichtsorganssitzungen äußern.[856] Dementsprechend hat das Leitungsorgan dem Aufsichtorgan über die Gründe und die Plausibilität der eingeschlagenen Geschäftspolitik und der vorgenommenen oder unterlassenen Maßnahmen Rechenschaft abzulegen.[857] Überdies kann auch das gesamte Aufsichtsorgan seine Stellungnahme über bestimmte Geschäftsführungsmaßnahmen, insbesondere seine Billigung oder Missbilligung durch einen Beschluss mit der Mehrheit der Mitglieder äußern.[858] Das Aufsichtsorgan muss von einer Stellungnahme in seinem Jahresbericht nach § 171 Abs. 2 S. 2 AktG berichten,[859] während das Leitungsorgan immer förmlich auf eine Stellungnahme zu reagieren hat.[860] Allerdings hat eine Stellungnahme des Aufsichtsorgans für das Leitungsorgan keine verbindliche Wirkung, weil das Aufsichtsorgan bezüglich der Geschäftsführung kein Weisungsrecht gegenüber dem Leitungsorgan besitzt. Im Übrigen sieht das Aktiengesetz ein Recht zur Stellungnahme des Aufsichtsor-

853 *Manz* in *MMS* (2005), Art. 41 SE-VO Rn. 28.

854 *Hüffer*, AktG/7, § 90 Rn. 14.

855 Zu den Überwachungsmaßstäbe siehe oben C. II. 1. a) bb) in diesem vierten Teil.

856 *Hoffmann-Becking* in MünchHdb/GesR IV, § 29 Rn. 30; *Potthoff/Trescher* (2001), S. 191.

857 *Hoffmann-Becking* in MünchHdb/GesR IV, § 29 Rn. 30.

858 *Hoffmann-Becking* in MünchHdb/GesR IV, § 29 Rn. 31; *Semler* (1996), Rn. 203.

859 *Semler* in MünchKomm/AktG/AktG, § 111 Rn. 196.

860 *Mertens* in KölnerKomm/AktG, § 111 Rn. 31.

gans nicht ausdrücklich vor, weil der Gesetzgeber ein solches als selbstverständlich vorausgesetzt hat.[861]

(2) Beratung

Gemäß der Rechtsprechung des BGH hat das Aufsichtsorgan im Rahmen seiner Überwachungstätigkeit das Leitungsorgan auch zu beraten.[596] In der Praxis ist dieses Beratungsrecht unabdingbar, weil sein Überwachungsumfang nicht nur die vergangenheitsbezogenen, sondern auch zukünftigen Maßnahmen umfasst. Insbesondere die Überwachung in Bezug auf die zukünftige Geschäftspolitik kann nur durch eine ständige Beratung mit dem Leitungsorgan gewährleistet werden.[597] Allerdings ist die Beratungsaufgabe des Aufsichtsorgans nicht ausdrücklich gesetzlich vorgesehen. Trotzdem steht die beratende Funktion des Aufsichtsorgans der SE-VO nicht entgegen, weil sie dem Art. 40 Abs. 1 SE-VO bzw. dem 14. Erwägungsgrund der SE-VO[862] folgerichtig entspricht. Außerdem kann sie sich insbesondere auf die Berichtspflicht der beabsichtigten Geschäftspolitik nach Art. 41 Abs. 1 SE-VO, § 90 Abs. 1 S. 1 Nr. 1 AktG[863] und auf die Zustimmungsvorbehalte nach Art. 48 SE-VO, § 111 Abs. 4 S. 2 AktG[864] sowie auf die Abstimmung der strategischen Ausrichtung (Ziff. 3.2 DCGK) und Erlaubnis zur Erstellung eines Katalogs der zustimmungsbedürftigen Geschäfte (Ziff. 3.3 DCGK) stützen.

(3) Zustimmungsvorbehalte des Aufsichtsorgans

Die in Art. 48 SE-VO eingeführten Zustimmungsvorbehalte spielen eine große Rolle als Instrumente der präventiven Überwachung der Geschäftsführung. Nach Art. 48 Abs. 1 SE-VO können in der Satzung einer SE bestimmte Arten von Geschäften aufgeführt werden, für die im dualistischen System das Aufsichtsorgan dem Leitungsorgan seine Zustimmung erteilen muss. Nach Art. 48 Abs. 3 SE-VO können die Mitgliedstaaten für die in ihrem Hoheitsgebiet eingetragenen SE festlegen, welche Arten von Geschäften auf jeden Fall in die Satzung aufzunehmen sind. Von dieser Regelungsbefugnis hat der deutsche Gesetzgeber keinen Gebrauch gemacht.

Neben der Festlegung zustimmungsbedürftiger Geschäfte durch Satzung nach Art. 48 Abs. 1 S. 1 SE-VO können die Mitgliedstaaten nach Art. 48 Abs. 1 S. 2 SE-VO vorsehen, dass im dualistischen System das Aufsichtsorgan selbst bestimmte Arten von Geschäften von seiner Zustimmung abhängig machen kann. Deutschland hat von dieser Ermächtigung Gebrauch gemacht. Im Ergebnis be-

---

861 *Semler* (1996), Rn. 197, 199.

862 14. Erwägungsgrund: „Es ist erforderlich, der SE alle Möglichkeiten einer leistungsfähigen Geschäftsführung an die Hand zu geben und gleichzeitig deren wirksame Überwachung sicherzustellen."

863 Zur Informationsversorgung des Aufsichtsorgans siehe gerade oben C. II. 1. a) cc) in diesem vierten Teil.

864 Zu den Zustimmungsvorbehalten des Aufsichtsorgans siehe gerade unten C. II. 1. a) dd) (3) in diesem vierten Teil.

stimmt das SEAG, dass das Aufsichtsorgan selbst bestimmte Arten von Geschäften von seiner Zustimmung abhängig machen kann. Diese Regelung entspricht § 111 Abs. 4 S. 2 AktG sowie Ziff. 3.3 DCGK. Aber anders als § 111 Abs. 4 S. 2 AktG ist in Art. 48 Abs. 2 SE-VO wird nicht die Formulierung „müssen", sondern „können" benutzt. Also hat diese Bestimmung keinen Zwang zur Bestimmung von Zustimmungsvorbehalten in der Satzung einer SE zum Inhalt.[865]

Damit intensiviert Art. 48 Abs. 1 S. 2 SE-VO die Kooperation zwischen den Organen bzw. Organmitgliedern und gleicht so das dualistische System und monistische System, in dem die Kompetenzen zwischen Geschäftsführern und sonstigen Mitgliedern des Verwaltungsorgans aufgeteilt sind, einander weiter an.[866]

1) Begründung von Zustimmungsvorbehalt

- **Begründung durch die Satzung:** Nach Art. 48 Abs. 1 S. 1 Unterabs. SE-VO kann die Satzung Zustimmungsvorbehalte für bestimmte Arten von Geschäften vorsehen. Das gilt sowohl für die Ursprungssatzung als auch für spätere Einfügungen durch Satzungsänderungen.[867]
- **Begründung durch das Aufsichtsorgan:** Nach § 19 SEAG über Art. 48 Abs. 3 SE-VO kann das Aufsichtsorgan selbst bestimmte Arten von Geschäften von seiner Zustimmung abhängig machen. Dieses Recht lässt sich nicht dadurch verweigern, dass die Satzung bereits Zustimmungsvorbehalte enthält.

Das Aufsichtsorgan ist seinerseits an die Satzung gebunden und darf deshalb die durch die Satzung begründeten Zustimmungsvorbehalte nicht abschaffen, einschränken oder durch eine vorweggenommene pauschale Einwilligung unterlaufen. Es kann aber ein einzelnes Geschäft, das für das Unternehmen von erheblicher Bedeutung ist, von seiner Zustimmung abhängig machen. Der Zustimmungsvorbehalt kann auch ad hoc beschlossen werden, wenn es sich um für das Unternehmen besonders wichtige Geschäfte handelt, die das Aufsichtsorgan für unvertretbar hält.

Die Zustimmungsvorbehalte werden durch einen Beschluss des Aufsichtsorgans geschaffen. Nach § 107 Abs. 3 S. 2 AktG über Art. 9 Abs. 1 c ii SE-VO darf das Aufsichtsorgan diese Aufgabe nicht an einen Ausschuss delegieren. Die Beschlussfähigkeit und die Beschlussfassung des Aufsichtsorgans bestimmen sich nach Art. 50 SE-VO. Art. 50 Abs. 1 SE-VO lautet: „Sofern in dieser Verordnung oder der Satzung nicht anderes bestimmt ist, gelten für die Beschlussfähigkeit und die Beschlussfassung der Organe der SE die folgenden internen Regeln: a) Beschlussfähigkeit: mindestens die Hälfte der Mitglieder muss anwesend oder vertreten sein; b) Beschlussfassung: mit der Mehrheit der anwesenden oder ver-

865 *Hoffmann-Becking*, ZGR 2004, S. 355, 356; *Reichert/Brandes* in MünchKomm/AktG, Art. 48 SE-VO Rn. 1 f.

866 *Manz* in *MMS* (2005), Art. 48 SE-VO Rn. 1.

867 *Semler* in MünchKomm/AktG, § 111 Rn. 402; *Reichert/Brandes* in MünchKomm/AktG, Art. 48 SE-VO Rn. 3.

tretenen Mitglieder." Also kann die Satzung nach Art. 50 Abs. 1 SE-VO auch eine qualifizierte Stimmenmehrheit fordern.[868]

2) Grenzen

Die Zustimmungsvorbehalte sind das rechtliche Mittel, um das Verhalten des Leitungsorgans bei bestimmten Maßnahmen und in besonderen Einzelfällen dem Willen des Aufsichtsorgans zu unterwerfen.[869] Damit wird die Geschäftsführungszuständigkeit aber nicht auf das Aufsichtsorgan übertragen, sie bleibt auch bei Maßnahmen, die von der Zustimmung des Aufsichtsorgans abhängig sind, beim Leitungsorgan.[870] Das Aufsichtsorgan erhält durch den Zustimmungsvorbehalt weder eine eigene Initiativbefugnis noch ein Weisungsrecht.[871] Deswegen ist ein Übermaß an Zustimmungsvorbehalten unzulässig.[872] Nur bedeutsame und der Art nach bestimmte Geschäfte dürfen von einem Zustimmungsvorbehalt abhängig gemacht werden. Im Bereich der Tagesgeschäfte hat das Aufsichtsorgan nichts zu suchen.[873] Die Geschäfte haben ihrer Art wegen bedeutsam zu sein; sie müssen aber auch wegen ihres Umfangs und wegen sicherer oder möglicher Folgen besondere Bedeutung für das Unternehmen haben.[874] Es ist unzulässig, „alle außergewöhnlichen Geschäfte" oder „wichtigen Geschäfte" der Zustimmung zu unterwerfen.[875]

3) Erteilung der Zustimmung

Das Leitungsorgan hat beim Aufsichtsorgan die Zustimmung zu einem beabsichtigten Geschäft zu beantragen, wenn sich das Aufsichtsorgan die Zustimmung für diese Art von Geschäften vorbehalten hat.[876] Der gesetzliche Zustimmungsvorbehalt erfordert im Regelfall eine vorherige Zustimmung (Einwilligung); das ergibt sich aus dem Charakter des Vorbehalts als präventiver Überwachungsmaßnahme.[877] Ein Antrag auf nachträgliche Zustimmung (Genehmigung) ist erforderlich, wenn das Leitungsorgan wegen eines der Gesellschaft drohenden erheblichen Nachteils ein Geschäft, das einem Zustimmungsvorbehalt unterliegt, bewusst ohne Einwilligung des Aufsichtsorgans durchgeführt

---

868 *Manz* in *MMS* (2005), Art. 48 SE-VO Rn. 8; anders h.M. im deutschen Aktienrecht: *Mertens* in KölnerKomm/AktG, § 111 AktG Rn. 79; *Hüffer*, AktG/7, § 111 Rn. 17; *Semler* in MünchKomm/AktG, § 111 AktG Rn. 403.

869 *Semler* in MünchKomm/AktG, § 111 AktG Rn. 394.

870 *Semler* in MünchKomm/AktG, § 111 AktG Rn. 394.

871 *Semler* in MünchKomm/AktG, § 111 AktG Rn. 394.

872 Semler in MünchKomm/AktG, § 111 AktG Rn. 395; zu den Schranken allgemein *Hüffer*, AktG/7, § 111 Rn. 18; *Mertens* in KölnerKomm/AktG, § 111 Rn. 66; *Hoffmann-Becking* in MünchHdb/GesR IV, § 29 Rn. 39.

873 *Semler* in MünchKomm/AktG, § 111 Rn. 399.

874 *Semler* in MünchKomm/AktG, § 111 Rn. 399.

875 *Meyer-Landrut* in GroßKomm/AktG, Anm. 15; *Mertens* in KölnerKomm/AktG, § 111 Rn. 67; *Semler* in MünchKomm/AktG, § 111 Rn. 399.

876 *Semler* in MünchKomm/AktG, § 111 Rn. 435.

877 *Hüffer*, AktG/7, § 111 Rn. 19.

hat.[878] Ob bei diesen eilbedürftigen Geschäften ausnahmsweise Genehmigung genügt, ist auch noch zweifelhaft, weil eine solche Genehmigung auf eine nur noch informative Überwachung hinausliefe.[879]
Die Verweigerung der Zustimmung kann gegen die Rechtswidrigkeit oder gegen die fehlende wirtschaftliche Zweckmäßigkeit der geplanten Maßnahme bejaht werden.[880]Wenn das Aufsichtsorgan seine Zustimmung ablehnt, muss die Maßnahme unterbleiben. Sofern ein Rechtsgeschäft dem ungeachtet geschlossen wird, ist es im Außenverhältnis wirksam; denn nach den nationalen Vorschriften, die durch die Publizitätsrichtlinie harmonisiert wurden, ist die Vertretungsmacht der geschäftsführenden Personen oder Organe unbeschränkbar.[881]

4) Ersetzung der Zustimmung durch Hauptversammlungsbeschluss

Nach § 111 Abs. 4 S. 3 AktG kann der Vorstand bei der Verweigerung der Zustimmung durch den Aufsichtsrat verlangen, dass die Hauptversammlung über die verweigerte Zustimmung beschließt. Dagegen gewährt die SE-VO der Hauptversammlung keine Möglichkeit, eine solche verweigerte Zustimmung durch ihren Beschluss zu ersetzen.[882] Die Mitgliedstaaten können wegen des Vorrangs der SE-VO ein entsprechendes Letztentscheidungsrecht auch nicht in ihren Ausführungsgesetzen bestimmen, weil dies den in Art. 48 Abs. 1 SE-VO festgesetzten Zustimmungsvorbehalt eingrenzen würde. Außerdem ermächtigt Art. 48 Abs. 2 SE-VO die Mitgliedstaaten nur, dem Aufsichtsorgan ein eigenes Recht zur Begründung von Zustimmungsvorbehalten zu geben.[883] Im Ergebnis haben somit § 111 Abs. 4 S. 4 und 5 AktG für die SE keine Bedeutung, weil § 111 Abs. 4 S. 3 AktG[884] nicht akzeptiert werden kann.
Trotzdem wird nach Art. 50 Abs. 2 SE-VO das Letztentscheidungsrecht der Anteilseigner gesichert, weil nach Art. 42 S. 2 SE-VO nur ein von der Hauptversammlung der Aktionäre bestelltes Mitglied zum Vorsitzenden gewählt werden darf, wenn die Hälfte der Aufsichtsorgansmitglieder von den Arbeitnehmern bestellt worden ist. Die Organmitglieder, die die Arbeitnehmer vertreten, können wichtige Geschäftsführungsmaßnahmen nicht verhindern, weil bei Stimmengleichheit in einem paritätisch mitbestimmten Organ die Stimme des Vorsitzenden den Ausschlag gibt.[885]

---

878 *Semler* in MünchKomm/AktG, § 111 Rn. 438.

879 *Hüffer*, AktG/7, § 111 Rn. 19.

880 *Manz* in *MMS* (2005), Art. 48 SE-VO Rn. 21.

881 *Manz* in MMS (*2005*)., Art. 48 SE-VO Rn. 22; *Mertens* in KölnerKomm/AktG, § 111 AktG Rn. 86.

882 *Manz* in *MMS* (2005), Art. 48 SE-VO Rn. 24; aA *Reichert/Brandes* in MünchKomm/AktG, Art. 48 Rn. 16.

883 *Manz* in *MMS* (2005), Art. 48 SE-VO Rn. 24.

884 § 111 Abs. 3 S. 3 lautet: „Verweigert der Aufsichtsrat seine Zustimmung, so kann der Vorstand verlangen, dass die Hauptversammlung über die Zustimmung beschließt."

885 *Leupold* (1993), S. 94; *Manz* in *MMS* (2005), Art. 48 SE-VO Rn. 24.

(4) Personalkompetenz

Wie bereits bei der Behandlung des Leitungsorgans dargestellt,[886] ist das Aufsichtsorgan nach § 84 AktG befugt, die Leitungsorgansmitglieder zu bestellen und wieder abzuberufen. Diese Personalkompetenz des Aufsichtsorgans ist das wichtigste von den Kontrollinstrumenten, die dem Aufsichtsorgan per Gesetz als eigene Entscheidungskompetenz zugewiesen werden[887] - insbesondere hinsichtlich sowohl der präventiven als auch der repressiven Überwachung.[602] Die erstere Befugnis wird durch Auswahl und Bestellung der Leitungsorgansmitglieder nach Art. 39 Abs. 2 SE-VO durchgeführt. Dabei ist das Aufsichtsorgan naturgemäß darum bemüht, qualifizierte Personen mit größter Sorgfalt zu Leitungsorgansmitgliedern zu bestellen, um so eine sachgemäße Unternehmensführung sicherzustellen. Die letztere Befugnis erfolgt durch Abberufung gemäß Art. 39 Abs. 2 SE-VO. Auch wenn Leitungsorgansmitglieder sich noch in ihrer Amtszeit befinden, können sie auf Grund wichtiger Gründe nach § 84 Abs. 3 AktG über Art. 9 Abs. 1 c ii SE-VO abberufen werden.[888] Allerdings können sie nach Art. 46 Abs. 2 SE-VO nach der gesetzlich befristeten Amtszeit wieder bestellt werden.[889]

Außerdem ist neben der gerade erwähnten Kompetenz der Bestellung und Abberufung das Aufsichtsorgan als Vertreter der SE (§ 112 AktG über Art. 9 Abs. 1 c ii SE-VO) nach § 84 Abs. 1 S. 5 AktG für Abschluss und Kündigung des Anstellungsvertrags zuständig.[890] Dabei hat das Aufsichtsorgan nach § 87 Abs. 1 AktG die Leitungsorgansvergütung festzusetzen. Ferner kann das Aufsichtsorgan nach § 84 Abs. 2 AktG einen Leitungsorgansvorsitzenden ernennen.[891]

(5) Erlass einer Geschäftsordnung für das Leitungsorgan

Nach § 77 Abs. 2 S. 1 AktG kann der Aufsichtsorgan eine Geschäftsordnung für den Leitungsorgan erlassen.[892] Durch den Erlass einer Geschäftsordnung kann das Aufsichtsorgan auf die Organisation der Leitungsorgantätigkeit Einfluss nehmen, um eine reibungslose Zusammenarbeit und gegenseitige Kräftesteigerung im Leitungsorgan sowie die Kooperation zwischen den beiden Organen durch die Festlegung einer bestimmten Aufgabenverteilung zu garantieren.[893]

---

886 Zur Bestellung und Abberufung der Leitungsorgansmitglieder siehe oben C. I. 2. in diesem vierten Teil.

887 Das Aufsichtsorgan hat im Rahmen der Geschäftsführung keine eigene Entscheidungskompetenz, sondern ist allein auf die Überwachung beschränkt.

888 Zu den wichtigen Gründen der Abberufung der Leitungsorgansmitglieder siehe oben C. I. 2. b) aa).

889 Zur Amtszeit und Wiederbestellung siehe oben C. I. 2. a) cc).

890 Zum Anstellungsvertrag siehe oben C. I. 2. c).

891 Zum Leitungsorgansvorsitzenden siehe oben C. I. 3. c) aa) in diesem vierten Teil.

892 Zur Geschäftsordnung des Leitungsorgans siehe oben C. I. 3. a) aa) in diesem vierten Teil.

893 Zu Form und Inhalt der Geschäftsordnung des Leitungsorgans siehe oben C. I. 3. a) aa) (3) in diesem vierten Teil.

(6) Einberufung der Hauptversammlung durch das Aufsichtsorgan

Nach § 111 Abs. 3 AktG hat das Aufsichtsorgan die Hauptversammlung einzuberufen, wenn das Wohl der Gesellschaft die Einberufung erfordert. Diese Einberufung hat durch einen Beschluss mit einfacher Mehrheit im gesamten Aufsichtsorgan zu erfolgen.[894] Diese Einberufung durch das Aufsichtsorgan kann nur in den im Gesetz und in der Satzung bestimmten Fällen nach § 119 Abs. 2 AktG vorkommen, weil die Hauptversammlung auch nur in diesem Umfang beschließen kann. Deshalb kann das Aufsichtsorgan vor allem dann die Hauptversammlung einberufen, wenn das Aufsichtsorgan eine Änderung in der Zusammensetzung der Leitungsorgansmitglieder durch den Vertrauensentzug nach § 84 Abs. 3 S. 2 AktG[895] bewirken will.[896] Dagegen kann das Aufsichtsorgan bezüglich der Entscheidung der Geschäftsführung die Hauptversammlung nicht einberufen, weil dies gem. § 119 Abs. 2 AktG nur auf Verlangen des Leitungsorgans möglich ist.[897] Umstritten ist jedoch, ob das Aufsichtsorgan die Hauptversammlung zur bloßen Erörterung bestimmter Gegenstände einberufen kann. Dies wird als zulässig betrachtet, wenn das Wohl der Gesellschaft ein Zusammentreten der Hauptversammlung notwendig macht.[898]

(7) Prüfung durch das Aufsichtsorgan

Nach § 171 AktG über Art. 9 Abs. 1 c ii SE-VO muss das Aufsichtsorgan den Jahresabschluss, den Lagebericht und den Vorschlag für die Verwendung des Bilanzgewinns prüfen (§ 171 Abs. 1 AktG) und über das Ergebnis der Prüfung schriftlich an die Hauptversammlung berichten (§ 171 Abs. 2 AktG). Als Voraussetzung für eine effiziente Überwachung spielen diese Regelungen eine wichtige Rolle, weil eine hinreichende Überwachung der Geschäftsführung ohne eine Prüfung der Rechnungslegung nicht denkbar ist.[899] Überdies hat das Aufsichtsorgan nach § 171 Abs. 2 S. 4 AktG zu erklären, ob nach dem anschließenden Ergebnis seiner Prüfung Einwendungen zu erheben sind und ob er den vom Leitungsorgan aufgestellten Jahresbeschluss billigt. Auch dazu ist die Prüfung

---

894 §§ 108 Abs. 1 und 111 Abs. 3 S. 2 AktG; Vgl. *Geßler* in *Geßler/Hefermehl/Eckardt/Kropff,* (1989), § 111 AktG Rn. 50f.; *Semler* in MünchHdb/GesR IV, § 35 Rn. 9.

895 Dazu s. oben C. I. 2. b) aa) (1) in diesem vierten Teil.

896 Vgl. *Hüffer*, AktG/7, § 111 Rn. 14; *Geßler* (1989), § 111 AktG Rn.53; *Potthoff/Trescher* (2001), S. 196; *Semler* in MünchHdb/GesR IV, § 35 Rn. 9.

897 Vgl. *Hüffer*, AktG/7, § 111 Rn. 14; *Geßler* in *Geßler/Hefermehl/Eckardt/Kropff* (1989), § 111 AktG Rn.53; *Potthoff/Trescher* (1999)., S. 196; *Semler* in MünchHdb/GesR IV, § 35 Rn. 9.

898 *Semler* in MünchHdb/GesR /V, § 35 Rn. 9; *J. Semler* in MünchKomm/AktG, § 111 Rn. 354; *Geßler* in *Geßler/Hefermehl/Eckardt/Kropff* (1989), § 111 AktG Rn. 54; *Lutter/Krieger* (2002), § 3 Rn. Rn. 123; *Potthoff/Trescher* (2001)., S. 196;; im Ergebnis auch *Meyer-Landrut* in Großkomm/AktG Anm. 12; a. A.: *Hüffer*, AktG/7, § 111 Rn. 14 mit Hinweis auf BGHZ 83, 122 = NJW 1982, 1703 „Holzmüller".

899 *Hüffer*, AktG/7, § 111 Rn 1, 4 und 8, § 171 Rn. 1; *Hommelhoff,* ZGR 1983, 551, 555 f. m.w.N. in Fn. 10.

des Jahresabschlusses notwendige Bedingung. Die Parallelvorschrift zur Prüfung des Abhängigkeitsberichts findet in § 314 AktG.[900]
Übrigens ist durch Art 1 Nr. 25 KonTraG vom 27. 4. 1998 der § 171 Abs. 1 S. 1 AktG geändert, der § 171 Abs. 1 S. 2 AktG neu gefasst und der § 171 Abs. 2 S. 2, 2. HS AktG eingefügt worden.[901] Seither sind durch Art. 18 TransPuG vom 19. 7. 2002 der § 171 Abs. 1 S. 1 und 2 AktG erneut geändert und § 171 Abs. 2 S. 5 sowie § 171 Abs. 3 S. 3, 2. HS AktG ergänzt worden.[902]

(8) Die Geltendmachung von Schadensersatzansprüchen der Gesellschaft gegen das Leitungsorgan

Verletzt ein Leitungsorgansmitglied die ihm nach § 93 Abs. 1 Satz 1 AktG obliegende Sorgfaltspflicht, ist es gem. § 93 Abs. 2 S. 1 AktG der Gesellschaft zum Schadensersatz verpflichtet, wenn das Aufsichtsorgan - im Rahmen seiner vergangenheitsorientierten Kontrolle[903] - einen Schadensersatzanspruch geltend macht. Dem BGH zufolge muss das Aufsichtsorgan Bestand und Durchsetzbarkeit der Ansprüche prüfen und unter Abwägung der gegenläufigen Interessen der Gesellschaft entscheiden, ob die Ansprüche verfolgt werden sollen.[904]

(9) Vertretung der SE gegenüber dem Leitungsorgan durch das Aufsichtsorgan

Zu den Aufgaben des Aufsichtsorgans gehört nach § 112 AktG über Art. 9 Abs. 1 c ii SE-VO die Vertretung der SE gegenüber den Mitgliedern des Leitungsorgans. Die Vertretungskompetenz des Aufsichtsorgans gegenüber dem Leitungsorgan ergibt sich jedoch auch ohne explizite Regelung bereits aus der für das dualistische System charakteristischen personalen und funktionellen Separierung der Organe und der dem Aufsichtsorgan durch Art. 40 Abs. 1 S. 1 SE-VO zugewiesenen Überwachungsfunktion. Die Vertretung der Gesellschaft gegenüber dem Leitungsorgan ist für eine effektive Überwachung durch das Aufsichtsorgan immerhin wesentlich, da gerade beim Abschluss von Verträgen mit der Gesellschaft ein erhebliches Potential von Interessenkonflikten besteht.[905]

b) Britische SE

aa) Gegenstand und Maßstab der Überwachung

Nach Art. 40 Abs. 1 SE-VO ist der Gegenstand der Überwachung explizit die Geschäftsführung i.S.d. Art. 38 Abs. 1 SE-VO (Leitung der Gesellschaft). Dieser Begriff der Leitung wird auch im britischen Recht nicht näher definiert.

---

900 *Hüffer*, AktG/7, §§ 171 Rn. 1 und § 111 Rn. 1 AktG.
901 BGBl I S. 786; *Hüffer*, AktG/7, § 171 Rn. 2, 11 ff, 13a.
902 BGBl I S. 2681; *Hüffer*, AktG/7, § 171 Rn. Rn. 2, 11, 14a, 15.
903 *Hüffer*, AktG/7, § 111 Rn. 4a.
904 BGHZ 135, 244 [249, 252] (ARAG/Garmenbeck); *Kindler*, ZHR 162 (1998), 101 [107f.]; *Dreher*, ZHR 158 (1994), 614 [637].
905 Vgl. auch *Hirte*, NZG 2002, 1, 7; *Schander*, Europa-AG (2003), S. 134; *Schwarz* (2006), Art. 40 Rn. 86.

Stattdessen macht der *Combined Code* (A.1) konkrete Angaben über die Leitungskompetenz des *board of directors* (Leitungsorgan). Danach wird dem Leitungsorgan die unternehmerische Leitung der Gesellschaft (*entrepreneurial leadership* der *company*) zugewiesen. Der Inhalt dieser Kodexregelung[906] entspricht nahezu deckungsgleich dem deutschen Begriff der Leitung als Gegenstand der Überwachung i.S.d. § 76 Abs. 1 AktG bzw. Art. 38 Abs. 1 S. 1 SE-VO. Diese Leitungstätigkeit des Leitungsorgans ist auch auf ihre Rechtmäßigkeit, Ordnungsmäßigkeit und Zweckmäßigkeit im Sinne von Wirtschaftlichkeit zu überprüfen.[907]

bb) Informationsversorgung

Art. 41 SE-VO für die Informationsversorgung des Aufsichtsorgans gilt für alle dualistischen Systeme der SE. Deshalb kommt diese Regelung sowohl bei der deutschen SE als auch bei der britischen SE gleichermaßen zur Anwendung: Berichtspflichten des Leitungsorgans (Art. 41 Abs. 1 und 2 SE-VO) sowie Auskunfts- und Überprüfungsrechte (Art. 41 Abs. 3, 4 SE-VO).

Von der Ermächtigung des Art. 41 Abs. 3 S. 2 SE-VO hat der britische Gesetzgeber ebenso wie der deutsche Gesetzgeber Gebrauch gemacht.[908] Daher hat das einzelne Aufsichtsorgansmitglied einen individuellen Informationsanspruch gegenüber dem Leitungsorgan, die in Art. 41 Abs. 3 S. 1 SE-VO aufgeführten Informationen zu bewahren. Hier ist zu beachten, dass ein Aufsichtsorgansmitglied einer britischen SE gemäß *Regulation* 63 EPCLR 2004 auch eine Auskunftserteilung an sich persönlich fordern kann, während nach § 18 SEAG ein Aufsichtsorgansmitglied einer deutschen SE diese Information nur durch das Gesamtaufsichtsorgan fordern kann[909]. Dabei können die einzelnen Aufsichtsorgansmitglieder einer britischen SE individuelle Informationen erhalten,[910] während der deutsche Gesetzgeber in einem individuellen Informationsanspruch ein zu großes Missbrauchspotenzial sah[911].

906 Zum Inhalt s. oben C. I. 1 a), bb) in diesem vierten Teil.

907 *Manz* in *MMS* (2005), Art. 40 SE-VO Rn. 2; *Reichert/Brandes* in MünchKomm, Art. 40 SE-VO Rn. 16; *Schwarz* (2006), Art. 40 Rn. 9, 12; *Theisen/Hölzl* in *Theisen/Wenz* (2005), S. 269, 291.

908 Das britische EPCLR setzt in Regulation 63 die Option des Art. 41 Abs. 3 S. 2 SE-VO um.

909 Vgl. RegE, Begründung, BT-Drucks 15/3405, S. 36; *Ihrig/Wagner*, BB 2003, S. 969, 974 Fn. 92; *Reichert/Brandes* in MünchKomm, Art. 41 SE-VO Rn. 14; *Neye/Teichmann*, AG 2003, S. 169, 176; *Manz* in *MMS* (2005), Art. 41 SE-VO Rn. 30 zum unterschiedlichen Wortlaut von § 90 Abs. 3 S. 2 AktG und § 18 SEAG.

910 Vgl. *DTI*, Results of Consultation, S. 20; *Hermes*, Response to *DTI* Consultative Document; *Morse* (2007), *Palmer's* Company Law 17.043.

911 Vgl. dazu sowie allgemein zur Geschichte des § 90 Abs. 3 S. 2 AktG die Begründung zum Entwurf eines Gesetzes zur weiteren Reform des Aktien- und Bilanzrechts, zu Transparenz und Publizität (TransPuG), BT-Drucks 14/8769, S. 14.

cc) Überwachungsinstrumente

- Stellungnahme und Beratung: Bezüglich der Angemessenheit der vom Leitungsorgan mitgeteilten Geschäftsführungsmaßnahmen kann jedes Aufsichtsorgansmitglied eine eigene Stellungnahme über die bestimmte Sache vorlegen. Sein Überwachungsumfang umfasst aber nicht nur die vergangenheitsbezogenen, sondern auch zukünftigen Maßnahmen. Dabei kann die zukünftige Gesellschaftspolitik nur durch eine Beratung mit dem Leitungsorgan gesichert werden. Eine solche Beratung steht der SE-VO keineswegs entgegen, weil sie letztlich essentieller Teil einer effektiven Überwachung ist[912]. Allerdings sind die Stellungnahme und die Beratungsaufgabe des Aufsichtsorgans auch im britischen Gesetz nicht geregelt. Es ist daher Sache der Satzung, derartige Überwachungsinstrumente zu bestimmen.
- Zustimmungsvorbehalte des Aufsichtsorgans: Ein wichtiges Instrument der präventiven Überwachung sind Zustimmungsvorbehalte zugunsten des Aufsichtsorgans, die nach Art. 48 SE-VO bei jeder SE bestehen müssen. Nach Art. 48 Abs. 1 S. 1 SE-VO werden in der Satzung die Arten von Geschäften aufgeführt, für die das Aufsichtsorgan dem Leitungsorgan seine Zustimmung erteilen muss. Die Mitgliedstaaten können jedoch nach Art. 48 Abs. 1 S. 2 SE-VO festhalten, dass das Aufsichtsorgan selbst bestimmte Arten von Geschäften von seiner Zustimmung abhängig machen kann. Anders als in Deutschland hat der britische Gesetzgeber keinen Gebrauch von dieser Option gemacht. Diesen Mindestkatalog der zustimmungsbedürftigen Geschäfte festzulegen, ist daher Sache der Satzung.[913]

Überdies können die Mitgliedstaaten nach Art. 48 Abs. 2 SE-VO für die in ihrem Hoheitsgebiet eingetragenen SE festhalten, welche Arten von Geschäften auf jeden Fall in die Satzung aufzunehmen sind. Von dieser Option hat der britische Gesetzgeber genauso wie der deutsche Gesetzgeber keinen Gebrauch gemacht. Folglich ist auch dies Sache des (britischen) Satzungsgebers, während in Deutschland das Aufsichtsorgan derartige Zustimmungsvorbehalte entweder durch Beschluss oder ggf. auch in der Geschäftsordnung für das Leitungsorgan festlegen kann.[914]

Außerdem gewährt die SE-VO der Hauptversammlung nicht die Möglichkeit, die vom Aufsichtsorgan verweigerte Zustimmung durch einen Beschluss der Hauptversammlung zu ersetzen, weil eine solche Ersetzung der Zustimmung durch die Hauptversammlung in der SE-VO nicht geregelt ist.[915]

- Personalkompetenz und weitere Überwachungsinstrumente: Zur Ausübung der Überwachungsaufgabe gibt die SE-VO auch dem Aufsichtsorgan einer britischen SE weitere Instrumente an die Hand, nämlich Personalkompetenz (Art. 39

---

912 *Lange*, EuZW 2003, S. 301, 304 f.

913 *Manz* in *MMS* (2005), Art. 48 SE-VO Rn. 31.

914 *Manz* in *MMS* (2005), Art. 48 SE-VO Rn. 8; *Frodermann* in *JF* (2005), § 5 Rn. 258 f.

915 Vgl. gerade oben C. II. 3. a) dd) (3) 4).

Abs. 2 SE-VO),[916] Erlass einer Geschäftsordnung für das Leitungsorgan,[917] Geltendmachung von Schadensersatzansprüchen der Gesellschaft gegen das Leitungsorgan[918] usw.

2. Bestellung und Abberufung

a) Bestellung

Nach Art. 40 Abs. 2 S. 1 SE-VO werden die Mitglieder des Aufsichtsorgans lediglich von der Hauptversammlung bestellt. Dieses Recht, die Mitglieder des Aufsichtsorgans zu bestellen, kann nicht auf ein anderes Organ übertragen werden. Nur bei Gründung der Gesellschaft können die Mitglieder des Aufsichtsorgans wahlweise auch durch die Satzung[919] bestellt werden (Art. 40 Abs. 2 S. 2 SE-VO).[920]

aa) Bestellungsvoraussetzungen und Bestellungshindernisse

Ein sachgerechtes Funktionieren des dualistischen Systems setzt nicht nur Informationen, sondern auch den richtigen Umgang mit ihnen voraus. Für eine effektive Überwachungsarbeit ist eine gute personale Zusammensetzung des Gremiums entscheidend. Art. 47 SE-VO bestimmt die persönlichen Voraussetzungen sowie die etwaigen Bestellungshindernisse der Organsmitglieder. Diese Regelung nimmt dabei nach Art. 9 Abs. 1 S. 1 c ii SE-VO auf das im Sitzstaat der SE geltende Recht Bezug.

(1) Deutsche SE

1) Gesetzliche persönliche Voraussetzungen und Hindernisse

i) Natürliche, unbeschränkt geschäftsfähige Personen

Ein Aufsichtsorgansmitglied kann nur eine natürliche, unbeschränkt geschäftsfähige Person sein (§ 100 Abs. 1 S. 1 AktG). Jede juristische Person, auch jede sonstige Gesellschaft, kann nicht Mitglied des Aufsichtsorgans werden.[921] Ein Betreuer, der bei der Besorgung seiner Vermögensangelegenheiten ganz oder teilweise einem Einwilligungsvorbehalt nach § 1903 BGB unterliegt, kann nicht Aufsichtsorgansmitglied sein (§ 100Abs. 1 S. 2 AktG). Diese Norm (§ 100 Abs. 1 AktG) richtet ihr Augenmerk auf die persönliche Verantwortlichkeit der Organsmitglieder[922] und darüber hinaus ist erforderlich, dass die Leitungsorgansmitglieder bei Erfüllung ihrer Aufgaben über Mindestkenntnisse und –

---

916 Zur Bestellung und Abberufung der Leitungsorgansmitglieder durch das Aufsichtsorgan C. I. 2. in diesem vierten Teil.

917 Siehe oben C. I. 3. a) bb) in diesem vierten Teil.

918 Dazu siehe unten C. III. 2 a) aa) (4). in diesem vierten Teil

919 Zum Begriff der Satzung vgl. Art. 6.

920 Nationale Regelungen, welche die Bestellung des ersten Aufsichtsrats durch die Satzung bzw. die Gründer zwingend vorschreiben, sind nicht zu beachten, da die Verordnung eindeutig lediglich eine zusätzliche Option bieten möchte, *Manz* in *MMS* (2005), Art. 40 SE-VO S.432.

921 Dazu ausführlich siehe oben C. I. 2. a) aa) (1) in diesem vierten Teil.

922 RegBegr bei *Kropff*, S. 135; *Hüffer*, AktG/7, § 100 Rn. 2.

fähigkeiten verfügen, um alle normalerweise anfallenden Geschäftsvorgänge ohne fremde Hilfe verstehen und beurteilen zu können.[923]

ii) Mitgliedschaft in anderen Aufsichtsgremien

Ein Aufsichtsorgansmitglied kann nicht sein, wer bereits in zehn Handelsgesellschaften, die von Gesetzes wegen ein Aufsichtsorgan zu bilden haben, Aufsichtsorgansmitglied ist (§ 100 Abs. 2 S. 1 Nr.1 AktG).[924] Diese Norm gilt aber nach der ganz herrschenden Auffassung nur für inländische Mandate.[925] Dabei verfolgt der Gesetzgeber vorrangig das national wirtschaftspolitische Ziel, eine Konzentration der Macht- und Führungsbefugnisse bei einem relativ geringen Kreis von Personen zu verhindern.[926] Eine SE wird diesbezüglich wie eine dem Recht ihres Sitzstaats unterliegende AG zu behandeln sein.

iii) Gesetzlicher Vertreter eines abhängigen Unternehmens

Ein Aufsichtsorgansmitglied kann nicht sein, wer im Zeitpunkt der geplanten Amtsübernahme[927] gesetzlicher Vertreter eines von der Gesellschaft abhängigen Unternehmens (Tochtergesellschaft) ist (§ 100 Abs. 2 S. 1 Nr. 2 AktG). Gesetzliche Vertreter bedeuten nicht die Aufsichtsorgansmitglieder, sondern die Leitungsorgansmitglieder bei einer dualistischen SE und nicht *non-executive directors* (nicht geschäftsführende Direktoren), sondern die *executive directors* (geschäftsführende Direktoren) bei der monistischen SE mit einem Verwaltungsorgan[928].[929] Wird eine solche Person Mitglied des Aufsichtsorgans, so besteht die Gefahr, dass diese Person wegen ihrer Abhängigkeit zu der Gesellschaft ihre Überwachungsaufgaben in der herrschenden Gesellschaft nicht ausreichend erfüllt. Anders als § 100 Abs. 2 S. 1 Nr. 1 AktG umfasst nach h.M. das Bestellungshindernis im Sinne von § 100 Abs. 2 S. 1 Nr. 2 AktG auch die gesetzlichen Vertreter abhängiger Unternehmen im Ausland.[930] Wenn umgekehrt ein Leitungsorgansmitglied einer inländischen abhängigen Gesellschaft dem Aufsichts-

---

923 BGHZ 85, 293, 295; *Breuer/Fraune* in AnwF. AktR, § 100 Rn. 4.

924 Das folgt aus einer Parallelschau zu § 27 Abs. 1 Ziff. 1 SEAG, der eine dem § 100 Abs. 2 Ziff. 1 AktG entsprechende Anordnung auch für den Verwaltungsrat der SE trifft.

925 *Mertens* in KölnerKomm/AktG, § 100 AktG Rn. 13; *Hüffer*, AktG/7, § 100 AktG Rn. 3; *Hoffmann-Becking* in MünchHdb/GesR IV, § 30 Rn. 7.

926 RegBegr. bei *Kropff*, S. 136.

927 Siehe § 250 Abs. 1 Nr. 4 AktG.

928 Im Verwaltungsorgan einer monistischen SE gibt es geschäftsführende Direktoren (executive directors), die zugleich im operativen Geschäft tätig sind, und nicht geschäftsführende Direktoren (non-executive directors), die sich stärker auf die Überwachungsfunktion konzentrieren. Die nicht geschäftsführenden Direktoren sind zwar ebenfalls in die strategischen Grundsatzentscheidungen eingebunden, befassen sich jedoch nicht mit Fragen des Tagesgeschäfts. Funktional sind sie deshalb eher Aufsichtsorgansmitgliedern als Leitungsorgansmitgliedern einer dualistischen SE gleichzusetzen. In diesem Zusammenhang sind nur die geschäftsführenden Direktoren als „gesetzliche Vertreter“ im Sinne von § 100 Abs. 2 S. 1 Nr. 2 AktG zu betrachten.

929 *Hüffer*, AktG/7, § 100 Rn. 5.

930 *Hüffer*, AktG/7, § 100 Rn. 5.

organ des herrschenden ausländischen Unternehmens angehört, wird dieser Fall vom Verbot des § 100 Abs. 2 S. 1 Nr. 2 AktG nicht erfasst.[931] Ob dies zulässig ist oder nicht, bestimmt allein das anwendbare ausländische Recht.[932]

iv) Überkreuzverflechtung

Ein Aufsichtsorgansmitglied kann nicht sein, wer gesetzlicher Vertreter einer anderen Kapitalgesellschaft ist, deren Aufsichtsorgan ein Leitungsorgansmitglied der Gesellschaft angehört (§ 100 Abs. 2 S. 1 Nr. 3 AktG). Diese Norm verbietet so genannte Überkreuzverflechtungen: Wer überwachen soll, soll nicht selbst in einer anderen Gesellschaft der Überwachung durch den Überwachten unterliegen. Beispielsweise besteht auch dann ein Bestellungshindernis, wenn ein Kandidat des Aufsichtsorgansmitglieds gesetzlicher Vertreter einer nach dem monistischen Corporate Governance System organisierten SE ist, deren Verwaltungsrat ein Leitungsorgansmitglied der betreffenden Gesellschaft angehört.[933] Zweck der Norm ist dadurch die unabhängige Überwachungsfunktion zu gewährleisten; wer überwachen und kontrollieren soll, soll nicht selbst in einer anderen Gesellschaft der Überwachung und Kontrolle durch den Überwachten unterliegen.[934]

v) Gerichtliche oder behördliche Bestellungsverbote

Aus dem Wortlaut der Norm (Art. 47 Abs. 2 b SE-VO) leitet sich ab, dass die persönlichen Bestellungshindernisse, die für Vorstandsmitglieder der Aktiengesellschaft und damit auch für Leitungsorgansmitglieder der SE gelten (§ 76 Abs. 3 AktG), auch auf Aufsichtsorgansmitglieder Anwendung finden.[935] Für die Aufsichtsorgansmitglieder gelten aber nicht die Bestellungshindernisse der Leitungsorgansmitglieder hinsichtlich der in § 76 Abs. 3 Satz 3 AktG geregelten Bestellungshindernisse bei rechtskräftiger Verurteilung wegen einer Insolvenzstraftat (§§ 283 bis 283 d StGB) und der in § 76 Abs. 3 Satz 4 AktG geregelten Berufsverbote auf Grund Urteils- oder Verwaltungsakt, weil Art. 47 Abs. 2 b SE-VO so auszulegen ist, dass sich die Bestellungshindernisse, die im Aktienrecht für den Vorstand einer AG gelten, nur auf das Leitungsorgan der SE ausdehnen.[936] Das gilt auch für Berufsverbote, die auf Grund eines Gerichtsurteils oder einer Verwaltungsentscheidung in einem anderen Mitgliedsstaat erlassen wurden.[937]

---

931 *Merten* in KölnerKomm/AktG, § 100 AktG Rn. 10; *Semler* in MünchKomm/AktG, § 100 Rn. 34; *Hopt/Roth* in GroßKomm/AktG, § 100 Rn. 54.

932 *Hopt/Roth* in GroßKomm/AktG, § 100 Rn. 54.

933 Vgl. § 27 Abs. 1 S. 1 Nr. 3 SEAG, der für den Verwaltungsrat der SE ein dem § 100 Abs. 2 S. 1 Nr. 3 AktG entsprechendes Bestellungshindernis begründet.

934 S. hierzu Begründung RegE AktG 1965 zu § 100 AkTG bei *Kropff*, AktG, S. 136; *Hüffer*, AktG/7, § 100 Rn. 6.

935 Dazu siehe oben C. I. 2.a) aa) (2) in diesem vierten Teil.

936 *Reichert/Brandes* in MünchKomm/AktG, Art. 47 SE-VO Rn. 20.

937 *Reichert/Brandes* in MünchKomm/AktG, Art. 47 SE-VO Rn. 21.

vi) Inkompatibilität

Nach Art. 39 Abs. 3 SE-VO dürfen Leitungsorgansmitglieder nicht zu Aufsichtsorgansmitgliedern bestellt werden. Diese Funktionstrennung soll eine effektive Überwachung des Leitungsorgans durch das Aufsichtsorgan sicherstellen.

2) Satzungsmäßige persönliche Voraussetzungen:

Art. 47 Abs. 3 SE-VO bestimmt, dass die Satzung einer SE für Mitglieder, welche die Aktionäre vertreten, in Anlehnung an die für Aktiengesellschaften geltenden Rechtsvorschriften des Sitzstaates der SE besondere Voraussetzungen für die Mitgliedschaft festlegen kann. Bezüglich des Aufsichtsorgans lässt § 100 Abs. 4 AktG die Satzungsbestimmungen i.S.d. Art. 47 Abs. 3 SE-VO zu. Danach kann aber die Satzung keine weiteren persönlichen Voraussetzungen für die Arbeitnehmervertreter aufstellen, sondern nur für die Anteilseignervertreter. Diese weiteren Voraussetzungen können im Rahmen der Regelung von Entsendungsrechten (§ 101 Abs. 2 AktG) für solche Aufsichtsorgansmitglieder aufgestellt werden, die aufgrund der Satzung von einem Aktionär oder von Inhabern bestimmter Aktien in das Aufsichtsorgan entsandt werden dürfen. Das gilt auch in der SE (Art. 47 Abs. 4 SE-VO). Der Umfang der Beschränkungen für die von der Hauptversammlung zu wählenden Aufsichtsorgansmitglieder der Aktionäre kann durch die Satzung nur in begrenztem Umfang mit weiteren Voraussetzungen für die Amtsübernahme versehen werden.[938] Zulässige Satzungsbestimmungen sind Beschränkungen allgemeiner Natur wie z.B. ein Höchst- bzw. Mindestalter.[939] Unzulässig sind dagegen alle Satzungsbestimmungen, die Wählbarkeitsvoraussetzungen aufstellen, die den allgemeinen Grundsätzen des AktG über die Aufsichtsorgansbildung widersprechen.[940]

3) Empfehlungen des DCGK

i) Fachliche Qualifikation

Hinsichtlich dieser persönlichen und fachlichen Voraussetzungen für Aufsichtsorgansmitglieder ist das AktG sehr zurückhaltend. Nach diesem Gesetz kann - wie oben dargelegt - prinzipiell jedermann, der voll geschäftsfähig ist, Aufsichtsorgansmitglied sein. Es sind also keine besonderen fachlichen Qualifikationen für die Übernahme eines Aufsichtsorgansmandats erforderlich.[941] Diese Rechtslage hat die Kommission für den DCGK aufgegriffen. Daraus resultiert Ziff. 5. 4. 1 DCGK. Dort wird empfohlen, bei der Bestellung von Aufsichtsorgansmitglieder deren Kenntnisse, Fähigkeiten und fachlichen Erfahrungen zur ordnungsgemäßen Wahrnehmung der Aufgaben zu berücksichtigen (Ziff. 5.4.1 S. 1 1 HS. DCGK). Die Betonung der fachlichen Qualifikation durch den DCGK soll dazu beitragen, eine effiziente Kontrolle und Begleitung des Lei-

938 *Mertens* in KölnerKomm/AktG , § 100 Rn. 28; *Semler* in MünchKomm/AktG, § 100 Rn. 63.

939 *Meyer-Landrut* in Vorauflage 8; *Hopt/Roth* in GroßKomm/AktG, § 100 Rn. 105.

940 *Hopt/Roth* in GroßKomm/AktG, § 100 Rn. 105.

941 *Kremer* in *Ringleb/Kremer/Lutter/von Werder (*2005), 5.4.2 DCGK Rn. 1034.

tungsorgans zu gewährleisten, weil sie zu einer Professionalisierung der Aufsichtsorgansmitglieder und damit zur Intensivierung der Überwachung des Leitungsorgans und zu einer verstärkten zeitlichen Inanspruchnahme führen kann. Aber diese Regelung verlangt weder Sachkunde, noch die Veröffentlichung jedweder Nachweise für eine etwaige Sachkunde.

ii) Unabhängigkeit der Aufsichtsorgansmitglieder

Ferner empfiehlt Ziffer 5.4.1 S. 1 2. HS DCGK, dass bei Vorschlägen zur Wahl von Aufsichtsorgansmitgliedern darauf geachtet werden soll, dass dem Aufsichtsorgan jederzeit Mitglieder angehören, die hinreichend unabhängig sind.[942] Die weiteren Elemente der Unabhängigkeit der Aufsichtsratsmitglieder werden dazu ergänzend in Ziffer 5.4.2 DCGK[943] angeführt. Danach soll eine unabhängige Beratung und Überwachung des Leitungsorgans durch das Aufsichtsorgan auch dadurch ermöglicht werden, dass dem Aufsichtsorgan nicht mehr als zwei ehemalige Mitglieder des Leitungsorgans angehören sollen und dass Aufsichtsorgansmitglieder keine Organfunktionen oder Beratungsaufgaben bei wesentlichen Wettbewerbern des Unternehmens ausüben sollen.

Als Regelungen des Kodex zur Gewährleistung hinreichender Unabhängigkeit der Aufsichtsorgansmitglieder sind außerdem noch die Ziffern 5.5.2 und 5.5.3 DCGK zu nennen. Nach Ziffer 5.5.2 DCGK soll jedes Aufsichtsorgansmitglied Interessenkonflikte, insbesondere solche, die aufgrund einer Beratung oder Organfunktion bei Kunden, Lieferanten, Kreditgebern oder sonstigen Geschäftspartnern entstehen können, dem Aufsichtsorgan gegenüber offen legen. Darüber hinaus soll das Aufsichtsorgan in seinem Bericht an die Hauptversammlung über aufgetretene Interessenkonflikte und deren Behandlung informieren. Wesentliche und nicht nur vorübergehende Interessenkonflikte in der Person eines Aufsichtsratsmitglieds sollen zur Beendigung des Mandats führen (Ziffer 5.5.3 DCGK). Dabei kann der Kodex dazu beitragen, materielle Unabhängigkeitsregeln mit Regelungen zur Transparenz von Interessenkonflikten zu verbinden und auf diese Weise präventiv Unabhängigkeitskonflikten vorzubeugen. Daraus

942 Das der Kodexempfehlung zugrund liegende Leitbild der „independence of board members“ entstammt dem angloamerikanischen Recht. Die EU-Kommission hat in ihrem Aktionsplan vom 21. 5. 2003 vor allem eine Empfehlung zur Gewährleistung von Mindeststandards der Unabhängigkeit von nicht geschäftsführenden Direktoren oder Aufsichtsorgansmitgliedern angekündigt, die auf der Grundlage des Prinzips „Comply oder Explain“ durch die nationalen Corporate Governance Kodizes umgesetzt werden sollen: Zum Aktionsplan der EU siehe oben B. II im dritten Teil.

943 Ziffer 5.4.2. DCGK ist die Neufassung vom 2. 6. 2005. Diese beruht auf der Empfehlung der EU-Kommission vom 15. 2. 2005 (2005/162/AG), ABl Nr. L 52 vom 25. 2. 2005, und geht damit auf den Aktionsplan vom 21. 5. 2003 (KOM [2003] 284 endg) zurück; Modernisierung des Gesellschaftsrechts und Verbesserung der Corporate Governance in der Europäischen Union – Aktionsplan – vom 21. 5. 2003, http://www.europa.eu.int/comm/internal_markt/ company/docs.

folgt, dass dem Kodex durchaus eine große Rolle zukommen kann, wenn es darum geht, die Unabhängigkeit der Aufsichtsorgansmitglieder zu gewährleisten.[944]

iii) Internationale Tätigkeit und Altersgrenze

Darüber hinaus empfiehlt 5.4.1 S. 2 DCGK, dass die internationale Tätigkeit des Unternehmens, potenzielle Interessenkonflikte und eine festzulegende Altersgrenze für Aufsichtsratsmitglieder berücksichtigt werden sollen. Die internationale Tätigkeit des Unternehmens bei der Auswahl der Aufsichtsorgansmitglieder zu beachten lässt sich dadurch erreichen, dass Kandidaten mit ausreichender internationaler Erfahrung der Hauptversammlung zur Wahl vorgeschlagen werden.[945]

Bezüglich der Altersgrenze der Mitglieder gibt der Kodex keine Empfehlung ab. Dadurch eröffnet der Kodex einzelnen Unternehmen die Möglichkeit zu individuellen Lösungen durch die Aufnahme von entsprechender Bestimmung in der Geschäftsordnung für das Aufsichtsorgan oder in der Satzung.[946]

(2) Britische SE

Anders als das deutsche Recht sieht das britische Recht keine Regelung in Bezug auf die persönlichen Voraussetzungen für Aufsichtsorgansmitglieder einer SE vor. Deshalb gelten für die Aufsichtsorgansmitglieder einer britischen SE die allgemeinen Erfordernisse für alle directors.[947] Aufsichtsorgansmitglieder einer „britischen" SE unterliegen damit nicht den bereits oben im Zusammenhang mit der deutschen SE behandelten Beschränkungen des deutschen Rechts (§ 100 AktG). Ferner enthalten die EPCLR 2004 auch keine Vorgaben über eine Mindestrepräsentation von Gewerkschaften oder leitenden Angestellten.[948] Anders als im deutschen Recht sind dem britischen Recht keine Einschränkungen der Satzungsautonomie zu entnehmen (abgesehen von einem Diskriminierungsverbot).[949]

So wie sich dies in Deutschland aus dem DCGK ergibt, folgt in Großbritannien aus dem *Combined Code* (A.3.2) das weitere Erfordernis (*independence of boardmembers*). Durch diese Kodexempfehlung für eine effiziente Überwachung des Managements wird erwartet, dass Risiken aus der einheitlichen Struktur des Führungsgremiums gemildert werden. Aufgrund der Verschiedenheit des Corporate Governance-Systems muss diese Regelung hier im Vergleich zum DCGK (Ziff. 5.4.1 S. 1 1 HS) etwas anders verstanden werden: Wenn Unternehmensführung und –kontrolle in einem einheitlichen Organ (*board of direc-*

---

944 *Kremer* in *Ringleb/Kremer/Lutter/von Werder* (DCGK 2005), 5.4.2 DCGK Rn. 1034

945 Im Falle der deutschen Großunternehmen ist inzwischen rund jedes 5. Aufsichtsratsmitglied Ausländer – so *Schoppen*, FAZ v. 30 6. 2003.

946 *Kremer* in *Ringleb/Kremer/Lutter/von Werder* (DCGK 2005), 5.4.2 DCGK Rn. 1021.

947 Siehe oben C. I. 2. a) in diesem vierten Teil.

948 Vorschlage für besondere Rechte für Gewerkschaftsvertreter wurden im Gesetzgebungsverfahren ausdrücklich zurückgewiesen, vgl. *DTI,* Results of Consultation, para. 27.

949 Siehe oben C. I. 2. a) in diesem vierten Teil.

tors) konzentriert sind, ist darauf zu achten, dass eine ausreichend hohe Zahl an Mitgliedern des *Board* nicht mit Aufgaben der Unternehmensführung betraut ist. Vor diesem Hintergrund fordert der *Combined Code* (A.3.2) eine hälftige Besetzung mit unabhängigen Personen (*executive directors vs. non executive directors*) im monistischen Board-System. Diese Regelung lässt sich nur begrenzt auf das deutsche dualistische System übertragen, weil in Deutschland bereits eine Aufgabenteilung zwischen unternehmensleitendem Leitungsorgan und überwachendem Aufsichtsorgan und mithin ein System der „*Checks and Balances*" besteht, das sich bewährt hat.[950] Vor diesem Hintergrund empfiehlt der DCGK (Ziff.5.4.1 S. 1 1 HS), hinsichtlich der Wahlvorschläge zum Aufsichtsorgan auf eine ausreichende Anzahl an „hinreichend" unabhängigen Aufsichtsorgansmitgliedern zu achten.

Bei der britischen monistischen SE ist somit erforderlich, dass die *non executive directors*, die im britischen dualistischen System den Aufsichtsorgansmitgliedern entsprechen, aus unabhängigen Personen bestehen, weil *executive directors* als Leitungsorgansmitglieder und *non-executive directors* als Aufsichtsorgansmitglieder betrachtet werden.

bb) Zahl der Aufsichtsorgansmitglieder

Gemäß Art. 40 Abs. 3 Satz 1 SE-VO werden die Zahl der Mitglieder des Aufsichtsorgans oder die Regeln für ihre Festlegung durch die Satzung bestimmt. Die Mitgliedstaaten können aber gemäß Art. 40 Abs. 3 Satz 2 SE-VO Regeln für die in ihrem Hoheitsgebiet eingetragenen SE in Bezug auf die Mitgliederzahl des Aufsichtsorgans oder deren Höchst- und/oder Mindestzahl festzusetzen. Insbesondere hinsichtlich der Effizienz der Überwachungsfunktion des Aufsichtsorgans ist in der Corporate Governance-Diskussion die Verkleinerung des Aufsichtsorgans von einiger Bedeutung.

(1) Deutsche SE

Gestützt auf die Ermächtigung des Art. 40 Abs. 3 Satz 2 SE-VO hat der deutsche Gesetzgeber eine Ausführungsvorschrift zur Mitgliederzahl des Aufsichtsorgans, nämlich § 17 Abs.1 SEAG, erlassen. Danach besteht das Aufsichtsorgan mindestens aus drei Mitgliedern, sofern die Satzung nicht eine höhere Zahl vorsieht. Die Zahl muss durch drei teilbar sein, und die Höchstzahl beträgt bei Gesellschaften mit einem Grundkapital bis zu 1,5 Mio. Euro neun, von mehr als 1,5 Mio. Euro fünfzehn, und von mehr als 10 Mio. Euro einundzwanzig. Diese Regelung entspricht den Regelungen in § 95 Sätze 1 bis 4 AktG. Von den gesetzlichen Vorschriften abweichend kann die Satzung eine höhere Zahl an Aufsichtsratsmitgliedern bestimmen, aber eine niedrigere Zahl als drei darf die Satzung nicht festsetzen.[951] Variable Aufsichtsratsmitgliedzahlen (Beispiel: wenigstens

---

950 *Cromme* in *Cromme* (2002), 17, 22.

951 *Hüffer*, AktG/7, § 95 Rn. 2; *Mertens* in KölnerKomm/AktG, § 95 Rn. 11; *Semler* in MünchKomm/AktG, § 95 Rn.18.

drei, höchstens neun) sind unzulässig.[952] Wenn eine Satzungsbestimmung gegen die gesetzlichen Regelungen verstößt, ist sie nichtig.[953] Wählt die Hauptversammlung weniger als in der Satzung vorgegebene Mitglieder, führt dieser Wahlbeschluss nicht zur Nichtigkeit, sondern zur Anfechtbarkeit. Dagegen ist der Wahlbeschluss nichtig, wenn die Hauptversammlung mehr Mitglieder wählt, als gesetzlich zugelassen sind.[954]
In der Literatuer wird die Zahl der Aufsichtsorgansmitglieder im Hinblick auf die Effektivität der internen Überwachung der Unternehmensleitung thematisiert. Danach sind viele Aufsichtsgremien schlicht zu groß, um effektiv diskutieren und überwachen zu können, weil die Entscheidungsfindung in größeren Gremien schwieriger wird, weniger kontroverse Diskussionen geführt werden und die Risikoaversion eines Gremiums mit steigender Gruppengröße zunimmt.[955] Vor diesem Hintergrund wird die durch das deutsche MitbestG vorgesehene Größe des Aufsichtsrats kritisch gesehen; außerdem wird der Mangel an Flexibilität kritisch gesehen.[956] Im Vergleich zu der AG lässt sich aber die Größe des Aufsichtsorgans einer SE in den durch die SE-VO und das SEAG gezogenen Grenzen von der Satzung festlegen. Diese Grenzen sind deutlich flexibler als die auf deutsche Aktiengesellschaften anwendbaren Regeln der unternehmerischen Mitbestimmung.[957]
Der DCGK enthält im Übrigen in Bezug auf die Zahl des Aufsichtsorgans keine spezielle Regelung. Trotzdem ist mittlerweile anerkannt, dass sich eine gute Corporate Governance vor allem mit einem kleineren Aufsichtsorgan realisieren lässt. Derzeit wird vorgeschlagen, die Größe der Aufsichtsgremien auf zwölf Mitglieder zu begrenzen.[958]

(2) Britische SE

Auf die Zahl der Aufsichtsorgansmitglieder - ebenso wie beim Leitungsorgan - kommt auch *Section* 282 CA 1985 für PLC nach Art. 9 Abs. 1 c ii SE-VO bzw. Art. 40 Abs. 3 SE-VO i.V.m. *Section* 62 EPCLR 2004[959] zur Anwendung. Da-

952 *Hüffer*, AktG/7, § 95 Rn. 3; *Semler* in MünchKomm/AktG, § 95 Rn. 19.
953 *Mertens* in KölnerKomm/AktG § 95 Rn. 16;*Hüffer*, AktG/7, § 95 Rn. 7.
954 *Hüffer*, AktG/7, § 95 Rn. 7; *Semler* in MünchKomm/AktG, § 95 Rn. 60f.
955 Begründung RegE bei *Kropff,* AktG 1965, S 125; 61. Deutscher Juristentag Karlsruhe 1996, Beschluss E.IV.15; *Hommelboff,* ZGR 2001, S. 238, 251 f m.w.N.; *Hopt* (1997), S 435, 437 f, auch in AG-Sonderheft 1997, S. 42; auch in GroßKomm/AktG, § 95 Rn. 26; *Lutter,* ZGR 2001, S. 224, 236; dazu auch; *Schwalbach,* AG 2004, S. 186, 187. Empirische Untersuchungen zeigen, dass unabhängig von der Unternehmensgröße, der Branche, der Governance Struktur, den Eigentumsverhältnissen und anderen Überwachungsvariablen ein kleines Aufsichtsorgan effektiver ist bzw. zu höheren Bewertungen des Unternehmens am Kapitalmarkt führt („Klein" bedeutet hier zwischen sechs und zehn Mitglieder.); *Witt* (2003), S 31.
956 *Hopt/Roth* in GroßKomm/AktG, § 95 Rn. 26, § 96 Rn. 6.
957 *Hopt/Roth* in GroßKomm/AktG, § 96 Rn. 61.
958 *Hopt/Roth* in GroßKomm/AktG, § 95Rn. 26.
959 Vgl. *DTI*, Consultative Document, 3.45; *DTI,* Results of Consultation, para. 15 und S. 20.

nach hat das Aufsichtsorgan aus mindestens zwei Mitgliedern zu bestehen. Anders als im deutschen Recht ist hier eine Höchstmitgliedzahl nicht vorgesehen. Auch diesbezüglich gewährleistet einerseits das britische Recht der britischen SE einen größeren Gestaltungsspielraum, wobei eine hohe Wahrscheinlichkeit dafür besteht, dass die meisten Aufsichtsorgane aus nur zwei Mitgliedern bestehen.[960] Das kann als noch vorteilhafter als das deutsche System betrachtet werden - entsprechend der Forderung zur Verkleinerung des Aufsichtsorgans für eine effizientere Überwachungstätigkeit.

cc) Wahl durch die Hauptversammlung, Entsendung und gerichtliche Bestellung

(1) Deutsche SE

1) Wahl durch Hauptversammlung

Nach Art. 40 Abs. 2 S. 1 SE-VO werden die Aufsichtsorgansmitglieder grundsätzlich von der Hauptversammlung bestellt. Allerdings enthält die SE-VO keine weiteren Regelungen bezüglich dieser regulären Bestellung. Deshalb finden die nationalen Vorschriften über Art. 9 Abs. 1 c ii SE-VO hierauf Anwendung. Die Aufsichtsorgansmitglieder werden nach § 133 Abs. 1 AktG i.V.m. Art. 53 SE-VO durch Beschluss mit einfacher Stimmenmehrheit gewählt, wenn die Satzung nicht eine größere Mehrheit oder weitere Erfordernisse vorschreibt.[961]Gemäß § 124 Abs. 3 S. 1 AktG ist das Aufsichtsorgan verpflichtet, der Hauptversammlung Wahlvorschläge zu machen und diese mit der Tagesordnung bei der Einberufung der Hauptversammlung in den Gesellschaftsblättern bekanntzumachen. Darüber hinaus hat jeder Aktionär nach §§ 127, 137 AktG das Recht einen Gegenvorschlag zu machen. Für die Wahl der Aufsichtsorgansmitglieder besteht Wahlfreiheit. Die Hauptversammlung kann die Aufsichtsorgansmitglieder frei und unabhängig von Wahlvorschlägen unter Beachtung der Arbeitnehmermitbestimmung wählen. Eine Einschränkung der Wahlfreiheit ist auch durch die Satzung nicht zulässig. Das Gesetz enthält keine Regelungen für das anzuwendende Wahlverfahren. Über das Wahlverfahren und die Abstimmungsreihenfolge bestimmt der Leiter der Hauptversammlung. Sind mehrere Aufsichtsorgansmitglieder zu wählen, so kann sowohl Einzelwahl als auch Listenwahl erfolgen.[962] Bei der Listenwahl lässt sich jeweils nur die gesamte Liste annehmen oder ablehnen. Eine Aufsplitterung der Liste kann nur durch einen Hauptversammlungsbeschluss erreicht werden.[963]

---

960 Vgl. *DTI*, Consultative Document, 3.45; *DTI*, Results of Consultation, para. 15 und S. 20.

961 *Hüffer*, AktG/7, § 101 Rn. 4.

962 Die Zulässigkeit einer Listenwahl ist allerdings streitig: bejahend z.B. LG Dortmund, AG 1968, 390, 391; *Hoffmann-Becking* in MünchHdb/GesR IV, § 30 Rn. 15; a.A. insbesondere *Geßler* in *Geßler/Hefermehl*, AktG, § 101 Rn. 31.

963 *Hüffer*, AktG/7, § 101 Rn. 6.

2) Entsendung

Als ein Weg zur Bestellung zum Aufsichtsorgansmitglied steht neben der Wahl während der Hauptversammlung auch die Entsendung zur Verfügung - genauso wie es auch im Fall des Aufsichtsrats einer AG möglich ist. Die Aufsichtsorgansmitglieder der Aktionäre lassen sich gemäß § 101 Abs. 2 AktG i.V.m. Art. 47 Abs. 4 SE-VO entsenden. Das Entsendungsrecht als Sonderrecht i.S.d. § 35 BGB ist in der Satzung einzuräumen. Dieses Recht kann entweder durch namentliche Nennung des Aktionärs (§ 101 Abs. 2 S. 1, 1 Fall AktG) oder durch nähere Bestimmungen der Aktien, mit denen das Entsendungsrecht verknüpft ist (§ 101 Abs. 2 S. 1, 2. Fall AktG), konkretisiert werden. Im ersten Fall ist das Entsendungsrecht mit der Person verbunden und nicht übertragbar. Im zweiten Fall ist also die Knüpfung des Entsendungsrechts an eine bestimmte Aktie Voraussetzung, so dass es sich hierbei um vinkulierte Namensaktien handelt (§§ 101 Abs. 2 S. 2, 68 Abs. 1 und 2 AktG). Gemäß § 101 Abs. 2 S. 4 AktG wird die Höchstzahl der durch Entsendung zu besetzenden Aufsichtsorgansmandate auf ein Drittel der sich aus Gesetz oder Satzung ergebenden Anzahl der Aufsichtsorgansmitglieder der Aktionäre festgelegt. Außerdem wird ebenso die Höchstzahl der durch Entsendung zu besetzenden Aufsichtsorganspositionen nach § 101 Abs. 2 S. 4 AktG auf ein Drittel der sich aus Gesetz oder Satzung ergebenden Anzahl der Aufsichtsorgansmitglieder der Aktionäre festgelegt. Entgegenstehende Satzungsbestimmungen sind nichtig. Zur Wirksamkeit der Bestellung durch Wahlbeschluss, aber auch durch Entsendung, muss der Gewählte die Wahl gegenüber dem Hauptversammlungsleiter in der Hauptversammlung oder danach durch Erklärung gegenüber dem Leitungsorgan annehmen. Die Annahme kann auch konkludent durch Aufnahme der Aufsichtsorganstätigkeit erfolgen, oder durch die vor der Wahl gegenüber dem Leitungsorgan erklärte Bereitschaft, das Aufsichtsorgansmandat zu übernehmen.[964] Die entsandten Mitglieder haben die gleichen Rechte und Pflichten wie alle anderen Aufsichtsorgansmitglieder und sind insbesondere nicht an Weisungen des Entsendungsberechtigten gebunden.[965]

3) Gerichtliche Bestellung

Genauso wie im Falle der AG, kann auf Grundlage des Art. 9 Abs. 1 c ii SE-VO das Handelsgericht (§ 145 FGG) zur Sicherstellung der Beschlussfähigkeit des Aufsichtsorgans der SE auf Antrag des Leitungsorgans, eines Aufsichtsorgansmitglieds oder eines Aktionärs ein Aufsichtsorgansmitglied bestimmen, wenn das Aufsichtsorgan unvollständig besetzt ist (§ 104 Abs. 1 AktG). Das Amt der gerichtlich bestellten Aufsichtsorgansmitglieder erlischt nach § 104 Abs. 5 AktG automatisch mit der Behebung des Mangels. Auch bei einer gerichtlichen Bestellung muss der Bestellte gegenüber dem Gereicht seine Bestellung anneh-

964 *Hüffer*, AktG/7, § 101 Rn. 7.

965 BGHZ 36, 296, 306; BGHZ 90, 381, 398.

men.[966] Für den Fall, dass ein Aufsichtsorganmitglied vor Ablauf seiner Amtszeit nicht mehr zur Verfügung steht, lässt sich ein Ersatzmitglied bestellen, § 101 Abs. 3 S. 2 AktG i.V.m. Art. 9 Abs.1 c ii SE-VO. Es gibt also drei Möglichkeiten, Ersatzmitglieder zu bestellen, nämlich Wahl durch die Hauptversammlung, Wahl durch die Arbeitnehmervertreter und Entsendung durch einen oder mehrere Entsendungsberechtigte.[967]

(2) Britische SE

Nach Art. 40 Abs. 2 S. 1 SE-VO werden die Aufsichtsorgansmitglieder grundsätzlich von der Hauptversammlung bestellt. In Großbritannien wird die Regelung der Bestellung der Direktoren weitgehend der Satzung überlassen. Bezüglich der Bestellung der Hauptversammlung muss nach *Section* 292 (1) CA 1985 über jeden Wahlvorschlag einzelnen abgestimmt werden. Von diesem Verfahren lässt sich nur durch einstimmigen Beschluss abweichen.[968]
Nach Art. 47 Abs. 4 SE-VO ist es ebenso wie in einer deutschen SE möglich, einzelnen Aktionären oder einer Gruppe von Aktionären durch die Satzung ein Entsendungsrecht einzuräumen, wenn dieses Recht in der Satzung der Gesellschaft geregelt wird.[969] Bezüglich der gerichtlichen Bestellung der Aufsichtsorgansmitglieder existiert keine Regelung im britischen Recht. Im Übrigen hängt das Verfahren der Bestellung von der für die britische SE geltenden Mitbestimmungsregelungen ab, wenn eine britische SE der Mitbestimmung unterliegt.

dd) Amtszeit und Wiederbestellung

Für die Amtszeit und Wiederbestellung der Aufsichtsorgansmitglieder gilt auch Art. 46 SE-VO, dessen generelle Konzeption bereits oben im Zusammenhang mit dem Leitungsorgan behandelt wurde.[970] An dieser Stelle wird lediglich die Amtszeit und Wiederbestellung der Aufsichtsorgansmitglieder in einer deutschen SE behandelt, weil in einer britischen SE diesbezüglich für die Aufsichtsorgansmitglieder dasselbe gilt, was bereits oben hinsichtlich Amtszeit und Wiederbestellung der Leitungsorgansmitglieder einer britischen SE behandelt wurde.[971]

(1) Höchstdauer

Die gesetzliche Höchstdauer für die Bestellung zum Aufsichtsorgansmitglied in Art. 46 Abs. 1 SE-VO bezieht sich nicht auf das Organ, sondern auf die einzel-

---

966 *Semler* in MünchKomm/AktG, § 104 Rn. 106.
967 *Mertens* in Kölner Komm/AktG, § 101 Rn. 73; *Hüffer*, AktG/7, § 101 Rn. 12; *Semler* in MünchKomm/AktG, § 101 Rn.168.
968 Vgl. Section 144 CLRB.
969 *Manz* in *MMS* (2005), Art. 47 SE-VO Rn. 38.
970 Vgl. oben C. I. 2. a) cc) in diesem vierten Teil.
971 Vgl. oben C. I. 2. a) cc) in diesem vierten Teil.

nen Aufsichtsorgansmitglieder.[972] Ihre Amtszeit ist gesetzlich nicht festgelegt, sondern nur durch die Höchstdauer des Art. 46 Abs. 1 SE-VO begrenzt. Innerhalb dieses Höchstzeitraums kann - ebenso wie in einer AG - durch Satzung die Amtszeit der Aufsichtsorgansmitglieder beliebig geordnet werden, ohne dass § 23 Abs. 5 S. AktG dem entgegensteht.[973] Deshalb lassen sich die einzelnen Aufsichtsorgansmitglieder für einen beliebigen kürzeren Zeitraum bestellen und insoweit auch unterschiedlich behandeln.[974] Wenn die Satzung keine feste Amtsdauer der Aufsichtsorgansmitglieder, sondern nur einen Rahmen für deren Bestimmung vorsieht bzw. dies der Hauptversammlung überlässt, kann die Hauptversammlung im Wahlbeschluss für die von ihr zu wählenden Anteilseignervertreter beliebig die Amtszeit im Rahmen der gesetzlichen Höchstdauer (sechs Jahre) festlegen.[975] Danach kann die Hauptversammlung für ein oder mehrere Anteilseignervertreter kürzere Amtszeiten beschließen.[976] Aber die Amtszeiten sind alle gleich lang; sie beginnen und enden zeitgleich, wenn keine entsprechende Satzungsbestimmung bzw. Bestimmung im Wahlbeschluss vorhanden ist.[977]

Hinsichtlich der Arbeitnehmervertreter im Aufsichts- bzw. Verwaltungsorgan, die gem. § 36 Abs. 4 SEBG von der Hauptversammlung unter Bindung an einen Wahlvorschlag bestellt werden, kommen die vorstehend abgehandelten Grundsätze zur Anwendung.[978] Wenn die Amtszeit der Aufsichts- bzw. Verwaltungsorgansmitglieder in der Satzung nicht fixiert ist, sondern diese nur einen Rahmen vorgibt, so kann die Arbeitnehmerseite für die Bestelldauer einen Vorschlag machen, der nach § 36 Abs. 4 SEBG für die Hauptversammlung bindend ist.[979]

972 *Mertens* in KölnerKomm/AktG, § 102 AktG Rn.6; *Hüffer*, AktG/6 Rn. 4; *Hoffmann-Becking* in MünchHdb/GesR IV, § 30 Rn. 41; *Hopt/Roth* in GroßKomm/AktG, § 102 Rn. 25.

Für eine Differenzierung zwischen gewählten und entsandten Anteilseignervertretern *Semler* in MünchKomm/AktG, § 102 Rn. 15; *Hopt/Roth* in GroßKomm/AktG, § 102 Rn. 16.

973 *Hopt/Roth* in GroßKomm/AktG, § 102 Rn. 14.

974 BGHZ 99, 211, 215; OLG Frankfurt AG 1987, 159, 160; LG Heidelberg AG 1986, 81, 82; *Mertens* in KölnKomm/AktG, § 102 AktG Rn.6; *Hüffer*, AktG/6 Rn. 4; für eine Differenzierung zwischen gewählten und entsandten Anteilseignervertretern *Semler* in MünchKomm/AktG, § 102 Rn. 15; *Hopt/Roth* in GroßKomm/AktG, § 102 Rn. 16.

975 *Mertens* in KölnerKomm/AktG, § 102 AktG Rn.10; *Hoffmann-Becking* in MünchHdb/GesR IV, § 30 Rn. 38; *Reichert/Brandes* in MünchKomm/AktG, Art 46 SE-VO Rn. 10.

976 BGHZ 99, 211, 215; OLG Frankfurt AG 1987, 159, 160; LG Heidelberg AG 1986, 81, 82; *Mertens* in KölnKomm/AktG, § 102 AktG Rn.8; *Hüffer*, AktG/6 Rn. 4; *Hoffmann-Becking* in MünchHdb/GesR IV, § 30 Rn. 42; *Hopt/Roth* in GroßKomm/AktG, § 102 Rn. 16.

977 *Hopt/Roth* in GroßKomm/AktG, § 102 Rn. 25, 27.

978 *Reichert/Brandes* in MünchKomm/AktG, Art. 46 SE-VO Rn. 10.

979 *Reichert/Brandes* in MünchKomm/AktG, Art. 46 SE-VO Rn. 10.

(2) Wiederbestellung

Die Wiederbestellung der Aufsichtsorgansmitglieder ist genauso wie bei einer AG zulässig.[980] Anders als das AktG enthält die SE-VO in Art. 46 Abs. 2 SE-VO eine bestimmte Regelung in Bezug auf die Wiederbestellung eines Organmitglieds. Nach dieser Regelung können Aufsichtsorgansmitglieder ein- oder mehrmalig für eine weitere Amtsperiode von sechs Jahren bestellt werden, wenn die Satzung nichts anderes bestimmt. Dafür bedarf es immer eines Beschlusses der Hauptversammlung.[981]

Fraglich ist, ob eine Wiederwahl von Aufsichtsrats- bzw. Verwaltungsratsmitgliedern bereits vor Ablauf der schon bestimmten Amtszeit möglich ist. Diese vorzeitige Wiederwahl wird von einigen Stimmen für unzulässig erachtet, in dem Sinne, dass die Hauptversammlung das Mitglied vor Ablauf der Amtszeit für eine volle Wahlperiode wiederwählt.[982] Allerdings ist dies mit der h.M. als zulässig zu betrachten, wenn die Hauptversammlung vorzeitig wählt, aber dabei den Rest der laufenden Amtszeit in die Berechnung der gesetzlichen Höchstdauer laut § 46 Abs. 1 SE-VO einbezieht.[983] Dadurch wird garantiert, dass eine Überschreitung der gesetzlichen Höchstdauer bei gleichzeitiger Entscheidungsfreiheit der Hauptversammlung nicht eintritt.[984] Diese Zulässigkeit der vorzeitigen Wiederwahl kann aber unter Corporate Governance-Aspekten problematisch sein, namentlich wenn sie zur Abwehr eines öffentlichen Übernahmeangebots geschieht.[985]

(3) Entsandte Mitglieder, Ersatzmitglieder und Mitglieder des ersten Aufsichtsorgans

Nach § 103 Abs. 2 AktG über Art. 9 c ii SE-VO lassen sich die entsandten Aufsichtorgansmitglieder jederzeit abberufen. [986] Demzufolge kann der entsendungsberechtigte Anteilseigner auch schon bei der Entsendung die Amtszeit des Aufsichtsorgansmitglieds abweichend von der regelmäßigen Amtszeit bestim-

---

980 *Hüffer*, AktG/7, § 102 Rn. 6; *Hoffmann-Becking* in MünchHdb/GesR IV, § 30 Rn. 40 m.w.N.

981 *Reichert/Brandes* in MünchKomm/AktG, Art. 46 SE-VO Rn. 12; *Leupold* (1993), S. 90 für Art. 68 Abs. 1 SE-VOV v. 1991.

982 *Hüffer*, AktG/7, § 102 Rn. 6; *Hoffmann-Becking* in MünchHdb/GesR IV, § 30 Rn. 40 m.w.N; RGZ 129, 180, 183 f; RGZ 166, 175, 187; *Semler* in MünchKomm/AktG, § 102 AktG Rn. 34.

983 *Hüffer*, AktG/7, § 102 Rn. 6; *Baumbach/Hueck*, § 102 Rn. 3; *Meyer-Landhut* in GroßKomm/AktG, § 102 AktG Rn. 3; *Mertens* in KölnerKomm/AktG, § 102 Rn. 17; *Hoffmann-Becking* in MünchHdb/GesR IV, § 30 Rn. 40; a.A. *Semler* in MünchKomm/AktG, § 102 Rn. 3, der eine vorzeitige Wiederwahl generell als unzulässig ansieht.

984 *Hüffer*, AktG/7, § 102 Rn. 3; *Meyer-Landrut* in GroßKomm/AktG, § 102 AktG Rn. 3; *Mertens* in KölnKomm/AktG, § 102 Rn. 17.

985 Zur Problematik der Abwehr solcher Übernahmeangebote *Hopt*, FS *Lutter* 2000, S. 1361.

986 Zur Abberufung der entsandten Aufsichtsorgansmitglieder siehe oben C. II. 2. a) dd) (3) in diesem vierten Teil.

men.[987] Das gilt auch für die Arbeitnehmervertreter im Aufsichtsorgan bzw. im Verwaltungsorgan, falls sie auf Grund einer zwischen der Arbeitnehmerseite und den an der Gründung beteiligten Unternehmensorganen ausgehandelten Verhandlungslösung (§ 21 SEBG) entsprechend §§ 28 Abs. 2 SEAG, 101 Abs. 2 AktG in das Aufsichtsorgan bzw. in den Verwaltungsrat entsandt werden.[988]
Bei Ersatzmitgliedern von Mitgliedern des Aufsichts- oder Verwaltungsorgans der SE beginnt ihre Amtszeit grundsätzlich nicht schon mit der Bestellung zum Ersatzmitglied (§ 101 Abs. 3 S. 3 AktG über Art. 9 Abs. 1 c ii SE-VO), sondern dann, wenn das Ersatzmitglied für ein ausgefallenes Aufsichtsorgansmitglied in das Aufsichtsorgan einrückt (§ 101 Abs. 3 S. 2 AktG über Art. 9 Abs. 1 c ii SE-VO).[989] Das Amt der Ersatzmitglieder erlischt spätestens mit Ablauf der Amtszeit des weggefallenen Aufsichtsorgansmitglieds (§ 102 Abs. 2 AktG über Art. 9 Abs. 1 c ii SE-VO).[990] Die Amtszeit des Ersatzmitglieds endet vorzeitig, wenn alle Aufsichtsorgansmandate enden (Statusverfahren, Untergang der Gesellschaft), wenn in der Person des Ersatzmitglieds einer der (außerordentlichen) Gründe für eine vorzeitige Beendigung des Aufsichtsorgansamtes eintritt, bei vorzeitiger Abberufung gem. § 103 Abs. 5 AktG über Art. 9 Abs 1 c ii SE-VO, bei Niederlegung des Amtes als Ersatzmitglied und Nichtigkeit bzw. Anfechtbarkeit der Wahl (§ 101 Abs.3 S. 4 AktG i. V. m §§ 250, 251 AktG über Art. 9 Abs. 1 c ii SE-VO).[991]
Für die ersten Aufsichtsorgansmitglieder gilt nach § 30 Abs. 3 S. 1 AktG über Art. 9 Abs. 1 c ii SE-VO, dass sie nicht für längere Zeit als bis zur Beendigung der Hauptversammlung bestellt werden können, die über die Entlastung für das erste Voll- oder Rumpfgeschäftsjahr entscheidet.

(4) DCGK

Hinsichtlich der Amtszeit der Aufsichtsorgansmitglieder weist der DCGK in Ziffer 5.4.4 die Gesellschaften mit einer Anregung darauf hin, dass durch die Wahl bzw. Neuwahl von Aufsichtsorgansmitgliedern zu unterschiedlichen Terminen und für unterschiedliche Amtsperioden Erfordernissen zur Veränderung Rechnung getragen werden kann. Wenn die Amtsperiode aller Aktionärvertreter zur gleichen Zeit endet und diese nicht wiederbestellt werden, kommt es zu einer Zäsur, und diese fehlende Kontinuität kann auf Aktionärsseite zu einem Problem werden. Dabei ist Ziffer 5.4.4 DCGK von Bedeutung, weil damit das Problem des kontinuierlich leeren Zustands auf der Anteilsseite gelöst werden kann; diese Kodexanregung trägt zu mehr Transparenz und Information in der Öffentlichkeit bei.[992]

987 *Hüffer*, AktG/7, § 102 Rn. 4; *Mertens* in KölnerKomm/AktG, § 102 AktG Rn, 9.

988 *Reichert/Brandes* in MünchKomm/AktG, Art. 46 SE-VO Rn. 14.

989 *Hopt/Roth* in GroßKomm/AktG, § 102 AktG Rn. 54.

990 *Hüffer*, AktG/7, § 102 Rn. 7.

991 *Hopt/Roth* in GroßKomm/AktG, § 102 AktG Rn. 55.

992 Diese Kodexanregung in Ziffer 5.5.4 DCGK hat die sog. „Staggered Boards" in den USA zum Vorbild. Dort werden Staggered Boards vor allem als ein geeignetes Mittel zur Vor-

b) Abberufung

Anders als das Konzept in Art. 63 Abs. 2 S. 1 SE-VO in der Fassung von 1991 ist in der geltenden Fassung der SE-VO die Abberufung von Aufsichtsorgansmitgliedern nicht geregelt. Deshalb kommt gemäß Art. 9 Abs. 1 c ii SE-VO das für die nationale Aktiengesellschaft geltende Recht zur Anwendung.

aa) Deutsche SE

(1) Reguläre Abberufung

Für die deutsche SE gilt grundsätzlich § 103 AktG. Nach § 103 Abs. 1 S. 1 und 2 AktG kann ein von der Hauptversammlung gewähltes Aufsichtsorgansmitglied von der Hauptversammlung mit einer Mehrheit von mindestens drei Vierteln der abgegebenen Stimmen jederzeit vor Ablauf seiner Amtszeit ohne wichtigen Grund[993] abberufen werden. Die Satzung kann jedoch gem. § 103 Abs. 1 S. 3 AktG eine andere Mehrheit und weitere Erfordernisse bestimmen. Die Beschlussvoraussetzungen haben aber für alle Aufsichtsorgansmitglieder einheitlich zu sein, weil eine unterschiedliche Behandlung der Aufsichtsorgansmitglieder in Bezug auf die Mehrheitserfordernisse oder die sonstigen Erfordernisse der Abberufung gegen das Prinzip gleichwertiger Amtsstellung verstößt und folglich unzulässig ist.[994]

Die Abberufung wird erst durch Erklärung gegenüber dem betreffenden Aufsichtsorgansmitglied wirksam. Bei Anwesenheit des betroffenen Aufsichtsratsmitglieds in der Hauptversammlung geht die Erklärung mit dem Wortlaut des Beschlussergebnisses zu. Gegenüber abwesenden Aufsichtsratsmitgliedern wird die Abberufung durch Mitteilung der Abberufung durch den Vorstand (§ 78 AktG) wirksam.[995]

Entsandte Aufsichtsorgansmitglieder können nach § 103 Abs. 2 S. 1 AktG von den entsendungsberechtigten Aktionären jederzeit und ohne Vorliegen eines wichtigen Grundes abberufen werden.[996] Auch wenn ein wichtiger Grund für die Abberufung entsandter Aufsichtsorgansmitglieder besteht, hat die Hauptversammlung keine Abberufungskompetenz. Ausnahmsweise kann nach § 103 Abs. 2 S. 2 AktG auch die Hauptversammlung ein entsandtes Aufsichtsorgansmitglied mit einfacher Mehrheit dann abberufen, wenn die in der Satzung bestimm-

beugung gegen feindliche Übernahmeversuche betrachtet, da dem Übernehmer die vollständige Neubesetzung des Board of Directors der Zielgesellschaft so deutlich erschwert, wenn nicht sogar unmöglich gemacht wird (*Merkt/Göthel*, US-amerikanisches Gesellschaftsrecht/2, 2005, Rn. 1384); *Peltzer* in DCGK, Rn. 286; *Kremer* in *Ringleb/Kremer/Lutter/v. Werder* (2005), Rn. 1054 f.; *Kort* in GroßKomm/AktG, § 102 AktG Rn. 29 u. § 101 AktG Rn. 235.

993 *Hoffmann-Becking* im MünchHdb/GesR IV, § 30 Rn. 51; *Hüffer*, AktG/7, § 103 Rn. 4.

994 BGHZ 99, 211, 215 f.; *Hüffer*, AktG/7, § 103 Rn. 4.

995 *Hüffer*, AktG/7, § 103 Rn. 5

996 *Hüffer*, AktG/7, § 103 Rn. 7.

ten Voraussetzungen des Entsendungsrechts entfallen sind. Dies ist etwa dann gegeben, wenn der Entsendeberechtigte seine Aktien veräußert hat.[997]
Das Gericht kann auf Antrag des Aufsichtsorgans bei Vorliegen eines wichtigen Grundes[998] für die Abberufung eines Aufsichtsorgansmitglieds nach § 103 Abs.3 AktG das Aufsichtsorgansmitglied abberufen, wobei es gleichgültig ist, ob es ein entsandtes, ein gewähltes oder vom Gericht bestelltes Aufsichtsorgan ist.[999] Für die Abberufung der Arbeitnehmervertreter gilt § 37 Abs. 1 SEBG.[1000] Danach lässt sich ein Mitglied oder Ersatzmitglied der Arbeitnehmer aus dem Inland im Aufsichtsorgan vor Ablauf der Amtszeit abberufen. Die Abberufung kann mit einer Mehrheit von drei Vierteln der abgegebenen Stimmen des Wahlgremiums beschlossen werden, das nach § 36 Abs. 3 SEBG die auf das Inland entfallenden Arbeitnehmervertreter des Aufsichtsorgan gewählt hatte.[1001] Auch diese Vorschrift ist dem MitbestG nachgebildet.[1002]Die Abberufung wird von der Hauptversammlung vollzogen (§ 37 Abs. 1 S. 4 SEBG). Neben der Abberufung nach § 37 SEBG lässt sich das Mitglied der Arbeitnehmervertreter ebenso wie das Mitglied der Aktionärvertreter oder Entsandte im Aufsichtsorgans nach § 103 Abs. 3 AktG aus einem wichtigen Grund gerichtlich abberufen.[1003]

(2) Anderweitige Beendigung der Aufsichtsratsstellung

Außer durch die reguläre Abberufung, durch Tod und durch Ablauf der Amtszeit kann die Aufsichtsratsstellung aus sonstigen Gründen vor Ablauf der Bestellungsperiode beendet werden:

- **Wegfall der persönlichen Voraussetzungen:** Das Amt des Aufsichtsorgansmitglieds erlischt ohne weiteres, wenn eine persönliche Voraussetzung der Mitgliedschaft entfällt, die in Art. 47 Abs. 2 a SE-VO i.V.m. §§ 100, 105 AktG zwingend geregelt sind,[1004] unabhängig davon, ob es sich um einen Arbeitnehmer-, einen Anteilseignervertreter, oder einen Entsandten handelt.

---

997 *Hüffer*, AktG/7, § 103 Rn. 8.

998 Hinsichtlich des Vorliegens eines wichtigen Grundes für die Abberufung wurde nach früher herrschender Meinung ein krass gesellschaftswidriges Verhalten des Aufsichtsratsmitgliedes vorausgesetzt. Dagegen beantwortet die heute überwiegende Ansicht diese Frage entsprechend § 84 Abs. 3 S. 2 AktG (Abberufung der Vorstandsmitglieder) unter Würdigung des Einzelfalls danach, ob die Fortsetzung des Amtsverhältnisses bis zum Ablauf der Amtszeit für die Gesellschaft zumutbar ist; siehe dazu *Hüffer,* AktG/7, § 103 Rn. 2; *Semler* in Münchkomm AktG, § 103 Rn. 62; *Hoffmann-Becking* im MünchHdb/GesR IV, § 30 Rn. 56.

999 *Hoffmann-Becking* in MünchHdb/GesR IV, § 30 Rn. 55.

1000 Dazu *Brandt*, BB-Special 3/2005, S. 1, 6; *Kienast* in *JF* (2005), § 13 Rn. 285; *Jacob* in MünchKomm/AktG, § 37 SEBG Rn. 2 ff.; *Nikolas*, NZA 2004, S. 1200, 1204.

1001 Begr. zum RegE zu § 37 Abs. 1 SEBG (BT-Drucks. 15/3405). Verfahren und Zusammensetzung des Wahlgremiums für die Abberufung richten sich nach § 37 Abs. 1 S. 1 SEBG.

1002 Vgl. § 23 Abs. 2 und 3 MitbestG.

1003 Ausführlich dazu *Hopt/Roth* in GroßKomm/AktG, § 103 Rn. 46 ff.; *Hüffer*, AktG/7, § 103 Rn. 9 ff; *Semler* in MünchKomm/AktG, § 103 Rn. 49 ff. m.w.N.

1004 Vgl. dazu gerade oben C. II. 2. a) aa) in diesem vierten Teil.

- **Erfolgreiche Anfechtungsklage gegen den Bestellungsbeschluss**: Nach § 251 AktG kann die Wahl eines Aufsichtsorgansmitglieds durch die Hauptversammlung wegen Verletzung der Satzung durch Klage angefochten werden. In diesem Zusammenhang begründet der Verstoß gegen Anforderungen der Satzung in Bezug auf persönliche Voraussetzungen eine Anfechtbarkeit, aber nur bis zum Ablauf der Monatsfrist der §§ 246 Abs. 1, 251 Abs. 3 AktG. Bei ihrem nachträglichen Wegfall tritt nicht automatisch Amtsverlust ein, sondern sie lässt sich berücksichtigen.[1005]

- **Erfolgreiche Anfechtungsklage gegen den Bestellungsbeschluss**: Nach § 251 AktG kann die Wahl eines Aufsichtsorgansmitglieds durch die Hauptversammlung wegen Verletzung der Satzung durch Klage angefochten werden. In diesem Zusammenhang begründet der Verstoß gegen Anforderungen der Satzung geforderter persönlicher Voraussetzung Anfechtbarkeit, aber nur bis zum Ablauf der Monatsfrist der §§ 246 Abs. 1, 251 Abs. 3 AktG. Bei ihrem nachträglichen Wegfall wird Amtsverlust nicht automatisch vorgekommen, sondern lässt sie sich berücksichtigen.[1006]

-**Amtsniederlegung:** Sie ist nicht gesetzlich geregelt. Obwohl eine gesetzliche Regelung nicht vorhanden ist, ist anerkannt, dass das Aufsichtsratsmitglied sein Amt niederlegen kann, weil kein Aufsichtsratsmitglied gegen seinen Willen zur Mitgliedschaft im Aufsichtsrat gezwungen werden kann. Genauso wie dies die h.M. in Bezug auf die AG vertritt, ist eine Amtsniederlegung auch ohne wichtigen Grund zulässig also wirksam, wenn sie nicht zur Unzeit erfolgt. Erfolgt die Amtsniederlegung zur Unzeit, ist sie zwar wirksam, aber pflichtwidrig.[1007] Sie führt somit zu Schadensersatzansprüchen der Gesellschaft gegen das Aufsichtsratsmitglied.[1008] Außerdem lässt sich das Amt wegen Interessenkollisionen niederlegen. Die Amtsniederlegung ist ein Mittel, sich nicht dem Verdacht auszusetzen, die Interessen des Unternehmens zu verletzten. Es gibt aber keine allgemein gültige Regel, nach der sich bestimmen ließe, wann eine Interessenkollision das Aufsichtsratsmitglied zu einer Amtsniederlegung bewegen sollte.[1009] Die Konsequenz der Aufsichtsratsarbeit sollte bei der Entscheidungsfindung ebenso beachtet werden wie Bedeutung und Ausmaß des auftretenden Interessenkonflikts für die Gesellschaft.[1010] Die Niederlegung erfolgt durch Erklärung gegenüber der Gesellschaft, wobei diese durch den Vorstand vertreten wird. Nach umstrittener Auffassung ist auch der Aufsichtsratsvorsitzende empfangszustän-

1005 *Hüffer*, AktG/7, § 101 Rn. 11; *Semler* in MünchKomm/AktG, § 101 Rn. 103.

1006 *Hüffer*, AktG/7, § 101 Rn. 11; *Semler* in MünchKomm/AktG, § 101 Rn. 103.

1007 *Mertens* in KölnKomm/AktG, § 107 Rn. 32 (Amtsniederlegung des Vorsitzenden); *Semler* in MünchKomm/AktG, § 103 Rn. 108.

1008 *Semler* in MünchKomm/AktG, § 103 Rn. 108.

1009 Der DCGK empfiehlt, dass wesentliche, nicht nur vorübergehende Interessenkonflikte zur Beendigung des Mandats führen sollen; Siehe Ziff. 5. 5. 3 DCGK.

1010 *Semler* in MünchKomm/AktG, § 103 Rn. 109.

dig.[1011] Die Hauptversammlung ist auch konkurrierend empfangszuständig, wenn sie als Wahlorgan das Aufsichtsratsmitglied bestellt hat.[1012]

bb) Britische SE

Ebenso wie bei der deutschen SE können nach *Section.* 303 (1) CA 1985 die Aufsichtsorgansmitglieder der britischen SE von der Hauptversammlung jederzeit und ohne wichtigen Grund abberufen werden – allerdings mit einfacher Mehrheit[1013], während bei einer deutschen SE eine Dreiviertelmehrheit nötig ist. Weitere Regelungen zur Abberufung finden sich nicht. Damit kommen auch bei der britischen SE außer der regulären Abberufung in der Satzung die sonstigen Beendigungsgründe[1014] oder Bestellungsmethoden (z.B. gerichtliche Abberufung) zur Anwendung.[1015]

3. Innere Ordnung des Aufsichtsorgans

Die innere Ordnung des Aufsichtsorgans ist in der SE-VO nur rudimentär geregelt. Art. 42 SE-VO betrifft die Ernennung eines Vorsitzenden des Aufsichtsorgans; Art. 50 SE-VO regelt – für alle Organe der SE übergreifend – die Mehrheitserfordernisse bei der Beschlussfassung und die Beschlussfähigkeit. Weitere Regelungen sind in der SE-VO nicht enthalten. Deshalb gilt diesbezüglich nationales Recht über Art. 9 Abs. 1 c ii SE-VO.

a) Geschäftsordnung, Sitzung und Beschlüsse des Aufsichtsorgans

aa) Deutsche SE

(1) Geschäftsordnung

Das AktG regelt die Geschäftsordnung des Aufsichtsrats nicht ausdrücklich. Aber der Erlass der Geschäftsordnung wird nach § 82 Abs. 2 AktG als zulässig betrachtet. Danach kann sich das Aufsichtsorgan selbst eine Geschäftsordnung geben. Sie ist wesentliches Instrument der Selbstorganisation des Aufsichtsorgans und liegt folglich in seiner Kompetenz.[1016] Eine Satzungsermächtigung ist für den Erlass der Geschäftsordnung durch den Aufsichtsrat nicht erforderlich, aber auch nicht ausgeschlossen.[1017] Der Erlass der Geschäftsordnung erfolgt gem. Art. 50 Abs. 1 b SE-VO durch Beschluss des Aufsichtsorgans mit einfacher Mehrheit.

1011 *Semler* in MünchKomm/AktG, § 103 Rn. 113; *Mertens* in KölnerKomm/AktG, § 103 Rn. 58; *Lutter/Krieger* (2002), Rn. 29; nach einer a.A. nur der Vorstand zuständig, *Hoffmann-Becking* in MünchHdb/GesR IV, § 30 Rn. 49; *Hüffer*, AktG/7, § 103 Rn. 17.

1012 *Hüffer*, AktG/7, § 103 Rn. 17; *Semler* in MünchKomm/AktG, § 103 Rn. 114.

1013 Art. 57 SE-VO i.V.m. Section 303(1) CA 1895.

1014 Vgl. gerade oben C. II. 2. b) aa) (2) Anderweitige Beendigung der Aufsichtsorgansstellung in diesem vierten Teil.

1015 Vgl. Section 305((5) CA 1985 a.E.; *Davies* (2003 a), Company Law, S. 310

1016 *Hüffer*, AktG/7, § 108 Rn. 23.

1017 *Hüffer*, AktG/7, § 108 Rn. 23.

In der Geschäftsordnung lassen sich diejenigen Regelungen bestimmen, die nicht bereits durch den Gesetzgeber vornormiert und nicht zulässigerweise vom Satzungsgeber geordnet worden sind.[1018] In diesem Rahmen enthalten die meisten Geschäftsordnungen Regelungen zur praktischen Kooperation der Plenumsmitglieder (Organisation des Aufsichtsrats und Funktionieren der Aufsichtsratsarbeit). Zentraler Gegenstand einer Geschäftsordnung ist damit die Einrichtung der Ausschüsse und ihrer konkreten Aufgabenbeschreibung. Nur so können Ausschüsse in der Praxis erfolgreich arbeiten.[1019] Auch für einzelne Ausschüsse lässt sich eine Geschäftsordnung erlassen. Wenn sie bereits die Tätigkeit der Ausschüsse regelt, ist eine eigene Geschäftsordnung für den Ausschuss entbehrlich.[1020] Anders als die Satzung kann die Geschäftsordnung keine Regelungen zur Beschlussfähigkeit des Aufsichtsorgans enthalten[1021] und dem Aufsichtsorgansvorsitzenden auch kein Stichentscheidsrecht gewähren.[1022] Allerdings kann die Geschäftsordnung dem Ausschussvorsitzenden ein Zweitstimmrecht einräumen.[1023]

Als weitere Regelungsgegenstände für die Geschäftsordnung kommen vor allem in Betracht: Regeln über die Einberufung der Aufsichtsorganssitzung, den Sitzungsverlauf, die Sitzungsleitung, die Vertagung, die Bekanntmachung der Tagesordnung; die Teilnahmeberechtigung; Abstimmungsmodalitäten; erläuternde Hinweise zur Verschwiegenheitspflicht.[1024]

Der DCGK empfiehlt, die gesetzlich eingeräumte Gelegenheit zu nutzen und die innere Organisation des Aufsichtsorgans und vor allem die Entscheidungsabläufe durch eine Geschäftsordnung transparent zu gestalten. Ziff. 5.1.3 DCGK empfiehlt, dass sich das Aufsichtsorgan eine Geschäftsordnung geben soll, durch die seine innere Organisation und Entscheidungsabläufe transparent gemacht werden können.[1025] Ferner ist die Geschäftsordnung ein geeignetes Mittel, eine Reihe von Empfehlungen und Anregungen des Kodex, die sich auf das Aufsichtsorgan beziehen, umzusetzen, z.B. die Einrichtung des Prüfungsausschusses (Ziff.5.3.2), die Zuweisung von weiteren Sachthemen an Ausschüsse (Ziff. 5.3.3), das Verfahren zur Offenlegung von Interessenkonflikten der Aufsichts-

---

1018 *Hüffer*, AktG/7, § 108 Rn. 25.

1019 So auch *Lutter*, ZGR 2001, 224, 229; der aber meint, die Aufgabenstellung für die einzelnen Ausschüsse sollten in der Satzung geregelt werden.

1020 *Semler* in MünchKomm/AktG, § 107 Rn. 417.

1021 Dies folgt aus § 108 Abs. 2 S. 1.

1022 *Mertens* in KölnKomm/AktG, § 107 Rn. 168; *Semler* in MünchKomm/AktG, § 107 AktG Rn. 417.

1023 *Hüffer*, AktG/7, § 107 AktG Rn. 25.

1024 *Hüffer*, AktG/7, § 107 AktG Rn. 25.

1025 *Kremer* in *Ringleb/Kremer/Lutter/v. Werder* (DCGK 2005), Ziff. 5.1.3 Rn. 954; eine Reihe von Satzungen börsennotierter Gesellschaften sieht schon heute vor, dass sich der Aufsichtsrat eine Geschäftsordnung gibt, z.B. § 12 Abs. 1 der Satzung der ThyssenKrupp AG unter http://www.thyssenkrupp.com/documents/Satzung-4-2002-de.pdf sowie § 13 Abs. 6 der Satzung der Siemens AG.

organsmitglieder (Ziff. 5.5.2) und die nähre Ausgestaltung der Effizienzprüfung (Ziff. 5.6).[1026]

Hinsichtlich der Geltungsdauer bleibt die Geschäftsordnung so lange gültig, bis das Aufsichtsorgan ihre Aufhebung oder Änderung durch einen Mehrheitsbeschluss beschließt.[1027] Kann die Regelung durch die Satzung erfolgen, wird die Geschäftsordnung auch durch die nachfolgende Satzungsbestimmung verdrängt. Die Geschäftsordnung gilt aber über das Ende der Amtsperiode des Aufsichtsorgans hinaus.[1028] Jeweils zu Beginn der neuen Amtsperiode ist der Bestätigungsbeschluss damit nicht erforderlich, aber unschädlich.[1029]

(2) Sitzung

1) Teilnahme an Sitzungen und deren Beschränkung

§ 109 AktG regelt den Kreis der Personen, die an den Sitzungen des Aufsichtsorgans und seiner Ausschüsse teilnehmen können. Nach § 109 Abs. 1 S. 1 AktG können nur Aufsichtsorgans- und Leitungsorgansmitglieder daran teilnehmen. Damit haben Dritte, die kein Mitglied eines Organs sind (wie z.B. Hauptaktionär, Ehrenvorsitzende oder Ehrenmitglieder des Aufsichtsorgans), kein Teilnahmerecht und können es auch durch die Satzung nicht erlangen.[1030] Die Beschlüsse des Aufsichtsorgans, die in unzulässiger Anwesenheit Dritter gefasst wurden, werden aber grundsätzlich als gültig betrachtet, weil diese Norm eine sog. Ordnungsvorschrift („soll") ist.[1031]

Sachverständige und Auskunftspersonen (wie z.B. Abschlussprüfer, Ehrenvorsitzende oder Ehrenmitglieder des Aufsichtsorgans) können nach § 109 Abs. 1 S. 2 AktG hinzugezogen werden, aber nur zur Beratung über einzelne Gegenstände.[1032] Die Entscheidung hängt vom Sitzungsleiter ab, der aber an einen abweichenden Beschluss des Gremiums gebunden ist.[1033]

Alle Aufsichtsorgansmitglieder sind nach § 109 Abs. 2 AktG grundsätzlich zur Teilnahme an einer Ausschusssitzung berechtigt, auch wenn sie dem Ausschuss

---

1026 *Kremer* in *Ringleb/Kremer/Lutter/v. Werder* (DCGK 2005), Ziff. 5.1.3 Rn. 958.

1027 *Semler* in MünchKomm/AktG, § 107 Rn. 415; *Hüffer*, AktG/7, § 107 Rn. 24; *Obermüller*, DB 1971, S. 952.

1028 *Hüffer*, AktG/7, § 107 Rn. 24; *Semler* in MünchKomm/AktG, § 107 Rn. 415; *Mertens* in KölnerKomm/AktG, § 107 Rn. 165; *Hoffmann-Becking* in MünchHdb/GesR IV, § 31 Rn. 5; a.A. *Säcker*, DB 1977, 2031, 2035 f., der die Meinung vertritt, dass die vom BVerfG für die Geschäftsordnung des Bundestags herausgearbeiteten Grundsätze auch für die Geschäftsordnung des Aufsichtsrat gelten würden; *Wissmann* in MünchHdb/ArbR, § 370 Rn. 4, demzufolge die Geltung der Geschäftsordnung nur dann nicht mit Ablauf der Amtsperiode endet, wenn der neu gewählte Aufsichtsrat seine Arbeit auf ihrer Grundlage ohne Änderung aufnimmt.

1029 *Hüffer* AktG/7, § 107 Rn. 24; *Mertens* in KölnKomm/AktG, § 107 Rn 165; *Hoffmann-Becking* in MünchHdb/GesR IV, § 31 Rn. 5; *Semler* in MünchKomm/AktG, § 107 Rn. 416.

1030 *Hüffer*, AktG/7, § 109 Rn. 4.

1031 BGHZ 47, 341, 349 f = NJW 1967, 1711 unter teilw. Abweichung von BGHZ 12, 327, 331 = NJW 1954, 797; *Hüffer*, AktG/7, § 109 Rn. 4.

1032 *Hüffer*, AktG/7, § 109 Rn. 5.

1033 *Semler* in MünchKomm /AktG, § 109 Rn. 55; *Hüffer*, AktG/7, § 109 Rn. 5.

nicht angehören, wenn der Aufsichtsorgansvorsitzende nichts anderes bestimmt. Der Aufsichtsratsvorsitzende kann im Einzelfall die Teilnahme untersagen.[1034] Außerdem kann nach § 109 Abs. 3 AktG die Satzung zulassen, dass anstelle verhinderter Aufsichtsrats- oder Ausschussmitglieder andere Personen an den jeweiligen Sitzungen teilnehmen, wenn diese durch das verhinderte Mitglied hierzu ermächtigt wurden bzw. wenn diese sie hierzu in Textform ermächtigt haben.[1035] Insbesondere hat im Fall der AG – korrespondierend mit §§ 101 Abs. 3 S. 1, 108 Abs. 3 AktG - der Teilnahmeberechtigte kraft seiner botenartigen Stellung kein eigenes Rede- und Antragsrecht, sondern darf nur Erklärungen des verhinderten Aufsichtsorgansmitglieds vortragen und dessen Anträge stellen; er hat also kein eigenes Stimmrecht, weil er nicht als Vertreter, sondern nur als Bote handelt.[1036] Dies gilt nicht für eine deutsche SE, weil Art. 50 Abs. 1 b SE-VO eine Vertretung bei der Beschlussfassung zulässt.[1037]
Schließlich kann § 109 AktG dazu beitragen, die Vertraulichkeit der Beratungen des Aufsichtsorgans zu garantieren[1038] und eine Überschreitung der im Gesetz geregelten Mitgliederzahl im Aufsichtsorgan[1039] zu hemmen. Durch diese Norm ist auch eine klare Abgrenzung des Aufsichtsorgans gegenüber Beiräten und ähnlichen Gremien bezweckt;[1040] die Mitglieder solcher Gremien oder auch andere Personen sollen nicht durch ihre regelmäßige Teilnahme an den Sitzungen des Aufsichtsorgans sachlich Einfluss auf die Entscheidungen des Aufsichtsorgans nehmen können, ohne hierfür eine entsprechende Verantwortlichkeit zu übernehmen.[1041]

2) Einberufung

Nach § 110 Abs. 1 AktG erfolgt die Einberufung des Aufsichtsorgans durch seinen Vorsitzenden.[1042] Jedes Aufsichtsorgansmitglied oder das Leitungsorgan kann nach § 110 Abs. 1 S. 1 AktG diese Einberufung verlangen. Das Verlangen kann formlos vorgetragen werden,[1043] muss aber stets Zweck und Gründe ange-

---

1034 *Semler* in MünchKomm /AktG, § 109 Rn. 82 ; *Hüffer*, AktG/7, § 109 Rn. 6.

1035 Bezüglich der Ermächtigungsform geht die Änderung in § 109 Abs. 3 AktG (Textform statt Schriftform) auf Art. 27 Nr. 1 FormanpassungsG vom 13. 7. 2001 zurück. Maßgeblich ist § 126 b BGB, der auch unterschriftlose Erklärungen genügen lässt, namentlich Telefax oder E-Mail. Dazu Ausführlich RegBegr BT-Drucks 14/4987 S. 18 ff.

1036 *Hüffer*, AktG/7, § 109 Rn. 7.

1037 Siehe gerade unten (3) Beschlüsse.

1038 *Lutter* (1984), S. 182 f; *Mertens* in Kölnerkomm/AktG, § 109 Rn. 6; *Meyer-Landrut* in Großkomm/AktG, § 109 Anm. 1.

1039 Siehe. oben C. II. 2. a) bb) Zahl der Aufsichtsorgansmitglieder in diesem vierten Teil.

1040 *Mertens* in Kölnerkomm/AktG, § 109 Rn. 6; *Meyer-Landrut* in Großkomm/AktG, § 109 Anm. 1; *Hüffer*, AktG/7, § 109 Rn. 1; *Semler* in Münchkomm/AktG, § 109 Rn. 7; *Kindl*, Die Teilnahme an der Aufsichtsratssitzung, 1993, S. 12 f. 15.

1041 *Hüffer*, AktG/7, § 109 Rn. 1; *Mertens* in Kölnerkomm/AktG, § 109 Rn. 6; *Meyer-Landrut* in Großkomm/AktG, § 109 Anm. 1; *Semler* in Münchkomm/AktG, § 109 Rn. 7.

1042 Zum Aufsichtsorgansvorsitzenden siehe unten C. II. 3. b) in diesem vierten Teil.

1043 *Semler* in MünchKomm/AktG, § 110 Rn. 64; *Hüffer*, AktG/7, § 110 Rn. 6; *Mertens* in KölnKomm/AktG, § 110 Rn. 9.

ben (§ 110 Abs. 1 S. 1 AktG). Der Zweck der Sitzung wird durch die Gegenstände der Tagesordnung vorgegeben, die in der Sitzung verhandelt werden sollen.[1044] Der Vorschlag einer Tagesordnung ist dabei ausreichend, wenn auch nicht zwingend erforderlich.[1045] Gründe der Einberufung sind die Umstände, die nach Auffassung des Antragstellers den Zusammentritt des Aufsichtsorgans in diesem Zeitpunkt zur Beratung des angegebenen Zwecks erforderlich machen.[1046] Aus dem Antrag muss sich ergeben, warum die Sitzung überhaupt und gerade zu diesem Zeitpunkt stattfinden soll.[1047] Wenn dieses Verlangen erfolgt, hat der Aufsichtsorgansvorsitzende das Aufsichtsorgan unverzüglich (ohne schuldhaftes Zögern)[1048] einzuberufen. Die Sitzung hat nach § 110 Abs. 1 S. 2 AktG binnen zwei Wochen nach der Einberufung stattzufinden. Die in dieser Regelung vorgesehene Zweiwochenfrist verhindert, dass ein Antrag des Aufsichtsorgansmitglieds oder des Leitungsorgans durch die Einberufung auf einen späteren Zeitpunkt praktisch vereitelt werden kann.[1049]
Nach § 110 Abs. 2 AktG[1050] kann das Aufsichtsorgansmitglied oder das Leitungsorgan unter Mitteilung des Sachverhalts und der Angabe einer Tagesordnung selbst das Aufsichtsorgan einberufen, wenn die verlangte Einberufung abgelehnt wurde. Das Einberufungsrecht der einzelnen Aufsichtsorgansmitglieder soll wie bei § 90 Abs. 3 S. 2 AktG einer Schwächung ihrer Rechtsstellung entgegenwirken.[1051]

3) Zahl der Sitzungen

Nach § 110 Abs. 3 AktG muss das Aufsichtsorgan sowohl börsennotierter, als auch nicht börsennotierter SE zwei Sitzungen im Kalenderhalbjahr abhalten, was im Interesse einer effektiven Leitungsorgansüberwachung liegen soll.[1052] Die Unterschreitung dieses Turnus bleibt jedoch ohne Sanktion.[1053] Das Aufsichtsorgan nicht börsennotierter SE kann aber mit einfacher Mehrheit (Art. 50 Abs. 1 b SE-VO) mangels anderer Regelung[1054] beschließen, dass nur eine Sit-

---

1044 *Semler* in MünchKomm/AktG, § 110 Rn. 69; *Hüffer*, AktG/7, § 110 Rn. 6; *Mertens* in KölnKomm/AktG, § 110 Rn. 9.

1045 *Semler* in MünchKomm/AktG, § 110 Rn. 69; *Hüffer*, AktG/7, § 110 Rn. 6.

1046 *Semler* in MünchKomm/AktG, § 110 Rn. 70; *Hüffer*, AktG/7, § 110 Rn. 6; *Mertens* in KölnKomm/AktG, § 110 Rn. 9.

1047 *Semler* in MünchKomm/AktG, § 110 Rn. 70; *Hüffer*, AktG/7, § 110 Rn. 6.

1048 Vgl. § 121 BGB.

1049 *Meyer-Landrut* in Großkomm/AktG, § 110 Anm. 9.

1050 § 110 Abs. 2 AktG wurde zuletzt durch das TransPuG geändert; Art. 1 Nr. 8 vom 17. 5. 2002, BT-Drucks. 450/02.

1051 RegBegr BT-Drucks 14/8769 S. 16 reSp.

1052 RegBegr BT-Drucks 14/8769 S. 16 reSp.

1053 Kritisch *Knigge*, WM 2002, 1729, 1732 liSp.

1054 Für die AG: DAV-Handelsrechtsausschuss, NZG 2002, 115, 117 liSp; anders noch Corporate Governance-Kommission, auf deren Empfehlung die Neuregelung zurückgeht: Absenkung des Turnus nur mit Zustimmung aller Aufsichtsorgansmitglieder; siehe *Baums* (2001), Rn. 57.

zung im Kalenderhalbjahr abzuhalten ist. Außerdem spricht diese Norm anders als die frühere Formulierung der Vorschrift nicht mehr davon, dass das Aufsichtsorgan zusammentritt, sondern davon, dass Sitzungen abzuhalten seien. Dadurch wird verdeutlicht, dass die persönliche Präsenz nicht immer zwingen erforderlich ist und ggf. auch z.B. Telefon- oder Videokonferenzen zulässig sind.[1055]

Diese Regelung garantiert regelmäßige Sitzungen des Aufsichtsorgans und fördert das geordnete Zusammenwirken der Aufsichtsorgansmitglieder und eine intensive Wahrnehmung der Aufgaben des Aufsichtsorgans. Dabei wird die effektive Überwachung des Leitungsorgans erwartet.[1056] Die für nicht börsennotierte Gesellschaften vorgesehene Möglichkeit der Abweichung trägt deren Bedürfnis nach flexibler Gestaltungsmöglichkeit Rechnung.[1057] Insbesondere wurde diese Regelung zunächst durch das KonTraG[1058] reformiert und zuletzt auf Vorschlag der Regierungskommission Corporate Governance durch das TransPuG neu gefasst.[1059] Damit wurde die schon im KonTraG für börsennotierte Gesellschaften vorgesehene Sitzungsfrequenz auch auf nicht börsennotierte Gesellschaften ausgedehnt.[1060]

(3) Beschlüsse

Nach Art. 50 Abs. 1 a SE-VO ist satzungsdispositiv das Aufsichtsorgan beschlussfähig, wenn mindestens die Hälfte der Mitglieder anwesend oder vertreten ist. Eine Teilnahme an der Beschlussfassung, wie in § 108 Abs. 2 AktG vorgesehen, ist nicht erforderlich. Art. 50 Abs. 1 a SE-VO verdrängt wegen des Vorrangs der SE-VO § 108 Abs. 2 AktG.[1061]

Für die Beschlussfassung reicht nach Art. 50 Abs. 1 b SE-VO grundsätzlich die einfache Mehrheit der anwesenden und vertretenen Mitglieder aus. In diesem Zusammenhang spielt es keine Rolle, ob die Organmitglieder persönlich erschienen sind oder vertreten werden, weil die SE-VO die Vertretung eines Organmitglieds bei der Beschlussfassung erlaubt, während beim AktG diese Vertretung nicht zulässig ist.[1062] Wegen dieser Erlaubnis der Vertretung der SE-VO hat ein Stimmbote nach § 108 Abs. 3 AktG für die deutsche SE keine Bedeutung.[1063] Außerdem hat satzungsdispositiv der Aufsichtsorgansvorsitzende nach

---

1055 RegBegr BT-Drucks 14/8769 S. 17 liSp; *Götz*, NZG 2002, S. 601; *Hüffer*, AktG, § 110 Rn. 11.

1056 RegBegr BT-Drucks 14/8769 S. 16 reSp.

1057 RegBegr BT-Drucks 14/8769 S. 16 reSp.

1058 Art. 1 Nr. 11 vom 27. 4. 1998, BGBl. I S. 786.

1059 RegBegr BT-Drucks 14/8769 S. 16 reSp.

1060 RegBegr BT-Drucks 14/8769 S. 16 reSp.

1061 *Thümmel* (2005), Rn. 178 sowie RegE, Begründung, BT-Drs. 15/3405, S. 38 (zur Nicht-Übernahme des § 108 Abs. 2 AktG für den Verwaltungsrat).

1062 Vgl. § 101 Abs. 3 S. 1.

1063 Dazu C. II. 3. a) aa) (3) in diesem vierten Teil.

Art. 50 Abs. 2 SE-VO ein Zweitstimmrecht; aber bei paritätischer Mitbestimmung im Aufsichtsorgan wird das durch Art. 50 Abs. 2 S. 2 SE-VO verboten.[1064] Bezüglich der Form der Beschlussfassung im Aufsichtsorgan kommt § 108 Abs. 4 AktG zur Anwendung. Danach sind schriftliche, fernmündliche oder andere vergleichbare Formen (z.B. Fax, Telefon-, Videokonferenz)[1065] vorbehaltlich einer näheren Regelung durch die Satzung oder eine Geschäftsordnung des Aufsichtsorgans nur zulässig, wenn kein Mitglied diesem Verfahren widerspricht.[1066]
Art. 50 Abs. 3 SE-VO ermächtigt die Mitgliedstaaten, in ihren nationalen Ausführungsgesetzen die besonderen Beschlussvorschriften für das mitbestimmte Aufsichtsorgan nach dem Aktienrecht des Mitgliedstaates zu erlassen. Der deutsche Gesetzgeber hat von dieser Ermächtigung keinen Gebrauch gemacht.

bb) Britische SE

Bezüglich der Geschäftsordnung des Aufsichtsorgans enthält das britische Recht ebenso wie das deutsche Recht keinerlei zwingende Vorgaben. Deshalb kann sich das Aufsichtsorgan selbst eine Geschäftsordnung im Rahmen der Gestaltungsautonomie, die aus der Organisationsautonomie folgt, geben, wenn die Satzung nichts anderes bestimmt.[1067] In der Geschäftsordnung des Aufsichtsorgans einer britischen SE kann der oben beschriebene der Geschäftsordnung einer deutschen SE entsprechende Inhalt geregelt werden, wenn die Satzung nichts anderes vorsieht.
Bezüglich der Teilnahme an einer Sitzung und der Anzahl der Sitzungen gibt es - anders als zu einer deutschen SE (jeweils §§ 109, 110 Abs. 3 AktG) - keine gesetzliche Regelung. In diesem Zusammenhang spielt daher auch die Satzung oder die eigene Geschäftsordnung eine wichtige Rolle. In der Praxis führen die meisten *Board* mit dem Zweck der Überwachung der Unternehmensleitung gewöhnlich jeden Monat eine Sitzung durch, allerdings versammeln sich die *Boards* einiger Unternehmen auch etwas seltener.[1068] Diese Anzahl ist ungleich höher als bei der deutschen SE. Vom Standpunkt der Corporate Governance aus gesehen wird dieser Punkt als großer Vorteil betrachtet, weil das Aufsichtsorgan der britischen SE durch diesen häufigen Einbezug in den Entscheidungsprozess einen noch ausgeprägteren Informationsvorteil genießen kann. Außerdem sind anders als im deutschen Recht (§ 110 Abs. 1 und 2 AktG) keinerlei zwingende Vorschriften in Bezug auf die Einberufung vorhanden. Diesbezüglich regelt *Regulation* 88 *Table* A CA 1985, dass jedes Organmitglied und auch der *company secretary* die Einberufung verlangen kann.

1064 Ausführlich dazu C. II. 3. b) in diesem vierten Teil.

1065 *Hüffer*, AktG/7, § 108 Rn. 16; *Lutter/Krieger* (2002), Rn. 604; *Semler* in MünchKomm/AktG, § 108 Rn. 186; *Hopt/Roth* in GroßKomm/AktG, § 108 Rn. 116 f.

1066 Näher zum Widerspruch nach § 108 Abs. 4 AktG *Semler* in MünchKomm/AktG, § 108 Rn. 189 ff. m.w.N.

1067 Zur Geschäftsordnung des Leitungsorgans vgl. oben C. I. 3. a) in diesem vierten Teil.

1068 Vgl. *Charkham* (1994), S. 264.

Für die Beschlüsse des Aufsichtsorgans gilt auch bei einer britischen SE die Regelung des Art. 50 SE-VO. Dazu werden an dieser Stelle aber keine weiteren Ausführungen gemacht, weil in diesem Zusammenhang der Inhalt dem des *Board* entspricht und dieses Thema bereits oben unter den Beschlüssen des Leitungsorgans abgehandelt wurde. Allerdings hat satzungsdispositiv der Vorsitzende des Aufsichtsorgans einer britischen SE nach Art. 50 Abs. 2 S. 1 SE-VO ein Zweitstimmrecht. Aber bei der paritätischen mitbestimmten SE ist eine Abweichung vom Zweitstimmrecht des Aufsichtsvorsitzenden nicht zulässig (Art. 50 Abs. 2 S. 2 SE-VO).

b) Aufsichtsorgansvorsitzender

Nach Art. 42 S. 1 SE-VO wählt das Aufsichtsorgan aus seiner Mitte einen Vorsitzenden. Im Fall der mitbestimmten SE darf nur ein von der Hauptversammlung der Aktionäre bestelltes Mitglied zum Vorsitzenden gewählt werden, wenn 50 % der Mitglieder des Aufsichtsorgans von den Arbeitnehmern bestellt wurden (Art. 42 S. 2 SE-VO). Weitergehende Bestimmungen über den Aufsichtsorgansvorsitzenden sind in der SE-VO nicht enthalten, sodass über Art. 9 Abs. 1 c ii SE-VO nationales Recht zur Anwendung kommt.

aa) Deutsche SE

(1) Wahl, Abberufung und Amtszeit

- **Wahl**: Nach Art. 42 S. 1 SE-VO sowie § 107 Abs. 1 S. 1 AktG muss ein Vorsitzender vom Aufsichtsorgan aus seiner Mitte gewählt werden. Die Wahlbefugnis des Aufsichtsorgans kann nicht durch die Satzung auf die Hauptversammlung verlagert werden. Die Wahl erfolgt durch Beschluss mit einfacher Mehrheit der Stimmen der anwesenden und vertretenen Mitglieder, wenn die Satzung der SE nichts anderes regelt.[1069] Bei Stimmengleichheit lassen sich keine Mehrstimmrechte oder Stichentscheidsrechte einzelnen Aufsichtsratsmitgliedern einräumen.[1070] Der Aufsichtsorgansvorsitzende lässt sich sowohl ohne Angabe von Gründen als auch aus wichtigem Grund jederzeit durch einen Beschluss mit einfacher Mehrheit wie bei seiner Wahl zum Aufsichtsorgan abberufen.[1071] Während bei Nichtvorliegen bzw. Nichtangabe eines wichtigen Grundes der Vorsitzende mitstimmen darf, hat der Betroffene im umgekehrten Fall kein Stimmrecht.[1072] Trotz der Abberufung vom Vorsitz ändert sich zunächst nichts an seinen Eigenschaften als Aufsichtsorgansmitglied; er kann als einfaches Mitglied im Aufsichtsorgan verbleiben.[1073] Das Leitungsorgan muss nach § 107 Abs. 1 S. 2 AktG zum Handelsregister anmelden, wer gewählt ist.

1069 Vgl. Art. 50 Abs. 1 b SE-VO.

1070 *Mertens* in Kölner Komm/AktG, § 107 Rn.10; *Semler* in MünchKomm/AktG, § 107 Rn. 27 f.

1071 *Hüffer*, AktG/7, § 107 Rn. 4.

1072 *Hüffer*, AktG/7, § 107 Rn. 4.

1073 *Hüffer*, AktG/7, § 107 Rn. 4.

Außerdem hat das Aufsichtsorgan nach § 107 Abs. 1 S. 1 AktG neben der Wahl eines Vorsitzenden mindestens einen Stellvertreter zu wählen.[1074] Dieser Stellvertreter erhält gemäß § 107 Abs. 1 S. 3 AktG die Rechte und Pflichten des Vorsitzenden nur dann, falls dieser behindert ist.
- **Abberufung**: Die Abberufung wird mit ihrer Bekanntgabe gegenüber dem Betroffenen wirksam, einer Annahme der Abberufung bedarf es nicht.[1075] Für die Amtsniederlegung des Vorsitzenden gelten die Rechtsgrundsätze für die Niederlegung der Mitgliedschaft im Aufsichtsorgan entsprechend. Der Aufsichtsratsvorsitzende kann allerdings den Vorsitz niederlegen, ohne zugleich sein Aufsichtsorgansmandat niederlegen zu müssen.[1076] Mit der Wirksamkeit der Abberufung entfällt der Anspruch auf Vergütung.[1077]
- **Amtszeit**: Die Amtszeit des Vorsitzenden lässt sich durch die Satzung, die Geschäftsordnung, oder, wenn dort keine Bestimmungen über die Amtszeit des Aufsichtsratsvorsitzenden enthalten sind, durch Wahlbeschluss des Aufsichtsorgans festlegen. Üblicherweise wird die Wahl für die Dauer der Amtszeit als Aufsichtsorgansmitglied gelten.[1078]

(2) Aufgaben und Befugnis

Der Aufsichtsorgansvorsitzende hat grundsätzlich die organisatorischen Aufgaben, die der Leiter eines Kollegialorgans typischerweise besitzt. Seine zentralen Aufgaben lassen sich in fünf Bereiche zusammenfassen:[1079]
- **Berichtsempfang und Informationsvermittlung:** Der Aufsichtsorgansvorsitzende ist ständiger Ansprechpartner und Berater des Leitungsorgans. In dieser Funktion nimmt er die Berichte des Leitungsorgans entgegen und bringt sie in das Aufsichtsorgan ein. Der Aufsichtsorgansvorsitzende wird über wichtige Ereignisse, die für die Beurteilung der Lage und Entwicklung sowie für die Leitung des Unternehmens von wesentlicher Bedeutung sind, unverzüglich durch den Vorsitzenden bzw. Sprecher des Leitungsorgans informiert;[1080]
- **Leitung des Aufsichtsorgans:** der Aufsichtsratsvorsitzende hat grundsätzlich die organisatorischen Aufgaben, die der Leiter eines Kollegialorgans typischerweise besitzt. Er beruft die Sitzungen des Aufsichtsorgans ein, legt die Tagesordnung fest und leitet die Aufsichtsorganssitzungen. Er bringt die Beschlüsse und Ergebnisse der Aufsichtsorgansausschüsse in das Plenum ein und koordiniert die Ausschussarbeit. Die Hauptversammlung kann ihn aber durch Satzungsregelung, Bestimmungen in ihrer Geschäftsordnung oder durch Beschluss zu ihrem Leiter ernennen;

1074 *Hüffer*, AktG/7, § 107 Rn. 7.

1075 *Hüffer*, AktG/7, § 107 Rn. 4; *Semler* in MünchKomm/AktG, § 107 Rn. 40 ff.

1076 Vgl. § 103 Rn. 106 ff; *Hoffmann-Becking* in MünchHdb/GesR IV, § 31 Rn. 12; *Mertens* in KölnKomm/AktG, § 103 Rn. 32; *Lutter/Krieger* (2002), § 103 AktG Rn. 543.

1077 *Semler* in MünchKomm AktG, § 107 Rn. 47.

1078 Vgl. *Hüffer*, AktG/7, § 107 Rn. 4; *Semler* in MünchKomm/AktG, § 107 Rn. 35 ff.

1079 *Semler* in MünchKomm/AktG, § 107 Rn. 101.

1080 Ziff. 5.2 DCGK.

- **Vertretung der Gesellschaft bei Abgabe von Erklärungen:** Eine aktive Vertretungsmacht kommt dem Vorsitzenden in den Fällen der Erklärungsvertretung, Abschlussbevollmächtigung und Wissensvertretung zu;
- **Repräsentation des Aufsichtsorgans:** der Aufsichtsorgansvorsitzende repräsentiert weiterhin das Aufsichtsorgans nach außen. Der Vorsitzende repräsentiert also das Aufsichtsorgan gegenüber anderen Organen und in der Öffentlichkeit. Er ist zuständig für die Informationsvermittlung zwischen Aufsichtsorgan und den anderen Organen. Zu Beginn der Hauptversammlung soll er den Bericht des Aufsichtsorgans über den Jahresabschluss, den Lagebericht und den Gewinnverwendungsvorschlag erläutern. Als Repräsentant berät er das Leitungsorgan und ist dessen ständiger Ansprechpartner.[1081] Auf Grund seiner Position hält er laufenden Kontakt zum Leitungsorgan;[1082]

Wahrnehmung der Aufgaben, die dem Vorsitzenden eines Kollegiums üblicherweise zukommen: Das Gesetz regelt die Kompetenzen des Vorsitzenden nicht in einem abschließenden Pflichtenkatalog; das Gesetz erwähnt nur einzelne seiner Aufgaben. Hieraus kann gefolgert werden, dass der Vorsitzende all diejenigen Aufgaben wahrzunehmen hat, die üblicherweise bei der Organisation eines Kollegiums anfallen. Er trägt Sorge für die Ordnungs- und Rechtsmäßigkeit des Verfahrens. Hierzu zählt die Sorge für die interne Kommunikation ebenso wie die Koordination der Ausschussarbeit;[1083]

Die gesetzlich genannten wie auch die ungeschriebenen Kompetenzen des Vorsitzenden sind beschränkt. Er hat weder ein Weisungsrecht gegenüber den anderen Aufsichtsorgansmitgliedern noch verfügt er über Disziplinarbefugnisse. Seine Entscheidungsbefugnis reicht nur für die konkrete Regelung eines Verfahrensganges. Dabei hat der Aufsichtsorgansvorsitzende bei einem Beschluss nach Art. 50 Abs. 2 S. 1 SE-VO ein Stichentscheidungsrecht im Falle von Stimmengleichheit, wenn die Satzung keine einschlägige Bestimmung enthält. Dieses Recht lässt sich aber durch die Satzung nicht ausschließen, wenn das Aufsichtsorgan paritätisch mitbestimmt ist (Art. 50 Abs. 2 S. 2 SE-VO). Art. 50 Abs. 2 S. 2 SE-VO stellt somit ein gewichtiges Interesse der Anteilseigner der SE sicher, weil nach Art. 42 S. 2 SE-VO und Art. 45 S. 2 SE-VO Aufsichtsorgansvorsitzender nur ein von der Hauptversammlung bestelltes Organmitglied sein darf. Im Übrigen ist die Begründung eines Vetorechts für den Aufsichtsorgansvorsitzenden anders als im Falle des Leitungsorgansvorsitzenden unzulässig, weil sie mit dem Charakter des Aufsichtsorgans als einem Kollegialorgan unvereinbar wäre.[1084]

bb) Britische SE

Nach Art. 42 SE-VO hat auch das Aufsichtsorgan einer britischen SE aus seiner Mitte einen Vorsitzenden zu wählen, der bei der paritätischen Mitbestimmung

1081 *Hüffer*, AktG/7, § 107 Rn 5.

1082 Vgl. für weitere Einzelheiten *Semler* in *Semler/v. Schenck* (2004), § 4 Rn. 161 ff.

1083*Semler* (2004), § 4 Rn 135.

1084 *Reichert/Brandes* in MünchKomm/AktG, Art. 50 SE-VO Rn. 33.

zwingend nur ein von der Hauptversammlung bestellter Anteilseignervertreter sein darf. Er hat nach Art. 50 Abs. 2 SE-VO ein Zweitstimmrecht bei Stimmgleichheit. Weitere Regelungen in Bezug auf ihn gibt es in der SE-VO nicht. Auch sowohl im britischen Recht, als auch im Umsetzungsgesetz (EPCLR 2004) existiert diesbezüglich keine Regelung – weder zu dessen Aufgaben, noch unter welchen Voraussetzungen er abberufen werden kann. Es bleibt daher der Satzung vorbehalten, derartiges zu regeln. Im Übrigen kann das Aufsichtsorgan einer britischen SE ebenfalls wie eine deutsche SE (§ 107 Abs. 1. S. 1 AktG) mindestens einen Stellvertreter des Vorsitzenden wählen, wenn die Satzung nichts anderes vorsieht.

c) Ausschüsse des Aufsichtsorgans

Bezüglich der Effektivität der Überwachungsfunktion des Aufsichtsorgans ist seine Verkleinerung von Vorteil, weil in einem zu großen Kreis eine effiziente Diskussion und ein intensiver Meinungsaustausch sehr schwierig werden.[1085] Dabei ist die Bildung von Ausschüssen zur Steigerung der Effizienz der Aufsichtsorgansarbeit ein sinnvoller Weg.[1086] Diesbezüglich regelt die SE-VO gar nichts. Auf die SE kommt deshalb das nationale Recht über Art. 9 Abs. 1 c ii SE-VO zur Anwendung.

aa) Deutsche SE

(1) Ausschussbildung durch das Aufsichtsorgan

§ 107 Abs. 3 S. 1 AktG ermächtigt das Aufsichtsorgan zur Bildung von Ausschüssen. Danach kann das Aufsichtsorgan aus seiner Mitte einen oder mehrere Ausschüsse bestellen. Mitglied der Ausschüsse kann also nur sein, wer Aufsichtsorgansmitglied ist.[1087] Das Aufsichtsorgan entscheidet allein über Bildung, Besetzung und Größe der Ausschüsse durch Beschluss.

Ein Ausschuss muss mindestens aus zwei Aufsichtsorgansmitgliedern bestehen, aber für beschließende Ausschüsse sind mindestens drei Mitglieder notwendig, weil sonst die Regelung des § 108 Abs. 2 S. 3 AktG unterlaufen würde.[1088] Die Ausschüsse können einen eigenen Ausschussvorsitzenden ernennen. Zulässig ist es, diesem durch die Geschäftsordnung des Aufsichtsorgans oder durch die Satzung für Beschlüsse des Ausschusses ein Zweitstimmrecht einzuräumen, auch wenn es sich bei ihm nicht um den Aufsichtsorgans- vorsitzenden selbst handelt.[1089] Das Aufsichtsorgan kann Fragen der Ausschussbildung und Besetzung in der Geschäftsordnung regeln.[1090] Weder Satzung noch Hauptversammlung

---

1085 *Lutter*, ZGR 2001, 224, 229.

1086 Ziff. 5.3.1 DCGK.

1087 *Hüffer*, AktG/7, § 107 Rn. 16.

1088 BGHZ 65, 190, 192 f; BGH NJW 1989, 1928, 1929; *Henze* (2002) Rn. 694; *Lutter/Krieger* (2002), § 9 Rn. 632; *Hüffer*, AktG/7, § 107 Rn. 17.

1089 BGHZ 83, 106; BGHZ 83, 144; *Hüffer*, AktG/7, § 107 Rn. 22.

1090 *Semler* in Münchkomm/AktG, § 107 Rn. 228.

können das Aufsichtsorgan zur Ausschussbildung zwingen oder ihm dies verbieten.[1091]

(2) Grenzen delegierter Beschlussfassung

Nach dem Vorbehaltskatalog des § 107 Abs. 3 S. 2 AktG wird die Übertragung von folgenden Aufgaben des Aufsichtsorgans auf einen Ausschuss verboten:[1092] Wahl des Aufsichtsorgans- vorsitzenden und seines oder seiner Stellvertreter (§ 107 Abs. 1 S. 1 AktG), Zustimmung zur Zahlung eines Abschlags auf den voraussichtlichen Bilanzgewinn (§ 59 Abs. 3 AktG), Erstellung einer Geschäftsordnung für das Leitungsorgan (§ 77 Abs. 2 S. 1 AktG), Bestellung, Wiederbestellung und Abberufung von Leitungsorgansmitgliedern sowie die Ernennung eines Leitungsorgansvorsitzenden und der Widerruf dieser Ernennung (§ 84 Abs. 1 S. 1 u. 3, Abs. 3 S. 1 AktG), Einberufung der Hauptversammlung (§ 111 Abs. 3 AktG), Begründung eines Zustimmungsvorbehalts für bestimmte Arten von Geschäften (§ 111 Abs. 4 S.2 AktG), Prüfung des Jahresabschlusses und Berichterstattung über das Ergebnis der Prüfung (§ 171 AktG) und Prüfung des Abhängigkeitsberichts und Berichterstattung über das Ergebnis der Prüfung (§ 314 Abs. 2 und 3 AktG).

(3) Art der Ausschüsse

Ausschüsse können einerseits nach ihrer Dauerhaftigkeit unterschieden werden. Nämlich lassen sie sich entweder auf Dauer (wie z.B. Personal-, Finanz- oder Kreditausschuss usw.) oder ad hoc bilden. Andererseits lassen sich die Ausschüsse nach ihnen übertragenen Aufgabenbereichen (wie z.B. vorbereitende, abschließende (erledigende) und beratende Ausschüsse etc.) unterscheiden.[1093]

1) Unterscheidung nach der Dauerhaftigkeit

- Personalausschuss: Dieser Ausschuss zählt in deutschen Aktiengesellschaften zu den wichtigsten und häufigsten Ausschüssen.[1094] Zu den Aufgaben des Personalausschusses gehören die Vorbereitung der dem Plenum vorbehaltenen Personalentscheidungen; Vorschläge für die Besetzung der Leitungsposten; Abschluss, Beendigung und eine etwaige Änderung von Anstellungsverträgen mit den für die Leitung verantwortlichen Personen;[1095] Einwilligung und Genehmi-

---

1091 BGHZ 83, 106, 107 = NJW 1982, 1525; *Hüffer*, AktG/7, §107 Rn. 16; *Semler* in MünchKomm/AktG, § 107 Rn. 228; *Mertens* in KölnKomm/AktG Rn. 90; *Hoffmann-Becking* in MünchHdb/GesR IV § 32 Rn. 14; *Dreher* in *Feddersen/Hommelhoff/Schneider* (1996), S. 33, 45 f; *Lutter/Krieger* (2002), Rn. 629.

1092 *Hüffer*, AktG/7, § 107 Rn. 18; *Hoffmann-Becking* in MünchHdb/GesR IV § 32 Rn. 5; *Hopt/Roth* in GroßKomm/AktG, § 107 Rn. 376 ff; *Semler* in MünchKomm/AktG, §107 Rn. 328 ff.

1093 *Siebel* in *Semler* (1999), § 6 Rn 18.

1094 *Mertens* in KölnKomm/AktG, § 107 Rn. 95; *Semler* in Münchkomm/AktG, § 107 Rn. 257; *Hoffmann-Becking* in MünchHdb/GesR IV, § 32 Rn. 6 f.

1095 *Semler* in MünchKomm/AktG, § 107 Rn. 257 ff; *Hoffmann-Becking* in MünchHdb/GesR IV, § 32 Rn. 6 f; *Hüffer*, AktG/7, § 107 Rn.16.

gung zu Kreditgewährungen an Aufsichtsorgansmitglieder, Leitungsorgansmitglieder, leitende Angestellte und Prokuristen sowie zum Abschluss von sonstigen schuldrechtlichen Verträgen mit diesen Verantwortlichen;[1096]

- **Prüfungsausschuss (Audit Committee):** Der DCGK empfiehlt, dass das Aufsichtsorgan einen Prüfungsausschuss (Audit Committee) bilden soll, der sich insbesondere mit Fragen der Rechnungslegung, des Risikomanagements, der erforderlichen Unabhängigkeit des Abschlussprüfers, der Erteilung des Prüfungsauftrages an den Abschlussprüfer, der Bestimmung von Prüfungsschwerpunkten und der Honorarvereinbarung beschäftigt. Der Vorsitzende des Prüfungsausschusses sollte kein ehemaliges Leitungsorgansmitglied der Gesellschaft sein, der Aufsichtsorgansvorsitzende den Vorsitz im Prüfungsausschuss nicht innehaben;
- **Präsidium (oder Präsidialausschuss):** Dies ist ein Ausschuss besonderer Art. Seine Aufgabe besteht nicht darin, Aufsichtsorganentscheidungen vorzubereiten oder an Stelle des Aufsichtsorgans zu treffen (§ 107 Abs. 3 AktG), sondern den Aufsichtsorgansvorsitzenden bei der Sitzungsvorbereitung, der Koordinierung zwischen den Sitzungen oder der Wahrnehmung seiner repräsentativen Aufgaben beratend zu unterstützen;[1097]
- **Ad hoc-Ausschüsse**: Diese werden zur akuten Erledigung eines bestimmten Sachverhalts gebildet, was allerdings eher selten geschieht.[1098] Ad hoc-Ausschüsse lösen sich nach Auftrags- bzw. Zweckerledigung ohne Beschluss wieder auf.[1099]
- **Sonstige**: Außerdem gibt es weitere Ausschüsse, deren Aufgabenbereich sich an einem bestimmten Fragenkomplex ausrichtet, z.B. Sozialausschuss, Anlagenausschuss, Ausschuss für Aktienübertragungen, Strategieausschuss, Finanzausschuss, Investitionsausschuss und Kreditausschuss, etc.[1100]

2) Unterscheidung nach den verschiedenen Aufgabenbereichen:[1101]

- **Vorbereitende Ausschüsse:** Nach § 107 Abs. 3 AktG sollen vorbereitende Ausschüsse Verhandlungen oder Beschlüsse des Aufsichtsorgans vorbereiten. Sie sollen dem Aufsichtsorgan einen fundierten Verhandlungs- oder Beschlussvorschlag liefern, über den das Aufsichtsorgan in eigener Verantwortung befinden muss. Sie spielen sowohl bei der gestaltenden Überwachung (z.B. bei der

---

1096 *Semler* in MünchKomm/AktG, § 107 Rn. 260; *Hoffmann-Becking* in MünchHdb/GesR IV, § 32 Rn. 6.

1097 BGHZ 83, S. 107, 114; *Lutter/Krieger* (1993), Rn. 276; *Semler* in MünchKomm/AktG, § 107 Rn. 250 ff; *Hoffmann-Becking* in MünchHdb/GesR IV, § 32 Rn. 8 f.

1098 *Potthoff/Trescher* (2001), S. 195 zufolge sind nur 4% aller Ausschüsse ad hoc gebildet.

1099 *Siebel* (1999), § 6 Rn 131.

1100 *Hoffmann-Becking* in MünchHdb/´GesR IV, § 32 Rn. 7; *Semler* in MünchKomm/AktG, § 107 Rn. 261 ff.

1101 Überschneidungen sind jedoch nicht zu vermeiden. Insofern ist *Mertens* zuzugeben, dass eine solche Aufteilung nicht immer ganz aufgeht. Dazu *Mertens* in KölnKomm/AktG, § 107 Rn. 99.

Bestellung der Leitungsorgansmitglieder) als auch bei der begleitenden Überwachung (z.B. bei der Prüfung des Jahresabschlusses) eine wichtige Rolle;[1102]
- **Beschließende Ausschüsse:** Das Aufsichtsorgan kann nach § 107 Abs. 3 S. 2 AktG auf Grund seines Selbstorganisationsrechts dem Ausschuss Entscheidungskompetenz übertragen.[1103] Der Ausschuss kann aber nur über die ihm zur Erledigung übertragenen Aufgaben durch Beschluss entscheiden. Dabei muss das Aufsichtsorgan allerdings den zwingenden Vorbehaltskatalog berücksichtigen und seine Gesamtverantwortung beachten. Zur wirksamen Beschlussfassung muss er deshalb beschlussfähig sein. Es müssen mindestens drei Ausschussmitglieder an der Beschlussfassung mitwirken. Ein beschließender Ausschuss darf nicht weniger als drei Mitglieder haben;
- **Beratende Ausschüsse:** Die Aufgabe dieser Ausschüsse ist ausschließlich die Beratung des Leitungsorgans in bestimmten Fragen oder umfassend in allen Geschäftsführungsfragen. Allerdings ist ein beratender Ausschuss dazu verpflichtet, das Gesamtaufsichtsorgan über das, was er dem Leitungsorgan geraten hat, zu informieren;[1104]
- **Überwachende Ausschüsse:** Die Überwachung der Geschäftsführung ist die wichtigste Aufgabe des Aufsichtsorgans und prinzipiell nicht an einen Ausschuss übertragbar. Möglich ist jedoch die Delegation von Teilbereichen seiner Überwachungsaufgabe.[1105] Die abschließende Prüfung erfolgt allerdings im Rahmen der Gesamtüberwachung durch das Plenum.[1106]

(4) Überwachung der Ausschüsse

Das Aufsichtsorgan ist berechtigt und verpflichtet, die Ausschussarbeit zu überwachen. Dem entsprechend sieht das AktG in § 107 Abs. 3 S. 4 AktG vor, dass dem Aufsichtsorgan regelmäßig über die Arbeit der Ausschüsse zu berichten ist. Dem Gebot regelmäßiger Berichterstattung wird am ehesten dadurch Rechnung getragen, dass die Arbeit der Ausschüsse zum Routinepunkt der Tagesordnung ordentlicher Aufsichtsorganssitzungen wird, um unnötigen Aufwand zu vermeiden.[1107] Detailinformationen sind nur dann erforderlich, wenn sie vom Plenum durch Mehrheitsbeschluss verlangt worden sind, da mit der Delegation der Aufgabe auf den Ausschuss im Regelfall auch das Ziel verfolgt wird, eine besonders vertrauliche Behandlung der betroffenen Angelegenheiten zu gewährleisten.[1108]

1102 *Siebel* (1999), § 6 Rn 24.
1103 Ziff. 5.3.4 DCGK.
1104 *Semler* in MünchKomm/AktG, § 107 Rn. 283.
1105 *Mertens* in KölnKomm/AktG, § 107 Rn 129; *Siebel* (1999), § 6 Rn 18, 22 mwN.
1106 *Semler* in MünchKomm/AktG, § 107 Rn. 284.
1107 RegBegr BT-Drucks 14/8769 S. 16 LiSp.
1108 RegBegr BT-Drucks 14/8769 S. 16 LiSp; *Hüffer*, AktG/7, § 107 Rn. 22a; *Hoffmann-Becking* in MünchHdb/GesR IV, § 32 Rn. 21.

bb) Britische SE

Bei der britischen SE hängt die Ausschussbildung des *Board* von der Satzungsbestimmung ab, da diesbezüglich keine Vorschriften existierten.[1109] Die Arbeitsweise der Ausschüsse wird für gewöhnlich in der Satzung geregelt. Nach *Regulation* 72 *Table* A CA 1985 gelten für Ausschüsse, die aus zwei oder mehr Personen bestehen, die Regeln für das Gesamtorgan sinngemäß.[1110]

Bezüglich dieser Ausschussbildung empfiehlt *Combined Code*, dass börsennotierte Gesellschaften die Ausschüsse *nomination committee* (Nominierungsausschuss),[1111] *remuneration committee* (Vergütungsausschuss)[1112] und *audit committee* (Prüfungsausschuss)[1113] einrichten. Insbesondere das *audit committee* ist für die Unternehmensüberwachung der wichtigste Ausschuss. In diesem Zusammenhang wird es vom *Combined Code* (C.3.1) definitiv verlangt. Ferner ist die Ausschussbildung in Großbritannien viel stärker verbreitet als in Deutschland. Bei der börsennotierten SE sind infolge der funktionalen Gleichwertigkeit eines *non-executive director* und eines Aufsichtsorgans die Empfehlungen des *Combined Code* zur Bildung der Ausschüsse analog anzuwenden.

Übrigens kennt das britische Recht keine Regelung der Mitbestimmung. Deshalb sind dort keine entsprechenden Regelungen für die Ausschussbildung der Arbeitnehmer vorhanden. Zumindest resultiert aus der SE-RL und den entsprechenden Umsetzungsvorschriften der EPCLR 2004[1114] auch bei der britischen SE ein Diskriminierungsverbot[1115].

4. Zwischenergebnis des Aufsichtsorgans

Aus dem vorstehenden Vergleich zum Aufsichtsorgan zwischen der deutschen und britischen dualistischen SE resultieren neben den vielen Gemeinsamkeiten auch rechtstechnisch erhebliche Unterschiede zwischen beiden Systemen.

Bestellung und Abberufung

Die Mitglieder des Aufsichtsorgans werden nach SE-VO grundsätzlich von der Hauptversammlung bestellt und abberufen. Es finden sich jedoch in der SE-VO

1109 Vgl. *Mayson, French & Ryan,* Company Law, 15.8.5; *Palmer's* Company Law 8.308; *Pennington 's* Company Law, S. 702.

1110 Vgl. *Mayson, French & Ryan,* Company Law, 15.8.5; *Palmer's* Company Law 8.308.1.

1111 Combined Code, A.4.1. Bei der SE können die Vorgaben des Combined Code bezüglich der Ernennung von *directors* sinngemäß auf die Bestellung der Leitungsorganmitglieder durch das Aufsichtsorgan angewendet werden.

1112 Combined Code, B.2.1.

1113 Combined Code, C.3.I.; Aufgaben: C.3.2.

1114 Insbesondere Teil 3 lit. b Abs. 4 des Anhangs nach Art. 7 SE-RL sowie die entsprechende Umsetzungsvorschrift in r. 7(3)(c) Schedule 3 EPCLR 2004, wonach die Arbeitnehmervertreter vollberechtigte Mitglieder des Mitbestimmungsorgans sind.

1115 Abgesehen davon gilt nach britischem Recht allgemein, dass die Einsetzung eines Ausschusses nicht dazu benutzt werden darf, ein Organmitglied auszuschließen, vgl. *Great Western Railway Co v Rushout* (1852) 5 De G & Sm 290; *Kyshe v Alturas Gold Ltd* (188) 4 TLR 331; *Mayson, French & Ryan,* Company Law, 15.8.5.

keine weiteren Vorschriften zu dieser Thematik. Mangels Regelung in der SE-VO gelten für das dabei anzuwendende Verfahren allerdings nach Art. 53 SE-VO die jeweiligen nationalen Regelungen.

Bestellung: Anders als das deutsche Recht sieht das britische Recht keine Regelung in Bezug auf die persönlichen Bestellungsvoraussetzungen für Aufsichtsorgansmitglieder einer SE vor. Deshalb gelten für die Aufsichtsorgansmitglieder einer britischen SE die allgemeinen Erfordernisse für alle *directors* insbesondere auf Grundlage der Satzungsautonomie bzw. des *Combined Code*. Bezüglich ihrer Bestellung ist insbesondere im Hinblick auf die Bestellungsvoraussetzung auffallend, dass anders als bei einer deutschen SE in einer britischen SE auch eine juristische Person Organmitglied sein kann, wenn es die Satzung zulässt.

Gestützt auf die Ermächtigung des Art. 40 Abs. 3 S. 2 SE-VO hat der deutsche Gesetzgeber eine Ausführungsvorschrift zur Mitgliederzahl des Aufsichtsorgans, nämlich § 17 Abs.1 SEAG, erlassen. Danach besteht das Aufsichtsorgan mindestens aus drei Mitgliedern und höchstens aus einundzwanzig. Von den gesetzlichen Vorschriften abweichend kann die Satzung eine höhere Zahl an Aufsichtsorgansmitgliedern bestimmen, aber eine niedrigere Anzahl als drei darf die Satzung nicht festsetzen. Dagegen hat nach dem britischen Recht das Aufsichtsorgan aus mindestens zwei Mitgliedern zu bestehen. Die Höchstmitgliedzahl folgt der Satzungsautonomie. Das kann als noch vorteilhafter als das deutsche System betrachtet werden - entsprechend der Forderung zur Verkleinerung des Aufsichtsorgans für eine effizientere Überwachungstätigkeit.

Im Übrigen hängt das Verfahren der Bestellung von den für die britische SE geltenden Mitbestimmungsregelungen ab, wenn eine britische SE der Mitbestimmung unterliegt.

Abberufung: Ebenso wie bei der deutschen SE können nach *Section* 303 (1) CA 1985 die Aufsichtsorgansmitglieder der britischen SE von der Hauptversammlung jederzeit und ohne wichtigen Grund abberufen werden – allerdings mit einfacher Mehrheit[1116]. Bei einer deutschen SE ist eine ¾ Mehrheit nötig. Weitere Regelungen zur Abberufung finden sich nicht. Damit kommen auch bei der britischen SE außer der regulären Abberufung in der Satzung die sonstigen Beendigungsgründe oder Bestellungsmethoden (z.B. gerichtliche Abberufung) zur Anwendung.

Innere Ordnung

Bezüglich der Geschäftsordnung des Aufsichtsorgans enthält das britische ebenso wie das deutsche Recht keinerlei zwingende Vorgaben. Deshalb kann sich das Aufsichtsorgan selbst eine Geschäftsordnung im Rahmen der Gestaltungsautonomie, die aus der Organisationsautonomie folgt, geben, wenn die Satzung nichts anderes bestimmt.[1117] In der Geschäftsordnung des Aufsichtsorgans einer britischen SE kann der oben beschriebene der Geschäftsordnung einer deutschen

1116 Art. 57 SE-VO i.V.m. Section 303(1) CA 1895.

1117 Zur Geschäftsordnung des Leitungsorgans vgl. oben C. I. 3. a) in diesem vierten Teil.

SE entsprechende Inhalt geregelt werden, wenn die Satzung nichts anderes vorsieht.
Bezüglich der Teilnahme an einer Sitzung und der Anzahl der Sitzungen des britischen Aufsichtsorgans gibt es anders als bei einer deutschen SE keine gesetzliche Regelung. In der Praxis führen die meisten *Boards* zum Zweck der Überwachung der Unternehmensleitung gewöhnlich jeden Monat eine Sitzung durch, allerdings versammeln sich die *Boards* einiger Unternehmen auch etwas seltener. Diese Anzahl ist ungleich höher als bei der deutschen SE. Vom Standpunkt der Corporate Governance aus gesehen wird dieser Punkt als großer Vorteil betrachtet, weil das Aufsichtsorgan der britischen SE durch diesen häufigen Einbezug in den Entscheidungsprozess in den Genuss eines noch ausgeprägteren Informationsvorteils kommt.
Nach Art. 42 SE-VO hat auch das Aufsichtsorgan einer britischen SE aus seiner Mitte einen Vorsitzenden zu wählen, der bei der paritätischen Mitbestimmung zwingend nur ein von der Hauptversammlung bestellter Anteilseignervertreter sein hat. Das Aufsichtsorgan einer britischen SE wählt wie eine deutsche SE ebenfalls mindestens einen Stellvertreter des Vorsitzenden, wenn die Satzung nichts anderes vorsieht. Der Aufsichtsorgansvorsitzende hat weder ein Weisungsrecht gegenüber den anderen Aufsichtsorgansmitgliedern noch verfügt er über Disziplinarbefugnisse. Des Weiteren hat er allerdings bei einem Beschluss nach Art. 50 Abs. 2 S. 1 SE-VO ein Stichentscheidungsrecht im Falle von Stimmengleichheit, wenn die Satzung keine einschlägige Bestimmung enthält. Dieses Recht lässt sich aber durch die Satzung nicht ausschließen, wenn das Aufsichtsorgan paritätisch mitbestimmt ist (Art. 50 Abs. 2 S. 2 SE-VO). Die SE-VO stellt somit ein gewichtiges Interesse der Anteilseigner der SE sicher, weil nach Art. 42 S. 2 und Art. 45 S. 2 SE-VO Aufsichtsorgansvorsitzender nur ein von der Hauptversammlung bestelltes Organmitglied sein darf. Weitere Regelungen in Bezug auf ihn gibt es in der SE-VO nicht. Sowohl im britischen Recht, als auch im britischen Umsetzungsgesetz (EPCLR 2004) existiert diesbezüglich keine Regelung – weder zu dessen Aufgaben, noch, unter welchen Voraussetzungen er abberufen werden kann. Es bleibt daher der Satzung vorbehalten, derartiges zu regeln. Bezüglich der Ausschussbildung kann ein Aufsichtsorgan der SE in beiden Ländern seine Ausschüsse bilden. In Deutschland ermächtigt das AktG das Aufsichtsorgan dazu. Danach kann das Aufsichtsorgan aus seiner Mitte einen oder mehrere Ausschüsse gestalten, und es entscheidet durch Beschluss allein über Bildung, Besetzung und Größe der Ausschüsse. Bei der britischen SE hängt dagegen die Ausschussbildung des Aufsichtsorgans von den Satzungsbestimmungen ab, weil diesbezüglich keine gesetzlichen Vorschriften existieren.[1118] Die Arbeitsweise der Ausschüsse wird gewöhnlich in der Satzung geregelt. Bezüglich dieser Ausschussbildung empfiehlt der *Combined Code*, dass börsennotierte Gesellschaften verschiedene Ausschüsse, namentlich *nomination*

1118 Vgl. *Mayson, French & Ryan,* Company Law, 15.8.5; *Pennington*, Company Law, S. 702.

committee (Nominierungsausschuss),[1119] *remuneration committee* (Vergütungsausschuss)[1120] und *audit committee* (Prüfungsausschuss)[1121] einrichten. In der Praxis ist jedenfalls diese Ausschussbildung in Großbritannien viel stärker verbreitet als in Deutschland.

Überwachungsaufgabe, deren Instrumente sowie weitere Maßnahmen

Im dualistischen System der SE in beiden Ländern obliegt neben der klaren Trennung der Aufgaben zwischen dem Leitungs- und Aufsichtsorgan dem Aufsichtsorgan die Kontrolle der Geschäftsführung des Leitungsorgans. Für eine effektive Wahrnehmung seiner Überwachungsaufgaben gibt die SE-VO bzw. das Recht, die Rechtssprechung und der Kodex des jeweiligen Landes über Art. 9 Abs. 1 c ii SE-VO dem Aufsichtsorgan die folgenden verschiedenen Instrumente an die Hand:

Erstens wird das Aufsichtsorgan von der SE-VO mit Informationsrechten ausgestattet, um so dessen hinreichende Versorgung mit Informationen - mithin die Grundlage für dessen Überwachungstätigkeit - sicherstellen zu können. Dabei kann das Aufsichtsorgan vom Leitungsorgan einen Bericht anfordern, und es ist mit weiteren Auskunfts- und Überprüfungsrechten ausgestattet. Diesbezüglich besteht ein gewichtiger Unterschied: Die einzelnen Aufsichtsorgansmitglieder einer britischen SE sind gemäß EPCLR 2004 dazu in der Lage, individuell Informationen einzufordern, während ein Aufsichtsorgansmitglied einer deutschen SE nach SEAG im Prinzip die Information nur vom Gesamtaufsichtsorgan verlangen kann. Einerseits muss diesem individuellen Auskunftsrecht zugute gehalten werden, dass dadurch ein reger Informationsfluss entstehen kann, der einer effektiven Unternehmensüberwachung dienlich ist. Aber andererseits ist eine gewisse Gefahr des persönlichen Missbrauchs dieses individuellen Auskunftsrechts nicht von der Hand zu weisen.

Zweitens stehen gemäß SE-VO dem Aufsichtsorgan einer SE in beiden Ländern gleichermaßen Zustimmungsvorbehalte als ein wichtiges Instrument der präventiven Überwachung der Geschäftsführung zu. Danach werden in der Satzung der SE die Arten von Geschäften aufgeführt, für die das Aufsichtsorgan dem Leitungsorgan seine Zustimmung erteilen muss. Aber die SE-VO enthält keinen eigenen Katalog zustimmungsbedürftiger Geschäfte, sondern überlässt deren Festlegung dem nationalen Gesetzgeber (Art. 48 Abs. 2 SE-VO), dem Satzungsgeber (Art. 48 Abs. 1 S. 1 SE-VO) bzw. dem Aufsichtsorgan (Art. 48 Abs. 2 S. 1 SE-VO) selbst. Von der durch Art. 48 Abs. 2 SE-VO eingeräumten Option haben die Gesetzgeber beider Länder keinen Gebrauch gemacht. Ein Unterschied besteht allenfalls darin, dass in einer britischen SE diese Option vom Satzungsgeber aufgegriffen wird, während in Deutschland in der Regel das Auf-

1119 Combined Code, A.4.1. Bei der SE können die Vorgaben des Combined Code bezüglich der Ernennung von *directors* sinngemäß auf die Bestellung von Leitungsorganmitgliedern durch das Aufsichtsorgan angewendet werden.

1120 Combined Code, B.2.1.

1121 Combined Code, C.3.I.; Aufgaben: C.3.2.

sichtsorgan derartige Zustimmungsvorbehalte entweder durch Beschluss oder ggf. auch in der Geschäftsordnung für das Leitungsorgan festlegen kann.
Drittens haben als weitere gewichtige Überwachungsinstrumente die Stellungnahme und die Beratung einige Bedeutung. Durch erstere kann jedes Aufsichtsorgansmitglied eine eigene Stellungnahme über die vom Leitungsorgan mitgeteilten Geschäftsführungsmaßnahmen abgeben. Durch letztere wird eine Überwachung hinsichtlich künftiger Geschäftspolitik gewährleistet. Allerdings sind die Stellungnahme und die Beratungsaufgabe des Aufsichtsorgans nicht ausdrücklich in der SE-VO geregelt. Diese Instrumente stehen aber keineswegs der Konzeption der SE-VO entgegen, da sie letztlich essentieller Teil einer effektiven Überwachung sind.
Viertens werden für die effektive Überwachungsfunktion des Aufsichtsorgans in Deutschland die persönlichen Voraussetzungen für die Bestellung der Organmitglieder sowohl durch zwingende Regelungen, als auch durch den DCGK vergleichsweise strenger gehandhabt als in Großbritannien (z.B. Professionalisierung durch fachliche Qualifikation, Unabhängigkeit usw.). Das britische Recht enthält diesbezüglich keine Vorschriften, nicht nur, weil es hier traditionell kein dualistisches System gibt, sondern auch, weil das Einführungsgesetz für die SE (EPCLR 2004) keine entsprechenden Regelungen enthält. Diesbezüglich sind dem britischen Recht abgesehen von einem Diskriminierungsverbot keine Einschränkungen der Satzungsautonomie zu entnehmen. Daher werden hier diese Voraussetzungen aus dem *Combined Code* entnommen (*independence of boardmembers* entsprechend den Aufsichtsorgansmitgliedern).
Fünftens spielt die Sitzungszahl als ein Indikator für die Intensität der Überwachungstätigkeit eine große Rolle. Während das Aufsichtsorgan einer deutschen SE zwei Sitzungen im Kalenderhalbjahr abhalten muss, führt dem *Board* entsprechend das Aufsichtsorgan einer britischen SE für gewöhnlich, aber ohne gesetzlichen Zwang jeden Monat eine Sitzung durch. In diesem Zusammenhang kann das britische System unter dem Blickwinkel der Corporate Governance darauf verweisen, dass die vergleichsweise häufigen Aufsichtsorganssitzungen einer britischen SE zu einem häufigen Einbezug in den Entscheidungsprozess und damit einhergehend zu einer besseren Informationsversorgung führen.
Sechstens wird hinsichtlich der Effektivität der internen Überwachung der Unternehmensleitung in der Corporate Governance-Diskussion die Zahl der Aufsichtsorgansmitglieder kontrovers diskutiert. In diesem Zusammenhang ist im britischen Recht außer der Beschränkung auf eine Mindestmitgliederzahl (zwei) keine Beschränkung vorhanden, während Deutschland diesbezüglich sehr streng ist. Im Hinblick auf Corporate Governance-Aspekte ist diese Flexibilität des britischen Rechts insofern als vorteilhaft anzusehen, als dies der Forderung nach Verkleinerung des Aufsichtsgremiums um einer effizienteren Überwachungstätigkeit willen entspricht. Zu seiner Verkleinerung spielt die Bildung von Ausschüssen im Gremium eine große Rolle. In einer britischen SE hängt die Ausschussbildung von entsprechenden Satzungsbestimmungen oder vom *Combined Code* ab, weil im britischen Recht diesbezüglich keine Vorschriften vorhanden

sind, während in Deutschland diese Bildung von Ausschüssen direkt aus gesetzlichen Vorschriften gefolgert wird.
Siebtens sind als Überwachungsinstrumente Personalkompetenz, Erlass einer Geschäftsordnung für das Leitungsorgan, Einberufung der Hauptversammlung durch das Aufsichtsorgan, Geltendmachung von Schadensersatzansprüchen der Gesellschaft gegen das Leitungsorgan und Vertretung der SE gegenüber dem Leitungsorgan durch das Aufsichtsorgan zu erwähnen.
Schließlich enthält bezüglich der Grundstruktur und Aufgaben des Aufsichtsorgans der SE das britische Recht ebenso wie in Bezug auf das Leitungsorgan im Gegensatz zum deutschen Recht nur wenige zwingende gesetzliche Vorschriften, während in Deutschland diesbezüglich eine umfassende gesetzliche Regelung existiert. Deshalb wird vorteilhafterweise die gesamte Struktur des Aufsichtsorgans einer britischen SE in der Satzung oder im Gesellschaftsvertrag individuell flexibel festgeschrieben. Diese größere Flexibilität führt zu einer umfangreichen Gestaltungsfreiheit bei den britischen Unternehmen, mit der sie nach ihren Bedürfnissen ein ihnen eigenes angemessenes Corporate Governance-System frei bilden können.

III. Haftung der beiden Organmitglieder

Die Haftung der Organe bzw. Organmitglieder ist eine von verschiedenen Mechanismen der Corporate Governance[1122], die derzeit national, international und interdisziplinär diskutiert wird. Hinsichtlich der Mechanismen der Corporate Governance geht es aus betriebswirtschaftlicher Sicht um die Frage, wie die Anteilseigner (*principals*) die Manager (*agents*) effizienter überwachen können,[1123] um dadurch Agency-Kosten zu senken, die auf betrügerischem, eigennützigem oder gegen die Interessen der Gesellschaft gerichtetem Verhalten der Geschäftsführung (*Moral Hazard*) bei gleichzeitiger Informationsasymmetrie zwischen beiden Parteien beruhen.[1124] Dabei kommen die Regelungen der Haftung über das Fehlverhalten der Organmitglieder als eine präventiv repressive Sanktion zur Geltung.[1125]
Hinsichtlich der Haftung der Organmitglieder sieht die SE-VO selber nichts vor, sondern verweist in Art. 51 SE-VO darauf, dass die Organmitglieder nach den im Sitzstaat der SE für Aktiengesellschaften maßgeblichen Rechtsvorschriften für den Schaden haften, welcher der SE durch eine Verletzung der ihnen bei der Ausübung ihres Amtes obliegenden gesetzlichen, satzungsmäßigen oder sonstigen Pflichten entsteht. Deshalb gilt für die Haftung von Organmitgliedern einer SE das jeweilige nationale Recht. Art. 51 SE-VO bezieht sich nach seinem Wortlaut nur auf die Innenhaftung der Organmitglieder. Hinsichtlich der Außenhaftung findet sich dagegen keine Regelung in der SE-VO. Diesbezüglich

1122 Zu den verschiedenen Kontrollmechanismen siehe oben D. im dritten Teil.
1123 Zum Prinzipal-Agent Problem siehe oben C. I. im dritten Teil.
1124 Bezüglich Moral Hazard bei Informationsasymmetrie siehe oben C. I. 1. im dritten Teil.
1125 *Hopt* (1996 b), S. 909, 914; *ders* in GroßKomm/AktG, § 93 AktG Rn. 15.

kommt deshalb das Sitzstaatsrecht der SE nach Art. 9 Abs. 1 c ii SE-VO zur Anwendung.

1. Deutsche SE

a) Haftung der Leitungsorgansmitglieder

aa) Haftung gegenüber der SE – Innenhaftung nach § 93 AktG

Für die Binnenhaftung des Leitungsorgans in einer deutschen SE gilt über die Verweisung des Art. 51 SE-VO der § 93 AktG.[1126] Nach § 93 Abs. 1 AktG müssen die Leitungsorgansmitglieder bei ihrer Geschäftsführung die Sorgfalt eines ordentlichen und gewissenhaften Geschäftsleiters anwenden, und nach § 93 Abs. 2 S. 1 AktG sind die Leitungsorgansmitglieder, die ihre Pflicht verletzen, der SE zum Ersatz des daraus entstanden Schadens als Gesamtschuldner verpflichtet. Der wichtigste Schutzzweck dieser Regelung besteht darin, eine Schädigung der Gesellschaft zu verhindern.

(1) Haftungsvoraussetzungen

1) Pflichtverletzung

Die Haftung setzt voraus, dass die Leitungsorgansmitglieder die bei der Ausübung ihres Amtes obliegenden gesetzlichen, satzungsmäßigen oder sonstigen Pflichten verletzt haben. Das Gesetz nennt in verschiedenen Bestimmungen eine Reihe konkreter Pflichten, deren Verletzung die Ersatzpflicht auslöst.[1127]

i) Sorgfaltspflicht und *Business Judgement Rule*

(i) Sorgfaltspflicht

Nach § 93 Abs. 1 S. 1 AktG haben die Leitungsorgansmitglieder bei ihrer Geschäftsführung die Sorgfalt eines ordentlichen und gewissenhaften Geschäftsleiters anzuwenden. Dabei trifft die Leitungsorgansmitglieder einer SE eine hohe Sorgfaltspflicht. Unter der Sorgfalt eines ordentlichen und gewissenhaften Geschäftsleiters ist eine Sorgfalt zu verstehen, wie sie ein Geschäftsleiter, der ein Unternehmen von bestimmter Art und Größe unter eigener Verantwortung leitet (Art. 39 Abs. 1 SE-VO, § 76 Abs. 1 AktG), anzuwenden hat. Mit der Sorgfaltspflicht haben sich die Leitungsorgansmitglieder so zu verhalten, wie ein pflicht-

---

1126 Die Haftung der Organmitglieder im Zusammenhang mit der Corporate Governance ist in der wissenschaftlichen Diskussion ein noch relativ junges Thema. Dementsprechend wurde § 93 AktG mehrmals geändert: § 93 Abs. 3 Nr. 4 AktG wurde durch Art. 1 Nr. 4 StückAG vom 25. 3. 1998 geändert. Weitere Änderungen, nämlich in § 93 Abs. 4 S. 4 und Abs. 5 S. 4 AktG mit Wirkung seit 1.1. 1999, beruhen auf der Neufassung durch Art. 47 Nr. 5 EGInsO. Eine erneute Änderung betreffend der Schweigepflicht ist durch Anfügung des § 93 Abs. 1 S. 3 erfolgt. Die jüngste Änderung dient der Kodifizierung einer Business Judgement Rule (BJR) in § 93 Abs. 1 AktG. Für börsennotierte Gesellschaften wiederholt Ziff. 3.8 DCGK entsprechend in verkürzter Form den Gesetzestext, indem er anordnet, dass Geschäftsleiter bzw. Aufsichtsratsmitglieder, die schuldhaft die Sorgfalt eines ordentlichen und gewissenhaften Geschäftsleiters verletzen, der Gesellschaft gegenüber zum Schadensersatz verpflichtet sind, vgl. *Hüffer*, AktG/7, § 93 Rn. 1, 3.

1127 *Thümmel* (2003), S. 21.

bewusster, selbständig tätiger Leiter eines Unternehmens vergleichbarer Art, der treuhänderisch fremde Vermögensinteressen wahrnimmt, zu handeln hat.[1128] Dabei hat diese Sorgfaltspflicht eine doppelte Funktion. Einerseits umschreibt sie den Sorgfaltsmaßstab, dem Leitungsorgansmitglieder unterliegen, und damit das zur Haftung nach § 93 Abs. 2 S. 2 AktG erforderliche Verschulden (subjektive Pflichtwidrigkeit). Andererseits wird mit der Sorgfaltspflicht ein allgemeiner Auffangtatbestand geschaffen, auf den sich alle Pflichtverletzungstatbestände zurückführen lassen (objektive Pflichtwidrigkeit).[1129] Der Sorgfaltsmaßstab richtet sich nach dem in der konkreten Unternehmenssituation Erforderlichen und nicht nach den Usancen im Unternehmen oder dem in der Branche Üblichen. Die Sorgfaltspflicht wird durch Gesetz, Satzung, Geschäftsordnung und etwaige Vorgaben im Anstellungsvertrag konkretisiert.[1130] Bei nicht eindeutiger Rechtslage sind sie verpflichtet, die greifbaren Vorteile der betreffenden Maßnamen und den Schaden für die SE im Falle eines nur möglichen Gesetzesverstoßes gegeneinander abzuwägen.[1131]

(ii) Unternehmerische Entscheidungen und unternehmerisches Ermessen des Leitungsorgans (*Business Judgement Rule*)

Nach § 93 Abs. 1 S. 2 AktG liegt eine Pflichtverletzung nicht vor, „wenn das (Leitungsorgansmitglied) bei einer unternehmerischen Entscheidung vernünftigerweise annehmen durfte, auf der Grundlage angemessener Information zum Wohl der Gesellschaft zu handeln." Diese Formulierung hat durch das UMAG entsprechend der von der Rechtsprechung des Reichsgerichtes entwickelten *Business Judgement Rule* und auch auf den Einfluss der US-amerikanischen „*Business Judgement Rule*"[1132] hin Eingang in § 93 Abs. 1 S. 2 AktG gefunden.[1133] Wenn die Voraussetzungen nach § 93 Abs. 1 S. 2 AktG vorliegen, so ist das Handeln des Leitungsorgans nicht pflichtwidrig. Damit wird eine Entscheidung

---

1128 OLG Düsseldorf AG 1997, 231, 235; OLG Hamm ZIP 1995, 1263, 1268; *Hüffer*, AktG/7, § 93 Rn. 4; *Wiesner* in MünchHdb/GesR IV, § 25 Rn. 2; *Mertens* in KölnKomm/AktG, § 93 Rn. 6.

1129 *Wiesner* in MünchHdb/GesR IV, § 26 Rn. 5; *Koch/Dinkel*, NZG 2004, 441; *Hefermehl/Spindler* in MünchKomm/AktG, § 93 Rn. 17; andere Ansichten über den Verschuldensmaßstab bei *Hüffer*, AktG/7, § 93 Rn. 3.

1130 *Hopt* in Großkomm/AktG, § 93 Rn. 72 f.; *Hüffer*, AktG/7, § 93 Rn. 4, 13; *Hefermehl/Spindler* in MünchKomm/AktG, § 93 Rn. 22.

1131 *Wiesner* in MünchHdb/GesR IV, § 25 Rn. 4; *Hopt* in Großkomm/AktG, § 93 Rn. 99; *Mertens* in Kölnerkomm/AktG, § 93 Rn.38.

1132 *Wiedemann* (1989), S. 13.

1133 Das Bundesjustizministerium legte am 28. 1. 2004 den Referentenentwurf eines Gesetzes zur Unternehmensintegrität und Modernisierung des Anfechtungsrechts (UMAG) vor. Das Gesetz beruht auf Vorschlägen der Regierungskommission Corporate Governance und setzt die im TransPuG und im Spruchverfahrensneuordnungsgesetz begonnene Neuordnung des Gesellschaftsrechts fort. Ein Schwerpunkt des UMAG ist die Neugestaltung des Rechts der Innenhaftung der Verwaltungsorgane. Daneben soll das Anfechtungsrecht reformiert werden. Die Innenhaftung der Verwaltungsorgane wird durch das UMAG entsprechend der von der Rechtsprechung entwickelten Business Judgement Rule gesetzlich geregelt.

als rechtmäßig anerkannt, auch wenn sie wirtschaftlich für das Unternehmen nicht zum Erfolg geführt hat. Es geht also bei der *Business Judgement Rule* nicht darum, das Leitungsorgan zu entschuldigen, sondern es vom Vorwurf eines pflichtwidrigen Handelns freizustellen. In diesem Sinne stellt diese Regelung eine Haftungsprivilegierung zugunsten des Leitungsorgans dar. Außerdem trägt diese Regelung dazu bei, ein Milieu zu schaffen, in dem die Geschäftsführung ihre unternehmerische Begabung und Fähigkeit frei ausspielen kann, ohne befürchten zu müssen, übermäßig persönlich zur Verantwortung gezogen zu werden.[1134]

Aber diese Haftungsprivilegierung dieser neuen Regelung gilt lediglich für die unternehmerischen Ermessensentscheidungen, aber nicht für die Verletzung sonstiger Leitungsorganspflichten, wie z.B. Treue- und Informationspflichten oder Verstöße gegen die allgemeinen Gesetzes- und Satzungsbestimmungen.[1135] Dabei darf das Leitungsorgan mit seiner geplanten Entscheidung kein übergroßes Risiko eingehen; es darf also nicht die Existenz der Gesellschaft aufs Spiel setzen oder eine Leistung ohne Sicherheit erbringen.[1136] In diesem Zusammenhang ist der Geschäftsführung bei der Entscheidungsfindung eine sorgfältige Vorbereitung[1137] und die Bemühung um die Vermeidung übergroßer Risiken[1138] abzuverlangen. Wenn das Leitungsorgan diese Pflichten bei der Entscheidungsfindung sorgfältig erfüllt hat, führen seine Fehlentscheidungen nicht zu einer Pflichtverletzung, sondern zu einem Risiko für die Gesellschaft und ihre Aktionäre.[1139]

1134 *Lutter* in *Ringleb/Kremer/Lutter/v. Werder* (DCGK 2005), S. 130 Rn. 474.

1135 BegrRegE UMAG BT-Drs. 15/5092 S. 11.

1136 *Mertens* in KölnKomm/AktG, § 93 Rn. 67; *Hefermehl/Spindler* in MünchKomm/AktG, § 93 Rn. 24 ff.; *Hüffer*, AktG, § 93 Rn. 13 a; *Hopt* in GroßKomm/AktG, § 93 Rn. 80 ff.; *Lutter* in *Ringleb/Kremer/Lutter/v. Werder* (DCGK 2005) , S. 130 Rn. 476.

1137 „Sorgfältige Vorbereitung bedeutet: Sammlung aller verfügbaren Informationen, ggf. Testläufe unter Mitwirkung außenstehender Sachverständiger, sorgfältige Abwägung der Vor- und Nachteile unter Berücksichtigung der Risiken. Bei wesentlichen Entscheidungen empfiehlt sich eine Dokumentation.“: *Lutter* in *Ringleb/Kremer/Lutter/v. Werder* (DCGK 2005), S. 130 Rn. 475.

1138 „Vermeidung übergroßer Risiken: Die Gesellschaft soll nicht wegen nur einer unternehmerischen Fehlentscheidung untergehen. Daher ist bei wichtigen Entscheidungen auch die schlechteste Entwicklung (worst case) zu bedenken und möglichst zu quantifizieren. Ergibt das im Falle des Eintritts eine Bestandsgefährdung der Gesellschaft, muss von der Maßnahme abgesehen werden: Die Gesellschaft darf nicht an einer Fehlentscheidung untergehen (Beispiel: Metallgesellschaft).“: *Lutter* in *Ringleb/Kremer/Lutter/v. Werder* (DCGK 2005), S. 130 Rn. 476.

1139 Mit dieser neuen Norm wird in der Literatur bezweifelt, ob nicht der Haftungsfeiraum der Organe zu stark erweitert wird und ob eine Organhaftung für die Verletzung von Sorgfaltspflichten bei der Informationsbeschaffung ohne grobe Fahrlässigkeit notwendig ist. Gleichzeitig wird darauf hingewiesen, dass der Gesetzgeber seinen Regelungswillen in der Gesetzesbegründung jedenfalls deutlich zum Ausdruck bringen sollte: Kritisch *Thümmel*, DB 2004, S. 471, 472; zweifelnd *Wilsing*, ZIP 2004, S. 1082, 1089.

ii) Organschaftliche Treuepflicht

Die Treupflicht des Leitungsorgansmitglieds ist mit seiner Bestellung zum Leitungsorgansmitglied rechtsgeschäftlich begründet. Damit unterliegen die Leitungsorgansmitglieder über die ausdrücklich im Gesetz konkretisierten Pflichten hinaus der Treuepflicht, die verschiedenen Geboten und Verboten folgt.[1140] Aus dieser Treuepflicht hat das Leitungsorgan das fremde Vermögen nach den Regeln eines Treuhändlers zu verwalten[1141] und eine vertrauensvolle Zusammenarbeit innerhalb des Leitungsorgans und mit anderen Gesellschaftsorganen im Interesse des Unternehmenswohls zu erstreben.[1142] Diese Treupflicht ist aber im deutschen AktG nicht ausdrücklich geregelt. Trotzdem ist sie allgemein anerkannt und findet auch in der Rechtsprechung eine Basis, die allerdings als schmal und wenig deutlich zu bezeichnen ist.[1143]Allerdings sind besondere gesetzliche Ausprägungen der organschaftlichen Treuepflicht an unterschiedlichen Stellen des Aktiengesetzes normiert.[1144] Zu besonderen Geboten oder Verboten, die aus der Treuepflicht folgen, gehören:

(i) Interessenkonflikte: Bei allen Interessenkonflikten hat das Interesse der Gesellschaft Vorrang;[1145]

(ii) Geschäftschancenlehre: Die Leitungsorgansmitglieder dürfen ihre Geschäftschancen[1146], die in den Geschäftskreis der Gesellschaft fallen und von denen sie geschäftlich oder privat Kenntnis erlangt haben, nicht für sich selbst nutzen, sondern nur für die Gesellschaft wahrnehmen;[1147]

(iii) Wettbewerbsverbot:[1148] In § 88 AktG ist ein Wettbewerbsverbot für die Leitungsorgansmitglieder vorgesehen. Diese Regelung trägt zum Schutz der SE vor anderweitigem Einsatz der Arbeitskraft ihrer Leitungsorgansmitglieder einerseits und zum Schutz vor Wettbewerbshandlungen der Leitungsorgansmit-

1140 BGHZ 20, 239, 246; 49, 30, 31; OLG Hamm ZIP 1995, 1263, 1268; *Hüffer*, AktG, § 93 Rn. 5, § 84 Rn. 9.

1141 BGHZ 129, 30, 34; OLG Düsseldorf, AG 1997, 231, 235; OLG Hamm, AG 1995, 512, 514.

1142 *Säcker* , FS Fischer (1979), S. 635, 639.

1143 BGHZ 13,188, 192 = NJW 1954, 998; BGHZ 20, 239, 246 = NJW 1956, 906; BGHZ 49 30, 31 = NJW 1968 396.

1144 *Hüffer*, AktG/7, § 84 Rn.9.

1145 BGH, NJW 1990, 1629; *Hopt* in GroßKomm/AktG, § 93 Rn. 148.

1146 Bezüglich der Geschäftschancenlehre, die in Anlehnung an die aus dem US-Gesellschaftsrecht bekannte „corporate opportunity doctrine“ entwickelt wurde, *Schmidt*, Gesellschaftsrecht, § 20 V 3.

1147 *Mertens* in KölnKomm/AktG, § 93 AktG Rn. 67; *Hopt* in Großkomm/AktG, § 93 Rn. 166; *Schaefer/Missling*, NZG 1998, 441, 443.

1148 Eine besondere gesetzliche Ausprägung der organschaftlichen Treuepflicht liegt in der Verschwiegenheitspflicht (Art. 49 SE-VO, § 93 Abs. 1 S. 2 AktG) und in dem Wettbewerbsverbot (§ 88 AktG). Weil die erstere gerade unten behandelt wird, wird an dieser Stelle nur die letztere thematisiert.

glieder gegen die SE andererseits bei und konkretisiert damit gesetzlich die organschaftlichen Treuepflichten der Leitungsorgansmitglieder.[1149] Nach § 88 Abs. 1 S. 1, Fall 1 AktG dieser Regelung ist der Betrieb eines eigenen Handelsgewerbes untersagt, was unabhängig vom vorliegenden Geschäftszweig gilt. Hierfür ist §§ 1 ff. HGB maßgeblich.[1150] Die generelle Erweiterung auf sonstige gewerbliche oder freiberufliche Tätigkeiten[1151] ist wegen der Unbestimmtheit des Verbotsumfangs grundsätzlich zu verweigern.[1152] Nach § 88 Abs. 1 S. 1, Fall 2 AktG dieser Regelung ist ebenfalls untersagt, dass das Leitungsorgansmitglied für eigene oder fremde Rechnung Geschäfte abschließt, sofern sie zum Geschäftszweig der SE gehören.[1153]

Die Leitungsorgansmitglieder dürfen gem. § 88 Abs. 1 S. 2 AktG auch nicht Leitungsorgansmitglied, Geschäftsführer oder geschäftsführender Gesellschafter einer anderen Gesellschaft sein. Dieses Verbot gilt unabhängig von der Branchennähe dieser Gesellschaft. Ein Doppelmandat eines Leitungsorgans kann ausnahmsweise zulässig sein, wenn die Aufsichtsorgane beider betroffenen Gesellschaften diese Tätigkeit bewilligen.[1154] Wenn das Aufsichtsorgan in die jeweilige Tätigkeit eingewilligt hat, dann gelten die Verbote des § 88 Abs. 1 S. 1 und 2 AktG nicht.[1155]

iii) Verschwiegenheitspflicht

Die Verschwiegenheitspflicht leitet sich aus der allgemeinen Treuepflicht aller Organe her, das Wohl und die Interessen der Gesellschaft[1156] zu schützen und Nachteile von ihr abzuwenden.[1157] Die Verschwiegenheitspflicht der Organmitglieder der SE ist in Art. 49 SE-VO geregelt.[1158] Art. 49 SE-VO entspricht § 93 Abs. 1 S. 2 AktG.[1159]

1149 *Hefermehl/Spindler* in MünchKomm/AktG, § 88 AktG Rn. 1; *Mertens* in KölnKomm/AktG, § 88 AktG Rn. 2; *Hüffer*, AktG/7, § 88 Rn. 1.

1150 *Hüffer*, AktG, § 88 Rn. 3.

1151 OLG Frankfurt AG 2000, 518, 519.

1152 *Hüffer*, AktG/7, § 88 Rn. 3.

1153 *Hüffer*, AktG/7, § 88 Rn. 3.

1154 *Hüffer*, AktG/7, § 88 Rn. 4.

1155 *Hüffer*, AktG/7, § 88 Rn. 5.

1156 Dazu oben C. III. 1. a) aa) (1) 1) iii) in diesem vierten Teil.

1157 *Hefermehl/Spindler* in MünchKomm/AktG, § 93 AktG Rn 43; *Kittner*, ZHR 136 (1972), 208, 220; *Hopt* in Großkomm/AktG, § 93 Rn. 187; nach *Mertens* in KölnKomm/AktG, § 93 AktG Rn. 75 und *Säcker*, NJW 1986, 803 lässt sich die Verschwiegenheitspflicht sowohl auf die Sorgfaltspflicht als auch auf die Treuepflicht zurückfuhren.

1158 Diese Regelung bezieht sich auf die Verschwiegenheitspflicht der in Art. 38 b SE-VO genannten Organe der SE, nämlich des Leitungs- und Aufsichtsorgans im dualistischen System bzw. des Verwaltungsorgans im monistischen System.

1159 *Reichert/Brandes* in MünchKomm/AktG, Art. 49 SE-VO Rn. 1f.; *Manz* in *MMS* (2005), Art. 49 SE-VO Rn. 17.

(i) Umfang der Verschwiegenheitspflicht

Der erste Halbsatz von Art. 49 SE-VO regelt: „Die Mitglieder der Organe dürfen Informationen über die SE, die im Falle ihrer Verbreitung den Interessen der Gesellschaft schaden können, auch nach Ausscheiden aus ihrem Amt nicht weitergeben." Das AktG sieht eine entsprechende Regelung in § 93 Abs. 1 S. 3 AktG vor: „Über vertrauliche Angaben und Geheimnisse der Gesellschaft, namentlich Betriebs- oder Geschäftsgeheimnisse, die den Vorstandsmitgliedern durch ihre Tätigkeit im Vorstand bekannt geworden sind, haben sie Stillschweigen zu bewahren."

Der Terminus der „Informationen" in Art. 49 SE-VO entspricht demjenigen der „vertraulichen Angaben und Geheimnisse der Gesellschaft" in § 93 Abs. 1 S. 3 AktG. In § 93 Abs. 1 S. 3 AktG sind mit der Formulierung „vertrauliche Angaben" alle die Informationen gemeint, deren Weitergabe sich für die Gesellschaft nachteilig auswirken kann, mögen sie auch allgemein bekannt und daher keine Geheimnisse (mehr) sein.[1160] Solche Informationen können von Dritten herkommen, aber auch durch Beratungen im Leitungsorgan, durch den Vortrag von Mitarbeitern oder in ähnlicher Weise erlangt worden sein.[1161] Es ist nicht erforderlich, dass der Informationszuträger seine Angaben als vertraulich bezeichnet. Wichtig ist, ob die Informationsweitergabe das Interesse der Gesellschaft und ihres Unternehmens schädigt oder nicht, obwohl die Information kein Geheimnis mehr ist.[1162] Unter diesem Gesichtspunkt müssen vor allem Meinungsäußerungen und Stimmabgaben in Organsitzungen[1163] oder in Personalangelegenheiten als vertraulich behandelt werden.[1164] Wenn ein Leitungsorgansmitglied Zweifel an dem vertraulichen Charakter einer Information hat, so kann er eine klärende Entscheidung des Gesamtleitungsorgans herbeiführen.[1165]

Dagegen sind Geheimnisse einer Gesellschaft nur solche Informationen, die nur einem eng begrenzten Personenkreis bekannt, also nicht offenkundig sind und nach geäußertem oder aus Gesellschaftsinteresse ableitbarem mutmaßlichen Willen der Gesellschaft auch nicht offenkundig werden sollen, wenn also ein objektives Geheimhaltungsbedürfnis besteht.[1166] Als Beispiele sind zu nennen: Produktionsvorhaben, Fabrikationsverfahren, Erfindungsleistungen, Konstrukti-

---

1160 *Hopt* in GroßKomm/AktG, § 93 AktG Rn. 196; *Hüffer*, AktG/7, § 93 Rn. 7; *Hefermehl/Spindler* in MünchKomm/AktG, § 93 AktG Rn. 49.

1161 *Hüffer*, AktG/7, § 93 Rn. 7.

1162 *Hüffer*, AktG/7, § 93 Rn. 7; *Hefermehl/ Spindler* in MünchKomm/AktG, § 93 AktG Rn. 49; *Hopt* in Großkomm/AktG, § 93 AktG Rn. 196; *Wiesner* in MünchHdb/GesR IV, § 25 Rn. 39.

1163 BGHZ 64, 325, 332 = NJW 1975, 1412.

1164 *Hüffer*, AktG/7, § 93 Rn. 7.

1165 *Hefermehl/Spindler* in MünchKomm/AktG, § 93 AktG Rn. 50; *Mertens* in Köln-Komm/AktG, § 93 AktG Rn.77; *Hüffer*, AktG/7, § 93 Rn. 7.

1166 RGZ 149, 329, 334 zu § 17 UWG; BGHZ 64, 325, 329 = NJW 1975, 1412; *Hüffer*, AktG/7, § 93 Rn. 7; *Hefermehl/Spindler* in MünchKomm/AktG, § 93 Rn. 46; mit anderer Konzeption hinsichtlich des Geheimhaltungsinteresses *Hopt* in GroßKomm/AktG, § 93 AktG Rn. 191.

onen, Kalkulationen, Absatzplanung, Finanzpläne, Kundenlisten, wesentliche Personalentscheidungen.[1167]

(ii) Einschränkungen der Verschwiegenheitspflicht

Nach dem zweiten Halbsatz von Art. 49 SE-VO liegt keine Verschwiegenheitspflicht vor, falls eine Informationsweitergabe nach den Bestimmung des für Aktiengesellschaften geltenden einzelstaatlichen Rechts vorgeschrieben oder zulässig ist oder im öffentlichen Interesse liegt. Als Einschränkung der Verschwiegenheitspflicht ist also Folgendes zu betrachten:

- **Interesse der Gesellschaft**: Maßgeblich für die Einschränkung ist lediglich das Interesse der Gesellschaft. Also besteht dann keine Verschwiegenheitspflicht, wenn die Weitergabe der Information vom Interesse der Gesellschaft gedeckt ist. Gemeint sind vor allem Fälle, in denen im Interesse der Gesellschaft vertrauliche Informationen der Gesellschaft an betriebsfremde Personen, namentlich beispielsweise Rechtsanwälte, Wirtschaftsprüfer, Steuerberater oder Investmentbanken, aber auch eigenen Arbeitnehmer weitergegeben werden. Andernfalls wäre es eben genannten Personen nicht möglich, ihr Recht wahrzunehmen oder ihrer Aufgabe nachzukommen. Ferner bildet das Gesellschaftsinteresse auch dann einen Maßstab für die Informationsweitergabe, wenn eine wesentliche Beteiligung an eine andere Gesellschaft veräußert werden soll und daher eine Due-Diligence-Prüfung ansteht.[1168]
- **Öffentliches Interesse:** Nach dem zweiten Halbsatz 3. Fall von Art. 49 SE-VO gilt die Verschwiegenheitspflicht nicht für den Fall, dass eine Informationsweitergabe im öffentlichen Interesse liegt. Danach wird also eine Befreiung der Verschwiegenheitspflicht aufgrund öffentlichen Interesses erlaubt, um schwereren Schaden von der Gesellschaft abzuwenden.[1169] Die Befreiung von dieser Pflicht liegt vor allem dann im öffentlichen Interesse, wenn er für einen dem Allgemeinwohl dienenden Zweck benutzt wird, z.B. für die Verhinderung, Aufklärung oder Verfolgung von Straftaten. Die Durchsetzung öffentlichrechtlicher Ansprüche wie solcher auf Besteuerung und Entrichtung von Abgaben ist durch das öffentliche Interesse gedeckt. Dieser Ausnahmetatbestand sollte aber nicht überstrapaziert werden.[1170]
- **Informationsweitergabe qua Gesetz:** Nach dem zweiten Halbsatz 1, 2. Fall von Art. 49 SE-VO gilt die Verschwiegenheitspflicht nicht in Fällen, in denen eine Informationsweitergabe nach den Bestimmungen des für Aktiengesellschaften geltenden einzelstaatlichen Rechts vorgeschrieben oder zulässig ist.

Laut den für deutsche Aktiengesellschaften geltenden Vorschriften ist die Verschwiegenheitspflicht eingeschränkt, soweit das Gesetz die Pflicht zur Informa-

---

1167 *Hefermehl/Spindler* in MünchKomm/AktG, § 93 AktG Rn. 46; *Hüffer*, AktG/7, § 93 Rn. 7.

1168 Zur empirischen Untersuchung *Berens/Strauch*, WPg 2002, 511 ff; *Hüffer*, AktG/7, § 93 Rn. 8

1169 *Semler* in MünchKomm/AktG, § 116 Rn. 37.

1170 *Manz* in *MMS* (2005), Art. 49 SE-VO Rn.15f.

tionsweitergabe festlegt. Deshalb hat eine SE mit Sitz in Deutschland nach § 15 WpHG die Pflicht, diejenigen Tatsachen zu veröffentlichen, die geeignet sind, den Kurs der Aktien erheblich zu beeinflussen (Ad-hoc-Publizität), z.B. bei Sanierungsverhandlungen.[1171] Darüber entscheidet nicht die Gesellschaft,[1172] sondern die Bundesanstalt für Finanzdienstleistungsaufsicht (BaFin).[1173] Grundsätzlich ist die Verpflichtung zur Ad-hoc-Publizität dem Geheimhaltungsinteresse gegenüber vorrangig.[1174] Die behördlichen Auskunftsrechte, durch die die Verschwiegenheitspflicht ausgesetzt wird, haben die Gewerbeaufsichtsämter (§ 24 b GewO), die Finanzbehörden (§§ 90, 93, 97 AO) sowie die BaFin im Rahmen des KWG (§ 44 KWG), des VAG (§ 83 VAG), des WpHG (§§ 9, 16 WpHG) und des WpÜG.[1175] Das Leitungsorgan hat Berichtspflichten gegenüber den behördlichen Auskunftsrechten wahrzunehmen, es sei denn, dass in Einzelfällen das Aufsichtsorgan wegen seiner besonderen Zuständigkeit berichten muss.[1176] Das Aufsichtsorgan hat auf das Leitungsorgan dahingehend einzuwirken, dass das Leitungsorgan seinen Berichtspflichten nachkommt.[1177] Ferner bestehen Auskunftspflichten der Leitungsorgansmitglieder auch gegenüber dem Abschlussprüfer, dem Konzernabschlussprüfer sowie einem evtl. eingesetzten Sonderprüfer (§ 320 Abs. 2 HGB).

- **Informationsweitergabe durch eine Entscheidung über die Offenbarung eines Geheimnisses:** In einer bestimmten Situation kann die Geheimhaltung der Information aufgegeben werden. Ob die Weitergabe einer Information im Interesse der Gesellschaft liegt oder das Geheimhaltungsinteresse der Gesellschaft überwiegt, muss das zuständige Organ nach pflichtgemäßem Ermessen entscheiden. Eine solche Entscheidung trifft in erster Linie die laufende Geschäftsführung und kann deshalb grundsätzlich von einem einzelnen Leitungsorgansmitglied im Rahmen seines Geschäftsbereichs allein getroffen werden, es sei denn, das Geheimnis ist von entscheidender Bedeutung für die Gesellschaft.[1178] Das Aufsichtsorgan entscheidet über die Informationsweitergabe im Rahmen der Vorgänge, die ausschließlich im Macht- und Verantwortlichkeitsbereich des Aufsichtsorgans liegen, wie z.B. bei der Bestellung der neuen Leitungsorgans-

---

1171 *Semler* in MünchKomm/AktG, § 116 AktG Rn. 427.
1172 *Semler* in MünchKomm, § 116 AktG Rn. 427.
1173 § 15 Abs. 1 S. 2 WpHG.
1174 *Semler* in MünchKomm/AktG, § 116 AktG Rn. 427.
1175 *Semler* in MünchKomm/AktG, § 116 AktG Rn. 428.
1176 *Semler* in MünchKomm/AktG, § 116 AktG Rn. 429.
1177 *Semler* in MünchKomm/AktG, § 116 AktG Rn. 429; nach *Säcker*, NJW 1986, S. 803, 803 kann ein Aufsichtratsmitglied (Aufsichtsorgansmitglied), „das mit den unternehmerischen Plänen des Vorstands (Leitungsorgansmitglied) nicht einverstanden ist, weil es die vom Vorstand vorgetragenen Gründe nicht als stichhaltig ansieht und der Überzeugung ist, dem Unternehmen werde Schaden zugefügt, wenn die behördliche Entscheidung allein auf der Grundlage der vom Vorstand bereits erteilten Informationen erfolgt," der Behörde seine Bedenken mitteilen.
1178 *Hefermehl/Spindler* in MünchKomm/AktG, § 93 AktG Rn. 64.

(§ 81 AktG) oder der Aufsichtsorgansmitglieder (§ 106 AktG).[1179] Aber wenn sich das Aufsichtsorgan dazu entscheidet, eine entsprechende Information an die Öffentlichkeit weiterzugeben, so muss es das Leitungsorgan mit der Bekanntgabe seiner Entscheidung beauftragen; dies folgt aus der Geschäftsführungsbefugnis des Leitungsorgans und seiner Vertretungskompetenz in Angelegenheiten, die nicht durch das Gesetz dem Aufsichtsorgan zugewiesen sind.[1180]

(iii) Dauer der Verschwiegenheitspflicht

Nach Art. 49 SE-VO ist die Verschwiegenheitspflicht nicht auf die Amtszeit der Organmitglieder beschränkt, sondern dauert im Interesse der Gesellschaft und aus Gründen der Rechtssicherheit ohne zeitliche Begrenzung fort, auch wenn die verpflichtete Person aus dem Amt ausscheidet. Anders als § 93 Abs. 1 S. 2 AktG ist dies in Art. 49 SE-VO ausdrücklich so vorgesehen. Die Fortdauer der Verschwiegenheitspflicht ist aber auch im deutschen Aktienrecht anerkannt, obwohl das AktG keine explizite Regelung enthält.[1181]

iv) Besondere gesetzliche Pflichten

§ 93 Abs. 3 AktG zählt die Pflichtverletzungen der Leitungsorgansmitglieder auf, die sie „namentlich zum Ersatz verpflichten". Im Einzelnen sind in § 93 Abs. 3 AktG folgende Fälle aufgezählt:

- Verbotene Rückgewähr von Einlagen an Aktionäre, also Verstöße gegen §§ 57, 230 AktG (Vereinfachte Kapitalherabsetzung);
- Verbotene Zahlung von Zinsen oder Gewinnanteilen an Aktionäre unter Verstoß gegen §§ 57 Abs. 2 und 3, 58 Abs. 4 und 233 AktG;
- Verbotene Geschäfte (Zeichnung, Erwerb, Inpfandnahme, Einziehung) in Bezug auf eigene Aktien oder ihnen gleichstehende Aktien, mithin Verstöße gegen §§ 56, 71,71 e und 237-239 AktG;
- Vorzeitige Ausgabe von Inhaberaktien (§ 10 Abs. 2 AktG), nämlich vor voller Leistung des Ausgabebetrags, der sich nach Maßgabe des § 9 AktG aus der Satzung ergibt;
- Verteilung des Gesellschaftsvermögens, besonderes Verletzung der Pflichten aus §§ 57 Abs. 3, 225 Abs.2, 230, 233, 237 Abs. 2, 271 und 272 AktG;
- Leistung der Zahlungen unter Verstoß gegen § 92 Abs. 3 AktG, also nachdem die Zahlungsunfähigkeit der Gesellschaft eingetreten ist oder sich ihre Überschuldung ergeben hat;

1179 *Lutter* (1984), S. 137; *Semler* in MünchKomm/AktG, § 116 AktG Rn. 377; a.A. *Säcker*, FS *Fischer* (1979), S. 635, 636: Die Befugnis der Bekanntgabe soll nur das Leitungsorgan haben, weil insbesondere nach der gesetzlichen Kompetenzverteilung dem Leitungsorgan die Leitungs- und Vertretungskompetent zusteht.

1180 *Semler* in MünchKomm/AktG, § 116 AktG Rn. 377, 470.

1181 RegBegr. bei *Kropff* S. 123; *Hefermehl/Spindler* in MünchKomm/AktG, § 93 AktG Rn. 61; *Mertens* in KölnKomm/AktG, § 93 AktG Rn. 84; *Hüffer*, AktG/7, § 93 Rn. 7; *Reichert/Brandes* in MünchKomm/AktG, Art. 49 Rn. 4.

- Unzulässige Vergütung an Aufsichtsorgansmitglieder unter Verstoß gegen §§ 113, 114 AktG;
- Unzulässige Kreditgewährung an Leitungsorgansmitglieder (§ 89 AktG) oder Aufsichtsorgansmitglieder (§ 115 AktG);
- Verbotene Ausgabe von Bezugsaktien bei einer bedingten Kapitalerhöhung (§ 199 AktG) außerhalb des festgesetzten Zwecks oder vor der vollen Leistung des Gegenwertes.

Hinsichtlich der rechtlichen Bedeutung dieser Regelung liegt sie zum einen auf beweisrechtlichem, zum anderen auf materiellrechtlichem Gebiet: Bezüglich des ersteren, unter Voraussetzung der Regelung, dass die Begehung jeder einzelnen der dort genannten Pflichtverletzungen eine Schädigung der Gesellschaft zur Folge hat, obliegt dem Leitungsorgansmitglied damit die Beweislast dafür, dass die Gesellschaft trotz des pflichtwidrigen Verhaltens nicht geschädigt ist.[1182] Bezüglich des letzteren bedeutet die Hervorhebung der Sondertatbestände, dass die Leitungsorgansmitglieder gegenüber den Gläubigern der Gesellschaft in den Fällen des § 93 Abs. 3 AktG schon bei leichter Fahrlässigkeit haften, während sie bei sonstigen Pflichtverletzungen den Gläubigern nach § 93 Abs. 5 S. 2 AktG nur dann haften, wenn sie ihre Sorgfaltspflichten grob fahrlässig verletzt haben. Insoweit ist § 93 Abs. 3 AktG als eigene Anspruchsgrundlagen zu betrachten.[1183]

Darüber hinaus gibt es unzählige gesetzliche Pflichten des Leitungsorgans aus Vorschriften des Umweltrechts, des Steuerrechts, des Arbeits- und Arbeitsschutzrechts, des Kapitalmarktrechts[1184] etc., die hier nicht weiter aufgeführt werden können.

v) Kodex-Verstöße

Nach § 161 AktG muss das Leitungsorgan einer börsennotierte SE zusammen mit dem Aufsichtsorgan einmal im Jahr bekanntmachen, ob es den Empfehlungen des DCGK folgt oder ob es hiervon abweichen will; für den letzteren Fall hat das Leitungsorgan dies zu begründen und die Abweichungen bzw. seinen eigenen Kodex zu erläutern. Wenn der Gesellschaft ein Schaden durch die Verletzung dieser Publizitätspflicht entsteht, tritt eine Haftung ein.[1185] Dabei hat das Aufsichtsorgan die geforderte Erklärung für seinen Bereich abzugeben und zugleich immer zu kontrollieren, dass auch das Leitungsorgan seiner Verpflichtung im betreffenden Bereich der Empfehlungen folgt.[1186]

1182 RGZ 159, 211; LG Bochum ZIP 1989, 1557, 1558; *Mertens* in KölnerKomm/AktG, § 93 AktG Rn. 96; *Hüffer*, AktG/7, § 93 Rn. 22; *Hefermehl/Spindler* in MünchKomm/AktG, § 93 AktG, Rn. 97; a.A. RGZ 159, 211, 231 f: insoweit nur § 93 Abs. 2 AktG).

1183 *Hopt* in GroßKomm/AktG, § 93 AktG Rn. 233; *Hefermehl/Spindler* in MünchKomm/AktG, § 93 AktG, Rn. 98; *Mertens* in KölnKomm/AktG, § 93 AktG Rn. 96, 107; *Hüffer*, AktG/7, § 93 Rn. 22.

1184 Zum Kapitalmarktrecht siehe oben B. I. 3 (Anwendbares Recht) in diesem vierten Teil.

1185 *Hefermehl/Spindler* in MünchKomm/AktG, § 93 Rn. 35 f; *Hüffer*, AktG/7, § 161 Rn. 1.

1186 *Semler* in MünchKomm/AktG, § 116 Rn. 244 ff.

Bei einem Verstoß gegen die Empfehlungen des Kodex entsteht grundsätzlich keine Haftung,[1187] weil der Kodex als ein *Soft Law* keinen Zwang enthält.[1188] Aber wenn diese Empfehlungen in die Satzung, die Geschäftsordnung oder einen Dienstvertrag aufgenommen werden, sind die Organmitglieder verpflichtet, die Vorgaben des Kodex einzuhalten, weil sie rechtlich bindend für das Organmitglied ausgestaltet wurden.[1189] Wenn also wegen der fehlenden Einhaltung der Vorgaben des Kodex ein Schaden eintritt, kann dies m. E. ebenfalls als pflichtwidrig betrachtet werden.

2) Verschulden

Nach § 93 Abs. 2 S. 1 AktG haften die Leitungsorgansmitglieder, wenn sie bei der Geschäftsführung die Sorgfaltspflichten eines ordentlichen und gewissenhaften Geschäftsleiters verletzen. Die Haftung aus § 93 Abs. 2 AktG setzt voraus, dass die Leitungsorgansmitglieder ihre Pflichten schuldhaft, nämlich vorsätzlich oder fahrlässig verletzen.[1190] Folglich ist für eine Haftung ein Verschulden notwendig. Der Schuldmaßstab ist nach § 93 Abs. 1 S. 1 AktG ebenso wie nach § 276 Abs. 1 S. 2 BGB typisiert.[1191] Deshalb ist das Handeln der Leitungsorgansmitglieder schuldhaft, wenn sie bei ihrer Tätigkeit die Sorgfalt eines ordentlichen und gewissenhaften Geschäftsleiters missachten.[1192] Zu berücksichtigen ist jedoch, dass ein objektivierter Verschuldensstandard gilt, mit der Folge, dass die individuelle Unfähigkeit nicht exkulpierend wirkt.[1193] Außerdem wird die Haftung nicht nach den für schadensgeneigte Arbeiten geltenden, ihrerseits in wechselnder Form praktizierten Grundsätzen gemildert.[1194] Ferner entfällt die Schadensersatzpflicht, wenn das Leitungsorgansmitglied dem in § 93 Abs. 1 S. 1 AktG umschriebenen Sorgfaltsmaßstab gerecht geworden ist.

Hinsichtlich eines etwaigen Fremdschuldens sind die §§ 278, 831 BGB nicht zu Lasten des Leitungsorgansmitglieds anwendbar, wenn Angestellte der Gesellschaft schuldhaft handeln, weil deren Geschäftsherr bzw. Arbeitgeber nicht das Leitungsorgansmitglied, sondern die Gesellschaft ist.[1195] Dies gilt auch für in unechter Gesamtvertretung handelnde Prokuristen, weil sie nicht Gehilfen des

---

1187 *Hefermehl/Spindler* in MünchKomm/AktG, § 93 Rn. 35 f.

1188 Ausführlich zum Kodex siehe oben B. im Dritter Teil (Weltweite Diskussion der Corporate Governance und Kodexbewegung).

1189 *Hefermehl/Spindler* in MünchKomm/AktG, § 93 Rn. 36.

1190 *Hopt* in GroßKomm/AktG, § 93 AktG Rn. 252; *Hefermehl/Spindler* in MünchKomm/AktG, § 93 AktG, Rn. 82; *Mertens* in KölnKomm/AktG, § 93 AktG Rn. 98.

1191 *Hüffer*, AktG/7, § 93 Rn. 14.

1192 *Hopt* in GroßKomm/AktG, § 93 Rn. 252; *Hefermehl/Spindler* in MünchKomm/AktG, § 93 AktG Rn. 82.

1193 RGZ 163, 200, 208; *Hefermehl/Spindler* in MünchKomm/AktG, § 93 AktG Rn. 82; *Wiesner* in MünchHdb/GesR IV ,§ 26 Rn. 7; *Hüffer*, AktG/7, § 93 Rn. 14.

1194 *Hüffer*, AktG/7, § 93 Rn. 14; *Mertens* in KölnKomm/AktG, § 93 AktG Rn. 4; *Henze* (2002), Rn. 366 m.w.N.

1195*Hüffer*, a .a. O., Rn. 14; *Hefermehl/ Spindler*, a. a. O, Rn.85; *Mertens*, a. a. O, Rn. 18.

Leitungsorgansmitglieds, sondern der Gesellschaft sind.[1196] Aber in diesen Fällen wird wohl meistens ein Verschulden des Leitungsorgans wegen unzulässiger Aufgabendelegation anzunehmen sein.[1197]

3) Schaden; Kausalität

Die Schadensersatzpflicht der Leitungsorgansmitglieder setzt voraus, dass aus ihrer Pflichtverletzung der Gesellschaft ein materieller Schaden entstanden ist. Für Art und Umfang des entsprechenden Schadensersatzes sind die §§ 249 ff. BGB maßgeblich.[1198] Nach einhelliger Literaturmeinung soll Schaden im Sinne von § 93 Abs. 2 S. 1 AktG nicht jede Vermögensminderung (z.B. durch im Gesellschaftsinteresse erbrachte Spenden, Unterstützung von Arbeitnehmern in Notfällen, etc.), sondern eine dem Unternehmenszweck widersprechende Schädigung des Gesellschaftsvermögens sein.[1199] Diese Meinung kann nur dann als positive angesehen werden, wenn die Sozialaufwendung unter der jetzigen Garantie seiner Rentabilität eine provisorische und zugleich zukünftige Investition für das Unternehmen darstellt.[1200]
Zwischen Pflichtverletzung und Schaden muss entsprechend den allgemeinen schadensrechtlichen Grundsätzen ein Kausalzusammenhang bestehen.[1201] Der Einwand des rechtmäßigen Alternativverhaltens ist prinzipiell möglich, aber diesbezüglich ist das Leitungsorgansmitglied beweispflichtig.[1202] Die bloße Möglichkeit der Schadensverursachung auch bei rechtmäßigem Verhalten des betreffenden Leitungsorgansmitglieds wirkt nicht entlastend.[1203]

4) Darlegungs- und Beweislast

Wenn strittig ist, ob Leitungsorgansmitglieder die Sorgfalt eines ordentlichen und gewissenhaften Geschäftsleiters angewandt haben, so trifft sie nach § 93 Abs. 2. S. 2 AktG die Beweislast. Nach den allgemeinen Regeln hat die Gesellschaft als der Anspruchsteller den Eintritt und die Höhe ihres Schadens sowie den Kausalzusammenhang zwischen ihrem Schaden und einem bestimmten Verhalten des in anspruchgenommenen Leitungsorgansmitglieds darzulegen und zu beweisen.[1204] Die Beweiselast der Gesellschaft umfasst sowohl die objektive als

1196 BGHZ 13, 61, 65 = NJW 1954, 1158; BGHZ 62, 166, 171 f = NJW 1974, 1194; *Hüffer*, a. a. O., Rn. 14.

1197 *Hüffe*r, a. a. O., Rn. 14.

1198 OLG Düsseldorf AG 1997, 231, 237 reSp m.w.N.

1199 *Hefermehl/Spindler* in MünchKomm/AktG, § 93 AktG Rn.80; *Mertens* in KölnKomm/AktG, § 93 AktG Rn. 23 m.w.N.; *Wiesner* in MünchHdb/GesR IV, § 26 Rn. 6; a.A. *Hüffer*, AktG/7, § 93 Rn. 15; *Heermann*, ZIP 1998, S. 761/776 (jede Vermögensminderung ist Schaden).

1200 Dazu siehe oben C. I. 1. a) aa) (2) 2) in diesem vierten Teil (Leitungsermessen).

1201 *Hüffer*, AktG/7, § 93 Rn. 15; *Hopt* in GroßKomm/AktG, § 93 Rn. 266; *Mertens* in KölnKomm/AktG, § 93 Rn. 23.

1202 *Mertens* in KölnKomm/AktG, § 93 Rn. 23; *Hopt* in GroßKomm/AktG, § 93 Rn. 268.

1203 *Mertens* in KölnKomm/AktG, § 93 Rn. 23; *Hopt* in GroßKomm/AktG, § 93 Rn. 268.

1204 *Hüffer*, AktG/7, § 93 Rn. 16.

auch die subjektive Pflichtwidrigkeit (Verschulden der Leitungsorgansmitglieder) hinsichtlich der Doppelfunktion der Sorgfaltspflicht.[1205]
Die Beweisführung kann der Gesellschaft im Streitfall oft nicht möglich sein, wenn nur das Leitungsorgan über die entsprechenden Informationen (z.B. Unterlagen und Dokumentation seines unternehmerischen Handelns) verfügt. Deshalb ordnet § 93 Abs. 2 S. 2 AktG eine Beweislastumkehr an und fordert vom Leitungsorgan den Beweis, dass es die Sorgalt eines ordentlichen und gewissenhaften Geschäftsleiters angewandt hat.[1206]

5) Gesamtschuldnerische Haftung

Wenn mehrere Leitungsorgansmitglieder ihre Sorgfaltspflicht verletzten, haften sie der Gesellschaft nach § 93 Abs. 2 S. 1 AktG für den daraus entstandenen Schaden als Gesamtschuldner (§§ 421 ff. BGB). Die Unterschiede in der Verantwortlichkeit zwischen den einzelnen Leitungsorgansmitgliedern finden in der Haftung gegenüber der SE keine Berücksichtigung, sondern können nur in einem Regressprozess zwischen den Leitungsorgansmitgliedern analog § 254 BGB Berücksichtigung finden.[1207]

(2) Rechtsfolgen bei Verstoß

Wenn die Leitungsorgansmitglieder die o.g. Pflichten schuldhaft verletzten, und daraus der Gesellschaft ein Schaden entstanden ist, so besteht grundsätzlich ein Schadensersatzanspruch der Gesellschaft gegen das gesamte Organ nach § 93 Abs. 2 AktG. Weitere Rechtsfolge kann eine Strafbarkeit der Leitungsorgansmitglieder nach Straf- und Bußgeldvorschriften (§§ 399 ff. AktG) sein. Darüber hinaus kann diese Pflichtverletzung einen wichtigen Grund für die Abberufung des Organmitglieds im Sinne des § 84 Abs. 3 AktG darstellen.[1208]

(3) Haftungsausschluss

1) Durch die Hauptversammlung

Gemäß § 93 Abs. 4 S. 1 AktG ist die Ersatzpflicht der Leitungsorgansmitglieder gegenüber der Gesellschaft dann ausgeschlossen, wenn ihre pflichtwidrige Handlung oder Unterlassung auf einem gesetzmäßigen Beschluss der Hauptversammlung beruht.[1209] Obwohl ein gesetzmäßiger Beschluss der Hauptversammlung nach § 93 Abs. 4 S. 1 AktG vorliegt, ist die Ersatzpflicht des Leitungsorgansmitglieds ausnahmsweise dann gegeben, wenn es den Beschluss der Hauptversammlung schuldhaft unter Missachtung der Sorgfaltspflichten eines ordentlichen und gewissenhaften Geschäftsleiters selbst herbeigeführt hat, z.B. durch

1205 *Hüffer*, AktG/7, § 93 Rn. 16.

1206 *Hüffer*, AktG/7, § 93 Rn. 16f; *Hopt* in Großkomm/AktG, § 93 Rn. 276 f.; *Hefermehl/Spindler* in MünchKomm/AktG, § 93 Rn. 86 f.

1207 *Mertens* in KölnKomm/AktG, § 93 AktG Rn. 21; *Hüffer*, AktG/7, § 93 Rn. 18.

1208 *Hüffer*, AktG/7, § 93 Rn. 10.

1209 *Hefermehl/Spindler* in MünchKomm/AktG, § 93 AktG Rn. 110 ff; *Hüffer*, AktG/7, § 93 Rn. 24 f.

falsche oder leichtfertige Angaben oder unrichtige Informationen.[1210] Die bloße Ermächtigung zu einem bestimmten Handeln durch einen Hauptversammlungsbeschluss ist nicht mit dem Haftungsausschluss verbunden.[1211]

2) Kein Haftungsausschluss durch Billigung des Aufsichtsorgans

Nach § 93 Abs. 4 S. 2 AktG wird die Ersatzpflicht der Leitungsorgansmitglieder nicht durch die Billigung des Aufsichtsorgans ausgeschlossen. Weil das Handeln des Aufsichtsorgans – korrespondierend mit Art. 40 Abs. 1 SE-VO, § 111 Abs.1 und 4 AktG – auf die Überwachung und Verhinderung der zuvor bestimmten Geschäftsarten begrenzt ist, kann dieses Organ nicht bindend festhalten, dass das Leitungsorgan die Handlungen positiv zu ergreifen hat.[1212] Ferner kann durch eine solche Billigung eine zusätzliche Haftung des Aufsichtsorgans nach § 116 AktG i.V.m. § 93 AktG eintreten.[1213]

(4) Verzicht und Vergleich

Wenn ein Schadensersatzanspruch der Gesellschaft gegen ein Leitungsorgansmitglied nach § 93 Abs. 2 AktG entstanden ist, so kann die Hauptversammlung nicht nachträglich durch einen die Handlung des Mitglieds billigenden Beschluss die Ersatzpflicht ausschließen. Die Gesellschaft kann aber gem. § 93 Abs. 4 S. 3 AktG erst drei Jahre nach der Entstehung des Anspruchs und nur dann auf Ersatzansprüche verzichten oder sich über sie vergleichen, wenn durch Beschlussfassung mit einfacher Stimmenmehrheit (Art. 50 SE-VO) die Hauptversammlung zustimmt und nicht eine Minderheit von wenigstens 10 % des vorhandenen, nicht des vertretenen Grundkapitals Widerspruch zur Niederschrift abgibt.[1214] Die Dreijahresfrist gilt nach § 93 Abs. 4 S. 4 AktG nicht, wenn das ersatzpflichtige Leitungsorgansmitglied zahlungsunfähig ist und sich zur Abwendung des Insolvenzverfahrens mit seinen Gläubigern – auch außergerichtlich – vergleicht, oder wenn die Ersatzpflicht in einem Insolvenzplan geregelt wird.[1215] Indessen sind andere Rechtsgeschäfte über den Ersatzanspruch der Gesellschaft zulässig, wenn dadurch nicht die Regelung des § 93 Abs. 4 S. 4 AktG umgangen wird und der Gesellschaft ein adäquater Ersatz zufließt.[1216]

1210 *Hefermehl/Spindler* in MünchKomm/AktG, § 93 AktG Rn. 118; *Hopt* in Großkomm/AktG, § 93 AktG Rn. 325; *Mertens* in KölnKomm/AktG, § 93 AktG Rn. 116; *Canaris*, ZGR 1978, S. 207, 213; *Hüffer*, AktG/7, § 93 Rn. 26.

1211 *Hefermehl/Spindler* in MünchKomm/AktG, § 93 AktG Rn. 110 ff; *Hopt* in Großkomm/AktG, § 93 AktG Rn. 306 ff.

1212 *Hefermehl/Spindler* in MünchKomm/AktG, § 93 AktG Rn.121 ff.; *Hüffer*, AktG/7, § 93 Rn. 27.

1213 LG Stuttgart AG 2000, S. 237, 238 f.

1214 *Hefermehl/Spindler* in MünchKomm/AktG, § 93 AktG Rn. 124; *Hopt* in Großkomm/AktG, § 93 AktG Rn. 351 ff.

1215 *Hüffer*, AktG/7, § 93 Rn. 30; *Wiesner* in MünchHdb/GesR IV, § 26 Rn. 16.

1216 OLG Düsseldorf, DB 1989, 315; *Mertens* in KölnerKomm/AktG, § 93 AktG Rn. 132 ff.; *Wiesner* in MünchHdb/GesR IV, § 26 Rn. 16.

(5) Verjährung

Nach § 93 Abs. 6 AktG verjähren die Schadensansprüche wegen Pflichtverletzung eines Leitungsorgansmitglieds in fünf Jahren. Das gilt für die aus § 93 Abs. 1 bis Abs. 5 AktG folgenden Ansprüche. Die Verjährungsfrist kann weder durch Vertrag noch durch die Satzung verlängert oder verkürzt werden.[1217] Diese Frist gilt also auch für das Verfolgungsrecht der Gesellschaftsgläubiger. Die Schadensersatzansprüche, die nach anderen Bestimmungen begründet werden, verjähren selbständig nach den insoweit bestehenden Bestimmungen, insbesondere nach den §§ 195, 199 Abs. 1 und 3 BGB.[1218]

bb) Haftung gegenüber dem Aktionär - Außenhaftung

(1) Haftungsgrundlagen

1) Keine Haftung nach § 93 AktG

Die Aktionäre können aus § 93 AktG keine Ansprüche herleiten, weil weder der Wortlaut noch die systematische Stellung der Norm dafür sprechen, dass auch sie den Schutz der gegenwärtigen oder künftigen Aktionäre bezwecken.[1219] Nicht den Aktionären, sondern nur der Gesellschaft stehen die Ansprüche nach § 93 AktG gegenüber den Leitungsorgansmitgliedern zu. Deshalb kommt eine Haftung gegenüber den Aktionären nur aufgrund besonderer Ansprüche in Betracht, insbesondere aus Delikt nach z.B. § 823 Abs. 1 und Abs. 2 BGB oder § 826 BGB oder § 117 AktG.[1220]

2) Haftung nach § 823 Abs. 1 BGB – Mitgliedschaftsrecht

§ 823 Abs. 1 BGB lautet: „Wer vorsätzlich oder fahrlässig das Leben, den Körper, die Gesundheit, die Freiheit, das Eigentum oder ein sonstiges Recht eines anderen widerrechtlich verletzt, ist dem anderen zum Ersatz des daraus entstanden Schadens verpflichtet.“ Danach können die Schadensersatzansprüche nur berücksichtigt werden, wenn ein absolutes Recht schuldhaft verletzt wird. Deshalb entsteht keine Verantwortlichkeit für vorsätzlich oder fahrlässig bewirkte Vermögensschädigungen, weil das Vermögen kein Rechtsgut im Sinne des § 823 Abs. 1 BGB ist. Aber die Aktie (also die Mitgliedschaft der Gesellschaft) gilt als ein absolutes Recht.[1221] Das Mitgliedschaftsrecht ist gegen diejenigen Eingriffe geschützt, die sich direkt gegen die Mitgliedschaft oder die in ihr verkörperten Rechte und Betätigungsmöglichkeiten von erheblichem Gewicht rich-

---

1217 *Mertens* in KölnKomm/AktG, § 93 AktG, Rn. 156; *Hüffer*, AktG/7, § 93 Rn. 36; *Wiesner* in MünchHdb/GesR IV, § 26 Rn. 19.

1218 *Hüffer*, AktG/7, § 93 Rn. 36.

1219 *Hopt* in Großkomm/AktG, § 93 Rn. 469; *Hüffer*, AktG/7, § 93 Rn. 19.

1220 *Hopt* in GroßKomm/AktG, § 93 Rn. 469 ff; *Hefermehl/Spindler* in MünchKomm/AktG, § 93 Rn. 164 ff.

1221 *Hefermehl/Spindler* in MünchKomm/AktG, § 93 Rn. 169; *Mertens* in MünchKomm/BGB § 823 Rn. 152.

ten.[1222] Ein relevanter Eingriff liegt dann vor, wenn die Verletzungshandlung den Aktionär ganz oder teilweise um seine Mitgliedschaftsrechte bringt.[1223] Im Verhältnis der Aktionäre zu den Leitungsorgansmitgliedern liegt bei pflichtwidriger Schädigung durch Geschäftsführungsmaßnahmen des Leitungsorgans jedoch kein zum Schadensersatz verpflichtender Eingriff in die Mitgliedschaft selbst vor, da die Mitgliedschaft kein Recht auf rechtmäßiges Verhalten der Leitungsorgansmitglieder enthält.[1224]

3) Haftung nach § 823 Abs. 2 BGB – Verletzung eines Schutzgesetzes

Ein Schadensanspruch nach § 823 Abs. 2 BGB setzt den Verstoß gegen ein Gesetz voraus, das den Schutz des Aktionärs bezweckt. Als Schutzgesetze zugunsten der Aktionäre kommen in Betracht: § 399 AktG (falsche Angaben),[1225] § 400 AktG (unrichtige Darstellung)[1226] und § 266 StGB (Untreue).[1227] Umstritten ist die Frage für §§ 401 Abs 1 Nr. 1 (oder Abs 2), 92 Abs. 1 AktG (Verletzung der Verlustanzeigepflicht)[1228] und §§ 401 Abs 1 Nr. 2 (oder Abs 2), 92 Abs. 2 AktG (Pflichtverletzung bei Zahlungsunfähigkeit).[1229] Dasselbe gilt wie schon gesagt für §§ 404 (Verletzung der Geheimhaltungspflicht) und 405 AktG (Ordnungswidrigkeiten).[1230] Kein Schutzgesetz ist § 93 AktG; ansonsten würde die gesetzliche Konzeption umgangen, organschaftliche Schadensersatzansprüche grundsätzlich nur der Gesellschaft zu gewähren.[1231]

4) Haftung nach § 826 BGB – vorsätzliche und gegen die guten Sitten verstoßende Schädigung

Leitungsorgansmitglieder sind nach § 826 BGB zum Schadensersatz verpflichtet, wenn sie einem „anderen" in einer gegen die guten Sitten verstoßenden Weise vorsätzlich Schaden zufügen. Andere im Sinne des § 826 BGB können auch Aktionäre sein.[1232] Der von § 826 BGB verlangte Vorsatz muss sich nicht auf eine bestimmte Person beziehen, es genügt, dass der Täter mit der Schädigung einer

---

1222 *Hefermehl/Spindler* in MünchKomm/AktG, § 93 Rn. 169; *Mertens* in MünchKomm/BGB § 823 Rn. 152.

1223 *Hefermehl/Spindler* in MünchKomm/AktG, § 93 Rn. 169.

1224 *Hefermehl/Spindler* in MünchKomm/AktG, § 93 Rn. 169 ff.

1225 BGH BB 1988, 1983, 1984.

1226 RGZ 81, 269, 271; 157, 213, 217; RG JW 1935, 3302; OLG München NZG 2002, 1107, 1109.

1227 BGH WM 1997, 1866/1869; *Mertens* in Köln*Komm/AktG,* § 93 Rn. 170.

1228 *Hefermehl/Spindler* in MünchKomm/AktG, § 93 Rn. 176; *Martens*, ZGR 1972, 254, 276 ff; aA *Mertens* in KölnKomm/AktG, § 93 Rn. 24: zu Gunsten der Gesellschaft; auch *Hüffer*, AktG/7, § 93 Rn. 19.

1229 BGH WM 1962, 527, 530; RG JW 1935, 3302; a.A. *Mertens* in KölnKomm/AktG, § 92 Rn. 50: nur für Gläubiger; wohl auch *Hüffer*, AktG/7, § 93 Rn. 19.

1230 *Hopt* in GroßKomm/AktG, § 93 Rn. 467.

1231 *Hopt* in GroßKomm/AktG, § 93 Rn 469.

1232 *Wiesner* in MünchHdb/GesR IV, § 26 Rn. 30

anderen Person gerechnet hat.[1233] Sittenwidrig ist die Erhöhung des Grundkapitals aus eigensüchtigen Interessen der Mehrheit, etwa um deren Vorherrschaft auf Kosten der Aktionäre zu sichern, bei gleichzeitigem Ausschluss von deren Bezugsrechten.[1234]

(2) Schadenskongruenz

Steht den Aktionären ein Schadensersatzanspruch aus den o.g. unerlaubten Handlungen der Leitungsorgansmitglieder zu, kann sich das Problem des sog. Doppel- oder Reflexschadens ergeben, weil sich der Schaden auf beide Parteien (Gesellschaft und Aktionär) bezieht. Der Schaden der Gesellschaft kann sich mit dem der Aktionäre decken, weil infolge der Schädigung des Gesellschaftsvermögens der Wert der Aktien der Aktionäre parallel verringert wird.[1235] Bei einer solchen Schadenskongruenz ist fraglich, ob sich die Leitungsorgansmitglieder von den geschädigten Aktionären in Anspruch nehmen lassen können. Einigkeit besteht darüber, dass eine Doppelhaftung für ein und denselben Schaden ausgeschlossen ist.[1236] Die Aktionäre können damit nach dem Grundsatz der Kapitalerhaltung und der Zweckbestimmung des Gesellschaftsvermögens den Ausgleich eines am Gesellschaftsvermögen entstandenen Schadens nur durch eine Leistung an die Gesellschaft beanspruchen.[1237] Dieser Darstellung entspricht die Regelung der Schadensersatzpflicht in den §§ 117 Abs. 1 S. 2, 317 Abs. 1 S. 2 AktG.[1238] Danach kann auch der einzelne Aktionär nicht auf Grund der Entwertung seiner Aktien Schadensersatz verlangen, die durch die Schädigung des Gesellschaftsvermögens vermittelt wird. Der Aktionär kann deshalb gegen das haftende Leitungsorgansmitglied den mittelbaren Schaden lediglich auf Leistung an die Gesellschaft geltend machen.[1239] Eine Leistung an den Aktionär wird erst dann zugelassen, wenn die Gesellschaft nicht mehr werbend tätig ist und der geltend gemachte Betrag zur primären Befriedigung der Gesellschaftsgläubiger nicht mehr erforderlich ist.[1240]

1233 RGZ 157, 213, 220; *Hopt* in GroßKomm/AktG, § 93 Rn. 481.

1234 RGZ 107, 72, 74 f.; *Hefermehl/Spindler* in MünchKomm/AktG, § 93 Rn. 181.

1235 *Hefermehl/Spindler* in MünchKomm/AktG, § 93 Rn. 183; *Hopt* in GroßKomm/AktG, § 93 Rn. 484 ff; *Wiesner* in MünchHdb/GesR IV, § 26 Rn. 31.

1236 *Hopt* in GroßKomm/AktG, § 93 Rn. 484.

1237 BGH NJW 1985, 1900; BGH NJW 1988, 413, 415;1987, 1077, 1079 f.; OLG Düsseldorf AG 1997, 231, 236; *Hopt* in GroßKomm/AktG, § 93 Rn. 484.

1238 *Hopt* in GroßKomm/AktG, § 93 Rn. 487, 272; *Hefermehl/Spindler* in MünchKomm/AktG, § 93 Rn. 184.

1239 *Hüffer*, AktG/7, § 93 Rn. 19; *Brandes*, FS Fleck, 1988, 13 ff.; *Mertens* in Kölner Komm/AktG, § 93 Rn.170; *Hefermehl/Spindler* in MünchKomm/AktG, § 93 Rn. 184 und Fn. 635.

1240 BGHZ 129, 136/166 „Girmes“; Bra*ndes*, FS *Fleck*, 1988, 13/20.

cc) Geltendmachung der Schadensersatzansprüche der SE gegenüber den Leitungsorgansmitgliedern

(1) Geltendmachung durch das Aufsichtsorgan als Vertreter der SE

1) Art und Weise

Bei der Geltendmachung der Ersatzansprüche der SE aus § 93 Abs. 2 AktG wird die SE durch das Aufsichtsorgan vertreten, weil nach § 112 AktG auch die gerichtliche und außergerichtliche Vertretung der Gesellschaft bei Rechtsgeschäften und Prozessen mit den Leitungsorgansmitgliedern zu den Aufgaben des Aufsichtsorgans gehört.[1241] Nach § 147 Abs. 1 S. 1 AktG müssen die Ersatzansprüche der Gesellschaft geltend gemacht werden, wenn es die Hauptversammlung mit einfacher Stimmenmehrheit beschließt.[1242] Dabei können die Aktionäre, gegen die sich Ersatzansprüche richten, ihr Stimmrecht nicht ausüben (Stimmverbot).[1243] Der Beschluss darf nur gefasst werden, wenn die Geltendmachung von den Ersatzansprüchen zur Tagesordnung bekannt gemacht (§ 124 Abs. 1 AktG) oder der entsprechende Antrag nach § 124 Abs. 4 S. 2, 2. Fall AktG bekanntmachungsfrei ist.[1244] Der Ersatzanspruch soll nach § 147 Abs. 2 S. 2 AktG binnen sechs Monaten seit dem Tage der Hauptversammlung geltend gemacht werden. Fristberechnung erfolgt nach §§ 187, 188 BGB. Eine Fristversäumung begründet eine Schadensersatzpflicht wegen eingetretenen Zinsschadens.[1245]

2) **Bestellung besonderer Vertreter**

i) Durch Hauptversammlungsbeschluss

Zur Geltendmachung des Ersatzanspruchs kann die Hauptversammlung nach § 147 Abs. 2 S. 1 AktG - mit einfacher Stimmenmehrheit (§ 133 Abs. 1 AktG) - nach ihrer Wahl einen oder mehrere besondere Vertreter bestellen.[1246] Wer ein besonderer Vertreter werden soll, der darf mitbestimmen,[1247] während die Aktionäre, gegen die sich die Rechtsverfolgung richten soll, nach § 136 Abs. 1 S. 1, 3. Fall AktG nicht mitbestimmen können.[1248] Als die besonderen Vertreter kommen vor allem die Aktionäre der Gesellschaft in Betracht, zulässig ist aber auch die Bestellung jeder anderen natürlichen, unbeschränkt geschäftsfähigen Person.[1249] Die Bestellung wird nur mit der Annahme des Amtes wirksam. Die besonderen Vertreter verdrängen in dem Umfang ihrer Aufgaben das Aufsichtsorgan. Bis zur Beendigung der Anspruchsverfolgung kann die Hauptversamm-

---

1241 *Hüffer*, AktG/7, § 147 Rn. 5.

1242 Das frühere Minderheitsverlangen (§ 147 Abs. 1 S. 1, 2. Fall AktG a.F.) ist durch Art. 1 Nr. 14 UMAG entfallen, *Hüffer*, AktG/7, § 147 Rn. 1.

1243 Vgl. § 136 Abs. 1 S. 1, 3. Fall AktG.

1244 *Hüffer*, AktG/7, § 147 Rn. 3;§ 124 Rn. 19; *Kronstein/Zöllner* in KölnerKomm/AktG, § 147 Rn. 5; *Schröer* in MünchKomm/AktG, § 147 Rn. 29 m.w.N.

1245 *Hüffer*, AktG/7 § 147 Rn. 5.

1246 *Hüffer*, AktG/7, § 147 Rn. 6.

1247 BGHZ 97, 35 f. = NJW 1986, 2051 zur GmbH.

1248 BGHZ 97, 28, 34 = NJW 1986, 2051 zur GmbH; *Hüffer*, AktG/7, § 147 Rn. 6.

1249 *Hüffer*, AktG/7, § 147 Rn. 6; *Bezzenberger* in Großkomm/AktG, § 147 Rn. 43.

lung auch ohne Vorliegen wichtiger Gründe jederzeit durch Beschluss andere als die zunächst bestellten besonderen Vertreter einsetzen.[1250]

ii) Gerichtliche Bestellung

Nach § 147 Abs. 2 AktG kann auch ein Gericht besondere Vertreter bestellen. Die Voraussetzungen hierfür sind der Beschluss der Hauptversammlung zur Geltendmachung des Ersatzanspruchs, der Antrag einer qualifizierten Minderheit von 10 % des Grundkapitals oder von Aktionären, deren Aktienbesitz den anteiligen Betrag von einer Million Euro erreicht.[1251] Wenn das Gericht dem Antrag stattgibt, trägt die Gesellschaft die Gerichtskoten (§ 147 Abs. 2 S. 3 AktG). Die außergerichtlichen Kosten fallen grundsätzlich auf die Beteiligten; allerdings kann das Gericht nach § 13 a Abs. 1 S. 1 FGG nach seinem Ermessen eine Kostenerstattung anordnen.[1252]

(2) Geltendmachung durch die Aktionäre

1) Zulassung zur Aktionärsklage

Nach § 148 Abs. 1 S. 1 AktG (n. F.) können ein oder mehrere Aktionäre, die insgesamt 1% des Grundkapitals oder Aktien im Nennwert von mindestens 100,000 € halten, die Zulassung beantragen, im eigenen Namen die in § 147 Abs. 1 S. 1 AktG bezeichneten Ersatzansprüche der Gesellschaft geltend zu machen. Die Aktionäre, die dieses Quorum nicht alleine erreichen, können nach § 127 a AktG im Aktionärsforum des elektronischen Bundesanzeigers andere Aktionäre auffordern, gemeinsam oder in Vertretung einen Antrag oder ein Verlangen nach diesem Gesetz zu stellen oder in einer Hauptversammlung das Stimmrecht auszuüben.[1253]

Außerdem muss der Anspruch ein Ersatzanspruch i.S.d. § 147 Abs. 1 S. 1 AktG sein und sich gegen die Leitungs- oder die Aufsichtsorgansmitglieder richten (§ 148 Abs. 4 S. 2 AktG).[1254]

2) Voraussetzungen der Klagezulassung

Nach § 148 Abs. 1 S. 2 AktG hängt die Klagezulassung durch Gericht von vier Voraussetzungen ab:[1255]

i) Erwerbszeitpunkt (Nr. 1)

Als die erste Voraussetzung der Klagezulassung müssen die Aktionäre nachweisen, dass sie die Aktien erworben haben, bevor sie von den behaupteten Pflichtverstößen oder dem behaupteten Schaden auf Grund einer Veröffentlichung Kenntnis erlangen mussten;

1250 *Bezzenberger* in Großkomm/AktG, § 147 Rn. 61.
1251 *Hüffer*, AktG/7, § 147 Rn. 7.
1252 *Hüffer*, AktG/7, § 147 Rn. 8.
1253 *Hüffer*, AktG/7, § 148 Rn. 1.
1254 *Hüffer*, AktG/7, § 148 Rn. 1.
1255 *Hüffer*, AktG/7, § 148 Rn. 2.

ii) Fristsetzung (Nr. 2)
Als die zweite Voraussetzung ist nachzuweisen, dass die Aktionäre die Gesellschaft unter einer angemessenen Fristsetzung vergeblich aufgefordert haben, selbst Klage zu erheben;

iii) Unredlichkeit oder grobe Verletzungen (Nr. 3)
Die Klagezulassung setzt weiter voraus, dass nach gerichtlicher Würdigung Tatsachen vorliegen, die den Verdacht von schadenskausaler Unredlichkeit oder grober Verletzung von Gesetz oder Satzung rechtfertigen;

iv) Keine überwiegenden Gründe des Gesellschaftswohls (Nr. 4)
Schließlich dürfen der Geltendmachung keine überwiegenden Gründe des Gesellschaftswohls entgegenstehen.

3) Rechtsverfolgung durch Gesellschaft
Nach § 148 Abs. 3 S. 1 AktG ist die Gesellschaft jederzeit berechtigt, einen von der Aktionärsminderheit im Zulassungs- oder Hauptverfahren verfolgten, aber ihr zustehenden Anspruch selbst gerichtlich geltend zu machen. Mit Klageerhebung durch die Gesellschaft wird ein anhängiges Zulassungs- oder Klageverfahren von Aktionären über diesen Ersatzanspruch unzulässig. Laut § 148 Abs. 3 S. 2 AktG ist die Gesellschaft nach ihrer Wahl berechtigt, ein anhängiges Klageverfahren über ihren Ersatzanspruch in der Lage zu übernehmen, in der sich das Verfahren zur Zeit der Übernahme befindet. Aus dieser Übernahme der anhängigen Klage ergibt sich ein gesetzlicher Parteiwechsel.[1256] Zur übernommenen Klage ist keine neue Beweisaufnahme nötig. Die Gesellschaft bleibt an Bilanzen einer Beweisaufnahme ebenso gebunden wie an Verfahrenshandlungen der Aktionärsminderheit. Die bisherigen Antragsteller oder Kläger sind in den Fällen der § 148 Abs. 3 S. 1 und 2 AktG beizuladen. Allerdings kann die Gesellschaft darüber entscheiden, ob sie neu klagen oder die Aktionärsklage als eigene übernehmen will, was in dieser Form erst vom Rechtsausschuss eingeführt worden ist.[1257] Vor dem Hintergrund der Wirtschaftlichkeit eines Gerichtsverfahrens dürfte es aber wohl vorteilhafter sein, die Klage durch Parteiwechsel zu übernehmen, als eine neue Klage einzureichen.[1258]

4) Haftungsklage der Aktionäre
Wenn das Gericht dem Antrag der Aktionäre stattgegeben hat, können die Aktionäre nach § 148 Abs. 4 S. 1 AktG den Ersatzanspruch der Gesellschaft selbst einklagen. Sie klagen nach § 148 Abs. 1 S. 1 AktG im eigenen Namen. Aber diese Klage ist gegen die in § 147 Abs. 1 S. 1 AktG genannten Personen und auf Leistung an die Gesellschaft als materiell berechtigte zu richten.[1259] Diese Haf-

1256 *Paschos/Neumann*, DB 2005, 1S. 779, 1782 reSp.
1257 AusschussB BT-Drucks 15/5693 S 18 liSp.
1258 *Paschos/Neumann*, DB 2005, S. 1783 liSp; *Hüffer*, AktG/7, § 148 Rn. 14.
1259 *Hüffer*, AktG/7, § 147 Rn. 15.

tungsklage der Aktionäre ist nur binnen drei Monaten nach Eintritt der Rechtskraft der Entscheidung zu erheben, und es ist unerlässlich, dass die zur Klage zugelassenen Aktionäre die Gesellschaft nochmals unter Setzung einer angemessenen Frist vergeblich zur eigenen Klageerhebung aufgefordert haben (§ 148 Abs. 4 S. 1 AktG).[1260] Ferner ist laut § 148 Abs. 4 S. 3 AktG eine Nebenintervention durch Aktionäre nach Zulassung der Klage nicht mehr möglich.[1261]

5) Urteils- und Vergleichswirkung

Nach § 148 Abs. 5 S. 1 AktG wirkt das Urteil, auch wenn es auf Klageabweisung lautet,[1262] für und gegen die Gesellschaft und die übrigen Aktionäre. Die Erstreckung der Rechtskraft auf die übrigen Aktionäre schützt den vermeintlichen Schuldner, der nicht erneut in Anspruch genommen werden kann.[1263] Soweit Rechtskraftwirkung eintritt, ist eine erneute Klage unzulässig.[1264] Entsprechendes gilt für einen nach § 149 AktG bekannt zu machenden Vergleich; für und gegen die Gesellschaft wirkt dieser aber nur nach Klagezulassung.

6) Verfahrenskosten[1265]

Die Kosten des Zulassungsverfahrens sind vom Antragsteller zu tragen, soweit sein Antrag abgewiesen wird (§ 148 Abs. 6 S. 1 AktG). Wenn die Abweisung auf entgegenstehenden Gründen des Gesellschaftswohls beruht, die die Gesellschaft vor Antragstellung hätte mitteilen können, aber nicht mitgeteilt hat, so hat sie dem Antragsteller die Kosten zu erstatten (§ 148 Abs. 6 S. 2 AktG). Wenn die Klage angenommen wird, so bleibt Kostenentscheidung auch über das Zulassungsverfahren dem Endurteil vorbehalten (§ 148 Abs. 6 S. 3 AktG). Wenn die Gesellschaft selbst Klage erhebt, oder wenn sie ein anhängiges Klageverfahren von Aktionären übernimmt, so sind ihr etwaige bis zum Zeitpunkt ihrer Klageerhebung oder Übernahme des Verfahrens entstandene Kosten des Antragstellers aufzuerlegen (§ 148 Abs. 6 S. 4, 1. Satzteil AktG). Wenn die Klage ganz oder teilweise abgewiesen wird, muss die Gesellschaft den Klägern die von diesen zu tragenden Kosten erstatten, es sei denn, die Kläger haben die Zulassung durch vorsätzlich oder grob fahrlässig unrichtigen Vortrag erreicht (§ 148 Abs. 6 S. 5 AktG). Schließlich erhalten die als Antragsteller oder als Streitgenossen handelnden Aktionäre insgesamt nur die Kosten eines Bevollmächtigten erstattet, es sei denn, ein weiterer Rechtsanwalt war zur Rechtsverfolgung unerlässlich (§ 148 Abs. 6 S. 6 AktG).

1260 Vgl. § 148 Abs. 1 S. 2 Nr. 2 AktG.

1261 *Hüffer*, AktG/7, § 147 Rn. 18 m.w.N.

1262 Anders § 248 Abs.1 S.1 AktG; *Hüffer*, AktG/7, §148 Rn. 19 und § 248 Abs. 1 S. 1 Rn. 13 ff. m.w.N.

1263 RegBegr BR-Drucks 3/05 S. 47.

1264 *Hüffer*, AktG/7, § 148 Rn. 19, § 244 Rn. 8.

1265 Vgl. § 148 Abs. 6 AktG.

7) Bekanntmachung zur Haftungsklage

Laut § 149 AktG (Vorschriften zu Bekanntmachungen zur Haftungsklage) sind nach rechtskräftiger Zulassung der Klage nach § 148 AktG der Antrag auf die Zulassung und die Verfahrensbeendigung von der börsennotierten Gesellschaft unverzüglich in den Gesellschaftsblättern bekannt zu machen.[1266] Mit dieser Regelung,[1267] deren Hauptbedeutung in der Bekanntmachung der Verfahrensbeendigung einschließlich aller dabei getroffenen Vereinbarungen und Absprachen zur Prozessvermeidung zu sehen ist, wird erwartet, dass sie Missbräuchen entgegenwirkt, namentlich in dem sie missbräuchlichen Zulassungsanträgen und Haftungsklagen sowie unzulässigen Leistungen an verfahrensbetreibende Aktionäre oder ihnen gleichstehende Dritte durch Transparenz begegnet.[1268]

b) Haftung der Aufsichtsorgansmitglieder der SE

aa) Haftung gegenüber der SE – Innenhaftung § 116 AktG i.V.m. § 93 AktG

(1) Haftungsvoraussetzungen

1) Pflichtverletzung

i) Sorgfaltspflicht und *Business Judgement Rule*

§ 93 AktG Abs. 1 S. 1 AktG i.V.m. § 116 AktG legt unter Verweisung auf die für Leitungsorgansmitglieder geltenden Regelungen[1269] die allgemeinen Sorgfaltspflichten für Aufsichtsorgansmitglieder fest und regelt deren Verantwortlichkeit in ihrer organschaftlichen Stellung gegenüber der SE. Nach § 116 S. 1 AktG gilt § 93 AktG über die Sorgfaltspflicht und Verantwortlichkeit der Leitungsorgansmitglieder sinngemäß. Daraus müssen bei der Bestimmung und der Tragweite der Sorgfaltspflichten die unterschiedlichen Aufgaben von Leitungsorgan und Aufsichtsorgan berücksichtigt werden.[1270] Während die Leitungsorgansmitglieder die ihnen obliegenden Sorgfaltspflichten bei der Geschäftsführung anwenden müssen, haben die Aufsichtsorgansmitglieder sie bei der Überwachung der Geschäftsführung der SE anzuwenden.

Business Judgement Rule als Haftungsprivilegierung nach § 93 Abs. 1 S. 2 AktG wird überwiegend auf das Leitungsorgan und nicht auf das Aufsichtsorgan bezogen, weil das Leitungsorgan seine Aufgabe im Rahmen eines autonomen unternehmerischen Ermessensspielraums wahrnimmt. Die Tätigkeit des Aufsichtsorgans bezieht sich aber nicht nur auf die Überwachungsaufgabe der Geschäftsführung (als Hauptaufgabe), sondern auch auf die unternehmerischen Entscheidungen (z.B. Personalentscheidung). In diesem Sinne muss diese Norm nach §

1266 S. auch § 248 a AktG als Parallelregelung zu § 149 Abs. 2 und 3 AktG. Diese Norm ist auch durch Art. 1 Nr. 24 UMAG vom 22. 9. 2005 eingefügt worden (BGBl I S 2802).

1267 Sie ist durch Art. 1 Nr. 16 UMAG vom 22. 9. 2005 eingefügt worden (BGBl I S 2802).

1268 RegBegr BR-Drucks 3/05 S 50.

1269 Vgl. § 93 Abs. 1 S. 1AktG.

1270 *Semler* in MünchKomm/AktG, § 116 Rn. 3.

116 S. 1 AktG auch sinngemäß auf das Aufsichtsorgan zur Anwendung kommen.[1271]

ii) Organschaftliche Treuepflicht; Interessenkonflikte, Geschäftschancenlehre und Wettbewerbsverbot

Die Treuepflicht ergibt sich grundsätzlich aus der Verwaltung fremden Vermögens. Dabei unterliegen die Aufsichtsorgansmitglieder ebenso wie die Leitungsorgansmitglieder organschaftlichen Treuepflichten. Das Aufsichtsorgansmitglied muss sich daher im Rahmen seiner Organtätigkeit der SE gegenüber treu verhalten und das Unternehmensinteresse wahren. Aus dieser gesellschaftlichen Treuepflicht ergibt sich auch die rechtliche Verpflichtung zur vertrauensvollen Zusammenarbeit innerhalb des Aufsichtsorgans und mit dem Leitungsorgan im Interesse des Unternehmenswohls.[1272]

Aber die Treuepflicht der Aufsichtsorgansmitglieder hat einen anderen Inhalt als die Treuepflicht der Leitungsorgansmitglieder,[1273] weil es sich bei der Aufsichtsorganstätigkeit typischerweise um eine Nebentätigkeit handelt, während die Leitungsorgansmitglieder ihre Tätigkeit hauptberuflich ausüben.[1274] Deshalb unterliegen die Aufsichtsorgansmitglieder im Vergleich zu den Leitungsorgansmitgliedern keinem Wettbewerbsverbot nach § 88 AktG.[1275]

Die Aufsichtsorgansmitglieder müssen dem Wohl der Gesellschaft stets den Vorrang vor Privatinteressen oder kollidierenden Interessen aus anderen Tätigkeiten einräumen, wenn sie ein Mandat ausüben. Aber sie können vorrangig eigene Interessen verfolgen, soweit sie außerhalb ihrer Organfunktion tätig sind.[1276] Sie dürfen jedoch die durch die Aufsichtsorganstätigkeit erworbenen vertraulichen Informationen nicht zum Nachteil der Gesellschaft verwerten.[1277] Insbesondere hinsichtlich der Interessenkonflikte empfiehlt sich Transparenz durch Offenlegung (Ziff 5.5.2 DCGK). Wenn sich keine andere Lösung findet, haben sie eines der kollidierenden Ämter niederzulegen.[1278]

iii) Verschwiegenheitspflicht

Die Aufsichtsorgansmitglieder unterliegen ebenso wie die Leitungsorgansmitglieder der Verschwiegenheitspflicht nach Art. 49 SE-VO.[1279] Bezüglich ihrer

---

1271 *Roth*, BB 2004, 1066, 1068 reSp; *Kropff*, FS Raiser S. 226, 228; *Schwark*, ZHR 2002, 98 ff.

1272 *Säcker*, FS Fischer, 1979, S. 635, 639; *Semler* in MünchKomm/AktG, § 116 Rn. 174; *Hopt/Roth* in GroßKomm/AktG, § 116 Rn. 173.

1273 *Hüffer*, AktG/7, § 93 Rn. 4; *Semler* in MünchKomm/AktG, § 116 Rn. 170; *Hopt/Roth* in GroßKomm/AktG, § 116 Rn. 174.

1274 *Hüffer*, AktG/7, § 116 Rn. 4; *Semler* in MünchKomm/AktG, § 116 Rn. 170.

1275 *Hüffer*, AktG/7, § 116 Rn. 4; *Semler* in MünchKomm/AktG, § 116 Rn. 170.

1276 *Hüffer*, AktG/7, § 116 Rn. 5; *Semler* in MünchKomm/AktG, § 116 Rn. 171.

1277 *Hopt* in GroßKomm/AktG, § 93 Rn. 171; *Semler* in MünchKomm/AktG, § 116 Rn. 175.

1278 *Lutter/Krieger* (2002), Rn. 306.

1279 Entsprechend § 116 S. 2 AktG entsprechend § 93 Abs. 1 S. 2 AktG.

Verschwiegenheitspflicht gelten die gleichen Regeln wie beim Leitungsorgan.[1280]

Die Informationsweitergabe innerhalb des Organs ist aber ohne Einschränkung immer zulässig und verstößt nicht gegen Art. 49 SE-VO. Darüber hinaus unterliegen die Leitungsorgansmitglieder keinen Verschwiegenheitspflichten gegenüber Aufsichtsorgansmitgliedern nach Art 41 SE-VO, der die umfassenden Informationsrechte und Informationspflichten zwischen den beiden Organen regelt[1281]; wenn die Verschwiegenheitspflichten der Leitungsorgansmitglieder gegenüber den Aufsichtsorgansmitgliedern bestehen würden, dann könnte das Leitungsorgan die Aufgabenerfüllung durch das Aufsichtsorgan verhindern oder behindern.[1282] Dagegen sind die Aufsichtsorgansmitglieder nicht ohne weiteres zur Weitergabe geheimer Informationen an die Leitungsorgansmitglieder berechtigt: Erstens unterliegen alle Personalfragen zum Schutz des Betroffenen strengster Vertraulichkeit; zweitens gilt diese strenge Vertraulichkeit für alle Äußerungen von Aufsichtsorgansmitgliedern in Beratungen; drittens gilt dies auch in Bezug auf das Abstimmungsverhalten der anderen Aufsichtsorgansmitglieder.[1283]

Aufsichtsorgansmitglieder dürfen keine Informationen aus dem Aufsichtsorgan an andere Gremien wie der Delegiertenversammlung, Betriebsversammlung oder dem Betriebsrat/Konzernbetriebsrat weitergeben.[1284] Darüber hinaus sind auch alle unternehmerischen Vorhaben und Entscheidungen – von der Planung über Produktentwicklung bis zur Expansion oder Rationalisierung – vertraulich zu behandeln.[1285]Nach der „Bayer-Entscheidung" des BGH[1286] muss das einzelne Aufsichtsorgansmitglied darüber entscheiden, ob ein Geheimnis oder eine vertrauliche Angabe vorliegt. Vor seiner Entscheidung hat es sich mindestens mit dem Aufsichtsvorsitzenden darüber zu besprechen.[1287]

iv) Originäre Pflichten des Aufsichtsorgans und seiner Mitglieder nach ihnen gegebenen Aufgaben

Die Pflichten des Aufsichtsorgans bestimmen sich durch die ihm zugewiesene Überwachungsaufgabe. Damit es seiner Überwachungsaufgabe sachgemäß nachkommen kann, hat es die folgenden Pflichten mittels einer Mindestqualifikation, wie z.B. Mindestkenntnisse, -fähigkeiten und -erfahrungen usw., um die

---

1280 Zu Einzelheiten des Umfangs der Einschränkungen und der Dauer der Verschwiegenheitspflicht siehe gerade oben Verschwiegenheitspflicht der Leitungsorgansmitglieder C. I-II. 1. a) aa) (1) 1) iii) in diesem vierten Teil.

1281 *Reichert/Brandes* in MünchKomm, Art. 49 SE-VO Rn. 7.

1282 *Hefermehl/Spindler* in MünchKomm/AktG, § 90 Rn. 51; *Hüffer*, AktG/7, § 90 Rn. 3.

1283 Zu Informationseinschränkungen im Verhältnis zwischen Vorstand und Aufsichtsrat der AG vgl. *Lutter* (1984), S. 148ff; *Reichert/Brandes* in Münchkomm, Art. 49 Rn. 8.

1284 *Lutter* in *Ringleb, Kremer/Lutter/v. Werder* (DCGK 22005), Rn. 489.

1285 *Lutter* in *Ringleb, Kremer/Lutter/v. Werder* (DCGK 2005), Rn. 489.

1286 BGHZ 64, 325.

1287 *Lutter* (1984), S. 141 ff.; *Lutter/Krieger* (2002), Rechte und Pflichten, Rn 181.

für die Gesellschaft maßgeblichen wirtschaftlichen Zusammenhänge und die anfallenden Geschäftsvorgänge ohne fremde Hilfe verstehen und sachgerecht beurteilen zu können,[1288] zu erfüllen: Pflicht zur Bestellung und Abberufung der Leitungsorgansmitglieder; Pflicht zum Abschluss des Anstellungsvertrages mit dem Leitungsorgan und zur Durchsetzung von Ansprüchen der Gesellschaft gegen das Leitungsorgan; Mitwirkungspflichten des einzelnen Aufsichtsorgansmitglieds; Selbstinformationspflicht; Selbstorganisationspflicht; organschaftliche Förderpflicht; Umgangspflicht mit widerstreitenden Interessen; Pflicht zur Beratung mit dem Leitungsorgan (insbes. über Planung und Strategie); Pflicht zur Mitentscheidung mit dem Leitungsorgan, usw.[1289]

v) Besondere gesetzliche Pflichten nach §§ 116 S. 1, § 93 Abs. 3 AktG.

Die Pflichtverletzung gegen die Haftungsliste nach § 93 Abs. 3 AktG führt ebenso wie die der Leitungsorgansmitglieder nach § 116 S. 1 AktG zur Schadensersatzpflicht der Aufsichtsorgansmitglieder. Bezüglich der in § 93 Abs. 3 AktG genannten Fallgruppen wird von einem Aufsichtsorgansmitglied besondere Wachsamkeit bei der Überprüfung dieser Fallgruppen erwartet. Wenn diesbezüglich der Pflicht zu sorgfältiger und gewissenhafter Überwachung nicht nachgekommen wird, haften die Aufsichtsorgansmitglieder für ihre Pflichtverletzung. Die Voraussetzung für die Haftung ist ein Überwachungsverschulden.[1290]

2) Schaden, Kausalität und Verschulden

- **Schaden und Kausalität:** Eine organschaftliche Haftung der Aufsichtsorgansmitglieder setzt Schaden mit Kausalität[1291] voraus. Für die Feststellung eines ersatzfähigen Schadens gelten - ebenso wie bei den Leitungsorgansmitgliedern - die §§ 249 ff. BGB.[1292]

- **Verschulden**: Wenn eine Pflichtverletzung vorliegt, so ist auch beim Aufsichtsorgan erforderlich, dass das Aufsichtsorgan ein Verschulden trifft, damit die Haftung greift.[1293] Der Verschuldensmaßstab nach § 93 Abs. 1 S. 1 AktG ebenso wie nach § 276 Abs. 1 S. 2 BGB ist nach § 116 AktG sinngemäß auf Aufsichtsorgansmitglieder anzuwenden. Daraus haften die Aufsichtsorgansmitglieder, wenn sie die Sorgfalt eines ordentlichen und gewissenhaften Überwachers vorsätzlich oder fahrlässig verletzen.

1288 Zur Eignung der Aufsichtsorgansmitglieder siehe oben C. II. 2. a) aa) (1) in diesem vierten Teil.

1289 Vgl. *Lutter* in *Ringleb/Kremer/Lutter/von Werder* (DCGK 2005), Rn 477 ff.

1290 *Hopt* in GroßKomm/AktG, § 116 Rn. 294.

1291 *Hopt* in GroßKomm/AktG, § 93 Rn. 252; *Hüffer*, AktG, § 93 Rn. 14.

1292 Dazu siehe oben C. III. 1. a) aa) (1) 3) in diesem vierten Teil.

1293 Dazu siehe oben C. III. 1. a) aa) (1) 2) in diesem vierten Teil.

3) Darlegungs- und Beweislast

Bezüglich der Verteilung der Darlegungs- und Beweislast bei Sorgfaltspflichtverletzungen eines Aufsichtsorgansmitglieds gelten grundsätzlich die Regelungen zur Haftung der Leitungsorgansmitglieder entsprechend.[1294]

4) Gesamtschuldnerische Haftung

Nach § 116 Satz 1, 93 Abs 2 S. 1 AktG haften Aufsichtsorgansmitglieder für Pflichtverletzungen als Gesamtschuldner (§§ 421 ff. BGB).[1295] Auch bei vergleichsweise geringerem Schuldvorwurf oder Fehlverhalten sind die Aufsichtsorgansmitglieder gegenüber der Gesellschaft zu vollem Schadensersatz verpflichtet.[1296] Zu beachten ist aber, dass eine gesamtschuldnerische Haftung auch zusammen mit den Leitungsorgansmitgliedern vorkommen kann, wenn sich der Schaden auf einer Pflichtverletzung von Mitgliedern beider Organe bezieht.[1297] Diesbezüglich sind vor allem die zustimmungspflichtigen Geschäfte von Bedeutung.[1298] Ferner werden alle anderen Gesamtschuldner von ihrer Leistungspflicht gegenüber der Gesellschaft frei, wenn ein Aufsichtsorgansmitglied die Gesellschaft befriedigt.[1299]

(2) Rechtsfolgen

Wenn die Aufsichtsorgansmitglieder eine der genannten Pflichten schuldhaft verletzten und der Gesellschaft gerade daraus ein Schaden entstanden ist, besteht grundsätzlich ein Schadensersatzanspruch der Gesellschaft gegen das gesamte Organ nach § 116 AktG i.V.m. § 93 Abs. 2 AktG. Weitere Rechtsfolge kann eine Strafbarkeit eines Aufsichtsorgansmitglieds nach den §§ 399 ff. AktG sein.

(3) Haftungsausschluss

Nach §§ 116, 93 Abs. 4 S. 1 AktG gilt der bei Leitungsorgansmitgliedern vorgesehne Haftungsausschluss grundsätzlich sinngemäß auch für die Aufsichtsorgansmitglieder. § 93 Abs. 4 S. 1 AktG kommt jedoch kaum in Betracht, weil die Aufsichtsorgansmitglieder nicht an Beschlüsse der Hauptversammlung gebunden sind.[1300] Wenn sie aber bei der Gründung ihre Pflichten nach §§ 46-48, 53 AktG verletzten, müssen die Ersatzansprüche der Gesellschaft nach § 147 Abs. 1 AktG ausnahmsweise mit dem Beschluss der Hauptversammlung mit einfacher Stimmmehrheit geltend gemacht werden.[1301]

1294 *Semler* in MünchKomm/AktG, § 116 Rn. 514; Dazu siehe auch oben C. III. 1. a) aa) (1) 4) in diesem vierten Teil.
1295 *Semler* in MünchKomm/AktG, § 116 Rn. 550.
1296 *Hopt* in GroßKomm/AktG, § 93 Rn. 259; *Semler* in MünchKomm/AktG, § 116 Rn. 551.
1297 *Semler* in MünchKomm/AktG, § 116 Rn. 552.
1298 *Semler* in MünchKomm/AktG, § 116 Rn. 552.
1299 *Semler* in MünchKomm/AktG, § 116 Rn. 553.
1300 *Semler* in MünchKomm/AktG, § 116 Rn. 555; *Hopt* in GroßKomm/AktG, § 116 Rn. 295.
1301 *Semler* in MünchKomm/AktG, § 116 Rn. 555.

(4) Verzicht und Vergleich

Nach §§ 116, 93 Abs. 4 S. 1 AktG gilt der für Verzicht und Vergleich bei Leitungsorgansmitgliedern vorgesehne Haftungsausschluss grundsätzlich sinngemäß auch für die Aufsichtsorgansmitglieder.[1302]

(5)Verjährung

Bezüglich der Verjährung der Schadensersatzansprüche gegen Aufsichtsorgansmitglieder nach §§ 116, 93 Abs. 6 AktG kann auf die Kommentierung zu § 93 AktG verwiesen werden.[1303]

bb) Haftung gegenüber Aktionären der SE (Außenhaftung)

Anders als bei den Leitungsorgansmitgliedern sind nach allgemeinen Grundsätzen die Aufsichtsorgansmitglieder grundsätzlich kaum einer Haftung gegenüber Aktionären ausgesetzt, weil die SE durch das Leitungsorgan vertreten wird und nur in Ausnahmefällen durch das Aufsichtsorgan (z.B. Vertretung der SE gegenüber Leitungsorgansmitgliedern nach § 112 AktG i. V. m. Art. 9 Abs. 1 c ii SE-VO) vertreten wird.[1304] Aber ihnen lässt sich die Versäumung der Pflicht zu sorgfältiger Überwachung vorwerfen. Die Aufsichtsratsmitglieder haften nach § 93, 116 AktG für ihre Pflichtverletzung grundsätzlich der SE gegenüber. Bei einer deutschen AG hat die daraus folgende Haftung der Aufsichtsratsmitglieder außerhalb der Insolvenz die Gerichte bislang nur selten beschäftigt.

Den Aufsichtsorgansmitgliedern kann allerdings eine unmittelbare Haftung aus der Verletzung eines Schutzgesetzes nach § 823 Abs. 2 BGB oder aus der Schädigung der Aktionäre durch ein vorsätzliches sittenwidriges Verhalten nach § 826 BGB entstehen. Dann sind sie den Aktionären und der SE gegenüber ersatzpflichtig.[1305] Wer vorsätzlich unter Benutzung seines Einflusses auf die SE ein Leitungsorgans- oder ein Aufsichtsorgansmitglied, einen Prokuristen oder einen Handlungsbevollmächtigten dazu bestimmt, zum Schaden der SE oder ihrer Aktionäre zu handeln, ist nach § 117 Abs. 1 AktG der SE (Satz. 1) oder den Aktionären (Satz. 2) zum Ersatz des ihr daraus entstanden Schadens verpflichtet.[1306] Bei den Aktionären ist erforderlich, dass sie einen eigenen Schaden erleiden, welcher über die aus der Schädigung der SE entstandene Wertminderung ihrer Aktien herausgeht.[1307] Der Reflexschaden der Aktionäre, der sich als Folge der Schädigung der SE in der Wertminderung ihrer Aktien widerspiegelt,

---

1302 *Hopt* in GroßKomm/AktG, § 116 Rn. 295; dazu siehe auch oben C. III. 1. a) aa) (5) in diesem vierten Teil.

1303 *Hopt* in GroßKomm/AktG, § 116 Rn. 303.

1304 *Peltzer* in *Wellhöfer/Peltzer/Müller*(2008), S. 762.

1305 Vgl. oben C. III. 1. a) aa) (5) in diesem vierten Teil (Außenhaftung der Leitungsorgansmitglieder)

1306 Vgl. § 117 Abs. 1 AktG.

1307 BGHZ 129, 136/166 „Girmes"; *Brandes*, FS Fleck, 1988, 13/20; *Hüffer*, AktG, § 117 Rn. 9;

kann von ihm nicht geltend gemacht werden, sondern ist über das Gesellschaftsvermögen zu kompensieren.[1308]

cc) Geltendmachung der Schadensersatzansprüche der SE gegenüber den Aufsichtsorgansmitgliedern

Für die Geltendmachung der Schadensersatzansprüche der SE gegenüber den Aufsichtsorgansmitgliedern ist primär das Leitungsorgan als Vertreter der SE zuständig. Im Übrigen gilt nach der Verweisung in § 116 S. 1 AktG im Wesentlichen dasselbe wie für die Haftung des Leitungsorgans.[1309]

c) Haftungsversicherung der Organmitglieder (D&O-Versicherung)

aa) Allgemeines

Die Haftungsrisiken der Leitungsorgans- und Aufsichtsorgansmitglieder sowie der leitenden Mitarbeiter der SE können durch eine sog. D&O-Versicherung (*Directors and Officers Liability Insurance*) nach amerikanischem Vorbild[1310] versichert werden, weil seit 1995 in Deutschland diese Versicherung zugelassen ist[1311]. Inzwischen ist der Abschluss einer D&O-Versicherung zumindest im Bereich der börsennotierten Gesellschaften gebräuchlich geworden; nach dem Ergebnis einer Befragung war für 94% der befragten Vorstände und für 99% der Aufsichtsräte diese D&O-Versicherung abgeschlossen worden.[1312] Außerdem ist es heute fast undenkbar, dass die Gesellschaften ohne diese Versicherung einen Vertrag mit den wettbewerbsfähigen Führungskräften für das Leitungsorgan oder mit den wettbewerbfähig erfahrenen Unternehmern oder Spezialisten für das Aufsichtsorgan abschließen.[1313] Auch in der Praxis ist bei Zunahme der Schadensersatzforderungen gegen die Organmitglieder (insbesondere die Leitungsorgansmitglieder) eine Notwendigkeit dieser Versicherung stets vorhanden.

bb) Grundstruktur der D&O-Versicherung

Die Grundstruktur dieser Versicherung ist eine Versicherung zugunsten Dritter, unter Beteiligung von drei Parteien, nämlich der Gesellschaft als Versicherungsnehmerin, dem Organmitglied als versicherter Person, und dem Versicherer mit jeweils unterschiedlichen Rechtsbeziehungen im Innenverhältnis.[1314] Wenn sich die Gesellschaft zum Abschluss einer D&O-Versicherung entschließt, oder wenn mit einem Organmitglied der Abschluss einer solchen Versicherung etwa

---

1308 *Hopt* in GroßKomm/AktG, § 93 Rn. 484.

1309 Dazu oben C. III. 1. a) cc) in diesem vierten Teil (Geltendmachung der Schadensersatzansprüche der SE gegenüber den Leitungsorgansmitglieder).

1310 Im Wege der Directors'& Officers' Liability Insurance (D&O-Versicherung); *Sieg*, DB 2002, 1759, 1760.

1311 *Kästner*, AG 2000, 113, 114.

1312 *Wellhöfer* in *Wellhöfer/Peltzer/Müller* (2008), S. 333 Rn. 20.

1313 *Peltzer* in *Wellhöfer/Peltzer/Müller* (2008), S. 772 Rn. 193; *Deilmann*, NZG 2005, S. 54 ff.

1314 *Peltzer* in *Wellhöfer/Peltzer/Müller* (2008), S. 769 Rn. 184; *Ringleb* in *Ringleb/Kremer/Lutter/von Werder* (DCGK 2005), S. 136 Rn. 514 f.

im Anstellungsvertrag vereinbart wird, dann wird Versicherungsnehmerin die Gesellschaft, die auch die Prämien bezahlt.[1315]

cc) Umfang

Durch die D&O-Versicherung sind die zivilrechtlichen Ansprüche des Unternehmens gegen seine Organmitglieder (Innenhaftung) und die Ansprüche Dritter gegen die Organmitglieder des Unternehmens (Außenhaftung) versichert.[1316] Die Deckung geschieht bei den Sorgfaltspflichtverletzung ohne Vorsatz oder bei der nicht wissentlichen Pflichtverletzung im Innen- oder Außenverhältnis.[1317] Ersetzt werden nur Vermögensschäden, die während der Versicherungsperiode verursacht wurden und bei denen die Anspruchserhebung noch innerhalb der Versicherungslaufzeit erfolgt ("*claims made*-Prinzip").[1318] Daneben werden in der Regel auch schon vorher verursachte Vermögensschäden in den Versicherungsschutz integriert ("Rückwärtsdeckung"), soweit die Erhebung des Anspruchs nach Vertragsbeginn erfolgt.[1319] Nicht zum Gegenstand dieser Versicherung gehören also die Personen- oder Sachschäden,[1320] die aus diesen resultierenden Folgeschäden und auch Vertragsstrafen, Bußgelder und andere Entschädigungen mit Strafcharakter sowie die Bereiche Terror, Asbest und Insolvenz.[1321] Abgedeckt werden außerdem nur die auf einer Pflichtverletzung des Organs beruhenden Fehlentscheidungen, aber nicht die auf unternehmerischem Ermessen nach § 93 Abs. 1 S. 2 AktG (*Business Judgement Rule*) beruhenden Fehlentscheidungen.[1322]

dd) Probleme

Anders als in den angelsächsischen Ländern steht im deutschen System im Wesentlichen die Innenhaftung im Vordergrund, bei der die Versicherungsnehmerin (Gesellschaft) einen Anspruch gegen die Versicherten (Organmitglieder) geltend machen kann. Dieses Haftungssystem birgt aber bei der Innenhaftungsabdeckung stets eine Kollisionsgefahr zwischen Parteien in sich.[1323] Dabei können sie versuchen, die unternehmerischen Risiken auf einen Versicherer abzuschieben. Dafür, dass dies bisweilen vorkommt, spricht, dass zunehmend Ansprüche aus Innenhaftung angemeldet werden.[1324]

1315 *Semler/Peltzer* (2005), § 9 Rn. 244, 252.

1316 *Wellhöfer* in *Wellhöfer/Peltzer/Müller* (2008), S. 334 Rn. 23.

1317 *Dahnz* (2002), S. 268, 273.

1318 *Peltzer* in *Wellhöfer/Peltzer/Müller* (2008), § 20 Rn. 206 ff.

1319 *Peltzer* in *Wellhöfer/Peltzer/Müller* (2008), § 20 Rn. 206 ff.

1320 *Dahnz* (2002), S. 268 f.; *Wellhöfer* in *Wellhöfer/Peltzer/Müller* (2008), S. § 7 Rn. 26.

1321 Zu den Einzelheiten siehe *Lücke/Kolde* im Beck'sches MandatsHdb (2004), § 11 rn. 60, 64 m.w.N.

1322 *Dahnz* (2002), S. 269.; *Peltzer* in *Wellhöfer/Peltzer/Müller* (2008), § 20 Rn. 24.

1323 *Hefermehl/Spindler* in MünchKomm/AktG, § 93 Rn. 92; *Semler* im MünchKomm/AktG, § 116 Rn. 767; *Peltzer* in *Wellhöfer/Peltzer/Müller* (2008), § 20 Rn. 189.

1324 *Koch*, GmbHR 2004, 18 ff., 19.

Durch die Haftungsnormen wird nicht nur die Verhaltenssteuerung der Organmitglieder, sondern auch ein Ausgleich für den Schaden der Gesellschaft bezweckt. Dabei kann einerseits die D&O-Versicherung durch den Versicherungsschutz zur Verbesserung des Schadensausgleichs beitragen und dadurch das Gesellschafsvermögen und die Gläubiger besser geschützt werden.[1325] Aber andererseits kann diese Versicherung eine Abschwächung der verhaltenssteuernden Wirkung der Haftung (Präventionswirkung) nach §§ 93, 116 AktG herbeiführen.[1326] Doch kann diesem Defizit mit anderen Sanktionen (z.B. Selbstbehalt, Überprüfungen durch die Versicherung sowie Prämienanpassungen) entgegengewirkt werden.[1327]

ee) Selbstbehalt nach DCGK

Gegen das Defizit der D&O-Versicherung empfiehlt der DCGK, dass ein angemessener Selbstbehalt vorgesehen werden soll, wenn eine D&O-Versicherung abgeschlossen wird.[1328] Welcher Selbstbehalt im Einzelnen angemessen ist, muss die Gesellschaft unter Berücksichtigung aller Umstände des Einzelfalls entscheiden.[1329] Durch die Empfehlung des Selbstbehalts erwartet die Kommission, einer Reduzierung der Verhaltenssteuerungsfunktion nach den Vorschriften (§§ 93, 116 AktG) entgegenzuwirken.[1330]Aber diese Empfehlung wurde nach Ergebnis der Entsprechenserklärungen 2003 durch eine Reihe von Unternehmen[1331] verweigert:[1332] Ihrer Meinung nach sei „ein Selbstgehalt dazu nicht geeignet, die Qualität der Tätigkeit von Vorständen oder Aufsichtsräten spürbar positiv zu beeinflussen, sondern (es sei) vielmehr davon auszugehen, dass die Kodexregelung lediglich zu einer sinnlosen, generellen Verteuerung führe. Die Organmitglieder seien nämlich regelmäßig bestrebt, den Selbstbehalt eigenständig zu sichern. Der aus dem Abschluss individueller Policen resultierende Aufwand werde den Organmitgliedern direkt oder indirekt erstattet. Die Folge sei mithin eine entsprechende Verteuerung jedenfalls der Aufsichtsratsvergütungen".

2. Britische SE

Für die Haftung der Organmitglieder in einer britischen SE gilt nach Art. 51 SE-VO bzw. Art. 9 Abs. 1 c ii SE-VO das britische Recht (*Common Law*). Anders als bei der deutschen dualistischen SE ist es aber nicht einfach, die Grundsätze des auf dem monistischen System basierenden britischen *Common Law* unmit-

---

1325 *Semler* in MünchKomm/AktG, § 116 Rn. 773 ff.

1326 *Hefermehl/Spindler* in MünchKomm/AktG, § 93 Rn. 93 f.

1327 *Hefermehl/Spindler* in MünchKomm/AktG, § 93 Rn. 93 f.

1328 *Ringleb* in *Ringleb/Kremer/Lutter/v. Werder* (DCGK 2005), Rn 519.

1329 Zum angemessenen Selbstbehalt s. allgemeinen *Dreher/Görner*, ZIP S. 2003, 2321 ff. m.w.N.

1330 *Ringleb* in *Ringleb/Kremer/Lutter/von Werder* (DCGK 2005)., Rn 521.

1331 Dazu gehören die Adidas Salomom AG, Bayer AG, E.On AG, Bayr. Hypo Vereinbank AG, DaimlerChrysler AG, Deutsche Bank AG, SAP AG, Siemens AG. Dazu *Dreher/Görner*, ZIP 2003, S. 2321 Fn. 4.

1332 *Ringleb* in *Ringleb/Kremer/Lutter/von Werder* (DCGK 2005)., Rn 525.

telbar auf eine dualistische britische SE anzuwenden. Deshalb bedeutet es für die britische dualistische SE eine große Herausforderung, einen Weg zu finden, Haftungsregelungen im britischen Rechtssystem auf Organmitglieder einer britischen dualistischen SE anzuwenden.

a) Haftung der Leitungsorgansmitglieder

aa) Haftung gegenüber der SE – Innenhaftung

(1) Pflichtverletzung als Haftungsvoraussetzungen und *Business Judgement Rule*

Bezüglich der Haftung der Organmitglieder einer dualistischen SE sieht Großbritannien keine besonderen Regelungen vor. Somit gelten die allgemeinen Regelungen über die Haftung der *directors* einer PLC für die Haftung der Leitungsorgansmitglieder der britischen SE. Ebenso wie bei der deutschen SE setzt die Haftung voraus, dass die Leitungsorgansmitglieder bei der Ausübung ihres Amtes die ihnen obliegenden gesetzlichen, satzungsmäßigen oder sonstigen Pflichten verletzt haben. Die Leitungsorgansmitglieder, die ihre Pflichten verletzten, haften der Gesellschaft gegenüber nach *Common Law*[1333] gesamtschuldnerisch[1334] auf Schadensersatz.[1335] Die Leitungsorgansmitglieder wie *directors* der PLC können unter verschiedenartigen Grundlagen zu persönlicher Haftung herangezogen werden. Die Folgenden sind die wichtigsten Grundlagen der Haftung:

- **Treuepflichten des *Common Law* (*fiduciary duties*)**:[1336] Unter diesen Pflichten müssen

die Leitungsorgansmitglieder ihre Befugnisse in gutem Glauben und im Interesse der Gesellschaft (*proper purpose doctrine*) ausüben.[1337] Sie können ihre unabhängigen Befugnisse[1338] nicht für einen fremden Zweck einsetzen.[1339] Alle Interessenkonflikte müssen dabei vermieden werden (*no-conflict-principle*) und allerdings das Gesellschaftsinteresse Vorrang haben.[1340] Darüber hinaus umfas-

1333 Vgl. Section 162 CLRB und CLRB EN, Paragraph 304; Law Society, Resoponse to White Paper, S. 6.

1334 Für den internen Ausgleich gilt der Civil Liability (Contribution) Act 1978, vgl. *Morse* (2007), *Palmer's* Company Law 8.5.5.5.

1335 *Davies* (2003 a), S. 425; *Hannigan* (2003), S. 191 f.

1336 *Davies* (2003 a), S. 381.

1337 *Davies* (2003 a), S. 387 ff.; *Hannigan* (2003), S. 226 ff.;. vgl. Section 156 CLRB und CLRB EN, Paragraph 324 ff.

1338 *Davies* (2003 a), S. 389 ff.; *Hannigan* (2003), S. 231ff.: vgl. Section 157 CLRB und CLRB EN, Paragraph 331 ff.

1339 *Davies* (2003 a), S. 387 ff.; *Hannigan* (2003), S. 226ff.; vgl. Section 156 CLRB und CLRB EN, Paragraph 324 ff.

1340 *Davies* (2003 a), S. 391 ff.; *Hannigan* (2003), S. 245 ff.; vgl. Section 159 (1) CLRB und CLRB EN, Paragraph 336 ff.

sen diese Pflichten auch das Verbot, Geschäftschancen der Gesellschaft an sich zu ziehen (*corprate opportunity doctrine*)[1341];

- **Sorgfaltspflichten (*duties of care and skill*) und *Business Judgement Rule*:** Nach der *Section* 214 (4) IA 1986 (Spezialregelung für das *wrongful trading*)[1342] haftet ein Leitungsorgansmitglied der Gesellschaft gegenüber persönlich, wenn es nicht das Maß an Fertigkeit, Vorsicht und Sorgfalt an den Tag legt, die man vernünftigerweise von einer Person mit seiner Qualifikation und seiner Erfahrung erwarten könnte.

Eine kodifiziertes *Business Judgement Rule* existiert im britischen Recht zwar nicht, die Gerichte lehnen es jedoch traditionell ab, unternehmerische Entscheidungen zu überprüfen, sofern diese in gutem Glauben getroffen wurden.[1343] Da diese Art einer „ungeschriebenen *Business Judgement Rule*" sich nicht nur als ausreichend, sondern auch als erfreulich flexibel erwiesen hat, wurde eine Kodifikation im Rahmen der jüngsten Reformdiskussionen explizit abgelehnt.[1344]

- **Verschwiegenheitspflicht**: Bezüglich der Verschwiegenheitspflicht der Organmitglieder der SE findet sich in Art. 49 SE-VO eine Regelung.[1345] Für Ausnahmen von der prinzipiellen Verschwiegenheitspflicht verweist Art. 49 SE-VO allerdings auf das nationale Recht des Sitzstaates der SE. Bezüglich dieser Pflicht gelten in Großbritannien die allgemeinen Grundsätze des *Common Law*, wonach die Organmitglieder (*directors)* stets in gutem Glauben und im Interesse der Gesellschaft handeln müssen. Insbesondere die weiteren Einzelheiten, wie z.B. Umfang, Einschränkung und Dauer der Verschwiegenheitspflicht sowie die Nutzung der Informationen werden im Vergleich zu Deutschland in Großbritannien insbesondere im Zusammenhang mit der Geschäftschancenlehre (*corporate opportunity doctrine*) ermessen.[1346]

(2) Darlegungs- und Beweislast und Gesamtschuldnerische Haftung

Ebenso wie bei der deutschen SE setzt die Schadensersatzpflicht der Leitungsorgansmitglieder einer britischen SE voraus, dass deren Pflichtverletzung zu einem materiellen Schaden führt. Wenn dies der Fall ist, schulden die Leitungs-

---

1341 *Davies* (2003 a), S. 416 ff.; *Hannigan* (2003), S. 276 ff.; *Mayson, French & Ryan* (2006), 16.7.3; vgl. Section 159 (2) CLRB.

1342 Vgl. Section 214 (4) CA 1985

1343 Howard Smith Ltd v Ampol Petroleum Ltd (1974) AC 821

1344 Vgl. *DTI*, Director and auditor liability, 5. 11; *Law Commission*, LC 261 (1999), 5. 28.

1345 Diese Regelung bezieht sich auf die Verschwiegenheitspflicht der in Art. 38 b SE-VO genannten Organe der SE, nämlich des Leitungs- und Aufsichtsorgans im dualistischen System bzw. des Verwaltungsorgans im monistischen System.

1346 *Davies* (2003 a), S. 416 ff.; *Hannigan* (2003), S. 276 ff.; *Mayson, French & Ryan* (2006), 16.7.3. (jeweils m.w.N).

organsmitglieder gemäß *Common Law*[1347] gesamtschuldnerisch[1348] Schadensersatz.[1349]

Im Streitfall über die Frage, ob vor Entstehung des Schadens bei der Gesellschaft die Leitungsorgansmitglieder die Sorgfalt eines ordentlichen und gewissenhaften Geschäftsleiters angewandt haben, muss die britische SE im Gegensatz zu der deutschen SE die volle Darlegungs- und Beweislast tragen.[1350] In diesem Sinne ist die Haftungsregelung nach dem deutschen Recht schärfer als die britische Haftungsregelung.

(3) Haftungsverzicht und Verjährung

Ebenso wie in Deutschland lässt sich die Haftung der Organmitglieder nach *Section* 309 A (1), (2) CA weder vertraglich noch in der Satzung der Gesellschaft ausschließen oder reduzieren.[1351] Allerdings kann auch die britische SE durch einen Hauptversammlungsbeschluss (Art. 50 SE-VO) mit einfacher Mehrheit auf Ersatzansprüche gegen Leitungsorgansmitglieder verzichten.[1352]

Bezüglich dieses Verzichts auf Schadensersatzansprüche existiert hier anders als in Deutschland keine zeitliche Begrenzung[1353]. Darüber hinaus kann nach *Section* 727 CA 1985 ihre Haftung durch das Ermessen des Gerichts ganz oder teilweise ausgeschlossen oder reduziert werden, wenn das Gericht zu der Beurteilung kommt, dass ihre die Haftung verursachte Handlung im guten Glauben erfüllt wurde.[1354] Die Schadensersatzansprüche wegen der Pflichtverletzung eines Leitungsorgansmitglieds verjähren nach *Section 21 Limitation Act* 1980 grundsätzlich in sechs Jahren,[1355] während in Deutschland die Frist für die Verjährung fünf Jahre beträgt.

(4) Geltendmachung der Schadensersatzansprüche der SE gegenüber den Leitungsorgansmitgliedern

Bei der Geltendmachung der Ersatzansprüche der britischen SE wird die SE durch das Aufsichtsorgan vertreten, weil zu den Aufgaben des Aufsichtsorgans auch die gerichtliche und außergerichtliche Vertretung der Gesellschaft bei Rechtsgeschäften und Prozessen mit den Leitungsorgansmitgliedern gehört.[1356]

1347 Vgl. Section 162 CLRB und CLRB EN, Paragraph 304; *Law Society*, Resoponse to White Paper, S. 6.

1348 Vgl. *Morse* (2007),*Palmer's* Company Law 8.5.5.5.

1349 *Davies* (2003 a), S. 425 ff; *Hannigan* (2003), S. 191 f.

1350 *Hannigan* (2003), S. 191, 311.

1351 Ausführlich zu D&O-Versicherungen nach britischem Recht: *Mayson, French & Ryan* (2006), 16.9.7.

1352 *Davies* (2003 a), S. 438; *Mayson, French & Ryan*, Company Law (2006), 16.9.2.

1353 *Davies* (2003 a), S. 438 ff.; *Mayson, French & Ryan* (2006), 16.9.5-16.9.6; *Hannigan* (2000), JBL 493, 504 ff.

1354 *Davies* (2003 a), S. 431 ff.; *Hannigan* (2003), S. 197 f.; *Mayson, French & Ryan*(2006), 16.9. 8.

1355 *Davies* (2003 a), S. 430 f.

1356 *Hüffer*, AktG/7, § 147 Rn. 5.

Im Falle der Untätigkeit des Aufsichtsorgans wird man indes entsprechend der Rechtslage bei der PLC gem. Art. 52 S. 2 SE-VO auch eine subsidiäre Hauptversammlungskompetenz annehmen müssen. Daneben kann gem. *Section.* 438 CA 1985 der *Secretary of State* in Verbindung mit einer Überprüfung der Gesellschaft deren Ansprüche geltend machen, wenn es sich dabei seiner Einschätzung nach auf ein öffentliches Interesse bezieht[1357].
Für die Geltendmachung durch einzelne Aktionäre (sog. *derivative action)* ist eine gerichtliche Zulassung erforderlich.[1358] In Großbritannien ist aber die Geltendmachung von Schadensersatzansprüchen durch Aktionäre sehr selten, weil die Prozesskosten äußerst hoch sind und damit das finanzielle Risiko der betreffenden Aktionäre bei einer verweigerten Haftungsklage zu groß ist. [1359]

bb) Haftung der Leitungsorgansmitglieder gegenüber Aktionären - Außenhaftung

Ebenso wie bei einer deutschen SE können die Aktionäre einer britischen SE aus britischem Recht keine Ansprüche gegenüber Leitungsorgansmitgliedern herleiten, weil das britische Gesellschaftsrecht keine entsprechende Regelung enthält. Außer einiger Spezialtatbestände ist für die Haftung der Leitungsorgansmitglieder gegenüber Aktionären stets eine besondere vertragliche oder quasivertragliche Grundlage notwendig.[1360] Die Aktionäre können aber auch gegen Leitungsorgansmitglieder einen Schadensersatzanspruch haben, wenn ihr Recht durch deliktisches Verhalten der Leitungsorgansmitglieder verletzt wurde; ein Leitungsorgansmitglied macht sich strafbar nach *Section* 458 CA 85 für betrügerisches Verhalten.[1361]

b) Haftung der Aufsichtsorgansmitglieder

aa) Haftung gegenüber der SE – Innenhaftung

Auch für die Haftung der Aufsichtsorgansmitglieder gegenüber der Gesellschaft sieht das britische Recht keine besonderen Regelungen vor. Deswegen finden auf ihre Innenhaftung ebenfalls die allgemeinen Regelungen über die Haftung der directors Anwendung. In diesem Zusammenhang unterliegen sie also ebenso wie die Leitungsorgansmitglieder Sorgfalts- und Treuepflichten und haften im Falle von deren Verletzung gesamtschuldnerisch gegenüber der SE.[1362] Hier müssen bei der Bestimmung und der Tragweite der Sorgfaltspflicht die unter-

---

1357 *Mayson, French & Ryan* (2006), 18.8.5.4.

1358 Vgl. CPR 19.9 (3).

1359 *Charkham* (1994), S. 325.

1360 Speziell für das Leitungsorgan der SE: *Oliphant* in *JF* (2005), § 16 Rn. 1238; allgemein zum britischen Recht *Morse* (2007), *Palmer's* Company Law 8.602; Zur Haftung gegenüber den Aktionären *Hannigan* (2003), S. 200 ff.

1361 *Morse* (2007), *Palmer's* Company Law 8. 605 ff. m.w.N.; *Mayson, French & Ryan* (2006), 15.13.

1362 *Oliphant* in *JF* (2005), § 16 Rn. 1237.

schiedlichen Aufgaben von Leitungsorgan (Geschäftsführungsaufgabe) und Aufsichtsorgan (Überwachungsaufgabe) berücksichtigt werden.
Um eine Haftung zu vermeiden, die aus der Pflichtverletzung während der Erfüllung ihrer Aufgaben entsteht, müssen die Aufsichtsorgansmitglieder ihre verschiedenen Pflichten explizit erkennen. Bezüglich des Umfangs der Pflichten der Aufsichtsorgansmitglieder, der Geltendmachung und anderer Grundlagen der Haftung finden - in Ermangelung anderer Vorschriften - die Regelungen für die *board of directors* (insbesondere *non-executive directors*) auf die Aufsichtsorgansmitglieder analoge Anwendung. Obwohl Ähnlichkeiten zwischen den nicht geschäftsführenden Direktoren und Aufsichtorgansmitgliedern bezüglich ihrer Rolle in der Gesellschaft vorhanden sind, können sie nicht ohne weiteres gleichgesetzt werden. Aus diesem Grund ist für den konkreten Pflichtenstandard der Aufsichtsorgansmitglieder bei den *Common-Law*-Prinzipien eine Anpassung durch die Gerichte und eine fortschreitende Regelungsentwicklung des dualistischen Systems unabdingbar.[1363]

bb) Außenhaftung gegenüber Aktionären und Dritten

Wie oben gesagt, sind keine bestimmten Vorschriften für die Haftung der Aufsichtsorgansmitglieder einer britischen dualistischen SE (weder für die Innenhaftung noch für die Außenhaftung) vorhanden. Folglich müssen auf die Außenhaftung der Aufsichtsorgansmitglieder ebenfalls die Regeln für alle *directors* der PLC sinngemäß Anwendung finden.[1364]

c) D&O-Versicherung

Eine D&O-Versicherung ist zulässig (*Section* 309 (1), (2) CA 1985)[1365] und wird vom *Combined Code* (A.1.5.) sogar empfohlen.[1366]

3. Zwischenergebnis der Haftung der Organmitglieder im dualistischen System

Die Haftung der Organmitglieder ist eine von verschiedenen Mechanismen der Corporate Governance, die derzeit national, international und interdisziplinär diskutiert wird. Insbesondere spielen die Regelungen der Haftung für Fehlverhalten der Organmitglieder als eine präventiv repressive Sanktion eine wichtige Rolle. Trotz dieser Gewichtigkeit der Haftung sieht die SE-VO diesbezüglich selber nichts vor, sondern überlässt die Regelung dem nationalen Recht. Die Untersuchung der Haftung der Organmitglieder in beiden Ländern hat ergeben, dass es trotz der auf verschiedenen Rechtssystemen basierenden Haftungsregelungen sowohl Ähnlichkeiten als auch Unterschiede gibt.

1363 Vgl. dazu *Secretary of State v Swan and North* (2005) EWHC 603 (Ch); *Equitable Life Assurance Society v Bowley* (2004) 1 BCLC 180.

1364 C. III. 2. a) bb) in diesem vierten Teil.

1365 *Davies* (2003 a), S. 431 ff.; *Hannigan* (2003), S. 196 f.; *Mayson, French & Ryan* (2006), 16.9. 7.

1366 *Mayson, French & Ryan* (2006), 16.9.7.

Die Organmitglieder der deutschen und britischen SE haften jeweils gegenüber der Gesellschaft gesamtschuldnerisch auf Schadensersatz, wenn die Organmitglieder bei der ihres Amtes obliegende Treue- und Sorgfaltspflicht sowie die gesetzlich, satzungsmäßig gegebenen sonstigen Pflichten verletzt haben.
Bezüglich der Innenhaftung der Organmitglieder fallen folgende Unterschiede auf: Erstens muss bei der Darlegungs- und Beweislast als ein Divergenzpunkt die britische SE die volle Darlegungs- und Beweislast tragen, wenn strittig ist, ob die Organmitglieder die Sorgfalt eines ordentlichen und gewissenhaften Geschäftsleiters angewandt haben. In Deutschland verhält es sich umgekehrt.
Zweitens wurde für den Schutz der Unternehmensleitung gegen Schadensersatzklagen (für die Ausgewogenheit der Gesamtregelung) in Deutschland jüngst die sog. *Business Judgement Rule* eingeführt. Danach wird eine Haftung der Organmitglieder ausgeschlossen, wenn sie bei unternehmerischen Entscheidungen auf der Grundlage von substantiierten Informationen zum Wohl der Gesellschaft gehandelt haben. Im britischen Recht sucht man jedoch vergeblich nach einer vergleichbaren *Business Judgement Rule.* Die Gerichte lehnen es jedoch traditionell ab, unternehmerische Entscheidungen zu überprüfen, sofern diese in gutem Glauben getroffen wurden. Da diese Art ungeschriebener *Business Judgement Rule* sich nicht nur als ausreichend, sondern auch als erfreulich flexibel erwiesen hat, wurde eine Kodifikation im Rahmen der jüngsten Reformdiskussionen explizit abgelehnt. Auf dem Markt sind Versicherungen gegen das Haftungsrisiko erhältlich, sog. D&O-Versicherungen; diese werden in beiden Ländern in vergleichbar großem Umfang genutzt.
Drittens können die Schadensersatzansprüche gegenüber den Organmitgliedern in beiden Ländern im Prinzip durch das jeweils andere Organ als der Vertreter der Gesellschaft sowie durch die einzelnen Aktionäre geltend gemacht werden. Insbesondere bezüglich der Geltendmachung der Schadensersatzansprüche waren in Deutschland ungeachtet der gesetzlichen Regelungen die Schadensersatzklagen der Aktionäre gegenüber der Gesellschaft oder Führungsorgansmitgliedern sehr selten, weil vorhandene gesetzliche Regelungen die Geltendmachung der Schadensersatzansprüche durch die Aktionäre eher erschwerten; nach § 147 AktG (a.F.) konnte ein Aktionär nur klagen, wenn er mindestens 5 % des Grundkapitals bzw. einen anteiligen Betrag von DM 1 Mio. (500,000 Euro) besaß. Diese hohe Schwelle wurde jüngst durch die Reform des Aktiengesetzes durch das UMAG abgesenkt: Nach § 148 Abs. 1 AktG (n. F.) können die Aktionäre, deren Anteile im Zeitpunkt der Antragstellung zusammen den einhundertsten Teil des Grundkapitals oder einen anteiligen Betrag von 100 000 Euro erreichen, die Zulassung beantragen, im eigenen Namen die Ersatzansprüche der Gesellschaft geltend zu machen; parallel erhalten die Aktionäre nach § 127 a AktG (n. F.) die Möglichkeit, andere Aktionäre zur Mitklage aufzufordern.
Nach britischem Recht ist die Geltendmachung von Schadensersatzansprüchen durch einzelne Aktionäre hingegen nur in engen begrenzten Ausnahmefällen statthaft und bedarf ebenfalls der gerichtlichen Zulassung; das Erwirken dieser Zulassung unterbleibt jedoch in den meisten Fällen, weil die Prozesskosten äu-

ßerst hoch sind und infolgedessen das finanzielle Risiko der betroffenen Aktionäre bei einer verweigerten Haftungsklage zu groß ist.
In Bezug auf die Außenhaftung der Organmitglieder gegenüber Aktionären können bei der deutschen und der britischen SE gleichermaßen die Aktionäre der SE aus dem jeweiligen Aktienrecht keine Ansprüche herleiten. Es kommt aber eine Haftung der Organmitglieder gegenüber den Aktionären aufgrund deliktischen Verhaltens bzw. auf speziell vertraglicher oder quasivertraglicher Grundlage in Betracht.
Insgesamt sind die deutschen Haftungsregelungen vergleichsweise schärfer als die britischen. Trotz solcher scharfer Haftungsregelungen konnte die Durchsetzung der Haftung der Organmitglieder wegen hoher Hürden für die Klagemöglichkeit nur sehr selten erreicht werden. Diesem Kritikpunkt wurde mit der Absenkung dieses Beschränkungshemmnisses durch die Reform des Gesetzes begegnet, wobei die Stellung und der Schutz der Aktionäre verbessert sind. Entsprechend dieser Verbesserung der Stellung der Aktionäre ist auch das AktG zur Erhöhung des Schutzes der Organmitglieder Reformiert (*Business Judgement Rule)*. Im Vergleich zum deutschen Recht neigen die Haftungsregelungen des britischen Rechts insofern zum Schutz der Organmitglieder, als das britische Rechtssystem mildere allgemeine Haftungsregelungen enthält. Da dort die *Business Judgement Rule* nicht kodifiziert ist, lässt sie sich flexibel handhaben. Außerdem verfügen die Aktionäre hier über vergleichsweise schwache Verfolgungsrechte, was eine Geltendmachung der Haftung entsprechend erschwert.

IV. Zwischenergebnis des dualistischen System der SE

Im Vergleich mit dem monistischen System[1367] wird das dualistische System durch die personell (Art. 39 Abs. 1 S. 1 bzw. Art. 40 Abs. 1 SE-VO) und funktional (Art. 39 Abs. 3 S. 1 SE-VO) strikte Trennung der Unternehmensführung (Leitungsorgan) einerseits und die Überwachung (Aufsichtsorgan) andererseits charakterisiert. Diese klare organisatorische Trennung wird allgemein als größte Stärke dieses Systems für eine effiziente und unabhängige Überwachung der Unternehmensführung betrachtet. Diese Trennung wird allerdings zugleich auch als Schwäche dieses Systems bewertet insofern, als durch einen unzureichenden Informationsfluss zwischen den Organen die Überwachungsfunktion des Aufsichtsgremiums konterkariert werden kann. Um die Schwäche des dualistischen Systems zu ergänzen, nämlich zur Erhöhung der Effizienz der Arbeit des Aufsichtsorgans beizutragen, sind in der bereits bestehenden Diskussion über die Corporate Governance für das dualistische System folgende Aspekte von Nöten:
- Verstärkung der Intensität der Tätigkeit durch Verkleinerung des Gremiums, Erhöhung der Sitzungsfrequenz und verpflichtende Einrichtung von Ausschüssen);

1367 Zum monistischen System siehe unten D. in diesem Vierten Teil.

- Garantierung regelmäßiger, standardisierter und hochwertiger Informierung durch das Leitungsorgan durch Erlass einer Informationsordnung für das Leitungsorgan) und
- Stärkung des Anreizes jedes einzelnen Aufsichtsorgansmitglieds zur effektiven Überwachung durch Verschärfung der Haftungsregelungen Erhöhung und erfolgsabhängige Gestaltung der Vergütung[1368] und Begrenzung der Mandatzahl).

Diese Reformvorschläge des deutschen dualistischen Systems lassen sich an die deutsche dualistische SE unmittelbar anknüpfen, weil das deutsche Recht direkt auf die deutsche dualistische SE angewendet wird. Auf die britische dualistische SE trifft dies dagegen nicht zu, weil die durch diese Reformvorschläge kritisierten Schwächen des dualistischen Systems durch die Flexibilität der britischen Regelung für die dualistische SE bereits bis zu einem gewissen Grad behoben werden.

Was die britischen Haftungsregelungen angeht, neigen sie insofern mehr zum Schutz der Organmitglieder als die deutschen Haftungsregelungen, als dass das britische Recht eine flexiblere, ungeschriebene *Business Judgement Rule* und ein schwächeres Verfolgungsrecht für die Geltendmachung der Haftung besitzen, die die Milderung der Haftung der Mitglieder bedeuten.

Im Vergleich verfügt das britische dualistische System über eine ausgeprägtere Fähigkeit, auf solche Anforderungen schnell genug und sehr flexibel zu reagieren, weil das britische Rechtssystem den Akteuren durch enorme Flexibilität in Form der Satzungsfreiheit einen großen Gestaltungsspielraum eröffnet. Damit haben die Unternehmen die Möglichkeit, entsprechend ihren spezifischen Bedürfnissen ihr eigenes Corporate Governance-System innerhalb ihres Gestaltungsfreiraums individuell zu bilden, während das deutsche dualistische System umgekehrt nicht nur weniger flexibel, sondern sogar in vielerlei Hinsicht überreguliert ist. Insgesamt könnte das britische dualistische System – unter der Voraussetzung, dass es sich in Großbritannien auch zukünftig gut entwickelt – eine Alternative sein, die die Schwächen des bestehenden dualistischen Systems mit dieser enormen Flexibilität einiger Maßen aufwiegt, und zwar insofern, als diese Flexibilität die Möglichkeit eröffnet, die gesamte Struktur des Organs der Gesellschaft in der Satzung oder im Gesellschaftsvertrag entsprechend den Bedürfnissen des Unternehmens individuell und flexibel festzuschreiben. In diesem Sinne könnte auch das deutsche dualistische System seine Schwächen mit einer solchen Flexibilität, wie sie dem britischen System innewohnt, erheblich verringern, auch wenn die typischen Schwächen des dualistischen Systems, die aus der Trennung in Leitung und Überwachung resultieren, nicht völlig überwunden werden können – „Niemand kann andere überwachen, ohne selbst dabei zu sein“[1369].

Im Übrigen lässt sich auch die Sorge vor Rechtsunsicherheit, die auf das etwaige Fehlen von Rechtsnormen für das britische dualistische System zurückgehe und

1368 Zur Vergütung der Organmitglieder siehe D. I. 2. im Dritten Teil.
1369 Böckli (2003), S. 213.

daher von einigen Seiten als Nachteil angesehen wird, durch die eben genannte Flexibilität, wie in der vorigen vergleichenden Untersuchung bereits gezeigt wurde, problemlos entkräften.

D. Monistische Corporate Governance im Vergleich der deutschen und britischen SE

An der Spitze der monistisch verfassten SE steht das Verwaltungsorgan (Art. 38 b SE-VO), in dessen Zuständigkeit sowohl die Geschäftsführungs- als auch die Überwachungsaufgaben fallen. Als weiteres Organ steht dem Verwaltungsorgan die Hauptversammlung gegenüber. Anders als das dualistische System vereint das Verwaltungsorgan die Leitung und die Überwachung des Unternehmens in sich. Es fehlt also ein separates unternehmensinternes Überwachungsorgan wie das Aufsichtsorgan im dualistischen System. Das Verwaltungsorgan ist gleichermaßen verantwortlich für die Führung sowie für die Aufsicht der SE. Der zweite Abschnitt des dritten Titels der SE-VO, die Art. 43-45 SE-VO, enthält spezielle Vorschriften für die Aufgaben und die innere Ordnung einer SE mit monistischer Struktur. Die Artt. 46-51 SE-VO enthalten Regelungen, die für beide (monistisches und dualistisches System) gelten. Die Regelungslücke der SE-VO wird nach Art. 9 Abs. 1 c ii SE-VO durch nationales Recht ergänzt. Im Folgenden werden zuerst die deutsche monistische SE und anschließend die britische monistische SE behandelt. Dabei werden jeweils die rechtliche Grundstruktur, die Aufgaben sowie Pflichten und Haftung durch Pflichtverletzung abgehandelt.

I. Deutsche monistische SE

Das monistische Corporate Governance-System, das aus dem Board-System in angelsächsischen Ländern stammt, ist in Deutschland völlig fremd. Insofern enthält das allgemeine deutsche Aktienrecht keine Regelungen für ein monistisches Corporate Governance-System. Art 43 Abs. 4 SE-VO sieht folgendes vor: „Enthält das Recht eines Mitgliedstaates in Bezug auf Aktiengesellschaften mit Sitz in seinem Hoheitsgebiet keine Vorschriften über ein monistisches System, kann dieser Mitgliedstaat entsprechende Vorschriften in Bezug auf SE erlassen. “Von dieser Ermächtigungsgrundlage hat der deutsche Gesetzgeber in den §§ 20-49 SEAG Gebrauch gemacht. Damit finden auf die deutsche monistische SE nach § 20 SEAG neben den Bestimmungen der Verordnung diese Ausführungsgesetze anstelle der §§ 76-116 AktG Anwendung. Inhaltlich lehnen sich die §§ 22-49 SEAG aber stark an die §§ 76-116 AktG an.[1370] Im Übrigen wird das Verwaltungsorgan in der SE-VO vom SEAG „Verwaltungsrat“ genannt. Des-

1370 *Ihrig/Wagner*, BB 2004, S. 1749, 1756; *Reichert/Brandes* in MünchKomm/AktG, Art. 43 Rn. 6; kritisch dazu die Stellungnahme des Handelsrechtsausschusses des DAV, NZG 2004, S. 75, 81; *Hoffmann-Becking*, ZGR 2004, S. 355, 378; *Merkt*, ZGR 2003, S. 650, 654; *Kübler*, ZHR 167 (2003), S. 222, 231.

wegen wird hier anstelle des Begriffs „Verwaltungsorgan“ auf die Terminologie des SEAG zurückgegriffen.

1. Grundstruktur der deutschen monistischen SE

Nach § 22 Abs. 1 SEAG leitet der Verwaltungsrat die SE, bestimmt die Grundlagen ihrer Tätigkeit und überwacht deren Umsetzung. Dieser Verwaltungsrat muss nach § 40 Abs. 1 SEAG einen oder mehrere geschäftsführende Direktoren bestellen. Die geschäftsführenden Direktoren führen nach § 40 Abs. 2 S. 1 SEAG die Geschäfte der SE. Im Folgenden werden der Verwaltungsrat und die geschäftsführenden Direktoren als ein untergeordnetes Organ des Verwaltungsrats behandelt.

a) Verwaltungsrat

aa) Aufgaben des Verwaltungsrats

(1) Leitung der SE und Überwachung der laufenden Geschäftsführung der geschäftsführenden Direktoren

Der Verwaltungsrat ist ein Organ für die Oberleitung und Überwachung der monistischen SE.[1371] Nach § 22 Abs. 1 SEAG leitet er die Gesellschaft, legt die Grundlinien ihrer Tätigkeit fest und überwacht deren Umsetzung.[1372] Er fungiert also teilweise als Leitungsorgan und teilweise als Aufsichtsorgan. § 22 Abs. 6 SEAG lautet dementsprechend wie folgt: „Rechtsvorschriften, die außerhalb dieses Gesetzes dem Vorstand oder dem Aufsichtsrat einer Aktiengesellschaft Rechte und Pflichten zuweisen, gelten sinngemäß für den Verwaltungsrat, soweit nicht in diesem Gesetz für den Verwaltungsrat und für geschäftsführende Direktoren besondere Regelungen enthalten sind.“

Nach § 40 Abs.1 S. 1 SEAG bestellt der Verwaltungsrat einen oder mehrere geschäftsführ- ende Direktoren. Der Verwaltungsrat kann sich aber dieser gesetzlich ihm zugewiesenen Aufgaben der Oberleitung durch Delegation auf die geschäftsführenden Direktoren entledigen. Er kann nach § 22 Abs. 1 SEAG den geschäftsführenden Direktoren nur die laufende Geschäftsführung überlassen,[1373] und er überwacht ihre Umsetzung. Zum Gegenstand der Überwachungsaufgabe[1374] gehören also die laufenden Geschäfte der geschäftsführenden Direktoren.[1375] Im Verhältnis zum Verwaltungsrat allerdings sind nach § 44 Abs. 2 SEAG die geschäftsführenden Direktoren dessen Weisungen unterworfen. An-

1371 *Neye/Teichmann*, AG 2003, S. 169, 177; *Eder*, NZG 2004, S. 544; *Schwarz*, SE-VO, Anh Art. 43 SE-VO Rn. 43; *Teichmann*, BB 2004, S. 53; *Thümmel*, Leitfaden, Rn. 212.

1372 § 22 Abs. 1 ist dem französischen Code de commerce (Artikel L. 224-35) entlehnt: Begründung RegE bei *Neye* zu § 22 SEAG.

1373 Zur Abgrenzung zwischen Leitung und laufender Geschäftsführung siehe oben C. I. aa) (1) in diesem vierten Teil.

1374 Die Überwachungsaufgabe des Verwaltungsrats wird unten in D. I. cc) Informationsfluss und Überwachungsinstrumente im deutschen monistischen System behandelt.

1375 *Reichert/Brandes* in MünchKomm/AktG, Art. 43 SE-VO Rn. 100; Begründung RegE bei *Neye* zu § 40 SEAG.

ders als dem Leitungsorgan/Vorstand im dualistischen System stehen den geschäftsführenden Direktoren keine eigenverantwortlichen Leitungsrechte zu.[1376] Trotz dieser Funktionstrennung innerhalb desselben Organs trägt der Verwaltungsrat als das oberste Organ letztlich die alleinige Verantwortung für die Leitung der monistischen SE.[1377]
Grundsätzlich kommen dem Verwaltungsrat der monistischen SE somit alle Aufgaben zu, die im dualistischen System das Aufsichts- und Leitungsorgan jeweils getrennt wahrzunehmen haben.[1378] Trotz des Zusammenfallens der Aufgaben wurde in der internationalen Corporate Governance-Debatte seit jeher die Trennung von Geschäftsführung und Überwachung gefordert. Teilweise wird aufgrund dieser Resonanz von einer Konvergenz des dualistischen und monistischen Systems gesprochen.[1379]

(2) Aufgaben des Verwaltungsrats bezüglich der Hauptversammlung
Neben den oben genannten Aufgaben hat der Verwaltungsrat weitere Aufgaben bzw. Pflichten hinsichtlich der Hauptversammlung zu erfüllen:[1380]
- **Einberufung der Hauptversammlung**: Hinsichtlich der Hauptversammlung hat der Verwaltungsrat gem. § 22 Abs. 2 S. 1 SEAG die Pflicht, eine Hauptversammlung einzuberufen, wenn das Wohl der Gesellschaft dies fordert.[1381] Diese Regelung entspricht § 111 Abs. 3 AktG.[1382] Auch in den durch Gesetz oder Satzung bestimmten Fällen ist die Hauptversammlung gem. Art. 53 SE-VO i.V.m. § 121 Abs. 1 AktG einzuberufen.[1383] Anders als die Einberufungskompetenz des Aufsichtsorgans (§ 111 Abs. 3 AktG) gegenüber derjenigen des Leitungsorgans im dualistischen System (§ 121 Abs. 2 AktG) ist der Verwaltungsrat einer monistischen SE das einzige Organ, das zur Einberufung der Hauptversammlung befugt ist. Die geschäftsführenden Direktoren haben keine Einberufungskompetenz.[1384]

1376 Zu weiteren Besonderheiten der Kompetenzverteilung zwischen dem Verwaltungsrat und den geschäftsführenden Direktoren siehe gerade unten, D. I. 1. b) in diesem vierten Teil.

1377 RegE, Begründung, BT-Drs. 15/3405, S. 36; *Brandt*, DStR 2003, S. 1208, 1212; *Eder*, NZG 2004, S. 544, 545; Handelsrechtsausschuss des DAV, NZG 2004, S. 75, 83; *Hirte*, DStR 2005, S. 700, 701; *Ihrig/Wagner*, BB 2003, S. 969, 975; *Frodermann* in JF, § 5 Rn. 228; *Krause*, BB 2005, S. 1221, 1228; *Reichert/Brandes* in MünchKomm/AktG, Art. 38 SE-VO Rn. 6. 8; *Neye/Teichmann*, AG 2003, S. 169, 177; *Thümmel* (2005), Rn. 212.

1378 *Merkt*, ZGR 2003, S. 650, 657; *Frodermann* in JF, § 5 Rn. 166.

1379 *Teichmann*, ZGR 2002, S. 383, 445; *ders.* ZGR 2001, S. 645, 663 ff.; *Hopt*, ZGR S. 2000, 779 ff.; *Frodermann* in *JF* (2005), § 5 Rn. 166.

1380 *Reichert/Brandes* in MünchKomm/AktG, Art. 43 SE-VO.

1381 *Manz* in *MMS* (2005), Art. 43 SE-VO Rn. 61; *Schwarz* (2006), Anh Art. 43 Rn. 51 ff.

1382 Vgl. *Semler* im MünchKomm/AktG, § 111 Abs. 3 Rn. 350 ff.

1383 Zu Einberufungsgründen der Hauptversammlung vgl. *Kubis* in MünchKomm/AktG, § 121 Abs. 1 Rn. 4 ff.

1384 Vgl. *Reichert/Brandes* in MünchKomm/AktG, Art. 43 SE-VO Rn. 104.

Die Einberufung der Hauptversammlung ist vor allem zur Vorlage des Jahresabschlusses (§ 48 Abs. 1 SEAG), zur Anzeige des Verlusts in Höhe der Hälfte des Grundkapitals (§ 22 Abs. 5 SEAG) und zur Beschlussfassung über die Entlastung der Verwaltungsratsmitglieder (§ 120 Abs. 1 AktG i.V.m. § 22 Abs. 6 SEAG entsprechend)[1385] sowie bei Einberufungsverlangen einer Minderheit von 5 % des Grundkapitals (Art. 53 SE-VO, § 122 Abs. 1 S. 1 AktG) geboten.[1386]

- **Vorbereitung und Ausführung der Hauptversammlungsbeschlüsse:** Nach § 22 Abs. 2 S. 3 SEAG i.V.m. § 83 AktG ist der Verwaltungsrat ebenso wie der deutsche Vorstand verpflichtet, die Hauptversammlungsbeschlüsse vorzubereiten und auszuführen;[1387] allerdings kann er einzelne damit verbundene Aufgaben an die geschäftsführenden Direktoren delegieren.[1388]
- **Berichtspflichten gegenüber der Hauptversammlung:** Es genügt nicht, dass der Verwaltungsrat die Vorlagen (z.B. den Jahresabschluss, den Lagebericht und den Vorschlag für die Verwendung des Bilanzgewinn, § 171 Abs. 1 S.1 AktG) der geschäftsführenden Direktoren und ihre Geschäftsführung (§ 111 AktG) prüft.[1389] Neben dieser Prüfung hat der Verwaltungsrat gemäß den §§ 22 Abs. 3 und 5 S. 2 SEAG, 171 Abs. 2 AktG an die Hauptversammlung über die Prüfungsergebnisse zu berichten.[1390] Nicht nur über die Prüfungsergebnisse des Verwaltungsrats, auch über seine eigene Tätigkeit soll auf der Hauptversammlung informiert werden.[1391] Der Bericht gehört deshalb zu den notwendigen Vorlagen des Entlastungsbeschlusses (§ 120 Abs. 3 S. 2 und 3 AktG).[1392] Zum Bericht des Verwaltungsrats zählen auch die Prüfungsergebnisse des von den geschäftsführenden Direktoren aufgestellten Berichts über die Beziehungen zu verbundenen Unternehmen (§§ 49 SEAG, 314 Abs. 1 und Abs. 2 AktG).[1393]
- **Pflicht zur Teilnahme an der Hauptversammlung:** Anders als die Aktionäre, die frei über ihre Teilnahme an einer Hauptversammlung entscheiden können, sind die Verwaltungsratsmitglieder verpflichtet, an der Hauptversammlung teilzunehmen (§§ 22 Abs. 6 SEAG, 118 Abs. 2 S. 1 AktG). Gem. § 118 Abs.2 S. 2 AktG kann die Satzung jedoch bestimmte Fälle vorsehen, in denen die Teilnah-

---

1385 Zur Einberufungspflicht der Hauptversammlung des Verwaltungsrats gehört wegen der gesetzlich angeordneten Verbindung mit der Vorlage des Jahresabschluss (§ 120 Abs. 3 S. 1 AktG) auch die Beschlussfassung über die Entlastung des Verwaltungsrats, vgl. *Reichert/Brandes* in MünchKomm/AktG, Art. 43 SE-VO Rn. 105.

1386 Spezialgesetzliche Anordnungen zur Einberufung der Hauptversammlung sind in § 44 Abs. 5 KWG und § 83 Abs. 1 S. 1 Nr. 6 VAG enthalten.

1387 Vgl. *Hefermehl/Spindler* in MünchKomm/AktG, § 83 Rn. 1 ff; *Hüffer*, AktG/7 § 83 Rn. 1 ff.

1388 *Reichert/Brandes* in MünchKomm/AktG, Art. 43 SE-VO Rn. 106 ff. m. w. N.

1389 Zu Einzelheiten zum Bericht des Verwaltungsrats vgl. *Kropff* in MünchKomm/AktG, § 171 Rn. 144 ff.

1390 Vgl. *Reichert/Brandes* in MünchKomm/AktG, Art. 43 Rn. 109.

1391 Vgl. *Knopff* in MünchKomm/AktG, § 171 Rn. 146; *Hüffer*, AktG/7, § 171 Rn. 12.

1392 Vgl. *Hüffer*, AktG/7, § 171 Rn. 12; zu Einzelheiten vgl. *Hüffer*, AktG/7, § 120 Rn. 14 ff.; *Kubis* in MünchKomm/AktG, § 120 Rn. 40 ff.

1393 Vgl. *Reichert/Brandes* in MünchKomm/AktG, Art. 43 Rn. 109.

me von Mitgliedern des Aufsichtsorgans im Wege der Bild- und Tonübertragung erfolgen darf.[1394] Diese Regelung gilt in der monistischen SE nur für die nicht geschäftsführenden Mitglieder. Die geschäftsführenden Verwaltungsratsmitglieder sind dagegen wie der Vorstand der Aktiengesellschaft zur Teilnahme verpflichtet.[1395] Eine Verletzung der Teilnahmepflicht bleibt jedoch ohne beschlussrechtliche Konsequenzen.[1396]

- **Änderung der Satzungsfassung:** Gem. § 179 Abs. 1 S. 2 AktG kann die Hauptversammlung dem Aufsichtsrat die Befugnis zu Satzungsänderung übertragen, die nur die Fassung betreffen. § 179 Abs. 1 S. 2 AktG findet über die Generalverweisung in Art. 9 Abs. 1 c ii SE-VO auch auf die SE Anwendung.[1397] In der monistischen SE lässt sich deshalb in Analogie zu § 22 Abs. 6 SEAG die Befugnis zu Änderungen der Satzung dem Verwaltungsrat übertragen.

Nach Art. 59 Abs.1 SE-VO bedarf die Änderung der Satzung eines Beschlusses der Hauptversammlung, der mit der Mehrheit von nicht weniger als zwei Dritteln der abgegebenen Stimmen gefasst worden ist, vorausgesetzt, dass die Rechtsvorschriften für Aktiengesellschaften im Sitzstaat der SE keine größere Mehrheit vorsehen oder zulassen.[1398]

bb) Bestellung und Beendigung der Verwaltungsratsmitgliedschaft

(1) Bestellung

Nach Art. 43 Abs. 3 S. 1 SE-VO erfolgt die Bestellung der Verwaltungsratsmitglieder im Regelfall durch die Hauptversammlung. Lediglich bei Gründung der Gesellschaft lassen sich die Mitglieder des Verwaltungsorgans wahlweise durch Satzung bestellen.[1399] Die Hauptversammlung entscheidet gemäß Art. 57 SE-VO mit der Mehrheit der abgegebenen gültigen Stimmen, sofern nicht die im Sitzstaat der SE für die Wahl des Verwaltungsorgans oder Leitungsorgans einer AG maßgeblichen Vorschriften eine größere Mehrheit verlangen. Die Amtszeit beträgt gem. Art. 46 Abs. 1 S. 1 SE-VO höchstens sechs Jahre. Die Vorbereitung der Hauptversammlung und das Wahlverfahren im Einzelnen erfolgen gem. Art. 53 SE-VO, vorbehaltlich der Art. 58 und 60 SE-VO, ebenfalls nach den im Sitzstaat der SE für Aktiengesellschaften geltenden Regeln.

1394 Von dieser Möglichkeit der Lockerung der Präsenzpflicht sollte aber allenfalls bei ausländischen Aufsichtsratsmitgliedern nicht börsennotierter Gesellschaften Gebrauch gemacht werden; *Hüffer*, AktG/7, § 118 Rn. 10 a.

1395 Zu Einzelheiten vgl. *Kubis* in MünchKomm/AktG, § 118 Rn. 52 ff. und Art. 53 SE-VO Rn. 14.

1396 *Hüffer*, AktG/7, § 118 Rn. 10.

1397 Vgl. *Reichert/Brandes* in MünchKomm/AktG, Art. 43 Rn. 111; *Stein* in MünchKomm/AktG, § 179 Rn. 158 ff.; *Hüffer*, AktG/7, § 179 Rn. 10 f.

1398 Zu Einzelheiten vgl. *Kubis* in MünchKomm/AktG, Art. 59 SE-VO Rn. 3 ff.; *Stein* in MünchKomm/AktG, § 179 Rn. 172 ff.; *Hüffer*, AktG/7, § 179 Rn. 12.

1399 Zur Bestellung der Aufsichtsorgansmitglieder vgl. oben C. II. 2 a) in diesem vierten Teil.

Die Mitglieder des Verwaltungsorgans lassen sich auch durch Entsendung gem. § 101 Abs. 2 AktG über § 28 Abs. 2 SEAG bestellen.[1400] Abweichend vom Leitungsorgan können Stellvertreter für Verwaltungsorgansmitglieder nicht bestellt werden (§ 28 Abs. 3 S. 1 SEAG).
Für diese Entsendung gilt also die inhaltsgleiche Regelung wie für die Ersatzmitglieder des Aufsichtsorgans.[1401]
Falls der Verwaltungsrat auf Grund einer Unterbesetzung nicht beschlussfähig ist, kann gem. § 30 SEAG auf Antrag eines Verwaltungsratsmitglieds oder eines Aktionärs eine gerichtliche Bestellung eines fehlenden Verwaltungsratsmitglieds stattfinden. § 30 SEAG entspricht inhaltlich der Regelung des Aufsichtsrats durch das Gericht (§ 104 AktG). Antragsberechtigt ist zusätzlich der SE-Betriebsrat.[1402]

1) Bestellungsvoraussetzungen und Bestellungshindernisse

Art. 47 SE-VO sieht persönliche Voraussetzungen sowie etwaige Bestellungshindernisse der Organmitglieder vor. Diese Regelung nimmt dabei auf das im Sitzstaat der SE geltende Recht Bezug. Für die persönlichen Voraussetzungen und Hindernisse der Verwaltungsratsmitglieder im monistischen System gelten die Regelungen des § 27 SEAG. § 27 Abs. 1 SEAG überträgt § 100 Abs. 2 AktG (Regelung für die Bestellungsvoraussetzungen und –hindernisse der Aufsichtsratmitglieder einer AG) auf die monistische SE, weil dem RegE zufolge den Verwaltungsratsmitgliedern gegenüber den geschäftsführenden Direktoren eine vergleichbare Aufsichtsfunktion zukommt wie im dualistischen System dem Aufsichtsorgan gegenüber dem Vorstand (Leitungsorgan) einer AG (SE).[1403]
Auch nach § 27 Abs. 3 SEAG kann eine juristische Person nicht Verwaltungsratsmitglied sein. Diese Regelung entspricht § 76 Abs. 3 S. 1 und § 100 Abs. 1 S. 1 AktG.[1404] Nach § 27 Abs. 2 SEAG können sich die persönlichen Voraussetzungen der Arbeitnehmervertreter im Verwaltungsrat aus einer Vereinbarung nach § 21 SEBG oder den einschlägigen Bestimmungen des SEBG ergeben.

2) Zahl und Zusammensetzung der Verwaltungsorgansmitglieder

i) Zahl des Verwaltungsratsmitglieder

Nach Art. 43 Abs. 2 SE-VO ist die Zahl der Mitglieder des Verwaltungsrats in der Satzung festgelegt. Die Mitgliedstaaten sind jedoch ermächtigt, eine Mindestzahl und erforderlichenfalls eine Höchstzahl festzusetzen. Bei einer mitbestimmten SE muss der Verwaltungsrat nach Art. 43 Abs. 2 S. 3 SE-VO aus mindestens drei Mitgliedern bestehen. Auf Grundlage der SE-VO ist es somit mög-

---

1400 Zur Entsendung der Aufsichtsorgansmitglieder vgl. oben C. II. 2. a) cc) (1) 2) in diesem vierten Teil.
1401 Begr. RegE zu § 28 SEAG, BT-Drucks, 15/3405.
1402 Zur Entsendung der Aufsichtsorgansmitglieder vgl. oben C. II. 2. a) cc) (1) 2) in diesem vierten Teil.
1403 Begründung RegE bei *Neye* zu § 27 SEAG.
1404 Begründung RegE bei *Neye* zu 27 SEAG.

lich, dass der Verwaltungsrat bei einer nicht mitbestimmten SE nur ein Mitglied hat.[1405] Der deutsche Gesetzgeber hat von diesem Gestaltungsspielraum in Art. 43 Abs. 2 S. 2 SE-VO Gebrauch gemacht und in § 23 Abs. 1 SEAG eine inhaltlich an § 95 AktG orientierte Grundregel aufgestellt. Danach besteht der Verwaltungsrat aus drei Mitgliedern. In der Satzung lässt sich allerdings auch eine geringere Zahl festlegen. Das soll bewirken, die Rechtsform der SE auch für kleine und mittlere Unternehmen oder als Tochtergesellschaft eines europäischen Konzerns attraktiv zu machen.[1406] Lediglich bei einer SE, die ein Grundkapital von mehr als 3 Mio. Euro hat, muss der Verwaltungsrat aus mindestens drei Personen bestehen. Der Gesetzgeber hält eine Zahl von drei Mitgliedern bereits bei mittlerer Größe der SE für die Wahrnehmung der Führungsaufgaben für angemessen. Die jeweiligen Höchstzahlen der Mitglieder des Verwaltungsrats sind entsprechend den Höchstzahlen beim Aufsichtsrat im dualistischen System gem. § 95 AktG abhängig vom Grundkapital auf maximal 21 Personen festgelegt.
Gem. § 23 Abs. 2 SEAG bleibt die Beteiligung der Arbeitnehmer auf Grund einer Vereinbarung nach § 21 SEBG oder nach der gesetzlichen Mitbestimmung, die in den §§ 35 bis 38 SEBG geregelt ist, unberührt.[1407]

ii) Zusammensetzung

Gem. Art 43 Abs. 3 S. 1 SE-VO setzt sich der Verwaltungsrat ausschließlich aus Mitgliedern zusammen, die von der Hauptversammlung der SE gewählt oder auf Grund eines Entsendungsrechts (Art. 43 Abs. 3 S. 3 SE-VO, § 28 Abs. 2 SEAG, § 101 Abs. 2 AktG) von einem oder mehreren Aktionären entsandt wurden.[1408]
Die Zusammensetzung eines mitbestimmten Verwaltungsrats der SE hat eine abweichende Gestaltung. Nach § 21 SEBG richtet sie sich erst nach der zwischen den Organen der Gründungsgesellschaften und dem besonderen Verhandlungsgremium der Arbeitnehmer ausgehandelten Verhandlungslösung über die Mitbestimmung.[1409] Auf Grundlage der durch § 21 Abs. 1 SEBG eingeräumten Gestaltungsfreiheit können die Verhandlungspartner nicht nur auf unternehmerische Mitbestimmung gänzlich verzichten, sondern auch völlig neue Wege beschreiten, z.B. in dem sie die Mitbestimmung auf ganz bestimmte typisierte Entscheidungen beschränken,[1410] und auch die Mitbestimmung in Gremien festma-

---

1405 *Merkt,* ZGR 2003, S. 650, 654.

1406 RegBegr. zu § 23 SEAG, BT-Drucks. 15/3405 S. 37.

1407 Das wirft die Frage auf, inwieweit Verhandlungslösung und mitbestimmungsrechtliche Auffangregelung von den gesetzlichen (§ 23 Abs. 1 SEAG) und satzungsmäßigen Vorgaben abweichen können. Dazu ausführlich *Reichert/Brandes* in MünchKomm/AktG, Art. 43 SE-VO Rn. 67-68.

1408 *Reichert/Brandes* in MünchKomm, Art. 43 SE-VO Rn. 69.

1409 *Blanquet*, ZGR 2002, S. 20, 58; *Herfs-Röttgen,* NZA 2002, S. 358, 361 ff.; *dies.* NZA 2001, S. 424, 426 ff.; *Bungert/Bier*, EWS 2002, S. 1, 4; *Ihrig/Wagner*, BB 2004, S. 1749, 1754.

1410 Zu Einzelheiten *Henssler* (2003), S. 193, 197; *Herfs-Röttgen*, NZA 2002, S. 358, 363.

chen, die in der aktienrechtlichen Verbandsverfassung eigentlich nicht vorgesehen sind. Dabei sind allerdings bestimmte Grenzen zu beachten.[1411]

Nach § 16 Abs. 1, Abs. 2 S. 2 SEBG bleibt die SE mitbestimmungsfrei, wenn das besondere Verhandlungsgremium mit einer Mehrheit von zwei Dritteln der Mitglieder beschlossen hat, keine Verhandlungen aufzunehmen oder bereits aufgenommene Verhandlungen endgültig abzubrechen. Kommt ungeachtet der Verhandlungen innerhalb des nach § 20 SEBG zu bemessenen Verhandlungszeitraums keine Vereinbarung zustande, so findet als Auffangregelung die Mitbestimmung kraft Gesetzes nach den §§ 35 bis 38 SEBG Anwendung, wenn die in § 34 Abs. 1 SEBG aufgestellten Voraussetzungen vorliegen.[1412] Die Anwendbarkeit der §§ 35 ff. SEBG kann auch Gegenstand einer Vereinbarung mit dem besonderen Verhandlungsgremium sein (§ 21 Abs. 5 SEBG).

Auf eine SE mit Sitz in Deutschland findet im Regelfall das Repräsentationsmitbestimmungsmodell Anwendung, in dem ein Teil der Mitglieder des Aufsichts- oder Verwaltungsorgans von der Arbeitnehmerseite gewählt oder bestellt wird (§ 2 Abs. 12 lit. a SEBG).[1413]

Im Übrigen wird die Einleitung des Statusverfahrens nahezu wortgleich zu § 97 AktG geregelt, wobei durch den Hinweis auf die Beachtung vertraglicher Vorschriften klargestellt wird, dass auch das Verhandlungsergebnis zwingend umzusetzen ist.[1414]

(2) Abberufung und sonstige Beendigungsgründe

Anders als das Konzept von 1991[1415] in Art. 63 Abs. 2 S. 1 SE-VO erwähnt die SE-VO nicht mehr die Beendigung der Mitgliedschaft im Verwaltungsorgan. In Ermangelung entsprechender Vorschriften in der SE-VO kommen über Art. 9 Abs. 1 c SE-VO die für nationale Aktiengesellschaften geltenden Regelungen (Art. 9 Abs. 1 c ii SE-VO) bzw. das SEAG (Art. 9 Abs. 1 c i SE-VO) zur Anwendung. Die Regelungen zur Abberufung der Verwaltungsratsmitglieder sind im § 29 SEAG enthalten. Diese Norm ist wortlautgleich mit dem für das Aufsichtsorgan im dualistischen System geltenden § 103 AktG.[1416] Nach § 29 Abs. 1 SEAG erfolgt die Abberufung eines regulär bestellten Verwaltungsratsmitglieds durch Beschluss in der Hauptversammlung mit einer Dreiviertelmehrheit (§ 29 Abs. 1 SEAG). Die entsandten Verwaltungsratsmitglieder können nach § 29 Abs. 2 SEAG vom Entsendeberechtigten abberufen werden. Eine gerichtliche Abberufung ist nach § 29 Abs. 3 SEAG in Analogie zu § 103 AktG möglich. Dabei kann jedes Verwaltungsratsmitglied nach § 29 Abs. 3 SEAG unabhängig von

1411 *Jacobs* in MünchKomm/AktG, § 38 SEBG Rn. 2 ff. m.w.N.

1412 *Jacobs* in MünchKomm/AktG, § 34 Abs. 1 SEBG Rn. 4-14. ff.

1413 Überblick über die unterschiedlichen Formen und den Umfang der Mitbestimmung in einigen Mitgliedstaaten bei *Schwark,* AG 2004, S. 173 f.

1414 Ausführlich *Reichert/Brandes* in MünchKomm, Art. 43 SE-VO Rn.74 ff.

1415 Siehe Art. 75 SE-VOE 1989 und Art. 66 Abs. 3 SE-VOE 1991.

1416 Zu den Einzelheiten der regulären Abberufung siehe C. II. 2. b) aa) (1) in diesem Vierten Teil.

der Art ihrer Bestellung aus wichtigem Grund auf Antrag auch vom Gericht abberufen werden,[1417] während nach dem in Großbritannien geltenden Recht eine Abberufung ohne wichtigen Grund erfolgen kann.[1418]

cc) Innere Ordnung des Verwaltungsrats

Die Vorschriften der SE-VO zur inneren Ordnung der monistischen SE beschränken sich auf die Regelung von Grundsatzfragen. Art. 44 Abs. 1 SE-VO spricht die Sitzungen des Verwaltungsrates an, Art. 44 Abs. 2 SE-VO den Informationsfluss innerhalb dieses Organs. Weitere Fragen der inneren Ordnung werden in Art. 45 SE-VO (Wahl des Vorsitzenden) und Art. 50 SE-VO (Beschlussfähigkeit und –fassung) behandelt. Detaillierte Regelungen zur inneren Ordnung einer monistischen deutschen SE finden sich in den §§ 34 bis 37 SEAG.[1419]

(1) Geschäftsordnung, Sitzung und Beschlüsse

1) Geschäftsordnung

Die SE-VO regelt die Geschäftsordnung des Verwaltungsrats nicht. Nach § 34 Abs. 2 SEAG kann aber der Verwaltungsrat selbst eine Geschäftsordnung erlassen und die Satzung diesbezügliche Einzelfragen bindend regeln.[1420] Dies entspricht § 77 Abs. 2 AktG.[1421] Der Erlass der Geschäftsordnung erfolgt nach Art. 50 Abs. 1 b SE-VO durch Beschluss des Verwaltungsrats mit einfacher Mehrheit.

2) Sitzungen

Hinsichtlich der Sitzung des Verwaltungsrats hat die SE-VO in Art. 44 Abs. 1 SE-VO lediglich folgendes vorgesehen: Der Verwaltungsrat hat in den durch die Satzung bestimmten Abständen, mindestens jedoch alle drei Monate, zusammenzutreffen, um über den Gang der Geschäfte der SE und deren voraussichtliche Entwicklung zu beraten. In der Verordnung ist also außer Art. 44 Abs. 1 SE-VO im Zusammenhang mit der Sitzung des Verwaltungsrats gar nichts geregelt, z.B. von wem sich der Verwaltungsrat einberufen lässt und in welcher Form und Frist die Einberufung erfolgen muss:

- **Einberufung**: Nach § 37 Abs. 1 S. 1 SEAG erfolgt die Einberufung des Verwaltungsrats grundsätzlich durch seinen Vorsitzenden. Jedes Verwaltungsratsmitglied kann nach § 37 Abs. 1 S. 1 SEAG unter Angabe von Zweck und Gründen diese Einberufung verlangen. Die Sitzung hat nach § 37 Abs. 1 S. 2 SEAG binnen zwei Wochen nach der Einberufung stattzufinden. Wenn die verlangte

---

1417 Dazu siehe C. II. 2. b) aa) in diesem Vierten Teil.

1418 Dazu siehe C. II. 2. b) bb) in diesem Vierten Teil.

1419 Das Ausführungsgesetz sieht zwar nur für § 34 SEAG die Überschrift „Innere Ordnung des Verwaltungsrats“ vor, der Sache nach behandeln indes auch die folgenden Paragrafen diesen Komplex.

1420 Zu Einzelheiten siehe cc) Geschäftsordnung in e) Innere Ordnung des Aufsichtsorgans.

1421 Begründung RegE bei *Neye* zu SEAG § 34.

Einberufung verweigert wurde, kann nach § 37 Abs. 2 SEAG das Verwaltungsratsmitglied selbst den Verwaltungsrat einberufen. Diese Norm entspricht im Wesentlichen dem für das Aufsichtsorgan des dualistischen Systems geltenden § 110 AktG;[1422]

- **Zahl der Sitzungen**: Der Verwaltungsrat muss nach § 44 Abs. 1 SE-VO mindestens zwei Sitzungen im Kalenderhalbjahr abhalten. Diese Regelung entspricht dem für das Aufsichtsrat/-organ des dualistischen Systems geltenden § 110 Abs. 3 AktG. Weitere Regelungen zur Sitzungshäufigkeit kann der Verwaltungsrat selbst in seiner Geschäftsordnung bestimmen;[1423]
- **Teilnahme an den Sitzungen des Verwaltungsrats und seiner Ausschüsse:** Die Beschränkungen auf die Teilnahme an den Sitzungen des Verwaltungsrats und seiner Ausschüsse werden in § 36 SEAG entsprechend § 109 AktG geregelt.[1424] Zu beachten ist, dass die nicht aus der Mitte des Verwaltungsrats bestellten geschäftsführenden Direktoren (externe geschäftsführenden Direktoren) entsprechend § 36 Abs. 1 und 3 SEAG kein Teilnahmerecht haben.[1425]

3) Beschlüsse

Die Beschlussfassung des Verwaltungsorgans regelt Art. 50 Abs. 1 SE-VO unmittelbar und ordnet an, dass die Beschlussfähigkeit gegeben ist, wenn mindestens die Hälfte der Mitglieder anwesend oder vertreten ist (Art. 50 Abs. 1 a SE-VO). Die Beschlüsse werden mit der Mehrheit der anwesenden oder vertretenen Mitglieder gefasst (Art. 50 Abs. 1 b SE-VO). Die SE-VO lässt jedoch abweichende Bestimmungen in der Satzung zu. Nationale Ausführungsbestimmungen zur Beschlussfassung und Beschlussfähigkeit erübrigen sich damit, da nach Art. 9 Abs. 1 SE-VO die angeordnete Satzungsfreiheit Vorrang vor nationalen Ausführungsbestimmungen hat.[1426] Nicht geregelt in Art. 50 Abs. 1 SE-VO ist außerdem die Vertretung in den Sitzungen und die Form der Beschlussfassung. Hier gilt § 35 Abs. 1 SEAG entsprechend § 108 Abs. 3 und 4 AktG.[1427]

(2) Verwaltungsratsvorsitzende

1) Bestellung und Abberufung

Nach Art. 45 SE-VO wählt der Verwaltungsrat aus seiner Mitte einen Vorsitzenden. Gemäß Art. 45 S. 2 SE-VO darf aber nur ein von der Hauptversammlung der Aktionäre bestelltes Mitglied zum Vorsitzenden gewählt werden, wenn die Hälfte der Mitglieder des Verwaltungsorgans von den Arbeitnehmern be-

---

1422 Zu den Einzelheiten der regulären Abberufung siehe C. II. 3. a) aa) (2) in diesem Teil.

1423 *Reichert/Brandes* in MünchKomm/AktG, Art. 44 SE-VO Rn. 7.

1424 Begr. RegE bei *Neye* zu § 36 SEAG. Vgl. auch C. II. 3. a) aa) (2) in diesem Vierten Teil.

1425 Vgl. *Hopt/Roth* in Großkomm/AktG, § 109 Rn. 102; *Merkt,* ZGR 2003, 651, 656, 670; *Manz* in *MMS* (2005), Art. 43 SE-VO Rn. 114; *Reichert/Brandes* in MünchKomm/AktG, Art. 44 SE-VO Rn. 22; *Schwarz* (2006), Anh Art. 43 Rn. 226; *Thümmel* (2005), Rn. 206.

1426 Begr. RegE zu § 35 SEAG, BT-Drucks, 15/3405.

1427 Begr. RegE zu § 35 SEAG, BT-Drucks, 15/3405.

stellt wurde. § 34 SEAG bestimmt dazu ergänzend, dass neben dem Vorsitzenden nach näheren Bestimmungen der Satzung auch mindestens ein Stellvertreter zu wählen ist. Die Vorschrift lehnt sich an § 107 Abs. 1 AktG, d.h. die Regelung zur inneren Ordnung des Aufsichtsrats, an.[1428] Für den Wahlbeschluss ist die einfache Stimmenmehrheit erforderlich und genügend, sofern in der Satzung nichts anderes bestimmt ist (Art. 50 Abs. 1 lit. b SE-VO).[1429] Die Regelung des § 27 MitbestG, die den Aktionärsvertretern bei der Wahl des Aufsichtsratsvorsitzenden einer Aktiengesellschaft die Mehrheit sichert, findet auf die SE keine Anwendung.[1430]

Bezüglich der Abberufung des Verwaltungsratsvorsitzenden enthält das SEAG keine Regelung. Daher muss auf das nationale Gesetz gem. Art. 9 Abs. 1 c ii SE-VO zurückgegriffen werden. Die Abberufung erfolgt grundsätzlich durch Beschluss mit derselben Mehrheit des Verwaltungsrats wie die Wahl und dessen Bekanntgabe. Die Abberufung aus wichtigem Grund muss aber mit einfacher Mehrheit möglich sein.[1431] Der Betroffene darf beim Beschluss ausnahmsweise nicht mitstimmen.[1432] Genauso wie jedes Verwaltungsratsmitglied kann der Verwaltungsratsvorsitzende sein Amt niederlegen. Die Niederlegung der Funktion ist isoliert, also unter Beibehaltung der Mitgliedschaft im Verwaltungsrat möglich.[1433]

Die Amtszeit des Vorsitzenden endet spätestens mit seinem Ausscheiden aus dem Organ, da der Verwaltungsrat den Vorsitzenden aus seiner Mitte zu wählen hat. Art. 46 SE-VO ist auf die Amtszeit des Organmitglieds in seiner Funktion als Vorsitzender nicht anzuwenden.[1434]

2) Aufgaben und Befugnisse

Der Verwaltungsratsvorsitzende besitzt zunächst diejenigen Aufgaben und Befugnisse, die dem Vorsitzenden eines Kollegialorgans normalerweise obliegen bzw. zukommen. Zu den Aufgaben des Vorsitzenden deshalb gehören, die Sitzungen des Verwaltungsrats einzuberufen, vorzubereiten und zu leiten, die Beschlüsse und Ergebnisse der Ausschüsse in das Plenum einzubringen und die Ausschussarbeit zu koordinieren.[1435] Der Vorsitzende repräsentiert ferner den

---

1428 Zur Aufsichtsorgansbestellung siehe oben C. II. 2. b) aa) (1) in diesem Vierten Teil.

1429 Dazu vgl. auch oben C. II. 2. b) aa) (2) in diesem Vierten Teil.

1430 Siehe RegBegr. zu § 47 SEBG, BT-Drucks. 15/3405 S. 57; *Jacobs* in MünchKomm/AktG, § 47 SEBG Rn. 7; *Reichert/Brandes* in MünchKomm/AktG, Art. 45 SE-VO Rn. 4.

1431 Zum Aufsichtsratsvorsitzenden in der AG vgl. *Lutter/Krieger* (2002), § 9 Rn. 542; *Semler* in MünchKomm/AktG, § 107 Rn. 44; *Hüffer,* AktG/7, § 107 Rn. 4; *Hoffmann-Becking* in MünchHdb/GesR IV § 31 Rn. 12.

1432 Zum Aufsichtsorgansvorsitzenden siehe oben C. II. 3. b aa) in diesem Vierten Teil.

1433 Zum Aufsichtsorgansvorsitzenden siehe oben C. II. 3. b aa) in diesem Vierten Teil.

1434 *Manz* in *MMS* (2005), Art. 45 SE-VO Rn. 3.

1435 *Reichert/Brandes* in MünchKomm/AktG, Art. 45 SE-VO Rn 20.

Verwaltungsrat, insbesondere gegenüber den geschäftsführenden Direktoren.[1436] Er ist ständiger Ansprechpartner und Berater der geschäftsführenden Direktoren. In dieser Funktion nimmt er die Berichte der geschäftsführenden Direktoren entgegen und bringt sie in den Verwaltungsrat ein, sofern die Satzung oder die Geschäftsordnung nichts anderes vorsieht (§§ 40 Abs. 6 SEAG, 90 AktG). Er leitet auch die Hauptversammlung, wenn es die Satzung bestimmt. Diese Aufgabe des Vorsitzenden ist eine typische satzungsmäßige Aufgabe.[1437] In jedem Fall erläutert er der Hauptversammlung den Bericht des Verwaltungsrats (§ 48 Abs. S. 3 SEAG) über den Jahresabschluss, den Lagebericht und den Gewinnverwendungsvorschlag (§ 47 SEAG). Nach § 40 Abs. 3 SEAG ist er ferner Empfänger der Berichte der geschäftsführenden Direktoren über den Eintritt eines Verlustes in Höhe der Hälfte des Grundkapitals oder über die Zahlungsunfähigkeit und Überschuldung der Gesellschaft. In einigen Sonderfragen, insbesondere bei Anmeldungen zum Handelsregister finden sich ausdrücklich gesetzliche Kompetenzzuweisungen an den Verwaltungsratsvorsitzenden.[1438]

Art. 50 Abs. 2 SE-VO räumt den Vorsitzenden aller Organe und damit auch dem Vorsitzenden des Verwaltungsrats einen Stichentscheid bei Abstimmungen ein. Ferner hat der Vorsitzende gem. § 35 Abs. 3 SEAG eine zusätzliche Stimme, wenn ein geschäftsführender Direktor, der zugleich Mitglied des Verwaltungsrats ist, aus rechtlichen Gründen gehindert ist, an der Beschlussfassung im Verwaltungsrat teilzunehmen.[1439]

3) Verwaltungratsvorsitzender als *Chief Executive Officer* (CEO)

Dem Vorsitzenden des Verwaltungsrats kommt sowohl nach der SE-VO als auch nach dem SEAG eine herausragende Stellung zu. Seine Stellung lässt sich durch folgende Punkte noch weiter stärken:

- **Personalunion:** Der Verwaltungsvorsitzende kann erst durch die Personalidentität eine vergleichsweise stärkere Stellung haben. Nach § 40 Abs. 1 S. 2 SEAG lassen sich die Mitglieder des Verwaltungsrats zu geschäftsführenden Direktoren bestellen, sofern die Mehrheit des Verwaltungsrats weiterhin aus nicht geschäftsführenden Mitgliedern besteht. Es ist daher möglich, dass der Verwaltungsratsvorsitzende gleichzeitig ein geschäftsführender Direktor ist. In

---

1436 Für die AG vgl. *Hüffer,* AktG/7, § 107 Rn. 5; *Lutter/Krieger* (2002), § 9 Rn. 554; *Semler* in MünchKomm/AktG, § 107 Rn. 104 ff; *Hoffmann-Becking* in MünchHdb/GesR IV, § 31 Rn. 15.

1437 Nach Art. 53 gilt für Fragen der Organisation und des Ablaufs der Hauptversammlung nationales Recht. Da weder im Aktiengesetz noch im SEAG eine Regelung enthalten ist, erscheint es zweckmäßig, in der Satzung eine den in Deutschland üblichen Gepflogenheiten entsprechende Bestimmung aufzunehmen, den Verwaltungsratsvorsitzenden als Leiter der Hauptversammlung zu benennen; *Eder,* NZG 2004, S. 544, 546; vgl. zum Aktienrecht *Semler* in MünchKomm/AktG, § 107 Rn. 117; *Lutter/Krieger* (2002), § 9 Rn. 553; *Hüffer,* AktG/7, § 129 Rn. 18.

1438 Vgl. §§ 184 Abs. 1, 188 Abs. 1, 195 Abs. 1, 207 Abs. 2, 223, 229, Abs. 3, 237 Abs.2 AktG i.V.m. § 22 Abs. 6 SEAG.

1439 *Reichert/Brandes* in MünchKomm/AktG, Art. 50 Rn. 18.

diesem Fall wird der Verwaltungsratsvorsitzende schon auf Grund des mit der Personalunion verbundenen Informationsvorsprunges gegenüber den übrigen Mitgliedern des Verwaltungsrats eine starke Stellung innehaben.[1440] Diese Personalunion führt damit zu einer Beschleunigung der Entscheidungsprozesse,[1441] da das Amt des Vorsitzenden (*Chairman*) und des *chief executive*[1442] von derselben Person ausgeübt wird.

Denkbar ist zudem, dass das Amt des Verwaltungsratsorgansvorsitzenden und das Amt des Vorsitzenden der geschäftsführenden Direktoren durch die Personalunion ausgeübt wird.[1443] Dies wird allerdings hinsichtlich der aktuellen angloamerikanischen Corporate Governance-Diskussion in der Literatur zu Recht kritisiert,[1444] weil eine solche personenidentische Besetzung beider Vorsitzposten eine besondere Problematik in Bezug auf die erforderliche Trennung zwischen Überwachung und Geschäftsführung und daraus eine hervorgehobene Stellung des Verwaltungsvorsitzenden generiert. Diese Situation hinsichtlich der Unternehmensführung ist vergleichbar mit der Machtstellung des CEO in den US-amerikanischen Aktiengesellschaften.[1445] Diese herausragende Machtstellung des CEO wird sowohl in der angloamerikanischen Corporate Diskussion als auch in der Praxis abgelehnt. Eine Trennung des *chairman of the board* und des CEO wird damit befürwortet.[1446] Im 14. Erwägungsgrund der SE-VO wird ausdrücklich zu dieser Trennung aufgefordert. Das SEAG enthält jedoch kein gesetzliches Verbot der Wahrnehmung beider Funktionen, obwohl der Gesetzgeber dieses Übergewicht nicht für wünschenswert hält; die Personalunion ist de lege lata unerwünscht, aber zulässig.[1447]

1440 Zum Ausgleich der durch den Informationsvorsprung gegenüber den übrigen Mitgliedern des Verwaltungsrats entstandenen starken Stellung können die Berichtspflichten der geschäftsführenden Direktoren (§ 40 Abs. 6 SEAG) und das Recht der Verwaltungsratsmitglieder, von allen Informationen, die dem Verwaltungsrat übermittelt werden, Kenntnis zu nehmen (Art. 44 Abs. 2 SE-VO), eine Rolle spielen; *Reichert/Brandes* in MünchKomm /AktG, Art. 45 SE-VO Rn.27; zu den Informationsrechten der Mitglieder des Board im US-amerikanischen Recht vgl. *Hein*, RIW 2002, S. 501, 507.

1441 Zur Machtstellung des amerikanischen CEO auf Grund des damit verbundenen Informationsvorsprungs vgl. *v. Hein,* RIW 2002, 501, 503, 507; *Gruber/Weller*, NZG 2003, S. 297, 300.

1442 Der höchstgestellte executive director ist der managing director, der in der Unternehmenspraxis chief executive oder amerikanisiert chief executiv officer (CEO) genannt wird: *Davies* (2003 a), S. 319 f. und S. 39.

1443 Vgl. *Brandt* (2003), S. 1212.

1444 Vgl. *Frodermann* in JF (2005), S. 168.

1445 In den US-amerikanischen Aktiengesellschaften wird die eigentliche Geschäftsführung durch die Inside Directors ausgeübt, die dem Unternehmen angehörenden Top-Manager. Der wichtigste und höchste Inside Director ist der Chief Executive Officer (CEO). Er ist nach dem Direktorialprinzip allen anderen Managern vorgesetzt und damit der oberste Entscheidungsträger. Der CEO muss immer Mitglied des Board sein, er wird selber vom Board ernannt und abberufen.

1446 Vgl. dazu *Gruber/Weller*, NZG 2003, S. 297, 301.

1447 Begr.RegE zu § 40 SEAG, BT-Drucks.15/3405.

- **Stichentscheidungsrecht**: Auch durch ein Recht zum Stichentscheid kann die Stellung des Verwaltungsratsvorsitzenden verstärkt werden. Nach zwingendem Recht sind die Stimmen aller Organmitglieder grundsätzlich stets gleichwertig. Gem. Art. 50 Abs. 2 SE-VO wird aber ein Stichentscheid dem Vorsitzenden des jeweiligen Organs bei Stimmgleichheit eingeräumt. Der Vorsitzende des Verwaltungsrats gibt demzufolge den Ausschlag. Die Satzung kann aber grundsätzlich davon Abweichendes bestimmen, also das Letztentscheidungsrecht des Vorsitz- enden ausschließen. Bei einem paritätisch mitbestimmten Verwaltungsrat lässt sich dieser Stichentscheid jedoch nicht durch die Satzung abbedingen (Art. 50 Abs. 2 SE-VO).[1448] Eine weitere Sonderregel enthält § 35 Abs. 3 SEAG für die Abstimmung im Verwaltungsrat; der Verwaltungsratsvorsitzende hat eine zusätzliche Stimme, wenn ein geschäftsführender Direktor, der zugleich Mitglied des Verwaltungsrats ist, aus rechtlichen Gründen gehindert ist, an der Beschlussfassung im Verwaltungsrat teilzunehmen.[1449] Fraglich ist, ob es zulässig ist, dem Verwaltungsratsvorsitzenden ein Vetorecht einzuräumen, mit dessen Hilfe er das Zustandekommen eines von der Mehrheit (Art. 50 Ab. 1 lit. b SE-VO) getragenen Beschlusses verhindern kann. Dies ist zu verneinen, weil der Verwaltungsrat ebenso wie der Aufsichtsrat der AG ein Kollegialorgan ist,[1450] auch wenn Art 50 Abs. 1 SE-VO Gestaltungsweisen zulässt, die vom Prinzip der Beschlussfassung des Verwaltungsrats mit einfacher Mehrheit abweichen.[1451]
- **Einschränkung der Abberufbarkeit durch Satzung**: Eine weitere Stärkung der Stellung des CEO lässt sich durch die Verankerung von Erschwernissen für seine Abberufung herbeiführen. Für die Abberufung als ein Mitglied des Verwaltungsrats kann die Satzung nach § 29 Abs. 1 S. 3 SEAG eine andere Mehrheit und weitere Erfordernisse bestimmen. Für die Abberufung als ein geschäftsführender Direktor aus § 40 Abs. 5 SEAG und für die Abberufung als ein Verwaltungsratsvorsitzende durch diesen selbst aus Art. 50 Abs. 1 SE-VO (im Falle einer Regelung durch die Satzung) oder § 34 Abs. 2 S. 1 SEAG (im Falle einer Regelung durch die Geschäftsordnung).[1452]

1448 Diese Regelung sichert das Letztentscheidungsrecht der Anteilseigner der SE, da nach Art. 42 S. 2 und 45 S. 2 SE-VO der Verwaltungsratsvorsitzende nur ein von der Hauptversammlung bestelltes Organmitglied sein kann. Unabhängig von dem gewählten Mitbestimmungsverfahren lässt sich ein Vertreter der Arbeitnehmerschaft nicht zum Vorsitzenden wählen; Vgl. *Merkt*, BB 1992, 652, 657; *Manz* in *MMS* (2005), Art. 50 Rn. 18.

1449 Ausführlich *Reichert/Brandes* in MünchKomm/AktG, Art.50 SE-VO Rn. 35 ff.

1450 Für den Aufsichtsrat der AG vgl. *Semler* in MünchKomm/AktG, § 107 rn. 162, § 108 Rn. 138; *Mertens* in Kölner Komm/AktG, § 108 Rn. 47; *Hüffer*, AktG/7, § 108 Rn. 8; *Lutter/Krieger* (2002), § 9 Rn. 607.

1451 Vgl. *Reichert/Brandes* in MünchKomm/AktG, Art. 45 Rn.28, Art. 50 Rn. 31(zur Begründung von Vetorechten im Leitungsorgan) und Art. 50 Rn. 34 (zur Begründung von Vetorechten im Verwaltungsrat).

1452 *Edner*, NZG 2004, S. 544, 545; *Reichert/Brandes* in MünchKomm/AktG, Art. 46 SE-VO Rn. 34.

4) Stellvertreter, Ehrenvorsitzender und Publizität

Nach § 34 Abs. 1 S. 1 SEAG hat der Verwaltungsrat neben dem Vorsitzenden nach näherer Bestimmung der Satzung aus seiner Mitte einen oder mehrere Stellvertreter zu wählen. Der Stellvertreter verfügt nur dann über die Rechte und Pflichten des Vorsitzenden, wenn der Vorsitzende verhindert ist (§ 34 Abs. 1 S. 2 SEAG). Tritt der Vertretungsfall ein, hat der Stellvertreter für dessen Dauer alle Rechte und Pflichten des Vorsitzenden. Die Vorschrift lehnt sich an § 107 Abs.1 AktG an.[1453] Für die Wahl, die Amtszeit und die Beendigung des Amtes gelten die Regelungen für den Vorsitzenden entsprechend.[1454]

Nach § 46 Abs. 1 S. 3 SEAG haben die geschäftsführenden Direktoren die Wahl des Verwaltungsratsvorsitzenden und seines Stellvertreters sowie jede Änderung in der Person des Verwaltungsratsvorsitzenden und seines Stellvertreters zum Handelsregister anzumelden. Auf allen Geschäftsbriefen der Gesellschaft, die an einen bestimmten Empfänger gerichtet werden, müssen alle geschäftsführenden Direktoren und der Vorsitzende des Verwaltungsrats mit dem Familiennamen und mindestens einem ausgeschriebenen Vornamen angegeben werden. Dazu gilt § 80 Abs. 1 S. 3 AktG entsprechend.[1455]

Die Bezeichnung „Ehrenvorsitzender" ist ein bloßer Titel, den die Hauptversammlung oder der Verwaltungsrat selbst vergeben kann.[1456] Die Ernennung des Ehrenvorsitzenden sollte durch den Beschluss der Hauptversammlung mit einfacher Mehrheit erfolgen, wenn die Satzung hierzu schweigt.[1457] Der Titel ist aber rechtlich inhaltslos.[1458] Trotzdem darf der Ehrenvorsitzende als Dritter i.S.d. § 36 Abs. 1 SEAG ausnahmsweise an den Sitzungen teilnehmen;[1459] dann ist er aber entsprechend Art. 49 SE-VO, §§ 39 SEAG, 93 Abs. 1 S. 2 AktG zur Verschwiegenheit verpflichtet,[1460] und er kann ferner auf Grund einer entsprechenden Satzungsklausel zum Leiter der Hauptversammlung bestellt werden.[1461]

1453 RegBegr. zu § 34 SEAG, BT-Drucks. 15/3405 S. 38.

1454 *Hüffer*, AktG/7, § 107 Rn. 7; *Reichert/Brandes* in MünchKomm/AktG, Art. 45 Rn.28, Art. 50 Rn. 3ff. Rn. 35 f.

1455 Vgl. § 43 SEAG Abs. 1.; vgl. dazu auch *Semler* in MünchKomm/AktG, § 107 Rn. 57; *Hüffer*, AktG/7, § 80 AktG Rn. 3; *Hoffmann-Becking* in MünchHdb/GesR IV, § 32 Rn. 10.

1456 Vgl. umfassend zur AG *Siebel*, FS *Peltzer*, 2001, S. 519, 528; *Hüffer*, AktG/7 § 107 Rn. 9; *Hoffmann-Becking* in MünchHdb/GesR IV, § 31 Rn. 21.

1457 *Hüffer*, AktG/7, § 107 Rn. 9.

1458 *Lutter/Krieger* (2002), § 9 Rn. 564; *Semler* in MünchKomm/AktG, § 107 Rn. 86; *Hoffmann-Becking* in MünchHdb/GesR IV, § 31 Rn. 21.

1459 *Lutter/Krieger* (2002), § 9 Rn. 581; *Semler* in MünchKomm/AktG, § 107 Rn. 87; *Hüffer*, AktG/7, § 107 Rn. 9; *Hoffmann-Becking* in MünchHdb/GesR IV, § 31 Rn. 21.

1460 *Lutter/Krieger* (2002), § 6 Rn. 227; *Semler* in MünchKomm, § 107 Rn. 89; *Hüffer*, § 107 Rn. 9; *Siebel*, FS *Peltzer*, 2001, S. 519, 537; *Reichert/Brandes* in MünchKomm/AktG, Art. 45 SE-VO Rn. 37.

1461 *Hüffer*, AktG/7, § 107 Rn. 9.

(3) Ausschüsse des Verwaltungsrats

Ebenso wie das Aufsichtsorgan im dualistischen System kann auch der Verwaltungsrat gem. § 34 Abs. 4 S. 1 SEAG entsprechend § 107 Abs. 3 S. 1 AktG aus seiner Mitte einen oder mehrere Ausschüsse bestellen. Welche Aufgaben sich den Ausschüssen übertragen lassen oder nicht, ergib sich aus § 34 Abs. 4 S. 2 SEAG entsprechend § 107 Abs. 3 S. 2 AktG.[1462] Bei der Einrichtung von Ausschüssen durch den Verwaltungsrat besteht Gestaltungsfreiheit. Damit lassen sich die aus dem dualistischen System eingerichteten Ausschüsse - Präsidium, Personalausschuss, Investitionsausschuss, Finanz- bzw. Bilanzausschuss, Kreditausschuss – auch im Verwaltungsrat einer SE bilden.[1463] Außerdem lassen sich die Ausschüsse nach ihnen übertragenen Aufgabenbereichen zwischen vorbereitenden, beschließenden und beratenden Ausschüssen unterscheiden.[1464] Außer solcher aus dem dualistischen System bekannten Ausschussformen können im monistischen System insbesondere ein Exekutivausschuss[1465] als ein überwachender Ausschuss und Planungsausschuss[1466] für die strategische Unternehmensplanung als Sonderbereich der Geschäftsführung eingerichtet werden, weil der Verwaltungsrat nach § 22 Abs. 1 SEAG beide Funktionen, nämlich die Unternehmensführung und –überwachung innehat.[1467] Dieser Ausschuss kann durch eine hohe Sitzungsfrequenz charakterisiert werden und steht in laufendem Kontakt und laufender Beratung mit den geschäftsführenden Direktoren. Die wichtigste Aufgabe dieses Ausschusses ist nach § 34 Abs. 4 SEAG die Vorbereitung der unternehmerischen Planung in strategischer, organisatorischer und finanzieller Sicht, über die der Verwaltungsrat sodann im Plenum beschließen muss. Für seine Besetzung gelten dieselben Grundsätze wie für die Zusammensetzung der Aufsichtsorgansausschüsse einer dualistischen SE.[1468] Dabei ist als Besonderheit zu beachten, dass geschäftsführende Direktoren gleichzeitig Verwaltungsratsmitglieder sowie Mitglieder dessen Ausschusses sein können, woraus dann eine besonders starke Stellung im Unternehmen resultiert, die derjenigen der Leitungsorgansmitglieder im dualistischen System angenähert ist.[1469]

1462 Zum Ausschuss des Aufsichtsorgans siehe oben C. II. 3. c) aa) in diesem Vierten Teil.

1463 Dazu siehe oben. C. II. 3. c) aa) (3) 1) in diesem Vierten Teil.

1464 Dazu siehe oben. C. II. 3. c) aa) (3) 2) in diesem Vierten Teil.

1465 *Eder,* NZG 2004, S. 544, 546; *Gruber/Weller,* NZG 2003, S. 297, 300; *Frodermann in JF* (2005), § 5 Rn. 218; *Lutter/Kollmorgen/Feldhaus,* BB 2005, S. 2473, 2479 Fn. 78; *Reichert/Brandes* in MünchKomm/AktG, Art. 44 SE-VO Rn. 52ff; *Theisen/*Hölzl in *Theisen/Wenz* (2005), S. 269, 308.

1466 *Gruber/Weller,* NZG 2003, S. 297; *Frodermann in JF* (2005), § 5 Rn. 218; *Kallmeyer,* ZIP 2003, S. 1531, 1535; *Schwarz* (2006), Art. 43 Rn. 91; *Theisen/Hölzl* in *Theisen/Wenz,* S. 269, 308.

1467 *Frodermann* in *JF* (2005), § 5 Rn.218 ff.

1468 Dazu siehe oben. C. II. 3. c) aa) (1) (2) in diesem Vierten Teil.

1469 *Reichert/Brandes* in MünchKomm/AktG, Art. 44 SE-VO Rn.55.

b) Geschäftsführende Direktoren

Nach § 40 Abs. 1 S. 1 SEAG hat eine deutsche monistische SE neben dem Verwaltungsrat mindestens einen geschäftsführenden Direktor zu haben. Die geschäftsführenden Direktoren sind kein gleichberechtigtes Organ, sondern dem Verwaltungsrat innerhalb der Verbandstruktur hierarchisch untergeordnet.[1470] Sie sind ausführendes Organ der Entscheidungen des Verwaltungsrats.[1471] In der internen Corporate Governance sind sie nach der allgemeinen Regel des § 22 Abs. 6 SEAG nur für diejenigen Angelegenheiten originär zuständig, die ihnen das Gesetz ausdrücklich zuweist.[1472]

aa) Aufgaben

(1) Führung der laufenden Geschäfte und Weisungsabhängigkeit

Den geschäftsführenden Direktoren ist nach § 40 Abs. 1 S. 1 SEAG die „laufende Geschäftsführung der Gesellschaft" zugewiesen.[1473] Diese Geschäftsführung bedeutet jedes tatsächliche und rechtliche Handeln in den Angelegenheiten der Gesellschaft.[1474] Dabei können die geschäftsführenden Direktoren - abgesehen von den gesetzlich dem Verwaltungs- rat zugewiesenen Aufgaben (z.B. Oberleitung und Überwachung nach § 22 Abs. 1 SEAG und die Aufgaben aus §§ 22 Ab. 2 bis Abs. 5, 47 SEAG und § 22 Abs. 4 SEAG i.V.m. dem AktG)[1475] - prinzipiell alles machen, was im Unternehmen passiert. Dabei sind aber die geschäftsführenden Direktoren nach § 44 Abs. 2 SEAG abhängig von den Weisungen des Verwaltungsrats. Das Weisungsrecht des Verwaltungsrats ist auf alle Bereiche ihrer laufenden Geschäftsführung sowohl qualitativ als auch quantitativ ausdehnbar.[1476] In diesem Zusammenhang fungieren die geschäftsführenden Direktoren als ein „verlängerter Arm des Verwaltungsrats", der die Leitlinien der Geschäftspolitik bestimmt und sie mittels seines Weisungsrechts auch durchsetzen kann, beschrieben.[1477] Unter dieser Weisung liegt die Letztverantwortung für die Unternehmenspolitik und die Unternehmensleitung allein beim Verwaltungsrat. [1478] Damit sind diese geschäftsführenden Direktoren einem GmbH-Geschäftsführer vergleichbar.[1479]

1470 Art. 38 SE-VO nennt als Organe der monistischen SE nur Verwaltungsorgan und Hauptversammlung.

1471 *Teichmann*, BB 2004, S. 53, 54.

1472 Siehe gerade unten (2) sonstige Aufgaben der geschäftsführenden Direktoren.

1473 Begr.RegE zu § 22 und § 40 SEAG, BT-Drucks. 15/3405.

1474 S. oben Leitungsorgan Geschäftsführung.

1475 Zu den Aufgaben des Verwaltungsrats s. oben. D. I. 1. a) aa) in diesem vierten Teil.

1476 *Teichmann* in *Lutter/Hommelhoff* (2005), S. 195, 206; *Hoffmann-Becking,* ZGR 2004, S. 355, 369; *Schwarz* (2006), Anh. Art. 43 Rn. 339; *Thümmel* (2005), Rn. 246.

1477 *Teichmann* in *Lutter/Hommelhoff* (2005), S. 205.

1478 Begr. RegE zu § 22 und § 40 SEAG, BT-Drucks. 15/3405; *Schwarz*, ZIP 2001, 1847, 1855; *Pluskat*, EuZW 2001, S. 524, 527.

1479 *Neye/Teichmann*, AG 2003, S. 169, 179; *Kallmeyer*, ZIP 2003, S. 1531, 1533; *Frodermann* in *JF* (2005), § 5 Rn. 136 ff.

Übrigens sind die geschäftsführenden Direktoren nach § 40 Abs. 2 S. 1 SEAG nur gemeinschaftlich zur Geschäftsführung befugt, wenn mehrere geschäftsführende Direktoren bestellt sind; allerdings kann die Satzung oder eine vom Verwaltungsrat erlassene Geschäftsordnung Abweichendes festlegen. Außerdem gilt für die geschäftsführenden Direktoren das Kollegialprinzip. Deshalb existiert unter den geschäftsführenden Direktoren keine hierarchische Abstufung.[1480]

(2) Vertretung der SE durch die geschäftsführenden Direktoren

Nach § 41 Abs. 1 SEAG wird die monistische SE gerichtlich und außergerichtlich durch die geschäftsführenden Direktoren als Handlungsorgan[1481] vertreten. Anders als die Geschäftsführung, die die Befugnisse im Innenverhältnis regelt, bestimmt die Vertretung, was das zuständige Organ im Außenverhältnis kann. Im Außenverhältnis ist ihre Vertretungs- macht unbeschränkbar (§ 44 Abs. 1 SEAG), während sie im Innenverhältnis verpflichtet sind, die Anweisungen und Beschränkungen zu beachten, die durch die Satzung, den Verwaltungsrat, die Hauptversammlung und die Geschäftsordnungen des Verwaltungsrats und der geschäftsführenden Direktoren vorgegeben sind (§ 44 Abs. 2 SEAG). Diese organschaftliche Vertretung beruht unmittelbar auf der Bestellung des Verwaltungsrats.

Die Regelung der Vertretung der SE durch die geschäftsführenden Direktoren (§ 41 Abs. 1 bis 4 des SEAG) lehnt sich an § 78 AktG an.[1482] Die geschäftsführenden Direktoren sind insofern mit dem Leitungsorgan/Vorstand im dualistischen System vergleichbar.[1483] Der Gesetzgeber hat aber die dem § 78 Abs. 3 S. 2 AktG entsprechende Regelung in § 41 SEAG nicht übernommen. Dabei kann der Satzungsgeber den Verwaltungsrat nicht dazu ermächtigen, einzelnen oder allen geschäftsführenden Direktoren Alleinvertretungs- oder unechte Gesamtvertretungsbefugnis zu erteilen, während sie bestimmen kann, dass einzelne geschäftsführende Direktoren allein oder in Gemeinschaft mit einem Prokuristen zur Vertretung der Gesellschaft befugt sind - genauso wie dies im Aktienrecht (§78 Abs. 3 S. 1 AktG) der Fall ist.[1484]

1480 Vgl. *v. Werder*, RIW 1997, S. 304, 309; *Ihrig/Wagner*, BB 2003, S. 969, 975; *Frodermann* in *JF* (2005), § 5 Rn. 230 f.

1481 Die Bestellung der geschäftsführenden Direktoren zielt auf die Schaffung eines Handlungsorgans, durch das die SE als juristische Person handlungsfähig wird. Dem Vorbild des französischen Rechts folgend differenziert der Gesetzgeber zwischen Geschäftsführungsorgan (Verwaltungsrat) einerseits und Handlungsorgan (geschäftsführende Direktoren) andererseits. Das Handeln der geschäftsführenden Direktoren wird damit rechtlich als Handeln der SE betrachtet; vgl. *Reichert/Brandes* in MünchKomm/AktG, § 43 SE-VO Rn. 19 ff., Rn 191.

1482 Begr. RegE bei *Neye* zu § 41 SEAG.

1483 Zur Vertretung des Leitungsorgans siehe oben C. I. 1. b) aa) in diesem vierten Teil.

1484 *Reichert/Brandes* in MünchKomm/AktG, § Art. 43 Rn. 192.

Exkurs: Vertretung der SE durch den Verwaltungsrat

Gem. § 41 Abs. 5 SEAG wird die SE den geschäftsführenden Direktoren gegenüber vom Verwaltungsrat vertreten. Diese Regelung entspricht der Vertretung durch den Aufsichtsrat gem. § 112 AktG.[1485] Diesbezüglich ist der Verwaltungsrat mit dem Aufsichtsorgan des dualistischen Systems vergleichbar. Bedenklich ist eine Situation, in der ein geschäftsführender Direktor gleichzeitig dem Verwaltungsrat angehört (§ 40 Abs. 1 S. 2 SEAG). Als Folge dieser Personalunion von geschäftsführendem Direktor und Verwaltungsratsmitglied kann ein Konflikt entstehen, „wenn es um Beschlüsse des Verwaltungsrats geht, die Weisungen an die geschäftsführenden Direktoren beinhalten oder diese in sonstiger Weise persönlich und unmittelbar betreffen. In solchen Fällen ist davon auszugehen, dass nach allgemeinen Rechtsgrundsätzen (§ 34 BGB analog, Verbot des Richtens in eigener Sache) ein Stimmrechtsausschluss für die geschäftsführenden Direktoren erfolgt. Daher sollen die Stimmrechte von geschäftsführenden Direktoren bei Entscheidungen, bei denen sie aus rechtlichen Gründen von der Beschlussfassung ausgeschlossen sind, kraft Gesetzes auf den (von der Anteilseignerseite bestimmten) Vorsitzenden des Verwaltungsrats übergehen.“[1486] Im Ergebnis wurde nachträglich § 35 Abs. 3 SEAG in den Gesetzentwurf aufgenommen, um bei Abstimmung im Verwaltungsrat eine Majorisierung der Anteilseignervertreter durch die Arbeitnehmervertreter in Fällen zu verhindern, in denen ein Verwaltungsratsmitglied – dem Rechtsgedanken des § 34 BGB entsprechend – vom Stimmrecht ausgeschlossen ist[1487]; nach § 35 Abs. 3 SEAG hat dann der Verwaltungsratsvorsitzende eine zusätzlich Stimme, wenn ein geschäftsführender Direktor, der zugleich Verwaltungsratsmitglied ist, aus rechtlichen Gründen gehindert ist, an der Beschlussfassung im Verwaltungsrat teilzunehmen.

(3) Weitere Aufgaben der geschäftsführenden Direktoren

Nach § 47 Abs. 1 SEAG sind die geschäftsführenden Direktoren wie Vorstand/Leitungsorgan des dualistischen Systems für die Aufstellung des Jahresabschlusses und des Lageberichts (S. 1) sowie den Vorschlag zur Gewinnverwendung (S. 2) zuständig. Der Verwaltungsrat hat nach § 47 Abs. 2 SEAG das Recht, von diesen Vorlagen und Prüfungsberichten Kenntnis zu nehmen und diese zu überprüfen (§ 47 Abs. 3 SEAG entsprechend § 171 Abs. 1 und 2 AktG) und dann den Jahresabschluss festzustellen. Überdies berichten nach § 40 Abs. 6 SEAG entsprechend § 90 AktG die geschäftsführenden Direktoren dem Verwaltungsrat, wenn die Satzung oder die Geschäftsordnung nichts anderes bestimmt.[1488] Auch sind die geschäftsführenden Direktoren nach § 46 Abs. 1 SEAG verpflichtet, jede Änderung des Verwaltungsrats sowie die Bestellung/Abberufung (S. 1) unverzüglich in den Gesellschaftsblättern bekannt zu machen und die Bekanntmachung zum Handelsregister einzureichen. Auch müssen sie die Wahl des Verwaltungsratsvorsitzenden oder seines Stellvertreters

1485 RegBegr zu § 41 SEAG, BT-Drucks. 15/3405 S. 39.

1486 Begr. RegE bei *Neye* zu § 35 SEAG.

1487 RegBegr zu § 35 SEAG, BT-Drucks. 15/4350 S. 59.

1488 Bezüglich der Berichtspflicht des Leitungsorgan gegenüber dem Aufsichtsorgan siehe C. II. 1. a) cc) (1).

zum Handelsregister (S. 2) sowie jede Änderung und die Änderungen der Vertretungsbefugnis von geschäftsführenden Direktoren anmelden (Abs. 3). Schließlich sind nach § 40 Abs. 2 S. 4 SEAG die geschäftsführenden Direktoren auch für die Handelsregisteranmeldungen zuständig, soweit das AktG diese Aufgabe dem Vorstand zuweist.[1489]

bb) Bestellung und Beendigung

(1) Bestellung

Nach § 40 Abs. 1 S. 1 SEAG bestellt der Verwaltungsrat einen oder mehrere geschäfts- führende Direktoren. Die Wahl der geschäftsführenden Direktoren erfolgt durch Beschluss des Verwaltungsrats mit einfacher Mehrheit der anwesenden oder vertretenen Mitglieder (Art. 50 Abs. 1b SE-VO).[1490] Bezüglich der Bestellung der ersten geschäftsführenden Direktoren bei der Gründung der SE werden sie entsprechend § 30 Abs. 4 AktG durch den ersten Verwaltungsrat[1491] bestellt, der sich ausschließlich aus Anteilseignervertretern zusammensetzt.[1492] Gem. Art. 15 Abs. 1 SE-VO gilt allerdings für die Bestellung der ersten geschäfts- führenden Direktoren der § 40 Abs. 1 S. 1 SEAG nicht; vorbehaltlich der Bestimmung der Verordnung auf die Gründung einer SE findet das für Aktiengesellschaften geltende Recht des Staates Anwendung, in dem die SE ihren Sitz begründet (Art. 15 Abs. 1 SE-VO). Außerdem ist nach § 38 Abs. 2 SEBG ein Arbeitsdirektor als Mitglied der ersten geschäftsführenden Direktoren nicht zu bestellen.[1493]

1) Bestellungsvoraussetzungen und - hindernisse

Nach § 40 Abs. 1 S. 1 und 4 SEAG können Direktoren grundsätzlich in zwei Gruppen kategorisiert werden, nämlich die internen geschäftsführenden Direktoren aus dem Verwaltungsrat einerseits und die externen geschäftsführenden Direktoren andererseits:

- **Interne geschäftsführende Direktoren:** Die persönlichen Bestellungsvoraussetzungen und –hindernisse für die internen geschäftsführenden Direktoren entsprechen denjenigen der Verwaltungsratsmitglieder, weil sie selber Mitglieder

---

1489 *Manz* in *MMS* (2005), Art. 43 SE-VO Rn. 140, 166; *Reichert/Brandes* in MünchKomm/AktG, Art. 43 SE-VO Rn. 190; *Schwarz* (2006), Anh. Art. 43 Rn. 280; *Thümmel* (2005), Rn. 243.

1490 Das mit einem abweichenden Mehrheitserfordernis verbundene vierstufige Wahlverfahren nach § 31 MitbestG wird in der SE auch bei Mitbestimmung nicht angewendet. Das SE-Beteiligungsgesetz enthält diesbezüglich keine entsprechenden Normen, *Reichert/Brandes* in MünchKomm/AktG, Art. 43 SE-VO Rn. 128.

1491 Zur Bestellung des ersten Verwaltungsrats vgl. oben D. I. 1. a) bb) (1) in diesem vierten Teil.

1492 Bezüglich der Bestellung der ersten geschäftsführenden Direktoren kann auf die Kommentierung zur Bestellung des ersten Vorstands der AG verweisen werden, vgl. *Pentz* in MünchKomm/AktG, § 30 Rn. 37 ff.; *Hüffer,* AktG/7 § 30 Rn. 12.

1493 Vgl. für den ersten Vorstand der AG RegBegr. bei *Kroff* S. 51; *Hüffer*, AktG/7, § 30 Rn. 12.

dieses Organs sind. Es gilt also Art. 47 Abs. 2 a SE-VO, der ebenfalls auf § 76 Abs. 3 AktG verweist.[1494]
Es wird für unzulässig gehalten, Arbeitnehmervertreter zu geschäftsführenden Direktoren zu bestellen, weil dies eine mit dem Stichentscheidungsrecht der Anteilseigner unvereinbare Erweiterung der Mitbestimmung darstellen würde;[1495]
- **Externe geschäftsführende Direktoren:** Für die externen geschäftsführenden Direktoren gilt nach den Art. 47 Abs. 2, 43 Abs. 4 SE-VO i.V.m. § 40 Abs. 1 S. 4 SEAG ebenfalls § 76 Abs. 3 AktG entsprechend. § 40 Abs. 1 S. 4 SEAG lautet: „Werden Dritte zu geschäftsführenden Direktoren bestellt, gilt für sie § 76 Abs. 3 des Aktiengesetzes entsprechend.

2) Zahl und Zusammensetzung

Bezüglich der Anzahl der geschäftsführenden Direktoren kann gem. § 40 Abs. 1 S. 5 SEAG die Satzung entsprechende Regelungen treffen, weil das SEAG keine bestimmte Anzahl an geschäftsführenden Direktoren vorschreibt; § 40 Abs. 1 S. 1 SEAG bestimmt, dass nur der Verwaltungsrat einen oder mehrere geschäftsführenden Direktoren zu bestellen hat. Nur in einer mitbestimmten SE müssen nach § 38 Abs. 2 SEBG mindestens zwei geschäftsführende Direktoren existieren. Einer davon muss nach § 40 Abs. 1 S. 6 SEAG i.V.m. § 38 Abs. 2 SEBG ein Arbeitsdirektor sein. Die Satzung kann allerdings hieran nichts ändern.[1496]
Wenn weniger geschäftsführende Direktoren bestellt sind, als nach Gesetz oder Satzung gefordert werden, so ist der Verwaltungsrat verpflichtet, unverzüglich Direktoren zu bestellen, um die vakanten Posten zu besetzen.[1497] In dringenden Fällen hat das Gericht auf Antrag eines Beteiligten ein Mitglied zu bestellen (§ 45 S. 1 SEAG). § 85 Abs. 1 S. 2, Abs. 2 und Abs. 3 AktG gelten entsprechend (§ 45 S. 2 SEAG).
Insbesondere lassen sich die geschäftsführenden Direktoren nach § 40 Abs. 1 S. 2, 4 SEAG grundsätzlich in geschäftsführende Direktoren (sog. interne geschäftsführende Direktoren), die gleichzeitig dem Verwaltungsrat angehören, und Dritte (sog. externe geschäftsführende Direktoren), die nicht gleichzeitig

---

1494 Zu den Verwaltungsratsmitgliedern siehe oben D. I. 1. a) bb) (1) 1) in diesem vierten Teil.

1495 *Ihrig/Wagner,* BB 2004, S. 1749, 1758; *Kallmeyer,* ZIP 2003, S. 1531, 1534; *Manz* in *MMS* (2005), Art. 43 SE-VO Rn. 127; *Seibt,* AG 2005, S. 413, 425; *Wisskirchen/*Prinz, DB 2004, S. 2638, 2641 Fn. 41. Anders aber offenbar *Frodermann* in *JF* (2005), § 5 Rn. 201. Vgl. auch *Schwarz* (2006), Art. 43 Rn. 48, Anh Art. 43 Rn. 269 (Bestellung von Arbeitnehmervertretern zwar zulässig, aber wenig sinnvoll).

1496 *Grobys,* NZA 2004, S. 797, 780, meldet Zweifel an, ob die Pflicht zur Bestellung eines Arbeitsdirektors mit der Richtlinie 2001/86/EG zur Ergänzung des Statuts der Europäischen Gesellschaft in Bezug auf die Beteiligung der Arbeitnehmer, ABl. L 294 vom 8. Oktober 2001, S. 22, vereinbar ist.

1497 *Reichert/Brandes* in MünchKomm/AktG, Art. 43 SE-VO Rn. 126; Für den Vorstand der AG vgl. analog BGHZ 149, 158, 161 f; *Mertens* in Kölner Komm/AktG, § 76 Rn. 95; *Hefermehl/Spindler* in MünchKomm/AktG § 76 Rn. 81.

dem Verwaltungsrat angehören, unterscheiden.[1498] Dabei wird gemäß dem Gedanken der Sicherung einer effektiven Unternehmensüberwachung nach § 40 Abs. 1 S. 2 SEAG vorausgesetzt, dass die Mehrheit des Verwaltungsrats zwingend aus nicht geschäftsführenden Direktoren besteht.[1499] Damit ist im Vergleich zum dualistischen System eine weiter reichende Überwachungsmöglichkeit gegeben, weil der Verwaltungsrat eigene Geschäftsführungsmaßnahmen ergreifen und ferner kraft seiner Weisungsbefugnis in konkreten Einzelfällen von den geschäftsführenden Direktoren Informationen über bestimmte Geschäftsvorfälle verlangen kann.[1500] In diesem Sinne wird durch dieses System eine effektivere und aktivere Überwachung durch mitunternehmerisches Zusammenwirken erreicht, wodurch man einen positiven Effekt auf die Corporate Governance erwartet.[1501]

(2)Beendigung

- **Abberufung**: Nach § 40 Abs. 5 S. 1 SEAG lassen sich Direktoren jederzeit durch Beschluss des Verwaltungsrat abberufen, sofern die Satzung nichts Anderes regelt.[1502] Das Vorliegen eines wichtigen Grundes ist dafür nicht Voraussetzung, während im dualistischen System die Abberufung von Vorstandsmitgliedern nur aus wichtigem Grund zulässig ist.[1503] Damit verfügen die geschäftsführenden Direktoren über eine wesentlich schwächere Stellung als das Leitungsorgan im dualistischen System.[1504] Die Satzung kann aber nach § 40 Abs. 5 S. 1 SEAG die Voraussetzungen für die Abberufung beliebig einschränken. Wenn

1498 Zur Differenzierung zwischen internen und externen geschäftsführenden Direktoren insbesondere: *Frodermann* in *JF* (2005), § 5 Rn. 169; *Kallmeyer,* ZIP 2003, S. 1531, 1533; *Manz* in *MMS* (2005), Art. 43 SE-VO Rn. 124; *Teichmann* in *Lutter/Hommelhoff* (2005), S. 195, 208; *ders.* BB 2004, S. 53, 54.

1499 Vgl. *Eder*, NZG 2004, S. 544, 547 Fn. 4; *Frodermann* in *JF* (2005), § 5 Rn. 169, 171; *Kallmeyer*, ZIP 2003, S. 1531, 1533; *Merkt*, ZGR 2003, S. 651, 667; *Manz* in *MMS* (2005), Art. 43 SE-VO Rn. 128; *Teichmann* in *Lutter/Hommelhoff* (2005), S. 195, 205; *ders.* BB 2004, S. 53, 54; *Schwarz* (2006), Anh Art. 43 Rn. 267; *Thümmel*(2005), Rn. 228.

1500 Vgl. §§ 22 Abs. 1, 44 Abs. 2 SEAG.

1501 Vgl. *Eder*, NZG 2004, S. 544, 547 Fn. 4; *Frodermann* in *JF* (2005), § 5 Rn. 169, 171; *Kallmeyer*, ZIP 2003, S. 1531, 1533; *Merkt*, ZGR 2003, S. 651, 667; *Manz* in *MMS* (2005), Art. 43 SE-VO Rn. 128; *Teichmann* in *Lutter/Hommelhoff* (2005), S. 195, 205; *ders.* BB 2004, S. 53, 54; *Schwarz*(2006), Anh Art. 43 Rn. 267; *Thümmel*(2005), Rn. 228.

1502 Dadurch wird der geschäftsführende Direktor in seiner Rechtsstellung einem GmbH-Geschäftsführer angenähert, *Neye/Teichmann,* AG 2003, S. 169, 179; *Kallmeyer*, ZIP 2003, S. 1531, 1533.

1503 Dazu oben C. I. 2. b) aa) in diesem vierten Teil.

1504 Vgl. *Hirte,* DStR 2005, S. 700, 702; *Kallmeyer,* ZIP 2003, S. 1531, 1533; *Manz* in *MMS* (2005), Art. 43 SE-VO Rn. 143; *Teichmann* in *Lutter/Hommelhoff* (2005), S. 195, 208; *Thümmel* (2005), Rn. 231.

die Abberufung in der Satzung auf wichtige Gründe beschränkt ist, so ist ihre Position gegenüber dem Verwaltungsrat erheblich zu stärken.[1505]

- **Anderweitige Beendigung**: Abgesehen von der Abberufung endet die Organstellung der geschäftsführenden Direktoren des Weiteren durch Befristung der Organstellung, die Amtsniederlegung, den Tod, den Verlust der unbeschränkten Geschäftsfähigkeit (§ 76 Abs. 3 S. 1 AktG) und das Erlöschen bzw. die Umwandlung (Formwechsel, Spaltung, Verschmelzung der Gesellschaft).[1506]

cc) Innere Organisation

(1) Geschäftsordnung für die geschäftsführenden Direktoren

§ 40 Abs. 4 SEAG gestattet ausdrücklich den Erlass einer Geschäftsordnung für die geschäfts- führenden Direktoren. Nach § 40 Abs. 4 S. 1 SEAG „können" sich die geschäftsführenden Direktoren eine Geschäftsordnung geben, wenn mehrere geschäftsführende Direktoren bestellt sind, es sei denn, die Satzung hat den Erlass einer Geschäftsordnung dem Verwaltungsrat übertragen oder der Verwaltungsrat erlässt eine Geschäftsordnung. Diese Norm schreibt aber nicht im Einzelnen vor, was zum Inhalt einer Geschäftsordnung gemacht werden darf. Dabei kann auch die Satzung Einzelfragen bindend regeln z.B. Sitzungstermine, Form der Einberufung, Leitung der Sitzung, Abstimmungsmodalitäten, Führung von Protokollen.[1507] Nach § 40 Abs. 4 S. 2 SEAG müssen die Beschlüsse der geschäftsführenden Direktoren über die Geschäftsordnung einstimmig gefasst werden. Diese Anforderung ist aber wegen des Vorrangs von Art. 50 Abs. 1 b SE-VO verordnungswidrig. Um dieses Einstimmigkeitserfordernis dennoch durchsetzen zu können, ist es nötig, sie in der Satzung der SE zu verankern (Satzungsstrenge der SE-VO).[1508]

(2) Beschlüsse

Infolge ihrer Stellung als Organ der SE gilt für die interne Beschlussfähigkeit und -fassung der geschäftsführenden Direktoren die (satzungsdispositive) Regelung des Art. 50 Abs. 1 SE-VO. Im Übrigen existieren für die Binnenorganisation keine zwingenden Vorgaben. Zulässig (und speziell bei größeren Direktorien sinnvoll) ist aber z.B. die Ernennung eines Vorsitzenden; dieser hat dann gem. Art. 50 Abs. 2 S. 1 SE-VO ein (satzungsdispositives) Diskriminierungsrecht.

1505 Vgl. *Ihrig/Wagner*, BB 2003, S. 969, 975; *Kallmeyer*, ZIP 2003, S. 1531, 1533; *Manz* in *MMS* (2005), Art. 43 SE-VO Rn. 143; *Reichert/Brandes* in MünchKomm/AktG, Art. 43 SE-VO Rn. 140; *Schwarz* (2006), Anh Art. 43 Rn. 286; *Thümmel*(2005), Rn. 231.

1506 *Reichert/Brandes* in MünchKomm/AktG, Art. 43 SE-VO Rn. 148 f.

1507 Näher zu § 40 Abs. 4 SEAG: *Manz* in *MMS* (2005), Art. 43 SE-VO Rn. 142; *Reichert/Brandes* in MünchKomm/AktG, Art. 43 SE-VO Rn.134 ff.; *Schwarz* (2006), Anh Art. 43 Rn. 283f; *Thümmel*, Leitfaden, Rn. 237.

1508 *Schwarz* (2006), Anh. Art. 43 Rn. 283 Fn. 242.

(3) Vorsitzende und Stellvertreter der geschäftsführenden Direktoren

Bezüglich der Bestellung des Vorsitzenden der geschäftsführenden Direktoren, der dem in § 84 Abs. 2 AktG vorgesehenen Vorsitzenden des Vorstands entspricht, enthält das SEAG keine Regelung.

Trotzdem kann die Ernennung eines Vorsitzenden in der Satzung geregelt werden[1509] und auch Gegenstand einer Regelung in der Geschäftsordnung für die geschäftsführenden Direktoren sein.[1510] Diese Möglichkeit ist harmlos, weil abweichend vom Vorsitzenden des Leitungsorgans im dualistischen System das Gesetz dem Vorsitzenden der Geschäftsführung keine Sonderbefugnisse einräumt.[1511]

Nach § 40 Abs. 9 SEAG gelten die Vorschriften über die geschäftsführenden Direktoren auch für ihre Stellvertreter. Das besagt, dass nicht nur stellvertretende geschäftsführende Direktoren bestellt werden können, sondern auch, dass die Bestimmung die Stellvertreter in ihrer Rechtsstellung einem „ordentlichen" geschäftsführenden Direktor gleich stellt.[1512] Die Bestimmung entspricht funktional dem § 94 AktG für den Vorstand einer AG.[1513]

c) Informationsfluss und Überwachungsinstrumente im deutschen monistischen System

aa) Informationsfluss

Als eine Grundlage für eine gute Zusammenarbeit zwischen Leitungs- und auch Überwachungsorganen der SE werden Aktualität, Nähe und Vollständigkeit der Informationen über die Gesellschaft betrachtet.[1514] Die Informationen müssen allerdings nur zur Ausübung der Organaufgaben (z.B. Überwachungs- und Leitungsorgan) und im Interesse der SE wahrgenommen werden.

Nach Art. 44 Abs. 2 SE-VO kann jedes Mitglied des Verwaltungsrats von allen Informationen, die diesem Organ übermittelt werden, Kenntnis nehmen. Ist zur Entgegennahme der Information ein besonderer Verwaltungsratsauschuss eingesetzt, so sind auch die nicht dem Ausschuss angehörenden Verwaltungsratsmitglieder berechtigt, von den Informationen Kenntnis zu nehmen.[1515] Das Recht auf Kenntnisnahme bezieht sich aber anders als im Aktienrecht nicht nur auf die vom Vorstand gem. § 90 AktG zu erstattenden Berichte, sondern auch auf alle Informationen, die dem Verwaltungsrat übermittelt werden; weiterhin nicht nur auf diejenigen Informationen, die von den geschäftsführenden Direktoren übermittelt werden, sondern auch auf Informationen, die von Mitgliedern nachgelagerter Führungsebenen, sonstigen Angehörigen des Unternehmens oder allgemein von Dritten an den Verwaltungsrat herangetragen werden; schließlich auf

1509 RegBegr. zu § 40 SEAG, BT-Drucks. 15/3405 S. 39.
1510 *Reichert/Brandes* in MünchKomm/AktG, Art. 43 SE-VO Rn.134 ff.
1511 *Reichert/Brandes* in MünchKomm/AktG, Art. 43 SE-VO Rn. 131.
1512 *Reichert/Brandes* in MünchKomm/AktG, Art. 43 SE-VO Rn. 133.
1513 *Reichert/Brandes* in MünchKomm/AktG, Art. 43 SE-VO Rn. 133.
1514 Vgl. *Lutter* (1984), S 1.
1515 *Reichert/Brandes* in MünchKomm/AktG, Art. 44 SE-VO Rn. 39.

Informationen, die den geschäftsführenden Verwaltungsmitgliedern bei der Führung des operativen Tagesgeschäfts übermittelt wurden.[1516]

Es bliebe zu klären, inwieweit einzelne Verwaltungsmitglieder verpflichtet sind, ihnen zugänglich gemachte Informationen von sich aus an die übrigen Mitglieder weiterzuleiten. Dazu finden sich weder in der SE-VO noch im SEAG entsprechende Regelungen. Nur aus der allgemeinen Sorgfaltspflicht heraus (§§ 39 SEAG, 93 Abs. 1 S. 1 AktG) ist aber dann der Verwaltungsratsvorsitzende oder das zuständige Ressortmitglied zu informieren, wenn die Information für die Gesellschaft wichtig ist.[1517] Über Informationen, die geschäftsführenden Mitgliedern des Verwaltungsrats in ihrer Eigenschaft als geschäftsführender Direktor übermittelt werden, müssen diese im Rahmen ihrer Berichtspflicht gem. § 40 Abs. 6 SEAG an den Verwaltungsrat berichten, wenn die Satzung oder die Geschäftsordnung nichts anderes bestimmt.[1518] Noch dazu kann der Verwaltungsrat mittels seiner Verweisungskompetenz in konkreten Einzelfällen Informationen über bestimmte Geschäftsvorfälle anfordern.

Bezüglich des Informationsflusses hat das monistische System im Vergleich zum dualistischen System (Trennungssystem) einen strukturellen Vorteil, und genau dieser Vorteil wird in der Literatur als die Stärke dieses Systems beschrieben. Zugleich bedeutet diese Stärke des monistischen Systems gleichzeitig die Schwäche des dualistischen Systems. Wenn dabei alle geschäftsführenden Direktoren extern bestellt werden und damit die unabhängige Überwachungsfunktion des Verwaltungsrats garantiert wird, kann das monistische System seine Schwächepunkte kompensieren und dabei immer noch den Vorteil bieten, dass es bezüglich der angemessnen Corporate Governance als besseres und attraktiveres angesehen werden kann.[1519]

Alle Informationen, die die Organe der SE erhalten, sind streng vertraulich zu behandeln. Dazu regelt der erste Halbsatz von Art. 49 SE-VO die gemeinsamen Vorschriften für das monistische System und das dualistische System. Danach dürfen die Organmitglieder der SE Informationen über die SE, die im Falle ihrer Verbreitung den Interessen der Gesellschaft schaden können, auch nach Ausscheiden aus ihrem Amt nicht weitergeben. Diese Verschwiegenheitspflicht wird im zweiten Halbsatz von Art. 49 SE-VO eingeschränkt. Danach gilt dies nicht in Fällen, in denen eine solche Informationsweitergabe nach den Bestimmungen des für Aktiengesellschaften geltenden einzelstaatlichen Rechts vorgeschrieben oder zulässig ist oder im öffentlichen Interesse liegt.[1520]

1516 Ausführlich *Reichert/Brandes* in MünchKomm/AktG, Art. 44 SE-VO Rn. 37 f.

1517 *Reichert/Brandes* in MünchKomm/AktG, Art. 44 SE-VO Rn. 41.

1518 Zur Einzelheiten *Reichert/Brandes* in MünchKomm/AktG, Art. 43 Rn. 187, Art. 44 Rn. 42 f. SE-VO.

1519 Vgl. *Kallmeyer*, ZIP 2003, S. 1531, 1534, 1535; *Teichmann* (2005), S.208; *Frodermann* in *JF* (2005), § 5 Rn. 173.

1520 *Reichert/Brandes* in MünchKomm/AktG, Art. 44 SE-VO Rn. 44. Zur Verschwiegenheitspflicht ausführlich C. III. 1.a) aa) (1) 1) iii) in diesem vierten Teil.

bb) Überwachungsinstrumente

Nach der Überprüfung der von den oben geschriebenen Methoden erlangten Informationen stehen dem Verwaltungsrat verschiedene Überwachungsinstrumente zur Verfügung. Zu den wichtigsten Überwachungsinstrumenten gehören die folgenden: die Stellungnahme,[1521] die Beratung,[1522] die Zustimmungsvorbehalte für bestimmte Arten von Geschäften (§§ 38 Abs. 2 SEAG, 114, 115 AktG und Art. 48 Abs. 1 SE-VO),[1523] die Personalkompetenz,[1524] die Geschäftsordnungskompetenz,[1525] die Einrichtung verschiedener Ausschüsse[1526] und das Weisungsrecht (§ 44 Abs. 2 SEAG).

Davon wird das Weisungsrecht des Verwaltungsrats gegenüber den geschäftsführenden Direktoren auf jeden Bereich der Geschäftsführung als das schärfste Überwachungsinstrument betrachtet, und dieses Weisungsrecht bildet ein wesentliches Unterscheidungsmerkmal zwischen monistischem und dualistischem System.[1527] Noch ein wichtiges Instrument der präventiven Überwachung stellen Zustimmungsvorbehalte zugunsten des Verwaltungsrats dar, die nach Art. 48 SE-VO bei jeder SE bestehen müssen. Nach Art. 48 Abs. 1 S. 1 SE-VO kann die Satzung einer SE Zustimmungsvorbehalte für bestimmte Arten von Geschäften festlegen. Die Mitgliedstaaten können jedoch nach Art. 48 Abs. 1 S. 2 SE-VO festhalten, dass das Aufsichtsorgan bzw. Verwaltungsorgan selbst bestimmte Arten von Geschäften von seiner Zustimmung abhängig machen kann.[1528] Außerdem können die Mitgliedstaaten nach Art. 48 Abs. 2 SE-VO für die in ihrem Hoheitsgebiet eingetragenen SE bestimmen, welche Arten von Geschäften auf jeden Fall in die Satzung aufzunehmen sind. Der deutsche Gesetzgeber hat von der Ermächtigung des Art. 48 Abs. 1 S. 2 SE-VO Gebrauch gemacht und die folgende Bestimmung im SEAG erlassen: „Das Aufsichtsorgan kann selbst bestimmte Arten von Geschäften von seiner Zustimmung abhängig machen." Dagegen hat er von der Ermächtigung des Art. 48 Abs. 2 SE-VO zur Aufstellung eines Kataloges der zustimmungspflichtigen Geschäfte, die auf jeden Fall in die Satzung aufzunehmen sind, keinen Gebrauch gemacht.[1529]

1521 Dazu C. II. 1. a) dd) (1) in diesem vierten Teil.

1522 Dazu C. II. 1. a) dd) (2) in diesem vierten Teil.

1523 Dazu C. II. 1. a) dd) (3) in diesem vierten Teil.

1524 Dazu C. II. 1. a) dd) (4) in diesem vierten Teil.

1525 Dazu C. II. 1. a) dd) (5) in diesem vierten Teil.

1526 Zur Ausschussbildung des Aufsichtsorgans C. II. 3. c) aa) (5) in diesem vierten Teil und zur Ausschussbildung des Verwaltungsrats D. I. 1. a) cc) (3) in diesem vierten Teil.

1527 Zur Weisungsabhängigkeit der geschäftsführenden Direktoren siehe C. II. 1. b) aa) (1) in diesem vierten Teil.

1528 *Reichert/Brandes* in MünchKomm/AktG, Art. 48 Rn. 9 f.

1529 Zu Zustimmungsvorbehalten des Aufsichtsorgans oben C. II. 1. a) dd) (3) in diesem vierten Teil.

2. Haftung der Verwaltungsratsmitglieder und der geschäftsführenden Direktoren

a) Haftung der Verwaltungsratsmitglieder

§ 93 AktG gilt nach Art. 51 SE-VO bzw. Art. 9 Abs. 1 c ii SE-VO i.V.m. 39 SEAG sinngemäß auch für die Haftung des Leitungsorgans im deutschen monistischen System. Die dortigen Ausführungen zur Beweislast, zur gesamtschuldnerischen Haftung, zum Verzicht, zum Vergleich und zur Verjährung sowie zur Geltendmachung des Ersatzanspruchs gelten entsprechend für die Haftung des Leitungsorgans einer monistischen SE. Für die Geltendmachung von Schadensersatzansprüchen der SE gegen Verwaltungsratsmitglieder sind die geschäftsführenden Direktoren als Vertretungsorgan der SE (§ 41 Abs. 1 SEAG) zuständig.

Hinsichtlich der inneren Haftung der Verwaltungsratsmitglieder ist zu beachten, dass der Verwaltungsrat die Aufgaben der Oberleitung und laufenden Geschäftsführung des Leitungsorgans und die Überwachungsaufgaben des Aufsichtsorgans im monistischen System umfasst bzw. vereint zu erfüllen hat. Eine Haftung setzt voraus, dass bei der Ausübung des Amts die obliegenden, gesetzlichen, satzungsmäßigen oder sonstigen Pflichten verletzt wurden. Die Mitglieder, die ihre Pflichten verletzten, haften der Gesellschaft gegenüber gesamtschuldnerisch für den Schaden. Diese Mitglieder können unter verschiedenartigen Grundlagen zur Haftung herangezogen werden. Die Folgenden sind die wichtigsten Besonderheiten der Haftung des Verwaltungsrats:

- **Sorgfaltspflicht und *Business Judgement Rule*:** Im Grundsatz obliegt allen Verwaltungsratsmitgliedern die gleiche Sorgfaltspflicht. Auf Grund der Komplexität der dem Verwaltungsrat zugewiesenen Aufgaben ist das Organ aber in besonderem Maße auf Arbeitsteilung angewiesen. Im Grundsatz obliegen allen Verwaltungsratsmitgliedern einerseits die allgemeine Unternehmensleitung und die Festlegung der Grundlinien der Unternehmenspolitik sowie andererseits die Überwachung deren Umsetzung durch die geschäftsführenden Direktoren. Damit hat der Verwaltungsrat nicht nur bei der Unternehmensleitung, sondern auch bei der Unternehmensüberwachung als Überwachungsorgan[1530] entsprechende Sorgfaltspflichten zu erfüllen.

Zu beachten ist, dass sich der Verwaltungsrat der Pflichten, die ihn bei der Leitung des Unternehmens treffen, durch Delegation auf die geschäftsführenden Direktoren entledigen kann.[1531] Die Führung des Tagesgeschäfts ist nach § 40 Abs. 2 S. 1 SEAG primär Aufgabe der geschäftsführenden Direktoren, die vom Verwaltungsrat überwacht werden. Wenn die geschäftsführenden Direktoren, die gleichzeitig Verwaltungsratsmitglieder sind,[1532] eine Entscheidung in Fragen des Tagesgeschäfts fällen und sich diese als pflichtwidrig herausstellt, bedarf es der Abgrenzung, ob dies eine Frage ihrer Haftung als geschäftsführende Direk-

1530 Zur Überwachungsaufgabe des Verwaltungsrats s. oben D. I. 1. a) aa) in diesem vierten Teil.

1531 S. § 22 Abs. 1 SEAG.

1532 S. § 40 Abs. 1 S. 2 SEAG.

toren oder ihrer Haftung als Verwaltungsratsmitglied ist. Soweit der Gegenstand der Handlung dem Tagesgeschäft zuzuordnen ist und es an einer förmlichen Weisung des Verwaltungsrats fehlt, ist auf Grund der gesetzlichen Kompetenzverteilung durch die §§ 22 Abs. 1 40 Abs. 2 S. 1 SEAG im Zweifel von einer Haftung als geschäftsführender Direktor auszugehen. Die Frage einer Haftung als Verwaltungsratsmitglied stellt sich für geschäftsführende Direktoren des Verwaltungsrates dann, wenn der Verwaltungsrat den geschäftsführenden Direktoren eine förmliche Weisung erteilt und damit die Geschäftsführungskompetenz in Fragen des Tagesgeschäfts an sich gezogen hat.

Die Verwaltungsratsmitglieder – ob geschäftsführend oder nicht – unterliegen bei Ausübung des Weisungsrechts ihrerseits der Sorgfaltspflicht. Erteilt der Verwaltungsrat den geschäfts- führenden Direktoren eine Weisung, die zu einer Schädigung der Gesellschaft führt, haften diejenigen Mitglieder des Verwaltungsrats, die an der Beschlussfassung im Wege positiver Stimmabgabe mitgewirkt haben, nach §§ 39 SEAG, 93 Abs. 2 AktG für den durch Ausführung der Weisung entstandenen Schaden. Hat ein geschäftsführendes Verwaltungsratsmitglied an einer entsprechenden Beschlussfassung des Verwaltungsrats nicht mitgewirkt, und sieht er sich nun in seiner Eigenschaft als geschäftsführender Direktor mit der Weisung konfrontiert, so hat er ggf. auf eine Korrektur des Verwaltungsratsbeschlusses hinzuwirken, wenn er der Auffassung ist, dass die Ausführung der Weisung zu einer Schädigung der Gesellschaft führt. Lässt sich eine entsprechende Beschlussrevision nicht durchsetzen und führt das geschäftsführende Verwaltungsratsmitglied die Weisung dann in seiner Eigenschaft als geschäftsführender Direktor aus, so ist er von der Haftung befreit.

Da der Verwaltungsrat aufgrund seiner Leitungsfunktion in erheblichem Umfang auch unternehmerische Entscheidungen zu treffen hat, kommt ihm allerdings insoweit auch die *Business Judgement Rule* des § 93 Abs. 1 S. 2 AktG zugute.[1533]

- **Treuepflicht:** Mit der Bestellung unterliegen die Verwaltungsratsmitglieder über die ausdrücklich im Gesetz konkretisierten Pflichten hinaus der Treuepflicht, die den verschiedenen Geboten und Verboten folgt.[1534] Aus dieser Treuepflicht hat der Verwaltungsrat nach den Regeln eines Treuhänders das fremde Vermögen zu verwalten[1535] und auf eine vertrauensvolle Zusammenarbeit innerhalb des Organs und mit anderen Gesellschaftsorganen im Interesse des Unternehmenswohls hinzuarbeiten.[1536] Dabei haben sich die Verwaltungsratsmitglieder nach allen Kräften den Interessen der Gesellschaft zu widmen, sie in jeder Weise zu fördern und Schäden von ihr abzuwenden. Diese Treuepflicht

1533 Vgl. *Oechsler*, NZG 2005, S. 449, 453; *Merkt*, ZGR 2003, 651, 671f.; *Thümmel* (2005), Rn. 224; *Waclawik*, DB 2004, S. 1191,1196.

1534 BGHZ 20, 239, 246; 49, 30, 31; OLG Hamm ZIP 1995, 1263, 1268; *Hüffer*, AktG, § 93 Rn. 5, § 84 Rn. 9.

1535 BGHZ 129, 30, 34; OLG Düsseldorf, AG 1997, 231, 235; OLG Hamm, AG 1995, 512, 514.

1536 *Säcker* in FS Fischer (1979), S. 635, 639.

hat Vorrang vor den persönlichen Interessen eines Verwaltungsratsmitglieds. Die gesetzliche Konkretisierung dieser Pflicht ist die den Verwaltungsratsmitgliedern zu vertraulichen Angaben und Informationen der Gesellschaft auferlegte Schweigepflicht nach Art. 49 SE-VO.
Dagegen unterliegen die Verwaltungsratsmitglieder – anders als die Vorstandsmitglieder einer AG – nicht dem gesetzlichen Wettbewerbsverbot nach § 88 AktG. Etwas anderes gilt nur, wenn sie gleichzeitig das Amt eines geschäftsführenden Direktors ausüben (§ 40 Abs. 7 SEAG).

b) Haftung der geschäftsführenden Direktoren

Nach Art. 51, 43 Abs. 4 SE-VO i.V.m. § 40 Abs. 8 SEAG gilt für die Binnenhaftung[1537] der geschäftsführenden Direktoren ebenfalls § 93 AktG entsprechend. Die Folgenden sind die wichtigsten Besonderheiten der Haftung der geschäftsführenden Direktoren[1538]:

-**Sorgfaltspflicht:** Die geschäftsführenden Direktoren haben auch bei der Ausübung ihrer Aufgaben (z.B. laufende Geschäfte der Gesellschaft) die Sorgfalt eines ordentlichen gewissenhaften Geschäftsleiters anzuwenden.
Besonderheiten gegenüber der Haftung der Leitungsorgansmitglieder des deutschen dualistischen Systems ergeben sich daraus, dass die geschäftsführenden Direktoren nach § 44 Abs. 2 SEAG gegenüber dem Verwaltungsrat weisungsgebunden sind. Das hat Auswirkungen auf ihre Haftung gegenüber der SE, die insoweit der Haftung des GmbH-Geschäftsführers gegenüber der GmbH angenähert ist.[1539] Soweit die geschäftsführenden Direktoren auf Grund einer bindenden Weisung des Verwaltungsrats handeln, tritt eine Haftung nach § 93 Abs. 2 AktG grundsätzlich nicht ein.[1540] Aber um ihrer Sorgfaltspflicht zu genügen, haben sie zumindest zu prüfen, ob die Weisungen des Verwaltungsrats nicht rechtswidrig sind. Rechtswidrigen Weisungen dürfen sie nicht Folge leisten. Wenn sie trotzdem solchen Weisungen folgen, müssen sie die entsprechenden Konsequenzen tragen.[1541]

- **Treuepflicht:** Die Treuepflicht des geschäftsführenden Direktors gegenüber der Gesellschaft folgt aus seiner Bestellung.[1542] Bei dieser Pflicht unterliegen

---

1537 Vgl. zur Differenzierung zwischen Binnenhaftung (Art. 51 SE-VO) und Außenhaftung (Art. 91 c i bzw. ii SE-VO) bereits oben G. IV. 2. e) aa).

1538 Die Besonderheiten gegenüber der Haftung der Leitungsorgansmitglieder im dualistischen System ergeben sich daraus, dass die geschäftsführenden Direktoren nach § 44 Abs. 2 SEAG gegenüber dem Verwaltungsrat weisungsgebunden sind.

1539 *Neye/Teichmann*, AG 2003, S. 169, 179, die darauf hinweisen, dass § 44 Abs. 2 SEAG (§ 28 Abs. 2 DiskE) sich in seiner Formulierung an § 37 Abs. 1 GmbHG anlehnt.

1540 *Neye/Teichmann*, AG 2003, 169, 179, die darauf hinweisen, dass sich § 44 Abs. 2 SEAG (§ 28 Abs. 2 DiskE) in seiner Formulierung an § 37 Abs. 1 GmbHG anlehnt.

1541 Für die GmbH *Lutter/Hommelhoff* (2004), § 37 Rn. 22; *Teichmann* in *Lutter/Hommelhof* (2005), S. 213.

1542 BGH WM 1977, 144; BGHZ 49, 30, 31;10, 187, 192; BGH GmbHR 1968, 114; GmbHR 1977, 43; *Hüffer*, AktG/7, § 84 Rn. 9; *Mertens* in KölnKomm/AktG, § 93 Rn. 57 ff.; *Hefermehl/Spindler* in MünchKomm/AktG, § 76 Rn. 14.

die geschäftsführenden Direktoren wie die Leitungsorgansmitglieder des dualistischen Systems einem umfassenden Wettbewerbsverbot, der Geschäftschancenlehre und der Verschwiegenheitspflicht.[1543] Nach § 93 Abs. 2 S. 1 AktG sind die geschäftsführenden Direktoren, die ihre Pflicht verletzen, gegenüber der Gesellschaft zum Ersatz des daraus entstanden Schadens als Gesamtschuldner verpflichtet.

II. Britische monistische SE

Hinsichtlich der Alternative des monistischen Systems brauchte der britische Gesetzgeber im Gegensatz zum deutschen für das monistische System der SE keine speziellen Vorschriften zu schaffen, weil dieses monistische Modell bei britischen Gesellschaften ohnehin der Regelfall ist. Großbritannien hat daher nur einige der in Art. 43 ff. SE-VO vorgesehne Optionen umgesetzt. Deshalb wurden in dem britischen Ausführungsgesetz (EPCLR 2004) in Bezug auf das Corporate Governance-System der SE also keine ausführlichen Regelungen, sondern nur sehr wenige Regelungen erlassen.[1544] Insofern gelten für alle in der SE-VO nicht geregelten Bereiche gem. Art. 9 I c ii SE-VO und r. 78 EPCLR 2004 die allgemeinen Regeln des britischen Gesellschaftsrechts

1. Grundstruktur der britischen monistischen SE

Bei der britischen SE gibt es keinen gesetzlichen Zwang zu einer Aufgabenteilung zwischen Verwaltungsrat und geschäftsführenden Direktoren, während bei der deutschen SE eine zwingende Regelung dafür existiert. Daher ist bei der monistisch verfassten britischen SE nur ein einheitliches *administrative organ*[1545] (Verwaltungsorgan) vorhanden. Deshalb ist anders als bei der deutschen monistischen SE die Differenzierung zwischen geschäftsführenden Direktoren und nicht geschäftsführenden Direktoren bei der SE ebenso wenig gesetzlich festgelegt. Allerdings kann nach *Regulation* 84 *Table* A CA 1985 (Mustersatzung *Table* A CA 1985) i.V.m. *Regulation* 78(3) EPCLR 2004 oder *Combined Code* A.3 dieses Organ aus seinem Kreise einen geschäftsführenden Direktor (oder mehrere) ernennen, um das Tagesgeschäft zu führen.

1543 Dazu siehe auch oben C. III. 1. a) aa) ii) in diesem vierten Teil.

1544 Oben B. II (anwendbares Recht) in diesem vierten Teil.

1545 Das Verwaltungsorgan der monistischen britischen SE wird im Rahmen der vorliegenden Arbeit entsprechend der englischen Terminologie und zum Zwecke einer auch sprachlichen Abgrenzung zum Verwaltungsrat einer deutschen SE generell als „administrative organ“ bezeichnet.

a) Die Aufgaben des *administrative organ*

aa) Geschäftsführung und Kontrolle

Das *administrative organ* führt nach Art. 43 Abs. 1 S. 1 SE-VO grundsätzlich gemeinschaftlich die Geschäfte der SE.[1546] Als oberstes Organ übt es allein nicht nur die Leitung und die Führung der laufenden Geschäfte, sondern es überwacht auch die Umsetzung der unternehmerischen Entscheidungen.[1547] Hinsichtlich der rein verwaltungstechnischen Aufgaben wird das *administrative organ* durch den *company secretary* unterstützt.

Die Geschäftsführungsaufgabe des *administrative organ* ist an die einzelnen Organmitglieder zu delegieren. Die in der Praxis üblichste Aufgabenteilung ist die zwischen *executive* und *non-executive director* (*inside directors* und *outside directors*). Diese Aufgabenteilung muss allerdings in der Satzung abgesichert sein,[1548] weil das britische Recht diesbezüglich keine Vorschriften vorsieht. In der Literatur werden den *executive directors* die Aufgaben des laufendes Geschäfts, den *non-executive directors* die überwachende Funktion zugeordnet. Diese Trennung dieser beiden Funktionen wird durch den *Combined Code* weiter verstärkt, und gleichzeitig werden die Kompetenzbereiche stärker voneinander abgegrenzt. Danach soll innerhalb des *administrative organ* in börsennotierten Gesellschaften eine ausgewogene Balance zwischen *executive* und *non-executive directors* bestehen (A.3. *Combined Code*). Dabei sollen prinzipiell mindestens die Hälfte der Organmitglieder (wobei der Vorsitzende nicht mitgezählt wird) unabhängige *non-executive directors* sein (A.3.2 *Combined Code*). In der Praxis werden die *non-executive directors* als Garanten für die Unabhängigkeit des *board* (*administrative organ*) in der Wahrnehmung der Überwachungstätigkeit betrachtet. Um potenzielle Interessenkonflikte zu vermeiden und eine effektivere Überwachung zu sichern, macht der *Combined Code* eine Reihe von Vorgaben. So muss das *administrative organ* in seinem Jahresbericht Auskunft darüber geben, welche *non-executive directors* es selbst als unabhängig anerkennt.[1549]

Zu den Aufgaben der *non-executive directors* gehören nach *Combined Code* die Unterstützung bei der Ausarbeitung von Strategien, die genaue Prüfung, inwiefern die geschäftsführenden Direktoren die vereinbarten Ziele erreichen und die Überwachung der Berichterstattung. Ferner müssen sie sich von der Richtigkeit der Informationen über die Finanzlage sowie über die Effektivität der Finanzkontrolle und des Systems des Risiko-Managements vergewissern. Darüber hinaus sind sie dafür zuständig, die Höhe der Vergütung der *executive directors* zu

---

1546 Allgemein dazu vgl. *Gruber/Weller*, NZG 2004, S. 297, 298; *Hoffmann-Becking,* ZGR 2004, S. 355, 370; *Frodermann* in *JF* (2005), § 5 Rn. 132; *Manz* in MMS (2005), Art. 43 SE-VO Rn. 1 ff.

1547 *Davies* (2003 a), S. 317.

1548 *Swinfen Eady J. in Boschoek Propritary Co. Ltd v. Fuke* (1906) 1. Ch. 148, S. 159; *Cartmell's case* (1874) L.R. 9Ch. App. 691; *Davies* (2003 a), S. 320.

1549 Vgl. LR 9.8.6(6) ("*comply or explain*").

bestimmen und nehmen eine herausgehobene Stellung bei der Ernennung, Abberufung und der Nachfolgeplanung von *executive directors* ein.[1550]
Insbesondere für die Ausübung der Kontrolltätigkeit ist ein ausreichender Informationsfluss Voraussetzung. Dieser soll durch den *Chairman*, die Geschäftsführung, den *company secretary*, auswärtige Unterstützung und die Eigeninitiative jedes *director* gewährleistet werden.[1551]

bb) Vertretung

Nach dem britischen Recht über Art. 9 c ii SE-VO i.V.m. Regulation 78(3) EPCLR 20004 vertritt das *administrative organ* unter dem Prinzip der Gesamtvertretung wie beim *Board* britischer Gesellschaften[1552] die SE.[1553] Ebenso wie bei der Geschäftsführung kann das *administrative organ* auch die Vertretungsbefugnis mittels Satzung auf einzelne Personen übertragen.[1554] Wenn die Mustersatzung Anwendung findet, ergibt sich dies aus Art. 72 *Table* A, der die Delegation von der Vertretungsbefugnis auf Ausschuss, einzelne oder mehrere *managing* oder *executive dierectors* zulässt. Diese Vertretungsbefugnis einzelner Mitglieder des *administrative organ* wird aber weder im Register eingetragen noch bekannt gemacht.[1555]

cc) Weitere Aufgaben

Außer den o.g. Aufgaben hat das *administrative organ* nach britischem Recht über Art. 9 I c ii SE-VO i.V.m. r. 78(3) EPCLR 2004 dieselben weiteren Aufgaben, die dem *board of directors* zuweist: wie z.B. die Aufstellung und Billigung des Jahresabschlusses sowie seine Vorlagen an die Hauptversammlung und die Einreichung beim *registrar* (*Section* 226, 233,241, 242 CA 1985); die Aufstellung und Billigung des *directors' report* (*Section* 234, 234A CA 1985) und des *directors' remuneration report* (*Section* 234B, 234C CA 1985); Einberufung der Hauptversammlung im Falle eines gravierenden Vermögensverlusts (*Section* 142 CA 1985).[1556]

1550 A.1 Combined Code.

1551 A.5 Combined Code. Siehe auch unten Informationsfluss und Überwachungsinstrumente.

1552 Vgl. Section 35 A Abs. 1 CA 1985; vgl. Auch *Davies* (2003 a), S. 320; *Mayson, French & Ryan*(2006), 19.5.6; *Triebel*(1995), Rn. 719.

1553 *Oliphant* in *JF* (2005), § 16 Rn. 1238; *Manz* in *MMS* (2005), Art. 48 SE-VO Rn. 31.

1554 Zum *board* einer britischen Gesellschaft: *Pennington* (2003), S. 147, 702; *Davies*(2003 a), S. 320; *Mayson, French & Ryan*(2006), 19.5.6.

1555 Im *register of directors* (Verzeichnis der Direktoren), das auch eine „britische" SE für die Mitglieder des *administrative organ* führen muss (Art. 9 I c ii SE-VO i.V.m. r. 78(3) EPCLR 2004 i.V.m. s. 288 CA 1985) und das von jedermann eingesehen werden kann (s. 288(3) CA 1985), wird nicht offen gelegt, ob und ggf. welche Vertretungsbefugnisse ein Organmitglied hat.

1556 *Schmidt, J.(2006)*, S. 619.

b) Bestellung und Beendigung der Mitgliedschaft eines *administrative organ*

aa) Bestellung

Nach Art. 43 Abs. 3 S. 1 SE-VO erfolgt die Bestellung der Mitglieder des *administrative organ* prinzipiell durch die Hauptversammlung. Lediglich bei Gründung der Gesellschaft lassen sie sich ebenso wie die ersten Verwaltungsratsmitglieder durch Satzung bestellen.[1557] Die Mitglieder des *administrative organ* lassen sich nach den Art. 43 Abs. 3 S. 2, 47 Abs. 4 SE-VO durch Entsendung bestellen (*nominee directors*).[1558] Eine gerichtliche Notbestellung ist aber nicht möglich.

Die Hauptversammlung entscheidet gemäß Art. 57 SE-VO mit der Mehrheit der abgegebenen gültigen Stimmen, sofern nicht die im Sitzstaat der SE für die Wahl des Verwaltungsorgans oder Leitungsorgans einer AG maßgeblichen Vorschriften eine größere Mehrheit verlangen. Die Amtszeit beträgt gem. Art. 46 Abs. 1 S. 1 SE-VO höchstens sechs Jahre. Eine Bestellung etwaiger Arbeitnehmervertreter erfolgt durch die jeweiligen nationalen Mitbestimmungsregelungen.

(1) Bestellungsvoraussetzungen und Bestellungshindernisse

Art. 47 SE-VO sieht persönliche Voraussetzungen sowie etwaige Bestellungshindernisse der Organmitglieder vor. Diese Regelung nimmt dabei auf das im Sitzstaat der SE geltende Recht Bezug. Zu den persönlichen Voraussetzungen und Hindernisse der Verwaltungsorgansmitglieder im monistischen System gelten dieselben persönlichen Voraussetzungen wie für *directors* einer britischen PLC. Diese Bestellungsvoraussetzungen und –hindernisse entsprechen dem Fall der Mitglieder des *Board*. Das wurde bereits oben in Zusammenhang mit den Leitungs- und Aufsichtsorgansmitgliedern des britischen dualistischen Systems dargestellt. Zur Vermeidung von Wiederholungen wird auf die Ausführungen oben verwiesen.[1559]

(2) Zahl und Zusammensetzung

Hinsichtlich der Mitgliedzahl des *administrative organ* sieht das britische Recht wie das deutsche Recht nur eine Mindestzahl vor. Nämlich hat nach *Section*, 282 CA 1985 eine PLC mindestens zwei Direktoren zu haben. Dies gilt nach dem Umsetzungsgesetz (*Regulation* 61 EPCLR 2004) auch für die SE. Bei einer SE mit Mitbestimmung nach der SE-RL muss dieses Organ nach Art. 43 Abs. 2 S. 3 SE-VO aus mindestens drei Personen bestehen. Auf die Festlegung einer maximalen Mitgliedzahl hat der britische Gesetzgeber genauso wie beim Leitungs-

1557 Vgl. für den Verwaltungsrat einer „deutschen" SE oben G. V. 1. b) dd) (1) .Art. 43 III 2 SE-VO ist ebenso wie die Parallelnorm in Art. 40 II 2 SE-VO als abschließende Sonderregelung zu qualifizieren, ausführlich dazu bereits oben G. IV. 3. c) aa) (4).

1558 Vgl. *Mayson, French & Ryan* (2006), 16.4.14; *de Lacy* [2006] JBL 267, 285ff.(jeweils m.w.N. zur Rechtsprechung).

1559 Dazu siehe oben C. I. 2. a) aa) in diesem vierten Teil.

und Aufsichtsorgan des britischen dualistischen Systems verzichtet.[1560] Diesbezüglich sind alle weiteren Regelungen der Satzung überlassen.[1561]
Gem. Art 43 Abs. 3 S. 1 SE-VO setzt sich das Verwaltungsorgan (*administrative organ*) ausschließlich aus Mitgliedern zusammen, die von der Hauptversammlung der SE gewählt oder auf Grund eines Entsendungsrechts (Art. 43 Abs. 3 S. 3 SE-VO) von einem oder mehreren Aktionären entsandt wurden.[1562] Für die weiteren Bedingungen gilt das nationale Recht. Anders als das deutsche Recht enthält aber das britische Recht in Bezug auf die Zusammensetzung des *administrative organ* einer SE keine Vorschriften. Deshalb gelten dafür die allgemeinen Erfordernisse des *board of directors* einer PLC. Der *Combined Code* (A.3.2) empfiehlt eine hälftige Besetzung mit unabhängigen Personen (*executive directors vs. non-executive directors*). Dabei wird neben der Geschäftsführungsfunktion des *administrative organ* auch seine unabhängige effektive Kontrollfunktion erwartet.[1563]

bb) Abberufung und sonstige Beendigungsgründe

Anders als das frühre Konzept der SE-VO[1564] erwähnt die jetzige SE-VO die Beendigung der Mitgliedschaft im Verwaltungsorgan nicht mehr. Mangels entsprechender Vorschriften in der Verordnung kommen nach Art. 9 Abs. 1 c ii SE-VO die für nationale Aktiengesellschaften geltenden Regelungen zur Anwendung. Deshalb können die Mitglieder nach Section 303(1) CA 1985 durch die Hauptversammlung mit einfacher Mehrheit[1565] und ohne wichtige Gründe[1566] abberufen werden.[1567] Die entsandten Mitglieder können vom Entsendeberechtigten abberufen werden, wenn es die Satzung zulässt.[1568] Neben der regulären Abberufung kommen als weitere Beendigungsgründe nach Art. 9 Abs. 1 c ii SE-VO eine Amtsniederlegung,[1569] der Eintritt des gesetzlichen Höchstalters (70 Jahre)[1570] oder ein satzungsmäßiger Beendigungsgrund[1571] in Betracht.

1560 Vgl. *DTI,* Consultative Document, 3.46; *DTI,* Results of Consultation, S. 21;*Manz* in *MMS* (2005), Art. 43 SE-VO Rn. 189; *Morse* (2007), *Palmer's* Company Law 17.039. Siehe aber auch Combined Code A.3, wonach die Größe des Organs nicht dazu führen darf, dass dieses schwerfällig wird. Die Problematik zu großer Organe ist also auch in Großbritannien bekannt.

1561 Vgl. *DTI,* Consultative Document, 3.45; *DTI,* Results of Consultation, Para. 5 und S. 17.

1562 *Reichert/Brandes* in MünchKomm/AktG, Art. 43 SE-VO Rn. 69.

1563 Vgl. oben Bestellung und Abberufung der Aufsichtsorgansmitglieder (2) Britische SE.

1564 Siehe Art. 75 SE-VOE 1989 und Art. 66 Abs. 3 SE-VOE 1991.

1565 Art. 57 SE-VO i.V.m. Section 303(1) CA 1985.

1566 *Morse* (2007), *Palmer's* Company Law 8.302.1.

1567 Vgl. *Oliphant* in *JF* (2005), § 16 Rn. 1230, 1238 Fn. 42; *Manz* in *MMS* (2005), Art. 43 SE-VO Rn. 193; *Morse* (2007), *Palmer's* Company Law 17.033.

1568 Vgl. *Pennington* (2003), S. 671.

1569 Zur Amtsniederlegung *(resignation)* nach britischem Recht: *Hannigan* (2003), S. 162; *Mayson, French & Ryan* (2006) 15.6.4; siehe ferner auch Regulation 81(d) Table A CA 1985.

1570 Nach Section 293(3) CA 1985 endet das Amt mit dem Ende der ersten Hauptversammlung nach Vollendung des 70. Lebensjahres des Betreffenden; die Satzung kann allerdings

c) Innere Ordnung des *administrative organ*

Die Vorschriften der SE-VO zur inneren Ordnung der monistischen SE beschränken sich auf die Regelung von Grundsatzfragen. Art. 44 Abs. 1 SE-VO spricht die Sitzungen des Verwaltungsrates an, Art. 44 Abs. 2 SE-VO den Informationsfluss innerhalb dieses Organs. Weitere Fragen der inneren Ordnung werden in Art 45 (Wahl des Vorsitzenden) SE-VO und Art. 50 (Beschlussfähigkeit und –fassung) SE-VO behandelt. Die detaillierten Regelungen zur inneren Ordnung der monistischen britischen SE finden sich jeweils im nationalen Recht.

aa) Geschäftsordnung, Sitzung und Beschlüsse

Bezüglich der Geschäftsordnung des *administrative organ* enthält das britische Recht ebenso wie das deutsche Recht keinerlei zwingende Vorgaben. Deshalb kann sich das Organ selbst eine Geschäftsordnung im Rahmen der Gestaltungsautonomie, die wiederum Ausfluss der Organisationsautonomie ist, geben, wenn die Satzung nichts anderes bestimmt. Bezüglich der Teilnahme an Sitzungen und der Zahl der Sitzungen trifft die britische SE - anders als eine deutsche SE - auf keine gesetzlichen Vorschriften. In diesem Zusammenhang spielt daher auch die Satzung oder die eigene Geschäftsordnung eine wichtige Rolle. Für die Beschlüsse des *administrative organ* gilt auch die Regelung des Art. 50 SE-VO. Eine weitere Abhandlung in Bezug auf Geschäftsordnung, Sitzung und Beschlüsse unterbleibt an dieser Stelle, weil dies dem Inhalt nach anderen Organen im britischen dualistischen System deckungsgleich entspricht.[1572]

bb) Vorsitzende des *administrative organ*

(1) Bestellung und Abberufung

Nach Art. 45 SE-VO wählt das *administrative organ* aus seiner Mitte einen Vorsitzenden. Gemäß Art. 45 S. 2 SE-VO darf aber nur ein von der Hauptversammlung bestelltes Mitglied zum Vorsitzenden gewählt werden, wenn die Hälfte der Mitglieder des Verwaltungsorgans von den Arbeitnehmern bestellt wird. Das *administrative organ* kann auch einen Stellvertreter auswählen, wenn die Satzung nichts anderes bestimmt. Für die Wahl, die Amtszeit und die Beendigung des Amtes gelten die Regelungen für den Vorsitzenden des Leitungs- bzw. Aufsichtsorgans im britischen dualistischen System entsprechend.[1573] Für einen

---

Abweichendes vorsehen, Section 293(7) CA 1985. Näher zum Ganzen (für britische Gesellschaften): *Mayson, French & Ryan* (2006), 15.6.5 m.w.N.

1571 Nach Regulation 81 Table A endet das Amt (neben den gesetzlich geregelten Fällen) etwa durch den Eintritt von Geisteskrankheit (c) oder im Falle einer länger als 6 Monate dauernden unerlaubten Abwesenheit (e). Näher zu satzungsmäßigen Beendigungsgründen bei britischen Gesellschaften: *Hannigan* (2003), S. 162; *Mayson, French & Ryan* (2006)15.6.1.

1572 Siehe oben Innere Ordnung des britischen dualistischen Aufsichtsorgans (C. II. 3. in diesem vierten Teil).

1573 Vgl. C. I. 3. c) aa) (2) und C. II. 3. b) bb) in diesem vierten Teil.

Wahlbeschluss ist die einfache Stimmenmehrheit erforderlich und ausreichend, sofern in der Satzung nichts anderes bestimmt ist (Art. 50 Abs. 1 lit. b SE-VO). Bezüglich der Abberufung des Verwaltungsratsvorsitzenden sieht die SE-VO bzw. das britische Recht keine Regelung vor. Daher ist dies Sache der Satzung. Zur Abberufung eines Organs ist prinzipiell derjenige befugt, der auch für seine Bestellung zuständig ist. Damit erfolgt die Abberufung des Vorsitzenden durch den Beschluss des *administrative organ* ebenso wie beim Aufsichtsorgan in der dualistischen SE für die Abberufung seines Vorsitzenden.[1574]
Genauso wie jedes Mitglied des *administrative organ* kann sein Vorsitzender sein Amt niederlegen. Die Niederlegung der Funktion ist isoliert, also unter Beibehaltung der Mitgliedschaft im *administrative organ* möglich.[1575] Die Amtszeit des Vorsitzenden endet spätestens mit seinem Ausscheiden aus dem Organ, weil das *administrative organ* den Vorsitzenden aus seiner Mitte zu wählen hat. Art. 46 SE-VO ist also auf die Amtszeit des Organmitglieds in seiner Funktion als Vorsitzender nicht anzuwenden.

(2) Aufgaben und Befugnisse
Der Vorsitzende des *administrative organ* besitzt auch zunächst diejenigen Aufgaben und Befugnisse, die dem Vorsitzenden allgemein obliegen bzw. zukommen. Insbesondere zu den Aufgaben des Vorsitzenden gehört es, die Sitzungen des Verwaltungsrats einzuberufen, vorzubereiten und zu leiten, die Beschlüsse und Ergebnisse der Ausschüsse in das Plenum einzubringen und die Ausschussarbeit zu koordinieren; schließlich repräsentiert er sein Organ nach außen.[1576] Art. 50 Abs. 2 SE-VO räumt den Vorsitzenden aller Organe und damit auch dem Vorsitzenden des *administrative organ* einen Stichentscheid bei Abstimmungen ein. Eine von ihm unterzeichnete Sitzungsniederschrift gilt nach Art. 9 c ii SE-VO i.V.m. *Regulation* 78(3) EPCLR 2004, *Section* 382(2) CA 1985 als Beweis der Sitzungsvorgänge.
Darüber hinaus hat er dafür zu sorgen, dass die Direktoren ausreichend informiert werden, ein effektiver Austausch mit den Aktionären stattfindet und eine konstruktive Beziehung zwischen *non-executive* und *executive directors* besteht. Die Rolle, die der Vorsitzende in der SE tatsächlich einnimmt, ist jedoch von den Umständen des Einzelfalls abhängig. Danach kann der Vorsitzende sowohl die Rolle eines „*overloard*“ als auch die eines bloßen „*ornamental figurehead*“ einnehmen.[1577]
Der Vorsitzende des *administrative organ* kann ebenso wie der Verwaltungsratsvorsitzende eines deutschen monistischen Systems durch Personalunion eine

---

1574 Zur Abberufung des Aufsichtsorgansvorsitzenden einer britischen monistischen SE C. II. 2. b) bb) in diesem vierten Teil.

1575 Zum Aufsichtsratsvorsitzenden in der AG vgl. *Lutter/Krieger* (2002), § 9 Rn. 543; *Semler* in MünchKomm/AktG, § 107 Rn. 48; *Hüffer*, AktG/7, § 107 Rn. 4; *Hoffmann-Becking* in MünchHdb AG, § 31 Rn. 12.

1576 Vgl *Manz* in *MMS* (2005), Art. 43 SE-VO Rn. 12; siehe auch Combined Code A.2.

1577 *Davies* (2003 a), S. 160 Fn. 62.

starke Stellung im Organ einnehmen, weil das britische Recht keine Regelung kennt, die untersagt, dass das Amt des Vorsitzenden (*Chairman*) und des *chief executive*[1578] von einer Person ausgeübt werden kann. Dies wird allerdings hinsichtlich der aktuellen angloamerikanischen Corporate Governance in der Literatur zu Recht kritisiert,[1579] weil unter einer derartigen Machtkonzentration die effektive Kontrollfunktion der Geschäftsführung verhindert werden kann, indem zum einen die *executive directors* dem *chief executive* hierarchisch untergeordnet und zum anderen auch die *non-executive directors* wegen seines Einflusses in Personalfragen von ihm abhängig sind.[1580] Darüber hinaus hat der Vorsitzende mit Personalunion in der Regel nur wenig Interesse an der Überwachung des operativen Geschäfts. Unter diesen Überlegungen fordert der *Combined Code* eine klare Trennung der Verantwortlichkeit vom *Chairman* (Vorsitzender) und *chief executive* (Vorsitzender der *executive directors*). Danach soll der Vorsitzende nicht zugleich *chief executive* sein (A.2.1); zumindest zum Zeitpunkt seiner Wahl soll er unabhängig sein (A.2.2 i.V.m. A.3.1). Er und ggf. sein Stellvertreter sollen im Jahresabschluss als solche identifiziert werden (A. 1.2). Dabei muss sich jede börsennotierte Gesellschaft für die Nichtbefolgung rechtfertigen.[1581]

cc) Ausschüsse des *administrative organ*

Bei der britischen monistischen SE hängt die Ausschussbildung des *Board* von der Satzungsbestimmung ab, weil diesbezüglich keine gesetzlichen Vorschriften vorhanden sind.[1582] Die Arbeitsweise der Ausschüsse wird gewöhnlich in der Satzung geregelt. Nach *Regulation* 72 *Table* A CA 1985 gelten für Ausschüsse, die aus zwei oder mehr Personen bestehen, die Regeln für das Gesamtorgan sinngemäß.[1583] Die Modalitäten der Ausschussbildung sind mit denen des Aufsichtsorgans einer britischen dualistischen SE deckungsgleich. Daher wird hier eine weitergehende Darstellung vermieden.[1584]

1578 Der höchstgestellte executive director ist der managing director, der in der Unternehmenspraxis chief executive oder amerikanisiert chief executiv officer (CEO) genannt wird: *Davies* (2003 a), S. 319 f. und S. 39.

1579 *Davies* (2003 a), S. 321 f.

1580 *Davies* (2003 a), S. 320.

1581 Nach *Rickford* besteht in 95% der britischen Unternehmen Personenverschiedenheit zwischen Chairman und CEO, zusammenfasst von *Hopt/Wymeersch/Kanda/Baum/Schweitzer/Kumpan*, Corporate Governance in Context, S. 723; *Hannigan* (2003), S. 145; *Mäntysaari* (2005), S. 97.

1582 Vgl. *Mayson, French & Ryan* (2006), 15.8.5; *Pennington* (2003), S. 702.

1583 Vgl. *Mayson, French & Ryan* (2006), 15.8.5.

1584 Dazu siehe C. II. 3. c) bb) in diesem vierten Teil.

d) Informationsfluss und Überwachungsinstrument im britischen monistischen System

aa) Informationsfluss

Nach Art. 44 Abs. 2 SE-VO kann jedes Mitglied des *administrative organ* von allen Informationen, die diesem Organ übermittelt werden, Kenntnis nehmen. Ist zur Entgegennahme der Information ein besonderer Ausschuss des *administrative organ* eingesetzt, so sind auch die nicht dem Ausschuss angehörenden Organmitglieder berechtigt, von den Informationen Kenntnis zu nehmen.[1585] Zu den Einzelheiten werden die nationalen Vorschriften nach Art. 9 Abs. 1 c ii SE-VO angewandt, weil die SE-VO keine weiteren Regelungen vorsieht. In dieser Hinsicht kennt allerdings auch das britische Recht keine Vorschriften. Das *Common Law* sieht nur die Regel vor, dass der einzelne Direktor ein Einsichtsrecht in die Bücher der Gesellschaft hat.[1586] Deswegen spielt als Grundsatz für den Informationsfluss innerhalb des *administrative organ* der *Combined Code* die größte Rolle. Nach *Combined Code* soll der Vorsitzende bei seiner Tätigkeit vom *company secretary* unterstützt werden, um eine genaue, rechtzeitige und klare Informationsversorgung des Organs zu garantieren. Dabei ist die Geschäftsführung dazu verpflichtet, diese Informationen zu übermitteln. Die Direktoren sollen sich jedoch, soweit erforderlich, um verdeutlichende Erklärungen und Erweiterungen der Informationen bemühen.[625] Darüber hinaus sollen nach A.5.2 in *Combined Code* die Direktoren (insbesondere die *non-executive directors*) über persönliche Fähigkeiten verfügen, die es ihnen ermöglichen, eine unabhängige professionelle Beratung zu leisten.

Darüber hinaus sind alle Informationen, die die Organe der SE erhalten, streng vertraulich zu behandeln. Dazu findet sich im ersten Halbsatz von Art. 49 SE-VO eine gemeinsame Vorschrift sowohl für das monistische als auch für das dualistische System. Danach dürfen die Organmitglieder einer SE Informationen über die SE, die im Falle ihrer Verbreitung den Interessen der Gesellschaft schaden können, auch nach Ausscheiden aus ihrem Amt nicht weitergeben. Diese Verschwiegenheitspflicht wird im zweiten Halbsatz von Art. 49 SE-VO wiederum eingeschränkt. Danach gilt dies nicht in Fällen, in denen eine solche Informationsweitergabe nach den Bestimmungen des für Aktiengesellschaften geltenden einzelstaatlichen Rechts vorgeschrieben oder zulässig ist oder im öffentlichen Interesse liegt.[1587]

bb) Überwachungsinstrumente

Nach der Überprüfung der durch die oben beschriebenen Methoden erlangten Informationen stehen dem Verwaltungsrat bzw. den in ihm vertretenen *non-executive directors* verschiedene Überwachungsinstrumente zur Wahl. Zu den wichtigen Überwachungsinstrumenten gehören die folgenden:

1585 *Reichert/Brandes* in MünchKomm/AktG, Art. 44 SE-VO Rn. 39.

1586 *Burn* v, *London and South Wales Coal Co.* [1890] WN 209; *Conway & Ors v. Petronius Clothing Co. Ltd. & Ors* [1978] 1 All ER 185.

1587 Vgl. *Reichert/Brandes* in MünchKomm/AktG, Art. 44 SE-VO Rn. 44.

Erstens, das schärfste Überwachungsinstrument des *administrative organ* ist wegen seiner gleichzeitig gestaltenden Wirkung das Weisungsrecht gegenüber dem Management (Art. 72 *Table* A), das sich - sofern das *administrative organ* nicht seine eigenen Befugnisse überschreitet - auf jeden Bereich der Geschäftsführung erstreckt;
Zweitens, die Beratung der Geschäftsführung durch die *non-executive directors* lässt sich aus dem Wortlaut des *Combined Code* ableiten. Dieser verlangt die Mitwirkung der *non-executive directors* bei der Entwicklung neuer Strategien. Davon abgesehen ist davon auszugehen, dass die *non-executive directors* bei Anfrage der *executive directors* Ratschläge auch bezogen auf das operative Geschäft erteilen.[1588]
Drittens, ein wichtiges Instrument der präventiven Überwachung sind Zustimmungsvorbehalte zugunsten des *administrative organ*, die nach Art. 48 SE-VO bei jeder SE bestehen müssen. Nach Art. 48 Abs. 1 S. 1 SE-VO kann die Satzung einer SE Zustimmungsvorbehalte für bestimmte Arten von Geschäften festlegen. Die Mitgliedstaaten können jedoch nach Art. 48 Abs. 1 S. 2 SE-VO festhalten, dass das Aufsichtsorgan bzw. Verwaltungsorgan selbst bestimmte Arten von Geschäften von seiner Zustimmung abhängig machen kann.[1589] Außerdem können die Mitgliedstaaten nach Art. 48 Abs. 2 SE-VO für die in ihrem Hoheitsgebiet eingetragenen SE bestimmen, welche Arten von Geschäften auf jeden Fall in die Satzung aufzunehmen sind. Der britische Gesetzgeber hat aber von beiden Optionen des Art. 48 SE-VO keinen Gebrauch gemacht. Aber derartige Zustimmungspflichten und darüber hinaus die Konkretisierung der zustimmungspflichtigen Geschäfte können hier dank des weiten Gestaltungsraumes zulässigerweise aus der Satzung zulässig resultieren.[1590] Der *Combined Code* fordert dabei in A. 1.1, dass im Sinne einer guten Corporate Governance die vom *administrative organ* zu entscheidenden Geschäfte formell aufgelistet werden. Dazu gehören die Bestätigung der Halbjahresberichte und der vorläufigen Ergebnisse, die Bestätigung des jährlichen Vorstandsberichts und der *financial statements*, die Bestätigung der vorläufigen Dividende und die Empfehlung der endgültigen Dividende, die Bestätigung von signifikanten Veränderungen in den Rechnungslegungsgrundsätzen oder Praktiken, die Ernennung oder Abberufung der Gesellschaftssekretäre (*company secretary*), die Bezahlung der Abschlussprüfer und die Empfehlung für die Ernennung oder die Abberufung der Abschlussprüfer, die Bestätigung der Börsenrundschreiben und des Börsenprospektes, die Bestätigung von Presseberichten über Gegenstände, die vom *administrative organ* (*Board*) entschieden werden, die Bestätigung der Konzernstrategie und des Jahresbudgets, die Ernennung von Boardmitgliedern abhängiger Gesellschaften, Veränderungen im Management des Konzerns und von Kontrollstrukturen, Ernennung und Abberufung aus dem *administrative organ*, Aufgaben des

---

1588 Vgl. *Cheffins* (1997), S. 96.
1589 *Reichert/Brandes* in MünchKomm/AktG, Art. 48 Rn. 9 f.
1590 *Manz* in *MMS* (2005), Art. 48 SE-VO Rn. 31; vgl. auch Art. 72 Table A.

Chairman, des *vice chairman*, des *chief executive officer* und der *executive directors*, die Aufgabenbereiche und die Besetzung von Ausschüssen, größere Kapitalprojekte, bedeutsame Verträge der Gesellschaft oder abhängiger Unternehmen, das Risikomanagementsystem, die Bildung von Rückstellungen (*treasury policy*), größere Veränderungen in Mitarbeiterbeteiligungsprogrammen, die Formulierung der Unternehmenspolitik im Hinblick auf wohltätige Zwecke, *political donations*, Maßnahmen der Strafverfolgung, interne Kontrollabsprachen, die Gesundheits- und Sicherheitspolitik, die Umweltpolitik, Managementsversicherungen und Notfallmaßnahmen.[1591]
Schließlich resultiert die faktische Überwachungsmacht des *admnistrative organ* überdies aus seiner starken Personalkompetenz. Damit kann es die von ihm delegierte Kompetenz der *administrative directors* jederzeit widerrufen und sie somit ihrer Stellung entheben[1592].

2. Haftung des *administrative organ*

Für die Haftung der Mitglieder des *administrative organ* in einer britischen monistischen SE gilt nach Art. 51 SE-VO bzw. Art. 9 Abs. 1 c ii SE-VO das britische Recht (*Common Law*). Anders als bei einer britischen dualistischen SE stellt es sich nicht als sonderlich problematisch dar, dass das auf dem monistischen System basierende britische *Common Law* unmittelbar auf die monistische britische SE Anwendung findet, weil das britische Recht traditionell auf dem monistischen System entwickelt wurde und dieses System die Unternehmenspraxis dominiert.

a) Haftung gegenüber der SE – Innenhaftung

aa) Pflichtverletzung als Haftungsvoraussetzungen und *Business Judgement Rule*

Für die Haftung der Mitglieder des *administrative organ* gelten die allgemeinen Regelungen über die Haftung der *directors* einer PLC. Ebenso wie bei der deutschen SE setzt die Haftung voraus, dass die Mitglieder dieses Organs bei der Ausübung ihres Amtes ihnen obliegende gesetzliche, satzungsmäßige oder sonstige Pflichten verletzt haben. Die Mitglieder, die ihre Pflichten verletzten, haften der Gesellschaft gegenüber nach *Common Law*[1593] gesamtschuldnerisch[1594] auf Schadensersatz.[1595] Diese Mitglieder können wie *directors* einer PLC unter verschiedenartigen Grundlagen zur persönlichen Haftung herangezogen werden. Die Folgenden sind die wichtigsten Grundlagen der Haftung: Treuepflichten des

1591 *Merkt*, ZGR 2003, S. 650, 661.

1592 *Pennington* (2003), S. 702.

1593 Vgl. Section 162 CLRB und CLRB EN, Paragraph 304; *Law Society*, Response to White Paper, S. 6

1594 Für den internen Ausgleich gilt der Civil Liability (Contribution) Act 1978, vgl. *Morse* (2007), *Palmer's* Company Law 8.5.5.5.

1595 *Davies* (2003 a), S. 425; *Hannigan* (2003), S. 191 f.

Common Law (*fiduciary duties*),[1596] Sorgfaltspflichten (*duties of care and skill*) und die Verschwiegenheitspflicht.[1597] In diesem Zusammengang ist zu beachten, dass der Sorgfaltsmaßstab[1598] laut der heutigen britischen Rechtsprechung[1599] und Literatur[1600] nach der bestimmten Stellung und Funktion des jeweiligen Organmitgliedes (insbesondere zwischen *executive* und *non-executive directors*) differenziert wird.

Zwar existiert ein kodifiziertes *Business Judgement Rule* im britischen Recht nicht, die Gerichte lehnen es jedoch traditionell ab, unternehmerische Entscheidungen zu überprüfen, sofern diese in gutem Glauben getroffen wurden.[1601] Da sich diese Art „ungeschriebene *Business Judgement Rule*" nicht nur als ausreichend, sondern auch als angenehm flexibel erwiesen hat, wurde eine Kodifikation im Rahmen der jüngsten Reformdiskussionen explizit abgelehnt.[1602]

bb) Darlegungs- und Beweislast und gesamtschuldnerische Haftung

Ebenso wie bei der deutschen SE setzt die Schadensersatzpflicht der Mitglieder des *administrative organ* vor, dass aus ihrer Pflichtverletzung der Gesellschaft ein materieller Schaden entstanden ist. Wenn dies der Fall ist, dann haften diese Organmitglieder der Gesellschaft gegenüber nach *Common Law*[1603] gesamtschuldnerisch[1604] auf Schadensersatz.[1605] Bei den Treuepflichtverletzungen kann die SE je nach Art der Pflichtverletzung ggf. auch die Herausgabe ihres Eigentums oder eines etwaigen Gewinns verlangen und/oder die betroffenen Verträge anfechten.[1606] Wenn es streitig ist, ob vor dem Schaden der Gesellschaft die Or-

---

1596 *Davies* (2003 a), S. 381.

1597 Vgl. oben C. III. 2. a) in diesem vierten Teil.

1598 Näher dazu und speziell zur Entwicklung vom früher geltenden extrem subjektiven hin zum heute geltenden gemischt objektiv-subjektiven Sorgfaltsmaßstab bereits G. IV. 2. e) bb) (1) (a) (aa).

1599 Vgl. *Secretary of State* v *Swan and North* [2005] EWHC 603 (Ch); *Equitable Life Assurance Society v Bowley* [2004] 1 BCLC 180; *Re Stephenson Cobbold Ltd (in liquidation)* [2000] 2 BCLC 614; *Re Barings plc (No. 5), Secretary of State for Trade and Industry* v. *Baker (No. 5)* [1999] 1 BCLC 433, 484; *Re Continental Assurance Co of London plc, Secretary of State for Trade and Industry* v *Burrows* [1997] 1 BCLC 48; *Re Produce Marketing Consortium Ltd (No 2)* [1989] BCLC 520.

1600 Vgl. *Davies*(2003 a), S. 435; *Hannigan* (2003), S. 300; *Arsalidou* (2002) 23 Co Law 107, 113; *Belcher/Naruisch* [2005] JBL 443, 465ff.; *Hemraj* (2005) Co Law 83f.;*Howell* [2005] JBL 640, 643ff; *Sweeney-Baird* (2006) 27 Co Law 67, 69ff.; *Walters* (1999) 20 Co Law 142,143.

1601 *Howard Smith* Ltd v *Ampol Petroleum* Ltd (1974) AC 821

1602 Vgl. *DTI,* Director and auditor liability, 5. 11; *Law Commission*, LC 261 (1999), 5. 28.

1603 Vgl. Section 162 CLRB und CLRB EN, Paragraph 304; Law Society, Response to White Paper, S. 6

1604 Vgl. *Morse* (2007), *Palmer's* Company Law 8.5.5.5.

1605 *Davies* (2003a), S. 425 ff.; *Hannigan* (2003), S. 191 f.; *Morse* (2007), *Palmer's* Company Law 8. 542 ff.

1606 Näher zu den einzelnen Fallkonstellationen und zur Rechtsprechung: *Davies* (2003 a), S. 425ff.; *Mayson, French & Ryan*(2006), 16.5.5; *Morse* (2007), *Palmer's* Company Law 8.542.

ganmitglieder die Sorgfalt eines ordentlichen und gewissenhaften Geschäftsleiters angewandt haben, dann muss die britische SE anders als bei der deutschen SE[1607] die volle Darlegungs- und Beweislast tragen.[1608] In diesem Sinne ist die Haftungsregelung nach dem deutschen Recht schärfer als die britische Haftungsregelung.

cc) Haftungsverzicht und Verjährung

Ebenso wie in Deutschland lässt sich die Haftung der Mitglieder des Organs nach *Section* 309 A (1), (2) CA weder vertraglich noch in der Satzung der Gesellschaft ausschließen oder reduzieren.[1609] Aber die britische SE kann durch Hauptversammlungsbeschluss (Art. 50 SE-VO) mit einer einfachen Mehrheit auf Ersatzansprüche gegenüber Leitungsorgansmitgliedern verzichten.[1610] In Bezug auf den Haftungsverzicht und die Verjährung findet an dieser Stelle keine weitere Abhandlung statt, weil auf diesbezügliche Darstellungen zur Haftung des Leitungs- und Aufsichtsorgans bei der dualistischen britischen SE oben verwiesen werden kann.[1611]

dd) Geltendmachung der Schadensersatzansprüche der SE gegenüber den Mitgliedern des *administrative organ*

Bei Geltendmachung der Ersatzansprüche der britischen monistischen SE wird die SE prinzipiell durch das *administrative organ* selbst vertreten.[1612] Im Falle der Untätigkeit des *administrative organ* wird man indes entsprechend der Rechtslage bei der PLC gem. Art. 52 S. 2 SE-VO auch eine subsidiäre Hauptversammlungskompetenz annehmen müssen.[1613] Daneben kann gem. *Section* 438 CA 1985 der *secretary of state* im Anschluss an eine Überprüfung der Gesellschaft deren Ansprüche geltend machen, wenn daran seiner Ansicht nach ein öffentliches Interesse besteht[1614]. Eine Geltendmachung durch die Gläubiger der Gesellschaft ist dagegen nur in der Insolvenz zulässig (*Section*. 212 IA 1986).[1615] Eine Geltendmachung durch einzelne Aktionäre (sog. *derivative action)* bedarf der gerichtlichen Zulassung.[1616] In Großbritannien kommt die Geltendmachung von Schadensersatzansprüchen durch Aktionäre nur sehr selten

1607 Dazu oben C. III. 1. a) aa) (1) 4) in diesem vierten Teil.

1608 *Hannigan* (2003), S. 191, 311; *Morse* (2007), *Palmer's* Company Law 8. 418.

1609 Ausführlich zu D&O-Versicherungen nach britischem Recht: *Mayson, French & Ryan*, Company Law, 16.9.7.

1610 *Davies* (2003 a), S. 438; *Mayson, French & Ryan* (2006), 16.9.2.

1611 Siehe C. III. 2. a) b) in diesem vierten Teil.

1612 Vgl. *Davies* (2003 a), 445; *Hannigan*, (2003), S. 457f.; *Mayson, French & Ryan* (2006), 18.4.1.

1613 Vgl. *Davies* (2003 a), 445; *Morse* (2007), *Palmer's* Company Law 8.806.

1614 *Mayson, French & Ryan* (2006), 18.8.5.4.

1615 *Morse* (2007), *Palmer's* Company Law 8. 544 ff.

1616 Vgl. CPR 19.9 (3).

vor, weil die Prozesskosten äußerst hoch und damit das finanzielle Risiko der betroffenen Aktionäre bei einer verweigerten Haftungsklage zu groß ist.[1617]

b) Haftung des *administrative organ* gegenüber Aktionären - Außenhaftung

Ebenso wie bei der deutschen SE können die Aktionäre einer britischen SE aus dem britischen Recht keine Ansprüche gegenüber Mitgliedern des *administrative organ* herleiten, weil der Wortlaut des britischen Gesellschaftsrechts diesbezüglich keine Angaben macht.

Außer einiger Spezialtatbestände ist für die Haftung der Leitungsorgansmitglieder gegenüber Aktionären immer eine besondere vertragliche oder quasivertragliche Grundlage notwendig.[1618] Die Aktionäre können aber auch gegen die Organmitglieder einen Schadensersatzanspruch haben, wenn aufgrund ihres Deliktes ihr Recht verletzt ist; jedes Organmitglied macht sich nach *Section* 458 CA 85 für die betrügerischen Verhalten strafbar.[1619]

III. Zwischenergebnis des monistischen System Grundstruktur und Haftung

Grundstruktur

Die zentrale Aufgabe des Verwaltungsrats/*administrative organ* ist die Oberleitung der monistischen SE. Er/es leitet die Gesellschaft, legt die Grundlinien ihrer Tätigkeit fest und überwacht deren Umsetzung. Bereits die Grundstruktur des monistischen Systems divergiert bei der deutschen und britischen SE signifikant. Im Ergebnis ist das britische monistische System außerordentlich flexibel, während das deutsche System eher überreguliert und deshalb weniger flexibel ist. Übrigens führt das britische Rechtssystem trotz des Fehlens zwingender Vorschriften nicht zu Rechtsunsicherheit, weil es durch eine umfangreiche und sehr praxisorientierte britische Rechtssprechung und durch die umfangreiche Gestaltungsfreiheit bei der Satzung ergänzt wird. Die aus dem vorstehenden Vergleich aus jeweils unterschiedlicher rechtlicher Basis der beiden Länder resultierenden Ergebnisse lassen sich wie folgt zusammenfassen:

Erstens besteht bei der deutschen SE eine zwingende Aufgabenteilung zwischen Verwaltungsrat und geschäftsführenden Direktoren. Insbesondere beim deutschen monistischen System lassen sich die geschäftsführenden Direktoren grundsätzlich in geschäftsführenden Direktoren (sog. interne geschäftsführende Direktoren), die gleichzeitig dem Verwaltungsrat angehören, und Dritte (sog. externe geschäftsführende Direktoren), die nicht gleichzeitig dem Verwaltungsrat angehören, unterteilen. Dabei wird gemäß dem Gedanken der Sicherung ei-

1617 *Charkham* (1994), S. 325.

1618 Speziell für das Leitungsorgan der SE: *Oliphant* in *JF* (2005), § 16 Rn. 1238; allgemein zum britischen Recht *Palmer*, Company Law 8.602; Zur Haftung gegenüber den Aktionären *Hannigan*, Company Law, S. 200 ff.

1619 *Morse* (2007), *Palmer's* Company Law 8. 605 ff. m.w.N; *Mayson, French & Ryan*, Company Law, 15.13.

ner effektiven Unternehmensüberwachung vorausgesetzt, dass die Mehrheit des Verwaltungsrats zwingend aus nicht geschäftsführenden Direktoren besteht. Damit ist im Vergleich zum dualistischen System eine weiter reichende Überwachungsmöglichkeit gegeben, weil der Verwaltungsrat eigene Geschäftsführungsmaßnahmen ergreifen und ferner kraft seiner Weisungsbefugnis in konkreten Einzelfällen von den geschäftsführenden Direktoren Informationen über bestimmte Geschäftsvorfälle verlangen kann. In diesem Sinne wird durch dieses System eine effektivere und aktivere Überwachung durch mitunternehmerisches Zusammenwirken erreicht, woraus man sich einen positiven Effekt auf die Corporate Governance erwartet, bei dem die auf das nicht getrennte Organ für Leitung und Überwachung beruhende typische Schwäche des monistischen Systems annähernd kompensiert werden kann.
Bei der britischen SE kommt das *administrative organ* entsprechend dem deutschen Verwaltungsrat auch gemeinschaftlich der Geschäftsführung der SE nach. Anders als in Deutschland sind bezüglich der Bestellung der geschäftsführenden Direktoren (*executive directors*) keine zwingenden Vorschriften vorhanden. Daher ist bei einer monistisch verfassten britischen SE im Prinzip nur ein einheitliches *administrative organ* vorhanden. Allerdings kann dieses Organ aus seinem Kreis die geschäftsführenden Direktoren (*executive directors*) für die laufende Geschäftsführung ernennen, wenn die Satzung nichts anderes bestimmt. Die in der Praxis üblichste Aufgabenteilung im *administrative organ* ist die zwischen *executive directors* für die Geschäftsführung und *non-executive directors* für die Überwachung der Geschäftsführung (*inside directors* und *outside directors*), wenn die Satzung keine entgegenstehenden Vorschriften enthält. Diese Trennung dieser beiden Funktionen wird durch den *Combined Code* zusätzlich unterstrichen, und gleichzeitig werden die Kompetenzbereiche stärker voneinander abgegrenzt. Danach soll innerhalb des *administrative organ* in börsennotierten Gesellschaften eine ausgewogene Balance von *executive* und *non-executive directors* bestehen. Im Übrigen wird hinsichtlich der rein verwaltungstechnischen Aufgaben das *administrative organ* durch den *company secretary* unterstützt.
Zweitens gewährt für eine effektive Wahrnehmung der Überwachungstätigkeit durch den Verwaltungsrat bzw. das *administrative organ* die SE-VO bzw. das nationale Recht einschließlich Rechtssprechung sowie Kodex – ebenso wie es beim Aufsichtsorgan des dualistischen Systems der Fall ist – verschiedene Instrumente. Zuerst werden die Aktualität, Nähe und Vollständigkeit der Informationen über die Gesellschaft als die wichtigste Grundlage der effektiven Arbeit des Verwaltungsrats/*administrative organ* betrachtet. Zu den wichtigsten Überwachungsinstrumenten sind die Stellungnahme, die Beratung, die Zustimmungsvorbehalte für bestimmte Arten von Geschäften, die Personalkompetenz, die Geschäftsordnungskompetenz, die Einrichtung verschiedener Ausschüsse und das Weisungsrecht zu zählen. Insbesondere angesichts des Informationsflusses – im Zusammenhang mit dem Weisungsrecht und mit der gemeinsamen Sitzung auf einem Tisch des Verwaltungsrats/*administrative organ* – hat das monistische System im Vergleich mit dem dualistischen System (Trennungssys-

tem) einen strukturellen Vorteil, und dieser wird auch in der Literatur als die Stärke des Monismus beschrieben.

Drittens sind für ein sachgerechtes Funktionieren des Verwaltungsrats/*administrative organ* die persönlichen Voraussetzungen und Hindernisse der Organmitglieder von großer Bedeutung. Diese Bedingungen werden dabei in Deutschland vergleichsweise strenger gehandhabt als in Großbritannien.

Schließlich zeigen die Ergebnisse der Untersuchung der inneren Ordnung des Verwaltungsrats/*administrative organ*, dass viele Gemeinsamkeiten aufgrund der SE-VO sowie viele vergleichbare Vorschriften im jeweiligen nationalen Recht, aber auch Unterschiede aufgrund der unterschiedlichen jeweiligen nationalen Regelungen sowie der Gewohnheit existieren. Für die Geschäftsordnung, Sitzungen und deren Häufigkeit, Beschlüsse und die Zahl der Organmitglieder gelten die Regelungen für das jeweilige dualistische System sinngemäß. Bezüglich der inneren Ordnung des monistischen Systems steht die Machtkonzentration des Vorsitzenden des Verwaltungsrats/das *administrative organ* als Besonderheit im Vergleich mit dem dualistischen System im Zentrum der Corporate Governance-Diskussion. Die Debatte über Maßnahmen zur Vermeidung der auf dieser Machtkonzentration (insbesondere auf der Vereinigung des Amts des *Chairman*/Vorsitzenden und des *chief executive*/Vorsitzenden der geschäftsführenden Direktoren bzw. geschäftsführenden Direktoren in einer Person) beruhenden negativen Wirkung ist unter dem Aspekt der Corporate Governance im Gang. Eine derartige Machtkonzentration verhindert mangels der voneinander unabhängigen Rollenteilung die effektive Kontrolle der Geschäftsführung immens. Für gewöhnlich hat z.B. ein Vorsitzender in Personalunion nur wenig Interesse an der Überwachung des operativen Geschäfts. Eine solche herausragende Machtstellung des CEO wird sowohl in der angloamerikanischen Corporate Governance- Diskussion als auch in der Praxis und auch im Erwägungsgrund der SE-VO abgelehnt. Diese Personalunion ist wegen eines gesetzlichen Mangels in der deutschen monistischen SE de lege lata aber zulässig, obwohl sich der Gesetzgeber ausdrücklich skeptisch dagegen äußert. Auch in Großbritannien existieren keine Regelungen, die diese Personalunion explizit verbieten. Um effektive Kontrolle durch die Trennung von Unternehmensleitung und Überwachung zu garantieren, fordert aber der *Combined Code,* die Rollen von *CEO* und *Chairman* zu trennen.[1620]

Haftung

Bei einem Vergleich der beiden monistischen Systeme in Bezug auf die Haftungsregelungen fällt Folgendes auf:

Erstens tritt bezüglich der Grundstruktur des Organs bei einer deutschen SE wegen der zwingenden Aufgabenteilung in Verwaltungsrat und geschäftsführende Direktoren eine gewisse Institutionalisierung ein, während das britische

---

1620 Über 80 Prozent der großen Unternehmen in Großbritannien sind dieser Empfehlung gefolgt, dazu *Charkham* (1994), S. 271-272; *ICMG* (1995), S. 87.

Recht diesbezüglich keine zwingende Regelung vorsieht. Damit haften die Organmitglieder einer deutschen SE nach bestimmten gesetzlichen Regelungen, während die Mitglieder des *administrative organ* für einen Schaden des Unternehmens nach der durch die Satzung bestimmten Stellung und Funktion als jeweiliges Organmitglied (insbesondere *executive* und *non-executive directors*) haften.

Zweitens ist bezüglich der Haftung der Organmitglieder der deutschen und britischen monistischen SE vorgesehen, dass sowohl die Verwaltungsratsmitglieder und die geschäftsführenden Direktoren als auch die Mitglieder des *administrative organ* für die Verletzung ihrer Pflichten (Treue- und Sorgfaltspflicht sowie die gesetzlich, satzungsmäßig gegebenen sonstigen Pflichten) gesamtschuldnerisch auf Schadensersatz – ebenso wie die Haftung der Organmitglieder im dualistischen System haften.

Drittens ist die Divergenz einerseits bei der Darlegungs- und Beweislast und andererseits bei der Geltendmachung von Schadensersatzansprüchen durch die Aktionäre gegenüber der Gesellschaft in den Haftungsregelungen der beiden Länder genauso wie beim dualistischen System auffallend: Danach liegt bezüglich des Vorhandenseins der Haftung der Organmitglieder die volle Darlegungs- und Beweislast auf Seite der britischen monistischen SE, während es sich in Deutschland genau andersherum verhält. Die Möglichkeit der Geltendmachung von Schadensersatzansprüchen durch die Aktionäre gegenüber der Gesellschaft ist in Deutschland jüngst durch die neue Regelung (§ 148 AktG n. F.) infolge der Reform des Aktiengesetzes (§ 147 AktG a. F.) in größerem Maße gegeben, wohingegen in Großbritannien diese Möglichkeit nur sehr eingeschränkt besteht, da die Prozesskosten äußerst hoch und damit das finanzielle Risiko der betreffenden Aktionäre bei einer verweigerten Haftungsklage zu groß sind. Zur Geltendmachung der Schadensersatzansprüche der SE gegenüber dem betreffenden Organmitglied ist bei der deutschen monistischen SE das jeweils andere Organ als Vertreter berechtigt, während bei der britischen SE das *administrative organ* selbst diese Befugnis hat. Vor diesem Hintergrund scheint auf den ersten Blick auch die Möglichkeit einer praktischen Durchsetzung von Ansprüchen bei der deutschen monistischen SE größer zu sein.

Viertens wird nach der Einführung der sog. *Business Judgement Rule* für den Schutz der Unternehmensleitung die Haftung der Organmitglieder ausgeschlossen, wenn diese bei unternehmerischen Entscheidungen auf der Grundlage von angemessenen Informationen zum Wohle der Gesellschaft gehandelt haben (Konvergenz der deutschen Haftungsregelung gegen die monistische Haftungsregelung). In Großbritannien verfügt das Management auf Grund einer Art ungeschriebener *Business Judgement Rule* über einen noch größeren Ermessensspielraum für die Erfüllung seiner Aufgaben als in Deutschland. Ferner sind Versicherungen gegen das Haftungsrisiko erhältlich, sog. D&O-Versicherungen, die in beiden Ländern gleichermaßen in großem Umfang genutzt werden.

Schließlich können sich die Aktionäre der sowohl deutschen als auch der britischen SE auf keine Regelungen bezüglich der Außenhaftung der Organmitglieder gegenüber Aktionären - auch im monistischen System - aus dem jeweiligen AktG beziehen, auch im Falle des monistischen Systems. Bei einem Delikt bzw. bei einer speziellen vertraglichen oder quasivertraglichen Festlegung wird aber auch im monistischen System eine Haftung der Organmitglieder gegenüber den Aktionären berücksichtigt.

E. Fazit: Gesamtmerkmale der Rechtssysteme, Konvergenz und einheitliche Corporate Governance-Grundsätze der SE?

Das Ziel der vorstehenden Untersuchung bestand darin, die Corporate Governance-Systeme der deutschen und der britischen SE darzustellen und aus dem Vergleich der Systeme und der Analyse der Unterschiede Erkenntnisse für sinnvolle Reformempfehlungen zur Verbesserung der jeweiligen Systeme zu gewinnen, die die Grundlage für die in ferner Zukunft auf der Konvergenz durch den Wettbewerb der beiden Systeme beruhenden gemeinsamen einheitlichen Grundsätze der Corporate Governance der SE darstellt.
Die Resultate der Untersuchung der Corporate Governance-Systeme der SE in beiden Ländern zeigen, dass viele Gemeinsamkeiten und auch erhebliche Unterschiede mit jeweiligen Stärken und Schwächen des Systems, die auf unterschiedlichen Rechtstraditionen basieren, bestehen. Insbesondere bezüglich der Schwäche des Systems konnte man erfahren, dass sich jeder Gesetzgeber darum bemüht hat, durch Annährung an die Stärke des anderen Systems anzuknüpfen und seine eigene Schwäche zu ergänzen und zu verbessern. Neben den durch die vorstehenden Untersuchungen aufgefundenen Schwächen und Stärken der jeweiligen Systeme werden hier schließlich die Gesamtmerkmale der Rechtssysteme der beiden Ländern und der Zustand der Konvergenz der Systeme (insbesondere zwischen dem deutschen dualistischen und britischen monistischen System) als Ergänzung der Schwäche der jeweiligen Systeme hergeleitet.

I. Gesamtmerkmale der Rechtssysteme durch Vergleiche der jeweiligen Systeme der SE (Flexibilität vs. Starrheit)

Neben den eigenen Stärken und Schwächen des jeweiligen Systems[1621] ist ein besonderes Merkmal jedes Rechtssystems hervorzuheben. Formelhaft ausgedrückt wird das britische Rechtssystem durch Flexibilität mit größerer Satzungsfreiheit ausgezeichnet, während das deutsche Rechtssystem im Vergleich nicht nur weniger flexibel, sondern auch letztlich schlicht überreguliert ist. Diese Flexibilität des britischen Rechtssystems kann als ein erheblicher Vorteil auf den Wettbewerb der Corporate Governance-Systeme einwirken. Denn mit dieser Flexibilität kann die Schwäche der starren gesetzlichen Regelungen einigermaßen kompensiert werden, insofern als die Unternehmen selbst das individuelle Verhalten des Managements und seine unternehmerische Entscheidung, die

1621 Siehe dazu Kapitel C. I. 4, II. 4, III. 3, IV und Kapitel D. III in diesem Teil.

durch kodifizierte Vorschriften (z.B. bestimmtes Organisationssystem, Qualifikationsforderungen, Haftungssanktion und Vergütungssystem etc.) nicht vollkommen kontrollieren werden können, durch einen enormen Gestaltungsfreiraum (Satzungsautonomie und Selbstregulierung durch Corporate Governance-Guidelines), der das Corporate Governance-System ihren Bedürfnissen entsprechend (z.B. die innere Organisation und Kompetenzverteilung) selber ausgestalten lässt, steuern können.

II. Konvergenz der deutschen dualistischen und britischen monistischen Corporate Governance-Systeme

Aus dem Vergleich der Corporate Governance der SE der beiden Länder lässt sich aufgrund ihrer typischen Schwächen und Stärken neben den jeweiligen Besonderheiten der jeweiligen Rechtssysteme eine gewisse Entwicklung zur Konvergenz erkennen. Dabei verdient insbesondere die Konvergenz zwischen den beiden typischen Systemen, nämlich dem deutschen dualistischen System und dem britischen monistischen System als hauptsächliche Gegenpole im Wettbewerb nähere Betrachtung.

1. Konvergenz der internen Corporate Governance

Deutschland: Im Vergleich zwischen dem dualistischen und dem monistischen System wird das dualistische System durch die personell und funktional strikte Trennung in Unternehmensführung (Leitungsorgan) einerseits und Überwachung (Aufsichtsorgan) andererseits charakterisiert. Diese klare organisatorische Trennung wird allgemein als größte Stärke dieses Systems für eine effiziente und unabhängige Überwachung der Unternehmensführung betrachtet. Sie wird aber insofern gleichzeitig auch als Schwäche dieses Systems beurteilt, als durch den unzureichenden Informationsfluss zwischen den Organen die Überwachungsfunktion des Aufsichtsgremiums nicht nur beeinträchtigt, sondern auch völlig geschädigt werden kann. Um diese Schwächen des Systems zu beheben, hat sich der deutsche Gesetzgeber um eine Annährung des eigenen Systems an die Stärken des monistischen Systems mittels *Soft Law* (DCGK) und durch Gesetzesänderungen (insbesondere durch KonTraG, TransPuG und UMAG) bemüht.

Die aus dieser Untersuchung resultierenden folgenden Punkte zeigen den Stand der Konvergenz des dualistischen Systems zum monistischen System insbesondere zur Verbesserung seiner Schwäche des unzureichenden Informationsflusses zwischen Leitung und Überwachung: Gebot des engen und vertrauensvollen Zusammenwirkens von Leitungs- und Aufsichtsorgan (Ziff. 3.1 DCGK als übereinstimmende Auffassung des Schrifttums); Aufforderung nach hoher Einflussnahme auf die Unternehmensleitung durch die Beratungstätigkeit des Aufsichtsorgans, Abstimmung des Leitungsorgans mit dem Aufsichtsorgan über die strategische Ausrichtung des Unternehmens und Erörterung des Stands der Strategieumsetzung in regelmäßigen Anständen mit ihm (Ziff. 3.2 DCGK entspre-

chend § 90 Abs. 1 Nr. 1, Abs. 2 Nr. 1 AktG); Erlaubnis zur Erstellung eines Katalogs der zustimmungsbedürftigen Geschäfte durch die Satzung oder das Aufsichtsorgan (Ziff. 3.3 DCGK entsprechend § 111 Abs. 4 S. 2 AktG in der Fassung des TransPuG) und Festlegung, dass ausreichende Informationsversorgung des Aufsichtsorgans gemeinsame Aufgabe von Leitungs- und Aufsichtsorgan ist (Ziff. 3.4 Satz 1 als eine Rechtsauffassung der Kommission und Satz 4 als eine Empfehlung DCGK, Ziff. 3.4 Sätze 2, 3, 5 und 6 DCGK entsprechend § 90 AktG). Außerdem empfiehlt der DCGK die Einrichtung besonderer Aufsichtsorganausschüsse (Ziff. 5.3.1 Satz 1 als eine Empfehlung, Ziff 5.3.1. Satz 3 DCGK als eine Gesetzeswiedergabe entsprechend § 107 Abs. 3 S. 3 AktG) nach angelsächsischem Vorbild zur Steigerung der Überwachungseffizienz des Aufsichtsorgans und die Bildung eines Prüfungsausschusses (*Audit Committee*), „der sich insbesondere mit Fragen der Rechnungslegung und des Risikomanagements, der erforderlichen Unabhängigkeit des Abschlussprüfers, der Erteilung des Prüfungsauftrags an den Abschlussprüfer, der Bestimmung von Prüfungsschwerpunkten und der Honorarvereinbarung befasst." (DCGK 5.3.2 als eine Empfehlung).
In den weiteren internen Corporate Governance-Mechanismen sind zum einen die deutschen dualistischen Haftungsregelungen insofern an die angelsächsischen monistischen angenähert, als dass der Ermessensspielraum für das Management durch Einführung der *Business Judgement Rule* (§ 93 Abs. 1 S. 2 AktG) und die Möglichkeit der Geltendmachung von Schadensersatzansprüchen durch die Aktionäre gegenüber der Gesellschaft (§ 148 Abs. 1 AktG) durch UMAG[1622] erweitert sind. Zum anderen wird die Erhöhung der Transparenz für die Aktionäre bzw. Investoren und des Anreizes des Managements für eine erfolgreiche Performance durch Offenlegungspflicht der Vergütung der Leitungsorgansmitglieder in börsennotierten Gesellschaften nach VorstOG, § 285 S. 1 Nr. 9 lit. a HGB und § 314 Abs. 1 Nr. 6 lit. a HGB (vorher nach Kodex-Empfehlung in Ziff. 4.2.4 DCGK) und durch Empfehlung der Offenlegung der Vergütung in Ziff. 5.4.7 DCGK und einer erfolgsorientierten Vergütung in Ziff. 5.4.5 DCGK der Aufsichtsorgansmitglieder als weitere Auswirkung durch Konvergenz bezüglich der Vergütung betrachtet.[1623] Was die Stimmrechtsausübung der Aktionäre angeht, wurde nicht viel Konvergenz erzielt, da die Unternehmenskulturen, nämlich die Aktionärsstrukturen (Konzentration im dualistischen System mit Voice-Logik vs. Dekonzentration im monistischen System mit Exit-Logik der Aktionären) noch erhebliche Unterschiede aufweisen.[1624] Die gegenwärtig im Hauptversammlungsrecht bestehenden Unterschiede, nicht zuletzt bezüglich Aktionärsrechten und Stimmrechtsvertretungen, können sich jedoch demnächst durch die

1622 Dies bedeutet eine Konvergenz zum US-amerikanischen System, nicht am britischen System, weil die Möglichkeit der Verfolgung der Geltendmachung gegenüber Gesellschaft im britischen Recht sehr schwach ist.
1623 Dazu siehe D. I. 2 im dritten Teil.
1624 Dazu siehe D. I. 4 im dritten Teil.

geplante Richtlinie zum Schutz der Aktionärsrechte (Richtlinie im Aktionsplan) merklich relativieren.

Großbritannien: Während im Vergleich zum dualistischen System die besseren Informationsmöglichkeiten für die Überwachung durch intensivere und unmittelbare Einbindung der *non-executive directors* (nicht geschäftsführende Board-Mitglieder) in die Unternehmensführung als Stärke angesehen wird, offenbart dieser Vorteil aber zugleich einen Schwachpunkt des monistischen Systems, der darin besteht, dass eine „ungleichmäßig(e) Aufgabenverteilung, Wissen und Arbeitsbelastung im *Board*", die Machtkonzentration in einer Person (Personalunion) und eine potentielle Unabhängigkeit der Organmitglieder, die auf einer zu engen Zusammenarbeit innerhalb des Organs beruht, zu einer mangelhaften Überwachung führen können. Zur Behebung dieser Schwäche des monistischen Systems hat auch der britische Gesetzgeber die Annährung seines Systems an die Stärken des dualistischen Systems mittels *Soft Law* (*Combined Code*) versucht. Die aus dieser Untersuchung resultierenden folgenden Punkte zeigen den Stand der Konvergenz des monistischen Systems das dualistische System: Trennung der *executive* für die Geschäftsführung und *non-executive directors* für die Überwachung mit einem vom *chairman of the board* unabhängigen eigenen Vorsitzenden (sog. *independent lead director*) (A. 2.1, A. 2.2 i.V.m. A. 3.1 *Combined Code*); Unabhängigkeit der *non-executive directors* durch Übertragung der Funktion des *audit committee* (C. 3.1 *Combined Code*), das über die dem Aufsichtsorgan im dualistischen System entsprechenden Aufgaben verfügt, und des *remuneration committee* (B. 2.1 *Combined Code*) für eine effektive Überwachung der Geschäftsführung und Mehrheit der *non-executive directors* in jedem *Board* zum Zwecke ihrer Unabhängigkeit vom Management (A.3.2 *Combined Code*).

2. Konvergenz der externen und hybriden Corporate Governance in der Verbindung mit dem dritten Teil[1625]

Um den in diesem Teil gezeigten Teilbereich der Corporate Governance - Binnengliederung und Kompetenzen der Organe - rechtsvergleichend würdigen zu können, sollten als die andere Seite der internen Corporate Governance die Gesichtspunkte der externen Corporate Governance nicht unbeachtet bleiben.

Das monistische Leitungsmodell in angelsächsischen Ländern, in denen das Gesellschaftskapital weit gestreut ist (Dekonzentration der Aktionäre) und deshalb in der Regel die externe Corporate Governance stärker ausgeprägt ist, wurde für kapitalmarktorientierte Gesellschaften entwickelt. Die externen Corporate Governance-Mechanismen für den Kapitalmarkt dienen dabei dem Ausgleich einer fehlenden internen Überwachungsstruktur.

Das dualistische Modell in kontinentaleuropäischen Ländern, in denen die Mehrheit der Anteile in den Händen einiger weniger Großaktionäre liegt (Konzentration der Aktionäre) und in denen deshalb der Kapitalmarkt und dement-

1625 Zur externen und hybriden Corporate Governance ausführlich D. II im dritten Teil.

sprechende externe Corporate Governance-Mechanismen wenig entwickelt sind, eignet sich für die interne Corporate Governance mit der Trennung von Geschäftsführung und Überwachung. Mittlerweile haben sich die Stärken der jeweiligen internen Corporate Governance-Systeme wie oben gezeigt einander angeglichen (Konvergenz der internen Corporate Governance-Systeme). Bezüglich der externen Corporate Governance wurden in den kontinentaleuropäischen Ländern, die zuvor keine dahingehenden Regelungen kannten, als Folge der Internationalisierung des Kapitalmarkts und der Globalisierung der Weltwirtschaft Mechanismen für die Steuerung des Kapitalmarkts nachhaltig gefordert und entsprechend verankert. Im Vergleich hat Deutschland in den letzten Jahren zahlreiche kapitalmarktrechtliche Regelungen adaptiert,[1626] während das britische Recht nach wie vor stärker vom Kapitalmarkt geprägt ist. Dabei haben sich die EU-Mitgliedstaaten immer um eine weitgehende Harmonisierung des EU-Kapitalmarkts für eine weitergehende wirtschaftliche Integration der EU bemüht. Diese Bemühungen finden ihren Ausdruck in EG-Richtlinien (z.B. Übernahmerichtlinie, Richtlinien zur Rechnungslegung, Prüfung und Publizität des Unternehmens usw.). Insbesondere für den Kapitalmarkt wurden die europaweiten Mindeststandards nicht zuletzt durch die Börsenzulassungsrichtlinie, die Börsenprospektsrichtlinie und die Emissionsprospekt-Richtlinie eingeführt. Börsennotierte Aktiengesellschaften in den Mitgliedstaaten haben gemeinschaftsweit die Pflicht zur Erstellung und Veröffentlichung von Halbjahresberichten (Halbjahresberichts-Richtlinie) zur umgehenden Mitteilung und Veröffentlichung der Bildung und Auflösung wesentlicher Beteiligungen an börsennotierten Gesellschaften (Transparenz-Richtlinie) und zur sog. Ad-hoc-Publizität (Marktmissbrauchsrichtlinie). Durch die Umsetzung dieser Richtlinien in jeweils nationale Vorschriften wurden und werden die externen Corporate Governance-Systeme immer weiter konvergiert.[1627] Die Börsenrechts-Richtlinie wurde allerdings im deutschen Recht verankert: die Zulassung zur amtlichen Notierung, die Veröffentlichung eines Börsenzulassungsprospektes (die Prospekt-Richtlinie) und die Zwischenberichtspflicht im BörsG und der BörsZulV, die Ad-hoc-Publizität in § 15 WpHG (Marktmiss- brauchsrichtlinie) und die Beteiligungstransparenzrichtlinie in den §§ 21-30 WpHG.

III. Einheitliche Corporate Governance-Grundsätze der SE *durch Soft Law* ?

Die Resultate der Untersuchung der internen Corporate Governance-Systeme der SE in den beiden Ländern zeigen, dass jedes System der SE in beiden Ländern auf sehr unterschiedlicher rechtlicher Basis gebildet wird und dass trotz vieler Gemeinsamkeiten auf Grund von Konvergenz durch *Soft Law* und Ände-

1626 Zum Überblick zum deutschen Kapitalmarktsrecht siehe B. I. 3. Fn. 487 im vierten Teil.
1627 Zur Angleichung des deutschen Rechts für den Kapitalmarkt am angelsächsischen System siehe C. II. im dritten Teil in dieser Arbeit.

rung der Gesetze bzw. auf Grundlage der SE-VO dennoch erhebliche Unterschiede mit eigenen Stärken und Schwächen vorhanden sind. Dabei hat sich jeder Gesetzgeber immer darum bemüht, durch Annährung an die Stärken des anderen Systems anzuknüpfen und die jeweils eigenen Schwächen zu kompensieren. Durch einen Vergleich zwischen den Corporate Governance-Systemen der beiden Ländern ist erkennbar, dass die externe Corporate Governance in Bezug auf die Außenaspekte sowie die kapitalmarktrechtlichen Elemente des betreffenden Gesellschaftsrechts durch die durch die EG-Richtlinien umgesetzten Regeln zur kapitalmarktrechtlichen Rechnungslegung, Prüfung und Publizität des Unternehmens sowie zum Markt für Unternehmenskontrolle weitgehend harmonisiert, umgesetzt und konvergiert sind.
Was die interne Corporate Governance angeht, ist dagegen neben der Tendenz zur Konvergenz der einzelnen internen Corporate Governance-Mechanismen (z.B. Vergütung und Haftung in bestimmten Punkten) die Grundstruktur der jeweiligen Corporate Governance-Systeme außer in einigen o.g. bestimmten Punkten als Kompensation der Schwäche der jeweiligen Systeme nicht konvergiert.
In solchem Zustand ist die viele Jahrzehnte lange Bemühung um Kodifizierung eines einheitlichen supranational europäischen Corporate Governance-Systems aufgegeben worden. Immerhin führte der Druck zur Schaffung der SE zum einheitlichen wirtschaftlichen Raum als Integrationsbasis der EU zu dem halbherzigen politischen Kompromiss, die Unternehmen selbst ein System aus den zwei Corporate Governance-Systemen frei wählen zu lassen. Durch die Eröffnung des Systemwettbewerbs durch die Wahlmöglichkeit der SE wird wieder die Frage gestellt, ob die Konvergenz der Systeme endlich zur Kodifizierung des einheitlichen Corporate Governance-Systems führen kann, was seit dem mehrmaligen Scheitern einer Einigung zwischen den europäischen Mitgliedstaaten als undurchführbar galt.
Unter Konvergenz der Corporate Governance-Systeme versteht man eine Entwicklung, bei der sich die vorteilhaften Elemente der jeweiligen nationalen Corporate Governance-Systeme im Wettbewerb einander annähren. Dieser Annährungsprozess (Prozess der formalen Konvergenz) soll am Ende mit einem weltweit einheitlichen Corporate Governance-System, welches sich aus Elementen der national unterschiedlichen Systeme zusammensetzt, abschließen.[1628] Wenn die Systeme durch den Wettbewerb endlich zu einer vollkommenen Konvergenz gelangen, könnte in naher oder ferner Zukunft die Gelegenheit zur Entwicklung eines einheitlichen Corporate Governance-Systems entstehen, was eine intensive Form der Rechtsangleichung darstellen würde.[1629] Geschähe dies in der EU, trüge das nicht nur zu einer Senkung der Transaktionskosten jedes Unternehmens, sondern auch gewissermaßen zu einer distributiven Gerechtigkeit bei, durch die

1628 Zur Konvergenztheorie siehe E. II. 3. im Dritten Teil.
1629 Nach der Konvergenztheorie soll eine Rechtsrahmenbedienung am Ende zu einer Harmonisierung führen, die sowohl einheitlich, aber auch eine partielle formale Konvergenz sein kann, zur Konvergenztheorie siehe E. II. 3. im Dritten Teil.

Stärkung von Aktionärsrechten, als auch dem Schutz Dritter wie von Gläubigern und Arbeitnehmern. Zudem erhöht sich auch die Attraktivität der SE für Investoren, die letztendlich als bessere Voraussetzung für die Konkurrenz zwischen den Wirtschaftsweltmächten vor allem gegenüber den amerikanischen und japanischen Unternehmen dienen kann. Alle diese Verbesserungen würden dann zur Verwirklichung der ursprünglichen Grundidee der SE bis hin zur „Vollendung des Europäischen Binnenmarktes“[1630] für die Europäische Integration führen.
Trotz solcher enormer Vorteile eines durch Konvergenz entstandenen einheitlichen Corporate Governance-Systems ist man in der Realität noch weit von diesem Ziel entfernt, da dem bestimmte derzeit unlösbare Hemmnisse entgegenstehen. Denn ungeachtet der bereits stattfindenden Konvergenz der beiden Systeme lassen sich immer noch etliche Divergenzen ausmachen, die schwer miteinander vereinbar sind. Ein wesentlicher Streitpunkt ist dabei, dass sich in der jeweiligen Entwicklung der Systeme längst gewisse unantastbare Eigentümlichkeiten herausgebildet haben, nämlich die sog. „Pfadabhängigkeit“ („*path dependence*“), die stark mit der Wurzel der jeweiligen zeitgenössischen Kultur und Geschichte und somit auch mit dem Wert, der Ideologie und dem Interesse der Öffentlichkeit emotional verbunden ist. Hier stellt sich die Frage, nach wieviel Zeit die Pfadabhängigkeiten zur Konvergenz für die Vereinheitlichung der Corporate Governance-Systeme gelangen können, und ob sie nicht trotz des langen Vorgangs der Konvergenz weiterhin bestehen bleiben werden. Ohne die Beseitigung der Hemmnisse der Pfadabhängigkeiten scheint es unmöglich zu sein, ein einheitliches Corporate Governance-System durch Konvergenz zu erreichen.
Gibt es möglicherweise eine Methode, die dabei hilft, die bei der Konvergenz des positiven Rechts entstanden Probleme zu überwinden? Dazu kann hier die Konvergenz des Regelwerks der nationalen Corporate Governance-Kodizes als vermittelnder Weg herangezogen werden: Im nationalen Raum werden mit Hilfe dieses Regelwerks (*Soft Law*) gemäß dem Prinzip „*comply or explain*“ für die börsennotierten Gesellschaften im jeweiligen Land einheitliche „Gestaltungsmaßstäbe“ gesetzt, die sich nicht zuletzt wegen seines typischen Charakters der kontinuierlichen Fortschreibungsmöglichkeit im Vergleich zu den parlamentarischen Vorschriften mit vielen Konsultationsverfahren flexibler anpassen lassen.[1631] Diese Merkmale des Kodex, v.a. seine „Liberalität, Effektivität und Flexibilität“ werden ferner nicht nur einen erheblichen Vorteile für den Wettbewerb der Corporate Governance-Systeme anbieten, sondern auch der Konvergenz zur Stärke des anderen Systems für die Verbesserung des eigenen nationalen Sys-

---

1630 Kern der Aufgabe der europäischen Gemeinschaft ist die Errichtung eines gemeinsamen Binnenmarktes, der vier Hauptfreiheiten gewährleisten soll, nämlich freien Verkehr von Waren, Personen, Dienstleistungen und Kapital ohne Hindernisse zwischen den EU-Mitgliedstaaten, vgl. Art. 14 EGV.

1631 Zu dieser Einschätzung siehe auch *v. Werder*, Ökonomische Grundfragen der Corporate Governance, in: Hdb. Corporate Governance (2003), S. 16 f. Zur Besonderheiten und zum Bewegungszustand des Kodex siehe auch B. im dritten Teil (Weltweite Diskussion der Corporate Governance und Kodexbewegung).

tems helfen. Letztlich ermöglicht es deshalb einerseits die Bildung individueller Modelle auf nationaler Ebene, andererseits steigern die dadurch konvergierten nationalen Corporate Governance-Modelle die Möglichkeit zur Schaffung zukünftiger einheitlicher Corporate Governance-Grundsätze in der EU. Im Vergleich zur schwerfälligen und zeitaufwendigen Konvergenz der positiven Rechte wird also dieses Regelwerk vorerst als ein effektives Hilfsmittel vorerst für den einheitlichen Corporate Governance-Standard dienen können.[1632] Zukünftig wird dies dann auch eine große Rolle als Basis dafür spielen können, die Konvergenz der positiven Rechte zu beschleunigen.

E. Fazit: Gesamtmerkmale der Rechtssysteme, Konvergenz und einheitliche Corporate Governance-Grundsätze der SE?

Das Ziel der vorstehenden Untersuchung bestand darin, die Corporate Governance-Systeme der deutschen und der britischen SE darzustellen und aus dem Vergleich der Systeme und der Analyse der Unterschiede Erkenntnisse für sinnvolle Reformempfehlungen zur Verbesserung der jeweiligen Systeme zu gewinnen, die die Grundlage für die in ferner Zukunft auf der Konvergenz durch den Wettbewerb der beiden Systeme beruhenden gemeinsamen einheitlichen Grundsätze der Corporate Governance der SE darstellt.
Die Resultate der Untersuchung der Corporate Governance-Systeme der SE in beiden Ländern zeigen, dass viele Gemeinsamkeiten und auch erhebliche Unterschiede mit jeweiligen Stärken und Schwächen des Systems, die auf unterschiedlichen Rechtstraditionen basieren, bestehen. Insbesondere bezüglich der Schwäche des Systems konnte man erfahren, dass sich jeder Gesetzgeber darum bemüht hat, durch Annährung an die Stärke des anderen Systems anzuknüpfen und seine eigene Schwäche zu ergänzen und zu verbessern. Neben den durch die vorstehenden Untersuchungen aufgefundenen Schwächen und Stärken der jeweiligen Systeme werden hier schließlich die Gesamtmerkmale der Rechtssysteme der beiden Ländern und der Zustand der Konvergenz der Systeme (insbesondere zwischen dem deutschen dualistischen und britischen monistischen System) als Ergänzung der Schwäche der jeweiligen Systeme hergeleitet.

I. Gesamtmerkmale der Rechtssysteme durch Vergleiche der jeweiligen Systeme der SE (Flexibilität vs. Starrheit)

Neben den eigenen Stärken und Schwächen des jeweiligen Systems[1633] ist ein besonderes Merkmal jedes Rechtssystems hervorzuheben. Formelhaft ausge-

---

1632 Die EU-Kommission hat auch zur Prüfung der in den Mitgliedstaaten bewährten Verfahren ein Europäisches Corporate Governance-Forum eingerichtet, das die Konvergenz der nationalen Corporate Governance-Kodizes fördern und die Kommission beraten soll, Webseite Europa (http://europa.eu/index_en.htm), Pressemitteilung 08. 10. 2004. Zur Diskussion der Corporate Governance auf EU-Ebene siehe auch A. II. im dritten Teil.

1633 Siehe dazu Kapitel C. I. 4, II. 4, III. 3, IV und Kapitel D. III in diesem Teil.

drückt wird das britische Rechtssystem durch Flexibilität mit größerer Satzungsfreiheit ausgezeichnet, während das deutsche Rechtssystem im Vergleich nicht nur weniger flexibel, sondern auch letztlich schlicht überreguliert ist. Diese Flexibilität des britischen Rechtssystems kann als ein erheblicher Vorteil auf den Wettbewerb der Corporate Governance-Systeme einwirken. Denn mit dieser Flexibilität kann die Schwäche der starren gesetzlichen Regelungen einigermaßen kompensiert werden, insofern als die Unternehmen selbst das individuelle Verhalten des Managements und seine unternehmerische Entscheidung, die durch kodifizierte Vorschriften (z.B. bestimmtes Organisationssystem, Qualifikationsforderungen, Haftungssanktion und Vergütungssystem etc.) nicht vollkommen kontrollieren werden können, durch einen enormen Gestaltungsfreiraum (Satzungsautonomie und Selbstregulierung durch Corporate Governance-Guidelines), der das Corporate Governance-System ihren Bedürfnissen entsprechend (z.B. die innere Organisation und Kompetenzverteilung) selber ausgestalten lässt, steuern können.

II. Konvergenz der deutschen dualistischen und britischen monistischen Corporate Governance-Systeme

Aus dem Vergleich der Corporate Governance der SE der beiden Länder lässt sich aufgrund ihrer typischen Schwächen und Stärken neben den jeweiligen Besonderheiten der jeweiligen Rechtssysteme eine gewisse Entwicklung zur Konvergenz erkennen. Dabei verdient insbesondere die Konvergenz zwischen den beiden typischen Systemen, nämlich dem deutschen dualistischen System und dem britischen monistischen System als hauptsächliche Gegenpole im Wettbewerb nähere Betrachtung.

1. Konvergenz der internen Corporate Governance

Deutschland: Im Vergleich zwischen dem dualistischen und dem monistischen System wird das dualistische System durch die personell und funktional strikte Trennung in Unternehmensführung (Leitungsorgan) einerseits und Überwachung (Aufsichtsorgan) andererseits charakterisiert. Diese klare organisatorische Trennung wird allgemein als größte Stärke dieses Systems für eine effiziente und unabhängige Überwachung der Unternehmensführung betrachtet. Sie wird aber insofern gleichzeitig auch als Schwäche dieses Systems beurteilt, als durch den unzureichenden Informationsfluss zwischen den Organen die Überwachungsfunktion des Aufsichtsgremiums nicht nur beeinträchtigt, sondern auch völlig geschädigt werden kann. Um diese Schwächen des Systems zu beheben, hat sich der deutsche Gesetzgeber um eine Annährung des eigenen Systems an die Stärken des monistischen Systems mittels *Soft Law* (DCGK) und durch Gesetzesänderungen (insbesondere durch KonTraG, TransPuG und UMAG) bemüht.

Die aus dieser Untersuchung resultierenden folgenden Punkte zeigen den Stand der Konvergenz des dualistischen Systems zum monistischen System insbesondere zur Verbesserung seiner Schwäche des unzureichenden Informationsflusses zwischen Leitung und Überwachung: Gebot des engen und vertrauensvollen Zusammenwirkens von Leitungs- und Aufsichtsorgan (Ziff. 3.1 DCGK als übereinstimmende Auffassung des Schrifttums); Aufforderung nach hoher Einflussnahme auf die Unternehmensleitung durch die Beratungstätigkeit des Aufsichtsorgans, Abstimmung des Leitungsorgans mit dem Aufsichtsorgan über die strategische Ausrichtung des Unternehmens und Erörterung des Stands der Strategieumsetzung in regelmäßigen Anständen mit ihm (Ziff. 3.2 DCGK entsprechend § 90 Abs. 1 Nr. 1, Abs. 2 Nr. 1 AktG); Erlaubnis zur Erstellung eines Katalogs der zustimmungsbedürftigen Geschäfte durch die Satzung oder das Aufsichtsorgan (Ziff. 3.3 DCGK entsprechend § 111 Abs. 4 S. 2 AktG in der Fassung des TransPuG) und Festlegung, dass ausreichende Informationsversorgung des Aufsichtsorgans gemeinsame Aufgabe von Leitungs- und Aufsichtsorgan ist (Ziff. 3.4 Satz 1 als eine Rechtsauffassung der Kommission und Satz 4 als eine Empfehlung DCGK, Ziff. 3.4 Sätze 2, 3, 5 und 6 DCGK entsprechend § 90 AktG). Außerdem empfiehlt der DCGK die Einrichtung besonderer Aufsichtsorgansausschüsse (Ziff. 5.3.1 Satz 1 als eine Empfehlung, Ziff 5.3.1. Satz 3 DCGK als eine Gesetzeswiedergabe entsprechend § 107 Abs. 3 S. 3 AktG) nach angelsächsischem Vorbild zur Steigerung der Überwachungseffizienz des Aufsichtsorgans und die Bildung eines Prüfungsausschusses (*Audit Committee*), „der sich insbesondere mit Fragen der Rechnungslegung und des Risikomanagements, der erforderlichen Unabhängigkeit des Abschlussprüfers, der Erteilung des Prüfungsauftrags an den Abschlussprüfer, der Bestimmung von Prüfungsschwerpunkten und der Honorarvereinbarung befasst.“ (DCGK 5.3.2 als eine Empfehlung).

In den weiteren internen Corporate Governance-Mechanismen sind zum einen die deutschen dualistischen Haftungsregelungen insofern an die angelsächsischen monistischen angenähert, als dass der Ermessensspielraum für das Management durch Einführung der *Business Judgement Rule* (§ 93 Abs. 1 S. 2 AktG) und die Möglichkeit der Geltendmachung von Schadensersatzansprüchen durch die Aktionäre gegenüber der Gesellschaft (§ 148 Abs. 1 AktG) durch UMAG[1634] erweitert sind. Zum anderen wird die Erhöhung der Transparenz für die Aktionäre bzw. Investoren und des Anreizes des Managements für eine erfolgreiche Performance durch Offenlegungspflicht der Vergütung der Leitungsorgansmitglieder in börsennotierten Gesellschaften nach VorstOG, § 285 S. 1 Nr. 9 lit. a HGB und § 314 Abs. 1 Nr. 6 lit. a HGB (vorher nach Kodex-Empfehlung in Ziff. 4.2.4 DCGK) und durch Empfehlung der Offenlegung der Vergütung in Ziff. 5.4.7 DCGK und einer erfolgsorientierten Vergütung in Ziff. 5.4.5 DCGK der Aufsichtsorgansmitglieder als weitere Auswirkung durch Konvergenz bezüglich der Vergütung betrachtet.[1635] Was die Stimmrechtsausübung der Aktionäre an-

1634 Dies bedeutet eine Konvergenz zum US-amerikanischen System, nicht am britischen System, weil die Möglichkeit der Verfolgung der Geltendmachung gegenüber Gesellschaft im britischen Recht sehr schwach ist.

1635 Dazu siehe D. I. 2 im dritten Teil.

geht, wurde nicht viel Konvergenz erzielt, da die Unternehmenskulturen, nämlich die Aktionärsstrukturen (Konzentration im dualistischen System mit Voice-Logik vs. Dekonzentration im monistischen System mit Exit-Logik der Aktionäre) noch erhebliche Unterschiede aufweisen.[1636] Die gegenwärtig im Hauptversammlungsrecht bestehenden Unterschiede, nicht zuletzt bezüglich Aktionärsrechten und Stimmrechtsvertretungen, können sich jedoch demnächst durch die geplante Richtlinie zum Schutz der Aktionärsrechte (Richtlinie im Aktionsplan) merklich relativieren.
Großbritannien: Während im Vergleich zum dualistischen System die besseren Informationsmöglichkeiten für die Überwachung durch intensivere und unmittelbare Einbindung der *non-executive directors* (nicht geschäftsführende Board-Mitglieder) in die Unternehmensführung als Stärke angesehen wird, offenbart dieser Vorteil aber zugleich einen Schwachpunkt des monistischen Systems, der darin besteht, dass eine „ungleichmäßig(e) Aufgabenverteilung, Wissen und Arbeitsbelastung im *Board*", die Machtkonzentration in einer Person (Personalunion) und eine potentielle Unabhängigkeit der Organmitglieder, die auf einer zu engen Zusammenarbeit innerhalb des Organs beruht, zu einer mangelhaften Überwachung führen können. Zur Behebung dieser Schwäche des monistischen Systems hat auch der britische Gesetzgeber die Annährung seines Systems an die Stärken des dualistischen Systems mittels *Soft Law* (*Combined Code*) versucht. Die aus dieser Untersuchung resultierenden folgenden Punkte zeigen den Stand der Konvergenz des monistischen Systems das dualistische System: Trennung der *executive* für die Geschäftsführung und *non-executive directors* für die Überwachung mit einem vom *chairman of the board* unabhängigen eigenen Vorsitzenden (sog. *independent lead director*) (A. 2.1, A. 2.2 i.V.m. A. 3.1 *Combined Code*); Unabhängigkeit der *non-executive directors* durch Übertragung der Funktion des *audit committee* (C. 3.1 *Combined Code*), das über die dem Aufsichtsorgan im dualistischen System entsprechenden Aufgaben verfügt, und des *remuneration committee* (B. 2.1 *Combined Code*) für eine effektive Überwachung der Geschäftsführung und Mehrheit der *non-executive directors* in jedem *Board* zum Zwecke ihrer Unabhängigkeit vom Management (A.3.2 *Combined Code*).

2. *Konvergenz der externen und hybriden Corporate Governance in der Verbindung mit dem dritten Teil*[1637]

Um den in diesem Teil gezeigten Teilbereich der Corporate Governance - Binnengliederung und Kompetenzen der Organe - rechtsvergleichend würdigen zu können, sollten als die andere Seite der internen Corporate Governance die Gesichtspunkte der externen Corporate Governance nicht unbeachtet bleiben.
Das monistische Leitungsmodell in angelsächsischen Ländern, in denen das Gesellschaftskapital weit gestreut ist (Dekonzentration der Aktionäre) und deshalb

1636 Dazu siehe D. I. 4 im dritten Teil.
1637 Zur externen und hybriden Corporate Governance ausführlich D. II im dritten Teil.

in der Regel die externe Corporate Governance stärker ausgeprägt ist, wurde für kapitalmarktorientierte Gesellschaften entwickelt. Die externen Corporate Governance-Mechanismen für den Kapitalmarkt dienen dabei dem Ausgleich einer fehlenden internen Überwachungsstruktur.
Das dualistische Modell in kontinentaleuropäischen Ländern, in denen die Mehrheit der Anteile in den Händen einiger weniger Großaktionäre liegt (Konzentration der Aktionäre) und in denen deshalb der Kapitalmarkt und dementsprechende externe Corporate Governance-Mechanismen wenig entwickelt sind, eignet sich für die interne Corporate Governance mit der Trennung von Geschäftsführung und Überwachung. Mittlerweile haben sich die Stärken der jeweiligen internen Corporate Governance-Systeme wie oben gezeigt einander angeglichen (Konvergenz der internen Corporate Governance-Systeme). Bezüglich der externen Corporate Governance wurden in den kontinentaleuropäischen Ländern, die zuvor keine dahingehenden Regelungen kannten, als Folge der Internationalisierung des Kapitalmarkts und der Globalisierung der Weltwirtschaft Mechanismen für die Steuerung des Kapitalmarkts nachhaltig gefordert und entsprechend verankert. Im Vergleich hat Deutschland in den letzten Jahren zahlreiche kapitalmarktrechtliche Regelungen adaptiert,[1638] während das britische Recht nach wie vor stärker vom Kapitalmarkt geprägt ist. Dabei haben sich die EU-Mitgliedstaaten immer um eine weitgehende Harmonisierung des EU-Kapitalmarkts für eine weitergehende wirtschaftliche Integration der EU bemüht. Diese Bemühungen finden ihren Ausdruck in EG-Richtlinien (z.B. Übernahmerichtlinie, Richtlinien zur Rechnungslegung, Prüfung und Publizität des Unternehmens usw.). Insbesondere für den Kapitalmarkt wurden die europaweiten Mindeststandards nicht zuletzt durch die Börsenzulassungsrichtlinie, die Börsenprospektsrichtlinie und die Emissionsprospekt-Richtlinie eingeführt. Börsennotierte Aktiengesellschaften in den Mitgliedstaaten haben gemeinschaftsweit die Pflicht zur Erstellung und Veröffentlichung von Halbjahresberichten (Halbjahresberichts-Richtlinie) zur umgehenden Mitteilung und Veröffentlichung der Bildung und Auflösung wesentlicher Beteiligungen an börsennotierten Gesellschaften (Transparenz-Richtlinie) und zur sog. Ad-hoc-Publizität (Marktmissbrauchsrichtlinie). Durch die Umsetzung dieser Richtlinien in jeweils nationale Vorschriften wurden und werden die externen Corporate Governance-Systeme immer weiter konvergiert.[1639] Die Börsenrechts-Richtlinie wurde allerdings im deutschen Recht verankert: die Zulassung zur amtlichen Notierung, die Veröffentlichung eines Börsenzulassungsprospektes (die Prospekt-Richtlinie) und die Zwischenberichtspflicht im BörsG und der BörsZulV, die Ad-hoc-Publizität in § 15 WpHG (Marktmiss- brauchsrichtlinie) und die Beteiligungstransparenzrichtlinie in den §§ 21-30 WpHG.

1638 Zum Überblick zum deutschen Kapitalmarktsrecht siehe B. I. 3. Fn. 487 im vierten Teil.
1639 Zur Angleichung des deutschen Rechts für den Kapitalmarkt am angelsächsischen System siehe C. II. im dritten Teil in dieser Arbeit.

III. Einheitliche Corporate Governance-Grundsätze der SE *durch Soft Law* ?

Die Resultate der Untersuchung der internen Corporate Governance-Systeme der SE in den beiden Ländern zeigen, dass jedes System der SE in beiden Ländern auf sehr unterschiedlicher rechtlicher Basis gebildet wird und dass trotz vieler Gemeinsamkeiten auf Grund von Konvergenz durch *Soft Law* und Änderung der Gesetze bzw. auf Grundlage der SE-VO dennoch erhebliche Unterschiede mit eigenen Stärken und Schwächen vorhanden sind. Dabei hat sich jeder Gesetzgeber immer darum bemüht, durch Annährung an die Stärken des anderen Systems anzuknüpfen und die jeweils eigenen Schwächen zu kompensieren. Durch einen Vergleich zwischen den Corporate Governance-Systemen der beiden Ländern ist erkennbar, dass die externe Corporate Governance in Bezug auf die Außenaspekte sowie die kapitalmarktrechtlichen Elemente des betreffenden Gesellschaftsrechts durch die durch die EG-Richtlinien umgesetzten Regeln zur kapitalmarktrechtlichen Rechnungslegung, Prüfung und Publizität des Unternehmens sowie zum Markt für Unternehmenskontrolle weitgehend harmonisiert, umgesetzt und konvergiert sind.

Was die interne Corporate Governance angeht, ist dagegen neben der Tendenz zur Konvergenz der einzelnen internen Corporate Governance-Mechanismen (z.B. Vergütung und Haftung in bestimmten Punkten) die Grundstruktur der jeweiligen Corporate Governance-Systeme außer in einigen o.g. bestimmten Punkten als Kompensation der Schwäche der jeweiligen Systeme nicht konvergiert.

In solchem Zustand ist die viele Jahrzehnte lange Bemühung um Kodifizierung eines einheitlichen supranational europäischen Corporate Governance-Systems aufgegeben worden. Immerhin führte der Druck zur Schaffung der SE zum einheitlichen wirtschaftlichen Raum als Integrationsbasis der EU zu dem halbherzigen politischen Kompromiss, die Unternehmen selbst ein System aus den zwei Corporate Governance-Systemen frei wählen zu lassen. Durch die Eröffnung des Systemwettbewerbs durch die Wahlmöglichkeit der SE wird wieder die Frage gestellt, ob die Konvergenz der Systeme endlich zur Kodifizierung des einheitlichen Corporate Governance-Systems führen kann, was seit dem mehrmaligen Scheitern einer Einigung zwischen den europäischen Mitgliedstaaten als undurchführbar galt.

Unter Konvergenz der Corporate Governance-Systeme versteht man eine Entwicklung, bei der sich die vorteilhaften Elemente der jeweiligen nationalen Corporate Governance-Systeme im Wettbewerb einander annähren. Dieser Annährungsprozess (Prozess der formalen Konvergenz) soll am Ende mit einem weltweit einheitlichen Corporate Governance-System, welches sich aus Elementen der national unterschiedlichen Systeme zusammensetzt, abschließen.[1640] Wenn die Systeme durch den Wettbewerb endlich zu einer vollkommenen Konvergenz

1640 Zur Konvergenztheorie siehe E. II. 3. im Dritten Teil.

gelangen, könnte in naher oder ferner Zukunft die Gelegenheit zur Entwicklung eines einheitlichen Corporate Governance-Systems entstehen, was eine intensive Form der Rechtsangleichung darstellen würde.[1641] Geschähe dies in der EU, trüge das nicht nur zu einer Senkung der Transaktionskosten jedes Unternehmens, sondern auch gewissermaßen zu einer distributiven Gerechtigkeit bei, durch die Stärkung von Aktionärsrechten, als auch dem Schutz Dritter wie von Gläubigern und Arbeitnehmern. Zudem erhöht sich auch die Attraktivität der SE für Investoren, die letztendlich als bessere Voraussetzung für die Konkurrenz zwischen den Wirtschaftsweltmächten vor allem gegenüber den amerikanischen und japanischen Unternehmen dienen kann. Alle diese Verbesserungen würden dann zur Verwirklichung der ursprünglichen Grundidee der SE bis hin zur „Vollendung des Europäischen Binnenmarktes"[1642] für die Europäische Integration führen.
Trotz solcher enormer Vorteile eines durch Konvergenz entstandenen einheitlichen Corporate Governance-Systems ist man in der Realität noch weit von diesem Ziel entfernt, da dem bestimmte derzeit unlösbare Hemmnisse entgegenstehen. Denn ungeachtet der bereits stattfindenden Konvergenz der beiden Systeme lassen sich immer noch etliche Divergenzen ausmachen, die schwer miteinander vereinbar sind. Ein wesentlicher Streitpunkt ist dabei, dass sich in der jeweiligen Entwicklung der Systeme längst gewisse unantastbare Eigentümlichkeiten herausgebildet haben, nämlich die sog. „Pfadabhängigkeit" („*path dependence*"), die stark mit der Wurzel der jeweiligen zeitgenössischen Kultur und Geschichte und somit auch mit dem Wert, der Ideologie und dem Interesse der Öffentlichkeit emotional verbunden ist. Hier stellt sich die Frage, nach wieviel Zeit die Pfadabhängigkeiten zur Konvergenz für die Vereinheitlichung der Corporate Governance-Systeme gelangen können, und ob sie nicht trotz des langen Vorgangs der Konvergenz weiterhin bestehen bleiben werden. Ohne die Beseitigung der Hemmnisse der Pfadabhängigkeiten scheint es unmöglich zu sein, ein einheitliches Corporate Governance-System durch Konvergenz zu erreichen.
Gibt es möglicherweise eine Methode, die dabei hilft, die bei der Konvergenz des positiven Rechts entstanden Probleme zu überwinden? Dazu kann hier die Konvergenz des Regelwerks der nationalen Corporate Governance-Kodizes als vermittelnder Weg herangezogen werden: Im nationalen Raum werden mit Hilfe dieses Regelwerks (*Soft Law*) gemäß dem Prinzip „*comply or explain*" für die börsennotierten Gesellschaften im jeweiligen Land einheitliche „Gestaltungsmaßstäbe" gesetzt, die sich nicht zuletzt wegen seines typischen Charakters der kontinuierlichen Fortschreibungsmöglichkeit im Vergleich zu den parlamentarischen Vorschriften mit vielen Konsultationsverfahren flexibler anpassen las-

1641 Nach der Konvergenztheorie soll eine Rechtsrahmenbedienung am Ende zu einer Harmonisierung führen, die sowohl einheitlich, aber auch eine partielle formale Konvergenz sein kann, zur Konvergenztheorie siehe E. II. 3. im Dritten Teil.

1642 Kern der Aufgabe der europäischen Gemeinschaft ist die Errichtung eines gemeinsamen Binnenmarktes, der vier Hauptfreiheiten gewährleisten soll, nämlich freien Verkehr von Waren, Personen, Dienstleistungen und Kapital ohne Hindernisse zwischen den EU-Mitgliedstaaten, vgl. Art. 14 EGV.

sen.[1643] Diese Merkmale des Kodex, v.a. seine „Liberalität, Effektivität und Flexibilität“ werden ferner nicht nur einen erheblichen Vorteile für den Wettbewerb der Corporate Governance-Systeme anbieten, sondern auch der Konvergenz zur Stärke des anderen Systems für die Verbesserung des eigenen nationalen Systems helfen. Letztlich ermöglicht es deshalb einerseits die Bildung individueller Modelle auf nationaler Ebene, andererseits steigern die dadurch konvergierten nationalen Corporate Governance-Modelle die Möglich-keit zur Schaffung zukünftiger einheitlicher Corporate Governance-Grundsätze in der EU. Im Vergleich zur schwerfälligen und zeitaufwendigen Konvergenz der positiven Rechte wird also dieses Regelwerk vorerst als ein effektives Hilfsmittel vorerst für den einheitlichen Corporate Governance-Standard dienen können.[1644] Zukünftig wird dies dann auch eine große Rolle als Basis dafür spielen können, die Konvergenz der positiven Rechte zu beschleunigen.

1643 Zu dieser Einschätzung siehe auch *v. Werder*, Ökonomische Grundfragen der Corporate Governance, in: Hdb. Corporate Governance (2003), S. 16 f. Zur Besonderheiten und zum Bewegungszustand des Kodex siehe auch B. im dritten Teil (Weltweite Diskussion der Corporate Governance und Kodexbewegung).

1644 Die EU-Kommission hat auch zur Prüfung der in den Mitgliedstaaten bewährten Verfahren ein Europäisches Corporate Governance-Forum eingerichtet, das die Konvergenz der nationalen Corporate Governance-Kodizes fördern und die Kommission beraten soll, Webseite Europa (http://europa.eu/index_en.htm), Pressemitteilung 08. 10. 2004. Zur Diskussion der Corporate Governance auf EU-Ebene siehe auch A. II. im dritten Teil.

Fünfter Teil – Zusammenfassung der Ergebnisse und Ausblick

A. Zusammenfassung der Ergebnisse

I. Corporate Governance der SE und deren Problemstellung

Neben den Bemühungen um eine Harmonisierung der Gesellschaftsrechte durch EG-Richtlinie strebte die EU über mehrere Jahrzehnte lang die Schaffung einer einheitlichen supranationalen Gesellschaftsform (SE) mit einheitlichem Corporate Governance-System an, was schließlich in einen halbherzigen politischen Kompromiss beim Gipfel von Nizza zur Schaffung der Rechtsform der SE mündete. Im Ergebnis billigt die SE-VO einem Unternehmen, das die Rechtsform einer SE annehmen möchte, ein Wahlrecht zwischen einem dualistischen Corporate Governance-System mit zwei personell und funktionell getrennten Organen (Leitungs- und Aufsichtsorgan) und einem monistischen System mit einem einheitlichen Verwaltungsorgan (*Board*) zu. Aufgrund dieser Wahloption zwischen den Corporate Governance-Systemen der SE ist ein Wettbewerb zwischen den Rechtssystemen der Mitgliedsstaaten unvermeidbar, um den Standortwettbewerb zu überleben. Damit liefert sie als ein Wettbewerbstreiber Anlass zu eher noch lebhafterer Diskussion über die Corporate Governance als dies sowieso schon der Fall war. Mit dieser Wahlmöglichkeit wurde am Anfang dieser Arbeit aus zwei Aspekte die Frage gestellt: Erstens, wie sich der Wettbewerb auf die Unternehmenslandschaft auswirkt, und was dieser Effekt dann für die Gesetzgeber in den EU-Mitgliedstaaten bedeutet, sowie zweitens, ob und wie durch den Wettbewerb das einheitliche Corporate Governance-System überhaupt möglich sein kann.

II. Grundlagen der Diskussion der Corporate Governance

1. Weltweite Diskussion der Corporate Governance und Kodexbewegung

Die Lebhaftigkeit der Diskussion über Corporate Governance ist auf Zweierlei zurückzuführen:. Zum einen auf die zahlreichen bekannten Fälle von Missmanagement und Unternehmensschieflagen, die wegen unzureichender Kontrolle der Unternehmensführung verursacht worden sein sollten. Zum anderen werden die Globalisierung der Wirtschaft und die Liberalisierung der Kapitalmärkte angeführt. Dabei entstand – eben wegen dieser globalen Veränderung der Wirtschaftswelt und angefacht durch Forderungen seitens der Unternehmen und international operierender und einflussreicher Investoren – ein Wettbewerb unter den Staaten um das vermeintlich bessere System der Corporate Governance. Diese Resonanz brachte, beginnend mit Großbritannien eine globale „Corporate Governance-Kodexbewegung“ hervor. Diese Kodexbewegung der jeweiligen Länder hatte zum Ziel, im eigenen Land die vermeintlich besten Corporate Governance-Grundsätze zu etablieren, um so die Attraktivität und die Glaubwürdigkeit des jeweiligen Landes als Standort für Investoren zu erhöhen und letztendlich bessere Voraussetzung für den Standortwettbewerb mit anderen Staaten zu schaffen. Solche Kodizes finden sich unter verschiedenen Bezeichnungen wie Codes, Guidelines, Principles, Reports und Statements zur Corporate Governance und Standards guter Unternehmensführung auf nationaler wie internationaler Ebene. Parallel zu weltweiten Phänomenen des Kodex wurde auf EU-Ebene mit dem Ziel der Verwirklichung des europäischen Binnenmarkts das Thema der Corporate Governance noch intensiver diskutiert, und dabei suchte die EG-Kommission nach Möglichkeiten, einheitliche europäische Corporate Governance-Grundsätze nicht durch positives Recht, sondern mit Hilfe anderer Regelwerke (Kodizes mit den Besonderheiten „Liberalität, Effektivität und Flexibilität") zu etablieren, um so die auf nationalen Divergenzen beruhenden Nachteile bei der Corporate Governance beseitigen zu können. Eine Untersuchung für die EU ergab, dass die Kodizes ein bemerkenswert hohes Maß an Übereinstimmung aufweisen. Daneben hatte schon die EU im Jahr 2003 den „Aktionsplan zur Modernisierung des Gesellschaftsrechts und Verbesserung der Corporate Governance in der Europäischen Union" angenommen und vorgenommen – eher zur weiteren Harmonisierung des Gesellschaftsrechte in der EU als zur Vereinheitlichung der bestehenden Regelungen oder zur Schaffung eines europäischen Corporate Governance-Verhaltenskodex. Die Ergebnisse der Bemühung um die angemessene Corporate Governance nicht nur auf nationaler Ebene, sondern auch auf EU-Ebene sind auch für die SE von erheblicher Bedeutung, obwohl sie sich prinzipiell nicht auf die SE, sondern auf jede nationale Aktiengesellschaft beziehen. Denn sie ist nach Art. 9 Abs. 1 c ii SE-VO mit dem nationalen Recht eng verbunden.

2. Prinzipal-Agent-Problem

Ausgangspunkt der Diskussion um die Corporate Governance ist zunächst die Trennung von Eigentum und Kontrolle. Die daraus entstandene Kernproblematik ist das bereits beschriebene Prinzipal-Agent-Problem. Dabei stellt sich die Frage, ob und wie der aus den Prinzipal-Agent-Beziehungen entstandene dysfunktionale Wirkungsgrad (Informationsasymmetrie) verringert oder, falls möglich, beseitigt werden kann. Um dieses Problem zu lösen, bedient man sich verschiedener Mechanismen zur Überwachung des Agenten, was allerdings zu hohen Kosten (Agency-Kosten) führt. Im Zentrum des Lösungsfokus des Prinzipal-Agent-Problems (Corporate Governance-Diskussion) steht daher das Auffinden einer Methode (Corporate Governance-System) zur Minimierung dieser Kosten. Je angemessener ein Corporate Governance-System ist, umso niedriger ist der negative Wirkungsgrad der Prinzipal-Agent-Probleme.

3. Shareholder-Value-Ansatz vs. Stakeholder-Value-Ansatz

Die übergeordnete Zielsetzung des Unternehmens bildet die fundamentalste Basis eines jeden nationalen Corporate Governance-Systems. In der Praxis lassen sich in weiterem Sinne zwei verschiedene Systeme ausmachen, nämlich das monistische System einerseits, das sich auf den Shareholder-Value-Ansatz bezieht, und das dualistische System andererseits, das sich auf den Stakeholder-Value-Ansatz bezieht. Im angelsächsischen Recht, z.B. in den USA und Großbritannien mit monistischem System, spielen, zumindest auf den ersten Blick, die Stakeholder traditionell keine nennenswerte Rolle, während in kontinentaleuropäischen Ländern explizit dieser Ansatz verfolgt wird.

Der Vergleich beider Ansätze ergibt folgendes Bild: Das Management eines auf dem Shareholder-Value-Ansatz basierenden Unternehmens ist in Sachen Unternehmensstrategie und –planung in der Lage, sich allein auf die Maximierung des Gewinns der Aktionäre zu konzentrieren. Es existieren Anreize, allein wertorientierte Entscheidungen wie das Verhindern einer feindlichen Übernahme zu treffen, was Ausdruck guter Unternehmensführung ist. Auf der anderen Seite besteht der Nachteil, dass durch einseitiges Fokussieren der Eigentümerinteressen ohne Berücksichtigung der sozialen Verantwortung des Unternehmens sowohl das Ansehen des Unternehmens beschädigen, als auch seine gesamte Existenz in Gefahr bringen kann.

Ein Unternehmen mit Stakeholder-Value-Ansatz gilt dagegen als Institution, die soziale und politische Verantwortung trägt. Hier sollen nach Möglichkeit sämtliche im Unternehmen versammelte Anspruchsgruppen in ihren Interessen berücksichtigt werden, auch was die Unternehmensstrategie betrifft. Ein solches pluralistisches Corporate Governance-Modell fördert zwar das Ansehen bei nationalen, internationalen Investoren, der Geschäftspartner und allgemeinen Öffentlichkeit und es wird dabei als positiver Faktor im internationalen Standortwettbewerb betrachtet. Seine heterogene Struktur führt aber auch zu Komplexität und Unübersichtlichkeit, was zu Mängeln in der Klarheit der Unternehmenszielsetzung und zu höheren Kosten in der Planung führen kann. Auch ist nicht von der Hand zu weisen, dass das Management in einem solchen System Gefahr läuft, Leitungsfehler mit Blick auf den Stakeholder-Value-Ansatz zu rechtfertigen.

4. Kontrollmechanismen und ihre Besonderheiten in Deutschland und angelsächsischen Ländern

Im Prinzipal-Agent-Problem stellt sich die Frage, ob und wie die aus der Überwachung des Managements als Lösung des Prinzipal-Agent-Problems entstandenen hohen Agency-Kosten verringert werden können. Einen Weg dafür zu finden steht im Fokus des Lösungsfokus der Corporate Governance-Diskussion. Dazu wurden oben verschiedene theoretische Kontrollmechanismen mit den entsprechenden empirischen, in intern und extern klassifizierten nationalen Daten im Vergleich zwischen dem angelsächsischen monistischen und dem kontinentaleuropäischen dualistischen (insbesondere deutschen) Corporate Governance-System als dem Ausgangspunk nicht nur der Corporate Governance der SE, sondern auch als dem Gegenstand der Bemühung der Rechtsangleichung der EG behandelt: Das kontinentaleuropäische deutsche System mit dem Stakeholder-Value-Ansatz wird durch eine dualistische Unternehmensverfassung mit der Mitbestimmung, durch die Publizität mit Vorsichtsprinzip, durch hohe Eigentümerkonzentration, bankorientierte Unternehmensfinanzierung, interne Arbeitsmärkte für Manager und die gesellschaftliche Präferenz moderater Managementvergütungen charakterisiert. Bis zur Entstehung eines konkreten nationalen Corporate Governance-Systems spielten hier neben historischen wie kulturellen Einflüssen die verschiedenen rechtlichen und faktischen Faktoren eine große Rolle. Die Besonderheiten der jeweiligen Kontrollmechanismen werden deshalb in jedem bestimmten nationalen Corporate Governance-System herausgebildet. Diese emotionale Verwurzelung des Zeitgenössischen in Kultur und Geschichte, die das öffentliche Interesse und die ideologischen Vorstellungen der Gesellschaften in jeweiligen Ländern mitprägt (Pfadabhängigkeit), stellte das größte Hindernis für ein einheitliches Corporate Governance-System der SE dar, insbesondere in Belangen der Mitbestimmung. Gleichzeitig bildet sie die Wettbewerbsfaktoren zwischen den verschiedenen Systemen heraus.

5. Wettbewerb der Corporate Governance

Die freie Wahlmöglichkeit zwischen den beiden Systemen stellt einen enormen Freiheitsgrad dar, der nicht nur einen Wettbewerb der Rechtssysteme, sondern auch einen Standsortwettbewerb eröffnet. Durch den Wettbewerb des faktischen Vergleichs der Rechtsysteme werden die verschieden theoretischen Entwicklungsmöglichkeiten der Corporate Governance-Systeme dargestellt: die Persistenz der verschiedenen Systeme, die sich im Zeitlauf herausbildende Dominanz des einen überlegenen Systems („*survival of the fittest*“) und die Konvergenz der verschiedenen Systeme. Seit der Globalisierung der Wirtschaft und der Liberalisierung der Kapitalmärkte sowie der wirtschaftlichen Integration der EU herrscht unter den verschiedenen Corporate Governance-Systemen ein harter Wettbewerb. Insbesondere wird mit den verschiedenen Wettbewerbselementen, die die SE-VO der SE an die Hand gibt, die SE in den Vordergrund des Wettbewerbs gerückt. In der derzeitigen Wettbewerbssituation ist eine Persistenz der nationalen Systeme in ihrer jetzigen Form unwahrscheinlich. Dagegen kann es auf internationaler Ebene durchaus geschehen, dass die erforderlichen Anpassungen der nationalen Corporate Governance-Systeme durch die jeweiligen Regierungen und Unternehmen zu einer Konvergenz oder Dominanz führen. Damit wird der Druck zur Konvergenz der Systeme oder die Tendenz zur Dominanz eines Systems zunehmen. Auf EU-Ebene wurde diese Konfrontation der Dominanz eines Systems durch die Wahlmöglichkeit zwischen den beiden Systemen nach der SE-VO vermieden. Dabei steht die Konvergenz der Systeme in Bezug auf die Berücksichtigung einzelstaatlicher Besonderheiten im Vordergrund der Diskussion der Corporate Governance innerhalb der EU.

III. Corporate Governance der SE im Vergleich zwischen der deutschen und britischen SE (Im Mittelpunkt der Grundstruktur und Haftung für die Leitung und Überwachung)

Wahlmöglichkeit

Für die EU-Mitgliedstaaten, in denen jeweils eines der beiden Systeme verbreitet ist, erscheint diese Wahlmöglichkeit in der Tat ungewöhnlich. Dem deutschen Gesetzgeber erzeugt aber die Alternative zum dualistischen System keine allzu großen Schwierigkeiten, da dieses Corporate Governance-System hierzulande eine lange Tradition hat und es darüber hinaus dieses System offenbar auch zentrales Vorbild für das dualistische System der SE-VO geworden ist. Die Alternative zum monistischen System bedeutet dagegen eine große Herausforderung für den deutschen Gesetzgeber, weil er völlig neue und zugleich wirkungsvolle Vorschriften für diese Option schaffen muss. Anders als in Deutschland verfügt die britische PLC für gewöhnlich über ein monistisches Corporate Governance-System. Dabei stellte die rechtliche Ausformung der Wahlmöglichkeit des dualistischen Systems eine große Herausforderung für den britischen Gesetzgeber dar, wogegen die Regelgestaltung der Option des monistischen Systems für Großbritannien im Gegensatz zum deutschen Gesetzgeber unproblematisch ist. Freilich werden durch diese Wahlmöglichkeit die Gesetzgeber beider Länder aufgefordert, das eigene Rechtssystem zu optimieren, um so die Attraktivität des eigenen Wirtschaftsstandorts zu erhöhen.

Anwendbares Recht

Zur wichtigsten Materialgrundlage der Untersuchung der Corporate Governance aus rechtswissenschaftlicher Sicht wird zuerst die Normenrangfolge des anwendbaren Rechts für die deutsche SE, dann die der britischen SE analysiert. Vergleicht man diese Normenrangfolgen, so bestehen in den das europäische Recht betreffenden obersten zwei Stufen (Rang 1: SE-VO und 2: Satzung der SE) keinerlei Unterschiede. Aber in den Rängen 3 (SEEG vs. EPCLR 2004), 4 (Rechte hinsichtlich Aktiengesellschaft vs. Rechte hinsichtlich PLC) und 5 (Satzungsbestimmungen entsprechend dem Aktienrecht vs. Satzungsbestimmungen entsprechend dem PLC-Recht), die sich allesamt auf nationale Normen beziehen, sind jedoch große Differenzen das anwendbare Recht betreffend vorhanden. Die durch den Vergleich der beiden Rechtssysteme erlangten markanten Besonderheiten Unterschiede sind wie folgt: In Großbritannien fungiert das *Case Law* als echte Rechtsquelle, wogegen in Deutschland das *Statute Law* (Parlamentsrecht) als wichtigste Rechtsquelle herangezogen wird. Wegen der geringen Anzahl parlamentarischer Gesetze spielen in einem britischen Unternehmen insbesondere der *Combined Code* und die Satzung eine wichtige Rolle. Dadurch besitzt das britische Rechtssystem eine enorme Flexibilität durch die vorteilhafte, weitgehende Gestaltungsfreiheit der Gesellschafter. Das deutsche Rechtssystem dagegen ist durch seine Steuerung maßgeblich durch Parlamentsrechte, überreguliert und starr. Folglich wird der Wettbewerb der Corporate Governance der SE als der Wettbewerb zwischen den verschiedenen nationalen Rechtssystemen mit der jeweils eigenen Rechtskultur und –philosophie (Pfadabhängigkeit) betrachtet.

Dualistische Corporate Governance im Vergleich zwischen deutscher und britischer SE

Grundstruktur

Als größte Stärke des dualistischen Systems wird dessen klare organisatorische Trennung von Unternehmensleitung und deren Überwachungsorgan bezeichnet. Aus dieser Stärke resultiert aber zugleich seine Schwäche, da durch aus dieser strikten Trennung entstehender unzureichender Informationsfluss zur Verletzung der Überwachungsfunktion führen kann. Zur Kompensation dieser Schwäche werden innerhalb der Corporate Governance-Diskussion für das deutsche dualistische System folgende Verbesserungen gefordert: Verkleinerung des Gremiums; Erhöhung der Sitzungsfrequenz; verpflichtende Einrichtung von Ausschüssen zur Verstärkung der Intensität der Überwachungstätigkeit; Garantierung regelmäßiger, standardisierter und qualitativ hochwertiger Informationen seitens des Leitungsorgan durch einen Erlass einer Informationsordnung für das Leitungsorgan; Verschärfung der Haftungsregelungen; Erhöhung und erfolgsabhängige Gestaltung der Vergütung sowie Begrenzung der Mandatzahl zur Stärkung des Anreizes für jedes einzelne Aufsichtsorgansmitglied zur Schaffung einer effektiven Überwachung.
Auf die britische dualistische SE treffen diese Reformvorschläge nicht zu, da die oben genannten typischen Schwächen des deutschen dualistischen Systems durch den großen Gestaltungsspielraum mittels enormer Flexibilität durch Satzungsfreiheit bereits bis zu einem gewissen Grad behoben sind. Mit einer solchen Flexibilität können die britischen Unternehmen entsprechend ihrer spezifischen Bedürfnisse ihr eigenes Corporate Governance-System flexibel bilden, was im starren deutschen Rechtssystem aufgrund von Überregulierung in vielerlei Hinsichten nicht leicht ist.
Schließlich könnte das britische dualistische System, sollte es sich in Großbritannien in Zukunft gut entwickeln, eine Alternative sein, die die Schwäche des bestehenden dualistischen Systems durch seine enorme Flexibilität weitestgehend ergänzen kann. Dabei ist es möglich, dass auch das deutsche dualistische System seine Schwäche erheblich verringert, sollte es zu mehr Flexibilität reformiert werden, auch wenn die typischen Schwächen aufgrund der Trennung von Leitung und Überwachung im gesamten dualistischen System nicht völlig beseitigt werden können.

Haftung

Bezüglich der Haftung der Organmitglieder sind im Vergleich der beiden dualistischen Systemen die folgenden Punkte auffallend: Dic britischc SE muss die volle Darlegungs- und Beweislast tragen, wenn es strittig ist, ob die Organmit-

glieder die Sorgfalt eines ordentlichen und gewissenhaften Geschäftsleiters erfüllt haben. In Deutschland ist dies umgekehrt. Hier wird die deutsche Haftungsregelung schärfer als die britische bewertet. Trotz schärferer Haftungsregelungen konnte jedoch in Deutschland die Durchsetzung der Haftung der Organmitglieder aufgrund hoher Klagehürden nur sehr selten erreicht werden. Diesem Kritikpunkt wurde mit der Erleichterung dieses Beschränkungshemmnises durch die Reform des Aktiengesetzes durch UMAG begegnet. Parallel ist mit ihr auch der Schutz der Organmitglieder durch die *Business Judgement Rule* gestärkt worden. So wurde durch beide Reformen einerseits die Stellung des Aktionärs verbessert und andererseits der Schutz der Organmitglieder erhöht. Dagegen ist in Großbritannien durch die Besonderheit der *Business Judgement Rule* dem Management ein noch größerer Ermessensspielraum für die Erfüllung seiner Aufgaben gegeben. Ferner ist Versicherungsschutz gegen das Haftungsrisiko erhältlich, sog. D&O-Versicherung, die allerdings auch in Deutschland existieren. Nach britischem Recht ist außerdem die Geltendmachung der einzelnen Aktionäre nur in eng begrenzten Ausnahmefällen gestattet und außerdem sehr selten, weil die Prozesskosten äußerst hoch und damit das finanzielle Risiko der betreffenden Aktionäre bei einer abgewiesenen Haftungsklage zu hoch ist. Im Ergebnis neigen im Vergleich zum deutschen Recht die Haftungsregelungen des britischen Rechts insofern zum Schutz der Organmitglieder, als das britische Rechtssystem in diesem Zusammenhang über die mildere allgemeine Haftungsregelung, das flexiblere ungeschriebene *Business Judgement Rule* und das schwächere Verfolgungsrecht für die Geltendmachung der Haftung verfügt.
Im Übrigen können bezüglich der Außenhaftung der Organmitglieder gegenüber Aktionären sowohl bei deutscher wie britischer SE die Aktionäre der SE aus dem jeweiligen AktG keine Ansprüche herleiten. Eine Haftung der Organmitglieder gegenüber den Aktionären kommt aber bei einem Delikt bzw. bei spezieller vertraglicher oder quasivertraglicher Grundlage in Betracht.

Monistische Corporate Governance im Vergleich zwischen deutscher und britischer SE

Grundstruktur

Anders als beim dualistischen System werden beim ursprünglichen monistischen System im Prinzip einem Organ (*Board*) zwei Aufgaben (Geschäftsführung und Überwachung) zugleich gegeben. Aber zwischen deutscher und britischer monistischer SE existieren signifikante Unterschiede. Bei deutschen SE besteht eine zwingende Aufgabenteilung von Verwaltungsrat und geschäftsführenden Direktoren. Bei britischen SE können aber auch Mitglieder des *administrative organ* zu executive directors ernannt werden, wenn die Satzung nicht anderes bestimmt.
Die wichtigste Aufgabe des Verwaltungsrats des deutschen monistischen Systems ist die Oberleitung der SE. Er leitet die Gesellschaft, legt die Grundlinien ihrer Tätigkeit fest und überwacht deren Umsetzung. Zu beachten ist, dass die

geschäftsführenden Direktoren seiner Weisungen unterliegen, und dass, im Gegensatz zum Leitungsorgan/Vorstand im dualistischen System, den geschäftsführenden Direktoren keine eigenverantwortlichen Leitungsrechte zustehen. Schließlich trägt trotz der Funktionstrennung der beiden Parteien also der Verwaltungsrat als das oberste Organ allein die Letztverantwortung für die Leitung der monistischen SE.

Bei den britischen SE erfüllt das *administrative organ*, das dem deutschen Verwaltungsrat entspricht, auch die Geschäftsführung der SE. Hier existieren, anders als in Deutschland, bezüglich der Bestellung der geschäftsführenden Direktoren (*executive directors*) keine zwingenden Vorschriften. Daher ist bei der monistisch verfassten britischen SE im Prinzip nur ein einheitliches *administrative organ* vorhanden. Allerdings kann dieses Organ aus seinem Kreis die geschäftsführenden Direktoren (*executive directors*) für die laufende Geschäftsführung ernennen. Die in der Praxis üblichste Aufgabenteilung im *administrative organ* ist diejenige zwischen *executive directors* für die Geschäftsführung und *non-executive directors* für die Überwachung der Geschäftsführung, wenn die Satzung nichts Abweichendes bestimmt. Diese Trennung dieser beiden Funktionen ist durch den *Combined Code* weiter verstärkt und gleichzeitig die Kompetenzbereiche stärker voneinander abgegrenzt. Danach soll innerhalb des *administrative organ* in börsennotierten Gesellschaften eine ausgewogene Balance von executive und non-executive directors bestehen. Hinsichtlich der rein verwaltungstechnischen Aufgaben wird das *administrative organ* durch den company secretary unterstützt.

Für die effektive Ausübung der Überwachungsfunktion des Verwaltungsrats bzw. *administrative organ,* ebenso wie beim Aufsichtsorgan des dualistischen Systems, gibt diesem die SE-VO bzw. das nationale Recht diverse Instrumente in die Hand, z.B. die Stellungnahme, die Beratung, die Zustimmungsvorbehalte zu bestimmten Arten von Geschäften, die Personalkompetenz, die Geschäftsordnungskompetenz und die Einrichtung der verschiedenen Ausschüsse. Abweichend von dualistischem System existiert im monistischen System für den Verwaltungsrat bzw. *administraive organ* das Weisungsrecht. Insbesondere bezüglich des Informationsflusses verleihen das Weisungsrecht und die gemeinsamen Sitzungen am Tisch des Verwaltungsrats bzw. *administrative organ* dem monistischen System einen strukturellen Vorteil.

Das monistische System besitzt allerdings eine Schwäche. Bezüglich seiner inneren Ordnung bedeutet die Machtkonzentration des Vorsitzenden des Verwaltungsrats bzw. *administrative organ* in der Diskussion um Corporate Governance eine delikate Position. Die Debatte über Maßnahmen zur Vermeidung der auf dieser Machtkonzentration der Personalunion des Amts des *Chairman* und des CEO beruhenden negativen Auswirkung ist innerhalb der Corporate Governance-Diskussion in vollem Gang. Eine derartige Machtkonzentration kann eine effektive Kontrollfunktion der Geschäftsführung verhindern. Darüber hinaus hat der Vorsitzende in Personalunion normalerweise weniger Interesse an der Überwachung des operativen Geschäfts. Solche herausragende Machtstellung des

CEO wird sowohl in der angloamerikanischen Corporate Governance Diskussion als auch in der Praxis und auch im Erwägungsgrund der SE-VO abgelehnt. Diese Personalunion ist mangels gesetzlicher Regelung in der deutschen monistischen SE de lege lata aber zulässig obwohl der Gesetzgeber dieser Position ablehnend gegenübersteht. Auch in Großbritannien existieren keine Regelungen dagegen. Um die effektive Kontrolle durch die Trennung zwischen Unternehmensleitung und Überwachung zu garantieren, fordert jedoch der *Combined Code*, die Rollen von CEO und *Chairman* zu trennen.[1645]

Haftung
Hinsichtlich der Grundstruktur des Organs tritt bei einer deutschen SE wegen der zwingenden Aufgabenteilung in Verwaltungsrat und geschäftsführende Direktoren eine gewisse Institutionalisierung ein, während das britische Recht diesbezüglich keine zwingende Regelung vorsieht. Damit haften die Organmitglieder einer deutschen SE nach bestimmten gesetzlichen Regelungen, während die Mitglieder des *administrative organ* für einen Schaden des Unternehmens nach der durch die Satzung bestimmten Stellung und Funktion als jeweiliges Organmitglied (insbesondere *executive* und *non-executive directors*) haften. Bezüglich der weiteren eingehenden Haftungsvoraussetzungen und -einschränkungen, Geltendmachung und Außenhaftung in den Haftungsregelungen existieren keine besonderen Unterschiede im Vergleich des dualistischen Systems beider Länder.

IV. Konvergenz und einheitliche Corporate Governance-Grundsätze der SE durch Soft Law?

Durch die vergleichende Untersuchung der Corporate Governance-Systeme der SE in beiden Ländern wird deutlich, wie unterschiedlich die rechtliche Basis gebildet wird, die wiederum jeweils eigene Schwächen und Stärken hat. Dabei hat sich jeder Gesetzgeber stets darum bemüht, durch Konvergenz zur Stärke des anderen Systems seine eigene Schwäche zu kompensieren. Außerdem ist die externe Corporate Governance der EU-Mitgliedstaaten durch die durch EG-RL umgesetzten Regeln zur kapitalmarktrechtlichen Rechnungslegung, Prüfung und Publizität des Unternehmens sowie zum Markt für Unternehmenskontrolle weit gehend harmonisiert, umgesetzt und konvergiert. Was die internen Corporate Governance-Mechanismen angeht, liegen einige Mechanismen, wie z.B. die Regelungen im Bezug auf Vergütung und Haftung in der Tendenz zur Konvergenz. Der Zustand der Konvergenz der interne Corporate Governance-Grundstrukturen ist jedoch seit der Verabschiedung des SE-Statutes außer der Konvergenz der bestimmten Punkten für die besseren Funktionen des jeden einigen Systems aufgrund der Begrenzung des positives Rechts, das mit der Pfad-

1645 Über 80 Prozent der großen Unternehmen in Großbritannien sind dieser Empfehlung gefolgt, dazu *Charkham* (1994), S. 271-272; *ICMG* (1995), S. 87.

abhängigkeit als Hemmnis der Konvergenz eng verbunden ist, noch nahezu unverändert geblieben. Dabei wird ein wichtiger Faktor der Konvergenz der beiden Systeme berücksichtigt, nämlich der sog. Kodex (*Soft Law*) mit dem Merkmal „Flexibilität" als ein Alternative des positiven Rechts. Die Flexibilität dieses Regelwerks stellt dabei die Rolle dar, nicht nur ein erheblicher Vorteil im Wettbewerb der Corporate Governance-Systeme zu sein, sondern auch der Konvergenz zur Stärke des anderen Systems zur Verbesserung des eigenen nationalen Systems zu dienen.

B. Ausblick

Die SE als eine europäisch-supranationale Rechtsform stellt für die europaweit tätigen Unternehmen sowohl organisatorische Vorteile (Möglichkeit der identitätswahrenden Sitzverlegungen ohne Auflösung im Wegzugsstaat oder Neugründung im Zuzugsstaat: Mobilität) als auch psychologische Vorteile (Verringerung der Hemmung der Unternehmen gegenüber der anderen Rechtskultur und der fremden wirtschaftlichen Lage) dar, die schließlich zu wirtschaftlichen Vorzügen führen können. Insbesondere birgt der Abbau des organisatorischen Aufwands ein großes Kosteneinsparungspotential, was dann die Unternehmen auch für die Anleger interessanter macht.
Zudem bietet die für die SE spezifische Wahlmöglichkeit des Corporate Governance Systems zwei Vorteile: Erstens kann danach die Ausgestaltung der Unternehmensleitung bei der vorgeschriebenen Verhandlung zwischen Arbeitnehmervertretern und Unternehmensleitung unabhängig von dem im jeweiligen Land obligatorischen System zwischen dem dualistischen und dem monistischen Modell frei entschieden werden und somit den einzelnen Unternehmen flexibler angepasst werden; zweitens bietet der sich daraus ergebene Systemwettbewerb die Möglichkeit nicht nur zur Verbesserung, sondern auch zukünftig zur Konvergenz der beiden Systeme, die vielleicht einmal zu einer einheitlichen Form der SE führen könnte. Diese Wahlmöglichkeit führt schließlich zu einem enormen Freiheitsgrad, der nicht nur einen Wettbewerb der Rechtssysteme, sondern auch einen Standortwettbewerb eröffnet.
Bei dieser Wahlmöglichkeit werden die vielen Verweisungen auf mitgliedstaatliche Rechtsvorschriften in der SE-VO, die den erwünschten Effekt dieser - ursprünglich einheitlichen - gemeinsamen Regelung vermindern, einerseits als Defizit angesehen, weil sich durch die Unterschiede der undurchsichtigen Rechtsvorschriften der Mitgliedstaaten große Rechtsunsicherheiten ergeben und dies in der Folge zur Minderung der rechtlichen und psychologischen Attraktivität der SE führen könnte. Diese Rechtsunsicherheiten sollen andererseits ironischerweise aber gerade durch diese Verweisungstechnik verringert werden, mit der unvorhergesehene Regelungsdefizite behoben und große Teile der Auslegungsfragen geklärt werden können, die ansonsten - insbesondere in dieser Anfangsphase der SE - unausweichlich wären. Unabhängig von diesen gegensätzlichen Betrachtungsweisen der vielen Verweisungen kann die derzeitige SE damit die

Funktion einer gemeinsamen europäischen Rechtsform für Unternehmen noch nicht ausreichend erfüllen, was Einschränkungen der Mobilität bedeutet und somit wenig praktikabel ist.
Angesichts dieser Wahlmöglichkeit wird noch ein weiterer Nachteil deutlich: Derzeit ist die Zahl der unterschiedlichen Corporate Governance Systeme der SE inklusive der zwei zur Wahl stehenden Modelle doppelt hoch wie die Anzahl der 28 Mitgliedstaaten. Es existieren also 56 verschiedene Corporate Governance-Systeme für die SE, da trotz des gleichen dualistischen Systems bzw. monistischen Systems jedes System des jeweiligen Landes eigene Besonderheiten hat. Wegen dieser unübersichtlichen und komplizierten Situation verliert die SE trotz ihrer vielen sowohl organisatorischen als auch psychologischen Vorteile an Attraktivität. Diese extrem vielfältige Situation könnte beim Wettbewerb zwischen den verschiedenen Systemen der Mitgliedstaaten dazu führen, dass eine Synthese zu einem gemeinsamen Corporate Governance-System angeregt wird. Vor dem Hintergrund der Hemmnisse der Pfadabhängigkeit wird eine gemeinsame Corporate Governance aber noch ziemlich skeptisch betrachtet. Dies kann sich aber zu einem großen Problem entwickeln, wenn die aufgrund der Pfadabhängigkeit verbliebenen Elemente eines Systems im Wettbewerb als Schwäche betrachtet werden und so dem Wettbewerb sowohl der Rechtssysteme, als auch des Standorts zum Nachteil gereichen. Darüber hinaus führt eine solche Divergenz der Systeme aus Pfadabhängigkeit nicht nur auf nationaler, sondern auch auf EU-Ebene, zu wirtschaftlichem Misserfolg. Gerade solcher negativen Folgen pfadabhängiger Hemmnisse wegen wird eine umfassende Konvergenz weiterhin gefordert.
Diese stärkt nicht nur die Aktionärsrechte und fördert den Schutz Dritter, wie Gläubiger und Arbeitnehmer, sondern erhöht auch die Attraktivität bei den Investoren durch eine Erleichterung des Vergleichs der verschiedenen Anlageoptionen. Parallel führt das zu einer effizienteren Kapitalallokation, die sowohl für die jeweiligen EU-Mitgliedstaaten als auch für die EU-Ebene von Bedeutung ist, da so das Fundament für Wachstum und Arbeitsplätze geschaffen werden und die EU dabei ihren Wert als ein attraktiver Standort für Unternehmen erhöhen kann. In diesen Überlegungen wurde bereits die Möglichkeit einheitlicher Corporate Governance-Grundsätze durch die Konvergenz der jeweiligen nationalen Corporate Governance-Kodizes erörtert, die im Vergleich zur schwerfälligen und zeitaufwendigen Konvergenz der positiven Rechte die Besonderheit besitzen, sehr viel flexibler zu sein und dabei durch ihre Wesensmerkmale nicht nur der Annährung der Corporate Governance-Grundsätze, sondern auch der Beschleunigung der Konvergenz der positiven Rechte dienen können. Es kann allerdings ebenso vorsichtig in Erwägung gezogen werden, statt die Konvergenz der Kodizes abzuwarten, Anstrengungen hinsichtlich der Schaffung eines einheitlichen Corporate Governance-Kodex für die Beschleunigung des langen Weges der Konvergenz zum positiven Recht zu unternehmen.
Ferner ist zu beachten, dass neben der auf den Unterschieden der Gesellschaftsrechte beruhenden Wahlmöglichkeit immer noch erhebliche Unterschiede im

Bereich des Arbeits-, Konzern- und Steuerrechts innerhalb EU existieren. Dies behindert die Zusammenschlüsse zwischen den Unternehmen verschiedener Mitgliedstaaten. Um solche Behinderungen zu vermeiden und damit sich die Unternehmen an der Gründung der SE aktiv beteiligen, sollen zukünftig für die neue supranationale Rechtsform der SE nicht nur im Gesellschaftsrechtsbereich, sondern auch in anderen Rechtsbereichen verbesserte gemeinsame Rechtsrahmenbedingungen vorgegeben werden, wonach sich die Unternehmen in der EU noch aktiver und freier neu strukturieren, reorganisieren und zusammenschließen sowie identitätswahrend grenzüberschreitend ihren Sitz verlegen können. Damit werden die europäischen Unternehmen durch die Steigerung der Wettbewerbfähigkeit in die Lage versetzt durch die Gründung der SE (auch als Konkurrenzmodell) ihr Wirtschaftspotenzial besser zu konzentrieren und im Wettbewerb mit außereuropäischen Unternehmen stärker auftreten zu können. Durch diese Wettbewerbsverstärkung kann die SE besser auf globaler Ebene konkurrieren sowie entsprechende Größenvorteile insbesondere im Europäischen Binnenmarkt realisieren.

Literaturverzeichnis

Abeltshauser, Thomas E (1990): Der neue Statutsvorschlag für eine Europäische Aktiengesellschaft, in: AG 1990, S. 289- 297.

Achleitner, A.-K./Wichels, D. (2002): Stock-Option-Pläne als Vergütungsbestandteil wertorientierter Entlohnungssysteme, in: Achleitner, A,-K, Wollmert, P. (Hrsg.) Stock Options, Stuttgart 2002, S. 1-24.

Albach, Horst (Hrsg.) (1994): Culture and Technical Innovation, The Academy of Sciences and Technology in Berlin, Research Report 9, Berlin/New York

Albach, Horst (1997): Gutenberg und die Zukunft der Betriebswirtschaftslehre, in: BB 1997, S. 1257-1283.

Alberth, Markus R. (1998): US-amerikanische Gläubigerbilanzen durch Covenants in Verträgen, der Versuch einer weltweiten Kategorisierung der Rechnungslegung und Folgen für die internationale Harmonisierungsdiskussion, in: BB 1998, S. 803-824.

Allen, F/Gale, D. (2000): Comparing Financial Systems, Massachusetts, 2000.

Alvarez, M./Wotschofsky, S. (2003): Zwischenberichterstattung nach Börsenrecht/DRS, IAS, und US-GAAP, 2. Auflage, Berlin 2003.

Anderson, R.C./Mansi, S. A./Reeb, D.M. (2004): Board Characteristics, Accounting Report Integrity and the Cost of Debt, in: Journal of Accounting and Economics, Vol. 36 Issue 3, 2004, 315-342.

Arrow, Kenneth J. (1991): The Economics of Agency, in: Pratt, John W./Zeckhauser, Richard J. (Hrsg.): Principal and Agents: The Structure of Business, Boston, S. 37-51.

Arora, Anu (1991): Abolition of the ultra vires rule (1991) JBL, S. 582-589

Arsalidou, Demetra (2002): The liability of non-executive directors for negliegent omissions: A new approach under legislation, 23 Co Law, S. 107-114.

Bassen, A. (2002): Institutionelle Investoren und Corporate Governance – Analyse der Einflussnahme unter besonderer Berücksichtigung börsennotierter Wachstumsunternehmen, Wiesbaden, 2002.

Bassen, A./Kleinschmidt, M./Zöllner, C. (2004): Corporate Governance Quality Study 2004, in: Finanz Betrieb (2004), S. 527-533.

Baum, H. (2003): Funktional Elemente und Komplementaritäten des britischen Übernamerechts, RIW 2003, 421-433.

Baums, T. (Hrsg.) (2001): Bericht der Regierungskommission Corporate Governance: Unternehmensführung, Unternehmenskontrolle, Modernisierung des Aktienrechts, 2001.

Baums, T./Cahn, A. (Hrsg.) (2004): Die Europäische Aktiengesellschaft, Umsetzungsfragen und Perspektiven, Berlin 2004.

Baums, T./Fraune, C. (1995): Institutionelle Anleger und Publikumsgesellschaft: Eine empirische Untersuchung, in: AG 1995, S. 97-112.

Bebchuk, L. A./Roe, M. J. (2004): A Theory of Path Dependence in Corporate Ownership and Governance, in: Gordon, J. N./ Roe, M. J. (Hrsg.) Convergence

and Persisence in Corporate Governance, Cambridge, 2004, S. 69-113, eine frühere Version in: Standford Law Review 52, (1999), S. 127-170.
Becht, M./Bolton, P./Roell, A. (2002): Corporate Governance and Control, ECGI Finance Working Paper 02/2002.
Becht, M./Röell, A. (1999): Blockholdings in Europe: An international comparison, in : European Economic Review 43, S. 1049-1056
Belche, Alice/Naruisch,Till (2005): The evolution of business knowledge in the context of unitary and two-tier board structure JBL, S. 443-473
Berens, W./Strauch, J. (2002): Due Diligence bei Unternehmensakquisitionen, in: WPg 2002, S. 511.
Berle, Adolf A./Means, Gardiner C. (1932): The Modern Corporation and Private Property, New York, 1932.
Bernhardt, Wolfgang (2002): Der Deutsche Corporate Governance Kodex: Zuwahl (comply) oder Abwahl (explain)? – Unternehmensführung zwischen "muss", "soll", "sollte" und "kann", in: DB 2002., S. 1841-1846.
Berrar, Casten (2001): Die zustimmungspflichtigen Geschäfte nach § 111 Abs. 4 AktG im Lichte der Corporate Governance-Diskussion, in: DB 2001, S. 2181-2186.
Bezzenberger, Tilman (2003): Die Europäische Aktiengesellschaft, in: Jura 2003, S. 229-232.
Bezzenberger, Tilman (1996): Der Vorstandsvorsitzende der Aktiengesellschaft, in: ZGR 1996, S. 661-673.
Bhide, A. (1997): Reversing Corporate Diversification, in: Chew, Donald H. (Hrsg.): Studies in International Corporate Finance and Governance Systems, New York/Oxford, S. 106-117.
Bitz, Michael/Schneeloch, Dieter/Wittstock, Wilfried (2000): Der Jahresabschluss: Rechtsvorschriften, Analyse, Politik, 3. Aufl., München.
Black, Bernhard S. (1997): Institutional Investors and Corporate Governance: The Case for Institutional Voice, in: Chew, Donald H. (Hrsg.): Studies in International Corporate Finance and Governance Systems, New York/Oxforod, S. 160-173.
Black, Bernhard S./Gilson, Ronald J. (1998): Venture capital and the structure of capital markets: banks versus stock markets, in: Journal of Financial Economics 47, S. 243-277.
Blanquet, Francoise (2002): Das Statut der Europäischen Aktiengesellschaft (Societas Europaea „SE"). Ein Gemeinschaftsinstrument für die übergreifende Zusammenarbeit im Dienste der Unternehmen, in: ZGR 2002, S. 20-65.
Blair, M. M. (2004): Reforming Corporate Governance – What History Can Teach Us, Georgetown University Law Center, Working Paper No. 485663.
Böckli, Peter (1992): Verwaltungsrat oder Aufsichtsrat? Konvergenz der Systeme in der Spitzenverfassung der Aktiengesellschaft, in: Rau-Reist, Susanne/Reist, Andreas/Rau, Gerd (Hrsg.): Durchblick, 39 Persönlichkeiten zu Unternehmen und Gesellschaft, Festschrift für Walter Reist, Zürich, S. 3-28.

Böckli, Peter (1996): Corporate Governance: The "Cadbury Report" and the Swiss Board Concept of 1991, in: Schweizerische Zeitschrift für Wirtschaftsrecht (SZW1996), S. 149-163.
Böckli, Peter (2000): Corporate Governance auf Schnellstrassen und Holzwegen. Folgerungen für die Schweizer Praxis aus den neuesten Texten – „Hampel", „London Stock Exchange Combined Code", „Turnbull" und „Blue Ribbon", in: Der Schweizer Treuhänder (ST 2000), S. 133-152.
Böckli, Peter (2002): Revisionsfelder im Aktienrecht und Corporate Governance, in: ZBJV 138 (2002).
Böckli, Peter (2003): Konvergenz: Annäherung des monistischen Führungs- und Aufsichtssystems, in: Handbuch Corporate Governance, Leitung und Überwachung börsennotierter Unternehmen in der Rechtes- und Wirtschaftspraxis, Hrsg.: Hommelhoff/Hopt/v. Werder, Köln/Stuttgart 2003.
Böhmer, E. (1999): Corporate Governance, ownership, and transparancy in Germany, Habilitationsschrift, Humbolt-Universität zu Berlin S. 4-8.
Böttcher, L./Blasche, S.: Die Grenzen der Leitungsmacht des Vorstands, in: NZG 2006, S. 569 ff.
Brandes, Stephan (2004): Europäische Aktiengesellschaft: Juristische Person als Organ?, in: NZG 2004, S. 642-649.
Brandi, Tim Oliver (2003): Die Europäische Aktiengesellschaft im internationalen und deutschen Konzernrecht, in: NZG 2003, 889-896.
Brandt, Ulrich (2003): Der Diskussionsentwurf zu einem SE-Ausführungsgesetz, in: DStR 2003, S, 1208-1205.
Brandt, Ulrich (2004): Hauptversammlung der Europäischen Aktiengesellschaft (SE), Frankfurt a. M.
Brandt, Ulrich (2005); Ein Überblick über die Europäische Aktiengesellschaft (SE) in Deutschland, in: BB-Special 3/2005, S.1-8.
Brandt, Ulrich/Scheifele, Matthias (2002): Die Europäische Aktiengesellschaft und das anwendbares Recht, in: DStR 2002, S. 547-555.
Braun, Susanne (2005): Die Europäische Aktiengesellschaft: nach „Inspire Art" bereits einn Auslaufmodell?, in: Jura 2005, S. 150-156.
Brenner, S./Schwalbach, J. (2003): Management Quality, Firm Sitz, and Managerial Compensation, A Comparison between Germany and the UK, in: Schmalenbach Business Review, Vol. 55, 2003, S. 280-293.
Brune, J.W. (1995): Der Shareholder-Value-Ansatz als ganzheitliches Instrument strategischer Planung und Kontrolle, Köln 1995.
Buchheim, Regine (2001): Europäische Aktiengesellschaft und grenzüberschreitende Konzernverschmelzung: der aktuelle Entwurf der Rechtsform aus betriebswirtschaftlicher Sicht, Wiesbaden 2001, S. 295.
Bungert, Hartwin/Beier, Constantin H (2002): Die Europäische Aktiengesellschaft – Das Statut und seine Umsetzung in die Praxis, in: Europäisches Wirtschafts- und Steuerrecht (EWS 2002) S. 1-12.

Busse von Colbe, Walter (2006): Konzernbeschlüsse – Rechnungslegung nach betriebswirtschaftlichen Grundsätzen sowie nach Vorschriften des HGB und der IAS/IFRS, 8. Aufl., Galber-Verlag 2006.
Cadbury, A. (1997): Board Focus-The Governance Debate, Zürich (Egon Zehnder International).
Canaris, Ebenroth (1978): Hauptversammlungsbeschlüsse und Haftung der Verwaltungsmitglieder im Vertragskonzern, in: ZGR 1978, S. 207 ff.
Cary, William L. (1974): Federalism and Corporate Law: Reflections Upon Delaware, Yale L.J. 83 (1974), S. 666,705.
Casper, Mathias (2003): Der Lückenschluss im Statut der europäischen Aktiengesellschaft, in Habersack, Mathias (Hrsg.), Festschrift für Peter Ulmer zum 70. Geburtstag am 2. Januar 2003, Berlin, S. 51-62.
Charny, David (1991): Competition Among Jurisdictions in Formulating Corporate Law Rules: An American Perspective on the "Race to the Bottom" in the European Communities, Harv. Int'l L., J. 32 (1991), S. 423, 430.
Charkham, Jonathan P. (1994): Keeping Good Company. A Study of Corporate Governance in Five Countries, Oxford.
Cheffins, Brian R. (1997): Company Law: Theory, Structure and Operation, 1997,
Claussen, Carsten P./Bröcker, Norbert: Der Corporate Governance Kodex aus der Perspektive der kleinen und mittleren Börsen-AG, in: DB 2002, 1199 ff.
Coenenberg, Adolf G (2005): Jahresabschluss und Jahresabschlussanalyse: Betriebswirtschaftliche, handelsrechtliche und internationale Grundsätze – HGB, IFRS und US-GAAP, 20. Aufl. Stuttgart.
Conyon, M.J./Schwalbach, J. (2000): European Differences in Executive Pay and Corporate Governance, in: ZfB Ergänzungsheft 1/2000 (ZfB 2000): Corporate Governance, S. 97-114.
Cromme, G. (2002): Rede anlässlich der Pressekonferenz nach Übergabe des Deutschen Corporate Governance Kodex an die Bundesjustizministerin am 26.02.2002 in Berlin, http://www.corporate-governance-code.de/ger/news/rede-cromme-20020226.html (11.02. 2004).
Dahnz, Werner: Manager und ihr Berufsrisiko, München 2002.
DAI, Die Europa AG – Eine Perspektive für deutsche Unternehmen?, Frankfurt 2003.
Daily, C.M. / Dalton, D.R. (1992): The relationship between governance structure and corporate performance in entrepreneurial firms, in: Journal of Business Venturing, Vol. 7, 1992, S. 375-386.
Davies, Paul L. (2003 a): Gower and Davies' Principles of Modern Company Law, 7th ed., London 2003.
Davies, Paul L. (2003 b): Workers on the Board of the European Company, 32 ILJ, S. 75-96.
Deilmann, Barbara (2005): Fehlen einer Directors & Officers (D&O) Versicherung als Rücktrittsgrund für die Organmitglieder einer Aktiengesellschaft, in: NZG 2005, 54.

Deutscher Corporate Governance Kodex (2005): Kommentar zum Deutschen Corporate Governance Kodex, 2. Aufl. München (2005). (zit. Bearbeiter in Ringleb/Kremer/Lutter/v. Werder DCGK 2005).

Diehl, Ulrike/Loistl, Otto/Rehkugler, Heinz (1998): Effiziente Kapitalmarktkommunikation, Stuttgart.

Donaldson, T./Preston, L.E. (1995): The stakeholder theory of corporation: Concepts, evidence, and implications, in: Academy of Management Review, S. 65-91.

Dreher, **Meinrad (1994):** Das Ermessen des Aufsichtsrats, in: ZHR 158 (1994), S. 614 ff.

Dreher, **Meinrad (1996):** Die Organisation des Aufsichtsrats, in: Feddersen, D. / Hommelhoff, P. / *Schneider*, UH (Hrsg.), Corporate Governance 1996.

Dreher, Meinrad/Görner, André (2003): Der angemessene Selbstbehalt in der D&O-Versicherung, in: ZIP 2003, S. 2321.

DTI (Department of Trade and Industry): Hewitt: New rules on directors' pay working, Pressemitteilung vom 26.01.2005, P/2005/026.

Dufey, G/Hommel, U. (1997): Der Shareholder Value-Ansatz: US-amerikanischer Kulturimport oder Diktat des globalen Markes?, in: Engelhard, J. (Hrsg.): Interkulturelles Management, Wiesbaden, S. 183-211.

Easterbrook, Frank H./Fischel, Daniel R. (1991): The Economic Structure of Corporate Law, Cambridge/London.

Eberhardt, S. (1998): Wertorientierte Unternehmensführung: der modifizierte Stakeholder-Value-Ansatz, Wiesbaden, S. 283-291.

Ebert, Sabine (2003): The European Company on the level playing field of the Community, 24 Co Law 259-263.

Eder, Cajetan J. (2004): Die rechtsgeschäftliche Übertragung von Aktien, in: NZG 2004, S. 107-114.

Endres, Dieter (2004): Europa AG und Steuern: das Flaggschiff ist da, es fehlt nur das Segel, in: RIW 2004, S. 735-740.

Engert, Andreas (2005): Der international-privatrechtliche und sachrechtliche Anwendungsbereich des Rechts der Europäischen Aktiengesellschaft, in: ZVglRWiss 104 (2005), S. 444-467.

Fama, E.F. (1980): Agency Problems and the Theory of the Firm, in: Journal of Political Economy, Vol. 88, S. 288-307.

Fama, E.F./Jensen, M.C. (1983): Separation of Ownership and Control, in: Journal of Economics, Vol. XXVI, 1983, S. 301-325.

Feddersen, Dieter (2000): Neue gesetzliche Anforderungen an den Aufsichtsrat, in: AG 2000, S. 385, 387.

Figge, Jutta (1992): Mitbestimmung auf Unternehmensebene in Vorschlägen der Europäisch- en Gemeinschaften, Baden-Baden 1992 (zugleich Diss. Bonn, 1991), S. 23.

Fischer, I. (1930): The Theory of Interest, Philadelphia, 1930.

Fleischer, Holger (2004): Der Einfluss der Societas Europaea auf die Dogmatik des deutschen Gesellschaftsrechts, in: AcP 204 (2004), S. 502-543.

Fox, Merritt B. (1998): Required Disclosure and Corporate Governance, in: Hopt, Klaus J./Kanda, Hideki/Roe, Mark J./Wymeersch, Eddy/Prigge/Stefan (Hrsg.): Comparative Corporate Governance – The Sate of the Art and Emerging Research, Oxford, S. 701-718.

Frederick, Richard (1999): OECD Principles of Corporate Governance, Paris.

Freemann, R.E. (1984): Strategie Management, Boston 1984.

Frodermann, Jürgen/Jannott, Dirk (2005): Zur Amtszeit des Verwaltungs- bzw. Aufsichtsrats der SE, in: ZIP 2005, S. 2251.

Früchtl, Bernd (2005): Societas Europaea (SE) – erste Einblicke in die deutsche Europa-AG, in: NotBZ 2005, S. 244-250.

Fuchs, Mirjam (2004): Die Gründung einer Europäischen Aktiengesellschaft durch Verschmelzung und das nationale recht, Diss. Konstanz 2004 (elektronische Version am 24. 10. 2005 abgerufen unter www.ub.unikonstanz.de/v 13/volltexte/2005/ 1458/pdf/ Fuchs.pdf) Gründung, 50ff.

Gerum, Elmar (2007): Das deutsche Corporate Governance-System (Eine empirische Untersuchung), Stuttgart 2007.

Geßler, Hefermehl/Eckardt/Kropff, Aktiengesetz, Band 1., 1884, Band 4 1989.

Gillan, S.L./Starks, L.T. (2003): Corporate Governance, Corporate Ownership, and the Role of Institutional Investors: A Global Perspective, in Journal of Applied Corporate Finance, Vol. 13, No. 2, 2003, S. 4-22.

Godin, Freiherr V./Wilhelmi, Hans (1971): Aktiengesetz- Kommentar, 4.Auflage, Walter de Gruyter/Berlin/New York 1971.

Gomez, Peter (1993): Wertmanagement: Vernetze Strategien für Unternehmen im Wandel, Düsseldorf, S. 103.-105.

Götz, Heinrich (2002): Rechte und Pflichten des Aufsichtsrats nach dem Transparenz- und Publizitätsgesetz, in: NZG 2002, S. 599-604.

Götz, Heinrich (1995): Die Überwachung der Aktiengesellschaft im Lichte jüngerer Unternehmenskrisen, in: AG 1995, S. 337-353.

Grass, D. (2006): Deutsche Aufsichtsrate verdienen mehr, in Financial Times Deutschland 21.11.2006, http://ftd.de/karriere_management/koepfe/122665.html (21.11.2006).

Griewel, Eva (2006): Ad hoc-Publizität und Zwischenberichterstattung im deutschen Corporate Governance-System: Eine Analyse vor dem Hintergrund europäischer Harmonisierungen, Wiesbaden, zugl. Diss., Hamburg 2006.

Grobys, Marcel (2004): Das geplante Umsetzungsgesetz zur Beteiligung der Arbeitnehmer in der Europäischen Aktiengesellschaft, in: NZA 2004, S. 779-781.

Grobys, Marcel (2005): SE-Betriebsrat und Mitbestimmung in der Europäischen Gesellschaft, in: NZA 2005, S. 84-91.

Großkommentar AktG: (Hrsg. Klaus J. Hopt und Herbert Wiedemann): 19. Lieferung: §§ 76-83 (Bearbeiter: Kort, M/Habersack, M), 2003 Berlin; 26. Lieferung: §§ 84-91 Nachtrag zu § 93 (Bearbeiter: Hopt, K.J./Kort, M/Roth, M.),

2006 Berlin; 24. Lieferung: §§ 95-117 (Bearbeiter: Hopt, K.J./Kort, M/Roth, M.), 2006 Berlin.

Grossmann, Sanford J/Hart, Oliver D. (1983): An Analysis of the Principal-Agent-Problem, in: Econometrica 51, S. 7-45.

Gruber, Johannes/Weller, Marc-P. (2003): Societas Europaea: Mitbestimmung ohne Aufsichtsrat? Ideen für die Leitungsverfassung der monistischen Europäischen Aktiengesellschaft in Deutschland, in: NZG 2003, S. 297-301.

Grundmann, Stefan (2004): Europäisches Gesellschaftsrecht, Heidelberg 2004.

Güth, Werner (1995): Shirking Versus Managerial Incentives of Chief Executive Officers (CEOs): A Note on a Possible Misunderstanding of Principal-Agent Theory, in: Journal of Institutional and Theoretical Economics 151, S.693-698.

Gutsche, Robert (1994): Die Einigung der Europäischen Aktiengesellschaft für kleine und mittlere Unternehmen in Deutschland, Baden-Baden.

Habersack, Mathias (1999 und 2003a): Europäisches Gesellschaftsrecht, 1. und 2. Aufl., München 1999 und 2003.

Habersack, Mathias (2003): Das Konzernrecht der „deutschen" SE, in: ZGR 2003, S.724-742.

Hamilton, R.W., (1991): The Law of Corporation (in a nutshell), 3. Aufl., 1991, St. Paul.

Hanau, Peter (2002): Handbuch des europäischen Arbeits- und Sozialrechts, München 2002, in: Hanau/Steinmeyer/Wank (Hrsg.).

Hannigan, Brenda (2003): Company Law, London 2003.

Hansmann-Becking, Michael (2004): Organe: Strukturen und Verantwortlichkeiten, insbesondere im monistischen System, in: ZGR 2004, S, 335-383.

Hart, Oliver (1983): The market mechanism as an incentive scheme, in: Bell Journal of Economic 14, S. 366-382.

Hauschka, Christoph (1992): Die Europäischen Aktiengesellschaft (SE), in: EWS 1992, S. 167.

Hauschka, Christoph (1990): Entwicklungslinien und Integrationsfragen der gesellschaftsrechtlichen Akttypen des Europäischen Gemeinschaftsrechts, in: AG 1990, S. 85-103.

v. Hein, Jahn (2002): Vom Vorstandsvorsitzenden zum CEO ?, in ZHR 2002, S. 501 ff.

v. Hein, Jahn (2002): Die Rolle des US-amerikanischen CEO gegenüber dem Board of Directors im Lichte neuerer Entwicklungen, in: RIW 2002, S. 501.

Heinze, Meinhard (2002): ECLR - Die Europäische Aktiengesellschaft, in: ZGR 2002, S. 66-95.

Heinze, Meinhard (2001): Die Europäische Aktiengesellschaft, in: Information, Konsultation und Mitbestimmung der Arbeitnehmer in der EU , Symposium des Zentrums für Europäisches Wirtschaftsrecht an der Universität Bonn (Hrsg. die Mitglieder des Zentrums) Sammelband Nr. 119, Druck: Rheinische Friedrich-Wilhelms-Universität Bonn, S. 85-99 (im Buchhandel nicht erhältlich).

Helminen, Marjaana (2004): The tax treatment of the running of an SE, in: ET 2004, S. 28-34.
Henssler, Martin (2003): Unternehmerische Mitbestimmung in der Societas Europaea. Neue Denkanstöße für die „Corporate Governance“ - Diskussion, in: FS für Peter, hrsg. V. Matthias Habersack et al., Berlin, S. 193-210.
Henze, Hartwig (2000): Leitungsverantwortung des Vorstands – Überwachungspflicht des Aufsichtsrats, in: BB 2000, S. 209-216.
Henze, Hartwig (2002): Aktienrecht – Höchstrichterliche Rechtsprechung, 5. Aufl. 2002.
Herfs-Röttgen, Ebba (2001): Arbeitnehmerbeteiligung in der Europäischen Aktiengesellschaft, in: NZA 2001, S. 424-429.
Heermann, Peter W. (1998): Unternehmerisches Ermessen, Organhaftung und Beweislastverteilung, in: ZIP 1998, S.761 ff.
Herzig, Nobert / Griemla, Stefan (2002): Steuerliche Aspekte der Europäischen Aktiengesellschaft/Societas Europaea (SE), in: StuW 2002, S. 55-77.
Hess, Glenn E. (1996): Corporate Governance – zum Stand der Diskussion in den Vereinigten Staaten, in Corporate Governance. Optimierung der Unternehmensführung und der Unternehmenskontrolle im deutschen und amerikanischen Aktienrecht, Hrsg. v. Dieter Feddersen, Peter Hommelhoff u. Uwe H Schneider, Köln, S. 9-4.
Hetmeier, Heinz (1999): EG-Vertrag, Kommentar, 2. Aufl. Wien 1999.
Hirschmann, A.O. (1970): Exit, Voice and Loyality – Responses to Decline in Firms, Organizations and States, Cambridge, Massachusetts.
Hirte, Heribert (2002): Die Europäische Aktiengesellschaft, in: NZG 2002, S. 1-10.
Hirte, Herbert (2005): Der Diskussionsentwurf zu einem SE-Ausführungsgesetz, in: DStR 2003, S. 1208 ff.
Hirte, Herbert (2005): Die Europäische Aktiengesellschaft - ein Überblick nach Inkrafttreten der deutschen Ausführungsgesetzgebung, in: DStR 2005, S. 653 ff.
Hoffmann-Becking, Michael (Hrsg.): Münchener Handbuch des Gesellschaftsrechts. Band 4. Aktiengesellschaft, 2 Aufl., Hrsg.: Hoffmann-Becking, München 1999. (zit. Bearbeiter: Hoffmann-Becking/Kantenwein/Wiesner/Semler/Krieger/Herfs in MünchHdb/GesR IV).
Hoffmann-Becking, Michael (1998): Zur rechtlichen Organisation der Zusammenarbeit im Vorstand der AG, in: ZGR 1998, S. 497-519
Hoffmann-Becking, Michael (2004): Organe: Strukturen und Verantwortlichkeiten, insbesondere im monistischen System, in: ZGR 2004, S. 355 ff.
Hommel, Ulrich/Riemer-Hommel, Petra (1997): Die Evolution der nationalen Unternehmensüberwachungssysteme, Working Paper 97-09-11, Lehrstuhl für internationale Unternehmensfinanzierung, WHU.
Hommelhoff, Peter (1983): Die Autarkie des Aufsichtsrats – Besprechung der Entscheidung BGHZ 85, 293 „Hertie“, in: ZGR 1983, S. 551-580.

Hommelhoff, Peter (1990): Zur Kontrolle strukturändernder Gesellschafterbeschlüsse, in: ZGR 1990, S. 447 ff.
Hommelhoff, Peter (1996): Vernetze Aufsichtsratsüberwachung im Konzern?, in : ZGR 1996, S. 144 ff.
Hommelhoff, Peter (1998): Die neue Position des Abschlussprüfers im Kraftfeld der aktienrechtlichen Organisationsverfassung, in: BB 1998, S. 2625-2632.
Hommelhoff, Peter (2001a): Einige Bemerkungen zur Organisationsverfassung der Europäischen Aktiengesellschaft, in: AG 2001, S. 279-288
Hommelhoff, Peter (2001b): Der Wettbewerb der Rechtsordnungen im Europäischen Unternehmensrecht, Vortrag anlässlich der Jahresfeier der Universität Heidelberg und der Übernahme des Rektoramts v. 20. 10. 2001, Pressestelle der Universität Heidelberg 2001 http://www.uni-heidelberg.de/presse/news/2110rektor.html. Wettbewerb (2001), S. 4.
Hommelhoff, Peter (2001c): Die OECD-Principles on Corporate Governance – ihre Chancen und Risiken aus dem Blickwinkel der deutschen Corporate Governance-Bewegung, in: ZGR 2001, S. 238 ff.
Hommelhoff, Peter (2003): Satzungsstrenge und Gestaltungsfreiheit in der Europäischen Aktiengesellschaft, in: Habersack, Mathias (Hrsg.), Festschrift für Peter Ulmer zum 70. Geburtstag am 2. Januar 2003, Berlin, 267- 278.
Hommelhoff, Peter (2005): Normenhierarchie für die Europäischen Gesellschaft, in Lutter, Marcus/Hommelhoff, Peter (Hrsg.), Die Europäischen Gesellschaft: Prinzipien, Gestaltungsmöglichkeiten und Grundfragen aus der Praxis, S. 5-23.
Hommelhoff, Peter/Hopt, Klaus J/v. Werder, Axel (Hrsg.) (2003): Handbuch Corporate Governance. Leitung und Überwachung börsennotierter Unternehmen in der Rechts- und Wirtschaftspraxis, Köln-Stuttgart.
Hommelhoff, Peter/Kleindick, Detlef (1990): Takeover-Richtlinie und europäisches Konzernrecht, in: AG 1990, S. 106-111.
Hopt, Klaus J (2000): Gemeinsame Grundsätze der Corporate Governance in Europa?, in: ZGR 2000, S. 779 ff.
Hopt, Klaus J (2000): Verhaltenspflichten des Vorstands der Zielgesellschaft bei feindlichen Übernahmen, in: FS Lutter, S. 1361
Hopt, Klaus J (1996a): Corporate Governance und deutsche Universalbanken, in: Feddersen, Dieter/Hommelhoff, Peter/Schneider, Uwe H (Hrsg.), Corporate Governance, Köln, S. 243-263
Hopt, Klaus J (1996b): Die Haftung von Vorstand und Aufsichtsrat – zugleich ein Beitrag zur Corporate Governance-Debatte, in: FS für Ernst-J. Mestmäcker zum 70. Geburtstag, Hrsg.: Ulrich Immenga et al., Baden-Baden, S. 909-931.
Hopt, Klaus J (1997): Europäische und deutsches Übernahmerecht, in: ZHR 161 (1997), S. 368.
Hopt, Klaus J (1977): Vom Aktien- und Börsenrecht zum Kapitalmarktrecht?, in: ZHR 141 1977, S. 389, 431.
Horn, Norbert (2005); Die Europa-AG im Kontext des deutschen und europäischen Gesellschaftsrecht, in: DB 2005, S.147-151.

Hemraj, Mohammed B. (2005): Non-executive directors cannot shun their monitoring role (2005) 26 Co Law, S. 83-84
Hübner, U. (1992): Managerhaftung, München.
Hueck, Götz/Windbichler, Christine (2003): Gesellschaftsrecht, 20. Aufl., München 2003.
Hüffer, Uwe (2006): Aktiengesetz. Kommentar, 7. Aufl. München.
IDW: IDW Standard: Grundsätze zur Durchführung von Unternehmensbewertungen (IDW S 1) (Stand: 18.10.2005), in: WPg 2005, S. 1303.
Ihrig, Hans-Christoph/Wagner, Jens: Das Gesetz zur Einführung der Europäischen Gesellschaft (SEEG) auf der Zielgeraden, in: BB 2004, S. 1749-1759
Ihrig, Hans-Christoph/Wagner, Jens (2003): Diskussionsentwurf für ein SE-Ausführungsgesetz, in: BB 2003, S. 969-976.
Immenga, Ulrich (1983): Kapitalersetzende Aktionärsdarlehen als Haftkapital?, in: ZIP 1983, S.1405-1412.
Immenga, Ulrich (1977): Bestandsschutz der beherrschten Gesellschaft im Vertragskonzern?, Korreferrat zu Bayer, Anwendungsbereich des Mitbestimmungsgesetzes, in: ZGR 1977.
Jaecks, Jörg / Schönborn, Christoph Ansgar (2003): Die Europäische Aktiengesellschaft, das internationale und das deutsche Konzernrecht, in: RIW 2003, S. 254-265.
Jaeger, Carsten (1994): Die Europäische Aktiengesellschaft – europäischen und nationalen Rechts, Baden-Baden 1994.
Jahn, Andreas / Herfs-Röttgen, Ebba (2001): Die Europäische Aktiengesellschaft – Societas Europaea, in: DB 2001, S. 631-638.
Jannott, Dirk//Frodermann, Jürgen (Hrsg.) (2005): Handbuch der Europäischen Aktiengesellschaft – Societas Europaea -, Heidelberg 2005 (zit. Bearbeiter in JF).
Jensen, M.C./Meckling, W.H (1976): Theory of the Firm: Managerial behaviour, agency costs and ownership structure, in Journal of Financial Economics 3, S. 305-360.
Jensen, M.C (1986): Agency cost of free cash flow, corporate finance, and takeovers, in: American Economic Review, Vol. 6, No. 2, S. 323-329.
Jensen, M.C (1993): The Modern Industrial Revolution, Exit, and the Failure of Internal Control Systems, in: Journal of Finance, Vol. 48, 1993, S. 831-880.
Jensen, M.C (1997): The Modern Industrial Revolution, Exit, and the Failure of Internal Control Systems, in: Chew, Donald H. (Hrsg.): Studies in International Corporate Finance and Governance Systems, New York/Oxford, S. 18-37.
Jensen, M.C/Murphy, K. (1990): Performance Pay and Top-Management Incentives, in: Journal of Political Economy 98, S. 225-264.
Kallmeyer, Harald (2003 a): Europa-AG: Strategische Optionen für deutsche Unternehmen, in: AG 2003, S. 197-203.
Kallmeyer, Harald (2003 b): Das monistische System in der SE mit Sitz in Deutschland, in: ZIP 2003, S. 1531-153.

Kästner, Karin (2000): Aktienrechtliche Probleme der D&O Versicherung, in: AG 2000, S. 113 ff.

Keenan, Denis (2003): Sarah: Smith & Kennan's Law for Business, 12 Aufl., London 2003.

Keenan, J./Aggestam, M. (2001): Corporate Governance and Intellectual Capital: some conceptualisations, in: Corporate Governance, Vol. 9, No. 4, 2001, S. 259-275.

Kelly, G./Kelly, D./Gamble, A. (1997): Stakeholder Capitalism, in Kelly, G./Kelly, D./Gamble, A.(Hrsg.) Stakeholder Capitalism, London, 1997.

Kersting, Christian (2001): Societas Europaea: Gründung und Vorgesellschaft, in: DB 2001, S. 2079-2086.

Kessler, W./Achilles, C./Huck, F. (2003): Die Europäische Aktiengesellschaft im Spannungsfeld zwischen nationalen Gesetzgeber und EuGH, in: IStR 2003, S. 715-720.

Kindler, Peter (1998): Unternehmerisches Ermessen und Pflichtenbindung, in: ZHR 162 (1998), S. 101-119.

Kindler, Peter (1999): Internationales Handels- und Gesellschaftsrecht, in: Münchener Kommentar zum Bürgerlichen Gesetzbuch, 1999..

Kindler, Peter (2004): Die EU-Übernahmerichtlinie – Ein „europäischer" Kompromiss, in: DStR 2004, S. 866 f.

Kittner, Michael (2005): Arbeitskampf: Geschichte - Recht - Gegenwart, München 2005.

Klahold, Christoph (1999): Aktienoptionen als Vergütungselement, Frankfurt a.M./ Berlin/ Bern/ Bruxelles/ New York/ Wien 1999

Koch, Robert (2004): Die Rechtsstellung der Gesellschaft und des Organmitglieds in der D&O-Versicherung, in: GmbHR 2004, S. 18 ff.

Kohlhepp, Kay H (1989): Die Europäische Aktiengesellschaft, in: RIW1989, S. 88-90.

Koke, Cornelius (2005): Die Finanzverfassung der Europäische Aktiengesellschaft (SE) mit Sitz in Deutschland, Frankfurt 2005, S. 15.

Kölner Kommentar AktG (Hrsg.: Zöllner, Wolfgang): Band 1, §§ 1-75 §§, 2. Aufl., Köln, Berlin, Bonn, München 1988; Band 2, §§ 76-117 AktG und Mitbestimmung im Aufsichtrat, 2. Aufl., Köln, Berlin, Bonn, München 1996.

Kolvenbach, Walter (1989): Statut für die Europäische Aktiengesellschaft (1989), in: DB 1989, S.1957-1962.

Köstler, Roland/Jaeger, Rolf (2005): Die Europäische Aktiengesellschaft, 3. Aufl., Düsseldorf 2005.

Köstler, Roland/Büggel, Anneliese(2003): Gesellschafts- und Mitbestimmungsrecht in den Ländern der Europäischen Gemeinschaft, Arbeitshilfen für Aufsichtsräte, H. 11. Arbeitshilfen für Aufsichtsräte, H. 11. Düsseldorf 2003.

Krabbe, H. (1996): Das Schiedsübereinkommen zwischen den Mitgliedstaaten der Europäischen Union, in: IStR 1996, S. 5-11 ff.

Krause, Rüdiger (2005): Die Mitbestimmung der Arbeitnehmer in der Europäischen Gesellschaft(SE), in: BB 2005, S. 1221-1229.

Krause, Rüdiger (2002): Die Leistungsverzögerung im neuen Schuldrecht, in Jura 2002 Teil I: S. 217 ff, Teil II: S. 299 ff.

Krebs, Peter (1995): Ungeschriebene Prinzipien der handelsrechtlichen Stellvertretung als Schranken der Rechtsfortbildung - speziell für Gesamtvertretungsmacht und Generalvollmacht, in: ZHR 159 (1995), S. 635-662

Krieger, Gerd (1981): Personalentscheidung des Aufsichtsrats, Köln 1981.

Kropff, Bruno (2005): Informationspflichten des Aufsichtsrats, Festschrift für Thomas Raiser, Berilin, S. 211-225.

Kübler, Friedrich (1998): Shareholder Value: Eine Herausforderung für das Deutsche Recht?; Festschrift für Zöllner, S. 321.

Kübler, Friedrich (2003): Leitungsstrukturen der Aktiengesellschaft und die Umsetzung des SE-Statuts, in: ZHR 167 (2003), S. 222- 234.

Kübler, Friedrich (2005): Mitbestimmungsfeindlicher Missbrauch der Societas Europaea?, in: Damm, Lächler, Christoph/Oplustil, Krzystof: Funktion und Umfang des Regelungsbereichs der SE-Verordnung, in: NZG 2005, S. 381-387.

Kuhn, Martin (2005): Rechtsgrundlagen, Wesen und Struktur der SE, in: Jannot/Frodermann (Hrsg.), Handbuch der Europäischen Aktiengesellschaft – Societas Europaea -, Heidelberg 2005, S. 23-34.

Kümpel, T. (2005): IFRS für den Einzelbeschluss. Umstellung und Auswirkung in Rechnungswesensorganisation, in: DSWR 34 (2005), S. 97-100.

Kümpel, T. (2005): Kapitalmarktrecht sowie Bankrecht, 33. Aufl. 2005 (Beck-Texte dtv)

De Lacy, John (2003): The Reform of United Kingdom Company Law, London 2003.

Lange, Oliver (2003): Überlegungen zur Umwandlung einer deutschen in eine Europäische Aktiengesellschaft, in: EuzW 2003, S. 301-306.

Langenbucher, G/Blaum, U.: Audit Committee – Ein Weg zur Überwindung der Überwachungskrise?, in: DB 1994, S. 2, 197.

Lazear, E.P. (2000): The Power of Incentives, in: American Economic Review, Vol. 90, 2000, S. 410-414.

Leupold, Andreas (1993): Die Europäische Aktiengesellschaft unter besonderer Berücksichtigung des deutschen Rechts: Chance und Probleme auf dem Weg zu einer supranationalen Gesellschaftsform, Aachen 1993.

Leyens, Patrick C. (2005): Deutscher Aufsichtsrat und U.S:-Board: ein- oder zweistufiges Verwaltungssystem? Zum Stand der rechtsvergleichenden Corporate Governance-Debatte, RabelsZ 2005, S. 57.

Leyens, Patrick C. (2005): German Company Law: Recent Developments and Future Chalenges, in: GLJ 2005, 1047.

Leyens, Patrick C. (2006): Information des Aufsichtsrats. Ökonomischfunktionale Analyse und Rechtsvergleich zum englischen Board, Tübingen 2006.

Liebscher, Thomas (2005): Ungeschriebene Hauptversammlungszuständigkeiten im Lichte von Holzmüller, Macroton und Gelatine, in: ZGR 2005, S. 569 574.

Lind, Michael (2004): Die Europäische Aktiengesellschaft – Eine Analyse der Rechtsanwendungsvorschriften, Wien 2004.

Lücke, Oliver (2004): Beck'sches Mandats Handbuch Vorstand der AG, München.

Lutter, Marcus (1968): Die amerikanische Herausforderung, Hamburg, 1968 in: Genügen die vorgeschlagenen Regelungen für eine Europäische Aktiengesellschaft?; AG Nr. 10/1990, S.413.

Lutter, Marcus (1978): Die Europäische Aktiengesellschaft, 1. Aufl., Köln 1976.

Lutter, Marcus (1978) :Die Europäische Aktiengesellschaft, 2. Aufl. 1978 (Anm. der Hrsg.) – zur deutschen Diskussion über den Entwurf die Beiträge in Lutter.

Lutter, Marcus (1984): Information und Vertraulichkeit im Aufsichtsrat, 2. Aufl., Köln et al. S.137.

Lutter, Marcus (1987): Stand und Entwicklung des Konzernrechts in Europa, in: ZGR 1987, S. 324-369.

Lutter, Marcus (1996): Europäisches Unternehmensrecht 4. Aufl.

Lutter, Marcus (2000): Einleitung A., Kommentierung zu § 113, 318 UmwG, in: Lutter, Marcus (Hrsg.), Umwandlungsgesetz, Kommentar, 2. Auflage, Köln 2000.

Lutter, Marcus (2002): Europäische Aktiengesellschaft – Rechtsfigur mit Zukunft?, in: BB 2002, S. 1-7.

Lutter, Marcus (2003): Zum „Wegzug“ vor Inspire Art, in: BB 2003.

Lutter, Marcus/Hommelhoff, Peter (Hrsg.) (2004): GmbH-Gesetz. Kommentar. 16. Aufl., München 2004 (zit.: Bearbeiter, in Lutter/Hommelhoff/GmbHG).

Lutter, Marcus/Kollmorgen, Alexander/Feldhaus, Heiner (2005): Die Europäische Akti- engesellschaft – Satzungsgestaltung bei der „mittelständischen“ SE, in: BB 2005, S. 2473-2483.

Lutter, Marcus/Krieger, Gerd (1993): Rechte und Pflichten des Aufsichtsrats, 3. Aufl., Freiburg 1993.

Lutter, Marcus/Krieger, Gerd (2002): Reche und Pflichten des Aufsichtsrats, 4. Aufl., Köln 2002.

Lutter, Marcus/Overrath, Hans-Peter (1991): Das portugiesische Konzernrecht von 1986, in: ZGR 1991, S. 394-411.

Mahi, Farida el (2004): Die Europäische Aktiengesellschaft. Societas Europaea (SE), Frankfurt 2004.

Maier, A/Preuß, O. (2004): Deutsche Bank startet Rückzug bei Daimler, in: URL: http://www.ftd.de/ub/fi/1091258299510.html (02.08.2004), Financial Times Deutschland, 02.08.2004.

Manne, Henry G. (1965): Mergers and the Market for Corporate Control, in Journal of Political Economy 73, S.110-120.

Mäntysaari, Petri (2005): Comparative Corporate Governance – Shareholders as a Rulemaker, Berlin 2005.

Manz, Gehard/Mayer, Barbara/Schröder, Albert (Hrsg.) (2005): Europäische Aktenge- sellschaft (SE), Baden-Baden: Nomos, 2005.

Maul, Silija (2003): Konzernrecht der „deutschen" SE – Ausgewählte Fragen zum Vertragskonzern und den faktischen Unternehmensverbindungen, in: ZGR 2003, S. 743-763.

Mävers, Gunther (2002): Die Mitbestimmung der Arbeitnehmer in der Europäischen Aktiengesellschaft, Nomos 2002.

Mayer, Colin (1996): Corporate Governance, Competition and Performance, OECD Economic Studies 27, S. 7-34.

Mayer, Colin (2000): Ownership Matters, Inaugural lecture of the Leo Goldschmidt Chair in Corporate Governance at the University Libre de Bruxelles, 10. Februar 2000.

Mayson, Stephen W./French, Derek/Ryan, Christopher L. (2005-2006): Mayson, French & Ryan on Company Law, 22 Aufl., Oxford 2005-2006).

Mellert, Christofer Rudolf/Verfürth, Ludger C. (2005): Wettbewerb der Gesellschafts- formen, Berlin 2005.

Merkt, H./Göthel, St. R. (2006):US-amerikanisches Gesellschaftsrecht, 2. Aufl., Frankfurt a.M. 2006.

Merkt, H./Göthel, St. R. (2005):US-amerikanisches Gesellschaftsrecht, 2. Aufl., Frankfurt a.M. 2006.

Merkt, Hanno (2003): Die monistische Unternehmensverfassung für die Europäische Aktiengesellschaft aus deutscher Sicht, in: ZGR 2003, S.650-678.

Merkt, Hanno (1992): Europäische Aktiengesellschaft: Gesetzgebung als Selbstzweck?, in: BB 1992, S.652-661.

Milert, Werner/Tschirbs, Rudolf (1991) : Von den Arbeiterausschüssen zum Betriebsverfassungsgesetz - Geschichte der betrieblichen Interessenvertretung in Deutschland, Köln 1991.

Minuth, Thorsten (2005):Führungssysteme der Europäischen Aktiengesellschaft (SE), Berlin 2005.

Modigliani, Franco/Miller, Merton H (1958): The Cost of Capital, Corporation Finance and the Theory of Investment, in: American Economic Review 48, S. 261-297.

Möllers, Thomas M.J./Rotter Klaus (2003): Ad-hoc-Publizität, Handbuch der Rechte und Pflichten von börsennotierten Unternehmen und Kapitalanlegern, München 2003.

Morse, Geoffrey (2007): Palmer's Company, Sweet & Maxwell, UK 2007.

Mueller, Gehard G. (1999): Qualitative Characteristics of Financial Accounting Standards, in: Gebhardt, Günther/Pellens, Bernhard (Hrsg.): Rechnungswesen und Kapitalmarkt, zfbf-Sonderheft 41, Düsseldof/Frankfurt, S. 143-165.

Mülbert, Peter O. (1997): Shareholder Value aus rechtlicher Sicht, in: ZGR 1997, S. 129-172.

Mülbert, Peter O./Grundmann, Stefan (2001): ECLR Corporate Governance – Europäischen Perspektiven, Symposium zum 60. Geburtstag von Klaus J. Hopt am 1.2./September 2000 in Mainz, in: ZGR 2001, S. 215-223.

Murphy, Kevin J. (1985): Corporate Performance and Managerial Remuneration, in: Journal of Accounting and Economics 7, S. 11-42.
Murphy, Kevin J. (1998): Executive Compensation, University of Southern California – Marschall School of Business, Working Paper Series.
Münchener Kommentar AktG (Hrsg.: Kropff/Semler): Band 3 (Bearbeiter: Bernd/ Hefermehl/Kalss/Kropff/Semler/Spindler), 4 (Bearbeiter: Bachner/Csoklich /Kubis/ Schmidt/Schröer/Tichy/Volhard), 2. Aufl. (2004), Band 5/1 (Bearbeiter: Altenburger /Graf/Hennrichs/Kalss/Kropff/Luttermann/Schaal/Semler/Tiedchen), 2. Aufl. (2003), Band 5/2(Bearbeiter: Altenburger/Hennrichs/Kessler/Kropff/Steuber/Tiedchen, 2. Aufl. (2004), Band 9/2 (Bearbeiter zur SE-VO: Kübler/Oechsler/Schäfer/Altmeppen /(Reichert/Brandes)/Kubis/Fischer; zur SEBG: Jacobs/Fischer/Kalls/Altmeppen/ Habersack), 2. Aufl. (2006), München.
Murschitz, Katharina (2005): Die Organstruktur der österreichischen Societas Europaea (SE) und Corporate Governance(CG) – Teil I, in: GesRZ 2005, 227, 234.
Nagel, Bernhard/Freis, Gerhild/Kleinsorge, Georg (2005): Die Beteiligung der Arbeitnehmer in der Europäischen Gesellschaft – SE. Einführung zum SE-Ausführungsgesetz – SEAG. Kommentar zum SE-Beteiligungsgesetz – SEBG, München 2005.
Neun, Josef (2005): Gründung in: Die Europäische Aktiengesellschaft. Recht, Steuern und Betriebswirtschaft der Societas Europaea (SE), Hrsg.: Theisen, Manuel R./Wenz, Martin, 2. Aufl. Stuttgart (2005), 69-70.
Neye, Hans-Werner (2005a): Die optionale Einführung der monistischen Unternehmensverfassung für die Europäische (Aktien-)Gesellschaft im deutschen Recht, in: Crezelius, Georg/Hirte, Heribert/Vieweg, Klaus (Hrsg.), Festschrift für Volker Röhricht zum 65. Geburtstag, Köln 2005, S. 443-454.
Neye, Hans-Werner (2005b): Die Europäische Aktiengesellschaft. Einführung und Materialsammlung zum Gesetz zur Einführung der Europäischen Gesellschaft, München 2005.
Neye, Hans-Werner/Teichmann, Christopf (2003): Der Entwurf für das Ausführungsgesetz zur Europäischen Aktiengesellschaft, in: AG 2003, S. 169-179.
Niklas, Thomas (2004): Beteiligung der Arbeitnehmer in der Europäischen Gesellschaft(SE)-Umsetzung in Deutschland, in: NZA 2004, S. 1200-1206.
Nienerza, Michael (2005):Unternehmerische Mitbestimmung in grenzüberschreitenden Konzernen, Köln 2005.
Noack, Ulrich (2001): Digitaler Rechtsverkehr: Elektronische Signatur, elektronische Form und Textform, in: DStR 2001, S. 1893 ff.
Nowak, E. (1997): On Investment Performance and Corporate Governance, Dissertation, 1977, Universität St. Gallen.
Obermüller, Manfred (1971): Insider-Geschäfte auf dem Wertpapiermarkt, in DB 1971, S. 1605 ff.
Oechsler, Jürgen (2005): Der praktische Weg zur Societas Europaea (SE) – Gestaltungsspielraum und Typenzwang, in: NZG 2005, S. 697-702.

Oetker, Hartmut (2005): Die Beteiligung der Arbeitnehmer in der Europäischen Aktiengesellschaft (SE) unter besonderer Berücksichtigung der leitenden Angestellten, in: BB-Special 1/2005, S. 2-13.

Oplustil, Krzysztof/Schneider, Maximilian (2003): Zur Stellung der Europäischen Aktien- gesellschaft im Umwandlungsrecht, in: NZG 2003, S. 13-17 .

Paschos, Nikolaos/Neumann, Kay-Uwe (2005): Die Neuregelungen des U-MAG im Berei- ch der Durchsetzung von Haftungsansprüchen der Aktiengesellschaft gegen Organmitglieder, in: DB 2005, S. 1779-1786.

Pellens, B. (2006): Internationale Rechnungslegung, 6. Aufl., Stuttgart 2006.

Pellens, Bernhard/Tomazewski, Claude (1999): Kapitalmarktreaktionen auf den Rechungslegungswechsel zu IAS bzw. US-GAAP, in: Gebhardt, Günther/Pellens, Bernhard (Hrsg.): Rechnungswesen und Kapitalmarkt, in: zfbf-Sonderheft 41, Düsseldorf/Frankfurt, S. 1999-228.

Peltzer, Martin (2004): Deutsche Corporate Governance – Ein Leitfaden, 2. Auflage, München 2004.

Peltzer in Wellhöfer, Werner/Peltzer, Martin/Müller, Welf (2008): Die Haftung von Vorstand, Aufsichtsrat, Wirtschaftsprüfer mit GmbH-Geschäftsführer, 1. Auflage, München, 2008.

Pennington, Robert R. (2001): Company Law, 8. Aufl., London 2001.

Perridon, L./Steiner, M. (1997): Finanzwirtschaft der Unternehmung, 9. Aufl., München 1997.

Pettet, Ben: Company Law, London 2001.

Picot, A./Dietl, H./Frank, E. (1999): Organisation – eine ökonomische Perspektive, Stuttgart, 1999.

Plumpe, Werner (1992): Die Betriebsräte in der Weimarer Republik: Eine Skizze zu ihrer Verbreitung, Zusammensetzung und Akzeptanz, in: Plumpe, Werner / Kleinschmidt, Christian (Hg.): Unternehmen zwischen Markt und Macht - Aspekte deutscher Unternehmens- und Industriegeschichte im 20. Jahrhundert, Koblenz 1992.

Plumpe, Werner (1999): Betriebliche Mitbestimmung in der Weimarer Republik, München 1999.

Pluskat, Sorika (2001 a): Die neuen Vorschläge für die Europäische Aktiengesellschaft, in: EuZW 2001, S. 524-528.

Pluskat, Sorika (2001 b): Die Arbeitnehmerbeteiligung in der geplanten Europäischen AG, in: DStR 2001, S. 1483-149

Porter, Michael (1997): Capital Choice: Changing the Way America Invests in Industry, in: Chew, Donald H. (Hrsg.): Studies in International Corporate Finance and Governance Systems, New York/Oxford, S. 5-17.

Potthoff, Erich (1998): Wandlungen der Aufsichtsratstätigkeit im Wandel der Weltwirtschaft, in: Glaser, H/Schröder, E.F./v. Werder, A. (Hrsg.): Organisation im Wandel der Märkte. Erich Frese zum 60. Geburtstag, Wiesbaden 1998, S. 317-342.

Potthoff, Erich/Trescher, Karl (2001): Das Aufsichtsratsmitglied, 5. Aufl., Stuttgart.

Raiser, Thomas (1992): Recht der Kapitalgesellschaften, 2. Aufl., München 1992.

Raiser, Thomas/Veil, Rüdiger (2006): Recht der Kapitalgesellschaften, 4. Aufl., München 2006.

Rasner, Hennig (1992): ECLR – Die Europäische Aktiengesellschaft (SE) – ist sie wünschenswert?, in: ZGR 1992, S. 314-326.

Reichert, Jochem: Mitwirkungsrechte und Rechtsschutz der Aktionäre nach Macroton und Gelatine, in: AG 2005, 150-160.

Reinhar / Heermann, Peter W./Veil, Rüdiger (Hrsg.) (2005): Festschrift für Thomas Raiser zum 70. Geburtstag am 20. Februar 2005, S. 247-258.

Ringleb, Henrik-Michael/Kremer, Thomas/Lutter, Marcus/v. Werder, Axel (2005): Kommentar zum Deutschen Corporate Governance Kodex, 2. Aufl., München 2005 (zit. Bearbeiter in Ringleb/Kremer/Lutter/v. Werder: DCGK 2005).

Robert, John/Van den Stehen, Eric (2001): Humancapital and Corporate Governance, in: Schwalbach, Joachim (Hrsg.): Corporate Governance. Essays in Honor of Horst Albach, Berlin, S. 128-144.

Roe, Mark J. (1990): Political and legal restraints on ownership and control of public companies, in: Journal of Financial Economics 27, S. 7-41.

Roe, Mark J. (1993): Some Differences in Corporate Structure in Germany, Japan, and the United States, in: The Yale Law Journal 102, 1927-2003.

Roe, Mark J. (1996): Chaos and Evolution in Law and Economics, in: Harvard Law Review, 109, S. 641-668.

Roe, Mark J. (1998): German Co-Ditermination and German Securities Markets, in: Hopt/Kanda/Roe/Wymeersch/Prigge (Hrsg.): Comparative Corporate Governance – The State of the Art and Emerging Research, Oxford, S. 341-386.

Rogerson, William P. (1985): The First-Oder Approach to Principal-Agent-Problems, in: Econometrica 53, S. 1357-1376.

Rolvering, Andrea(2002): Zwischenberichterstattung börsennotierter Kapitalgesellschaften: Eine empirische Untersuchung zur Qualität der Unternehmenspublizität, Herne/Berlin.

Romano, Roberta (1993): The Genius of American Corporate Law, Washington 1993.

Roth, Markus (2004): Das unternehmerische Ermessen des Vorstands. Neuerungen durch den Referentenentwurf eines Gesetzes zur Unternehmensintegrität und Modernisierung des Anfechtungsrechts (UMAG)?, in: BB 2004, S.1066-1069.

Säcker, Franz Jürgen (2004): Rechtliche Anforderungen an die Qualifikation und Unabhängigkeit von Aufsichtsratsmitgliedern, in: AG 2004, S.180-186.

Säcker, Franz Jürgen (1986): Zur Verschwiegenheitspflicht der Aufsichtsratsmitglieder, in: NJW 1986, S. 803 ff.

Säcker, Franz Jürgen (1981): Rechtsprobleme beim Widerruf der Bestellung von Organmitgliedern und Ansprüche aus fehlerhaften Anstellungsverträgen, in: Festschrift für Gerhard Müller, Berlin, 1981, S. 745 ff.

Säcker, Franz Jürgen (1979): Die Rechte des einzelnen Aufsichtsratsmitglieds, in: NJW 1979, 1521-1527.

Säcker, Franz Jürgen (1979): Vorkehrungen zum Schutz der gesetzlichen Verschwiegenheitspflicht und gesellschaftsrechtliche Treupflicht der Aufsichtsratsmitglieder, in: FS Robert Fischer 1979, S. 635.

Säcker, Franz Jürgen (1979): Kompetenzstrukturen bei Bestellung und Anstellung von Mitgliedern des unternehmerischen Leitungsorgans, in: BB 1979, S.1321.

Säcker, Franz J. (1977): Die Anpassung der Satzung der Aktiengesellschaft an das Mitbestimmungsgesetz, in: DB 1977, 1791-1799.

Säcker, Franz J. (1977): Die Geschäftsordnung für den Aufsichtsrat eines mitbestimmten Unternehmens, in: DB 1977, S. 2031 ff.

Sanders, Pieter (1960): Auf dem Wege zu einer europäischen Aktiengesellschaft, AWD1960, S. 1-5.

Sanders, Pieter (1967): Vorentwurf eines Statuts für europäische Aktiengesellschaften, in Kommission der Europäischen Gemeinschaften (Hrsg.), Kollektion Studien, Reihe Wettbewerb Nr. 6, Brüssel 1967; ders. AG 1967, S. 344. Zum Verordnungsentwurf (1970): Abl. C 124 vom 10. Oktober 1970 und Bull. EG 1970, Beilage 8/70.

Sauter, Thomas / Wenz, Martin (2002): The European Company - a new Vehicle for Doing Business in Europe?, in: Commerce Germany, Official Publication of the American Chamber of Commerce in Germany, 1/2002, S. 10. (2002), S. 10.

Schaefer, H./Missling, P. J. (1998): Haftung von Vorstand und Aufsichtsrat, in NZG 1998.

Schäfer, Carsten (2004): Das Gesellschaftsrecht (weiter) auf dem Weg nach Europa – am Beispiel der SE-Gründung, in: NZG 2004, S. 785-791.

Schander, Albert A. (2003): Die Europa-AG und ihre Organverfassung vor den Herausforderungen eines modernen Kapitalmarktes, Diss. Jena, 2003.

Schaumburg, Harald (1998): Internationales Steuerrecht, 2. Aufl., Köln: O. Schmidt, 1998.

Scheifele, Matthias (2001): Synopse zur Verordnung des Rates über das Statur der Europäischen Gesellschaft (SE), in: ZIP 2001, S. 1889 f.

Scherer, M. (2002): Aktienoptionen in Wachstumsunternehmen, in: Achleitner, A.-K,. **Schiessl, Maximilian (1992):** Gesellschaftsrechts- und Mitbestimmungsrechtliche Probleme der Spartenorganisation, in: ZGR 1992, S. 64-86.

Schindler, Clemens Philipp (2002): Die europäische Aktiengesellschaft: gesellschafts- und steuerrechtliche Aspekte, Wien 2002.

Schmidt, Jessica (2006): „ Deutsche“ vs. „britische“ Societas Europaea (SE) – Gründung, Verfassung, Kapitalstruktur, in: Verlag JWV 2006.

Schmidt, Jessica (2006): SE and SCE: two new European Company forms –and more to come!, (2006) 27 Co Law 99-109.

Schmidt, Klaus M. (1997): Managerial Incentives and Product Market Competition, in: Review of Economic Studies 64, S. 191-213.

Schmidt-Tiedermann, Ulrike (2004): Geschäftsführung und Vertretung im Gesellschafts- recht Deutschlands, Frankreichs und Englands – Eine rechtsvergleichende Untersuchung zur Feststellung gemeineuropäischer Prinzip des Gesellschaftsrechts, Frankfurt 2004.

Schmidt, Karsten (2000): Rechtsfortbildung im Unternehmens- und Gesellschaftsrecht durch die Rechtssprechung des BGH, in: NJW 2000, S. 2927-2936.

Schmidt, Reinhard H. (1997): Unternehmenskontrolle in Deutschland, Korreferat, in: Finanzmärkte, Hrsg.: Bernhard Gahlen, Helmut Hesse und Hans J, Ramser, Tübingen, S. 15-24.

Schmidt, Reinhard H./Grohs, Stefanie (2000): Angleichung der Unternehmensverfassung in Europa aus ökonomischer Perspektive – ein Forschungsprogramm, in: Systembildung und Systemlücken in Kerngebieten des Europäischen Privatrecht: Gesellschafts-, Arbeits- und Schuldvertragsrecht, Hrsg: Stefan Grundmann, Tübingen, S. 145-188.

Schmidt, Reinhard H./Spindler, Gerald (1997): Shareholder-Value zwischen Ökonomie und Recht, in: Wirtschafts- und Medienrecht in der offenen Demokratie, Freudegabe für Friedrich Kübler, Hrsg.: Henz-D. Assmann et. al., Heidelberg, S. 515-555.

Schmidt, R.H./Spindler, G. (2002): Path dependence, Corporate Governance and complementarity, in: International Finance, S. 311-361.

Schmidt, R.H./Tyrell, M. (1997): Financial systems, corporate finance and Corporate Governance, in: European Financial Management, S. 333-361.

Schindler, Clemens Philipp (2002): Die Europäische Aktiengesellschaft: gesellschafts- und steuerrechtliche Aspekte, Wien 2002.

Schindler, Clemens Philipp/Teichmann, Christoph (2005): Das Recht der SE in anderen Mitgliedstaaten der EU und des EWR in: Theisen, Manuel R./Wenz, Martin (Hrsg.): die Europäische Aktiengesellschaft, 1. Aufl. Stuttgart (2005), S. 746- 791.

Schnelle, Ulrich/Bartosch, Andreas (Hrsg.) (2004): Europarecht in der Unternehmens- und Beratungspraxis, Heidelberg 2004.

Schröder, Albert/Fuchs, Mirjam (2005): Vorbemerkung der SE, in Manz, Gehard/Mayer, Barbara/Schröder, Albert (Hrsg.): Europäische Aktengesellschaft SE, Baden-Baden: Nomos, 2005, S. 21- 44.

Schröder, Albert/Fuchs, Mirjam (2005): Hierarchie der für die SE geltenden Normen (Art. 9 SE-VO), in Manz, Gehard/Mayer, Barbara/Schröder, Albert (Hrsg.): Europäische Aktengesellschaft SE, Baden-Baden: Nomos, 2005, S.154-177.

Schröder, Albert (2005): Sitzverlegung der SE (Art. 8 SE-VO), in Manz, Gehard/Mayer, Barbara/Schröder, Albert (Hrsg.): Europäische Aktengesellschaft SE, Baden-Baden: Nomos, 2005, S.124-153.

Schulz, Andreas/Geismar, Bernhard (2001): Die Europäische Aktiengesellschaft, in: DStR 2001, S. 1078-1086.

Schwalbach, Joachim (2004): Effizienz des Aufsichtsrats, in: AG 2004, S. 186-190.

Schwark, Eberhard (2002): Corporate Governance: Vorstand und Aufsichtsrat, in: Corporate Governance. Gemeinschaftssymposion der Zeitschriften ZHR/ZGR, Beiheft 71 der Zeitschrift für das gesamte Handelsrecht und Wirtschaftsrecht (ZHR 2002), Hrsg: Peter Hommelhoff et al., S. 75-117
Schwark, Eberhard (2004): Globalisierung, Europarecht und Unternehmensmitbestimmung im Konflikt, in: AG 2004, S. 173-180.
Schwarz, Günter Christian (2001): Zum Statut der Europäischen Aktiengesellschaft, in: ZIP 2001, S.1847-1861.
Schwarz, Günter Christian (2006): Verordnung (EG) Nr. 2157/2001 des Rates über das Statut der Europäischen Gesellschaft(SE) – (SE-VO), Kommentar, München 2006.
SEC (U.S: Securities and Exchange Commission): Release No. 33-8128, Acceleration of Periodic Reports Filling Dates and Disclosure Concerning Website Access to Report, http://www.sec.gov/rules/final/33-8128.htm (26.07.2004).
SEC (U.S. Securities and Exchange Commission) (2003): Final Rule: Standards Relating tu Listed Company Audit Committees, 2003.
Seibt, C.H. (2002): Deutscher Corporate Governance Kodex und Entsprechens-Erklärung, in: AG, S. 529-533.
Seibt, C.H. (2005): Privatautonome Mitbestimmungsvereinbarungen: Rechtliche Grundlagen und Praxishinweise, in: AG 2005, S. 423-429.
Semler, Johannes (1983): Die Unternehmensplanung in der Aktiengesellschaft, in: ZGR 1983, S. 1-33
Semler, Johannes (1996): Leitung und Überwachung, 2. Aufl., Köln 1996.
Semler, Johannes (2000): Rechtsvorgabe und Realität der Organzusammenarbeit in der Aktiengesellschaft, in: Deutsches und Europäisches Gesellschafts-, Konzern- und Kapitalmarktrecht. FS für Marcus Lutter zum 70. Geburtstag, Hrsg.: Uwe H. Schneider et. al., Köln, S. 721-734.
Semler in Semler, Johannes/v. Schenck, Kersten (Hrsg.) (2004): Arbeitshandbuch für Aufsichtsratsmitglieder, 2. Aufl., München 2004.
Semler in Johannes/Peltzer, Martin (Hrsg.) (2005): Arbeitshandbuch für Vorstandsmitglieder, München 2005.
Shleifer, Andrei/Vishny, Robert W. (1997): The Takeover Wave of the 1980s, in: Chew, Donald H. (Hrsg.): Studies in International Corporate Finance and Governance Systems, New York/Oxford, S. 98-105.
Siebel, Ulrich R. (1999): Arbeitshandbuch für Aufsichtsratsmitglieder, in: Semler, Johannes (Hrsg.), München 1999.
Siebel, Ulrich R. (2001): Der Ehrenvorsitzende – Anmerkungen zum Thema Theorie und Praxis im Gesellschaftsrecht, in: FS Peltzer, S. 519 ff.
Sieg, Oliver (2002): Tendenzen und Entwicklungen der Managerhaftung in Deutschland, in: DB 2002, 1759 ff.
Spindler, Gerald (2005): Das Gesetz über die Offenlegung von Vorstandsvergütungen – VorstOG, in: NZG 2005, S. 689-692.
Spremann, K. (1987): Agent und Principal, in: Bamberg, G., Spremann, K. (Hrsg.) Agency Theory, Information and Incentives, Berlin, S. 3-37.

Spremann, K. (1990): Asymmetrische Informationen, in: ZfB, S. 561-586.
Sweeney-Baird, Margarita (2006): The role of the non-executive director in modern corporate governance, 27 Co Law, S. 67-81.
Teichmann, Christoph (2002): Die Einführung der Europäischen Aktiengesellschaft, in: ZGR 2002, S, 383-464.
Teichmann, Christoph (2004): Gestaltungsfreiheit im monistischen Leitungssystem der Europäischen Aktiengesellschaft, in BB 2004, S, 53-6
Teichmann, Christoph (2004): The European Company – all over Europe, A state-by-state account of the introduction of the European Company (gemeinsam mit Krzysztof Oplustil) de Gruyter, Berlin.
Teichmann, Christoph (2005): Die monistische Verfassung der SE, in: Marcus Lutter / Peter Hommelhoff (Hrsg.), Die Europäische Gesellschaft, Köln 2005, S. 195-222
Theisen, Manuel R.(1999): Vergabe und Konkretisierung des WP- Prüfungsauftags durch den Aufsichtsrat, in: DB 1999, S. 341-346.
Theisen, Manuel R.(2002): Grundsätze einer ordnungsmäßigen Information des Aufsichtsrats, 3. Auflage, Stuttgart.
Theisen, Manuel R./Wenz, Martin (Hrsg.) (2002 u. 2005): die Europäische Aktiengesellschaft, 1. u. 2. Aufl. Stuttgart (2002 u. 2005). (zit. Bearbeiter in Theisen/Wenz).
Teuteberg, Hans-Jürgern (1961):Ursprünge und Entwicklung der Mitbestimmung in Deutschland, in: POHL, Hans / TREUE, Wilhelm, Mitbestimmung - Ursprünge und Entwicklung, Tübingen 1961.
Thibièrge, C., (1959): Le statut des sociètès ètrangères, 57 ème Congrès des notaires de France tenu a Tours 1959, Paris 1959.
Thömmes, Otmar (2002): Besteuerung Theisen, Manuel R./Wenz, Martin (Hrsg.): die Europäische Aktiengesellschaft, 2. Aufl. Stuttgart (2002), S. 482 ff.
Thum, Horst (1991): Wirtschaftsdemokratie und Mitbestimmung – von den Anfängen 1916 bis zum Mitbestimmungsgesetz 1976, Köln 1991.
Thümmel, Roderich C. (2003): Persönliche Haftung von Managern und Aufsichtsräten, 3. Aufl., Boorberg, R. Verlag.
Thümmel, Roderich C. (2004): Organhaftung nach dem Referentenentwurf des Gesetzes zur Unternehmensintegrität und Modernisierung des Anfechtungsrechts (UMAG) – Neue Risiken für Manager?, in: DB 2004, S. 471-474,
Thümmel, Roderich C. (2005): Die Europäische Aktiengesellschaft (SE), Ein Leitfaden für die Unternehmens- und Beratungspraxis, Frankfurt a.M. 2005.
Triebel, Volker/Hodgson, Stephen/Kellenter, Wolfgan/Müller, Georg (1995): Englisches Handels- und Wirtschaftsrecht, 2. Aufl., Heidelberg 1995.
Trojan-Limmer, Ursula (1991): Die Geänderten Vorschläge für ein Statut der Europäischen Aktiengesellschaft (SE), in: RIW 1991, S. 1010-1017.
Tumpel, Michael (1994): Harmonisierung der direkten Unternehmensbesteuerung, Wien 1994.
Tumpel, Michael (2002): Steuerrechtliche Rahmenbedingungen der Europäischen Aktiengesellschaft, in: GesRZ 2002, 162-170.

Ulmer, Peter (2001): Gestaltungsfreiheit in der Europa-AG bietet Vorteile, in: FAZ vom 21.3.2001, S. 30;

Waclawik, Erich (2004): Der Referentenentwurf des Gesetzes zur Einführung der Europäischen (Aktien-)Gesellschaft, in: DB 2004, S. 1191-1199.

Wagner, Jens (2002): Die Bestimmung des auf die SE anwendbaren Recht, in: ZGR 2002, S. 985-991.

Wahlers, Henning W. (1990): Art. 100a EWGV – Unzulässige Rechtsgrundlage für den geänderten Vorschlag einer Verordnung über das Statut der Europäischen Aktiengesell- schaft?, in: AG 1990, S. 448-458.

Walters, Adrian (1999): Directors' duties of care, skill and diligence, 20 Co Law 142, 143.

Walters, Bruce/Hardin, Thoma/Schick, John (1995): Top Executive Compensation: Equity or Excess? Implications for Regaining American Competitiveness, in: Journal of Business Ethics 14, S. 227-234.

Wassermeyer, Franz (2001): Kommentierung zu Art. 7, 23A OECD-MA, in: Debatin, Helmut/Wassermeyer, Franz (Hrsg.), DBA, Kommentar, 5. Aufl., München 2001 (Stand: 95. Ergänzungslieferung, 2005).

Wehlau, Andreas (1992): The Societas Europaea: a critique of the Commission's 1991 amended proposal, (1992) 29 CKLR, S. 473-510.

Wellhöfer in Wellhöfer, Werner/Peltzer, Martin/Müller, Welf (2008): Die Haftung von Vorstand, Aufsichtsrat, Wirtschaftsprüfer mit GmbH-Geschäftsführer, 1. Auflage, München, 2008.

Wenz, Martin (1993): Die Societas Europaea (SE). Analyse der geplanten Rechtsform und ihre Nutzungsmöglichkeiten für eine europäische Konzernunternehmung, Berlin 1993.

Wenz, Martin (2003): Einsatzmöglichkeiten einer Europäischen Aktiengesellschaft in der Unternehmenspraxis aus betriebswirtschaftlicher Sicht, in: AG 2003, S. 185-196.

Wenz, Martin (2004 a): Erfolgreicher Start der „Europa AG", Lichtensteiner Vaterland v. 16.10.2004.

Wirth, Gehard/Arnold, Michael/Greene, Markt (2004): Corporate Law in Germany, München 2004.

Wenz, Martin (2004 b): The European Company (Societas Europaea) – Legal concept and tax issues, ET 2004, 4-11.

Wenz, Martin (2004 c): Die Europäische Aktiengesellschaft (SE) – Praxishinweise zur Rechungslegung, Gründung und Sitzlegung, in: BC 2004, S. 77-81.

v. Werder, Axel (1997): Formen der Führungsorganisation einer Europäischen Aktiengesellschaft, in: RIW 1997, S. 304-310.

v. Werder, Axel (1998): Shareholder-Value-Ansatz als (einzige) Richtschnur des Vorstandhandelns?, in: ZGR 1998, S. 69-91.

v. Werder, Axel (2004): Überwachungseffizienz und Unternehmensmitbestimmung, in AG 2004, S. 166-172.

Westermann, H. P. (1969): Rechtsstreitigkeiten um die Rechte aus § 90 AktG, in: FS Bötticher, S. 369.

Wiedemann, Herbert (1974): Unternehmerische Verantwortlichkeit und formale Unternehmensziele in einer zukünftigen Unternehmensverfassung, in: Wirtschaftsfragen der Gegenwart, FS für Carl H. Barz zum 65. Geburtstag, Hrsg.: Robert Fischer, Pfilipp Möhring u. Harry Westermann, Berlin/New York, S. 561-577.

Wiedemann, Herbert (1974): Organverantwortung und Gesellschafterklagen in der Aktiengesellschaft, Opladen 1989.

Wiesner, Peter M. : Überblick über den Stand des Europäischen Unternehmensrechts, in: EuZW 1998, S. 619 ff.

Wilsing, Hans-Ulrich (2004): Neuerungen des UMAG für die aktienrechtliche Beratungspraxis, in: ZIP 2004, S. 1082-109

Wilson, Robert (1968): The Theory of Syndicates, in: Econometrica 36, S. 119-132.

Windbichler, Christine (1985): Zur Trennung von Geschäftsführung und Kontrolle bei amerikanischen Großgesellschaften. Eine „neue" Entwicklung und europäische Regelungen im Vergleich, in: ZGR 1985, S. 50-73.

Winter, Stefan (2000): Optionspläne als Instrument wertorientierter Managementvergütung, Europäische Hochschulschriften Band 2554, Frankfurt am Main, 2000.

Wisskirchen, Gerlind//Prinz, Thomas (2004): Das Gesetz über die Beteiligung der Arbeitnehmer in einer Europäischen Gesellschaft(SE), in: DB 2004, S. 2638-2643.

Witt, P. (2003): Corporate Governance-Systeme im Wettbewerb, Wiesbaden, 2003. 55

Wollmert, P. (Hrsg.) (2002): Stock Options, Stuttgart, 2002, S. 59-60.

Wymeersch, Eddy (2001): Company Law in Europe und European Company Law, Universität Gent, Financial Law Institute, Working Paper Series, WP 2001-06, April 2001, Universität Gent, 2001 (http://system 04.rug.ac.be/fli/WP/WPindex.html).

Wymeersch, Eddy (1998): A Status Report on Corporate Governance Rules and Practices in Some Continental European States in Hopt et al. (Hrsg.), Comparative Corporate Governance, 1998, Oxford, S. 1045.

Zang, Axel (2005): Sitz und Verlegung des Sitzes einer Europäischen Aktiengesellschaft mit Sitz in Deutschland, Frankfurt 2005.

Zimmermann, G/Wortmann, A: Der Shareholder-Value-Ansatz als Institution zur Kontrolle der Führung von Publikumsaktiengesellschaften, in: DB 2001, S. 289 ff.

Zöllner, Christine (2007): Interne Corporate Governance (Entwicklung einer Typologie), Wiesbaden 2007.

Zöllner, Wolfgang (Hrsg.): Kölner Kommentar zum Aktiengesetz, Bd. 1: §§ 1-75 AktG, 2. Aufl. 1988; Bd. 2: §§ 76-117 AktG, 2 Aufl. 1996; Bd. 5,1: §§ 179 - 240 AktG, 2 Aufl. 1995.

Anhang I

Verordnung (EG) Nr. 2157/2001 des Rates vom 8. Oktober 2001 über das Statut der Europäischen Gesellschaft (SE) (SE-VO Abl. Nr. L 294 vom 10. November 2001, S. 1)

DER RAT DER EUROPÄISCHEN UNION - gestützt auf den Vertrag zur Gründung der Europäischen Gemeinschaft, insbesondere auf Artikel 308, auf Vorschlag der Kommission(1), nach Stellungnahme des Europäischen Parlaments(2), nach Stellungnahme des Wirtschafts- und Sozialausschusses(3),
in Erwägung nachstehender Gründe:

(1) Voraussetzung für die Verwirklichung des Binnenmarkts und für die damit angestrebte Verbesserung der wirtschaftlichen und sozialen Lage in der gesamten Gemeinschaft ist außer der Beseitigung der Handelshemmnisse eine gemeinschaftsweite Reorganisation der Produktionsfaktoren. Dazu ist es unerlässlich, dass die Unternehmen, deren Tätigkeit sich nicht auf die Befriedigung rein örtlicher Bedürfnisse beschränkt, die Neuordnung ihrer Tätigkeiten auf Gemeinschaftsebene planen und betreiben können.

(2) Eine solche Umgestaltung setzt die Möglichkeit voraus, das Wirtschaftspotential bereits bestehender Unternehmen mehrerer Mitgliedstaaten durch Konzentrations- und Fusionsmaßnahmen zusammenzufassen. Dies darf jedoch nur unter Beachtung der Wettbewerbsregeln des Vertrags geschehen.

(3) Die Verwirklichung der Umstrukturierungs- und Kooperationsmaßnahmen, an denen Unternehmen verschiedener Mitgliedstaaten beteiligt sind, stößt auf rechtliche, steuerliche und psychologische Schwierigkeiten. Einige davon konnten mit der Angleichung des Gesellschaftsrechts der Mitgliedstaaten durch aufgrund von Artikel 44 des Vertrags erlassene Richtlinien ausgeräumt werden. Dies erspart Unternehmen, die verschiedenen Rechtsordnungen unterliegen, jedoch nicht die Wahl einer Gesellschaftsform, für die ein bestimmtes nationales Recht gilt.

(4) Somit entspricht der rechtliche Rahmen, in dem sich die Unternehmen in der Gemeinschaft noch immer bewegen müssen und der hauptsächlich von innerstaatlichem Recht bestimmt wird, nicht mehr dem wirtschaftlichen Rahmen, in dem sie sich entfalten sollen, um die Erreichung der in Artikel 18 des Vertrags genannten Ziele zu ermöglichen. Dieser Zustand ist geeignet, Zusammenschlüsse zwischen Gesellschaften verschiedener Mitgliedstaaten erheblich zu behindern.

(5) Die Mitgliedstaaten sind verpflichtet, dafür zu sorgen, dass die Bestimmungen, die auf Europäische Gesellschaften aufgrund dieser Verordnung anwendbar

sind, weder zu einer Diskriminierung dadurch führen, dass die Europäischen Gesellschaften ungerechtfertigterweise anders behandelt werden als die Aktiengesellschaften, noch unverhältnismäßig strenge Auflagen für die Errichtung einer Europäischen Gesellschaft oder die Verlegung ihres Sitzes mit sich bringen.

(6) Die juristische Einheitlichkeit der europäischen Unternehmen muss ihrer wirtschaftlichen weitestgehend entsprechen. Neben den bisherigen Gesellschaftsformen nationalen Rechts ist daher die Schaffung von Gesellschaften vorzusehen, deren Struktur und Funktionsweise durch eine in allen Mitgliedstaaten unmittelbar geltende gemeinschaftsrechtliche Verordnung geregelt werden.

(7) Dadurch werden sowohl die Gründung als auch die Leitung von Gesellschaften europäischen Zuschnitts ermöglicht, ohne dass die bestehenden Unterschiede zwischen den für die Handelsgesellschaften geltenden einzelstaatlichen Rechtsvorschriften und ihr räumlich begrenzter Geltungsbereich dafür ein Hindernis darstellten.

(8) Das Statut der Europäischen Aktiengesellschaft (nachfolgend "SE" genannt) zählt zu jenen Rechtsakten, die der Rat gemäß dem Weißbuch der Kommission über die Vollendung des Binnenmarkts, das der Europäische Rat von Mailand im Juni 1985 angenommen hat, vor dem Jahre 1992 erlassen musste. 1987 äußerte der Europäische Rat auf seiner Tagung in Brüssel den Wunsch, dass ein solches Statut rasch geschaffen wird.

(9) Seit der Vorlage des Kommissionsvorschlags für eine Verordnung über das Statut der Europäischen Aktiengesellschaften im Jahre 1970 und der Vorlage des 1975 geänderten Vorschlags sind bei der Angleichung des nationalen Gesellschaftsrechts beachtliche Fortschritte erzielt worden, so dass in Bereichen, in denen es für das Funktionieren der SE keiner einheitlichen Gemeinschaftsregelung bedarf, auf das Aktienrecht des Sitzmitgliedstaats verwiesen werden kann.

(10) Das wichtigste mit der Rechtsform einer SE verfolgte Ziel erfordert jedenfalls - unbeschadet wirtschaftlicher Erfordernisse, die sich in der Zukunft ergeben können -, dass eine SE gegründet werden kann, um es Gesellschaften verschiedener Mitgliedstaaten zu ermöglichen, zu fusionieren oder eine Holdinggesellschaft zu errichten, und damit Gesellschaften und andere juristische Personen aus verschiedenen Mitgliedstaaten, die eine Wirtschaftstätigkeit betreiben, gemeinsame Tochtergesellschaften gründen können.

(11) Im gleichen Sinne sollte es Aktiengesellschaften, die ihren satzungsmäßigen Sitz und ihre Hauptverwaltung in der Gemeinschaft haben, ermöglicht werden, eine SE durch Umwandlung ohne vorherige Auflösung zu gründen, wenn sie eine Tochtergesellschaft in einem anderen Mitgliedstaat als dem ihres Sitzes haben.

(12) Die für öffentlich zur Zeichnung auffordernde Aktiengesellschaften und für Wertpapiergeschäfte geltenden einzelstaatlichen Bestimmungen müssen auch dann, wenn die Gründung der SE durch eine öffentliche Aufforderung zur Zeichnung erfolgt, gelten sowie für SE, die diese Finanzierungsinstrumente in Anspruch nehmen möchten.

(13) Die SE selbst muss eine Kapitalgesellschaft in Form einer Aktiengesellschaft sein, die sowohl von der Finanzierung als auch von der Geschäftsführung her am besten den Bedürfnissen der gemeinschaftsweit tätigen Unternehmen entspricht. Um eine sinnvolle Unternehmensgröße dieser Gesellschaften zu gewährleisten, empfiehlt es sich, ein Mindestkapital festzusetzen, das die Gewähr dafür bietet, dass diese Gesellschaften über eine ausreichende Vermögensgrundlage verfügen, ohne dass dadurch kleinen und mittleren Unternehmen die Gründung von SE erschwert wird.

(14) Es ist erforderlich, der SE alle Möglichkeiten einer leistungsfähigen Geschäftsführung an die Hand zu geben und gleichzeitig deren wirksame Überwachung sicherzustellen. Dabei ist dem Umstand Rechnung zu tragen, dass in der Gemeinschaft hinsichtlich der Verwaltung der Aktiengesellschaften derzeit zwei verschiedene Systeme bestehen. Die Wahl des Systems bleibt der SE überlassen, jedoch ist eine klare Abgrenzung der Verantwortungsbereiche jener Personen, denen die Geschäftsführung obliegt, und der Personen, die mit der Aufsicht betraut sind, wünschenswert.

(15) Die Rechte und Pflichten hinsichtlich des Schutzes von Minderheitsaktionären und von Dritten, die sich für ein Unternehmen aus der Kontrolle durch ein anderes Unternehmen, das einer anderen Rechtsordnung unterliegt, ergeben, bestimmen sich gemäß den Vorschriften und allgemeinen Grundsätzen des internationalen Privatrechts nach dem für das kontrollierte Unternehmen geltenden Recht, unbeschadet der sich für das herrschende Unternehmen aus den geltenden Rechtsvorschriften ergebenden Pflichten, beispielsweise bei der Aufstellung der konsolidierten Abschlüsse.

(16) Unbeschadet des sich möglicherweise aus einer späteren Koordinierung des Rechts der Mitgliedstaaten ergebenden Handlungsbedarfs ist eine Sonderregelung für die SE hier gegenwärtig nicht erforderlich. Es empfiehlt sich daher, sowohl für den Fall, dass die SE die Kontrolle ausübt, als auch für den Fall, dass die SE das kontrollierte Unternehmen ist, auf die allgemeinen Vorschriften und Grundsätze zurückzugreifen.

(17) Wird die SE von einem anderen Unternehmen beherrscht, so ist anzugeben, welches Recht anwendbar ist; hierzu ist auf die Rechtsvorschriften zu verweisen, die für Aktiengesellschaften gelten, die dem Recht des Sitzstaates der SE unterliegen.

(18) Es muss sichergestellt werden, dass jeder Mitgliedstaat bei Verstößen gegen Bestimmungen dieser Verordnung die für die seiner Rechtsordnung unterliegenden Aktiengesellschaften geltenden Sanktionen anwendet.

(19) Die Stellung der Arbeitnehmer in der SE wird durch die Richtlinie 2001/86/EG des Rates vom 8. Oktober 2001 zur Ergänzung des Statuts der Europäischen Gesellschaft hinsichtlich der Beteiligung der Arbeitnehmer(4) auf der Grundlage von Artikel 308 des Vertrags geregelt. Diese Bestimmungen stellen somit eine untrennbare Ergänzung der vorliegenden Verordnung dar und müssen zum gleichen Zeitpunkt anwendbar sein.

(20) Andere Rechtsbereiche wie das Steuerrecht, das Wettbewerbsrecht, der gewerbliche Rechtsschutz und das Konkursrecht werden nicht von dieser Verordnung erfasst. Die Rechtsvorschriften der Mitgliedstaaten und das Gemeinschaftsrecht gelten in den oben genannten sowie in anderen nicht von dieser Verordnung erfassten Bereichen.

(21) Mit der Richtlinie 2001/86/EG soll ein Recht der Arbeitnehmer auf Beteiligung bei den den Geschäftsverlauf der SE betreffenden Fragen und Entscheidungen gewährleistet werden. Die übrigen arbeits- und sozialrechtlichen Fragen, insbesondere das in den Mitgliedstaaten geltende Recht auf Information und Anhörung der Arbeitnehmer, unterliegen hingegen den einzelstaatlichen Vorschriften, die unter denselben Bedingungen für die Aktiengesellschaften gelten.

(22) Das Inkrafttreten dieser Verordnung muss zeitlich aufgeschoben erfolgen, um alle Mitgliedstaaten in die Lage zu versetzen, die Richtlinie 2001/86/EG in innerstaatliches Recht umzusetzen und die für die Gründung und den Geschäftsbetrieb von SE mit Sitz in ihrem Hoheitsgebiet notwendigen Verfahren rechtzeitig einzuführen, dergestalt, dass die Verordnung und die Richtlinie gleichzeitig zur Anwendung gebracht werden können.

(23) Eine Gesellschaft, deren Hauptverwaltung sich außerhalb der Gemeinschaft befindet, kann sich an der Gründung einer SE beteiligen, sofern die betreffende Gesellschaft nach dem Recht eines Mitgliedstaats gegründet wurde, ihren Sitz in diesem Mitgliedstaat hat und in tatsächlicher und dauerhafter Verbindung mit der Wirtschaft eines Mitgliedstaats im Sinne der Grundsätze des allgemeinen Programms zur Aufhebung der Beschränkungen der Niederlassungsfreiheit von 1962 steht. Eine solche Verbindung besteht, wenn die Gesellschaft in dem Mitgliedstaat eine Niederlassung hat, von dem aus sie ihre Geschäfte betreibt.

(24) Die SE sollte ihren Sitz in einen anderen Mitgliedstaat verlegen können. Ein angemessener Schutz der Interessen der Minderheitsaktionäre, die sich gegen die Verlegung ausgesprochen haben, sowie der Interessen der Gläubiger und der sonstigen Forderungsberechtigten sollte in einem ausgewogenen Verhältnis

stehen. Vor der Verlegung entstandene Ansprüche dürfen durch eine solche Verlegung nicht berührt werden.

(25) Bestimmungen, die die zuständige Gerichtsbarkeit im Falle der Sitzverlegung einer Aktiengesellschaft von einem Mitgliedstaat in einen anderen betreffen und die in das Brüsseler Übereinkommen von 1968 oder in einen Rechtsakt der Mitgliedstaaten oder des Rates zur Ersetzung dieses Übereinkommens aufgenommen werden, werden von dieser Verordnung nicht berührt.

(26) Für die Tätigkeiten von Finanzinstituten gelten Einzelrichtlinien, und das einzelstaatliche Recht zur Umsetzung dieser Richtlinien sowie ergänzende einzelstaatliche Vorschriften zur Regelung der betreffenden Tätigkeiten finden auf eine SE uneingeschränkt Anwendung.

(27) In Anbetracht des spezifischen und gemeinschaftlichen Charakters der SE lässt die in dieser Verordnung für die SE gewählte Regelung des tatsächlichen Sitzes die Rechtsvorschriften der Mitgliedstaaten unberührt und greift der Entscheidung bei anderen Gemeinschaftstexten im Bereich des Gesellschaftsrechts nicht vor.

(28) Der Vertrag enthält Befugnisse für die Annahme dieser Verordnung nur in Artikel 308.

(29) Da die Ziele der beabsichtigten Maßnahme - wie oben ausgeführt - nicht hinreichend von den Mitgliedstaaten erreicht werden können, weil es darum geht, die SE auf europäischer Ebene zu errichten, und da die Ziele daher wegen des Umfangs und der Wirkungen der Maßnahme besser auf Gemeinschaftsebene erreicht werden können, kann die Gemeinschaft im Einklang mit dem Subsidiaritätsprinzip nach Artikel 5 des Vertrags Maßnahmen ergreifen. Im Einklang mit dem Verhältnismäßigkeitsprinzip nach jenem Artikel geht diese Verordnung nicht über das für die Erreichung dieser Ziele erforderliche Maß hinaus -

HAT FOLGENDE VERORDNUNG ERLASSEN:

TITEL I

ALLGEMEINE VORSCHRIFTEN

Artikel 1

(1) Handelsgesellschaften können im Gebiet der Gemeinschaft in der Form europäischer Aktiengesellschaften (Societas Europaea, nachfolgend "SE" genannt) unter den Voraussetzungen und in der Weise gegründet werden, die in dieser Verordnung vorgesehen sind.

(2) Die SE ist eine Gesellschaft, deren Kapital in Aktien zerlegt ist. Jeder Aktionär haftet nur bis zur Höhe des von ihm gezeichneten Kapitals.

(3) Die SE besitzt Rechtspersönlichkeit.

(4) Die Beteiligung der Arbeitnehmer in der SE wird durch die Richtlinie 2001/86/EG geregelt.

Artikel 2

(1) Aktiengesellschaften im Sinne des Anhangs I, die nach dem Recht eines Mitgliedstaats gegründet worden sind und ihren Sitz sowie ihre Hauptverwaltung in der Gemeinschaft haben, können eine SE durch Verschmelzung gründen, sofern mindestens zwei von ihnen dem Recht verschiedener Mitgliedstaaten unterliegen.

(2) Aktiengesellschaften und Gesellschaften mit beschränkter Haftung im Sinne des Anhangs II, die nach dem Recht eines Mitgliedstaats gegründet worden sind und ihren Sitz sowie ihre Hauptverwaltung in der Gemeinschaft haben, können die Gründung einer Holding-SE anstreben, sofern mindestens zwei von ihnen

a) dem Recht verschiedener Mitgliedstaaten unterliegen oder

b) seit mindestens zwei Jahren eine dem Recht eines anderen Mitgliedstaats unterliegende Tochtergesellschaft oder eine Zweigniederlassung in einem anderen Mitgliedstaat haben.

(3) Gesellschaften im Sinne des Artikels 48 Absatz 2 des Vertrags sowie juristische Personen des öffentlichen oder privaten Rechts, die nach dem Recht eines Mitgliedstaats gegründet worden sind und ihren Sitz sowie ihre Hauptverwaltung in der Gemeinschaft haben, können eine Tochter-SE durch Zeichnung ihrer Aktien gründen, sofern mindestens zwei von ihnen

a) dem Recht verschiedener Mitgliedstaaten unterliegen oder

b) seit mindestens zwei Jahren eine dem Recht eines anderen Mitgliedstaats unterliegende Tochtergesellschaft oder eine Zweigniederlassung in einem anderen Mitgliedstaat haben.

(4) Eine Aktiengesellschaft, die nach dem Recht eines Mitgliedstaats gegründet worden ist und ihren Sitz sowie ihre Hauptverwaltung in der Gemeinschaft hat, kann in eine SE umgewandelt werden, wenn sie seit mindestens zwei Jahren eine dem Recht eines anderen Mitgliedstaats unterliegende Tochtergesellschaft hat.

(5) Ein Mitgliedstaat kann vorsehen, dass sich eine Gesellschaft, die ihre Hauptverwaltung nicht in der Gemeinschaft hat, an der Gründung einer SE beteiligen kann, sofern sie nach dem Recht eines Mitgliedstaats gegründet wurde, ihren Sitz in diesem Mitgliedstaat hat und mit der Wirtschaft eines Mitgliedstaats in tatsächlicher und dauerhafter Verbindung steht.

Artikel 3

(1) Die SE gilt als Aktiengesellschaft, die zum Zwecke der Anwendung des Artikels 2 Absätze 1, 2 und 3 dem Recht des Sitzmitgliedstaats unterliegt.

(2) Eine SE kann selbst eine oder mehrere Tochtergesellschaften in Form einer SE gründen. Bestimmungen des Sitzmitgliedstaats der Tochter-SE, gemäß denen eine Aktiengesellschaft mehr als einen Aktionär haben muss, gelten nicht für die Tochter-SE. Die einzelstaatlichen Bestimmungen, die aufgrund der Zwölften Richtlinie 89/667/EWG des Rates vom 21. Dezember 1989 auf dem Gebiet des Gesellschaftsrechts betreffend Gesellschaften mit beschränkter Haftung mit einem einzigen Gesellschafter(5) angenommen wurden, gelten sinngemäß für die SE.

Artikel 4

(1) Das Kapital der SE lautet auf Euro.

(2) Das gezeichnete Kapital muss mindestens 120000 EUR betragen.

(3) Die Rechtsvorschriften eines Mitgliedstaats, die ein höheres gezeichnetes Kapital für Gesellschaften vorsehen, die bestimmte Arten von Tätigkeiten ausüben, gelten auch für SE mit Sitz in dem betreffenden Mitgliedstaat.
Artikel 5

Vorbehaltlich des Artikels 4 Absätze 1 und 2 gelten für das Kapital der SE, dessen Erhaltung und dessen Änderungen sowie die Aktien, die Schuldverschreibungen und sonstige vergleichbare Wertpapiere der SE die Vorschriften, die für eine Aktiengesellschaft mit Sitz in dem Mitgliedstaat, in dem die SE eingetragen ist, gelten würden.

Artikel 6

Für die Zwecke dieser Verordnung bezeichnet der Ausdruck "Satzung der SE" zugleich die Gründungsurkunde und, falls sie Gegenstand einer getrennten Urkunde ist, die Satzung der SE im eigentlichen Sinne.

Artikel 7

Der Sitz der SE muss in der Gemeinschaft liegen, und zwar in dem Mitgliedstaat, in dem sich die Hauptverwaltung der SE befindet. Jeder Mitgliedstaat kann darüber hinaus den in seinem Hoheitsgebiet eingetragenen SE vorschreiben, dass sie ihren Sitz und ihre Hauptverwaltung am selben Ort haben müssen.

Artikel 8

(1) Der Sitz der SE kann gemäß den Absätzen 2 bis 13 in einen anderen Mitgliedstaat verlegt werden. Diese Verlegung führt weder zur Auflösung der SE noch zur Gründung einer neuen juristischen Person.

(2) Ein Verlegungsplan ist von dem Leitungs- oder dem Verwaltungsorgan zu erstellen und unbeschadet etwaiger vom Sitzmitgliedstaat vorgesehener zusätzlicher Offenlegungsformen gemäß Artikel 13 offen zu legen. Dieser Plan enthält die bisherige Firma, den bisherigen Sitz und die bisherige Registriernummer der SE sowie folgende Angaben:

a) den vorgesehenen neuen Sitz der SE,

b) die für die SE vorgesehene Satzung sowie gegebenenfalls die neue Firma,

c) die etwaigen Folgen der Verlegung für die Beteiligung der Arbeitnehmer,

d) den vorgesehenen Zeitplan für die Verlegung,

e) etwaige zum Schutz der Aktionäre und/oder Gläubiger vorgesehene Rechte.

(3) Das Leitungs- oder das Verwaltungsorgan erstellt einen Bericht, in dem die rechtlichen und wirtschaftlichen Aspekte der Verlegung erläutert und begründet und die Auswirkungen der Verlegung für die Aktionäre, die Gläubiger sowie die Arbeitnehmer im Einzelnen dargelegt werden.

(4) Die Aktionäre und die Gläubiger der SE haben vor der Hauptversammlung, die über die Verlegung befinden soll, mindestens einen Monat lang das Recht, am Sitz der SE den Verlegungsplan und den Bericht nach Absatz 3 einzusehen und die unentgeltliche Aushändigung von Abschriften dieser Unterlagen zu verlangen.

(5) Die Mitgliedstaaten können in Bezug auf die in ihrem Hoheitsgebiet eingetragenen SE Vorschriften erlassen, um einen angemessenen Schutz der Minderheitsaktionäre, die sich gegen die Verlegung ausgesprochen haben, zu gewährleisten.

(6) Der Verlegungsbeschluss kann erst zwei Monate nach der Offenlegung des Verlegungsplans gefasst werden. Er muss unter den in Artikel 59 vorgesehenen Bedingungen gefasst werden.

(7) Bevor die zuständige Behörde die Bescheinigung gemäß Absatz 8 ausstellt, hat die SE gegenüber der Behörde den Nachweis zu erbringen, dass die Interessen ihrer Gläubiger und sonstigen Forderungsberechtigten (einschließlich der öffentlich-rechtlichen Körperschaften) in Bezug auf alle vor der Offenlegung des Verlegungsplans entstandenen Verbindlichkeiten im Einklang mit den Anforderungen des Mitgliedstaats, in dem die SE vor der Verlegung ihren Sitz hat, angemessen geschützt sind.
Die einzelnen Mitgliedstaaten können die Anwendung von Unterabsatz 1 auf Verbindlichkeiten ausdehnen, die bis zum Zeitpunkt der Verlegung entstehen (oder entstehen können).
Die Anwendung der einzelstaatlichen Rechtsvorschriften über das Leisten oder Absichern von Zahlungen an öffentlich-rechtliche Körperschaften auf die SE wird von den Unterabsätzen 1 und 2 nicht berührt.

(8) Im Sitzstaat der SE stellt das zuständige Gericht, der Notar oder eine andere zuständige Behörde eine Bescheinigung aus, aus der zweifelsfrei hervorgeht, dass die der Verlegung vorangehenden Rechtshandlungen und Formalitäten durchgeführt wurden.

(9) Die neue Eintragung kann erst vorgenommen werden, wenn die Bescheinigung nach Absatz 8 vorgelegt und die Erfuellung der für die Eintragung in dem neuen Sitzstaat erforderlichen Formalitäten nachgewiesen wurde.
(10) Die Sitzverlegung der SE sowie die sich daraus ergebenden Satzungsänderungen werden zu dem Zeitpunkt wirksam, zu dem die SE gemäß Artikel 12 im Register des neuen Sitzes eingetragen wird.

(11) Das Register des neuen Sitzes meldet dem Register des früheren Sitzes die neue Eintragung der SE, sobald diese vorgenommen worden ist. Die Löschung der früheren Eintragung der SE erfolgt erst nach Eingang dieser Meldung.

(12) Die neue Eintragung und die Löschung der früheren Eintragung werden gemäß Artikel 13 in den betreffenden Mitgliedstaaten offen gelegt.

(13) Mit der Offenlegung der neuen Eintragung der SE ist der neue Sitz Dritten gegenüber wirksam. Jedoch können sich Dritte, solange die Löschung der Eintragung im Register des früheren Sitzes nicht offen gelegt worden ist, weiterhin auf den alten Sitz berufen, es sei denn, die SE beweist, dass den Dritten der neue Sitz bekannt war.

(14) Die Rechtsvorschriften eines Mitgliedstaats können bestimmen, dass eine Sitzverlegung, die einen Wechsel des maßgeblichen Rechts zur Folge hätte, im Falle der in dem betreffenden Mitgliedstaat eingetragenen SE nicht wirksam wird, wenn eine zuständige Behörde dieses Staates innerhalb der in Absatz 6 genannten Frist von zwei Monaten dagegen Einspruch erhebt. Dieser Einspruch ist nur aus Gründen des öffentlichen Interesses zulässig.
Untersteht eine SE nach Maßgabe von Gemeinschaftsrichtlinien der Aufsicht einer einzelstaatlichen Finanzaufsichtsbehörde, so gilt das Recht auf Erhebung von Einspruch gegen die Sitzverlegung auch für die genannte Behörde.
Gegen den Einspruch muss ein Rechtsmittel vor einem Gericht eingelegt werden können.

(15) Eine SE kann ihren Sitz nicht verlegen, wenn gegen sie ein Verfahren wegen Auflösung, Liquidation, Zahlungsunfähigkeit oder vorläufiger Zahlungseinstellung oder ein ähnliches Verfahren eröffnet worden ist.

(16) Eine SE, die ihren Sitz in einen anderen Mitgliedstaat verlegt hat, gilt in Bezug auf alle Forderungen, die vor dem Zeitpunkt der Verlegung gemäß Absatz 10 entstanden sind, als SE mit Sitz in dem Mitgliedstaat, in dem sie vor der Verlegung eingetragen war, auch wenn sie erst nach der Verlegung verklagt wird.

Artikel 9

(1) Die SE unterliegt

a) den Bestimmungen dieser Verordnung,

b) sofern die vorliegende Verordnung dies ausdrücklich zulässt, den Bestimmungen der Satzung der SE,

c) in Bezug auf die nicht durch diese Verordnung geregelten Bereiche oder, sofern ein Bereich nur teilweise geregelt ist, in Bezug auf die nicht von dieser Verordnung erfassten Aspekte

i) den Rechtsvorschriften, die die Mitgliedstaaten in Anwendung der speziell die SE betreffenden Gemeinschaftsmaßnahmen erlassen,

ii) den Rechtsvorschriften der Mitgliedstaaten, die auf eine nach dem Recht des Sitzstaats der SE gegründete Aktiengesellschaft Anwendung finden würden,

iii) den Bestimmungen ihrer Satzung unter den gleichen Voraussetzungen wie im Falle einer nach dem Recht des Sitzstaats der SE gegründeten Aktiengesellschaft.

(2) Von den Mitgliedstaaten eigens für die SE erlassene Rechtsvorschriften müssen mit den für Aktiengesellschaften im Sinne des Anhangs I maßgeblichen Richtlinien im Einklang stehen.

(3) Gelten für die von der SE ausgeübte Geschäftstätigkeit besondere Vorschriften des einzelstaatlichen Rechts, so finden diese Vorschriften auf die SE uneingeschränkt Anwendung.

Artikel 10

Vorbehaltlich der Bestimmungen dieser Verordnung wird eine SE in jedem Mitgliedstaat wie eine Aktiengesellschaft behandelt, die nach dem Recht des Sitzstaats der SE gegründet wurde.

Artikel 11

(1) Die SE muss ihrer Firma den Zusatz "SE" voran- oder nachstellen.

(2) Nur eine SE darf ihrer Firma den Zusatz "SE" hinzufügen.

(3) Die in einem Mitgliedstaat vor dem Zeitpunkt des Inkrafttretens dieser Verordnung eingetragenen Gesellschaften oder sonstigen juristischen Personen, deren Firma den Zusatz "SE" enthält, brauchen ihre Namen jedoch nicht zu ändern.

Artikel 12

(1) Jede SE wird gemäß Artikel 3 der Ersten Richtlinie 68/151/EWG des Rates vom 9. März 1968 zur Koordinierung der Schutzbestimmungen, die in den Mitgliedstaaten den Gesellschaften im Sinne des Artikels 58 Absatz 2 des Vertrages im Interesse der Gesellschafter sowie Dritter vorgeschrieben sind, um diese Bestimmungen gleichwertig zu gestalten(6), im Sitzstaat in ein nach dem Recht dieses Staates bestimmtes Register eingetragen.

(2) Eine SE kann erst eingetragen werden, wenn eine Vereinbarung über die Beteiligung der Arbeitnehmer gemäß Artikel 4 der Richtlinie 2001/86/EG geschlossen worden ist, ein Beschluss nach Artikel 3 Absatz 6 der genannten Richtlinie gefasst worden ist oder die Verhandlungsfrist nach Artikel 5 der genannten Richtlinie abgelaufen ist, ohne dass eine Vereinbarung zustande gekommen ist.

(3) Voraussetzung dafür, dass eine SE in einem Mitgliedstaat, der von der in Artikel 7 Absatz 3 der Richtlinie 2001/86/EG vorgesehenen Möglichkeit Gebrauch gemacht hat, registriert werden kann, ist, dass eine Vereinbarung im Sinne von Artikel 4 der genannten Richtlinie über die Modalitäten der Beteiligung der Ar-

beitnehmer - einschließlich der Mitbestimmung - geschlossen wurde oder dass für keine der teilnehmenden Gesellschaften vor der Registrierung der SE Mitbestimmungsvorschriften galten.

(4) Die Satzung der SE darf zu keinem Zeitpunkt im Widerspruch zu der ausgehandelten Vereinbarung stehen. Steht eine neue gemäß der Richtlinie 2001/86/EG geschlossene Vereinbarung im Widerspruch zur geltenden Satzung, ist diese - soweit erforderlich - zu ändern.
In diesem Fall kann ein Mitgliedstaat vorsehen, dass das Leitungs- oder das Verwaltungsorgan der SE befugt ist, die Satzungsänderung ohne weiteren Beschluss der Hauptversammlung vorzunehmen.

Artikel 13

Die die SE betreffenden Urkunden und Angaben, die nach dieser Verordnung der Offenlegungspflicht unterliegen, werden gemäß der Richtlinie 68/151/EWG nach Maßgabe der Rechtsvorschriften des Sitzstaats der SE offen gelegt.

Artikel 14

(1) Die Eintragung und die Löschung der Eintragung einer SE werden mittels einer Bekanntmachung zu Informationszwecken im Amtsblatt der Europäischen Gemeinschaften veröffentlicht, nachdem die Offenlegung gemäß Artikel 13 erfolgt ist. Diese Bekanntmachung enthält die Firma der SE, Nummer, Datum und Ort der Eintragung der SE, Datum, Ort und Titel der Veröffentlichung sowie den Sitz und den Geschäftszweig der SE.

(2) Bei der Verlegung des Sitzes der SE gemäß Artikel 8 erfolgt eine Bekanntmachung mit den Angaben gemäß Absatz 1 sowie mit denjenigen im Falle einer Neueintragung.

(3) Die Angaben gemäß Absatz 1 werden dem Amt für amtliche Veröffentlichungen der Europäischen Gemeinschaften innerhalb eines Monats nach der Offenlegung gemäß Artikel 13 übermittelt.

TITEL II

GRÜNDUNG

Abschnitt 1

Allgemeines

Artikel 15

(1) Vorbehaltlich der Bestimmungen dieser Verordnung findet auf die Gründung einer SE das für Aktiengesellschaften geltende Recht des Staates Anwendung, in dem die SE ihren Sitz begründet.

(2) Die Eintragung einer SE wird gemäß Artikel 13 offen gelegt.

Artikel 16

(1) Die SE erwirbt die Rechtspersönlichkeit am Tag ihrer Eintragung in das in Artikel 12 genannte Register.

(2) Wurden im Namen der SE vor ihrer Eintragung gemäß Artikel 12 Rechtshandlungen vorgenommen und übernimmt die SE nach der Eintragung die sich aus diesen Rechtshandlungen ergebenden Verpflichtungen nicht, so haften die natürlichen Personen, die Gesellschaften oder anderen juristischen Personen, die diese Rechtshandlungen vorgenommen haben, vorbehaltlich anders lautender Vereinbarungen unbegrenzt und gesamtschuldnerisch.

Abschnitt 2

Gründung einer SE durch Verschmelzung

Artikel 17

(1) Eine SE kann gemäß Artikel 2 Absatz 1 durch Verschmelzung gegründet werden.

(2) Die Verschmelzung erfolgt

a) entweder nach dem Verfahren der Verschmelzung durch Aufnahme gemäß Artikel 3 Absatz 1 der Richtlinie 78/855/EWG(7)

b) oder nach dem Verfahren der Verschmelzung durch Gründung einer neuen Gesellschaft gemäß Artikel 4 Absatz 1 der genannten Richtlinie.
Im Falle einer Verschmelzung durch Aufnahme nimmt die aufnehmende Gesellschaft bei der Verschmelzung die Form einer SE an. Im Falle einer Verschmelzung durch Gründung einer neuen Gesellschaft ist die neue Gesellschaft eine SE.

Artikel 18

In den von diesem Abschnitt nicht erfassten Bereichen sowie in den nicht erfassten Teilbereichen eines von diesem Abschnitt nur teilweise abgedeckten Bereichs sind bei der Gründung einer SE durch Verschmelzung auf jede Gründungsgesellschaft die mit der Richtlinie 78/855/EWG in Einklang stehenden, für die Verschmelzung von Aktiengesellschaften geltenden Rechtsvorschriften des Mitgliedstaats anzuwenden, dessen Recht sie unterliegt.

Artikel 19

Die Rechtsvorschriften eines Mitgliedstaates können vorsehen, dass die Beteiligung einer Gesellschaft, die dem Recht dieses Mitgliedstaates unterliegt, an der Gründung einer SE durch Verschmelzung nur möglich ist, wenn keine zuständige Behörde dieses Mitgliedstaats vor der Erteilung der Bescheinigung gemäß Artikel 25 Absatz 2 dagegen Einspruch erhebt.
Dieser Einspruch ist nur aus Gründen des öffentlichen Interesses zulässig. Gegen ihn muss ein Rechtsmittel eingelegt werden können.

Artikel 20

(1) Die Leitungs- oder die Verwaltungsorgane der sich verschmelzenden Gesellschaften stellen einen Verschmelzungsplan auf. Dieser Verschmelzungsplan enthält

a) die Firma und den Sitz der sich verschmelzenden Gesellschaften sowie die für die SE vorgesehene Firma und ihren geplanten Sitz,

b) das Umtauschverhältnis der Aktien und gegebenenfalls die Höhe der Ausgleichsleistung,

c) die Einzelheiten hinsichtlich der Übertragung der Aktien der SE,

d) den Zeitpunkt, von dem an diese Aktien das Recht auf Beteiligung am Gewinn gewähren, sowie alle Besonderheiten in Bezug auf dieses Recht,

e) den Zeitpunkt, von dem an die Handlungen der sich verschmelzenden Gesellschaften unter dem Gesichtspunkt der Rechnungslegung als für Rechnung der SE vorgenommen gelten,

f) die Rechte, welche die SE den mit Sonderrechten ausgestatteten Aktionären der Gründungsgesellschaften und den Inhabern anderer Wertpapiere als Aktien gewährt, oder die für diese Personen vorgeschlagenen Maßnahmen,

g) jeder besondere Vorteil, der den Sachverständigen, die den Verschmelzungsplan prüfen, oder den Mitgliedern der Verwaltungs-, Leitungs-, Aufsichts- oder Kontrollorgane der sich verschmelzenden Gesellschaften gewährt wird,

h) die Satzung der SE,

i) Angaben zu dem Verfahren, nach dem die Vereinbarung über die Beteiligung der Arbeitnehmer gemäß der Richtlinie 2001/86/EG geschlossen wird.

(2) Die sich verschmelzenden Gesellschaften können dem Verschmelzungsplan weitere Punkte hinzufügen.

Artikel 21

Für jede der sich verschmelzenden Gesellschaften und vorbehaltlich weiterer Auflagen seitens des Mitgliedstaates, dessen Recht die betreffende Gesellschaft unterliegt, sind im Amtsblatt dieses Mitgliedstaats nachstehende Angaben bekannt zu machen:

a) Rechtsform, Firma und Sitz der sich verschmelzenden Gesellschaften,

b) das Register, bei dem die in Artikel 3 Absatz 2 der Richtlinie 68/151/EWG genannten Urkunden für jede der sich verschmelzenden Gesellschaften hinterlegt worden sind, sowie die Nummer der Eintragung in das Register,

c) einen Hinweis auf die Modalitäten für die Ausübung der Rechte der Gläubiger der betreffenden Gesellschaft gemäß Artikel 24 sowie die Anschrift, unter der erschöpfende Auskünfte über diese Modalitäten kostenlos eingeholt werden können,

d) einen Hinweis auf die Modalitäten für die Ausübung der Rechte der Minderheitsaktionäre der betreffenden Gesellschaft gemäß Artikel 24 sowie die Anschrift, unter der erschöpfende Auskünfte über diese Modalitäten kostenlos eingeholt werden können,

e) die für die SE vorgesehene Firma und ihr künftiger Sitz.

Artikel 22

Als Alternative zur Heranziehung von Sachverständigen, die für Rechnung jeder der sich verschmelzenden Gesellschaften tätig sind, können ein oder mehrere unabhängige Sachverständige im Sinne des Artikels 10 der Richtlinie 78/855/EWG, die auf gemeinsamen Antrag dieser Gesellschaften von einem Gericht oder einer Verwaltungsbehörde des Mitgliedstaats, dessen Recht eine der sich verschmelzenden Gesellschaften oder die künftige SE unterliegt, dazu bestellt wurden, den Verschmelzungsplan prüfen und einen für alle Aktionäre bestimmten einheitlichen Bericht erstellen.

Die Sachverständigen haben das Recht, von jeder der sich verschmelzenden Gesellschaften alle Auskünfte zu verlangen, die sie zur Erfuellung ihrer Aufgabe für erforderlich halten.

Artikel 23

(1) Die Hauptversammlung jeder der sich verschmelzenden Gesellschaften stimmt dem Verschmelzungsplan zu.

(2) Die Beteiligung der Arbeitnehmer in der SE wird gemäß der Richtlinie 2001/86/EG festgelegt. Die Hauptversammlung jeder der sich verschmelzenden Gesellschaften kann sich das Recht vorbehalten, die Eintragung der SE davon abhängig zu machen, dass die geschlossene Vereinbarung von ihr ausdrücklich genehmigt wird.

Artikel 24

(1) Das Recht des Mitgliedstaats, das jeweils für die sich verschmelzenden Gesellschaften gilt, findet wie bei einer Verschmelzung von Aktiengesellschaften unter Berücksichtigung des grenzüberschreitenden Charakters der Verschmelzung Anwendung zum Schutz der Interessen

a) der Gläubiger der sich verschmelzenden Gesellschaften,

b) der Anleihegläubiger der sich verschmelzenden Gesellschaften,

c) der Inhaber von mit Sonderrechten gegenüber den sich verschmelzenden Gesellschaften ausgestatteten Wertpapieren mit Ausnahme von Aktien.

(2) Jeder Mitgliedstaat kann in Bezug auf die sich verschmelzenden Gesellschaften, die seinem Recht unterliegen, Vorschriften erlassen, um einen angemessenen Schutz der Minderheitsaktionäre, die sich gegen die Verschmelzung ausgesprochen haben, zu gewährleisten.

Artikel 25

(1) Die Rechtmäßigkeit der Verschmelzung wird, was die die einzelnen sich verschmelzenden Gesellschaften betreffenden Verfahrensabschnitte anbelangt, nach den für die Verschmelzung von Aktiengesellschaften geltenden Rechtsvorschriften des Mitgliedstaats kontrolliert, dessen Recht die jeweilige verschmelzende Gesellschaft unterliegt.

(2) In jedem der betreffenden Mitgliedstaaten stellt das zuständige Gericht, der Notar oder eine andere zuständige Behörde eine Bescheinigung aus, aus der

zweifelsfrei hervorgeht, dass die der Verschmelzung vorangehenden Rechtshandlungen und Formalitäten durchgeführt wurden.

(3) Ist nach dem Recht eines Mitgliedstaats, dem eine sich verschmelzende Gesellschaft unterliegt, ein Verfahren zur Kontrolle und Änderung des Umtauschverhältnisses der Aktien oder zur Abfindung von Minderheitsaktionären vorgesehen, das jedoch der Eintragung der Verschmelzung nicht entgegensteht, so findet ein solches Verfahren nur dann Anwendung, wenn die anderen sich verschmelzenden Gesellschaften in Mitgliedstaaten, in denen ein derartiges Verfahren nicht besteht, bei der Zustimmung zu dem Verschmelzungsplan gemäß Artikel 23 Absatz 1 ausdrücklich akzeptieren, dass die Aktionäre der betreffenden sich verschmelzenden Gesellschaft auf ein solches Verfahren zurückgreifen können. In diesem Fall kann das zuständige Gericht, der Notar oder eine andere zuständige Behörde die Bescheinigung gemäß Absatz 2 ausstellen, auch wenn ein derartiges Verfahren eingeleitet wurde. Die Bescheinigung muss allerdings einen Hinweis auf das anhängige Verfahren enthalten. Die Entscheidung in dem Verfahren ist für die übernehmende Gesellschaft und ihre Aktionäre bindend.

Artikel 26

(1) Die Rechtmäßigkeit der Verschmelzung wird, was den Verfahrensabschnitt der Durchführung der Verschmelzung und der Gründung der SE anbelangt, von dem/der im künftigen Sitzstaat der SE für die Kontrolle dieses Aspekts der Rechtmäßigkeit der Verschmelzung von Aktiengesellschaften zuständigen Gericht, Notar oder sonstigen Behörde kontrolliert.

(2) Hierzu legt jede der sich verschmelzenden Gesellschaften dieser zuständigen Behörde die in Artikel 25 Absatz 2 genannte Bescheinigung binnen sechs Monaten nach ihrer Ausstellung sowie eine Ausfertigung des Verschmelzungsplans, dem sie zugestimmt hat, vor.

(3) Die gemäß Absatz 1 zuständige Behörde kontrolliert insbesondere, ob die sich verschmelzenden Gesellschaften einem gleich lautenden Verschmelzungsplan zugestimmt haben und ob eine Vereinbarung über die Beteiligung der Arbeitnehmer gemäß der Richtlinie 2001/86/EG geschlossen wurde.

(4) Diese Behörde kontrolliert ferner, ob gemäß Artikel 15 die Gründung der SE den gesetzlichen Anforderungen des Sitzstaates genügt.

Artikel 27

(1) Die Verschmelzung und die gleichzeitige Gründung der SE werden mit der Eintragung der SE gemäß Artikel 12 wirksam.

(2) Die SE kann erst nach Erfuellung sämtlicher in den Artikeln 25 und 26 vorgesehener Formalitäten eingetragen werden.

Artikel 28

Für jede sich verschmelzende Gesellschaft wird die Durchführung der Verschmelzung nach den in den Rechtsvorschriften des jeweiligen Mitgliedstaats vorgesehenen Verfahren in Übereinstimmung mit Artikel 3 der Richtlinie 68/151/EWG offen gelegt.

Artikel 29

(1) Die nach Artikel 17 Absatz 2 Buchstabe a vollzogene Verschmelzung bewirkt ipso jure gleichzeitig Folgendes:

a) Das gesamte Aktiv- und Passivvermögen jeder übertragenden Gesellschaft geht auf die übernehmende Gesellschaft über;

b) die Aktionäre der übertragenden Gesellschaft werden Aktionäre der übernehmenden Gesellschaft;

c) die übertragende Gesellschaft erlischt;

d) die übernehmende Gesellschaft nimmt die Rechtsform einer SE an.

(2) Die nach Artikel 17 Absatz 2 Buchstabe b vollzogene Verschmelzung bewirkt ipso jure gleichzeitig Folgendes:

a) Das gesamte Aktiv- und Passivvermögen der sich verschmelzenden Gesellschaften geht auf die SE über;

b) die Aktionäre der sich verschmelzenden Gesellschaften werden Aktionäre der SE;

c) die sich verschmelzenden Gesellschaften erlöschen.

(3) Schreibt ein Mitgliedstaat im Falle einer Verschmelzung von Aktiengesellschaften besondere Formalitäten für die Rechtswirksamkeit der Übertragung bestimmter von den sich verschmelzenden Gesellschaften eingebrachter Vermögensgegenstände, Rechte und Verbindlichkeiten gegenüber Dritten vor, so gelten diese fort und sind entweder von den sich verschmelzenden Gesellschaften oder von der SE nach deren Eintragung zu erfuellen.

(4) Die zum Zeitpunkt der Eintragung aufgrund der einzelstaatlichen Rechtsvorschriften und Gepflogenheiten sowie aufgrund individueller Arbeitsverträge oder Arbeitsverhältnisse bestehenden Rechte und Pflichten der beteiligten Gesellschaften hinsichtlich der Beschäftigungsbedingungen gehen mit der Eintragung der SE auf diese über.

Artikel 30

Eine Verschmelzung im Sinne des Artikels 2 Absatz 1 kann nach der Eintragung der SE nicht mehr für nichtig erklärt werden.
Das Fehlen einer Kontrolle der Rechtmäßigkeit der Verschmelzung gemäß Artikel 25 und 26 kann einen Grund für die Auflösung der SE darstellen.

Artikel 31

(1) Wird eine Verschmelzung nach Artikel 17 Absatz 2 Buchstabe a durch eine Gesellschaft vollzogen, die Inhaberin sämtlicher Aktien und sonstiger Wertpapiere ist, die Stimmrechte in der Hauptversammlung einer anderen Gesellschaft gewähren, so finden Artikel 20 Absatz 1 Buchstaben b, c und d, Artikel 22 und Artikel 29 Absatz 1 Buchstabe b keine Anwendung. Die jeweiligen einzelstaatlichen Vorschriften, denen die einzelnen sich verschmelzenden Gesellschaften unterliegen und die für die Verschmelzungen von Aktiengesellschaften nach Artikel 24 der Richtlinie 78/855/EWG maßgeblich sind, sind jedoch anzuwenden.

(2) Vollzieht eine Gesellschaft, die Inhaberin von mindestens 90 %, nicht aber aller der in der Hauptversammlung einer anderen Gesellschaft Stimmrecht verleihenden Aktien und sonstigen Wertpapiere ist, eine Verschmelzung durch Aufnahme, so sind die Berichte des Leitungs- oder des Verwaltungsorgans, die Berichte eines oder mehrerer unabhängiger Sachverständiger sowie die zur Kontrolle notwendigen Unterlagen nur insoweit erforderlich, als dies entweder in den einzelstaatlichen Rechtsvorschriften, denen die übernehmende Gesellschaft unterliegt, oder in den für die übertragende Gesellschaft maßgeblichen einzelstaatlichen Rechtsvorschriften vorgesehen ist.
Die Mitgliedstaaten können jedoch vorsehen, dass dieser Absatz Anwendung auf eine Gesellschaft findet, die Inhaberin von Aktien ist, welche mindestens 90 % der Stimmrechte, nicht aber alle verleihen.

Abschnitt 3

Gründung einer Holding-SE

Artikel 32

(1) Eine SE kann gemäß Artikel 2 Absatz 2 gegründet werden.

Die die Gründung einer SE im Sinne des Artikels 2 Absatz 2 anstrebenden Gesellschaften bestehen fort.

(2) Die Leitungs- oder die Verwaltungsorgane der die Gründung anstrebenden Gesellschaften erstellen einen gleich lautenden Gründungsplan für die SE. Dieser Plan enthält einen Bericht, der die Gründung aus rechtlicher und wirtschaftlicher Sicht erläutert und begründet sowie darlegt, welche Auswirkungen der Übergang zur Rechtsform einer SE für die Aktionäre und für die Arbeitnehmer hat. Er enthält ferner die in Artikel 20 Absatz 1 Buchstaben a, b, c, f, g, h und i vorgesehenen Angaben und setzt von jeder die Gründung anstrebenden Gesellschaft den Mindestprozentsatz der Aktien oder sonstigen Anteile fest, der von den Aktionären eingebracht werden muss, damit die SE gegründet werden kann. Dieser Prozentsatz muss mehr als 50 % der durch Aktien verliehenen ständigen Stimmrechte betragen.

(3) Der Gründungsplan ist mindestens einen Monat vor der Hauptversammlung, die über die Gründung zu beschließen hat, für jede der die Gründung anstrebenden Gesellschaften nach den in den Rechtsvorschriften der einzelnen Mitgliedstaaten gemäß Artikel 3 der Richtlinie 68/151/EWG vorgesehenen Verfahren offen zu legen.

(4) Ein oder mehrere von den die Gründung anstrebenden Gesellschaften unabhängige Sachverständige, die von einem Gericht oder einer Verwaltungsbehörde des Mitgliedstaats, dessen Recht die einzelnen Gesellschaften gemäß den nach Maßgabe der Richtlinie 78/855/EWG erlassenen einzelstaatlichen Vorschriften unterliegen, bestellt oder zugelassen sind, prüfen den gemäß Absatz 2 erstellten Gründungsplan und erstellen einen schriftlichen Bericht für die Aktionäre der einzelnen Gesellschaften. Im Einvernehmen zwischen den die Gründung anstrebenden Gesellschaften kann durch einen oder mehrere unabhängige Sachverständige, der/die von einem Gericht oder einer Verwaltungsbehörde des Mitgliedstaats, dessen Recht eine der die Gründung anstrebenden Gesellschaften oder die künftige SE gemäß den nach Maßgabe der Richtlinie 78/855/EWG erlassenen einzelstaatlichen Rechtsvorschriften unterliegt, bestellt oder zugelassen ist/sind, ein schriftlicher Bericht für die Aktionäre aller Gesellschaften erstellt werden.

(5) Der Bericht muss auf besondere Bewertungsschwierigkeiten hinweisen und erklären, ob das Umtauschverhältnis der Aktien oder Anteile angemessen ist, sowie angeben, nach welchen Methoden es bestimmt worden ist und ob diese Methoden im vorliegenden Fall angemessen sind.

(6) Die Hauptversammlung jeder der die Gründung anstrebenden Gesellschaften stimmt dem Gründungsplan für die SE zu.

Die Beteiligung der Arbeitnehmer in der SE wird gemäß der Richtlinie 2001/86/EG festgelegt. Die Hauptversammlung jeder der die Gründung anstrebenden Gesellschaften kann sich das Recht vorbehalten, die Eintragung der SE davon abhängig zu machen, dass die geschlossene Vereinbarung von ihr ausdrücklich genehmigt wird.

(7) Dieser Artikel gilt sinngemäß auch für Gesellschaften mit beschränkter Haftung.

Artikel 33

(1) Die Gesellschafter der die Gründung anstrebenden Gesellschaften verfügen über eine Frist von drei Monaten, um diesen Gesellschaften mitzuteilen, ob sie beabsichtigen, ihre Gesellschaftsanteile bei der Gründung der SE einzubringen. Diese Frist beginnt mit dem Zeitpunkt, zu dem der Gründungsplan für die SE gemäß Artikel 32 endgültig festgelegt worden ist.

(2) Die SE ist nur dann gegründet, wenn die Gesellschafter der die Gründung anstrebenden Gesellschaften innerhalb der in Absatz 1 genannten Frist den nach dem Gründungsplan für jede Gesellschaft festgelegten Mindestprozentsatz der Gesellschaftsanteile eingebracht haben und alle übrigen Bedingungen erfuellt sind.

(3) Sind alle Bedingungen für die Gründung der SE gemäß Absatz 2 erfuellt, so hat jede der die Gründung anstrebenden Gesellschaften diese Tatsache gemäß den nach Artikel 3 der Richtlinie 68/151/EWG erlassenen Vorschriften des einzelstaatlichen Rechts, dem sie unterliegt, offen zu legen.
Die Gesellschafter der die Gründung anstrebenden Gesellschaften, die nicht innerhalb der Frist nach Absatz 1 mitgeteilt haben, ob sie die Absicht haben, ihre Gesellschaftsanteile diesen Gesellschaften im Hinblick auf die Gründung der künftigen SE zur Verfügung zu stellen, verfügen über eine weitere Frist von einem Monat, um dies zu tun.

(4) Die Gesellschafter, die ihre Wertpapiere im Hinblick auf die Gründung der SE einbringen, erhalten Aktien der SE.

(5) Die SE kann erst dann eingetragen werden, wenn die Formalitäten gemäß Artikel 32 und die in Absatz 2 genannten Voraussetzungen nachweislich erfuellt sind.

Artikel 34

Ein Mitgliedstaat kann für die eine Gründung anstrebenden Gesellschaften Vorschriften zum Schutz der die Gründung ablehnenden Minderheitsgesellschafter, der Gläubiger und der Arbeitnehmer erlassen.

Abschnitt 4

Gründung einer Tochter-SE

Artikel 35

Eine SE kann gemäß Artikel 2 Absatz 3 gegründet werden.

Artikel 36

Auf die an der Gründung beteiligten Gesellschaften oder sonstigen juristischen Personen finden die Vorschriften über deren Beteiligung an der Gründung einer Tochtergesellschaft in Form einer Aktiengesellschaft nationalen Rechts Anwendung.

Abschnitt 5

Umwandlung einer bestehenden Aktiengesellschaft in eine SE

Artikel 37

(1) Eine SE kann gemäß Artikel 2 Absatz 4 gegründet werden.

(2) Unbeschadet des Artikels 12 hat die Umwandlung einer Aktiengesellschaft in eine SE weder die Auflösung der Gesellschaft noch die Gründung einer neuen juristischen Person zur Folge.

(3) Der Sitz der Gesellschaft darf anlässlich der Umwandlung nicht gemäß Artikel 8 in einen anderen Mitgliedstaat verlegt werden.

(4) Das Leitungs- oder das Verwaltungsorgan der betreffenden Gesellschaft erstellt einen Umwandlungsplan und einen Bericht, in dem die rechtlichen und wirtschaftlichen Aspekte der Umwandlung erläutert und begründet sowie die Auswirkungen, die der Übergang zur Rechtsform einer SE für die Aktionäre und für die Arbeitnehmer hat, dargelegt werden.

(5) Der Umwandlungsplan ist mindestens einen Monat vor dem Tag der Hauptversammlung, die über die Umwandlung zu beschließen hat, nach den in den

Rechtsvorschriften der einzelnen Mitgliedstaaten gemäß Artikel 3 der Richtlinie 68/151/EWG vorgesehenen Verfahren offen zu legen.

(6) Vor der Hauptversammlung nach Absatz 7 ist von einem oder mehreren unabhängigen Sachverständigen, die nach den einzelstaatlichen Durchführungsbestimmungen zu Artikel 10 der Richtlinie 78/855/EWG durch ein Gericht oder eine Verwaltungsbehörde des Mitgliedstaates, dessen Recht die sich in eine SE umwandelnde Aktiengesellschaft unterliegt, bestellt oder zugelassen sind, gemäß der Richtlinie 77/91/EWG(8) sinngemäß zu bescheinigen, dass die Gesellschaft über Nettovermögenswerte mindestens in Höhe ihres Kapitals zuzüglich der kraft Gesetzes oder Statut nicht ausschüttungsfähigen Rücklagen verfügt.

(7) Die Hauptversammlung der betreffenden Gesellschaft stimmt dem Umwandlungsplan zu und genehmigt die Satzung der SE. Die Beschlussfassung der Hauptversammlung erfolgt nach Maßgabe der einzelstaatlichen Durchführungsbestimmungen zu Artikel 7 der Richtlinie 78/855/EWG.

(8) Ein Mitgliedstaat kann die Umwandlung davon abhängig machen, dass das Organ der umzuwandelnden Gesellschaft, in dem die Mitbestimmung der Arbeitnehmer vorgesehen ist, der Umwandlung mit qualifizierter Mehrheit oder einstimmig zustimmt.

(9) Die zum Zeitpunkt der Eintragung aufgrund der einzelstaatlichen Rechtsvorschriften und Gepflogenheiten sowie aufgrund individueller Arbeitsverträge oder Arbeitsverhältnisse bestehenden Rechte und Pflichten der umzuwandelnden Gesellschaft hinsichtlich der Beschäftigungsbedingungen gehen mit der Eintragung der SE auf diese über.

TITEL III

AUFBAU DER SE

Artikel 38

Die SE verfügt nach Maßgabe dieser Verordnung über

a) eine Hauptversammlung der Aktionäre und

b) entweder ein Aufsichtsorgan und ein Leitungsorgan (dualistisches System) oder ein Verwaltungsorgan (monistisches System), entsprechend der in der Satzung gewählten Form.

Abschnitt 1

Dualistisches System

Artikel 39

(1) Das Leitungsorgan führt die Geschäfte der SE in eigener Verantwortung. Ein Mitgliedstaat kann vorsehen, dass ein oder mehrere Geschäftsführer die laufenden Geschäfte in eigener Verantwortung unter denselben Voraussetzungen, wie sie für Aktiengesellschaften mit Sitz im Hoheitsgebiet des betreffenden Mitgliedstaates gelten, führt bzw. führen.

(2) Das Mitglied/die Mitglieder des Leitungsorgans wird/werden vom Aufsichtsorgan bestellt und abberufen.
Die Mitgliedstaaten können jedoch vorschreiben oder vorsehen, dass in der Satzung festgelegt werden kann, dass das Mitglied/die Mitglieder des Leitungsorgans von der Hauptversammlung unter den Bedingungen, die für Aktiengesellschaften mit Sitz in ihrem Hoheitsgebiet gelten, bestellt und abberufen wird/werden.

(3) Niemand darf zugleich Mitglied des Leitungsorgans und Mitglied des Aufsichtsorgans der SE sein. Das Aufsichtsorgan kann jedoch eines seiner Mitglieder zur Wahrnehmung der Aufgaben eines Mitglieds des Leitungsorgans abstellen, wenn der betreffende Posten nicht besetzt ist. Während dieser Zeit ruht das Amt der betreffenden Person als Mitglied des Aufsichtsorgans. Die Mitgliedstaaten können eine zeitliche Begrenzung hierfür vorsehen.

(4) Die Zahl der Mitglieder des Leitungsorgans oder die Regeln für ihre Festlegung werden durch die Satzung der SE bestimmt. Die Mitgliedstaaten können jedoch eine Mindest- und/oder Hoechstzahl festsetzen.

(5) Enthält das Recht eines Mitgliedstaats in Bezug auf Aktiengesellschaften mit Sitz in seinem Hoheitsgebiet keine Vorschriften über ein dualistisches System, kann dieser Mitgliedstaat entsprechende Vorschriften in Bezug auf SE erlassen.

Artikel 40

(1) Das Aufsichtsorgan überwacht die Führung der Geschäfte durch das Leitungsorgan. Es ist nicht berechtigt, die Geschäfte der SE selbst zu führen.

(2) Die Mitglieder des Aufsichtsorgans werden von der Hauptversammlung bestellt. Die Mitglieder des ersten Aufsichtsorgans können jedoch durch die Satzung bestellt werden. Artikel 47 Absatz 4 oder eine etwaige nach Maßgabe der

Richtlinie 2001/86/EG geschlossene Vereinbarung über die Mitbestimmung der Arbeitnehmer bleibt hiervon unberührt.

(3) Die Zahl der Mitglieder des Aufsichtsorgans oder die Regeln für ihre Festlegung werden durch die Satzung bestimmt. Die Mitgliedstaaten können jedoch für die in ihrem Hoheitsgebiet eingetragenen SE die Zahl der Mitglieder des Aufsichtsorgans oder deren Hoechst- und/oder Mindestzahl festlegen.

Artikel 41

(1) Das Leitungsorgan unterrichtet das Aufsichtsorgan mindestens alle drei Monate über den Gang der Geschäfte der SE und deren voraussichtliche Entwicklung.

(2) Neben der regelmäßigen Unterrichtung gemäß Absatz 1 teilt das Leitungsorgan dem Aufsichtsorgan rechtzeitig alle Informationen über Ereignisse mit, die sich auf die Lage der SE spürbar auswirken können.

(3) Das Aufsichtsorgan kann vom Leitungsorgan jegliche Information verlangen, die für die Ausübung der Kontrolle gemäß Artikel 40 Absatz 1 erforderlich ist. Die Mitgliedstaaten können vorsehen, dass jedes Mitglied des Aufsichtsorgans von dieser Möglichkeit Gebrauch machen kann.

(4) Das Aufsichtsorgan kann alle zur Erfuellung seiner Aufgaben erforderlichen Überprüfungen vornehmen oder vornehmen lassen.

(5) Jedes Mitglied des Aufsichtsorgans kann von allen Informationen, die diesem Organ übermittelt werden, Kenntnis nehmen.

Artikel 42

Das Aufsichtsorgan wählt aus seiner Mitte einen Vorsitzenden. Wird die Hälfte der Mitglieder des Aufsichtsorgans von den Arbeitnehmern bestellt, so darf nur ein von der Hauptversammlung der Aktionäre bestelltes Mitglied zum Vorsitzenden gewählt werden.

Abschnitt 2

Monistisches System

Artikel 43

(1) Das Verwaltungsorgan führt die Geschäfte der SE. Ein Mitgliedstaat kann vorsehen, dass ein oder mehrere Geschäftsführer die laufenden Geschäfte in ei-

gener Verantwortung unter denselben Voraussetzungen, wie sie für Aktiengesellschaften mit Sitz im Hoheitsgebiet des betreffenden Mitgliedstaates gelten, führt bzw. führen.

(2) Die Zahl der Mitglieder des Verwaltungsorgans oder die Regeln für ihre Festlegung sind in der Satzung der SE festgelegt. Die Mitgliedstaaten können jedoch eine Mindestzahl und erforderlichenfalls eine Hoechstzahl festsetzen.
Ist jedoch die Mitbestimmung der Arbeitnehmer in der SE gemäß der Richtlinie geregelt, so muss das Verwaltungsorgan aus mindestens drei Mitgliedern bestehen.

(3) Das Mitglied/die Mitglieder des Verwaltungsorgans wird/werden von der Hauptversammlung bestellt. Die Mitglieder des ersten Verwaltungsorgans können jedoch durch die Satzung bestellt werden. Artikel 47 Absatz 4 oder eine etwaige nach Maßgabe der Richtlinie 2001/86/EG geschlossene Vereinbarung über die Mitbestimmung der Arbeitnehmer bleibt hiervon unberührt.

(4) Enthält das Recht eines Mitgliedstaats in Bezug auf Aktiengesellschaften mit Sitz in seinem Hoheitsgebiet keine Vorschriften über ein monistisches System, kann dieser Mitgliedstaat entsprechende Vorschriften in Bezug auf SE erlassen.

Artikel 44

(1) Das Verwaltungsorgan tritt in den durch die Satzung bestimmten Abständen, mindestens jedoch alle drei Monate, zusammen, um über den Gang der Geschäfte der SE und deren voraussichtliche Entwicklung zu beraten.

(2) Jedes Mitglied des Verwaltungsorgans kann von allen Informationen, die diesem Organ übermittelt werden, Kenntnis nehmen.
Artikel 45

Das Verwaltungsorgan wählt aus seiner Mitte einen Vorsitzenden. Wird die Hälfte der Mitglieder des Verwaltungsorgans von den Arbeitnehmern bestellt, so darf nur ein von der Hauptversammlung der Aktionäre bestelltes Mitglied zum Vorsitzenden gewählt werden.

Abschnitt 3

Gemeinsame Vorschriften für das monistische und das dualistische System

Artikel 46

(1) Die Mitglieder der Organe der Gesellschaft werden für einen in der Satzung festgelegten Zeitraum, der sechs Jahre nicht überschreiten darf, bestellt.

(2) Vorbehaltlich in der Satzung festgelegter Einschränkungen können die Mitglieder einmal oder mehrmals für den gemäß Absatz 1 festgelegten Zeitraum wiederbestellt werden.

Artikel 47

(1) Die Satzung der SE kann vorsehen, dass eine Gesellschaft oder eine andere juristische Person Mitglied eines Organs sein kann, sofern das für Aktiengesellschaften maßgebliche Recht des Sitzstaats der SE nichts anderes bestimmt.
Die betreffende Gesellschaft oder sonstige juristische Person hat zur Wahrnehmung ihrer Befugnisse in dem betreffenden Organ eine natürliche Person als Vertreter zu bestellen.

(2) Personen, die

a) nach dem Recht des Sitzstaats der SE dem Leitungs-, Aufsichts- oder Verwaltungsorgan einer dem Recht dieses Mitgliedstaats unterliegenden Aktiengesellschaft nicht angehören dürfen oder

b) infolge einer Gerichts- oder Verwaltungsentscheidung, die in einem Mitgliedstaat ergangen ist, dem Leitungs-, Aufsichts- oder Verwaltungsorgan einer dem Recht eines Mitgliedstaats unterliegenden Aktiengesellschaft nicht angehören dürfen,
können weder Mitglied eines Organs der SE noch Vertreter eines Mitglieds im Sinne von Absatz 1 sein.

(3) Die Satzung der SE kann für Mitglieder, die die Aktionäre vertreten, in Anlehnung an die für Aktiengesellschaften geltenden Rechtsvorschriften des Sitzstaats der SE besondere Voraussetzungen für die Mitgliedschaft festlegen.

(4) Einzelstaatliche Rechtsvorschriften, die auch einer Minderheit von Aktionären oder anderen Personen oder Stellen die Bestellung eines Teils der Organmitglieder erlauben, bleiben von dieser Verordnung unberührt.

Artikel 48

(1) In der Satzung der SE werden die Arten von Geschäften aufgeführt, für die im dualistischen System das Aufsichtsorgan dem Leitungsorgan seine Zustimmung erteilen muss und im monistischen System ein ausdrücklicher Beschluss des Verwaltungsorgans erforderlich ist.
Die Mitgliedstaaten können jedoch vorsehen, dass im dualistischen System das Aufsichtsorgan selbst bestimmte Arten von Geschäften von seiner Zustimmung abhängig machen kann.

(2) Die Mitgliedstaaten können für die in ihrem Hoheitsgebiet eingetragenen SE festlegen, welche Arten von Geschäften auf jeden Fall in die Satzung aufzunehmen sind.

Artikel 49

Die Mitglieder der Organe der SE dürfen Informationen über die SE, die im Falle ihrer Verbreitung den Interessen der Gesellschaft schaden könnten, auch nach Ausscheiden aus ihrem Amt nicht weitergeben; dies gilt nicht in Fällen, in denen eine solche Informationsweitergabe nach den Bestimmungen des für Aktiengesellschaften geltenden einzelstaatlichen Rechts vorgeschrieben oder zulässig ist oder im öffentlichen Interesse liegt.

Artikel 50

(1) Sofern in dieser Verordnung oder der Satzung nichts anderes bestimmt ist, gelten für die Beschlussfähigkeit und die Beschlussfassung der Organe der SE die folgenden internen Regeln:

a) Beschlussfähigkeit: mindestens die Hälfte der Mitglieder muss anwesend oder vertreten sein;

b) Beschlussfassung: mit der Mehrheit der anwesenden oder vertretenen Mitglieder.

(2) Sofern die Satzung keine einschlägige Bestimmung enthält, gibt die Stimme des Vorsitzenden des jeweiligen Organs bei Stimmengleichheit den Ausschlag. Eine anders lautende Satzungsbestimmung ist jedoch nicht möglich, wenn sich das Aufsichtsorgan zur Hälfte aus Arbeitnehmervertretern zusammensetzt.

(3) Ist die Mitbestimmung der Arbeitnehmer gemäß der Richtlinie 2001/86/EG vorgesehen, so kann ein Mitgliedstaat vorsehen, dass sich abweichend von den Absätzen 1 und 2 Beschlussfähigkeit und Beschlussfassung des Aufsichtsorgans nach den Vorschriften richten, die unter denselben Bedingungen für die Aktiengesellschaften gelten, die dem Recht des betreffenden Mitgliedstaats unterliegen.

Artikel 51

Die Mitglieder des Leitungs-, Aufsichts- oder Verwaltungsorgans haften gemäß den im Sitzstaat der SE für Aktiengesellschaften maßgeblichen Rechtsvorschriften für den Schaden, welcher der SE durch eine Verletzung der ihnen bei der Ausübung ihres Amtes obliegenden gesetzlichen, satzungsmäßigen oder sonstigen Pflichten entsteht.

Abschnitt 4

Hauptversammlung

Artikel 52

Die Hauptversammlung beschließt über die Angelegenheiten, für die ihr

a) durch diese Verordnung oder

b) durch in Anwendung der Richtlinie 2001/86/EG erlassene Rechtsvorschriften des Sitzstaats der SE
die alleinige Zuständigkeit übertragen wird.

Außerdem beschließt die Hauptversammlung in Angelegenheiten, für die der Hauptversammlung einer dem Recht des Sitzstaats der SE unterliegenden Aktiengesellschaft die Zuständigkeit entweder aufgrund der Rechtsvorschriften dieses Mitgliedstaats oder aufgrund der mit diesen Rechtsvorschriften in Einklang stehenden Satzung übertragen wordenist.

Artikel 53

Für die Organisation und den Ablauf der Hauptversammlung sowie für die Abstimmungsverfahren gelten unbeschadet der Bestimmungen dieses Abschnitts die im Sitzstaat der SE für Aktiengesellschaften maßgeblichen Rechtsvorschriften.

Artikel 54

(1) Die Hauptversammlung tritt mindestens einmal im Kalenderjahr binnen sechs Monaten nach Abschluss des Geschäftsjahres zusammen, sofern die im Sitzstaat der SE für Aktiengesellschaften, die dieselbe Art von Aktivitäten wie die SE betreiben, maßgeblichen Rechtsvorschriften nicht häufigere Versammlungen vorsehen. Die Mitgliedstaaten können jedoch vorsehen, dass die erste Hauptversammlung bis zu 18 Monate nach Gründung der SE abgehalten werden kann.

(2) Die Hauptversammlung kann jederzeit vom Leitungs-, Aufsichts- oder Verwaltungsorgan oder von jedem anderen Organ oder jeder zuständigen Behörde nach den für Aktiengesellschaften im Sitzstaat der SE maßgeblichen einzelstaatlichen Rechtsvorschriften einberufen werden.

Artikel 55

(1) Die Einberufung der Hauptversammlung und die Aufstellung ihrer Tagesordnung können von einem oder mehreren Aktionären beantragt werden, sofern sein/ihr Anteil am gezeichneten Kapital mindestens 10 % beträgt; die Satzung oder einzelstaatliche Rechtsvorschriften können unter denselben Voraussetzungen, wie sie für Aktiengesellschaften gelten, einen niedrigeren Prozentsatz vorsehen.

(2) Der Antrag auf Einberufung muss die Punkte für die Tagesordnung enthalten.

(3) Wird die Hauptversammlung nicht rechtzeitig bzw. nicht spätestens zwei Monate nach dem Zeitpunkt, zu dem der in Absatz 1 genannte Antrag gestellt worden ist, abgehalten, so kann das am Sitz der SE zuständige Gericht oder die am Sitz der SE zuständige Verwaltungsbehörde anordnen, dass sie innerhalb einer bestimmten Frist einzuberufen ist, oder die Aktionäre, die den Antrag gestellt haben, oder deren Vertreter dazu ermächtigen. Hiervon unberührt bleiben einzelstaatliche Bestimmungen, aufgrund deren die Aktionäre gegebenenfalls die Möglichkeit haben, selbst die Hauptversammlung einzuberufen.

Artikel 56

Die Ergänzung der Tagesordnung für eine Hauptversammlung durch einen oder mehrere Punkte kann von einem oder mehreren Aktionären beantragt werden, sofern sein/ihr Anteil am gezeichneten Kapital mindestens 10 % beträgt. Die Verfahren und Fristen für diesen Antrag werden nach dem einzelstaatlichen Recht des Sitzstaats der SE oder, sofern solche Vorschriften nicht vorhanden sind, nach der Satzung der SE festgelegt. Die Satzung oder das Recht des Sitzstaats können unter denselben Voraussetzungen, wie sie für Aktiengesellschaften gelten, einen niedrigeren Prozentsatz vorsehen.

Artikel 57

Die Beschlüsse der Hauptversammlung werden mit der Mehrheit der abgegebenen gültigen Stimmen gefasst, sofern diese Verordnung oder gegebenenfalls das im Sitzstaat der SE für Aktiengesellschaften maßgebliche Recht nicht eine größere Mehrheit vorschreibt.

Artikel 58

Zu den abgegebenen Stimmen zählen nicht die Stimmen, die mit Aktien verbunden sind, deren Inhaber nicht an der Abstimmung teilgenommen oder sich der Stimme enthalten oder einen leeren oder ungültigen Stimmzettel abgegeben haben.

Artikel 59

(1) Die Änderung der Satzung bedarf eines Beschlusses der Hauptversammlung, der mit der Mehrheit von nicht weniger als zwei Dritteln der abgegebenen Stimmen gefasst worden ist, sofern die Rechtsvorschriften für Aktiengesellschaften im Sitzstaat der SE keine größere Mehrheit vorsehen oder zulassen.

(2) Jeder Mitgliedstaat kann jedoch bestimmen, dass die einfache Mehrheit der Stimmen im Sinne von Absatz 1 ausreicht, sofern mindestens die Hälfte des gezeichneten Kapitals vertreten ist.

(3) Jede Änderung der Satzung wird gemäß Artikel 13 offen gelegt.

Artikel 60

(1) Sind mehrere Gattungen von Aktien vorhanden, so erfordert jeder Beschluss der Hauptversammlung noch eine gesonderte Abstimmung durch jede Gruppe von Aktionären, deren spezifische Rechte durch den Beschluss berührt werden.

(2) Bedarf der Beschluss der Hauptversammlung der Mehrheit der Stimmen gemäß Artikel 59 Absätze 1 oder 2, so ist diese Mehrheit auch für die gesonderte Abstimmung jeder Gruppe von Aktionären erforderlich, deren spezifische Rechte durch den Beschluss berührt werden.

TITEL IV

JAHRESABSCHLUSS UND KONSOLIDIERTER ABSCHLUSS

Artikel 61

Vorbehaltlich des Artikels 62 unterliegt die SE hinsichtlich der Aufstellung ihres Jahresabschlusses und gegebenenfalls ihres konsolidierten Abschlusses einschließlich des dazugehörigen Lageberichts sowie der Prüfung und der Offenlegung dieser Abschlüsse den Vorschriften, die für dem Recht des Sitzstaates der SE unterliegende Aktiengesellschaften gelten.

Artikel 62

(1) Handelt es sich bei der SE um ein Kreditinstitut oder ein Finanzinstitut, so unterliegt sie hinsichtlich der Aufstellung ihres Jahresabschlusses und gegebenenfalls ihres konsolidierten Abschlusses einschließlich des dazugehörigen Lageberichts sowie der Prüfung und der Offenlegung dieser Abschlüsse den gemäß der Richtlinie 2000/12/EG des Europäischen Parlaments und des Rates vom 20.

März 2000 über die Aufnahme und Ausübung der Tätigkeit der Kreditinstitute (9) erlassenen einzelstaatlichen Rechtsvorschriften des Sitzstaats.

(2) Handelt es sich bei der SE um ein Versicherungsunternehmen, so unterliegt sie hinsichtlich der Aufstellung ihres Jahresabschlusses und gegebenenfalls ihres konsolidierten Abschlusses einschließlich des dazugehörigen Lageberichts sowie der Prüfung und der Offenlegung dieser Abschlüsse den gemäß der Richtlinie 91/674/EWG des Rates vom 19. Dezember 1991 über den Jahresabschluss und den konsolidierten Abschluss von Versicherungsunternehmen(10) erlassenen einzelstaatlichen Rechtsvorschriften des Sitzstaats.

TITEL V

AUFLÖSUNG, LIQUIDATION, ZAHLUNGSUNFÄHIGKEIT UND ZAHLUNGSEINSTELLUNG

Artikel 63

Hinsichtlich der Auflösung, Liquidation, Zahlungsunfähigkeit, Zahlungseinstellung und ähnlicher Verfahren unterliegt die SE den Rechtsvorschriften, die für eine Aktiengesellschaft maßgeblich wären, die nach dem Recht des Sitzstaats der SE gegründet worden ist; dies gilt auch für die Vorschriften hinsichtlich der Beschlussfassung durch die Hauptversammlung.
Artikel 64

(1) Erfuellt eine SE nicht mehr die Verpflichtung nach Artikel 7, so trifft der Mitgliedstaat, in dem die SE ihren Sitz hat, geeignete Maßnahmen, um die SE zu verpflichten, innerhalb einer bestimmten Frist den vorschriftswidrigen Zustand zu beenden, indem sie

a) entweder ihre Hauptverwaltung wieder im Sitzstaat errichtet

b) oder ihren Sitz nach dem Verfahren des Artikels 8 verlegt.

(2) Der Sitzstaat trifft die erforderlichen Maßnahmen, um zu gewährleisten, dass eine SE, die den vorschriftswidrigen Zustand nicht gemäß Absatz 1 beendet, liquidiert wird.

(3) Der Sitzstaat sieht vor, dass ein Rechtsmittel gegen die Feststellung des Verstoßes gegen Artikel 7 eingelegt werden kann. Durch dieses Rechtsmittel werden die in den Absätzen 1 und 2 vorgesehenen Verfahren ausgesetzt.

(4) Wird auf Veranlassung der Behörden oder einer betroffenen Partei festgestellt, dass sich die Hauptverwaltung einer SE unter Verstoß gegen Artikel 7 im

Hoheitsgebiet eines Mitgliedstaats befindet, so teilen die Behörden dieses Mitgliedstaats dies unverzüglich dem Mitgliedstaat mit, in dem die SE ihren Sitz hat.

Artikel 65

Die Eröffnung eines Auflösungs-, Liquidations-, Zahlungsunfähigkeits- und Zahlungseinstellungsverfahrens und sein Abschluss sowie die Entscheidung über die Weiterführung der Geschäftstätigkeit werden unbeschadet einzelstaatlicher Bestimmungen, die zusätzliche Anforderungen in Bezug auf die Offenlegung enthalten, gemäß Artikel 13 offen gelegt.

Artikel 66

(1) Eine SE kann in eine dem Recht ihres Sitzstaats unterliegende Aktiengesellschaft umgewandelt werden. Ein Umwandlungsbeschluss darf erst zwei Jahre nach Eintragung der SE oder nach Genehmigung der ersten beiden Jahresabschlüsse gefasst werden.

(2) Die Umwandlung einer SE in eine Aktiengesellschaft führt weder zur Auflösung der Gesellschaft noch zur Gründung einer neuen juristischen Person.

(3) Das Leitungs- oder das Verwaltungsorgan der SE erstellt einen Umwandlungsplan sowie einen Bericht, in dem die rechtlichen und wirtschaftlichen Aspekte der Umwandlung erläutert und begründet sowie die Auswirkungen, die der Übergang zur Rechtsform der Aktiengesellschaft für die Aktionäre und die Arbeitnehmer hat, dargelegt werden.

(4) Der Umwandlungsplan ist mindestens einen Monat vor dem Tag der Hauptversammlung, die über die Umwandlung zu beschließen hat, nach den in den Rechtsvorschriften der einzelnen Mitgliedstaaten gemäß Artikel 3 der Richtlinie 68/151/EWG vorgesehenen Verfahren offen zu legen.

(5) Vor der Hauptversammlung nach Absatz 6 ist von einem oder mehreren unabhängigen Sachverständigen, der/die nach den einzelstaatlichen Durchführungsbestimmungen zu Artikel 10 der Richtlinie 78/855/EWG durch ein Gericht oder eine Verwaltungsbehörde des Mitgliedstaates, dem die sich in eine Aktiengesellschaft umwandelnde SE unterliegt, bestellt oder zugelassen ist/sind, zu bescheinigen, dass die Gesellschaft über Vermögenswerte mindestens in Höhe ihres Kapitals verfügt.

(6) Die Hauptversammlung der SE stimmt dem Umwandlungsplan zu und genehmigt die Satzung der Aktiengesellschaft. Die Beschlussfassung der Hauptversammlung erfolgt nach Maßgabe der einzelstaatlichen Bestimmungen im Einklang mit Artikel 7 der Richtlinie 78/855/EWG.

TITEL VI

ERGÄNZUNGS- UND ÜBERGANGSBESTIMMUNGEN

Artikel 67

(1) Jeder Mitgliedstaat kann, sofern und solange für ihn die dritte Stufe der Wirtschafts- und Währungsunion (WWU) nicht gilt, auf die SE mit Sitz in seinem Hoheitsgebiet in der Frage, auf welche Währung ihr Kapital zu lauten hat, dieselben Bestimmungen anwenden wie auf die Aktiengesellschaften, für die seine Rechtsvorschriften gelten. Die SE kann ihr Kapital auf jeden Fall auch in Euro ausdrücken. In diesem Fall wird für die Umrechnung zwischen Landeswährung und Euro der Satz zugrunde gelegt, der am letzten Tag des Monats vor der Gründung der SE galt.

(2) Sofern und solange für den Sitzstaat der SE die dritte Stufe der WWU nicht gilt, kann die SE jedoch die Jahresabschlüsse und gegebenenfalls die konsolidierten Abschlüsse in Euro erstellen und offen legen. Der Mitgliedstaat kann verlangen, dass die Jahresabschlüsse und gegebenenfalls die konsolidierten Abschlüsse nach denselben Bedingungen, wie sie für die dem Recht dieses Mitgliedstaats unterliegenden Aktiengesellschaften vorgesehen sind, in der Landeswährung erstellt und offen gelegt werden. Dies gilt unbeschadet der der SE zusätzlich eingeräumten Möglichkeit, ihre Jahresabschlüsse und gegebenenfalls ihre konsolidierten Abschlüsse entsprechend der Richtlinie 90/604/EWG(11) in Euro offen zu legen.

TITEL VII

SCHLUSSBESTIMMUNGEN

Artikel 68

(1) Die Mitgliedstaaten treffen alle geeigneten Vorkehrungen, um das Wirksamwerden dieser Verordnung zu gewährleisten.

(2) Jeder Mitgliedstaat benennt die zuständigen Behörden im Sinne der Artikel 8, 25, 26, 54, 55 und 64. Er setzt die Kommission und die anderen Mitgliedstaaten davon in Kenntnis.

Artikel 69

Spätestens fünf Jahre nach Inkrafttreten dieser Verordnung legt die Kommission dem Rat und dem Europäischen Parlament einen Bericht über die Anwendung der Verordnung sowie gegebenenfalls Vorschläge für Änderungen vor. In dem Bericht wird insbesondere geprüft, ob es zweckmäßig ist,

a) zuzulassen, dass sich die Hauptverwaltung und der Sitz der SE in verschiedenen Mitgliedstaaten befinden,

b) den Begriff der Verschmelzung in Artikel 17 Absatz 2 auszuweiten, um auch andere als die in Artikel 3 Absatz 1 und Artikel 4 Absatz 1 der Richtlinie 78/855/EWG definierten Formen der Verschmelzung zuzulassen,

c) die Gerichtsstandsklausel des Artikels 8 Absatz 16 im Lichte von Bestimmungen, die in das Brüsseler Übereinkommen von 1968 oder in einen Rechtsakt der Mitgliedstaaten oder des Rates zur Ersetzung dieses Übereinkommens aufgenommen wurden, zu überprüfen,

d) vorzusehen, dass ein Mitgliedstaat in den Rechtsvorschriften, die er in Ausübung der durch diese Verordnung übertragenen Befugnisse oder zur Sicherstellung der tatsächlichen Anwendung dieser Verordnung auf eine SE erlässt, Bestimmungen in der Satzung der SE zulassen kann, die von diesen Rechtsvorschriften abweichen oder diese ergänzen, auch wenn derartige Bestimmungen in der Satzung einer Aktiengesellschaft mit Sitz in dem betreffenden Mitgliedstaat nicht zulässig wären.

Artikel 70

Diese Verordnung tritt am 8. Oktober 2004 in Kraft.

Diese Verordnung ist in allen ihren Teilen verbindlich und gilt unmittelbar in jedem Mitgliedstaat.

Geschehen zu Luxemburg am 8. Oktober 2001.

Im Namen des Rates

Der Präsident
L. Onkelinx

(1) ABl. C 263 vom 16.10.1989, S. 41, und ABl. C 176 vom 8.7.1991, S. 1.

(2) Stellungnahme vom 4. September 2001 (noch nicht im Amtsblatt veröffentlicht).

(3) ABl. C 124 vom 21.5.1990, S. 34.

(4) Siehe S. 22 dieses Amtsblatts.

(5) ABl. L 395 vom 30.12.1989, S. 40. Zuletzt geändert durch die Beitrittsakte von 1994.

(6) ABl. L 65 vom 14.3.1968, S. 8. Zuletzt geändert durch die Beitrittsakte von 1994.

(7) Dritte Richtlinie 78/855/EWG des Rates vom 9. Oktober 1978 gemäß Artikel 54 Absatz 3 Buchstabe g des Vertrages betreffend die Verschmelzung von Aktiengesellschaften (ABl. L 295 vom 20.10.1978, S. 36). Zuletzt geändert durch die Beitrittsakte von 1994.

(8) Zweite Richtlinie 77/91/EWG des Rates vom 13. Dezember 1976 zur Koordinierung der Schutzbestimmungen, die in den Mitgliedstaaten den Gesellschaften im Sinne des Artikels 58 Absatz 2 des Vertrages im Interesse der Gesellschafter sowie Dritter für die Gründung der Aktiengesellschaft sowie für die Erhaltung und Änderung ihres Kapitals vorgeschrieben sind, um diese Bestimmungen gleichwertig zu gestalten (ABl. L 26 vom 31.1.1977, S. 1). Zuletzt geändert durch die Beitrittsakte von 1994.

(9) ABl. L 126 vom 26.5.2000, S. 1.

(10) ABl. L 374 vom 31.12.1991, S. 7.
(11) Richtlinie 90/604/EWG des Rates vom 8. November 1990 zur Änderung der Richtlinie 78/660/EWG über den Jahresabschluss und der Richtlinie 83/349/EWG über den konsolidierten Abschluss hinsichtlich der Ausnahme für kleine und mittlere Gesellschaften sowie der Offenlegung von Abschlüssen in Ecu (ABl. L 317 vom 16.11.1990, S. 57).

ANHANG I

AKTIENGESELLSCHAFTEN GEMÄSS ARTIKEL 2 ABSATZ 1

BELGIEN:
la société anonyme//de naamloze vennootschap
DÄNEMARK:
aktieselskaber
DEUTSCHLAND:
die Aktiengesellschaft
GRIECHENLAND:
ανώνυμη εταιρία
SPANIEN:
la sociedad anónima

FRANKREICH:
la société anonyme
IRLAND:
public companies limited by shares
public companies limited by guarantee having a share capital
ITALIEN:
società per azioni
LUXEMBURG:
la société anonyme
NIEDERLANDE:
de naamloze vennootschap
ÖSTERREICH:
die Aktiengesellschaft
PORTUGAL:
a sociedade anónima de responsabilidade limitada
FINNLAND:
julkinen osakeyhtiö//publikt aktiebolag
SCHWEDEN:
publikt aktiebolag
VEREINIGTES KÖNIGREICH:
public companies limited by shares
public companies limited by guarantee having a share capital

ANHANG II

AKTIENGESELLSCHAFTEN UND GESELLSCHAFTEN MIT BESCHRÄNKTER HAFTUNG GEMÄSS ARTIKEL 2 ABSATZ 2

BELGIEN:
la société anonyme//de naamloze vennootschap,
la société privée à responsabilité limitée//besloten vennootschap met beperkte aansprakelijkheid
DÄNEMARK:
aktieselskaber,
anpartselskaber
DEUTSCHLAND:
die Aktiengesellschaft,
die Gesellschaft mit beschränkter Haftung
GRIECHENLAND:
ανώνυμη εταιρία
εταιρία περιορισμένης ευθύνης
SPANIEN:
la sociedad anónima,
la sociedad de responsabilidad limitada

FRANKREICH:
la société anonyme
la société à responsabilité limitée
IRLAND:
public companies limited by shares
public companies limited by guarantee having a share capital
private companies limited by shares
private companies limited by guarantee having a share capital
ITALIEN:
società per azioni,
società a responsabilità limitata
LUXEMBURG:
la société anonyme,
la société à responsabilité limitée
NIEDERLANDE:
de naamloze vennootschap,
de besloten vennootschap met beperkte aansprakelijkheid
ÖSTERREICH:
die Aktiengesellschaft,
die Gesellschaft mit beschränkter Haftung
PORTUGAL:
a sociedade anónima de responsabilidade limitada,
a sociedade por quotas de responsabilidade limitada
FINNLAND:
osakeyhtiö//aktiebolag
SCHWEDEN:
aktiebolag
VEREINIGTES KÖNIGREICH:
public companies limited by shares
public companies limited by guarantee having a share capital
private companies limited by shares
private companies limited by guarantee having a share capital

Anhang II

Richtlinie 2001/86/EG des Rates vom 8. Oktober 2001 zur Ergänzung des Statuts der Europäischen Gesellschaft hinsichtlich der Beteiligung der Arbeitnehmer (SE-RL: Abl. EG Nr. L 294 vom 10. November 2001, S. 22)

DER RAT DER EUROPÄISCHEN UNION -

gestützt auf den Vertrag zur Gründung der Europäischen Gemeinschaft, insbesondere auf Artikel 308,
auf der Grundlage des geänderten Vorschlags der Kommission(1),
nach Stellungnahme des Europäischen Parlaments(2),
nach Stellungnahme des Wirtschafts- und Sozialausschusses(3),
in Erwägung nachstehender Gründe:

(1) Zur Erreichung der Ziele des Vertrags wird mit der Verordnung (EG) Nr. 2157/2001 des Rates(4) das Statut der Europäischen Gesellschaft (SE) festgelegt.

(2) Mit jener Verordnung soll ein einheitlicher rechtlicher Rahmen geschaffen werden, innerhalb dessen Gesellschaften aus verschiedenen Mitgliedstaaten in der Lage sein sollten, die Neuorganisation ihres Geschäftsbetriebs gemeinschaftsweit zu planen und durchzuführen.

(3) Um die Ziele der Gemeinschaft im sozialen Bereich zu fördern, müssen besondere Bestimmungen - insbesondere auf dem Gebiet der Beteiligung der Arbeitnehmer - festgelegt werden, mit denen gewährleistet werden soll, dass die Gründung einer SE nicht zur Beseitigung oder zur Einschränkung der Gepflogenheiten der Arbeitnehmerbeteiligung führt, die in den an der Gründung einer SE beteiligten Gesellschaften herrschen. Dieses Ziel sollte durch die Einführung von Regeln in diesen Bereich verfolgt werden, mit denen die Bestimmungen der Verordnung ergänzt werden.

(4) Da die Ziele der vorgeschlagenen Maßnahme - wie oben ausgeführt - nicht hinreichend von den Mitgliedstaaten erreicht werden können, weil es darum geht, eine Reihe von für die SE geltenden Regeln für die Beteiligung der Arbeitnehmer zu erlassen, und da die Ziele daher wegen des Umfangs und der Wirkungen der vorgeschlagenen Maßnahme besser auf Gemeinschaftsebene erreicht werden können, kann die Gemeinschaft im Einklang mit dem Subsidiaritätsprinzip nach Artikel 5 des Vertrags Maßnahmen ergreifen. Im Einklang mit dem Verhältnismäßigkeitsprinzip nach jenem Artikel geht diese Richtlinie nicht über das für die Erreichung dieser Ziele erforderliche Maß hinaus.

(5) Angesichts der in den Mitgliedstaaten bestehenden Vielfalt an Regelungen und Gepflogenheiten für die Beteiligung der Arbeitnehmervertreter an der Be-

schlussfassung in Gesellschaften ist es nicht ratsam, ein auf die SE anwendbares einheitliches europäisches Modell der Arbeitnehmerbeteiligung vorzusehen.

(6) In allen Fällen der Gründung einer SE sollten jedoch Unterrichtungs- und Anhörungsverfahren auf grenzüberschreitender Ebene gewährleistet sein.

(7) Sofern und soweit es in einer oder in mehreren der an der Gründung einer SE beteiligten Gesellschaften Mitbestimmungsrechte gibt, sollten sie durch Übertragung an die SE nach deren Gründung erhalten bleiben, es sei denn, dass die Parteien etwas anderes beschließen.

(8) Die konkreten Verfahren der grenzüberschreitenden Unterrichtung und Anhörung der Arbeitnehmer sowie gegebenenfalls der Mitbestimmung, die für die einzelnen SE gelten, sollten vorrangig durch eine Vereinbarung zwischen den betroffenen Parteien oder - in Ermangelung einer derartigen Vereinbarung - durch die Anwendung einer Reihe von subsidiären Regeln festgelegt werden.

(9) Angesicht der unterschiedlichen Gegebenheiten bei den nationalen Systemen der Mitbestimmung sollte den Mitgliedstaaten die Anwendung der Auffangregelungen für die Mitbestimmung im Falle einer Fusion freigestellt werden. In diesem Fall ist die Beibehaltung der bestehenden Mitbestimmungssysteme und -praktiken, die gegebenenfalls auf der Ebene der teilnehmenden Gesellschaften bestehen, durch eine Anpassung der Vorschriften für die Registrierung zu gewährleisten.

(10) Die Abstimmungsregeln in dem besonderen Gremium, das die Arbeitnehmer zu Verhandlungszwecken vertritt, sollten - insbesondere wenn Vereinbarungen getroffen werden, die ein geringeres Maß an Mitbestimmung vorsehen, als es in einer oder mehreren der sich beteiligenden Gesellschaften gegeben ist - in einem angemessenen Verhältnis zur Gefahr der Beseitigung oder der Einschränkung der bestehenden Mitbestimmungssysteme und -praktiken stehen. Wenn eine SE im Wege der Umwandlung oder Verschmelzung gegründet wird, ist diese Gefahr größer, als wenn die Gründung im Wege der Errichtung einer Holdinggesellschaft oder einer gemeinsamen Tochtergesellschaft erfolgt.

(11) Führen die Verhandlungen zwischen den Vertretern der Arbeitnehmer und dem jeweils zuständigen Organ der beteiligten Gesellschaften nicht zu einer Vereinbarung, so sollten für die SE von ihrer Gründung an bestimmte Standardanforderungen gelten. Diese Standardanforderungen sollten eine effiziente Praxis der grenzüberschreitenden Unterrichtung und Anhörung der Arbeitnehmer sowie deren Mitbestimmung in dem einschlägigen Organ der SE gewährleisten, sofern und soweit es eine derartige Mitbestimmung vor der Errichtung der SE in einer der beteiligten Gesellschaften gegeben hat.

(12) Es sollte vorgesehen werden, dass die Vertreter der Arbeitnehmer, die im Rahmen der Richtlinie handeln, bei der Wahrnehmung ihrer Aufgaben einen ähnlichen Schutz und ähnliche Garantien genießen, wie sie die Vertreter der Arbeitnehmer nach den Rechtsvorschriften und/oder den Gepflogenheiten des Landes ihrer Beschäftigung haben. Sie sollten keiner Diskriminierung infolge der rechtmäßigen Ausübung ihrer Tätigkeit unterliegen und einen angemessenen Schutz vor Kündigung und anderen Sanktionen genießen.

(13) Die Vertraulichkeit sensibler Informationen sollte auch nach Ablauf der Amtszeit der Arbeitnehmervertreter gewährleistet sein; dem zuständigen Organ der SE sollte es gestattet werden, Informationen zurückzuhalten, die im Falle einer Bekanntgabe an die Öffentlichkeit den Betrieb der SE ernsthaft stören würden.

(14) Unterliegen eine SE sowie ihre Tochtergesellschaften und Niederlassungen der Richtlinie 94/45/EG des Rates vom 22. September 1994 über die Einsetzung eines Europäischen Betriebsrats oder die Schaffung eines Verfahrens zur Unterrichtung und Anhörung der Arbeitnehmer in gemeinschaftsweit operierenden Unternehmen und Unternehmensgruppen(5), so sollten die Bestimmungen jener Richtlinie und die Bestimmungen zu ihrer Umsetzung in einzelstaatliches Recht weder auf die SE noch auf ihre Tochtergesellschaften und Niederlassungen anwendbar sein, es sei denn, das besondere Verhandlungsgremium beschließt, keine Verhandlungen aufzunehmen oder bereits eröffnete Verhandlungen zu beenden.

(15) Die Regeln dieser Richtlinie sollten andere bestehende Beteiligungsrechte nicht berühren und haben nicht notwendigerweise Auswirkungen auf andere bestehende Vertretungsstrukturen aufgrund gemeinschaftlicher oder einzelstaatlicher Rechtsvorschriften oder Gepflogenheiten.

(16) Die Mitgliedstaaten sollten geeignete Maßnahmen für den Fall vorsehen, dass die in dieser Richtlinie festgelegten Pflichten nicht eingehalten werden.

(17) Der Vertrag enthält Befugnisse für die Annahme dieser Richtlinie nur in Artikel 308.

(18) Die Sicherung erworbener Rechte der Arbeitnehmer über ihre Beteiligung an Unternehmensentscheidungen ist fundamentaler Grundsatz und erklärtes Ziel dieser Richtlinie. Die vor der Gründung von SE bestehenden Rechte der Arbeitnehmer sollten deshalb Ausgangspunkt auch für die Gestaltung ihrer Beteiligungsrechte in der SE (Vorher-Nachher-Prinzip) sein. Dieser Ansatz sollte folgerichtig nicht nur für die Neugründung einer SE, sondern auch für strukturelle Veränderungen einer bereits gegründeten SE und für die von den strukturellen Änderungsprozessen betroffenen Gesellschaften gelten.

(19) Die Mitgliedstaaten sollten vorsehen können, dass Vertreter von Gewerkschaften Mitglied eines besonderen Verhandlungsgremiums sein können, unabhängig davon, ob sie Arbeitnehmer einer an der Gründung einer SE beteiligten Gesellschaft sind oder nicht. In diesem Zusammenhang sollten die Mitgliedstaaten dieses Recht insbesondere in den Fällen vorsehen können, in denen Gewerkschaftsvertreter nach ihrem einzelstaatlichen Recht stimmberechtigte Mitglieder des Aufsichts- oder des Leitungsorgans sein dürfen.

(20) In mehreren Mitgliedstaaten werden die Beteiligung der Arbeitnehmer sowie andere Bereiche der Arbeitgeber/Arbeitnehmer-Beziehungen sowohl durch einzelstaatliche Rechtsvorschriften als auch durch Gepflogenheiten geregelt, wobei die Gepflogenheiten im vorliegenden Zusammenhang in der Weise zu verstehen sind, dass sie auch Tarifverträge auf verschiedenen Ebenen - national, sektoral oder unternehmensbezogen - umfassen -

HAT FOLGENDE RICHTLINIE ERLASSEN:

TEIL I

ALLGEMEINE BESTIMMUNGEN

Artikel 1

Gegenstand

(1) Diese Richtlinie regelt die Beteiligung der Arbeitnehmer in der Europäischen Aktiengesellschaft (Societas Europaea, nachfolgend "SE" genannt), die Gegenstand der Verordnung (EG) Nr. 2157/2001 ist.

(2) Zu diesem Zweck wird in jeder SE gemäß dem Verhandlungsverfahren nach den Artikeln 3 bis 6 oder unter den in Artikel 7 genannten Umständen gemäß dem Anhang eine Vereinbarung über die Beteiligung der Arbeitnehmer getroffen.

Artikel 2

Begriffsbestimmungen

Für die Zwecke dieser Richtlinie bezeichnet der Ausdruck
a) "SE" eine nach der Verordnung (EG) Nr. 2157/2001 gegründete Gesellschaft,

b) "beteiligte Gesellschaften" die Gesellschaften, die unmittelbar an der Gründung einer SE beteiligt sind,

c) "Tochtergesellschaft" einer Gesellschaft ein Unternehmen, auf das die betreffende Gesellschaft einen beherrschenden Einfluss im Sinne des Artikels 3 Absätze 2 bis 7 der Richtlinie 94/45/EG ausübt,

d) "betroffene Tochtergesellschaft oder betroffener Betrieb" eine Tochtergesellschaft oder einen Betrieb einer beteiligten Gesellschaft, die/der bei der Gründung der SE zu einer Tochtergesellschaft oder einem Betrieb der SE werden soll,

e) "Arbeitnehmervertreter" die nach den Rechtsvorschriften und/oder den Gepflogenheiten der einzelnen Mitgliedstaaten vorgesehenen Vertreter der Arbeitnehmer,

f) "Vertretungsorgan" das Organ zur Vertretung der Arbeitnehmer, das durch die Vereinbarung nach Artikel 4 oder entsprechend dem Anhang eingesetzt wird, um die Unterrichtung und Anhörung der Arbeitnehmer der SE und ihrer Tochtergesellschaften und Betriebe in der Gemeinschaft vorzunehmen und gegebenenfalls Mitbestimmungsrechte in Bezug auf die SE wahrzunehmen,

g) "besonderes Verhandlungsgremium" das gemäß Artikel 3 eingesetzte Gremium, das die Aufgabe hat, mit dem jeweils zuständigen Organ der beteiligten Gesellschaften die Vereinbarung über die Beteiligung der Arbeitnehmer in der SE auszuhandeln,

h) "Beteiligung der Arbeitnehmer" jedes Verfahren - einschließlich der Unterrichtung, der Anhörung und der Mitbestimmung -, durch das die Vertreter der Arbeitnehmer auf die Beschlussfassung innerhalb der Gesellschaft Einfluss nehmen können,

i) "Unterrichtung" die Unterrichtung des Organs zur Vertretung der Arbeitnehmer und/oder der Arbeitnehmervertreter durch das zuständige Organ der SE über Angelegenheiten, die die SE selbst oder eine ihrer Tochtergesellschaften oder einen ihrer Betriebe in einem anderen Mitgliedstaat betreffen oder die über die Befugnisse der Entscheidungsorgane auf der Ebene des einzelnen Mitgliedstaats hinausgehen, wobei Zeitpunkt, Form und Inhalt der Unterrichtung den Arbeitnehmervertretern eine eingehende Prüfung der möglichen Auswirkungen und gegebenenfalls die Vorbereitung von Anhörungen mit dem zuständigen Organ der SE ermöglichen müssen,

j) "Anhörung" die Einrichtung eines Dialogs und eines Meinungsaustauschs zwischen dem Organ zur Vertretung der Arbeitnehmer und/oder den Arbeitnehmervertretern und dem zuständigen Organ der SE, wobei Zeitpunkt, Form und Inhalt der Anhörung den Arbeitnehmervertretern auf der Grundlage der erfolgten Unterrichtung eine Stellungnahme zu den geplanten Maßnahmen des zuständigen Organs ermöglichen müssen, die im Rahmen des Entscheidungsprozesses innerhalb der SE berücksichtigt werden kann,

k) "Mitbestimmung" die Einflussnahme des Organs zur Vertretung der Arbeitnehmer und/oder der Arbeitnehmervertreter auf die Angelegenheiten einer Gesellschaft durch

- die Wahrnehmung des Rechts, einen Teil der Mitglieder des Aufsichts- oder des Verwaltungsorgans der Gesellschaft zu wählen oder zu bestellen, oder

- die Wahrnehmung des Rechts, die Bestellung eines Teils der oder aller Mitglieder des Aufsichts- oder des Verwaltungsorgans der Gesellschaft zu empfehlen und/oder abzulehnen.

TEIL II

VERHANDLUNGSVERFAHREN

Artikel 3

Einsetzung eines besonderen Verhandlungsgremiums

(1) Wenn die Leitungs- oder die Verwaltungsorgane der beteiligten Gesellschaften die Gründung einer SE planen, leiten sie nach der Offenlegung des Verschmelzungsplans oder des Gründungsplans für eine Holdinggesellschaft oder nach der Vereinbarung eines Plans zur Gründung einer Tochtergesellschaft oder zur Umwandlung in eine SE so rasch wie möglich die erforderlichen Schritte - zu denen auch die Unterrichtung über die Identität der beteiligten Gesellschaften und der betroffenenTochtergesellschaften oder betroffenen Betriebe sowie die Zahl ihrer Beschäftigten gehört - für die Aufnahme von Verhandlungen mit den Arbeitnehmervertretern der Gesellschaften über die Vereinbarung über die Beteiligung der Arbeitnehmer in der SE ein.

(2) Zu diesem Zweck wird ein besonderes Verhandlungsgremium als Vertretung der Arbeitnehmer der beteiligten Gesellschaften sowie der betroffenen Tochtergesellschaften oder betroffenen Betriebe gemäß folgenden Vorschriften eingesetzt:

a) Bei der Wahl oder der Bestellung der Mitglieder des besonderen Verhandlungsgremiums ist Folgendes sicherzustellen:

i) die Vertretung durch gewählte oder bestellte Mitglieder entsprechend der Zahl der in jedem Mitgliedstaat beschäftigten Arbeitnehmer der beteiligten Gesellschaften und der betroffenen Tochtergesellschaften oder betroffenen Betriebe in der Form, dass pro Mitgliedstaat für jeden Anteil der in diesem Mitgliedstaat beschäftigten Arbeitnehmer, der 10 % der Gesamtzahl der in allen Mitgliedstaaten beschäftigten Arbeitnehmer der beteiligten Gesellschaften und der betroffenen Tochtergesellschaften oder betroffenen Betriebe entspricht, oder für einen Bruchteil dieser Tranche Anspruch auf einen Sitz besteht;

ii) im Falle einer durch Verschmelzung gegründeten SE die Vertretung jedes Mitgliedstaats durch so viele weitere Mitglieder, wie erforderlich sind, um zu gewährleisten, dass jede beteiligte Gesellschaft, die eingetragen ist und Arbeitnehmer in dem betreffenden Mitgliedstaat beschäftigt und die als Folge der geplanten Eintragung der SE als eigene Rechtspersönlichkeit erlöschen wird, in dem besonderen Verhandlungsgremium durch mindestens ein Mitglied vertreten ist, sofern

- die Zahl dieser zusätzlichen Mitglieder 20 % der sich aus der Anwendung von Ziffer i ergebenden Mitgliederzahl nicht überschreitet und

- die Zusammensetzung des besonderen Verhandlungsgremiums nicht zu einer Doppelvertretung der betroffenen Arbeitnehmer führt.

Übersteigt die Zahl dieser Gesellschaften die Zahl der gemäß Unterabsatz 1 verfügbaren zusätzlichen Mitglieder, so werden diese zusätzlichen Mitglieder Gesellschaften in verschiedenen Mitgliedstaaten in absteigender Reihenfolge der Zahl der bei ihnen beschäftigten Arbeitnehmer zugeteilt.

b) Die Mitgliedstaaten legen das Verfahren für die Wahl oder die Bestellung der Mitglieder des besonderen Verhandlungsgremiums fest, die in ihrem Hoheitsgebiet zu wählen oder zu bestellen sind. Sie ergreifen die erforderlichen Maßnahmen, um sicherzustellen, dass nach Möglichkeit jede beteiligte Gesellschaft, die in dem jeweiligen Mitgliedstaat Arbeitnehmer beschäftigt, durch mindestens ein Mitglied in dem Gremium vertreten ist. Die Gesamtzahl der Mitglieder darf durch diese Maßnahmen nicht erhöht werden.

Die Mitgliedstaaten können vorsehen, dass diesem Gremium Gewerkschaftsvertreter auch dann angehören können, wenn sie nicht Arbeitnehmer einer beteiligten Gesellschaft oder einer betroffenen Tochtergesellschaft oder eines betroffenen Betriebs sind.

Unbeschadet der einzelstaatlichen Rechtsvorschriften und/oder Gepflogenheiten betreffend Schwellen für die Einrichtung eines Vertretungsorgans sehen die Mitgliedstaaten vor, dass die Arbeitnehmer der Unternehmen oder Betriebe, in denen unabhängig vom Willen der Arbeitnehmer keine Arbeitnehmervertreter vorhanden sind, selbst Mitglieder für das besondere Verhandlungsgremium wählen oder bestellen dürfen.

(3) Das besondere Verhandlungsgremium und das jeweils zuständige Organ der beteiligten Gesellschaften legen in einer schriftlichen Vereinbarung die Beteiligung der Arbeitnehmer in der SE fest.

Zu diesem Zweck unterrichtet das jeweils zuständige Organ der beteiligten Gesellschaften das besondere Verhandlungsgremium über das Vorhaben der Gründung einer SE und den Verlauf des Verfahrens bis zu deren Eintragung.

(4) Das besondere Verhandlungsgremium beschließt vorbehaltlich des Absatzes 6 mit der absoluten Mehrheit seiner Mitglieder, sofern diese Mehrheit auch die absolute Mehrheit der Arbeitnehmer vertritt. Jedes Mitglied hat eine Stimme. Hätten jedoch die Verhandlungen eine Minderung der Mitbestimmungsrechte zur Folge, so ist für einen Beschluss zur Billigung einer solchen Vereinbarung eine Mehrheit von zwei Dritteln der Stimmen der Mitglieder des besonderen Verhandlungsgremiums, die mindestens zwei Drittel der Arbeitnehmer vertreten, erforderlich, mit der Maßgabe, dass diese Mitglieder Arbeitnehmer in mindestens zwei Mitgliedstaaten vertreten müssen, und zwar

- im Falle einer SE, die durch Verschmelzung gegründet werden soll, sofern sich die Mitbestimmung auf mindestens 25 % der Gesamtzahl der Arbeitnehmer der beteiligten Gesellschaften erstreckt, oder

- im Falle einer SE, die als Holdinggesellschaft oder als Tochtergesellschaft gegründet werden soll, sofern sich die Mitbestimmung auf mindestens 50 % der Gesamtzahl der Arbeitnehmer der beteiligten Gesellschaften erstreckt.

Minderung der Mitbestimmungsrechte bedeutet, dass der Anteil der Mitglieder der Organe der SE im Sinne des Artikels 2 Buchstabe k geringer ist als der höchste in den beteiligten Gesellschaften geltende Anteil.

(5) Das besondere Verhandlungsgremium kann bei den Verhandlungen Sachverständige seiner Wahl, zu denen auch Vertreter der einschlägigen Gewerkschaftsorganisationen auf Gemeinschaftsebene zählen können, hinzuziehen, um sich von ihnen bei seiner Arbeit unterstützen zu lassen. Diese Sachverständigen können, wenn das besondere Verhandlungsgremium dies wünscht, den Verhandlungen in beratender Funktion beiwohnen, um gegebenenfalls die Kohärenz und Stimmigkeit auf Gemeinschaftsebene zu fördern. Das besondere Verhandlungsgremium kann beschließen, die Vertreter geeigneter außenstehender Organisationen, zu denen auch Gewerkschaftsvertreter zählen können, vom Beginn der Verhandlungen zu unterrichten.

(6) Das besondere Verhandlungsgremium kann mit der nachstehend festgelegten Mehrheit beschließen, keine Verhandlungen aufzunehmen oder bereits aufgenommene Verhandlungen abzubrechen und die Vorschriften für die Unterrich-

tung und Anhörung der Arbeitnehmer zur Anwendung gelangen zu lassen, die in den Mitgliedstaaten gelten, in denen die SE Arbeitnehmer beschäftigt. Ein solcher Beschluss beendet das Verfahren zum Abschluss der Vereinbarung gemäß Artikel 4. Ist ein solcher Beschluss gefasst worden, findet keine der Bestimmungen des Anhangs Anwendung.

Für den Beschluss, die Verhandlungen nicht aufzunehmen oder sie abzubrechen, ist eine Mehrheit von zwei Dritteln der Stimmen der Mitglieder, die mindestens zwei Drittel der Arbeitnehmer vertreten, erforderlich, mit der Maßgabe, dass diese Mitglieder Arbeitnehmer in mindestens zwei Mitgliedstaaten vertreten müssen.

Im Fall einer durch Umwandlung gegründeten SE findet dieser Absatz keine Anwendung, wenn in der umzuwandelnden Gesellschaft Mitbestimmung besteht.

Das besondere Verhandlungsgremium wird auf schriftlichen Antrag von mindestens 10 % der Arbeitnehmer der SE, ihrer Tochtergesellschaften und ihrer Betriebe oder von deren Vertretern frühestens zwei Jahre nach dem vorgenannten Beschluss wieder einberufen, sofern die Parteien nicht eine frühere Wiederaufnahme der Verhandlungen vereinbaren. Wenn das besondere Verhandlungsgremium die Wiederaufnahme der Verhandlungen mit der Geschäftsleitung beschließt, in diesen Verhandlungen jedoch keine Einigung erzielt wird, findet keine der Bestimmungen des Anhangs Anwendung.

(7) Die Kosten, die im Zusammenhang mit der Tätigkeit des besonderen Verhandlungsgremiums und generell mit den Verhandlungen entstehen, werden von den beteiligten Gesellschaften getragen, damit das besondere Verhandlungsgremium seine Aufgaben in angemessener Weise erfuellen kann.

Im Einklang mit diesem Grundsatz können die Mitgliedstaaten Regeln für die Finanzierung der Arbeit des besonderen Verhandlungsgremiums festlegen. Sie können insbesondere die Übernahme der Kosten auf die Kosten für einen Sachverständigen begrenzen.

Artikel 4

Inhalt der Vereinbarung

(1) Das jeweils zuständige Organ der beteiligten Gesellschaften und das besondere Verhandlungsgremium verhandeln mit dem Willen zur Verständigung, um zu einer Vereinbarung über die Beteiligung der Arbeitnehmer innerhalb der SE zu gelangen.

(2) Unbeschadet der Autonomie der Parteien und vorbehaltlich des Absatzes 4 wird in der schriftlichen Vereinbarung nach Absatz 1 zwischen dem jeweils zuständigen Organ der beteiligten Gesellschaften und dem besonderen Verhandlungsgremium Folgendes festgelegt:

a) der Geltungsbereich der Vereinbarung,

b) die Zusammensetzung des Vertretungsorgans als Verhandlungspartner des zuständigen Organs der SE im Rahmen der Vereinbarung über die Unterrichtung und Anhörung der Arbeitnehmer der SE und ihrer Tochtergesellschaften und Betriebe sowie die Anzahl seiner Mitglieder und die Sitzverteilung,

c) die Befugnisse und das Verfahren zur Unterrichtung und Anhörung des Vertretungsorgans,

d) die Häufigkeit der Sitzungen des Vertretungsorgans,

e) die für das Vertretungsorgan bereitzustellenden finanziellen und materiellen Mittel,

f) die Durchführungsmodalitäten des Verfahrens oder der Verfahren zur Unterrichtung und Anhörung für den Fall, dass die Parteien im Laufe der Verhandlungen beschließen, eines oder mehrere solcher Verfahren zu schaffen, anstatt ein Vertretungsorgan einzusetzen,

g) der Inhalt einer Vereinbarung über die Mitbestimmung für den Fall, dass die Parteien im Laufe der Verhandlungen beschließen, eine solche Vereinbarung einzuführen, einschließlich (gegebenenfalls) der Zahl der Mitglieder des Verwaltungs- oder des Aufsichtsorgans der SE, welche die Arbeitnehmer wählen oder bestellen können oder deren Bestellung sie empfehlen oder ablehnen können, der Verfahren, nach denen die Arbeitnehmer diese Mitglieder wählen oder bestellen oder deren Bestellung empfehlen oder ablehnen können, und der Rechte dieser Mitglieder,

h) der Zeitpunkt des Inkrafttretens der Vereinbarung und ihre Laufzeit, die Fälle, in denen die Vereinbarung neu ausgehandelt werden sollte, und das bei ihrer Neuaushandlung anzuwendende Verfahren.

(3) Sofern in der Vereinbarung nichts anderes bestimmt ist, gilt die Auffangregelung des Anhangs nicht für diese Vereinbarung.

(4) Unbeschadet des Artikels 13 Absatz 3 Buchstabe a muss in der Vereinbarung im Falle einer durch Umwandlung gegründeten SE in Bezug auf alle Komponenten der Arbeitnehmerbeteiligung zumindest das gleiche Ausmaß gewährleis-

tet werden, das in der Gesellschaft besteht, die in eine SE umgewandelt werden soll.

Artikel 5

Dauer der Verhandlungen

(1) Die Verhandlungen beginnen mit der Einsetzung des besonderen Verhandlungsgremiums und können bis zu sechs Monate andauern.

(2) Die Parteien können einvernehmlich beschließen, die Verhandlungen über den in Absatz 1 genannten Zeitraum hinaus bis zu insgesamt einem Jahr ab der Einsetzung des besonderen Verhandlungsgremiums fortzusetzen.

Artikel 6

Für das Verhandlungsverfahren maßgebliches Recht
Sofern in dieser Richtlinie nichts anderes vorgesehen ist, ist für das Verhandlungsverfahren gemäß den Artikeln 3 bis 5 das Recht des Mitgliedstaates maßgeblich, in dem die SE ihren Sitz haben wird.

Artikel 7

Auffangregelung

(1) Zur Verwirklichung des in Artikel 1 festgelegten Ziels führen die Mitgliedstaaten unbeschadet des nachstehenden Absatzes 3 eine Auffangregelung zur Beteiligung der Arbeitnehmer ein, die den im Anhang niedergelegten Bestimmungen genügen muss.

Die Auffangregelung, die in den Rechtsvorschriften des Mitgliedstaats festgelegt ist, in dem die SE ihren Sitz haben soll, findet ab dem Zeitpunkt der Eintragung der SE Anwendung, wenn

a) die Parteien dies vereinbaren oder

b) bis zum Ende des in Artikel 5 genannten Zeitraums keine Vereinbarung zustande gekommen ist und

- das zuständige Organ jeder der beteiligten Gesellschaften der Anwendung der Auffangregelung auf die SE und damit der Fortsetzung des Verfahrens zur Eintragung der SE zugestimmt hat und

- das besondere Verhandlungsgremium keinen Beschluss gemäß Artikel 3 Absatz 6 gefasst hat.

(2) Ferner findet die Auffangregelung, die in den Rechtsvorschriften des Mitgliedstaats festgelegt ist, in dem die SE eingetragen wird, gemäß Teil 3 des Anhangs nur Anwendung, wenn

a) im Falle einer durch Umwandlung gegründeten SE die Bestimmungen eines Mitgliedstaats über die Mitbestimmung der Arbeitnehmer im Verwaltungs- oder Aufsichtsorgan für eine in eine SE umgewandelte Aktiengesellschaft galten;

b) im Falle einer durch Verschmelzung gegründeten SE

- vor der Eintragung der SE in einer oder mehreren der beteiligten Gesellschaften eine oder mehrere Formen der Mitbestimmung bestanden und sich auf mindestens 25 % der Gesamtzahl der Arbeitnehmer aller beteiligten Gesellschaften erstreckten oder

- vor der Eintragung der SE in einer oder mehreren der beteiligten Gesellschaften eine oder mehrere Formen der Mitbestimmung bestanden und sich auf weniger als 25 % der Gesamtzahl der Arbeitnehmer aller beteiligten Gesellschaften erstreckten und das besondere Verhandlungsgremium einen entsprechenden Beschluss fasst;

c) im Falle einer durch Errichtung einer Holdinggesellschaft oder einer Tochtergesellschaft gegründeten SE

- vor der Eintragung der SE in einer oder mehreren der beteiligten Gesellschaften eine oder mehrere Formen der Mitbestimmung bestanden und sich auf mindestens 50 % der Gesamtzahl der Arbeitnehmer aller beteiligten Gesellschaften erstreckten oder

- vor der Eintragung der SE in einer oder mehreren der beteiligten Gesellschaften eine oder mehrere Formen der Mitbestimmung bestanden und sich auf weniger als 50 % der Gesamtzahl der Arbeitnehmer aller beteiligten Gesellschaften erstreckten und das besondere Verhandlungsgremium einen entsprechenden Beschluss fasst.

Bestanden mehr als eine Mitbestimmungsform in den verschiedenen beteiligten Gesellschaften, so entscheidet das besondere Verhandlungsgremium, welche von ihnen in der SE eingeführt wird. Die Mitgliedstaaten können Regeln festlegen, die anzuwenden sind, wenn kein einschlägiger Beschluss für eine in ihrem Hoheitsgebiet eingetragene SE gefasst worden ist. Das besondere Verhandlungsgremium unterrichtet das jeweils zuständige Organ der beteiligten Gesellschaften über die Beschlüsse, die es gemäß diesem Absatz gefasst hat.

(3) Die Mitgliedstaaten können vorsehen, dass die Auffangregelung in Teil 3 des Anhangs in dem in Absatz 2 Buchstabe b vorgesehenen Fall nicht Anwendung findet.

TEIL III

SONSTIGE BESTIMMUNGEN

Artikel 8

Verschwiegenheit und Geheimhaltung

(1) Die Mitgliedstaaten sehen vor, dass den Mitgliedern des besonderen Verhandlungsgremiums und des Vertretungsorgans sowie den sie unterstützenden Sachverständigen nicht gestattet wird, ihnen als vertraulich mitgeteilte Informationen an Dritte weiterzugeben.

Das Gleiche gilt für die Arbeitnehmervertreter im Rahmen eines Verfahrens zur Unterrichtung und Anhörung.

Diese Verpflichtung besteht unabhängig von dem Aufenthaltsort der betreffenden Personen und auch nach Ablauf ihres Mandats weiter.

(2) Jeder Mitgliedstaat sieht vor, dass das Aufsichts- oder das Verwaltungsorgan einer SE oder einer beteiligten Gesellschaft mit Sitz in seinem Hoheitsgebiet in besonderen Fällen und unter den Bedingungen und Beschränkungen des einzelstaatlichen Rechts Informationen nicht weiterleiten muss, wenn deren Bekanntwerden bei Zugrundelegung objektiver Kriterien den Geschäftsbetrieb der SE (oder gegebenenfalls der beteiligten Gesellschaft) oder ihrer Tochtergesellschaften und Betriebe erheblich beeinträchtigen oder ihnen schaden würde.

Jeder Mitgliedstaat kann eine solche Freistellung von einer vorherigen behördlichen oder gerichtlichen Genehmigung abhängig machen.

(3) Jeder Mitgliedstaat kann für eine SE mit Sitz in seinem Hoheitsgebiet, die in Bezug auf Berichterstattung und Meinungsäußerung unmittelbar und überwiegend eine bestimmte weltanschauliche Tendenz verfolgt, besondere Bestimmungen vorsehen, falls das innerstaatliche Recht solche Bestimmungen zum Zeitpunkt der Annahme dieser Richtlinie bereits enthält.

(4) Bei der Anwendung der Absätze 1, 2 und 3 sehen die Mitgliedstaaten Verfahren vor, nach denen die Arbeitnehmervertreter auf dem Verwaltungsweg oder vor Gericht Rechtsbehelfe einlegen können, wenn das Aufsichts- oder das Verwaltungsorgan der SE oder der beteiligten Gesellschaft Vertraulichkeit verlangt oder die Informationen verweigert.

Diese Verfahren können Regelungen zur Wahrung der Vertraulichkeit der betreffenden Informationen einschließen.

Artikel 9

Arbeitsweise des Vertretungsorgans und Funktionsweise des Verfahrens zur Unterrichtung und Anhörung der Arbeitnehmer

Das zuständige Organ der SE und das Vertretungsorgan arbeiten mit dem Willen zur Verständigung unter Beachtung ihrer jeweiligen Rechte und Pflichten zusammen.

Das Gleiche gilt für die Zusammenarbeit zwischen dem Aufsichts- oder dem Verwaltungsorgan der SE und den Arbeitnehmervertretern im Rahmen eines Verfahrens zur Unterrichtung und Anhörung der Arbeitnehmer.

Artikel 10

Schutz der Arbeitnehmervertreter

Die Mitglieder des besonderen Verhandlungsgremiums, die Mitglieder des Vertretungsorgans, Arbeitnehmervertreter, die bei einem Verfahren zur Unterrichtung und Anhörung mitwirken, und Arbeitnehmervertreter im Aufsichts- oder im Verwaltungsorgan der SE, die Beschäftigte der SE, ihrer Tochtergesellschaften oder Betriebe oder einer der beteiligten Gesellschaften sind, genießen bei der Wahrnehmung ihrer Aufgaben den gleichen Schutz und gleichartige Sicherheiten wie die Arbeitnehmervertreter nach den innerstaatlichen Rechtsvorschriften und/oder Gepflogenheiten des Landes, in dem sie beschäftigt sind.

Dies gilt insbesondere für die Teilnahme an den Sitzungen des besonderen Verhandlungsgremiums oder des Vertretungsorgans an allen sonstigen Sitzungen, die im Rahmen der Vereinbarung nach Artikel 4 Absatz 2 Buchstabe f stattfinden, und an den Sitzungen des Verwaltungs- oder des Aufsichtsorgans sowie für die Lohn- und Gehaltsfortzahlung an die Mitglieder, die Beschäftigte einer der beteiligten Gesellschaften oder der SE oder ihrer Tochtergesellschaften oder Betriebe sind, für die Dauer ihrer zur Wahrnehmung ihrer Aufgaben erforderlichen Abwesenheit.

Artikel 11

Verfahrensmissbrauch

Die Mitgliedstaaten treffen im Einklang mit den gemeinschaftlichen Rechtsvorschriften geeignete Maßnahmen, um zu verhindern, dass eine SE dazu missbraucht wird, Arbeitnehmern Beteiligungsrechte zu entziehen oder vorzuenthalten.

Artikel 12

Einhaltung der Richtlinie

(1) Jeder Mitgliedstaat trägt dafür Sorge, dass die Leitung der Betriebe einer SE und die Aufsichts- oder die Verwaltungsorgane der Tochtergesellschaften und der beteiligten Gesellschaften, die sich in seinem Hoheitsgebiet befinden, und ihre Arbeitnehmervertreter oder gegebenenfalls ihre Arbeitnehmer den Verpflichtungen dieser Richtlinie nachkommen, unabhängig davon, ob die SE ihren Sitz in seinem Hoheitsgebiet hat oder nicht.

(2) Die Mitgliedstaaten sehen geeignete Maßnahmen für den Fall der Nichteinhaltung dieser Richtlinie vor; sie sorgen insbesondere dafür, dass Verwaltungs- oder Gerichtsverfahren bestehen, mit denen die Erfuellung der sich aus dieser Richtlinie ergebenden Verpflichtungen durchgesetzt werden kann.

Artikel 13

Verhältnis dieser Richtlinie zu anderen Bestimmungen

(1) SE und Tochtergesellschaften einer SE, die gemeinschaftsweit operierende Unternehmen oder herrschende Unternehmen in einer gemeinschaftsweit operierenden Unternehmensgruppe im Sinne der Richtlinie 94/45/EG oder im Sinne der Richtlinie 97/74/EG(6) zur Ausdehnung der genannten Richtlinie auf das Vereinigte Königreich sind, unterliegen nicht den genannten Richtlinien und den Bestimmungen zu deren Umsetzung in einzelstaatliches Recht.

Beschließt das besondere Verhandlungsgremium jedoch gemäß Artikel 3 Absatz 6, keine Verhandlungen aufzunehmen oder bereits aufgenommene Verhandlungen abzubrechen, so gelangen die Richtlinie 94/45/EG oder die Richtlinie 97/74/EG und die Bestimmungen zu ihrer Umsetzung in einzelstaatliches Recht zur Anwendung.

(2) Einzelstaatliche Rechtsvorschriften und/oder Gepflogenheiten in Bezug auf die Mitbestimmung der Arbeitnehmer in den Gesellschaftsorganen, die nicht zur

Umsetzung dieser Richtlinie dienen, finden keine Anwendung auf gemäß der Verordnung (EG) Nr. 2157/2001 gegründete und von dieser Richtlinie erfasste Gesellschaften.

(3) Diese Richtlinie berührt nicht

a) die den Arbeitnehmern nach einzelstaatlichen Rechtsvorschriften und/oder Gepflogenheiten zustehenden Beteiligungsrechte, die für die Arbeitnehmer der SE und ihrer Tochtergesellschaften und Betriebe gelten, mit Ausnahme der Mitbestimmung in den Organen der SE,

b) die nach einzelstaatlichen Rechtsvorschriften und/oder Gepflogenheiten geltenden Bestimmungen über die Mitbestimmung in den Gesellschaftsorganen, die auf die Tochtergesellschaften der SE Anwendung finden.

(4) Zur Wahrung der in Absatz 3 genannten Rechte können die Mitgliedstaaten durch geeignete Maßnahmen sicherstellen, dass die Strukturen der Arbeitnehmervertretung in den beteiligten Gesellschaften, die als eigenständige juristische Personen erlöschen, nach der Eintragung der SE fortbestehen.

Artikel 14

Schlussbestimmungen

(1) Die Mitgliedstaaten erlassen die erforderlichen Rechts- und Verwaltungsvorschriften, um dieser Richtlinie spätestens am 8. Oktober 2004 nachzukommen, oder stellen spätestens zu diesem Zeitpunkt sicher, dass die Sozialpartner die erforderlichen Bestimmungen durch Vereinbarungen einführen; die Mitgliedstaaten treffen alle erforderlichen Vorkehrungen, um jederzeit gewährleisten zu können, dass die durch diese Richtlinie vorgeschriebenen Ergebnisse erzielt werden. Sie setzen die Kommission unverzüglich davon in Kenntnis.

(2) Wenn die Mitgliedstaaten diese Vorschriften erlassen, nehmen sie in den Vorschriften selbst oder durch einen Hinweis bei der amtlichen Veröffentlichung auf diese Richtlinie Bezug. Die Mitgliedstaaten regeln die Einzelheiten der Bezugnahme.

Artikel 15

Überprüfung durch die Kommission

Die Kommission überprüft spätestens zum 8. Oktober 2007 im Benehmen mit den Mitgliedstaaten und den Sozialpartnern auf Gemeinschaftsebene die An wendung dieser Richtlinie, um dem Rat gegebenenfalls erforderliche Änderungen vorzuschlagen.

Artikel 16

Inkrafttreten

Diese Richtlinie tritt am Tag ihrer Veröffentlichung im Amtsblatt der Europäischen Gemeinschaften in Kraft.

Artikel 17

Adressaten

Diese Richtlinie ist an die Mitgliedstaaten gerichtet.

Geschehen zu Luxemburg am 8. Oktober 2001.

Im Namen des Rates

Der Präsident
L. Onkelinx

ANHANG

AUFFANGREGELUNG

(nach Artikel 7)

Teil 1: Zusammensetzung des Organs zur Vertretung der Arbeitnehmer

Zur Verwirklichung des Ziels nach Artikel 1 wird in den in Artikel 7 genannten Fällen ein Vertretungsorgan gemäß folgenden Regeln eingesetzt:

a) Das Vertretungsorgan setzt sich aus Arbeitnehmern der SE und ihrer Tochtergesellschaften und Betriebe zusammen, die von den Arbeitnehmervertretern aus ihrer Mitte oder, in Ermangelung solcher Vertreter, von der Gesamtheit der Arbeitnehmer gewählt oder bestellt werden.

b) Die Mitglieder des Vertretungsorgans werden gemäß den einzelstaatlichen Rechtsvorschriften und/oder Gepflogenheiten gewählt oder bestellt.
Die Mitgliedstaaten sorgen durch entsprechende Vorschriften dafür, dass Änderungen innerhalb der SE und ihrer Tochtergesellschaften und Betriebe durch Anpassung der Zahl der Mitglieder des Vertretungsorgans und der Zuteilung der Sitze in diesem Organ Rechnung getragen wird.

c) Sofern die Zahl der Mitglieder des Vertretungsorgans es rechtfertigt, wählt das Vertretungsorgan aus seiner Mitte einen engeren Ausschuss mit höchstens drei Mitgliedern.

d) Das Vertretungsorgan gibt sich eine Geschäftsordnung.

e) Die Mitglieder des Vertretungsorgans werden entsprechend der Zahl der in jedem Mitgliedstaat beschäftigten Arbeitnehmer der beteiligten Gesellschaften und der betroffenen Tochtergesellschaften oder betroffenen Betriebe gewählt oder bestellt, so dass pro Mitgliedstaat für jeden Anteil der in diesem Mitgliedstaat beschäftigten Arbeitnehmer, der 10 % der Gesamtzahl der in allen Mitgliedstaaten beschäftigten Arbeitnehmer der beteiligten Gesellschaften und der betroffenen Tochtergesellschaften oder betroffenen Betriebe entspricht, oder für einen Bruchteil dieser Tranche Anspruch auf einen Sitz besteht.

f) Die Zusammensetzung des Vertretungsorgans wird dem zuständigen Organ der SE mitgeteilt.

g) Vier Jahre nach seiner Einsetzung prüft das Vertretungsorgan, ob die Vereinbarung nach den Artikeln 4 und 7 ausgehandelt werden oder die in Übereinstimmung mit diesem Anhang angenommene Auffangregelung weiterhin gelten soll.

Wird der Beschluss gefasst, eine Vereinbarung gemäß Artikel 4 auszuhandeln, so gelten Artikel 3 Absätze 4 bis 7 und Artikel 4 bis 6 sinngemäß, wobei der Ausdruck "besonderes Verhandlungsgremium" durch das Wort "Vertretungsorgan" ersetzt wird. Wenn am Ende des für die Verhandlungen vorgesehenen Zeitraums keine Vereinbarung zustande gekommen ist, findet die Regelung, die ursprünglich gemäß der Auffangregelung angenommen worden war, weiterhin Anwendung.

Teil 2: Auffangregelung für die Unterrichtung und Anhörung

Für die Zuständigkeiten und Befugnisse des Vertretungsorgans in einer SE gelten folgende Regeln:

a) Die Zuständigkeiten des Vertretungsorgans beschränken sich auf die Angelegenheiten, die die SE selbst oder eine ihrer Tochtergesellschaften oder einen ihrer Betriebe in einem anderen Mitgliedstaat betreffen oder über die Befugnisse der Entscheidungsorgane auf der Ebene des einzelnen Mitgliedstaats hinausgehen.

b) Unbeschadet etwaiger Zusammenkünfte gemäß Buchstabe c hat das Vertretungsorgan das Recht, auf der Grundlage regelmäßig von dem zuständigen Organ erstellter Berichte über die Entwicklung der Geschäftslage und die Perspektiven der SE unterrichtet und dazu gehört zu werden und zu diesem Zweck mindestens einmal jährlich mit dem zuständigen Organ der SE zusammenzutreten. Die örtlichen Geschäftsleitungen werden hiervon in Kenntnis gesetzt.

Das zuständige Organ der SE übermittelt dem Vertretungsorgan die Tagesordnung aller Sitzungen des Verwaltungsorgans oder gegebenenfalls des Leitungs- und des Aufsichtsorgans sowie Kopien aller Unterlagen, die der Hauptversammlung der Aktionäre unterbreitet werden.

Diese Unterrichtung und Anhörung bezieht sich insbesondere auf die Struktur der SE, ihre wirtschaftliche und finanzielle Situation, die voraussichtliche Entwicklung der Geschäfts-, Produktions- und Absatzlage, auf die Beschäftigungslage und deren voraussichtliche Entwicklung, auf die Investitionen, auf grundlegende Änderungen der Organisation, auf die Einführung neuer Arbeits- oder Fertigungsverfahren, auf Verlagerungen der Produktion, auf Fusionen, Verkleinerungen oder Schließungen von Unternehmen, Betrieben oder wichtigen Teilen derselben und auf Massenentlassungen.

c) Treten außergewöhnliche Umstände ein, die erhebliche Auswirkungen auf die Interessen der Arbeitnehmer haben, insbesondere bei Verlegungen, Verlagerungen, Betriebs- oder Unternehmensschließungen oder Massenentlassungen, so hat das Vertretungsorgan das Recht, darüber unterrichtet zu werden. Das Vertretungsorgan oder - wenn das Vertretungsorgan dies, insbesondere bei Dringlichkeit, beschließt - der engere Ausschuss hat das Recht, auf Antrag mit dem zuständigen Organ der SE oder den Vertretern einer geeigneteren mit eigenen Entscheidungsbefugnissen ausgestatteten Leitungsebene innerhalb der SE zusammenzutreffen, um über Maßnahmen, die erhebliche Auswirkungen auf die Interessen der Arbeitnehmer haben, unterrichtet und dazu gehört werden.

Wenn das zuständige Organ beschließt, nicht im Einklang mit der von dem Vertretungsorgan abgegebenen Stellungnahme zu handeln, hat das Vertretungsorgan das Recht, ein weiteres Mal mit dem zuständigen Organ der SE zusammenzutreffen, um eine Einigung herbeizuführen.

Findet eine Sitzung mit dem engeren Ausschuss statt, so haben auch die Mitglieder des Vertretungsorgans, die von diesen Maßnahmen unmittelbar betroffene Arbeitnehmer vertreten, das Recht, daran teilzunehmen.

Die Sitzungen nach Absatz 1 lassen die Vorrechte des zuständigen Organs unberührt.

d) Die Mitgliedstaaten können Regeln für den Vorsitz in den Sitzungen zur Unterrichtung und Anhörung festlegen.

Vor Sitzungen mit dem zuständigen Organ der SE ist das Vertretungsorgan oder der engere Ausschuss - gegebenenfalls in der gemäß Buchstabe c Absatz 3 erweiterten Zusammensetzung - berechtigt, in Abwesenheit der Vertreter des zuständigen Organs zu tagen.

e) Unbeschadet des Artikels 8 unterrichten die Mitglieder des Vertretungsorgans die Arbeitnehmervertreter der SE und ihrer Tochtergesellschaften und Betriebe über den Inhalt und die Ergebnisse der Unterrichtungs- und Anhörungsverfahren.

f) Das Vertretungsorgan oder der engere Ausschuss können sich durch Sachverständige ihrer Wahl unterstützen lassen.

g) Sofern dies zur Erfuellung ihrer Aufgaben erforderlich ist, haben die Mitglieder des Vertretungsorgans Anspruch auf bezahlte Freistellung für Fortbildungsmaßnahmen.

h) Die Ausgaben des Vertretungsorgans gehen zulasten der SE, die die Mitglieder dieses Organs mit den erforderlichen finanziellen und materiellen Mitteln ausstattet, damit diese ihre Aufgaben in angemessener Weise wahrnehmen können.

Insbesondere trägt die SE die Kosten der Veranstaltung der Sitzungen einschließlich der Dolmetschkosten sowie die Aufenthalts- und Reisekosten für die Mitglieder des Vertretungsorgans und des engeren Ausschusses, soweit nichts anderes vereinbart wurde.

Die Mitgliedstaaten können im Einklang mit diesen Grundsätzen Regeln für die Finanzierung der Arbeit des Vertretungsorgans festlegen. Sie können insbesondere die Übernahme der Kosten auf die Kosten für einen Sachverständigen begrenzen.

Teil 3: Auffangregelung für die Mitbestimmung

Für die Mitbestimmung der Arbeitnehmer in der SE gelten folgende Bestimmungen:

a) Fanden im Falle einer durch Umwandlung gegründeten SE Vorschriften eines Mitgliedstaats über die Mitbestimmung der Arbeitnehmer im Verwaltungs- oder im Aufsichtsorgan vor der Eintragung Anwendung, so finden alle Komponenten der Mitbestimmung der Arbeitnehmer weiterhin Anwendung. Buchstabe b gilt diesbezüglich sinngemäß.

b) In den Fällen der Gründung einer SE haben die Arbeitnehmer der SE, ihrer Tochtergesellschaften und Betriebe und/oder ihr Vertretungsorgan das Recht, einen Teil der Mitglieder des Verwaltungs- oder des Aufsichtsorgans der SE zu wählen oder zu bestellen oder deren Bestellung zu empfehlen oder abzulehnen, wobei die Zahl dieser Mitglieder sich nach dem höchsten maßgeblichen Anteil in den beteiligten Gesellschaften vor der Eintragung der SE bemisst.

Bestanden in keiner der beteiligten Gesellschaften vor der Eintragung der SE Vorschriften über die Mitbestimmung, so ist die SE nicht verpflichtet, eine Vereinbarung über die Mitbestimmung der Arbeitnehmer einzuführen.

Das Vertretungsorgan entscheidet über die Verteilung der Sitze im Verwaltungs- oder im Aufsichtsorgan auf die Mitglieder, die Arbeitnehmer aus verschiedenen Mitgliedstaaten vertreten, oder über die Art und Weise, in der die Arbeitnehmer der SE Mitglieder dieser Organe empfehlen oder ablehnen können, entsprechend den jeweiligen Anteilen der in den einzelnen Mitgliedstaaten beschäftigten Arbeitnehmer der SE. Bleiben Arbeitnehmer aus einem oder mehreren Mitgliedstaaten bei der anteilmäßigen Verteilung unberücksichtigt, so bestellt das Vertretungsorgan eines der Mitglieder aus einem dieser Mitgliedstaaten, und zwar vorzugsweise - sofern angemessen - aus dem Mitgliedstaat, in dem die SE ihren Sitz haben wird. Jeder Mitgliedstaat hat das Recht, die Verteilung der ihm im Verwaltungs- oder im Aufsichtsorgan zugewiesenen Sitze festzulegen.

Alle von dem Vertretungsorgan oder gegebenenfalls den Arbeitnehmern gewählten, bestellten oder empfohlenen Mitglieder des Verwaltungsorgans oder gegebenenfalls des Aufsichtsorgans der SE sind vollberechtigte Mitglieder des jeweiligen Organs mit denselben Rechten (einschließlich des Stimmrechts) und denselben Pflichten wie die Mitglieder, die die Anteilseigner vertreten.

Veröffentlichungen des Instituts für deutsches und europäisches Wirtschafts-, Wettbewerbs- und Regulierungsrecht der Freien Universität Berlin

Herausgegeben von Franz Jürgen Säcker

Band 1 Franz Jürgen Säcker (Hrsg.): Deutsch-russisches Energie- und Bergrecht im Vergleich. Ergebnisse einer Arbeitstagung vom 31. März / 1. April 2006. 2007.

Band 2 Franz Jürgen Säcker / Walther Busse von Colbe (Hrsg.): Wettbewerbsfördernde Anreizregulierung. Zum Anreizregulierungsbericht der Bundesnetzagentur vom 30. Juni 2006. 2007.

Band 3 Dirk Zschenderlein: Die Gleichbehandlung der Aktionäre bei der Auskunftserteilung in der Aktiengesellschaft. Zum Problem der Zulässigkeit der Weitergabe von Informationen an einzelne Aktionäre und Dritte. 2007.

Band 4 Simone Kirchhain: Die Anwendung der Vertikal-GVO auf innerstaatliche Wettbewerbsbeschränkungen nach der 7. GWB-Novelle. 2007.

Band 5 Franz Jürgen Säcker: Der Independent System Operator. Ein neues institutionelles Design für Netzbetreiber? 2007.

Band 6 Stefanie Otto: Allgemeininteressen im neuen UWG. § 1 S. 2 UWG und die wettbewerbsfunktionale Auslegung. 2007.

Band 7 Jochen Eichler: Vertragliche Dritthaftung. Eine Auseinandersetzung mit der Frage der Dritthaftung von sogenannten Experten und anderen Auskunftspersonen im Rahmen des § 311 Abs. 3 BGB. 2007.

Band 8 Markela Stamati: Die Anforderungen der operationellen Entflechtung nach den Beschleunigungsrichtlinien der Europäischen Kommission. Umsetzung in Deutschland und Griechenland. 2008.

Band 9 Franz Jürgen Säcker: The Concept of the Relevant Product Market. Between Demand-Side Substitutability and Supply-Side - Substitutability in Competition Law. 2008.

Band 10 Renate Rabensdorf: Die Durchgriffshaftung im deutschen und russischen Recht der Kapitalgesellschaften. Eine rechtsvergleichende Untersuchung. 2009.

Band 11 Franz Jürgen Säcker: Der beschleunigte Ausbau der Höchstspannungsnetze als Rechtsproblem. Erläutert am Beispiel der 380-kV-Höchstspannungsleitung Lauchstädt – Redwitz – Grafenrheinfeld mit Querung des Rennsteigs im Naturpark Thüringer Wald. 2009.

Band 12 Helen Mahne: Eigentum an Versorgungsleitungen. 2009.

Band 13 Franz Jürgen Säcker (Hrsg.): Russisches Energierecht - Gesetzessammlung. 2009.

Band 14 Franz Jürgen Säcker / Maik Wolf: Integrierte Energieversorgung in geschlossenen Verteilernetzen. Zum Gestaltungsspielraum des Gesetzgebers zur Neuregelung des § 110 EnWG im Lichte des Dritten EG-Energiepakets. 2009.

Band 15 Franz Jürgen Säcker (Hrsg.): Das Dritte Energiepaket für den Gasbereich. Deutsch-Englische Textausgabe mit einer Einführung. 2009.

Band 16 Franz Jürgen Säcker (Hrsg.): Das Dritte Energiepaket für den Elektrizitätsbereich. Deutsch-Englische Textausgabe mit einer Einführung. 2009.

Band 17 Thomas Dörmer: Die Unternehmenspacht. Rechtsstellung der Vertragsparteien unter besonderer Berücksichtigung der Pflicht des Unternehmenspächters zur ordnungsgemäßen Unternehmensführung sowie der Rechtslage bei Vertragsbeendigung. 2010.

Band 18 Klaas Bosch: Die Kontrolldichte der gerichtlichen Überprüfung von Marktregulierungsentscheidungen der Bundesnetzagentur nach dem Telekommunikationsgesetz. 2010.

Band 19 Geng-Sook Leem: Einheitliche Corporate Governance-Grundsätze für die Europäische Aktiengesellschaft (SE). Eine rechtsvergleichende Untersuchung anhand der Ausgestaltung der SE im deutschen und britischen Recht. 2010.

www.peterlang.de